U0448369

英国史前沿译丛

主 编
H.T. 狄金森
钱乘旦 刘北成

英国人

国家的形成，1707—1837年

〔英〕琳达·科利 著
周玉鹏 刘耀辉 译

商务印书馆
创于1897 The Commercial Press

Linda Colley
BRITONS
Forging the Nation 1707—1837
Revised edition with new introductory essay
©1992, 2003, 2005, 2009 by Linda Colley
Originally published by Yale University Press
据耶鲁大学出版社 2009 年版译出

英国史前沿译丛

总　序

　　任何人都需要有历史知识，否则他就无法理解他所看到或体验到的现实，也就无法做好准备去影响未来。没有适当历史知识的人就如同患了失忆症，无法真正理解世界，只能随波逐流，既无法做出任何明智的现实决定，更无法采取审慎的行动来塑造未来。当然，无论多么热忱，无论多么努力，任何人都不可能洞悉整个世界的所有历史。对于一个公民来说，首先需要了解自己国家和社会的历史。除此之外，为了开阔视野，就应该努力了解一些特别重要国家和社会的历史——尽管那些国家与自己的国家经历不同，但对世界历史产生过深刻的影响。因此，我建议中国读者既要了解中国历史，同时也不妨了解一些英国历史。英国位于世界的另一端，社会文化与中国迥然有别，历史经验也大相径庭。最明显的差别是，中国历史悠久，人口众多，领土广阔，而英国的领土不大、人口不多，却利用近海之便而成为世界强国。英国在历史上有些事情乏善可陈，但它无疑也有一些惊人的成就，而且它对世界的影响超过了任何同等规模的国家。人类能够从过去的成功和失误中有所借鉴。对于今天的中国人来说，了解英国的历史经验及其对整个人类历史的贡献大有裨益，这将有助于他们理解周围的世界。因此，我们在确定这套译丛的书目时，力求能够反映英国历史的重要方面。我们希望能够有助于中国读者不仅了解英国历史，而且也能更好地理解中国的过去、现在和未来，还能窥见西方的历史学家是如何处理历史问题、历史资料以及研究方法的。

英国的历史无疑受到其特殊气候环境和地理位置的制约。英国是由欧洲西海岸附近的一系列岛屿组成的。这里气候宜人，没有长时间的严冬和酷暑。英国大部分地区土地肥沃，适宜农作物生长，山区也适宜放牧牛羊。英国自己能够提供重要的原料，如木材和煤铁矿石，沿海有丰富的渔业资源。这里没有人迹罕至的沙漠和高山峻岭，反而有众多可以通航的河流与天然港口。所有的居住区都距离大海不超过一百公里。在古代，这些岛屿迎来了一波又一波的和平移民和武装入侵者。但是最成功的入侵是在1066年，距今已有千年之久了。其他国家很少能有如此长久拒强敌于国门之外的和平时期。英国到欧陆的海上距离还算比较近，这就使得英国很容易与欧陆的巨大人口展开贸易活动，但是一旦英国开始建设强大的海军，大海也是防范欧陆强敌入侵英国的一道生死攸关的壁垒。英国的海军能够有效地保卫英伦群岛，但不能被某个专制君主用来压迫本国居民。借助海军，英国也致力于掌控跨洋贸易和占有远方的殖民地。当欧洲列强开始越过大西洋把自己的贸易和势力扩张到非洲和美洲时，在与西班牙和法国这些地广人多的国家竞争时，英国因为自身的地理位置、众多的天然港口和日益强大的海军而处于优越地位。因此，英国历史可以说是一个表明气候与地理在多大程度上可以塑造一个国家命运的故事。

在享受英伦群岛的天然优势方面，英格兰人（日耳曼人的一支）比苏格兰、爱尔兰和威尔士的凯尔特人和其他族群受益更多。英格兰人居住在最大岛屿（大不列颠岛）最富饶的地区,享有更好的气候条件,拥有更多的自然资源。他们的人口也逐渐多于比邻而居的凯尔特人，而且这种数量优势在几百年间变得越来越大。不仅在英伦群岛，而且在整个欧洲，英格兰人建立了第一个拥有明确边界的统一民族国家。因此，英国历史在很大程度上是英格兰人如何与英伦群岛上其他族群互动的故事。这是一个英格兰人侵略近邻苏格兰、爱尔兰和威尔士以及这些近邻武装反抗的故事。这也是通过王朝联盟、谈判订约以及和平方式来建立兼君共主政体、统一的行政机构和立法机构以及一个共同市场，从而创造一个人口众多的强大国家的故事。这就导致了英格兰对英伦群岛的文化和语言霸权，促进了文化融合，但是也造成了英伦群岛上非英语居民的某种反感。因此，英伦群岛的历史也是一个有限空间中更强势族群与人口更多的族群之间矛盾冲突的典型案例。这是一个关于把常常武装对立的不同族群变成新的统一民族国家是多么困难甚至是否可能的故事。许多英国近现代史学家都在思考，是否有一个大不列颠民族，英格兰人、苏格兰人、爱尔兰人和威尔士人之间的文化历史差异是否已经消除？许多英国近现代史学家也非常关注中央（以伦敦为基地的王室、行政机构和立法机构）与边缘（英格兰的偏远地区以及英伦群岛的其他部分）之间的政治关系。大多数英国近现代史学家非常清楚地意识到，旧有的英国史实际上仅仅是英格兰的历史，但是他们也发现，在撰写英伦群岛的历史时如何公正地对待中央和边缘，其实并不容易。不管怎样，近年来，他们开始尽力而为。

由于英国历史的一个重要脉络就是英伦群岛是如何统一为一个国家和形成统一的政治体系，由于英伦群岛在近千年的时间里没有遭受重大的外敌入侵，还由于英伦群岛开始把贸易活动和帝国统治扩展到世界各地，历史学家所争论的一个问题是，英国历史主要是由欧洲大陆的事件塑造的，还是说英国具有与其欧陆邻邦明显不同的历史经验？一方面，英国卷入了许多次与欧陆国家或敌或友的战争，也一直与欧陆保持着非常重要的贸易联系，同时也深受西方世界重大宗教和思想运动的影响，如基督教的传播、宗教改革、文艺复兴、启蒙运动以及世俗社会的兴起。另一方面，英国也在某种程度上孤立于欧陆之外，在许多世纪里免遭来自欧陆的入侵。英国先于其他欧洲国家建立了议会和代议制的体制，并且在许多世纪里维持和扩展了它们。英国先于其他欧洲大国建立了一个开放和流动性比较高的社会，而且比其他欧洲国家更早粉碎了建立威权式国教或绝对君主制的图谋。17世纪中叶，英伦群岛发生了第一次伟大的现代革命（先于美国、法国、俄国和中国革命）。尽管这场革命没有实现最激进的目标，但是它传播了许多新观念和新期望。1688—1689年光荣革命之后，英国建立了有限君主制，实现了出版自由，确立了每年定期召开议会的制度，逐步扩大了选民的数量，保证了独立的司法和法治。与其他任何一个欧洲国家相比，甚至与世界上的其他任何一个大国相比，英国所经历的革命、内战或外敌入侵都比较短暂。英国先于世界上所有的重要国家建立了一个稳定而适度开放的政体，而且通过改良而不是革命的方式与时俱进。中国读者在了解这种演变是如何发生的之后，或许能借鉴不少东西。

直到19世纪之初，即便是按照欧洲标准来衡量，英格兰乃至整个大不列颠群岛领土面积不大，人口也不算多。但是，其他因素，如气候、地理位置、没有入侵之虞、便于进入欧陆市场，其海外领地生产欧洲人所渴求的产品，所有这些都有助于把英格兰乃至随后的整个大不列颠群岛变成世界上的第一个现代社会，并一度成为最先进的经济体。封建主义在英国的崩溃先于欧洲其他任何地方，因此自由的居民能够施展才能，改善自己的社会经济地位，财产和财富也得到更广泛的分配。英格兰社会越来越多样化，开始发展成一个公认的现代社会，其中包含着一个有产业的资本主义精英阶层，一个很有分量的中产阶级，一个与土地无联系的庞大的工人阶级。英格兰最初是以荷兰为榜样，逐渐变成欧洲最先进的农业经济体和最强大的金融中心，继而成为世界上最大的商业国和第一个工业国。这是第一个"现代"社会。在这个引领潮流的国家里，大多数人生活在城镇里，主要从事工商业而不是农业。这些变化很快就传播到其他国家，但是在某些地区现在还停留于早期阶段。最近数十年，中国已经成为这种潮流的一个主要参与者，因此中国读者可以了解英国是如何应对这些曾经影响并依然影响每一个现代社会的发展变化。

英国不是第一个建立海外大帝国的欧洲国家，但是前面所谈到的那些因素有助于解释为什么英国最终拥有了世界历史上最大的海外帝国。我们可以提出许多理由来批评大英帝国的兴起，肯定它在最后60多年里的土崩瓦解。不过，大英帝国的兴衰属于近现代世界历史上最重要的现象之列，值得仔细研究。我们需要了解这个大帝国因何建立起来，它给世界历史带来什么改变，它为何并如何土崩瓦解。例如，加拿大、澳大利亚和新西兰原先是大英帝国的白人殖民地，它们的历史与英国历史紧密相关。甚至可以说，如果不了解英国历史，也不能很好地理解印度和其他东南亚国家的历史。大英帝国的衰落当然牵涉英国殖民地的民族主义与独立运动的兴起，但是即便在为了摆脱英国统治而进行过长期艰苦斗争的国家里，英语、英式议会和司法体制依然有很大的影响。许多现代国家曾经是大英帝国的一部分，非殖民化的进程并没有使得这些国家完全消除英国的影响。英国与其前殖民地的联系在今天也依然非常重要。不过，人们往往忽视了大英帝国的历史对英国国内历史的影响。只有认识到今天的英国是一个后帝国时代的大国，我们才能更全面地理解英国现代历史。为此，只要看看自20世纪中叶来自印度次大陆以及非洲的大规模移民涌入英国的情况，我们就能理解今天的英国如何受到其帝国历史的影响，可以说，今天的英国是其帝国历史的产物。大英帝国的历史在某些方面应该受到谴责，但决不可忽视，否则就难以理解世界许多地区的历史和发展。

在确定本译丛的选目时，我们的目的不是对英国历史做一番褒贬。英国优秀的历史学家所受的训练让他们在考察历史时不能带有傲慢、偏见或敌意。无论我们今天如何褒贬，这毕竟是一个不同寻常的故事。我们所挑选的著作都是西方学界公认的重要学术著作。这些著作不仅有助于读者从新的角度来理解英国历史，而且显示了现代历史学家如何改进历史研究的方法和路径。它们不是以传统的不容争辩的方式面面俱到地讲述英国历史的教科书。这些著作之所以受到好评，是因为它们揭示了以前没有充分探讨的历史侧面，它们以新颖的方式进行探讨，它们追问新的问题，进行扎实深入的研究，挖掘以前被忽视的史料，采用新的研究方法。它们受到其他学科，如社会学、语言学、文学批评和哲学的影响。它们对英国历史提出了全新的甚至颠覆性的解释。它们提出新的思路，引发新的争论，并且成为最高学术标准的样本。它们让读者看到了深入英国历史的全新路径，这些路径也是深入理解任何社会的新思路。我们相信，读者不仅仅能获得有关英国历史的新信息，了解到有关英国历史的新解释，而且也能学到令人兴奋的研究历史的全新方法，进而用于研究其他国家的历史。例如，我们在这些著作中所获得的如何研究历史的教益也可以用于研究中国。

哈里·狄金森

爱丁堡大学教授，前英国皇家历史学会副主席

2010 年

（刘北成译）

献给大卫!

目 录

致　谢　　　　　　　　　　　　　　　　　1
再版序言　　　　　　　　　　　　　　　　3
第一版序言　　　　　　　　　　　　　　　26

第一章　新教　　　　　　　　　　　　36
尚未统一的联合王国　　　　　　　　　　37
上帝选民的奋斗　　　　　　　　　　　　44
朝气蓬勃的耶路撒冷　　　　　　　　　　57
依靠信仰力量的政体　　　　　　　　　　72

第二章　收益　　　　　　　　　　　　85
土地、贸易、战争与帝国　　　　　　　　87
詹姆斯党人与忠诚经济学　　　　　　　　103
对国家投资　　　　　　　　　　　　　　118
获益的代价　　　　　　　　　　　　　　132

第三章　外缘　　　　　　　　　　　135

　　新界标　　　　　　　　　　　　　136
　　威尔克斯与英格兰性　　　　　　　140
　　苏格兰人的帝国？　　　　　　　　152
　　美洲与英国情感革命　　　　　　　171

第四章　统治　　　　　　　　　　　187

　　一个阶层的危机　　　　　　　　　190
　　英国统治阶级的形成　　　　　　　197
　　精英阶层的文化重建　　　　　　　208
　　他们自己的史诗英雄　　　　　　　223

第五章　王权　　　　　　　　　　　243

　　幽闭的皇家文化　　　　　　　　　245
　　乔治三世为何不同　　　　　　　　256
　　王室庆典的机制　　　　　　　　　269
　　意义与魔力　　　　　　　　　　　282

第六章　女权　　　　　　　　　　　291

　　砸烂女性的镣铐　　　　　　　　　292
　　战争与性别　　　　　　　　　　　305
　　独立领域论为女性所用　　　　　　318
　　妇女在国家中的位置　　　　　　　330

第七章　男权　　　　　　　　　　　　　　　341

一个武装的民族　　　　　　　　　　　　344
谁愿意参加战斗？　　　　　　　　　　　350
出于个人的原因　　　　　　　　　　　　361
民众承担义务的政治学　　　　　　　　　371

第八章　胜利？　　　　　　　　　　　　　385

解放天主教徒与社会分歧　　　　　　　　389
议会改革和妥协　　　　　　　　　　　　402
奴隶、自由和舆论　　　　　　　　　　　419
不断界定的民族　　　　　　　　　　　　432

结　语　　　　　　　　　　　　　　　　　437

附　录　　　　　　　　　　　　　　　　　451

一、1745 年的忠君地图　　　　　　　　451
二、1804 年 5 月全英的武装人数　　　　453
三、1798 年志愿军和他们选择参加战斗的地点　　456

注　释　　　　　　　　　　　　　　　　　461
索　引　　　　　　　　　　　　　　　　　508

致　谢

　　《英国人》的写作耗费了我很长时间，相应的我也为此亏欠颇多，需要感谢的人颇多。在剑桥大学基督学院那帕拉第奥式的陈设中，我第一次接触到这一课题，我必须再次感谢那里的同事们友好亲切地待我，更要对当时的院长、已故的约翰·普拉姆先生表示感谢，在这些年里，他给了我无数帮助和启发。然而，最重要的是，这是一本属于耶鲁大学的著作。我从1982年到1998年一直在它的历史系工作，从那里的同事，尤其是从伊沃·巴纳茨、约翰·布卢姆、乔恩·巴特勒、大卫·布里翁·戴维斯、约翰·德莫斯、彼得·盖伊、迈克尔·霍华德、保罗·肯尼迪、埃德蒙·摩根、彼得·萨兰和大卫·昂德当的博学睿智中，得到无法估量的教益。耶鲁大学还允许我无限反复进出其馆藏丰富的档案馆和图书馆，尤其是位于康涅狄格州法明顿设施完备的刘易斯·沃波尔图书馆，和位于纽黑文的耶鲁英国艺术中心，后者改变了我考察历史的方法。这家艺术中心当时的主管邓肯·鲁宾逊和贝蒂·缪尔登、伊丽莎白·费尔曼、朱莉·拉沃尔尼亚，还有其姊妹组织，位于伦敦的保罗·梅隆英国艺术研究中心的工作人员，给了我非常多的帮助和无数乐趣。最后，《英国人》交由耶鲁大学出版社出版，这次新版也同样如此。像其他许多作者一样，我也认为约翰·尼克尔是一位非常卓越的出版人，一如既往的热情和敏锐，而且非常耐心。与他一起工作，以及与非常专注敬业和富有创造力的编辑吉莉安·马尔帕斯一起工作，令我受益匪浅。

　　这些书页中的思想，其发展经年累月，而且在与其他许多学者的接触和讨论中，经受了打磨历练。牛津大学的历史与现代协会，准许我在其会刊中构思出我最初的一些想法，而剑桥大学、伦敦历史研究协会、阿姆斯特丹荷兰文化史研究生院、哈佛大学欧洲研究中心和普林斯顿大学戴维斯中心的研讨会和会议团体所给予的评论，也帮助我大大改进完善了各个章节。普里斯·摩根、亚历山大·默多克和克里斯托夫·斯莫特纠正了我在威尔士和苏格兰史方面的一些错误。克里斯·贝利提高了我对英帝国的理解。在这本书写作的最后阶段，布鲁斯·史密斯成为一位不知疲倦的研究助手；帕德里克·斯坎伦承担了本书新版繁杂的校对工作。威尔·苏尔金和于尔格·亨斯根检查了此前配有个性诗文和评论的皮姆利科平装本；我的经纪人迈克·肖和吉尔·柯尔律治，则从始至终都在提供令人愉悦振奋和明智的建议。

现在，亦如早在1992年，并直到永远，我最要感谢的都是我的丈夫和战友，大卫·坎纳丁。

琳达·科利
2009年于普林斯顿

再版序言

《英国人：国家的形成，1707—1837年》1992年初版于伦敦，本次是其平装本第五次印刷。[1] 因为流传广泛，也因其在学术界内外所引发的讨论，所以，在我最初赋予它的生命之外，《英国人》又获得了自己的生命。因此，在本书第一次面世17年之后，把它重新介绍给一群新读者，这无疑是一种殊荣、一次机会，也是一种挑战。要在一个新版中，回应在某些要点上针对《英国人》的每一个质疑或批判，既不恰当，也不现实。试着重新编排《英国人》，以与21世纪初所提出的思想和政治议程更紧密结合，也不太可能，或者我认为并不可取。从好的当然也是坏的方面而言，《英国人》带有其写作年代（20世纪80年代和90年代初）的印记，当时的笔者，是一个与在2009年写下当下这些文字的我截然不同的历史学家和个人。所以，虽然我纠正了极少数事实错误，并修正了一些段落中的年代错误，但实际上，《英国人》的主要文本仍原封不动。

但这篇序言是全新的。在构思时，我脑海中想到的，主要是被本书吸引的两类读者。一类读者主要因关注18和19世纪初的英国和世界史，并对民族主义和历史上的国家形成和归属的机制感兴趣，而阅读和专注《英国人》。另一类读者主要因好奇或焦虑或怀疑英国的现状，而被本书吸引。让我首先从这两类读者谈起，当然，他们有时会重叠。

现在回想起来，本书显然是各种关注点混合的产物，并在各个不同的地方写就。1980年代初刚开始思考这一主题时，我在剑桥大学任教，但完成这本书时，却在大西洋彼岸，那时我已离开我的出生地英国，来到耶鲁大学工作。因此，我在写作《英国人》一书时想要解决的一些问题，可能源于我自己的迁徙，因为我的身份认同感和根深蒂固的文化习惯经受了新环境和遭遇带来的压力。但本书的学术渊源却在别处。我在1980年代获得博士学位并出版第一部专著之后，想要更往前一步，去尝试一种新的历史，这种历史与我身处其中并受其训练的历史，在类型和风格上有所不同。当我在计划《英国人》一书时，关于18世纪英国史的大部分著作，通常仍还是向内看和保守狭隘的，这一点左翼学者和更保守的从业者所写的作品都一样。研究英国国内史和帝国经历的史学家，在那时通常都闭门造车，极少相互跨越到其他人的专业领域。在更老的大学，以"英国史"这一名字统辖的学科，常常只是狭义的英格兰史，而且主要是伦敦和英格兰南部的历史，并习惯性地过多关注甚至痴迷于上层政治史。我作为一名年轻研究者，读到的大部分"英国"史著作的主角，几乎清一色都是男人，而且几乎一成不变都是白人（我自己的第一本著作也完全是在这同一个模子中倒出来的），这在一定程度上，正是上述情况的结果之一。我希望试着以一种更广泛、更富想象力和更具原创性的方式，来研究英国史上这一重要的时期，这一愿望在很大程度上，有助于解释《英国人》一书的结构和内容。

我在第一版序言中写到，我希望"远离……高度内向"的写作模式，在我的分析中，同时为"欧洲史和世界史"留有空间（第9页），这不仅因为我希望讨论的大不列颠境内在1707—1837年间发生的许多进程和发展，只有在与其海岸线之外的事件和变化联系在一起时，才有意义。我还特意用了一章来写妇女的体验，并在本书其他地方常常提到她们。1960和1970年代的一些重要社会史学家，尤其是E. P. 汤普森和埃里克·霍布斯鲍姆，强烈影响了《英国人》一书的许多部分（尤其是第 7 章），与此同时，我还在书中加入了通常被当时英国社会史所忽略的某些群体和运动。为此，我讨论并认真对待 18 和 19 世纪初看上去像是英国国教徒和忠君者的各色人等：与他们显然更激进的同代人相比，那些通常被怠慢不提的各色男女。我还打破 1980 年代的流行做法，在书中涵盖了被奴役的黑人，以及终结英国参与大西洋彼岸奴隶贸易的抗争。我曾（现在仍然）认为，反奴运动和其他许多事件一起，对英国人在美国独立战争失败后，重新界定和努力拯救自己的进程非常重要。因此，《英国人》把反奴运动当作这一时期英国国内史一个不可或缺的部分，而不是一个孤立事件或大体上是帝国的一段小插曲来对待（第 357—368 页）。

学者们极少像其想象的那样标新立异或自成体系，在这方面，《英国人》与在 20 世纪末已声名鹊起，至今仍富有影响力的历史著作非常一致，并有助于深化这些著作中的各种趋势。《英国人》试图把大不列颠内部的发展，与其外部发生的事件更紧密联系，它还探索了性别和种族问题，以及宗教、经济和社会等级的各个阶层。

然而，《英国人》还在一个更重要的方面偏离了历史著作的常规模式。它所选择的主要研究领域是大不列颠岛（现实中的群岛），因为虽然这不是研究这一时期这一疆域的唯一方式，但这种研究视角，可以产生大量充实的历史感。[2]

从 1603 年起，英格兰、威尔士、苏格兰和爱尔兰就被君王统治联系在一起，当时苏格兰的詹姆斯六世南迁伦敦，声称自己是"大不列颠、爱尔兰和法兰西国王"（在这一王室尊号中，把爱尔兰从"大不列颠"这一领土单元中分离，与愚蠢且纠缠已久地宣称对法国拥有权利的主张一样，令人震惊）。《英国人》的正式起点，即 1707 年《联合法案》或《联合协议》，既强化了一些游戏规则，也明显修正了这些规则。我在第一章写到，《联合法案》宣布，从今以后，英格兰、威尔士、苏格兰将"以大不列颠的名号，统一到一个王国之下"。它也规定这三个国家将"被同一个议会代表,其名称是大不列颠议会",而且它们将享有同一种国内和海外贸易体制、同一种货币和同一面国旗。像詹姆斯六世所选择的尊号一样,《联合法案》也以狭义的方式来界定大不列颠。它对英属美洲殖民地只字未提;而且在1700年代初,尽管有许多政治家和政治学家强烈要求也通过一个包含和合并爱尔兰的《联合法案》,但同样,那个国家也被排除在外,大不列颠和爱尔兰之间议会的统一,直到1800年前后才实现。在那之前,威斯敏斯特所颁布的条例、法令和官方文件还经常(尽管并非一成不变地)把大不列颠岛当作一个单一、有界的整体来对待,在世俗和更实质性的事务方面,情况也同样如此。因此,在1707年之后,法律只允许居住在大不列颠土地上的人,在大不列颠海岸捕捞、加工和销售海鱼。与此相对,爱尔兰(不同于英格兰、威尔士和苏格兰)的渔民,"在所有情形下,都被清楚明白地当作外国人对待"。[3]

这是一种并无新意的国家创建,其中包含仇恨。并且如上规定条款表明,对史学家来说,在1707年之后,只在"说到国家(state)时"才提到大不列颠这一领土单元,这样做既不充分,也过分设限。[4] 在《联合法案》之后,把大不列颠**只**作为一个国家——一个纯官方和行政概念——来研究,将忽略这一创建在不同时期,对其国民体验的日常构成所产生的复杂和多样的影响,以及在其观念和身份认同方面日益增强的影响。固然,正如昆廷·斯金纳评述的那样,史学家选择只关注英格兰、苏格兰或威尔士,或其任一单独地区、城镇和村庄,"并不会产生任何固有危害"。[5] 事实上存在,也应当有考察历史的各种不同范畴,正如存在也应当有写作历史的不同方式。但**总是并仅仅只**从三个一成不变、各不相同的国家的角度,来研究被称为大不列颠的这个领土单元的历史,或**总是并仅仅**只从四个(或五个)国家的角度,来研究大不列颠和爱尔兰的过去,这样做过于僵硬死板、犯了年代错误,也使各种内部联系的模式和重叠的现象变得模糊不清。[6]

这样做也忽略了随时间发生的巨变；而处理随着时间而变这一主题，正是本书的核心之一。《英国人》图示和探索了在1707年到维多利亚女王继位的1837年间，有助于形成一个运作娴熟的英国和国家意识形态的力量和危机。我在书中还试图指出，"形成"的方式和特征，有助于解释从1970年代开始甚嚣尘上，现在已非常明显的关于英国性的一些混乱和争论。但是，正如我的"国家的**形成**"这一短语所暗示的那样，那些认为国家和身份认同在本质上"变动不居、可塑和此消彼长"的人，在这里会大大坚定他们的立场。[7]《英国人》以前和现在的意图，都从来不是要讨论1707到1837年间，整个大不列颠岛上一种统一公意的增长和同质性增强的简单线形过程。它的情节线条更精细微妙，也更具探索和怀疑倾向。

我小心翼翼指明，这一时期的英国概念和英国人的身份认同，其建立与"远远更为古老的忠诚义务叠加"；而就本书涉及的大部分（但不是全部）时间而言，以及就许多（尽管也不是全部）人而言，"苏格兰、威尔士和英格兰仍保有更强的团结号召力"（第373—374页）。我在《英国人》一书中也强调，这一社会必然存在不同声音，以及痛苦，有时甚至致命的分歧：对詹姆斯党人的分歧（第72—86页）；对"美国独立战争在多大程度上应被视为一场与英国同胞之间的国内战争"的分歧（第134—147页）；建立在阶级、性别、种族、宗教、政治和地缘基础上，对"联合对抗大革命和拿破仑法国的军队和理念的必要性和价值"的分歧（第289—325页），以及对更多事务的分歧。[8]而且自始至终，我都强调随着时间推移而发生的变化。例如，我描述了在18、19和20世纪初持久稳固滋养了英国性意识形态的那深入人心和广泛的新教信仰，由于1750年后富有和受过教育的阶层宗教观念大为缓和，由于帝国、战争需要的驱使以及与爱尔兰签署《联合法案》，如何依然更多地采取了守势（第330—341页）。我也强调了在表达忠诚和归附时，频繁出现的明显不和谐之声和变调：例如，在第346页描述的1832年爱丁堡支持议会改革的游行，就被颂扬反抗英格兰的富有传奇色彩的苏格兰战争领导人罗伯特·布鲁斯和威廉·华莱士的横幅旗帜抹上了浓墨重彩，但与此同时，象征统一的红白蓝三色旗，也被高举飘扬。

1707年之后仍存在这些分歧和复杂性，这表面看来似乎自相矛盾，但这正是本书不可或缺的讨论内容之一。这一时期甚嚣尘上的英国观念，并没有伴随一种毫无疑义全体一致的公意，这并不令人惊讶。相反，正是这一过程所激发的一些争论和紧张状态，一定程度彰显了日益增长的英国观和英国身份认同。因此，我在第三章指出，随着18世纪的展开，英格兰的一些男男女女强烈怨恨着精英政治语言和日益膨胀的印刷文化如何"把英格兰人（English）这一称谓……融合进英国人（Briton）这一称谓"。这种焦虑在1760年代达到顶峰，当时激进且肆无忌惮的约翰·威尔克斯的支持者，谴责当朝君主乔治三世及其首相之一比特爵士，说他们满足了把英格兰变成大不列颠这样一个国家的要求，从而不恰当地突出了苏格兰的地位（第106—118页）。然而，这一民粹主义呼声，不仅特别突出展示了英格兰和苏格兰之间持续、不加掩饰的分歧，更证明这一分歧非常深入人心。我在这里还要指出，英格兰在1760年代反苏格兰主义的喧嚣声音，标志着到那时为止，野心勃勃的苏格人正参与英国的建立，比以前更彻底，人也更多——边界南侧的人们对此心知肚明。

同样，"英国人"这个称谓也是一个有争议的词语：但这一点，常常也是重大变化的证明。这里有一个例子，我在书中没有提到。一个名叫约瑟夫·杰拉德的激进活动家，在1794年因被指控煽动叛乱而被带到爱丁堡的一个陪审团面前，当时，他向陪审团成员陈述的重点是："你们是英国人——你们是自由人。"杰拉德这样说时，他所使用的"英国人"，当然与保守派通常对这个词的用法大相径庭。因为他告诉苏格兰法庭，他来北方的抱负，是为培育"英格兰和苏格兰之间宪法形式和原则的一致",这意味着他意在统一这些国家的民众来支持改革、与法国的和平和男性普选权。他穿越国境旅行到爱丁堡，是为参加一个苏格兰和英格兰改革者自称的"全英国民代表大会"，并带来托马斯·哈代的祝福，哈代是伦敦通讯会的领导之一，而通讯会是这一时期最前卫的工人政治组织之一。[9]

然而，杰拉德在这一最终让其付出生命的危机中的行动和言辞，正好点明了本书的主旨。尽管他是一个英格兰人，但他仍选择向苏格兰陪审员（即那些正在仔细研究他命运的"英国"同胞）上诉。杰拉德在爱丁堡遇到并希望与之合作的那些苏格兰改革家，反过来决定，把他们的临时集会称为一次**英国**大会。此外，托马斯·哈代对这位改革者跨越国界的冒险感兴趣，无疑一定程度上也因其自身的苏格兰血统——然而，这一血统并未妨碍他在英格兰大众政治中，扮演一个重要角色。

一个英格兰出身的激进份子冒险北上，寻求与那里的支持者合作；他在苏格兰陪审团面前精心使用"英国人"这一词语；苏格兰激进分子使用"英国"这个词来命名一次探索性的政治集会；斯特林郡出生的哈代摇身一变，成为伦敦的大众政治家——在1790年代发生的这些事，在100年前全都不可能发生。杰拉德的故事更明显地证明了实质性变化（尽管并非无可争议），这一变化正是本书不变的主题。在本书第四章和第五章，我讨论了在美国和法国革命之后，君主和地主阶层如何决定更卖力和巧妙地致力于把自己扮演成英国人。同样重要的是，这一时期英格兰、威尔士和苏格兰所产生的对君主和贵族的批评也试图利用英国性这一词汇和关联，并用得比以前更招摇和巧妙。

有时人们会以为，"英国人"这个词语，只不过是英格兰人的同义词，而杰拉德的故事证明，这种想法并不可信。[10] 固然，在18和19世纪初，"英国人"这一称谓，**可能**指的是一个英格兰人。但这个术语最令人惊奇的，是它的灵活性，和它超越边界，被用来描述各民族的融合和融合后的产物，这也是我选择"英国人"作为本书名的原因。一个苏格兰辩论家曾在1547年乐观地劝导说，"当苏格兰人和英格兰人这些令人讨厌的术语"被废弃之后，所有人都会同意"英国人这个唯一的称呼和名字"。同样，"英国人"在17世纪偶尔会被当作一个概括性术语，同时指代居住在爱尔兰的苏格兰人和英格兰人。[11] 因此，丹尼尔·笛福1706年在爱丁堡街头看到的暴徒，他们反对《联合法案》，大声高呼"他们是苏格兰人，而且永远都是苏格兰人；（并且）他们谴责英国人（Britains，原文如此）这个称呼，因为这一称呼适用于威尔士人"；他们在这样做的时候，他们知道自己在说什么。[12]

如同这些暴徒所见，"英国人"这一术语明显包含融合和联合的意味；而且同样，它还可以警醒充满热忱的苏格兰人，正如它也令一些英格兰纯粹主义者担忧。此外，1706年的这些苏格兰抗议者清楚表明，"英国人"这一术语更大的灵活性在于，至少从1500年代起，它还可以指称威尔士居民。随后，1707年之后，当"英国人"被更广泛用来描述大不列颠的**所有**居民时，威尔士的男男女女们还可以一种双重意味使用它：确认他们声称的更高的英国性，同时又维护他们的威尔士性。"英国人来敲家门"，卡拉封郡在拿破仑战争期间的一张征兵广告写道，因此同时兼顾了一种特殊的威尔士性和泛英国的忠诚。以同样的方式，1810和1820年代有大批互助会在格拉摩根郡的梅瑟蒂德菲尔集会，把自己叫作"古英国人"、"新英国人"、"真正的英国人"和"忠诚的英国人"。[13]

用大不列颠来指一个岛屿，在这段时间也发生显著变化；如果让我现在写《英国人》这本书，我会用更多篇幅来讲述这里想象和呈现地理的方式，以及人们对岛屿和海洋的感觉。莎士比亚《理查德二世》一书中的瘦约翰，其著名的演讲清楚表明，在1707年联合之前，英格兰被大量用来指代整个岛屿。[14] 但随着《联合法案》而变的是，尽管英格兰是大不列颠最大、人口最多和最富有的部分，但它也比以前更清楚地，被当作整体（一个更大的岛屿）中的一个组成部分。1707 年的联合不是结盟式联合，也不是把苏格兰合并到英格兰的吞并式联合，因为苏格兰保留了其全然不同的法律、教育和教会制度。相反，《联合法案》宣布，英格兰、威尔士和苏格兰，现在全都是某个崭新大国的一部分。行政管理机构实实在在（尽管从没有完完全全）集中在伦敦。但笛福也认识到，带有英国岛国特性的政治和意义已然改变。他的《大不列颠全岛游记》出版于 1724—1726 年，后来又在 1738、1742、1748、1753、1761、1769 和 1778 年补充再版，该书评价了在一个经过调整的政治空间里的生活和活动中所包含的一些紧张状态和冲突。笛福写道，苏格兰"现在与大不列颠的其他部分一样，只不过是大不列颠的一部分，**英格兰在其中，也同样只是一个部分**。"[15]

在现在已被遗忘的 18 世纪各种风格的布道、历史、政治小册子、古文物研究评鉴、民谣、诗歌和小说中，在地图、航海图、印刷品和航海技艺中，还可以找到英国岛国性的一种改头换面和更为持续的语言和形象。然而，讨论岛国性，也是这一时期最睿智的一些名著的重要主题之一，尽管这些讨论常常长篇累牍和深藏不露，反而很容易被忽略或未予理睬。例如，1707 年《联合法案》的重要革新之一，是把大不列颠变成了一个自由贸易区。其重要意义远超经济层面。《联合法案》强调现在可被岛上**所有**民族都享有的商贸特权，把英国人明白无误地同其他地方的民族和国家区别和划分开来。这有助于解释为何"大不列颠"这个名字，在亚当·斯密的《国富论》中出现了两百多次（远超提到英格兰、苏格兰或威尔士的次数），以及为何这一划时代的著作，反复比较英国事物和外国事物的原因。因此斯密在流露民族自豪（"在大不列颠，产业是很安全的"）的同时，也反复提到在域外、在大不列颠海岸线之外的其他不那么幸运的商人。他讨论了"禁止从**外国**进口活牲畜或腌制品",以及这样做如何"保证了**大不列颠**牧人对国内市场的垄断"。他提到了"**在英国**与**外国**之间贩运谷物的人"。而且,因他过去曾担任海关官员,他详细描述了"对**外国**商人进口的所有商品征收的特别关税。"斯密的名著《国富论》正文对本土和大不列颠(国内)以及外国和外部世界(其他的)进行的二元划分,在其索引中也反复出现,在那里,好奇的读者可以直接看到"荷兰人如何被排除在大不列颠的承运人之外",或"法国商品在大不列颠如何(被)征以重税"等等这样的描述。[16]

我仔细研究亚当·斯密对于语言的选择,部分原因是为了强调,需要更富想象力地研究18世纪(和19以及20世纪)英国著作以及艺术、制图和音乐中对岛国性的使用和反响。[17] 但斯密在《国富论》中,反复对比大不列颠岛民和异邦人及"外国人",也说明了一个远远更为广泛的主题。斯特凡·柯里尼写到,"自觉的国家主义,在很大程度上是一件与某人或某物对照而确立身份的事务";而《英国人》的中心论点之一是,对于1707年后日益形成的一种崭新的英国国家身份而言,这种情况一定程度上实实在在是在对某种部分真实、部分想象的"异己"作出反应的过程中发生的——我在2009年依然强调这一点。[18]

之所以这样,原因之一是日渐统一的权力和宗教方面的潜力。在本书研究的大部分时期内,新教都是英格兰、威尔士和苏格兰占绝对优势的主要宗教信仰,当然,爱尔兰的情形例外。《英国人》清楚地指明,威尔士、苏格兰和英格兰的各个新教团体之间,其神学观点、信仰和礼拜模式以及教堂组织,都有着巨大差异(第19页之后)。[19] 但就绝大多数男男女女而言,与新教和天主教之间的宗教冲突和竞争(这种竞争在紧要关头,会引起国内政治恐慌以及反复的战争和国际乃至洲际对抗)相比,这些新教徒的内部差别常常完全是另外一回事,而且微不足道。从1688年詹姆斯二世被驱逐,到1746年克洛登战役之前,英国新教徒君主的王位时不时都危如累卵,似乎完全有可能被敌对的天主教王朝(即斯图亚特家族)的某个成员用暴力推翻并取代。而且,在1689—1815年间一半以上的时间里,大不列颠(以及随后的联合王国)都处在与欧洲大陆最主要的天主教强权(即法国)的战争中,且常常处在被其入侵的非常严重的危险之下。

伴随所有这一切的极度不安全感和恐惧反复出现——惧怕因为王位继承而引起的另一次嗜血和掠夺成性的内战,且被强加以一位天主教国王的可能性;惧怕面对天主教法国更大规模军队和人口以及野心勃勃的海军,还有它与天主教西班牙的亲密结盟,在对此作出反应时,促进了"大不列颠是一个上下同心和严阵以待的新教国家"这一观念的想象和成形。英国下议院议员在1710年(这一时期与法国交战的若干年当中的一年)声称,"因为我们是英国人,保卫大不列颠各个部分之间的联合——这是我们全体民众的安全所系,是我们共同的利益,也应当是我们的正义事业。"[20]

英国在18世纪(乃至19和20世纪初)深沉、广泛、有时甚至盲目的新教信仰,在今天似乎反而令人感到陌生、难以想象和毫无吸引力,对天主教学者和读者更是如此。然而,就本书而言,我小心谨慎地作了一些重要界定。直到1700年代末,新教徒可能占到英格兰、威尔士和苏格兰总人口的至少90%以上,但这并不意味着英国的少数天主教人口,或其数量更为稀少的犹太教人口,总是受到歧视——尽管贫穷的天主教徒和犹太教徒总容易受到伤害(参见第23页)。常常直接反法国和西班牙天主教的基本态度,并没有使英国在总体上思想狭隘或惧怕欧洲。相反,像17世纪时一样,英国在1707年之后狂热的新教信仰,以各种方式,为欧洲大陆和北美信奉同一宗教的同道们,提供了政治、思想、宗教、军事和个人依附(参见第24页和第134—147页)。[21]英国新教信仰还以另一种强有力的方式,破除着英国的岛国思维：它日益促进着这样一种观念的确立，即英国人集体被上帝赋予职责，要把"最纯洁的福音信仰之光"，传播到"被野蛮和无知完全占据"的黑暗土地上去。[22]

新教信仰、口号和历史解释，在紧要关头成为民族凝聚的焦点，成为区别和排斥"外人"的一种方式，并确证帝国扩张的正当性，其程度不同寻常，非比一般。宗教联合，有时是天主教徒之间的联合，有时是新教徒之间的联合，在这一时期的法国和西班牙以及其他欧洲政权中，起着非常相似的作用，也在美国革命和新共和国中起着同样的作用。这一时期英国过于自信的新教信仰，其效果也不应当完全被看作倒行逆施或者沙文主义。"贫穷和奴役像两姊妹，手拉手，肩并肩"这样的普遍信念，与"大不列颠是新教徒的以色列"这样的信仰共存，是自由特有的孪生兄弟。[23] 这些观念跨越阶级，在威尔士、苏格兰和英格兰随处可见，激励了一种持久稳固的意识形态，即英国人特别优越；同时，它们也滋养了一种政治精英论的感觉和期望。正如这一时期议会辩论和公众请愿的文本充分展示的那样，"作为英国人和新教徒"这个片语，经常充当着一个前奏，来开始进行报怨和要求进行改革；并且充当着一种手段，来引入扩大权利的要求，并使之合法化。[24]

到 1800 年，英国政治和思想精英的许多成员，都从这种新教世界观退却，尽管并没有从其帮助维系的政治和宪法优越论退却。富有和有权势的阶层在态度上的转变，一定程度可归因于世界主义的启蒙观念和更大程度的宽容；但在面对完全不同的基督教和非基督教附庸关系时，更加松弛的精英态度，也是对英国强大了许多的全球霸权，以及为适应这一霸权的实际需要而作出的反应。到 18 世纪末，英国统治者宣称，对许多海外天主教臣民（以及数量越来越多的穆斯林和印度教臣民）拥有统治权，而且还需征召大量爱尔兰天主教徒（和穆斯林以及印度教徒）在帝国国内或者为帝国而战。因此，统治和利用大不列颠之外大量不同宗教信仰的群体，其部分代价，便是内部精英调整态度。[25]

我在书中指出，此后，随着19世纪的展开，一度与天主教"异己"相关的新教狂热，一定程度让位给了面对殖民地和海外"异己"时不那么有宗教门户之见的，联合了英格兰、苏格兰、威尔士和爱尔兰的努力。我在其他地方也提到，在实践中，不同的英国人，在其帝国的不同地方遇到不同的土著民族时，其反应总是千差万别。[26]然而，就官方语汇而言，提到被假定为帝国空间和文化中的异己，这常常是一种强调的方式，通过对比来强调英国性自身与众不同和卓尔不群的品质。因此，以1827年一篇写给下议院的报告为例，该报告严词谴责了某些阿拉伯奴隶贸易商，声称他们在加尔各答的市场上不断买卖人口。报告严厉指出，这些"最低下的人种"，完全与"一个英国大城市中的英国人和英国臣民的博爱、伟大和高雅"大相径庭。[27]

在1829年之后，联合王国内的天主教徒，开始被合法赋予权利，可以与新教徒一样，平等分享"英国人的伟大和优雅"（参见第330—341页）。然而，在享有特权和受过教育的阶层之下，旧派、排外的新教徒的后撤反应明显慢得多。迟至1927年，威斯敏斯特改革英格兰教堂祈祷书的努力，被某些人看作是一种完全赞同罗马的方式，从而激起一场抗议风暴，聚集了整个英格兰、威尔士、苏格兰和现在乌尔斯特*的政治家、宗教活动家和普通男女民众。甚至直到这个时候，"一个处在危难之中的新教国家"这样的呼声，仍然可以激起政治上压倒性以及显而易见全英范围内的响应。[28]

1927年在全国范围内爆发的对祈祷书以及新教信仰是否安全的

---

* 乌尔斯特（Ulster），历史上一个古老的地区和王国，位于爱尔兰北部，在詹姆斯一世统治时，大部分被并入英国，现在被爱尔兰共和国和北爱尔兰所分割。——译者

恐惧和焦虑，提醒着人们，英国性观念可以以两种截然不同且似乎对立的方式起作用和彰显自己。新教徒卓尔不群这样一种广泛、斩钉截铁和积极进取的感觉，常常与一种易受攻击和存在外部威胁的显著感觉并存。这种与之相对的脆弱和自卫性焦虑，其重要性有时会被忽略，这很大程度上因为，在一段时间里，人们基于事后的态势认为，大不列颠是世界第一强国，一个行使霸权的帝国。

历史学家、政治学家和文化理论家越来越爱强调，"帝国"（empire）和"国家"（nation）在这里是相互构成的要素；这个在学术上被称为"帝国转向"的东西，马上给人以启发、鼓舞人心并歪曲事实。它滋生有价值的新信息和洞见，对那些研究彼此有内在联系的英国和英帝国史的学者而言，它还有助于拓展视野和洞察力。[29] 但一些学者把"帝国和国家相互构成"这一主张更进一步，选择只聚焦**英格兰**。据他们解释，在若干世纪里，主要是**英格兰**在致力于两种模式和两个阶段的帝国主义，一种对内，显而易见另一种对外。一位作家曾指出，"大不列颠"以及最终的"联合王国"，是"南方的英格兰君主政府扩张野心的产物，这个政府常常与以伦敦为基础的商业和金融利益为伍"。[30] 他进一步声称，英格兰统治阶级通过贯彻国内的"扩张计划"，并使威尔士、苏格兰和爱尔兰屈服，从而逐渐获得必要的经济力量、人力储备和统治技术，来贯彻执行更野心勃勃的海外扩张。由此，一个完全由英格兰提出的国内帝国计划帮助进行准备工作、推动并促进帝国的海外扩张。[31]

这种非常线性的理论，其部分诱惑在于，它似乎解释了第二次世界大战结束之后，联合王国为何开始显现越来越严重的"分裂"倾向。在1947到1997年间，英国海外帝国的身躯开始分崩离析。常常有观点认为，由此而必然的结论和后果，一定是英格兰在国内的"凯尔特"帝国也逐渐无情地分裂和沦丧。这种观点认为，1916年的爱尔兰革命，以及随后爱尔兰共和国的建立，纯粹是一个连锁反应的第一步，这个连锁反应就是，一度由英格兰统治者强加给其所有邻国的捆绑束缚，将逐渐和不可逆转地松弛。[32]

借用这种分析最早的支持者之一汤姆·奈恩那著名的术语来说，这样一种"英国式分裂"，实际上可能正在进行。但这并不是一个预料中必然会发生的结果；从这些当代发展（或不发展）得出的历史论断，在当下就有高度目的论和过于片面的危险。

固然，帝国和国家在这里常常相互构成——且是以诸多不同的方式。我在书中谈到，苏格兰家境殷实的民众逐渐顺从1707年的《联合协议》，因为它使他们可以获得帝国更多的商业、工作、投资机会和其他民族的富饶土地（第118—134页）。同样，在1800年的《联合法案》之后，收益、机会、殖民地总督的恭维和帝国的负担，使越来越多爱尔兰新教徒和天主教徒忙忙碌碌。[33]但这些苏格兰人和爱尔兰人，并不只是一个英格兰所统治和主宰的帝国里的小卒。最近的许多研究证明，苏格兰和爱尔兰的个别人物，在塑造帝国的形式和发展方向，以及它被感知和想象的方式方面，扮演着先锋角色。根据最近的研究，詹姆斯·密尔、托马斯·巴宾顿·麦考莱和托马斯·卡莱尔这些有意识地对维多利亚时期对待种族和帝国的态度发挥重要影响的人物，全都是苏格兰人，而且都经受了苏格兰大学的哲学、经济学和政治训导的深刻熏陶。[34]1830年代夺取香港，这很大程度上是一项苏格兰商人、资本家和士兵的计划；到19世纪末，印度次大陆更多地区，是由爱尔兰出生的地方长官，而不是由英格兰人主管；数量众多和各式各样的苏格兰人和爱尔兰人投身帝国事业，这样的例子不胜枚举。这一切很难令人以为，至少从1760年代开始就在大众和象征中被人们所知的**大英**帝国，主要和完全是一项**英格兰**人的事业。[35]这反过来又使人们开始质疑如下观点：大不列颠的创建和维系，仅仅只是一项完全和单独由扩张主义所推动的"英格兰人的计划"。

实际上，在大不列颠和联合王国若干世纪的创建过程中，真正引人注目的一点，是其关键阶段常常是对容易受到攻击的脆弱感作出的反应。1536 和 1543 年与威尔士的联合"法案"，无疑是伦敦强加的同化性的主动行动，但一定程度上，也被当时新教改革的创新性和不完整性，以及担心法国和西班牙攻击这片新继承的土地所驱使。1603 年的《王权合并法案》，很难说是一项**英格兰**主导的国内帝国法案。它很大程度上是一个苏格兰国王（即詹姆斯六世）出乎意料的行动：这个例子正好说明，在英国性的形成和维护中，苏格兰的个别人物在过去（和现在）的影响力有多大。[36] 詹姆斯被接纳为国境之南的国王，因为单身无子的伊丽莎白女王去世后，那里没有其他合适的继承人，而在政治真空和可能出现的混乱状态面前，几乎也别无选择。同样，安妮女王统治期间，又一位即将离世的在位女王身后，没有一位活着的继承人，从而面临国内战争和天主教徒夺取王位的危机，正是这样的前景，说服威斯敏斯特的政治家们，致力于合并苏格兰议会。在边界北部，1707 年的《联合法案》，"正是现在确保苏格兰教会和苏格兰人得以抵制天主教僭君所必需"，这一信仰在逐渐削弱反对立场而与英格兰结合的过程中，并非无足轻重。[37] 而最终，正是对拿破仑的军队及其入侵舰队可能会利用爱尔兰作为入侵大不列颠跳板的担忧，在背后促成了 1800 年签订的《联合法案》。[38]

回头看来，可以认为大不列颠及其后的联合王国形成过程中的各个阶段，与其他诸多事件一起，为帝国的扩张奠定了安全基础。但是，不应当把当时各个阶段导致联合的**原因**，与最终和逐渐积累的联合**努力**混淆。1837 年（即本书终点）之后的事件也进一步表明，英国联合的深度，很大程度上与反复出现的脆弱感和外部入侵的危机感不断交织。研究维多利亚时期的历史学家指出，1815 年滑铁卢战役之后，法国威胁逐渐消退，这意味着英国性的语言，一定程度上让位给了南部旧的英格兰性语汇。但在危机和局势紧张时，又会迅速提到和借助与英国相关的事物。如 1852 年法国入侵恐怖期间的情形，便是如此。通常以英格兰为中心的讽刺杂志《笨拙画报》在这一年宣称："如果法国士兵被命令想要跳上英国海滩，**英国**人民就将以迅雷不及掩耳之势消灭他们——尽管会为此非常遗憾。"[39] 同样，"英国性"这个词仿佛又成为19世纪最后几十年中的新发明，当时"国家的至尊地位"，在令人敬畏的新"异己"——一个统一的德国，一个欣欣向荣的美国和对英国在印度的地位构成威胁的俄罗斯帝国——面前，面临又一次"信心危机"。[40]

因此，就英国国家认同的形成而言，埃里克·霍布斯鲍姆的论断很有道理："再没有什么途径，比联合起来一致对外，更能有效地把各个地区惶恐不安的民族紧密联系在一起。"[41] 然而就其本身而言，这还远远不够。大部分新教教义；在面对国内和海外天主教"异己"时的惶恐和自我定位；与一个教皇至上、专制主义、革命或拿破仑统治的法国反复进行的战争；英国强大和持久的自由至上观念以及共有的岛国性；帝国的诱惑、驱使和机遇；国内贸易和移民平常但日积月累的影响；更便捷的交通；跨国的友谊和婚姻：我在本书试图论证，所有这一切，都有助于在这一时期，形成一种包容性的英国身份认同，这一身份认同与作为英格兰人、威尔士人或苏格兰人（或康沃尔人，或约克人，或奥尼克人）的独特性并存，有时还显得更为重要。

此外，这种逐渐发展的英国身份认同感，还常常被不同群体，出于他们自己的特殊原因和目的而加以拥护和借用。一个生机勃勃的小镇或城市中的地方官员和商人，决定竭尽全力拥护一名英国君主，其部分原因，可能也是为了宣扬他们自己的重要性和价值（例如第229页）。小店主和工匠急匆匆加入民众志愿兵团，可能目的是向其成员销售靴子、制服或给他们理发，同时在抗击拿破仑入侵大不列颠时尽一份力（例如第308—309页）。威尔士和苏格兰爱国者可能会对英国性津津乐道，这显然不是他们投靠英格兰作风的标志，而是因为"大不列颠"的创建,提供了把英格兰人融入一个更大的领土单元,从而使其他人与其平起平坐的途径(例如,参见第142—143页)。而从1790年代通讯会激进的抗议运动,历经1830和1840年代的宪章运动,直到20世纪初的妇女选举权运动,都采取了英国性的语言和视觉形象,其部分原因,是使其各自的努力合法化,也因他们需要拉拢大不列颠以及最终联合王国各个地区的支持者。[42]因此,本书在描绘随着时间推移而发生的重大变化和进展的同时,也时不时稍微停顿,去解释一些更隐秘的原因,说明一下为什么特定的群体和个人,会选择成为英国人。自始至终,我都希望搞清楚,一种新生的英国国家认同,是如何被**使用**,以及为何这一时期的各个利益集团和支持者,会觉得它非常有用。

但英国的国家认同,现在还依然有用吗?

《英国人》主要是一本历史著作。它从来没想过要进行政治宣传,更不是一部政治预言式的评论。但是,我在1992年相信——现在仍然相信——本书所考察的一些发展、反论和观念,为围绕身份认同所产生的不安和争论(这是当代英国的特征)提供了基本背景,并有助于搞清楚其真正含义。

首先,正确评价相对较晚才创建的大不列颠,和更晚形成的大不列颠及爱尔兰联合王国(尤其是其现在已被削弱的形式),对于理解当前正在进行的关于英国性的讨论,不可或缺。事实上,"大不列颠"和英国身份,被加在其他更为古老的身份之上,并总是与之并存。《英国人》的一个中心论点是,过去人们常常自觉不自觉地保持着多重身份。因此,一个爱丁堡居民,可能会特别珍爱自己的城市,但在某些场合,又把自己看作一个自豪的苏格兰低地人,在其他某些情形下,又强烈感觉自己是一个英国人,诸如此类。比较机敏的时事评论者非常清楚这些忠诚、效忠和自我认同的不同层次。例如1879年,自由党政治领袖威廉·格莱斯顿，决定把联合王国呈现为一个既单一又复合的国家。他告诉中洛锡安郡选民："如果我们能做出一种安排，让英格兰各地、爱尔兰、苏格兰、威尔士在这种安排下，能比现在的议会更有效地为自己处理好**当地**和**特殊**的利益，我敢说，那将会对**国家**的福祉非常有利。"[43] 但格莱斯顿本人也非常明白，这一复合结构在本质上是一个不稳定的结构，会时不时出现裂缝和紧张状态。伦敦《泰晤士报》在 1910 年谈到当时威尔士和苏格兰以及爱尔兰要求更大限度的地方自治时，紧张地呵斥道："如果这些岛上的人不能组成一个民族"这位报人继续问道："那么民族是什么？"[44]

在《英国人》的结论一章中，我提到为何这种问题和焦虑，在第二次世界大战之后，变得日益频繁和持续的各种原因。我在那里简略谈到，本书所讨论的建构英国性的主要材料，有一些明显已不复存在。帝国已灰飞烟灭，非常频繁和长久地把威尔士、苏格兰和英格兰（在有些时候，还包括爱尔兰的部分地区）的普通男男女女拉拢和联合在一起的"新教徒构成的下层社会"及其思想世界也同样如此。第四章所讨论的，在整个英国境内拥有土地和权力的精英，现在已经不复存在；而英国君主，也失去了其部分（尽管不是全部）超凡魅力和凝聚力，对君主的忠诚日益淡薄，在现在广受爱戴的女王伊丽莎白二世仙逝之后，可能还会变得更加明显。

经济凝聚力的部分基础也已被削弱。例如，英国工业从 1980 年代开始不断持续进行的私有化的结果之一，是许多全国范围（也就是全英范围意义上）的机构组织消失无踪。分别来自康沃尔郡彭冉市和凯斯尼斯郡瑟索市的人们，再也不能登上**英国**铁路公司的列车，或向**英国**电信报怨其电话服务，或从**英国**煤炭公司订购其冬季燃煤。而且，再也没有全英范围内强有力的劳工运动。约瑟夫·杰拉德关于 1790 年代爱丁堡的全英国民代表大会的经历，证明极端分子、工匠和工人的激进主义，在历史上常常有助于创造和加强英格兰、威尔士和苏格兰（有时还有爱尔兰）之间的联系。工联主义从1970年代开始在整个联合王国内收缩，和一度维系它的那些阶级意识形态的消退，都已经表明，这种跨国界的联系和劳工大众中的共性，在一定程度上已越来越不明显和越来越不容易维持。

更致命的是，再也不存在一个可以让绝大多数英国人与之对照来界定自己的，一眼就能认出来的"异己"。[45]相反，1945年以后，那些**有时**被当作"异己"的人本身，还以新的方式来到英国境内。昔日的大英帝国收缩回国内，与此同时帝国以前疆域内的大量移民定居英国，他们中许多人不是白人，可能同时也不是基督徒。在这方面，英国与法国、德国、荷兰和西班牙等其他欧洲列强的经历非常相似，在1945年之后，这些国家人口的种族和文化也变得越来越多元化。但就英国而言，外部世界在两个更深入的层面，被更强有力地推进到其境内。英国没有颂扬与天主教大国长期支配的欧洲形成对比的岛国性，而是（半心半意地）成了欧盟的一员。而且英国没有像以往那样，专横地把海军基地遍布世界，相反，在其境内，现在还永久驻扎了比其他欧洲国家更多的美国军队，只少于第二次世界大战的战败国德国和意大利。

英国现在的外交政策实际上被华盛顿左右，其社会、法律、金融和经济政策，实质上要与布鲁塞尔磋商，这削弱了英国性的另一个传统官方标志（即英国议会）的力量，使其魅力大打折扣。权力下放也同样如此。同在1998年，北爱尔兰根据《耶稣受难日协定》，在贝尔法斯特重建议会，威尔士在加的夫建立议会，苏格兰新议会也在爱丁堡开幕。[46]权力下放不是一个单一事件。它是一个注定要继续和发展的过程。下放行政权给加的夫、爱丁堡和贝尔法斯特，进一步鼓励了威尔士、苏格兰和北爱尔兰的自治和自我意识，随着其程度加深，其效果也日积月累。一定程度上是为了回应这些变化，那些认为英格兰自身也应当重新确立其对于"凯尔特边远地区"的独立性的呼声（这些呼声，像本书所显示的那样，历史悠久），当前正在复活，且越来越洪亮，越来越狂暴。不仅政治和媒体上的争论如此，学界也同样如此。牛津大学一名教授最近写道："如果若干个世纪以来，英格兰人第一次发现自己只代表英格兰人在讲话，谁知道英格兰性将会展示什么样的活力。"[47] 约翰·威尔克斯对此可能会高声喝彩。

所有这些，是否意味着英国即将面临某种分裂？可能如此。但对正在发生的状况，用"分裂"这个词可能有些危言耸听，对于迫切的事务和选项，只会引起躁动和焦虑，而不是深入广泛的考察。苏格兰现在似乎并不比《英国人》第一次出版时的1992年更有可能脱离国家。但我在本书初版中写到，大不列颠和联合王国有可能从一个自诩的国家，越来越快地转变成一个明显的联邦，或成为欧盟这样更为松散的邦联中的某种松散邦联。不管情形怎样，脱离外界的发展而孤立看待这些岛上的事件和趋势，都不恰当并容易出错。

我在美国东海岸写下这些文字。依据血统，我是部分威尔士人、部分英格兰人和部分爱尔兰人，依据默认情况、选项和护照，我是英国人，但我向华盛顿特区联邦政府纳税。雇我的是一所美国大学，其许多学生和教工不是美国公民，而来自许多国家。每天，我都通过电邮与各大洲的人们通信；而我大多数时候身居其中的，是一个纯粹想象中的国度：一个横跨大西洋的长方形，一头是新泽西州的普林斯顿，另一头是伦敦。我记下这些个人细节，是为了强调将变得显而易见的一点。关于国家身份和归属的争论、不确定性和明显的流动性，并不是当代英国人所特有的东西。这些事情非常普遍。在其一生不止一次两次，而是反复多次长途跋涉的移民——其思想也如同身体一样经历变迁——现在这样的人比以往任何时候都多，而且会越来越多。其结果之一便是，来自各个收入阶层和各大洲的、越来越多的人流大军，其身份更容易与其现在居住的城市、特定社区、某个公司企业或一群虚虚实实的个体保持一致,而不是与其出生的国家保持一致。即便是终身只待在一个地方的男男女女们,现在都比历史上任何一代先辈们的命运更不可避免地与世界上每一个地方的事件和思想联系在一起。

媒体和政治上对英国性及其不如意之处的争论,经常太过具有内向性。然而所谓的"全球化"对此所产生的影响,尽管还不完全清楚,但也容易想见。可能的情形是,在巨大的全球性力量和转变的背景下,就我们时代真正的大事而言,大不列颠马上显得太小,但又太大,难以为其中人员、商品、思想、工作和影响前所未有的流动提供必要的安全感、舒适感和归属感。但情况也可能完全相反。英国作为一个从来不以人种或文化同一性为基础的、合成和人为创造的国家,以及曾经的帝国,其某些方面特别适合于适应一个变动不居的世界和流动的人口。例如,令人惊讶的是,联合王国有很多加勒比或非洲裔居民称自己为"**英国**黑人",还有许多阿拉伯裔公民,常把自己叫作**英国**穆斯林。英国性这把大伞,似乎比更为严格的英格兰性、苏格兰性和威尔士性,更容易被新近来自不同背景的移民所接受。此外,迁徙和经济变动的频率越来越高,使更多人在联合王国**内**走来走去,而不只是移居进来或移民出去。例如,苏格兰再次带着其自己的爱丁堡议会步入新千年,但在其境内居住的英格兰裔男男女女,也比以前任何一个时代都多。换句话说,现在还在进行的巨大变化,并没有全指向一个清晰和不变的方向。

所有这些五花八门和相互交织的冲击、悖论和变迁,要预言其最终结果,显然不明智和冒昧,尤其是对一位生活在3000多英里之外的历史学家。但从那一角度,我贡献了两个结论性的观点。首先,战后的英国政治家大体上投入了太多精力,来让联合王国在整个世界"超水平发挥",而不注重思考和重新规划大不列颠和联合王国现在的出路,或改变和调整公民权和宪法。联合王国如果要以某种残存的模式或形态继续存在,就需要他们拿出更持久的创造力、想象力和努力。其次,虽然政治家需要提升自己的水准,但联合王国的居民同样也需要不时擦亮他们的眼睛,去放眼世界,并看到可能面临的危险。过于迫切地争论英国性及其亦真亦幻的缺陷,将会堕入拖拉无度的纸上谈兵的危险之中。然而,18世纪(和19以及20世纪)的英国人明白,有一个外面的世界:可能会带来威胁和动荡,又令人兴奋不已。

如果欧盟真像某些批评文章说的那样,是令人敬畏的超级大国,倒没什么问题。然而欧盟虽然经济强大,但行政管理常常发育不全,军事上也微不足道。因此,联合王国在一个已经划分为许多小国的欧洲当中,进一步分裂自己,到底有多明智和安全?诸如此类的问题,需要睿智的思考、睿智的讨论和睿智的行动。要实现这一目标,政治家、辩论家和市民们首先需要信息灵通地全面了解过去和现在。对任何一本著作来说,在讲述逐渐发展(并且尚未解决?)的英国身份的故事时,1707到1837年这段时间都是核心而且意义深远。这一故事现在仍在继续。

第一版序言

1　　本书讲述的是英国的形成，从1707年苏格兰加入英格兰和威尔士的《联合法案》，到1837年维多利亚时代正式开始之间的历程。我在写作时，脑海里有两个相互关联的目的。第一是要揭示那些在其祖国面临外部重大威胁时，愿意支持现有秩序的人们，他们的身份认同、行动和思想，明确搞清楚这些英国人在效忠时想的是什么，他们希望从爱国奉献中获得什么。第二个是为了显示，正是在这段时间，广泛形成了一种英国国家身份感，而其形成的方式，从那时开始，无论是其显著的力量和适应性，还是其相当多的和越来越明显的弱点，都决定了这种特殊的国家感和归属感的品质。

　　英国和法国之间的一系列战争，使群众的忠诚和英国性的形成这些主题在这130年里牢牢居于中心地位。两国分别是海上和陆上的霸主，被保罗·肯尼迪叫作鲸鱼和大象，它们在1689—1697年处于交战状态，在1702—1713年、1743—1748年、1756—1763年、1778—1783年、1793—1802年，和最后1803—1815年的滑铁卢战役之间，战争的规模更大，耗费更多。而这些仅仅只是更为持久和层次丰富的敌对状态最激烈的表现方式。[1]即使是在中间的表面和平时期，这两个强权也在反复密谋算计对方和互派间谍。其殖民者和军队在北美、西印度、非洲、亚洲和欧洲抢夺地盘和统治权。法国传教士、知识分子和旅行者对英国的政治体制、道德结构和文化成就挑三拣四，他们的英国对手也对法国做着同样的事，两者都带着狂热的成见，暴露了彼此的敌意和焦虑。[2]英国和法国又像一对出名的不幸夫妇一样，在这些年（和之后很久）彼此紧咬对方，既不能和平共处，又不能彼此释怀平静分手。结果不是一系列单独或传统的战争，而是无孔不入和旷日持久的冲突，几乎没有时间发展成20世纪意义上的冷战。

持久缠斗考验并改变了海峡两岸的国家实力，这很正常。在大不列颠，其直接导致了英格兰银行的建立和金融街的创立，发展了更高效和全国性的金融体制，并出现了大规模军事机器，直至第二次世界大战之后才开始真正瓦解。[3] 然而大多数历史著作都给人以这样的印象，即最初的变化都是在无人参与的情况下发生。关于大多数英国民众对绵延的战争，以及与之相伴的革新、征服和危险作何反应，我们不甚了了。[4] 这在一定程度上，但也仅在一定程度上，是因为大不列颠与这一时期其他的几乎每一个欧洲国家不同，没有经历大规模外部入侵。其结果之一是，它从来不用大规模强制征兵（尽管已很接近了）。因此，人们始终认为，被误称为英法第二次百年战争的事件，很大程度上发生在英国市民大众的思想世界之外：即与17世纪中叶的内战或20世纪的世界大战不同，在这些冲突中，政治家、官吏和职业军人，始终是被无动于衷的大众包围的少数积极分子。

但这完全错了。英国逃过了一劫并没有使英法之间旷日持久的冲突显得与其民众无关。它只是使对战争的反应更明显具有盲目爱国的色彩。与其大多数欧洲邻国不同，这时的英国，像20世纪的美国一样，在享受军事荣耀时，毫发无损，没有民众伤亡，国内也没有受到重创。他们罕见地免遭更为残酷现实的驱使，而（他们中的大部分人）得以把精力集中在与法国更广泛，但较少直接接触的斗争上，这一斗争过程把大不列颠持续暴露在外部威胁下，从而对定义大不列颠发挥了重要作用。

在某种层面上，双方都认为，这是宗教战争。法国在九年战争（1689—1697年）、西班牙王位继承战争（1702—1713年）和奥地

图1. 高卢鸡与英国狮，佚名，1739年

图2. 英国雄狮和法国雄鸡，草图，菲力佩·德·博格，约1797年

利王位继承战争（1739—1748年）中的首要目标之一，是入侵英国，以支持斯图亚特王朝的僭君，开始是被流放的詹姆斯二世，然后是其子詹姆斯·爱德华·斯图亚特，最后是他的孙子查理·爱德华·斯图亚特，绰号美王子查理。因为他们都是罗马天主教徒，这些战争就都必然被提升到事关大不列颠本土新教群体安危和担心再次引发内战的高度。即使是七年战争（1756—1763年），也隐约有一丝法国支持詹姆斯党人入侵的威胁存在。

从那以后，整个英国的詹姆斯党人灰飞烟灭。接下来的两次英法之战，其思想形态的主要威胁不是宗教，而完全是政治性的。法国在1778年之后与美国结盟，从英国怀中成功剥离了第一帝国最殷实的地区，也是英国民众感觉情感纽带最亲密的部分。伦敦曾统治的那片疆域，成立了一个共和政体，其振臂高呼自己不仅独立，而且是比母国更自由、更美好和更虔诚的新教国家。换句话说，这次战争，也迫使英国焦虑和深刻自省，尽管战斗大部分是在三千英里外的大西洋彼岸进行。法国革命和拿破仑战争（1793—1802年以及1803—1815年），更沉重地打击了英国人骨子里的自信，而且持续时间更长，波及范围更广，面对的入侵威胁更大。

因此这些大战每一次都挑战了大不列颠的政治和宗教基础，并威胁其国内安全及商业和殖民权力。结果是其统治者不得不一次又一次不仅动员其支持者，而且越来越多地与大量英国人积极合作，以抵御反复出现的外来危险。当然，并不是每个人都积极响应。近年来，我们对一些男男女女的行径早有耳闻，他们有的在18世纪上半叶藐视当局，继续支持詹姆斯党人入侵英国；有的在1775年之后反对英国与美洲殖民地的战争；有的在1793年之后支持与法兰西共和国和拿破仑和平相处。[5]

总有持不同意见的声浪：让它们从历史陈迹中清楚响亮地浮现从而让我们知晓，这没有什么不妥。但我们不能让其压过其他绝大多数的英国人发出的、**显然**更传统的声音，这些人出于种种原因，支持了坚持不懈的战争努力。接下来的部分工作，是把这些被假定为英国国教徒的人，从后世的殷勤态度中解脱出来（我曾更恰当地称其为从史学家的无知中解脱出来）。我们急需重新认识他们的所作所为，因为这些行为通常体现的东西更多，而不只是本能的盲目爱国，或单纯的防卫，或心胸狭隘的保守。爱国主义对所有阶层和两种性别，常常都是一种高度理性的反应，也是一种创造性的反应。我们看到，为英国身份服务这种意义上的爱国主义，就像一辆乐队彩车，不同群体和利益都在上面蹦蹦跳跳，好让其驶向一个对他们有利的方向。做一名爱国者是宣称有权参与英国政治生活的一种方式，最终是让更多人成为公民的手段。

如果我们要理解必然被称作英国国家主义的那种事物的演进，批判和包容地看待这一时期的爱国主义也很重要。我知道把大不列颠当作一个国家来谈论，会令人迷惑，甚至会冒犯习惯只把国家当作以同文同种为特征的历史现象来思考的人。我的回答是，如果我们以如此严格、有机生长的方式来限定我们对"国家"一词的使用，我们将发现，世界上只有极少数这样的国家可供研究或生活其中。相反，如果我们接受本尼迪克特·安德森已被公认的，松散但因此弥足珍贵的定义，即国家是"一个想象的政治共同体"，并且也承认，就历史而言，大多数国家都有文化和种族上的差异、不确定性、变化无常和人为构建的痕迹，其建也勃，其崩也忽，那么，我们就可以堂而皇之地把大不列颠看作一个建立在更古老的结盟和忠诚之上的、虚构的国家，哪怕只是昙花一现。[6]

英国国家的形成首先是通过战争。与法国的战争，一次又一次让英国人（不管来自威尔士、苏格兰还是英格兰）直接面对一个显然敌对的异己，并激励他们集体以反抗法国来界定自身。他们把自己界定为新教徒，为生存而反抗世界上最大的天主教强权。他们对照着法国人界定自己，认为法国人迷信，是好战分子、堕落和不自由的人。而且，随着战争继续，他们中许多人更越来越以被其征服的殖民地民族为对立面，来界定自己，就文化、宗教和肤色而言，这些民族显而易见是外国人。彼得·萨林斯曾指出，国家身份"像种族或社群身份一样，视情况和关系而定：视把集体自我和其暗示的对立面（即异己）相区别的社交和领土边界而定。"[7]换句话说，人们根据他们不是谁和什么，来决定他们是谁。一旦遇到一个显然异己的"他们"，一个在此前分歧很大的社群，就可以成为一个令人放心或纯粹不顾一切的"我们"。这正是英国1707年后的情形。他们开始（有时）定义自己是一个单一民族，与其说是因为国内在政治或文化上意见一致，毋宁说是对其海岸之外的异己作出的反应。[8]

我任何时候都不认为，这一时期感觉逐渐增强的英国性，代替和磨灭了其他忠诚。情况并非如此。身份不像帽子。人们可以而且的确同时拥有多种身份。大不列颠并不像人们有时主张的那样，通过"混合"包含在其境内的不同地域性或更古老的民族文化而形成，也不能首先从英格兰"核心"把其文化和政治霸权强加给无助和受骗的凯尔特外缘这样的角度来解释其起源。[9]即使对大不列颠只有粗浅认识的人都知道，就文化而言，威尔士、苏格兰和英格兰在许多方面都是迥异的民族，就如同这三个部分都还可以继续被明显细划为不同的地区。因此，这里并没有因整合和同化截然不同的文化，而形成共有的身份感。相反，英国性滋生于国内千差万别的人群与异己接触时作出的反应，最主要是与异己冲突时作出的反应。

承认这一点，有助于解释英国最近的一些难题。英国是一个人为制造的国家，其存在深深依赖于泛新教文化、不断出现的战争威胁和滋养（尤其是与法国的战争），以及庞大的海外帝国所代表的胜利、利益和异己，它现在注定承受着巨大的压力。英国必须适应帝国的陨落，尽管这显然只是问题的一部分。不仅如此，新教教义现在也只是其文化的残存，所以它再也不能对照着以天主教徒为主的欧洲来界定自己。实际上，大不列颠现在是欧盟的一分子，根本不能再随便以欧洲大国为异己来界定自己。不管喜欢与否，它都是联系日益紧密的欧洲的一部分，尽管在与布鲁塞尔及其指示达成协议时，英国一些政治家和选民毫不掩饰内心的挣扎，昭示出把欧陆视作异己的观念仍根深蒂固。在这种情形下，威尔士、苏格兰和英格兰民族主义重新抬头，在近几十年如此显著，可以看作不仅是文化差异的自然结果，也是对英国意义上国家认同大量丧失的一种反应。好战的天主教徒、敌对的欧陆强权或异国情调的海外帝国，英国人再也找不到这样的异己，通过对比，感觉他们拥有共同的身份。可以预料的结果便是，其内部的分裂死灰复燃。大不列颠过去是在与法国连续大规模作战的过程中产生的，这是其身份现在变得不确定的根本原因，也很可能是将来其瓦解的方式。

因此，本书同时探讨了一个特殊问题（即18和19世纪初的英国人为何会成为爱国者，其结果如何？）和至今仍有深远反响的过程：一个国家的创建。本书按年代顺序叙述，聚焦各个时期显得最突出的主题和人群。前三章探讨从1707年联合王国在名义上被创建开始，到大约70年后美国革命爆发之间的大不列颠大融合：新教势不可挡的影响、商贸的贡献、苏格兰与岛内和帝国内其他地区日益紧密的联系。第四至七章聚焦1776年《独立宣言》发表之后的半个世纪，这是在现代世界的形成和英国身份的形成中，最赋予其形式的一个时期——这并非偶然。这是君主和统治阶级成为真正和高效的英国人，以及普通劳动者和数量空前的妇女被史无前例地吸收到国家事务尤其是保家卫国中来的年代。最后一章讲述从滑铁卢战役到1837年维多利亚女王即位之间的故事，此时，多次大战后骤然降临的和平迫使人们重新审视英国性与积极公民权之间的关系。

采用这样的结构，我知道有很多东西不得不一笔带过，还有一些更是只字不提。我重点关注民众的反应，而不是军队的态度，后者亟待单独和详细考察。我力图在一本书中，揭示这座岛上不同社会背景和不同地区的英国人，他们的经历和精神内涵，尤其是说出常常被误认为过于平常而注定无人倾听者的各种声音，但我无意写作一部曲高和寡的历史。我在重构英国性包含的内容时，尽管把大量图像证据与文字资料等同对待，但我没有详细讨论美术、戏剧、文学或音乐可以就这一主题告诉我们什么。希望将来能有其他人做这件事。最终，我选择考察威尔士、苏格兰和英格兰，考察其居民如何对照欧洲其他国家和英帝国来界定自己。尽管我偶尔提到居住在英伦的爱尔兰男女，但我有意避而不谈爱尔兰本身。英国性的创造，与新教、对法战争和大英帝国的车轮齐头并进、紧密相连，但爱尔兰在这一时期却极少或不愿意扮演一个尽如人意的角色。其人口中天主教徒比新教徒多。它是法国入侵英国的理想跳板，持不同政见的天主教徒和新教徒，传统上都向法国求助。尽管爱尔兰人是（现在仍然是）英国军队的重要组成部分，爱尔兰个体在帝国中也扮演了将军、外交官和殖民地总督这样的领导角色，但爱尔兰与帝国的关系，却总是含混不清。当伦敦把它当作一个殖民地，而各色爱尔兰人都像罗伊·福斯特所写的那样，"心理和实际上……都有最好被称为殖民地子民的心态"时，它又怎能不这样？[10]爱尔兰与大不列颠岛被大海分割，但它更被英格兰、威尔士和苏格兰的偏见分割，被大量爱尔兰人自身的自我想象分割。

　　最后一点：本书讨论的是爱国主义和民族主义，但我力求让其内容和叙事方法都不狭隘孤立。事实上在我看来，理解英国性的演进，不可能不涉及欧洲和世界历史，我处理这一主题时更宏大的目标之一，是逃离战后英国史学家非常偏爱的高度内省和专业化的历史写作模式。我想把军事史和帝国史，整合到大不列颠作为一个整体的、广义的政治和社会史当中。在我看来，这是搞清这个国家的历史和现

图 3.《上帝乐土》，本杰明·韦斯特，《不列塔尼亚的故事》，1812 年

状唯一适当方式。因为，与公认的常识相反，英国不是一个传统意义上的孤岛民族——远非如此。在其近代早期和近代历史上的大多数时候，他们与世界上更多地区的联系比其他任何一个国家都多——只是通常采取了军事侵略和商业扩张的模式。我曾指出并继续认为，这是一种习惯于战争并常常通过战争来界定自己的文化。实际上，如果最近进行的一次全欧范围内的调查正确，那么有超过三分之二的英国人，依然非常乐意为祖国而战。相反，其欧洲邻国只有不到一半的人表达了相似意愿，愿以这种方式表达爱国之情。[11] 大家可能会允许一个有部分威尔士血统、部分英格兰血统和部分爱尔兰血统，过着跨大西洋生活方式，并选择做欧洲人——和英国人——的人，表达这样的期许，即如果英国性得以延续（也可能不会），能在将来找到一种更实用和更包容的形式。

第一章 新教

当英国在天神的指挥下，
第一次从蔚蓝的海上升起，
这是大地的意旨。
守护天使声嘶力竭地高唱：

"统治吧，不列塔尼亚，统治这翻滚的波涛，
英国人绝不会做奴隶。"[1]

詹姆斯·汤姆森的这首歌，在1740年被创作出来之后，就家喻户晓，频繁在音乐会礼堂、足球赛或教会仪式中，以一种侵略者的傲慢，或在近来，以一种自我放任的怀旧情绪高唱。我们几乎无须费神思量其意味着什么，或还有什么未表达出来。我们只注意到其开篇至关重要的对于英国神圣起源的提及，即使是对汤姆森（来自苏格兰低地，是一位内阁大臣的儿子）而言，这也意味深长。这个合唱非常激动人心，它是一首赞美英国**海上**霸权而不是其国内统一的歌，这似乎已无关紧要。或者说，英国人更是以否定的方式，而不是以其共同点来界定自己——我们被告知，无论如何，这些人都不是奴隶。然而，汤姆森强调的和他没有表达的内容都意味悠远。这些话仿佛在通过召唤神灵并使用夸张手法，来打消更尖锐的问题。即到底谁是英国人？他们是否真的存在？

尚未统一的联合王国

  大不列颠作为一个将要成形的国家（而不只是一个称谓），是在1707年被人为创造的，当时威斯敏斯特议会通过《联合法案》，把苏格兰联合到英格兰和威尔士。这一文件宣布，从现在开始这三个国家将被"联合成一个王国，名为大不列颠"，只有一个信奉新教的统治者、一个立法机构和一种自由贸易体制。与此前1536年英格兰和威尔士之间的联合"法案"相同，也正如小说家和报人丹尼尔·笛福所言，这更是一种政策上的联合，而不是情感上的联合。伦敦的政治家担心，如果不与苏格兰在政治上正式联合，以区别于现在的王朝联合，这个国家就会在可怜无后的安妮女王（1702—1714）去世之后，选择她被流放的同父异母兄弟、罗马天主教徒詹姆斯·爱德华·斯图亚特继承王位，而不会同意像英格兰和威尔士已经做的那样，从汉诺威引进一个信奉新教的新王朝。一种彻底和法律上的联合，是伦敦准备考虑的唯一方案。[2]但在当时或之后，几乎没人痴心妄想，一种纸上的联合，会自动生成一个统一的民族。

  当然，从16世纪的宗教改革开始，苏格兰和英格兰就日益被紧紧地拉到一起。从1603年开始，这两个国家就被同一个斯图亚特王朝统治。它们分享同样的詹姆斯国王版《圣经》。在《联合法案》之前很久，一种与英语同语系的所谓苏格兰语，就在整个苏格兰低地及之外传播，因此，边界一侧的男男女女，通常都可以与其边界另一侧的邻居交流。在商业上，苏格兰与英格兰的相互依赖也历史悠久，到1700年，与后者的贸易轻易就占了苏格兰出口总量的一半。[3]然而，苏格兰与英国其他板块完全的政治联合，绝不是一个预先注定的结局，即使是《联合法案》，也只部分实现了这一目标。苏格兰人现在同英格兰人和威尔士人一样，在同一个议会拥有席位；他们缴纳同样的税赋和关税，竞选同样的政府和行政职务。但他们仍保留着其与众不同的宗教组织和社会结构，及自身的法律和教育体系。而且在18世纪上半叶，主要因为交通落后、地图不完善以及把苏格兰与伦敦分割的遥远距离，使他们在实践中仍保有相当大的自治。[4]

在这早期阶段，对苏格兰大众来说，联合几乎与他们的生活无关。对富有或野心勃勃的少数人而言，他们在两种情感中纠结，他们为失去苏格兰古老的独立愤怒，又自然而然地渴望比其故土更宽广的舞台。他们恨南方人，同时，又渴望他们的慷慨施予和机会；当联合令其不舒服时，他们反对联合，然而在国内，又要求完全与英格兰平起平坐。在边界另一边，摇摆不定和不情愿的情绪也同样显著。有时，《联合法案》被当作一种文化和政治帝国主义，是不幸的苏格兰更强大的南方邻居强加给他们的。但18世纪许多英格兰人并不这么认为。对他们中的一些人来说，与苏格兰联合，似乎公然侮辱了一个更古老的身份。他们坚决不同意把"英格兰人"和"英格兰"，改成"英国人"和"大不列颠"，直到1750年代，前两者还是其官方以及时不时在日常生活中使用的称谓。[5]而且很多人把苏格兰人，看作贫穷和令人反感的同胞，不愿意足额支付他们的税赋，却又在贸易和工作机会方面，不断要求得到英格兰的资源。人群中还有一丝恐惧。1715和1745年，敌对的詹姆斯二世的军队从苏格兰进抵英格兰，这强化了古老的记忆，即边界那边的敌人仍然存在。"苏格兰……的确是大地上藏污纳垢之处，"一个辉格派政要在1746年克洛登战役之后，给纽卡斯尔公爵的信中写道。当时的国务大臣，也是首相的弟弟纽卡斯尔回复说："就苏格兰而言，我和任何一个活人一样，对其没有什么好感。""然而，"他又以一种罕见的宽宏大量补充道，"我们必须顾及，他们和我们同处一岛。"[6]

与威尔士联合很少受到英格兰民族主义者抵制，部分原因是这一联系更古老，但主要是与人数更多、更尚武的苏格兰相比，威尔士的威胁小得多。然而在某些方面，威尔士这个国家比苏格兰更离群索居和与众不同。是的，其格格不入的身份，并不植根于制度习俗。它已没有自己的法治体系，其宗教组织也效仿英格兰，它也没有爱丁堡这样的大学或首府，充当其文化生活中心。威尔士人的显著特征是其语言，晚至1880年代，其四分之三的人口还仍选择使用这种语言。[7] 在18世纪，英语主要只限于拉德诺郡、蒙茅斯郡、格拉摩根郡和彭布鲁克郡的部分地区，和北威尔士的康威这样少数早已建好的城镇，以及南威尔士的尼斯和考布里这样新兴的中心城市。[8] 有些说威尔士语的人也会英语。即使在威尔士中部的山区和穷乡僻壤，英格兰旅行者和商人，通常也能找到听得懂他们说话的人。但在自己人中间，绝大多数贵族阶层以下的威尔士男女只说母语。且在很多时候——但不是任何时候——都把英格兰看作其他民族。1751年，一个住在伦敦的威尔士人还声称，其家乡较穷的同胞"直到今天，都只知道把英格兰人叫作赛松人（saison）或撒克逊人。"[9]

在某种层面上，18世纪初的大不列颠，就像三位一体的基督教学说，既是三个，又是一个，总之是一个神秘事物。威尔士、苏格兰和英格兰居民被历史，有时也被语言彼此区分。直到那个世纪末，当更好的交通工具、供应充足的大批商品及英语书和报纸开始一定程度削弱地区独特性时，他们彼此之间及其内部，仍被不同民俗、体育运动、服饰、建筑风格、农耕方式、度量衡和烹饪方法所分割。然而承认1707年时英格兰、威尔士和苏格兰彼此之间差别很大，并不是说所有这三个国家的普通男女，都毫无差别地对其作为英格兰人、威尔士人和苏格兰人的独特身份有着唯一和占主导的感觉。他们大多数人都没有。

例如，与1840年代后某些爱尔兰爱国者所经常做的不同，威尔士人和苏格兰人极少用其强烈的凯尔特民族主义来自证与英格兰人的区别。他们通常也不认为彼此是凯尔特同胞，其理由充分。威尔士和苏格兰不接壤,文化几乎也没有什么共性。苏格兰高地人说的盖尔语,与许多威尔士人说的凯尔特语差别很大,实际上比英语同法语或德语的差别还大。还有大量苏格兰低地人和并不算太少的威尔士人,在种族渊源上甚至都不是凯尔特人,而是盎格鲁-撒克逊人或挪威人。因此,当人们把"凯尔特外缘"这个词信手拈来,当作指代威尔士、苏格兰和爱尔兰的简称(本书有时也这样),这种做法在这些地方的居民实际上如何看待自己方面,几乎没有告诉我们任何事。[10]

此外,这三国彼此并非泾渭分明,它们内部也并不统一,这更使威尔士、苏格兰甚至英格兰的爱国之情变得复杂。汤姆·奈恩写道:"说英语的苏格兰人尽管与其南方邻居迥异,但在其自身的历史边界之内,内部的差别实际上更大。"[11] 就语言、宗教、文化层次、社会组织和种族而言,苏格兰低地人与英格兰北部居民共性更多,与其高地同胞共性更少。这也反映在当时的用词上。Sassenach(起源于盖尔语 sasunnach)意指一个撒克逊人,这个词现在还被当作一种绰号,用在英格兰出生和长大的苏格兰人身上。但在18世纪,这个词主要是苏格兰高地人在用,笼统泛指说英语的苏格兰低地人和英格兰人本身。在高地人眼中,这两种人实际上并无差别,都可以同样看作是外人。回过来,在传统上,苏格兰低地人也视其高地同胞为异类和劣等种族成员,粗暴、背信弃义、贫困潦倒和每况愈下。他们称其为野人或土人,直到1830年代,还有一些低地人仍在使用这类称呼,尽管沃尔特·司各特爵士已在文学上,竭力浪漫描述和净化遥远北方的幽谷、部落和格子呢。[12]

威尔士人把自己看作一个民族的程度,也受南北间断然的分割所限,横亘在该地区中间的山脉,使南威尔士各郡(如格拉摩根、卡马森和彭布鲁克),与北部各郡(如弗林特、梅里奥尼思和卡那封)之间的商贸、通信和日常人际交流实际上非常困难。例如18世纪,格拉摩根郡没有一个地主家族与北威尔士的家族通婚,因为这两地的人根本碰不到面，除非是在英格兰偶遇。[13]

那么，被笛福称为"异类的英格兰人"，是什么样的呢？

在激烈的强暴中，如火欲望被引燃，
在涂脂抹粉的**不列吞**人和**苏格兰**人之间：
他们的子孙迅速学会卑躬屈膝，
并把他们的小母牛套在**罗马**犁上：
从此，一个混血的种族降临，
无名无国，没有语言和声望
在其沸腾的血管中，杂糅的血迅速流淌，
混合了**撒克逊**和**丹麦人**的血统。
他们粗俗的女儿，像父母一样，
以放纵的欲望，对所有民族来者不拒。
这一伙令人厌烦的人，刚好容纳了
完美萃取的英格兰人血液……[14]

笛福毫不讳言英格兰的种族多样性，在早期接连被大陆欧洲入侵，以及其民众与威尔士和苏格兰人不断融合，这些都是已被充分证明的史实。然而，他尖刻嘲笑**正统英格兰人**的野性，其实话外有音。笛福当然是在抨击英格兰人的自负，但事实上，他这个英格兰人敢用这么冷酷无情的挖苦语言来抨击，本身就有力证明了英格兰人的自信。英格兰人敢比威尔士和苏格兰人更大胆地偶尔嘲笑一下自己，因为他们对自己是谁和自己的重要性，有强烈的意识。英格兰的人口是威尔士和苏格兰人口之和的四倍，其经济也富裕得多。与其两个邻居不同，它长期拥有一个强大和高度中央集权的政府，只有一种主要语言，其内部交通也更发达且没有太多地理阻隔。

然而笛福焦虑地指出，在英格兰，就文化、风俗或观点看法而言，其一致性同样非常有限。例如诺森伯兰郡，从人们的外貌及生活和思考方式来看，更像是苏格兰而不是英格兰的一个郡。这里和苏格兰低地一样，穷人毫不迟疑地大口大口吃着燕麦粥——塞缪尔·约翰逊在其著名的词典中评论说，这种谷物，富庶的南方人只把它当作动物饲料。也是这里，到1700年代初，有超过三分之一的成年人识字。这实际上与苏格兰低地的读写水平相当，但可以说，远远高于约翰逊本人出生的英格兰中部地区。[15] 在诺森伯兰郡，苏格兰印刷出版的书籍报刊，远比伦敦生产的读物更常见，而苏格兰人及其口音，也远比南方访客更亲切。诺森伯兰人与苏格兰低地人长得更像，有同样未加修饰和高颧骨的脸，以及同样单薄、瘦骨嶙峋的体格。一个苏格兰牧师在18世纪末写道："穿过苏格兰边境进入诺森伯兰郡，更像是进入另一个教区，而不是另一个王国。"[16]

可以说什罗普郡和赫尔福德郡与威尔士的关系也大致如此。这里像诺森伯兰郡一样，若干世纪的跨境贸易、移民和联姻，形成了一种与众不同但又杂交的地域文化。19世纪初，该地一名文物研究者注意到："人们的举止，一半是英格兰人，一半是威尔士人。"[17] 我自己的姓氏"科利"（Colley），在这一地区很常见。其意思是黑，可能正是像我先辈一样的黑发凯尔特人，跨过威尔士边境，定居英格兰的证据之一。但即使是英格兰没有直接受威尔士或苏格兰影响的地区，也仍然差异巨大。当相距不远的地方，风景和土壤类型都差别很大；当路况糟糕，人们很穷，长途旅行还不太普遍；当任何人，不管多么富裕，在陆上都没有一匹马跑得快，即时速最快也不超过十英里时，又怎能不这样呢？劳动阶级诗人约翰·克莱尔写到其在北安普敦郡的青年时代时说："我一生从未离家超过8英里，我也想象不出比我所知的这个地方更大的英格兰。"[18]

这样看来，大不列颠在1707年连由三个自给自足和有自我意识的地区构成的三位一体都不是，而只是一个大杂烩，在其中，威尔士性、苏格兰性和英格兰性所属的模糊不清的地区,被强烈的乡土之恋超越,又再次被对村庄、小镇、家庭和山水的热恋超越。换句话说,事实上,与这一时期欧洲其他任何一个地方一样,大不列颠在其居民的风俗和文化方面,具有无限多样性。

国内的一些差异,会随着这一时期的进步,被道路和通信改善、由印刷品传播和整个岛上实行的自由贸易所抹平。但有限的文化整合过程,并不是英国身份感在这一时期得以兴起的首要原因。相反,男人和女人们在以其他许多方式界定自己之外,开始把自己定义为英国人,因为环境给他们烙上了这样一种信念,即他们不同于海外的人,尤其不同于其头号劲敌,法国人。他们之间的根本联系,不是国内的一致意见或同心同德或中央集权,而是一种强烈的感觉,即他们与外国人大不相同。

大不列颠是个岛国这一明显的地理因素,一定程度奠定了这种显著差异感的基础。四周环绕的海洋是一个重要屏障和高效的边界,把英国人围护和团结在一起,也把敌人阻挡在外。但海洋也可以被想象成身份的显著特征。法国,和欧洲大陆的多数政权一样,国家边界在整个18世纪及其之后很久都变动不居:

> 在理论和实践上,不仅领土主权观念还不成熟,北欧和东欧的政治边界也大都悬而未决。境内外的飞地、重叠和有争议的司法管辖权及其他行政管理上的噩梦,更使法国的边界成谜。[18][19]

相反,英国的边界在1707年之后似乎就已一劳永逸地解决,以海洋为标记,清楚、毫无争议,显然预先划定。一位牧师在一次庆祝《联合法案》的布道中说:"一堵墙把我们围护其中,除了上帝,我们别无主宰。"[20]

上帝已规定好英国的自然身份、在地图上的恰当形状和位置,这一信念直指一种更意味深长的感觉，这种感觉让其居民视自己为一个与众不同的民族，尤其是在紧要关头。英格兰、威尔士和苏格兰人的文化和世俗历史尽管差异巨大，却能因同样信仰新教而团结——并让人感觉与欧洲其余大部分地区泾渭分明。宗教改革之后很短时间内，情况就已如此。但在整个18和19世纪甚至之后，外来压力和危情，使这成为一个主要与新教文化相关的事务，并以前所未有的方式引人关注。

从《联合法案》到1815年的滑铁卢战役，大不列颠接连陷入与天主教法国之间非常危险的战争。与此同时和之后很久，它越来越热衷于在连基督教都不信仰的异邦土地上，开拓庞大帝国。与一眼就能看出是异己的其他民族经常和**暴力**接触，使新教徒成为一个前所未有的团结且与众不同的联合体。正是与接二连三的战争交织的共同宗教虔诚对此居功至伟，它使英国国家身份感，能在对英格兰、威尔士或苏格兰，或对郡县和村庄更古老和有机的依恋旁并肩出现，且并不一定与之冲突。新教信仰是英国宗教生活的主导。新教信仰为英国人迈向和诠释其物质生活的方式抹上浓墨重彩。新教信仰决定了大多数英国人如何看待其政治信条。而且毫不妥协的新教信仰，为其政府的建立打下了明确和牢不可破的基础。

上帝选民的奋斗

在18世纪及之后很长时间，新教信仰在英国宗教体验中的绝对中心地位非常明显，反而容易被忽略。史学家总不愿被看到正在谈论显而易见的事，他们更愿关注新教社群自身的不一致，关注英格兰和威尔士国教和非国教新教徒之间、苏格兰长老会教徒和圣公会教徒之间，以及公理会教友、浸礼教徒、教友会教徒等在17世纪出现的不信奉国教教派更古老的形式，与新派的卫理公会等之间的紧张状态。

这些内部竞争数不胜数且非常激烈。但他们不该掩盖宗教景象中仍最引人注目的一幕，即新教与天主教之间的鸿沟。

就其最正式的形式而言，这一分歧被神圣铭记在法律当中。从17世纪末到1829年，英国天主教徒不允许投票，也被排除在所有政府公职和议会上下两院之外。在18世纪大部分时间，他们都背负惩罚性税赋，禁止拥有武器，并在教育、财产权和信仰自由等方面受歧视。换言之，在法律上（若非事实上），他们被当作潜在叛国者、非英国人对待。[21] 然而，新教非国教徒的法律地位迥然不同。1689年的《宽容法案》，赋予接受三位一体教义的非国教徒自由祈祷的权利，这是"团结陛下的新教臣民的一种有效手段"。[22] 他们可以投票，如其达到相关财产资格，还可以修建自己的教堂，建立自己的学术机构教育其子女，还可以携带武器。法律上，他们仍必须至少偶尔遵守英国国教的礼拜仪式才能获得担任政府或地方官员的资格，而一些托利派政治家，仍想把他们全排除在行政生活之外。但实践中，英格兰和威尔士新教非国教徒，能渗透到政治体系的几乎所有层面，步步高升到包括议会本身，苏格兰长老会教徒也同样如此。

那时的大不列颠，在任何狭义层面都不是一个宣信国家（confessional state）。相反，其法律宣布，它是一个多元但积极进取的新教国体。并不首先是法律使新教信仰和反天主教信仰成为如此强大和无孔不入的情感。官方的不宽容，像大众的不宽容一样，植根于某种更难以琢磨的东西，主要是恐惧，并植根于英国人选来纪念和解释其自身历史的方式。大卫·克雷西指出，对其大部分人来说，过去时光就是上帝书写的一出肥皂剧，一系列值得警醒的灾难和幸运逃脱，这出戏他们每年都会重演，以此提醒自己，他们是谁。[23] 1859年前，每年1月30日，全英格兰和威尔士新教信徒都会斋戒祈祷，纪念查理一世在1649年受刑殉难。与之相对，5月29日的"1660年君主复辟周年庆"，则是以篝火和钟声为标记的欢庆，以庆祝政治不稳定和军事统治终结。8月的第一天，标志着1714年第一位汉诺威国王就任，新教徒的继承权得到保障。11月5日则是一个双重的神圣节日，不仅是1688年奥兰治的威廉登陆英格兰，与天主教徒詹姆斯二世作战的周年纪念日，也是1605年把议会和詹姆斯一世从另一位罗马天主教徒盖多·福克斯的黑色火药阴谋*中拯救出来的日子。

被制定来在以后的场合使用的祷文，阐明了这样的道德规范，即希望虔诚的新教徒在爱国日历中所有被标记为红色的日子领悟到："这违背人性的阴谋彰显的不是我们的美德，而是**你**的慈悲；不是我们的深谋远虑，而是**你**传达给我们的天意。"[24] 英国人被激励着相信，上帝以特别的眷顾看护着他们。在他们历尽万难的过去，没有什么曾逃脱其关注或摆脱其影响，因为他们与众不同。他们有一项使命，一个特别的目标。但这样的历史也教导他们，他们有一个不变的敌人。那就是一个天主教徒，阴谋摧毁詹姆斯一世及其议会；一个天主教皇后亨利艾塔·玛丽亚，和她干涉朝政的牧师，把查理一世引入歧途，使全岛陷入战争。还有差一点成为暴君的詹姆斯二世，也是天主教徒，那些应对1572年圣巴塞洛缪节大屠杀，或1641年爱尔兰"大屠杀"，或1666年伦敦大火负责的人，被确信都是天主教徒。这些新教徒版的历史，很多都罔顾史实、不切实际。欧内斯特·勒南曾评论说："歪曲历史，也是建国的一部分。"[25]

人们相信这些虔诚的谎言，并不只因教堂对他们的教导，也因英国大量印刷机上潮水般涌出的廉价读物。在现在英国一些报刊零售店的书架上，依然还能找到泛黄的《老摩尔皇历》，令人回想起这种读物占据大众文学中心的年代，当时无论在格调还是在流行程度上，它都与小报旗鼓相当。[26]1680年代在阿伯丁出版的一本皇历，每年卖5万份，令人瞠目结舌。在整个大不列颠，每年销售的各种皇历超过

---

* 计划在1605年11月5日刺杀詹姆斯一世并解散议会的阴谋，以报复英国迫害罗马天主教徒，因被揭发而以失败告终。——译者

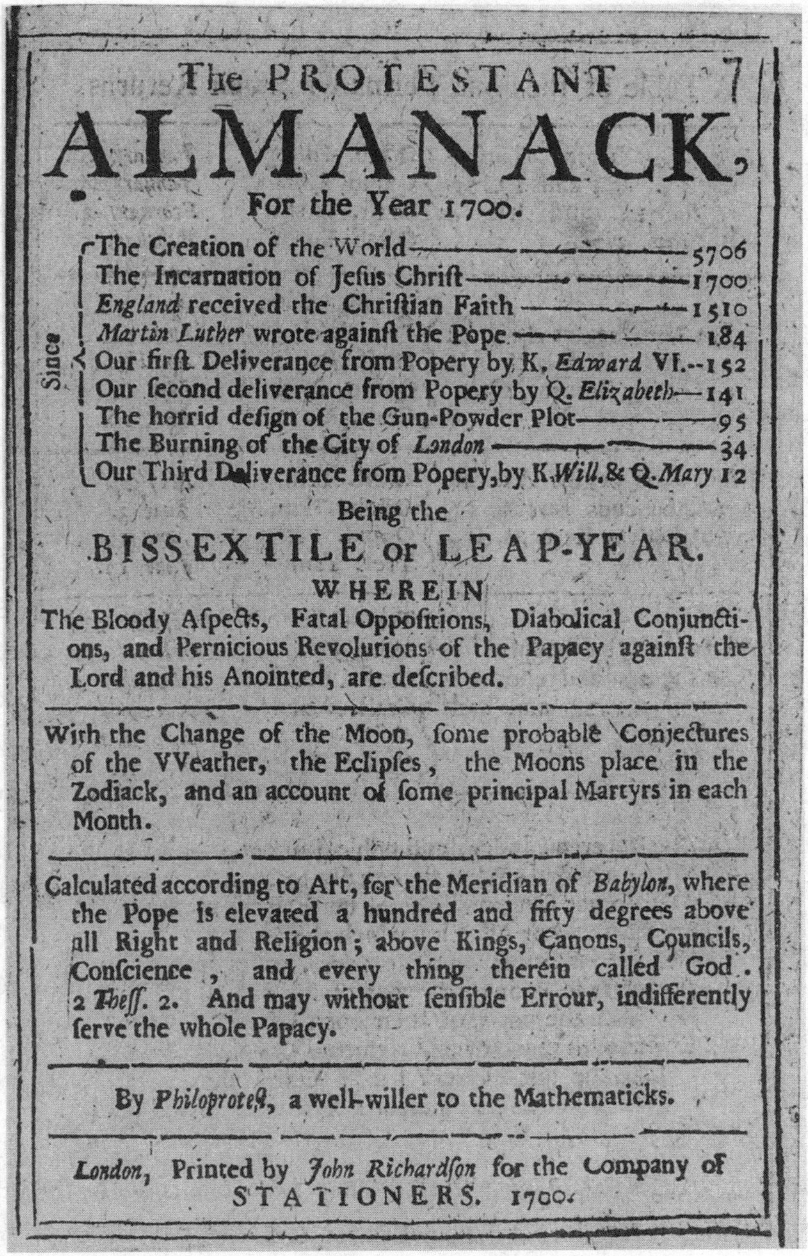

The PROTESTANT ALMANACK,

For the Year 1700.

Since
- The Creation of the World ——— 5706
- The Incarnation of Jesus Christ ——— 1700
- *England* received the Christian Faith ——— 1510
- *Martin Luther* wrote against the Pope ——— 184
- Our first Deliverance from Popery by K. *Edward VI.* — 152
- Our second deliverance from Popery by Q. *Elizabeth* — 141
- The horrid design of the Gun-Powder Plot ——— 95
- The Burning of the City of *London* ——— 34
- Our Third Deliverance from Popery, by K. *Will.* & Q. *Mary* 12

Being the
BISSEXTILE or LEAP-YEAR.
WHEREIN

The Bloody Aspects, Fatal Oppositions, Diabolical Conjunctions, and Pernicious Revolutions of the Papacy against the Lord and his Anointed, are described.

With the Change of the Moon, some probable Conjectures of the Weather, the Eclipses, the Moons place in the Zodiack, and an account of some principal Martyrs in each Month.

Calculated according to Art, for the Meridian of *Babylon*, where the Pope is elevated a hundred and fifty degrees above all Right and Religion; above Kings, Canons, Councils, Conscience, and every thing therein called God. 2 *Thess.* 2. And may without sensible Errour, indifferently serve the whole Papacy.

By *Philoprotest*, a well-willer to the Mathematicks.

London, Printed by *John Richardson* for the Company of STATIONERS. 1700.

图 4.《新教徒皇历》的扉页，伦敦，1700 年

50万份，这一销量远超其他任何书籍，包括《圣经》。而且，因为农民把皇历当作何时耕种和收获的指导手册，所以其在农村和在城里一样普及。大部分皇历都是粗制滥造和不容异见的产品，堆砌了各种有用和耸人听闻的信息，掺杂着"对大众喋喋不休的沙文主义灌输、对天主教的谩骂和教皇及法国将要垮台的预言"。[27]但皇历与爱国布道（在1月30日、5月29日、11月5日和国王登基日举行）以及官方斋戒日仪式（在英国所有重要战争期间，在全英格兰、威尔士和苏格兰每年都可以看到）一起，是英国大众能接触到的仅有的历史课程。

就英格兰皇历而言，它通常为读者提供了诺曼征服后所有君主的列表，外加非常片面和带有虚构色彩的世界历史概述：创世纪的年代、耶稣基督诞辰、英格兰皈依基督教和路德反抗教皇的日期。接下来是1558年伊丽莎白一世继位、1588年摧毁西班牙无敌舰队、黑色火药阴谋、爱尔兰"大屠杀"、伦敦大火、光荣革命以及在编者看来能体现这个国家向心力和"奇迹般从天主教解脱"的其他任何事件的时间。苏格兰皇历有时颂扬不同的历史事件和神话，但其主体和英格兰同类读物一样，是好战的新教徒并同样反天主教。至于威尔士，已知有80多种不同版本的威尔士语皇历，在17世纪末和18世纪初流传，之后更出版了上百种：杰伦特·詹金斯评价说，它们全都"充满最强烈的反罗马倾向"。[28]

我们有必要强调一下1707年之后，甚至到20世纪，整个大不列颠仍此起彼伏的反天主教声浪，因为人们常常以为，这种不宽容态度，在日益增长的理性主义和读写能力面前，已迅速消退。在受过良好教育的人和政治精英当中，宗教宽容**的确**增强了，尤其是在詹姆斯党人的事业被1746年的克洛登战役最终挫败之后。随着斯图亚特王朝现在真正和彻底退出历史舞台，伦敦开始非常乐意放松英国本土针对天主教人口的法律。[29]此外，在大家认识和相信他们的社区，个别天主教徒甚至在 1746 年之前，就常常能过上平静和受人尊敬的生活，与他们的新教邻居交往、就业，在有些小镇，甚至大方地参加公众聚会。³⁰

但天主教徒仍偶尔遭受新教徒人身攻击和身体伤害，尤其是在与天主教敌国交战的时候。如 1778 年，大批反天主教暴徒在苏格兰低地发难时，英国正与法国交战。英国新教暴动史上最具破坏性和最不宽容的暴动（即戈登暴动）两年后在伦敦爆发，那时战争还在继续。彼时彼刻，弱势的天主教徒只能眼睁睁看着其财产被毁，甚至人身受到攻击。他们常常被就近按到水泽、河流或水桶中，直至快被淹死。³¹ 这正是那些被称为女巫的人在此前若干世纪所受的待遇，在 18 世纪以大致相同的原因，被加到天主教徒身上。在危险或不安全的时候，天主教徒（像女巫一样）成了替罪羊，是其邻居可以轻易拿来发泄恐惧和愤怒的靶子。最常加在天主教徒身上的贬义词是"外国作派"，这在字面上恰如其分。天主教徒不仅是生人，还被禁止入内。他们不是同道中人，因此是怀疑对象。³²

尽管这种行为令人反感，但如果我们只把其当作早年遗风的返祖现象，一种英国贫民文化中令人尴尬和次要的方面，这或许就完全错过了要点，正是因其显然缺乏理性，因此才重要。在这个社会，狂热的新教信仰远比偏执的暴行更具代表性。首先，它是英格兰、威尔士和苏格兰之间强有力的黏合剂，尤其是对社会下层民众。英格兰和苏格兰工匠公开联合的第一次大规模抗议运动，就是以戈登暴动为高潮的反天主教运动，这并非偶然，这一运动自然以其苏格兰领导人乔治·戈登先生的名字命名。同样，有大量威尔士男女参加的第一次真正全国范围的请愿运动，是 1829 年组织的反天主教解放运动。大卫·贝宾顿为 19 世纪的英国所写的东西，在 18 世纪也同样真实："在英格兰之外的大众化新教信仰，显然都具有英国而不是威尔士或苏格兰特色，因为英国作为一个整体，似乎都是新教反罗马野心的堡垒。"³³

这种新教世界观，也不像其看上去那样非理性。18和19世纪的英国人，以常令人心烦的方式反复提醒自己，要为其新教信仰严阵以待，这的确因为他们有充分理由，担心其安全和自身安危。1707年，反宗教改革运动仍在欧洲大陆部分地区如火如荼地进行。法国在1685年曾试图驱逐其新教人口，而这些胡格诺派难民很多定居英国，生动提醒其新的同胞，天主教迫害的威胁经久不息。在西班牙，宗教裁判所在整个18世纪不断采取行动，迫害新教徒。同时，德意志一些邦国，和奥地利统辖的一些地方，如匈牙利，18世纪初对新教社区的压制，实际上比此前有过之而无不及。[34]英国的布道和报纸中，经常提到海外诸如此类的天主教暴行，下文摘自1729年的《每周文摘》：

> 巴黎的来信提到，我们的新教徒兄弟再次遭受迫害，他们被穷追不舍，他们的孩子被强夺，有的被送往女修院，其他人送到隐修院，在那里，他们在天主教毒害下长大，人人被以死相逼，禁止遵从心灵之光；新教牧师在这四年里主持的婚姻，全被解除，其孩子被宣布为私生子，除非根据天主教仪式，再隆重举行婚礼。[35]

但如上这类海外常被夸大的有关天主教迫害的报道，如果其没有更靠近本土的危险，就不会兴风作浪。

1708、1715还有1745年，拥护斯图亚特僭君的远征军登陆苏格兰，想往南进发，占领伦敦乃至全岛。1717、1719、1720—1721、1743—1744，乃至1759年，詹姆斯党人都扬言入侵，虽无果而终，但仍令人惶恐。斯图亚特王朝如果成功复辟，就意味着这个新教王国将被一个虔诚的罗马天主教王朝取代。此外，斯图亚特王朝从来无望在没有法国或西班牙坚定的军事和经济支持下回国，因此其复辟，将很可能伴随一支外国军队的占领，不仅是一支外国军队，还是一支信奉天主教的军队。这所有前景，尽管从未变成现实，却使欧洲其他新教徒的遭遇仿佛也是他们的切肤之痛。"我们见证了贫困的法国难民在危境中遭遇的种种痛苦；奥兰治公国被流放的人；此前巴拉丁伯爵领地上的人；还有不久前饿得半死的萨尔斯堡人，在深冬酷寒被驱离故国，"所有这些恐怖景象，都深刻提醒英国人自己所受的眷顾，并警告他们，这一切多么容易丧失。[36]

即使是詹姆斯党人沦落到追忆似水年华的时候，法国的挑战依在。我们现在知道，大不列颠及其盟国赢了滑铁卢之战，所以容易臆断，其与法国在1689—1815年间漫长的角逐无论如何最终注定会获胜。但生活在当时的人们一定不敢苟同。事实上，直到19世纪末，许多政治家、军事家和大众权威，仍把法国看作英国最危险和最明显的敌人，且理由充分。[37]法国比大不列颠人口更多、土地更广。它长时间都是其商业和霸权的最大竞争对手。它有更强大的军队，经常显示出能征服欧洲大片领土。而且它是天主教国家。最后这一点，在把整个大不列颠塑造成一个**整体**予以回击方面至关重要。杰拉德·纽曼曾非常巧妙地剖析了英格兰人法国恐惧症的世俗轮廓，但苏格兰在16世纪及这之前与法国联系紧密，其居民远不大可能仅因其是法国，就把其视为当然之敌。[38]但因法国也是一个天主教国家，所以大部分苏格兰人，像英格兰人，也像威尔士人一样，对海峡两岸这种绵延不绝的世仇会在感情和思想上如鲠在喉。

总之，在18世纪上半叶，一想到一个天主教王朝正在英国武力复辟，还有与天主教国家，尤其法国接二连三的战争，必然形成这样的局面，即数量很多的珍惜自身历史的英国人，带着其切身感受，以一种特别的方式融合到一起。对他们很多人来说，天主教宿敌就在家门口，这形势比以往任何时候更险恶。新教改革斗争还未结束，还需反复为之奋斗。英国人怎样才能幸存？他们如何险中求胜？而且在他们自己是谁，服务于什么目的这个问题上，与天主教徒持续不断的战争告诉了他们什么？为回答这些问题，他们求助《圣经》，求助布道和长篇说教，以及广为流传的文学作品，这些作品在当时被看作天经地义，但在那之后，却少有问津。

27　　这其中最有影响的卷册之一，是1563年问世的约翰·福克斯的《殉教者书：对玛丽女王统治期间受迫害和被处死的新教徒的记述》。其直接宗教影响不仅在英格兰，而且在苏格兰都很大，约翰·诺克斯*正是在那里深受其感染；在每一座大教堂，其印本都与《圣经》摆在一起，供每一位有兴趣的新教徒阅读。[39] 然而，很少有人想到，这一逐渐变老的经典，在18世纪及其之后，历久弥新、久负盛名，并被赋予一种远远更具进取心的爱国主义形式。1732年，伦敦史密斯菲尔（即靠近玛丽·都铎治下许多新教殉道者被害之地）的一名印刷工人，制作了一个新版，提供给形形色色已养成读书习惯的各阶层公众，福克斯写到：

> 不是每个人都马上有钱购买这样一本大部头；所以权宜之计就是分期付款，每周发行若干页，这样普通人也可以一点一点地读到。[40]

他的版本分31期出版，这一发行机制非常成功，使后来的版本更进一步。1761和1776年的新版，每本都分为比较便宜的60期；后来的1784和1795年版，分为更廉价的80期，在"所有……书摊和报摊"上销售。《殉教者书》因此被重新包装，所以可以堂而皇之地说，它和《圣经》及几本皇历一起，是在工人阶级家里都可能找到的为数

---

*　约翰·诺克斯（John Knox），约1505—1572年，苏格兰新教改革家，对在苏格兰新教政体中建立苏格兰教会发挥了中坚作用，并在信奉天主教的苏格兰女王玛丽1561年亲政时，领导了对她的反抗。——译者

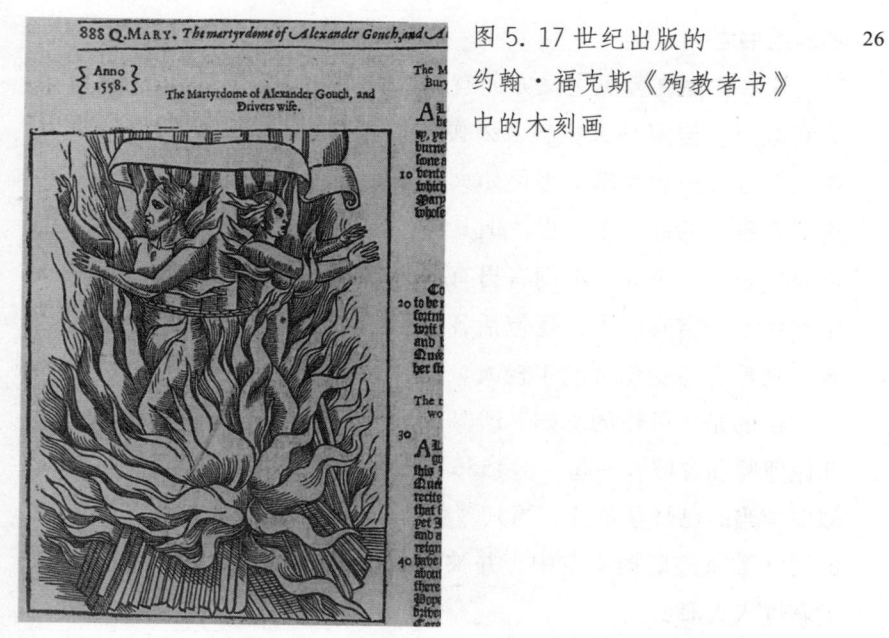

图 5. 17 世纪出版的约翰·福克斯《殉教者书》中的木刻画

图 6. 约翰·福克斯《殉教者书》中的受难者凯瑟林·考奇丝，伦敦，1761 年

不多的书之一。

　　这一作品在爱国主义方面有双重重要性。首先，福克斯把残酷的宗教迫害与罗马天主教及外国入侵相联系。他清楚明白地指出，在大部分火刑和异端迫害仍如火如荼地进行的时候，玛丽·都铎嫁给了西班牙的菲利普二世。但其次，也更明显的是，福克斯的烈士可以代表每一个人。他们有男有女，有穷人和微不足道的人，也有出类拔萃和富有的人，还包括各个年龄阶段的人，从受人尊敬的长者，到最容易受伤害的年轻人。例如，福克斯最令人恐怖的故事之一，说的是"可怜的寡妇"凯瑟琳·考奇丝，她和两个已成年的女儿佩罗婷和吉耶嫚一起，于1556年在根西岛的圣彼得港被活活烧死。佩罗婷当时已怀孕临盆，当其"腹部……被熊熊大火灼烧之后"，她的婴儿被奇迹般抛向空中，并被群众救起，执行官却冷酷命令把他重新抛入火海：

　　　　因此，这个婴儿在自己的鲜血中洗礼，成了上帝无数天真无邪的圣徒中的一个，他生而烈士，死而烈士，在其身后，为其从来未曾看过一眼的世界，留下一个壮观的场面，在其中，整个世界都可以看到，在天主教痛苦折磨下道德败坏的一代人，其希律*式的残酷，是他们永恒的耻辱和骂名。[41]

这样一个悲怆的故事，连同其令人恐怖的插图一起，使许多读者被这本书深深吸引，这显然激发了反天主教情绪，但还远不止如此。重要的一点是，对后来几代英国读者而言，玛丽时代的遇难者实际上都是殉道者。他们的苦难只有一个目的，就是展示自己的坚定信仰，并证

---

*　希律（Herod），约公元前74—前4年，公元前37—前4年统治犹太地区。根据《新约·马太福音》第2章第16节，耶稣在其统治期间诞生，于是他下令屠杀所有同龄的男婴。——译者

明其同胞的新教宿命。弱小和不同身份的人,都经受了痛苦审讯的考验,走向火刑柱和火海,但凤凰在烈火中涅槃,迎来共同的忠诚和欢欣鼓舞的确信,确信其故土受到上帝的眷顾。

另一本新教经典作品,即约翰·班扬的《天路历程》,也给人以非常相似的教益。该书在1678到1684年间初版于伦敦,到1789年,它已在那里发行了57版。每一个有自尊心的苏格兰出版社也都发行了其自己的版本,还在1688、1699、1713、1722、1744、1770和1790年发行了威尔士语版本。这是又一本就其影响而言,主要属于大不列颠的经典作品,尤其吸引下层民众。"基督徒"与"女基督徒"结伴的冒险之旅主要是一个宗教性的民间故事。故事说得很明白,在试图阻止他们到达天国之城的人里就有天主教徒。死亡阴影笼罩的谷中洞穴,由两个巨人罗马教皇和异教徒守护,在班扬看来,他们的面目一样狰狞:"在他们的权力和暴政下,那些骨头、鲜血和骨灰等安置在那里的人,都被残酷处死。"[42] 但尽管这些可怕的敌人使我们的英雄备受折磨,却并没能使他们停下脚步。相反,《天路历程》颂扬意志活动的重要性,断言他们终将获胜,是赞美个人奉献和不屈不挠斗争的颂歌。克里斯托夫·希尔和爱德华·汤普森指出,就这一点而言,这本书激励了一代又一代英国激进分子。[43] 但它也有助于培育一种更传统的大众爱国主义。

通过阅读或听其他人阅读新教传播者班扬和福克斯等人的作品,通过研究《圣经》或听布道,或快速浏览已经翻烂了的皇历和布道书籍,英国新教徒懂得,在特定的敌人手下遭受特定的审判,是被选中的民族必然的宿命和最终的拯救。遭受痛苦和时常面临危险,是获得恩典的征兆。并且,带着勇气和信仰去面对,是在上帝的庇护下获胜必不可少的序幕。

以这种方式来解读灾难,并在面对灾难时这样自我安慰,此举在20世纪还在不知不觉延续。第一次世界大战期间,战壕中的英国士兵常翻看《天路历程》，有人甚至在信件和日记中，对比自己与"基督徒"。其部分原因是，他们像班扬的英雄一样，被一个沉重的负担压垮，他们的负担是士兵的背包。但把自己当作"基督徒"，这显然也是让他们自己在面对危险和遭受痛苦时变得坚强的一种方式，通过这种方式，也确认了其事业的正义性。[44]第二次世界大战期间，英国人运用了完全相同的新教文化。例如，当德国人在1940年把英国远征军从法国驱赶回国，其残部只是被英勇的民船船队毫无计划且部分地拯救，这种近乎彻底的失败，被英国人迅速变换成一次幸运的拯救。本能地，也是在压力之下，他们把这一事件整合到对其历史新教式的解释当中，并得出合乎惯例的寓意：各行各业和恭顺谦卑的英国市民受命于天，他们的努力，终将胜过一个强大和极其危险的敌人。[45]英国人还提出了一种敦刻尔克**精神**，这不是无中生有，而是言之有物。同样令人震撼的是，在第二次世界大战伦敦空袭期间拍摄的照片中，最著名的一张是圣保罗大教堂（当时称作帝国教区教堂）的大穹顶，在其周围的硝烟和废墟中毫发未损，巍然屹立。新教徒的城堡在末日审判中受到上帝关切眼光的守护，还有比这更美好的景象吗？即使是在新教的宗教权力日渐式微之时，它也仍操控着英国人的想象。

而在18和19世纪，英国人虔诚而又自觉地坚守这一信仰体系，并在一再面临战争和入侵威胁时，从它那里获得勇气和自尊。像16和17世纪与波兰和天主教德意志邦国交战的瑞典人一样，也像反天主教西班牙争取独立的荷兰人一样，英国新教徒相信，他们受到上帝特殊关照。[46]他们知道在罪孽深重和苦难之时，必然会时常受到考验，并且理所当然地认为，斗争（尤其是与非新教徒斗争）是他们与生俱来的权力。但他们也相信在天意的指示下，他们会被安全解救并受到甄别。简而言之，他们很多人相信，他们的土地就是另一个以色列，一个更加美好的以色列。

朝气蓬勃的耶路撒冷

把我那黄金一样金灿灿的弓拿来：
把我的欲望之箭拿来：
把我的矛拿来：啊，云雾散去！
把我的烈火战车驶来！

我的思想斗争不会停止
正如我的剑不会在我的手中休眠：
直到我们已经建好了耶路撒冷，
在英格兰绿色和宜人的土地上。

当威廉·布莱克在19世纪初写下这些诗行时，他正为自己的神秘主义和政治目的使用一系列形像，这些形像从17世纪初开始，就一直处在英国新教思想的中心。[47] 他们是一个被选中的民族，向着光明奋进，是抵抗非基督徒掠夺破坏的一道屏障，英国清教徒对这一思想深信不疑，苏格兰长老会派教徒也一样。把《圣经》语言叠加在其同胞的生命旅程及获得救赎的过程上，这对最初几代新教徒而言显得既自然又有益，而在许多牧师眼中，整个18世纪及之后的很长一段时期，情况依然如此。

当汉普郡出生的非国教徒大臣艾萨克·沃茨在1719年编辑他那极为畅销的圣经赞美诗译本时，在最初的文本中不假思索就用"大不列颠"这个词来替换"耶路撒冷"。把其自己的岛屿与希望之乡相提并论，在面临危险时，这种做法变得更有价值。1745年，当查理·爱德华·斯图亚特和高地人不断推进之时，苏格兰低地的长老会大臣，把以西结关于反基督徒即将到来的预言作为他们最推崇的段落，以此团聚尽忠尽责的人们：

> 我主耶和华说……你必会远离你**北方的故土**而来，你，还有跟随你来的许多人，他们都骑在马上，浩浩荡荡的一群人和一支强大的军队：你必会前来攻击我以色列的臣民，如同一团乌云遮蔽大地。[48]

在全大不列颠牧师中流传的另一个颇受欢迎的类比，是把詹姆斯党人（以及碰巧在当时出现的任何敌人）比作亚述人及其盟友。亚当·弗格森在1745年12月欢送皇家高地团去与詹姆斯党人残部作战时，以约押在以色列的军队与阿孟人作战之前所作的演讲为基础，举行了一次盖尔语的布道。凯旋时的布道，也大量运用了非常相似的类比。亚历山大·韦伯斯特是爱丁堡托尔布斯教堂的一位坚定的亲政府教长，他把为克洛登战役所作的布道，献给了殷切"关注我们耶路撒冷的福祉，并对英国的以色列充满热情的人们"。[49]而另一位牧师，这次是一名英格兰人，在他为庆祝1763年的《巴黎和约》所作的布道中，大肆宣扬七年战争非比寻常的重要性，其题目是《以色列人对摩押人，或新教徒对天主教徒的胜利》。[50]

这类牧师语言的其他例子不计其数。但即使只举其中一小部分，也将数不胜数并令人厌倦，因为其核心要点只有很简单的一条。英国是以色列的化身，其敌人被描述为撒旦的同伙，这种启示录式的历史诠释，在17世纪末面对理性主义时并没有衰退，在这之后很久，仍在许多虔诚新教徒的思想中占有一席之地。然而，承认这一事实并不意味着，我们可以认为这一时期的英国人都一样虔诚，尤其是会非常认真地参加正式的礼拜活动。像西欧其他地方一样，这里到教堂去做礼拜的人实际上也在减少。但新教世界观在这一文化中根深蒂固，它影响着人们的思维，无论他们去不去教堂，读不读《圣经》，或事实上是否有阅读任何东西的能力。

例如，最有效传播"英国就是以色列"这一思想的手段之一，采用了歌谣而不是出版物的形式。乔治·弗雷德里克·亨德尔从他定居伦敦那一刻起，就在其音乐中，不时插入类比的主题，把英国历史中的大事件与《旧约》中先知和英雄们的业绩相提并论，以此来讨好他新的生活环境，尤其是他在宫中的赞助人。[51] 他为乔治二世在1727年的加冕仪式创作的圣歌，在以后每一位英国君主的加冕仪式上都会演奏就是一个很好的例子：《祭司扎多克和先知内森为所罗门抹上膏油，尊他为王》*。但在宗教清唱剧中，亨德尔把英国与以色列的类比发挥到了极致。《以斯帖》、《黛博拉》、《阿萨利亚》、《犹大·麦卡白》（该剧是为称颂坎伯兰伯爵在克洛登战役中战胜詹姆斯党人而创）、《约书亚》、《苏珊娜》、《耶夫塔》和不言而喻的《以色列人在埃及》等清唱剧的主题，全都是受上帝启示的领袖把以色列从危难中解救。亨德尔希望听众获得的寓意显而易见。在大不列颠，这第二个也是更加美好的以色列，其充满暴力和动荡的历史，将被刚强和信奉新教的汉诺威新王朝拯救，从而迈向一个空前繁荣的时代：

> 他努力让四季循环光芒万丈，
> 让橄榄树和葡萄藤在记忆中回荡，
> 丰富的物产在平原上兴盛，
> 金灿灿的谷物遍布田野。

正因亨德尔以这种热情洋溢的方式赞美英国，成就了一个全国性习俗。在18世纪，随着时间流转，他的清唱剧开始在威斯敏斯特大教堂演出，在伍斯特、格洛斯特和赫尔福德郡每年举行的三大音乐

---

* "And Zadok the priest and Nathan the prophet anointed Solomon King"，一些《圣经》译本也把两人的名字译为祭司撒督和先知拿单。——译者

节的教堂音乐会中演出，在北部非国教徒的小礼拜堂中、在威尔士礼堂与想要宣扬其时尚性的苏格兰城市和小镇中演出。如在1815年的第一届爱丁堡音乐节，就被亨德尔的音乐主宰。理查德·瓦格纳在1850年代参加伦敦的一场音乐会时，一眼就明白了它何以吸引这么多人，并指出：

> 听众花一个晚上来听一幕清唱剧，其感觉可被看作在参加某种宗教仪式，并且几乎和去教堂做礼拜一样有益。每一名听众手中都捧着一本亨德尔的钢琴乐谱，就像教堂里每个人手中都捧着一本祈祷书一样。[52]

这一评论极其犀利，因为瓦格纳看到男男女女听得如醉如痴，他们实际上是在全神贯注投入一场信仰活动。只是他们许多人顶礼膜拜的对象是大不列颠，间接地也就是他们自己。

在威廉·布莱克看来，用类比以色列来振奋人心，也可以是唤起激进变革的一种途径。但以这种眼光来看待英国的许多人，至少一定程度表达了一些自鸣得意的元素。作为被选中的土地上的子民，他们实际上可能必然会有背运和遭受挫败的时候。但根据阐释，他们受到保佑，这些保佑既有物质也有精神形式。有相当数量的英国人似乎相信，在上帝的庇护下，他们非常自由和繁荣。

然而他们为何会这样？这一时期，英国人被征收的赋税比欧洲大陆的同时代人更多。他们很多人都受制于一部极其严苛、常常任意武断的刑法。即使笛福这位把大不列颠当作新教徒的以色列的御用宣传员也不得不承认，"尽管我们是一个自由的国度，"但伦敦的监狱却比"欧洲任何一个城市的监狱都多，可能有欧洲其他国家首都的所有监狱加起来那么多。"[53]而且大多数英国人都很贫穷。在威尔士，这一时期有二分之一到三分之一的人都在勉强糊口的生活水准下默默无闻地过活。了解这一切的人很容易相信（一些历史学家实际上已指出）亨德尔的清唱剧和笛福的政治和经济著作中所贯穿的崇高自信，只不过是富裕和非典型的少数人的政治宣传而已。[54]然而，为何这些男女过着毫无指望的生活，却无论如何都相信，英国在任何意义上，都是一片充满希望的乐土？

他们中有很多人无疑并不完全相信这一点，甚至多数时候都不信。有的人当然明确说他们反对这虚无缥缈的想法。然而，相信大不列颠受到上帝特殊护佑，这一想法并不仅限于富人，也不仅限于英格兰居民，需要强调的是，同样不仅限于辉格党人。像所有经久不衰的国家神话一样，认为英国是一片因被选中而富饶的乐土，其效力并不取决于它是否真实。不管是否贫穷，大批英国新教徒相信（仅因他们**是**新教徒便相信，也因相信这一点令他们感到安慰）他们在任何意义上都比其他民族，尤其是比天主教民族，特别是法国人，更富有。

威廉·荷加斯的名作《加莱门，或古英格兰的烤牛肉》，显示了这种自鸣得意可以达到多么无礼的程度，以及它在多大程度上依赖于对敌人的界定和贬抑。一个肥胖的修士望着一大块刚烤好的进口英格兰牛排直流口水；那些光着脚、完全没有吸引力的修女傻兮兮的乐不可支，因为她们认为她们已在一条鳐鱼的嘴脸中，找到了基督的影像；那些法国士兵骨瘦如柴，衣衫褴褛，完全一副娘娘腔；甚至绝望哀愁的苏格兰高地人因反抗其新教徒最高统帅乔治二世而被抛弃放逐，吃着大蒜：所有这些都是相当程式化的搞笑形象，一批历史悠久的新教陈腔滥调。只在一段时间之后，我们才注意到荷加斯的讽刺画真正致命和创新的部分。只要看一眼这幅画，我们就已被关入一座法国监狱的大门之内。顷刻间，我们这些观众就已变得像法国人一样不自由。也像荷加斯本人，他把这幅画当作一次报复行动，报复1747年他在加莱旅行时的遭遇。

图7.《加莱门》,威廉·荷加斯,雕版画,1749年

荷加斯在为这座古代防御工事写生时,被当作一名英国间谍抓捕和临时关押。[55] 尽管他只把这一幕当作背景描在画上,我们仍能看到重重的手落在他肩上,士兵的矛在他头上若隐若现。对荷加斯而言,这一小小事件直指法国积弊的心脏:没有真正的自由,他们的财富必定微不足道且分配不公,他们的信仰永远都在迷信中纠缠不清:

> 让法国人愈加自鸣得意,在暴君的淫威之下,
> 而被压榨的民众跪倒在地,卑躬屈膝:
> 我们这个岛上顶天立地的众生,
> 鄙视所有看似光鲜的奴役,或金灿灿的镣铐。[56]

在画面中,阳光只照在加莱城古老的城门上,这是见证英国曾占领这

里的最后一个实实在在的遗迹。阳光使英国皇家的盾形徽章熠熠生辉。但首先,它照在大门顶端的十字架上,象征着我们(荷加斯的观众)的宗教,那种被认为与肉质鲜美的烤牛肉和其代表的繁荣息息相关的真正的宗教。

这种宣传究竟在多大程度上令人信服,甚至其创作者也不甚了了,但其实际效果却显而易见。尤其是在18世纪上半叶,以这种方式看待法国,消除了英国人在面对法国军事实力和文化繁荣时深深的不安全感。认为海峡对岸与他们对峙的成百上千万法国人实际上贫困潦倒、受压迫、轻信,甚至有些娘娘腔,这是消除紧张情绪的灵丹妙药和一种消除嫉妒的方法。[57]

但用贫困缠身来形容法国和其他天主教大国,这也是宣告只有新教徒才可以享有真正和持续繁荣的一种方式,那些在服务上帝方面缺乏热情和清晰洞察力的人,在更世俗的生活方面,很可能也同样懒懒散散、容易被误导和效率低下。1754年在布里斯托街头游荡的大批工人,据说口里高喊着这样的口号:"不要法国人……不要一天只领4便士和大蒜的廉价劳工,"他们就同意这样的信仰模式,正如1729年在意大利旅游的优雅的双性恋者赫维爵士即兴创作的诗歌所描述的那样:

> 在整个意大利境内,
> 除了贫穷和傲慢,你还能找到什么?
> 迷信愚蠢的闹剧,
> 腐朽、穷困和忧郁:
> 在暴君专制的蹂躏下,
> 一个富饶的国家,其主人贫穷;
> 城镇人口减少,土地荒芜,
> 人们衣不蔽体,食不果腹。[58]

根据这一观点，成为一名天主教徒，在经济上就会变得无能：如果有权有势就浪费、懒惰和压榨别人，如果没有就贫困潦倒和受人剥削。

那时的英格兰人知道，苏格兰人对天主教欧洲的反应，有时会采取一种不同并显然更宽宏大量的方式。把他们的剑卖给无论哪一支最需要它们的大陆军队，以此补充有限的国内收入，这是他们的一项悠久传统，尤其使其精英中的男性成员在面对欧洲各国时更加潇洒自如，在遇到与其宗教信仰相异的做法时，也不那么吹毛求疵。但苏格兰社会各阶层，尤其是坚定的长老会教徒，决不都是比他们的南方邻居更友善的欧洲人。罗伯特·伍德罗是格拉斯哥附近一个教区教堂的执行牧师，他眉飞色舞地记录了他的一个苏格兰同胞在"西班牙或意大利"（显然，对伍德罗来说，一个天主教国家与另一个天主教国家没有什么区别）旅行时，对一座天主教堂附近的一处圣迹的轻蔑之情：

> 他服了一点泻药，做好准备，在一个神圣的日子来到这里，颤颤巍巍步入这个祭坛，在那里排泄。我们可以确信，很快，他就发出一声叫喊；而他还想无拘无束地讲述这一情形。他准备这样讲述他的故事：在暴饮暴食很多天之后，他相信只有这样才能使他解脱；只要他来到这个圣迹……他就能被治愈。而且，据此，神父很快就把这当作一个奇迹，并向人们广为发布，而他是最高兴的人，因为他能够得到一些粪便。[59]

这是一个令人恶心的故事，可能是编造的。但它淋漓尽致地展现了那个极端的新教信念，即天主教的价值观颠倒混乱。这里的人非常无知和轻信，很穷，一定程度上对真正有价值的东西没有感觉，因此连污秽的事物都会去追逐。

因此，在整个18世纪，英国上层建筑都有一种巨大偏见，即一

图8. 道路、贸易和流动性,约翰·奥尔维,《不列塔尼亚,或图解英格兰王国和威尔士版图》一书的标题页,伦敦,1675年

种看待（或更确切说是错误看待）天主教徒和天主教政权的方式，这种方式从宗教改革（如果不是之前的话）开始兴起，在与法国和西班牙接二连三的战争中培育，并使许多英国人，不管其真实收入如何，都认为自己特别幸运。然而，如果把这种喧嚣的自鸣得意当作只不过是无知的排外主义而置之不理，这有些傲慢。即使它的确不过如此，但其影响仍不容忽视。但是，这类事情的发生，还另有深意。英国人相信他们的经历完全且始终不同于其他欧洲人，甚至优于他们，这大错特错。但一些历史学家认为，英国的历史经历与欧洲大陆的经历实际上并无差别，这些历史学家的做法也同样不可取。[60] 为了解真相，我们必须把两种极端说法折中，既不把骄傲自满的英国当作独一无二的例外，也不把它当作全欧洲范围内无差别的古代政权的重要组成部分，而要承认在某些方面，英国人与其大陆的许多邻国的确明显不同，而且更加幸运。

首先，他们挨饿的人口比例更小。1695—1699年压垮苏格兰许多地方的饥荒，是英国本土发生的最后一次饥荒，其本身也是一场极其例外的灾难。此后当然也有食物严重匮乏的时期，例如1730年代末和1740年代初，当时粮食严重减产、糟糕的天气和牛瘟接踵而至，似乎已促使全英国的死亡率大幅攀升。挨饿的情况总还是有，这是为什么穷人很容易感染呼吸道疾病和更引人关注的杀手如伤寒和天花等的原因。但即便如此，就食物短缺而言，欧洲大陆大部分地区的遭遇要比这严酷得多，而且相当长时期里都更加严酷。直到19世纪，斯堪的纳维亚半岛国家仍然很容易遭遇饥荒。法国也同样如此。实际上，这也是从人口角度而言，它对英国具有巨大优势的反面：它就是不能妥善地解决其人民的温饱。有时它根本就不能给他们提供食物。在1700—1789年法国大革命之间的几十年里，法国遭遇的**全国性**饥荒不少于16次，还有此起彼伏、几乎每年都发生的地区性饥荒。[61] 所以英国人津津乐道的"饥饿的法国农民"这一原型，绝不只是傲慢偏见和愚昧无知的产物。法国农民的确在挨饿：大部分人都是如此。

但大多数英国人没有挨饿，这对其统治者一举两得。在国内，饥荒相对并不常见，这有力维护了社会稳定。当食物价格增长过快时，暴动很常见。但因这通常都是临时性的地方短缺而不是毫无希望、大范围的粮食匮乏所致，当局通常只需从其他地方额外调运一船粮食补给就可以平息事态。在农业上相对自给自足（加之还有爱尔兰这样一个令人着迷的粮仓），还有另一个非常重要的好处。它弥补了英国从军事角度考虑比其欧洲竞争对手人口更少这一劣势。到这个世纪末，英格兰作为大不列颠人口最稠密和物产最富饶的板块，其劳动力只有三分之一在从事农业。与之相比，法国被捆绑在土地上的劳动力比例，是这个数字的两倍，而征兵的努力，总是不得不与数百万农业经营者的抵制相抗争。英国在那时肥沃富饶，詹姆斯·汤姆森在《统治吧，不列颠尼亚！》中颂扬的"乡村王国"，供养了它的战争机器，还有它的骄傲自豪和它的人民。[62]

繁荣富裕证明他们是一个被选中的民族，他们为此骄傲自豪，这种自豪不仅有农业支撑，更显然有商业的有力支持。他们在这一点上同样有更多骄傲的理由，而不只是偏见。从其贸易自由的程度、城市扩张的速度、居民在地理上的流动性和流动范围等角度而言，大不列颠的经历的确与众不同。1707年《联合法案》最重要的条款之一，是取消了所有国内关税和贸易壁垒。奥地利国内的关税壁垒一直延续到1775年，法国同样延续到1790年，而从1707年起，大不列颠的国内贸易商，就可以在从北部的苏格兰到南部的英格兰之间800英里的海岸线上反复穿行不用交税。1730之前的交流还有些缓慢和不情愿，但之后就突飞猛进，这就是当时的状况。保留至今但不完整的贸易数字，显示了国内贸易日益增长的规模和复杂性，以及对议会施加的压力，使议会准许收费公路蜿蜒穿越英格兰，并在这个世纪下半叶穿越威尔士和苏格兰。[63]全英范围内的市场正在形成，可能其最有力的证据，正是来自既得利益集团的无数抱怨之声，他们感觉自己在这一进程中正在节节败退。1748年，由英格兰人主导的下院试图通过立法，限制为数众多的苏格兰人把该国的产品贩卖到国境之南。四年后，150名爱丁堡商人发表了一份严肃声明，声称将不再从来访的英格兰销售人员手中购买或代销产品。[64] 这些试图继续让英格兰人只在英格兰做买卖，苏格兰人只在苏格兰经商的努力，最终只是白忙活，这并不令人惊讶，就像在洪水已淹没堤坝时，还想在上面挖洞泄洪一样徒劳无益。

大不列颠各地之间的商品流通，与持续不断的人员流动相伴。在18世纪，英格兰和苏格兰（但不包括威尔士）城市的增长速度，比欧洲其他任何一个地方的速度都快得多。在欧洲大陆，城市化程度在1770年代之前几乎根本没有提高；而在荷兰这个城市生活一度非常辉煌和极其富裕的地方，其城市人口在这一时期实际上还有所下降。[65] 但在海峡对岸，情况则完全不同。不只是伦敦，而且普利茅斯、诺里奇、伯明翰、布里斯托、利物浦、利兹、哈利法克斯、曼彻斯特、纽卡斯尔、爱丁堡、格拉斯哥、佩斯利和其他无数城市，没有哪个城镇的经济增长在此时能看出有什么问题，所有城市明显能看到的都是新建筑、街道、商店、住宅、旅店、酒馆和市政设施的大建设，以及每天从乡村滚滚涌入的新移民潮。[66]

这些男人和女人们出行的距离大都不远，在大多数情况下不超过十或十五英里。然而，各个社会阶层的英国人，尤其是穷人，其出行的人数和频率，似乎比他们在法国、西班牙、德国或意大利那些待在家里的同时代人多得多。[67] 在英国，一个人终日待在他出生的村庄或离群索居的陋室，这种情况只是例外，而不是常态。即使是能够抵御离家的诱惑和压力的人，也极少过着完全自给自足和离群索居的生活。外面的世界被走街串巷的小贩带到他们面前，这些小贩深入全国较偏远之地，兜售各种商品、小奢侈品、民谣和流言，以此谋生；外面的世界也可能以赶牛人的方式来到他们面前（如在罗马大道上勇敢穿行和在卡那封郡和安格尔西郡的马道上蹒跚而行，为切斯特、利物浦和伦敦采购肉牛的人）。反过来，商业也把乡村居民带离他们的隐居所，农夫和他们的仆人会经常外出光临某些小镇，以销售产品并购买必需的商品。

那么，认为这时的大不列颠是由狭小的、对外界不闻不顾的聚落构成的国家，其被封冻在习俗当中，商贸和交通被条块分割，这种观念充其量也只对了一半。大部分男女根本负担不起完全自给自足的生活。不管是否愿意，谋生这一要务都驱使他们走向城镇、市场和小商贩，在某些时候，还要外出走走。贸易，和一个新闻记者在1716年提到的"自然而然把人们连接在一起、维系在一起的其他促进因素"，[68]并不是少数人的特权，而是许多人的必需，这种必需把不同地区都牢牢系在经济上维护自身利益、诚实信用和人际交往的网络之中。还有一些别的东西，把所有阶层的英国人相互联系在一起，那就是印刷作品。

从16世纪初起，印刷机就已开始在苏格兰飞转，特别是爱丁堡这一世界上重要的印刷中心之一，为全英国、欧洲大陆和美洲殖民地的读者生产图书、小册子和布道书籍。然而，在国境之南，政府立法曾有效地把印刷品限定在伦敦。只因1695年《特许经营法》失效，首都之外的印刷厂才开始成功确立自己的地位。威尔士在1718年开设第一个印刷作坊，那时一个名叫艾萨克·卡特的人在卡马森郡的一个小村庄开办了一个小企业，而在英格兰，18世纪上半叶开办的印刷厂有将近60家（在那之后，其数量更飞速增长）。[69] 当然，这一切都已尽人皆知；但印刷业在统一大不列颠的过程中的重要性，和在塑造其居民认为自己享有特权这方面的重要性，则被远远低估。

就繁荣程度而言，新型印刷品中最夸张的无疑是报纸。法国人要到18世纪的最后25年，才等来第一份日报，而伦敦人在1702年就已经拥有，并在1730年代养活了6份日报，外加多份一周出版三次的报纸。半个世纪后，英格兰各郡生产了 50 份不同的报纸。苏格兰还有 9 份报纸，和《苏格兰月刊》这样定期出版的刊物，其出版商夸口说，该月刊可以在该国 70 多个书商中的大多数那里买到。[70] 威尔士直到 19 世纪才有本土出版的成功报纸。相反，其地主绅士和更富有的商人，通过邮寄获得自己那份英格兰报纸，或从小商贩那里购买，每个出版商都雇了这样的小商贩来把他（有时是她）的出版物销往更偏远的地方。

尽管许多人主要出于个人原因阅读报纸，如浏览广告或品读更恐怖和荒淫的犯罪及性冒险报道，但报纸可以使英国不同文化和地区之间的接触了解过程变得更容易和平常。为填满地方报纸有限的篇幅，各郡的每名编辑都大量援引伦敦的报纸，在其密密麻麻印刷的栏目中，充斥着议会辩论、股票市场的起落变化、最新宫廷流言、与外国政府开战的可能性或和平的前景等报道内容。在这方面，苏格兰报纸与英格兰报纸并无区别。它们也用大量篇幅重印从首都报纸上精挑细选的国境之南的新闻，只是严格用"大不列颠"这个词替代"英格兰"这一更狭隘的称谓。[71] 对买得起报纸的少数人，或有机会在咖啡屋和酒馆免费读到报纸的那部分人来说，报纸必然让他们更容易把大不列颠想象成一个整体。阅读报纸会不断提醒他们，其个人生活与更大范围的环境息息相关，不管是否愿意，他们都会被住在伦敦的那些人作的决定，或世界另一端爆发的战争牵连。

然而，对大多数英国人来说，报纸、语法书、字典或这一时期从新闻出版界汹涌而来的其他所有供人自学的材料，都不是教会他们自己是谁的最有效的媒介。尽管世俗读物格外引人瞩目，但事实上，这一时期英国每台印刷机生产的主要产品，仍然是宗教作品。为证明这一点，你只需看一看当时更高档的刊物《绅士杂志》、《伦敦杂志》或《苏格兰杂志》为方便读者而发行的出版物清单。1750 年，以上刊物中的第一份，罗列了 430 本新著，根据题目对其进行了广义分类：小说、戏剧、地图集、游记、烹饪书、园艺书、对古典著作的翻译等。在宗教书这一类别下，罗列了130多本书，具有压倒优势。[72] 然而，《绅士杂志》所覆盖的范围还很不全面，你只有记住这一点，其真正的数量优势才清晰可见。它忽略了英格兰大部分郡和苏格兰出版商出版的书籍（与伦敦的出版商相比，宗教题材的作品在这些出版商所占的比重大得多），它也几乎总对宗教小册子、皇历、民谣和新版《圣经》只字不提。

新教神学和争辩学，不管是钦定《圣经》还是班扬和福克斯等人的作品，还是更普及的布道辞，现在从地理上可以在更大范围内买到，而从价格上也远远更容易接受——对下层民众而言，这一现实可能才是印刷作品爆炸影响他们最广的一面。在这个意义上，可以认为1695年解禁印刷机完成了新教改革的普及工作。杰伦特·H.詹克斯写到："这一时期显著的特征之一，是宗教改革的核心教义在出版物中，以浅显易懂和大众化的方式广为传播，这在威尔士还是第一次。"[73] 在苏格兰和英格兰也同样如此，只是戏剧化程度稍弱。在整个大不列颠，普通男女现在越来越多地接触到用他们自己的语言书写的宗教读物。他们读到或听到别人大声朗读新教经典的机会前所未有，还可能为自己买上几本。接触出版物的机会大大提高，这正是英国新教徒认为"自己享有特权"这一信念的重要部分。不管多穷、多不重要、受的教育多么少，他们都可以某种（他们相信）罗马天主教徒不可能的方式，直接接近上帝的话语，并且即使没有别的原因，仅凭这一点，新教徒（哪怕是他们中最穷的人）也是自由人。直到这个世纪末，爱丁堡的一个牧师协会还声称，天主教信仰意味着"普通人不能自由使用神圣典籍"。一个驻扎在西班牙的英格兰列兵写道："天主教徒不读《圣经》；牧师完全控制着民众……噢，英国人！让我们珍惜我们的特权吧。"[74]

这句话从一个穷人口中说出，令我们回忆起英国新教徒受到特殊护佑这一信仰，在这一情形中是护佑他们拥有高人一等的宗教自由，但我们看到在其他背景下，则是护佑他们拥有更深厚和更坚实的繁荣昌盛。在当今社会，经济发展一直常被看作是现代化的原动力，**并因此与宗教格格不入**。但我们无须用这一观点来看待过去。在实践上，经济发展与一种深厚的新教爱国主义和自豪感和谐共存。在今天，这一看法令人不安和怀疑。然而，如果我们想要理解18和19世纪初的英国人如何看待自己及其世界，就必须认识并认真对待他们无比的自负。这不只是无知的岛国思想，尽管其中有一部分的确如此。它还与一种新教世界观捆绑在一起，这种世界观帮助男男女女搞清其生活的意义，并在他们面对困难和危险时，给予他们慰藉和尊严。而这并不只是有害的偏见。

就其农业的产量、商业的范围和体量、人员在地理上的流动性、市镇的活力以及无孔不入的印刷品而言，这一时期英国的经济体验明显不同于欧洲大陆的大部分国家。其经济网络更为精致复杂，这在联系这片文化差异很大的土地方面发挥了重要作用。但即使是几乎很少从这些网络中受益的英国人，甚至是非常穷的人也会被这种信念吸引，认为大不列颠就是比其邻国更富有和自由，是金色的耶路撒冷。乔治·达比曾这样描述一个处于极不寻常时期的非常与众不同的民族："社会中个人和个人组成的群体对其自身社会境况的态度，以及这些态度支配的行动，并不全由实际经济状况决定，更是由个体和群体脑海中的想象决定。"[75] 许多英国人对其故土所生发的想象，被势不可挡的新教信仰渲染，而变得更光明乐观。底层的新教偏见，正是英国政府在1707年之后被无怨无悔建立起来的坚实基础。

依靠信仰力量的政体

> 上帝保佑我们高贵的国王
> 上帝保佑伟大的乔治，我们的国王，

上帝保佑国王。

赐予他胜利

快乐和荣耀，

统治万世长，

上帝保佑国王。

噢，我们的主上帝现身，

驱散他的敌人，

并让他们一败涂地：

让他们的政治现乱象，

挫败他们的奸诈诡计，

在他们身上确立我们的希望

噢，保佑我们所有人。

  这些诗句于 1745 年 9 月在伦敦的一家剧院第一次高声唱响，在场的男男女女群情高昂地聆听之后，在这个温暖的秋日夜晚兴奋地踮起脚尖，反复要求再唱一次。[76] 具有讽刺意味的是，这首歌的另一个版本，在半个多世纪前就已广为流传，似乎主要在被流放的斯图亚特王室的支持者中传唱。它现在因其所表达的情感，但首先因为政治和军事方面的背景，而被忠于现政府的人接纳。由于伦敦处置不当，查理·爱德华·斯图亚特规模有限的军队得以跨越苏格兰，现在正昂首往南挺进。最初，在入侵路线上的人们对威胁其安全的这次行动不屑一顾，但现在开始恐慌，并在《上帝保佑国王》这首歌中，找到一根令人安慰、神圣和熟悉的救命稻草紧紧抓住。其歌词为他们提供的东西，正是其新教文化教他们去企求的东西；然而，尽管被敌人团团围住，但上帝的特殊关照是另一个保障。恰如《统治吧，不列塔尼亚》，也像威廉·布莱克的诗行（这些诗行直到 1916 年面临更大规模国家危难时，才像《耶路撒冷》一样被谱成曲子），《上帝保佑国王》号召这个民族群起奋争，但却通过信仰获得拯救。

直到19世纪初，这首歌才开始被称为**国歌**（*national anthem*），国歌这个词是英国发明的，这也证实大不列颠的国家身份与宗教信仰联系非常紧密。[77] 在1745年，这首歌的地位还不那么正式，但它通过教堂仪式中的传唱和出版网络，得到有效传播。报纸和月刊为其读者迅速提供了歌词和乐谱；连《苏格兰杂志》也刊印了它，尽管从严格意义上说，苏格兰事实上还在詹姆斯党人的占领之下。它还通过大幅张贴的布告和民谣歌手吟唱的方式在穷人中传播，这些民谣歌手会为那些不识字的人唱出这些歌词，以换取半便士或更少的报酬。荷加斯在他那幅《向芬奇雷进军》的画中，画了这些女人当中的一个，她正在高声动员国王的军队，这些军队在伦敦一个较为贫穷的辖区聚集，准备向北进发，去与查理·爱德华·斯图亚特和他的追随者作战。据说乔治二世觉得这幅画有破坏性，因为它显示了一次计划不周全的动员行动的混乱场面：不知所措的普通士兵穿着他们紧绷的新制服，他们的装备随意捆绑在手推车上，随行的商贩和号啕大哭的私生子拖拖拉拉跟在其身后。[78] 然而，像荷加斯的很多画作一样，这幅作品实际上是一幅意味深长的爱国画。

其中心人物，一个显得特别烦乱的士兵，被两个或许是他妻子的人拉扯着，这个人实际上正代表英国本身。顺从搀扶着他右手的，是一个衣衫褴褛但依然洁净素白的民谣歌手，脸蛋漂亮、身怀六甲。从左边（与艺术处理的惯例方向相反）攻击他的人，是一个老得多而且又恶又丑的卖报人，像修女一样拖着一身黑袍，一个十字架在她的颈下摆来摆去，她的布袋里装满了充满恶意的敌方报纸。这幅画从微观层面向我们展示了更宏观层面发生的政治决策危机。大不列颠是继续忠于汉诺威王室（画中以身着白衣的女人来表现，她是一名民谣歌手，《上帝保佑国王》的歌词醒目地悬挂在她的篮子上）？还是屈从于卖报人所代表的斯图亚特王室？根据这幅画的启示，正确的决定是什么已毋庸置疑。白衣女子具有生育能力而且纯洁美丽,她的肚子,像她手上挎的篮子一样,装满了未来。相反,斯图亚特王室的代表很老因而没有生育能力。她用暴力威胁,而且无疑是罗马天主教徒。这样的人物塑造清晰反映了荷加斯自己的倾向性,但其背后蕴含的意义重要且有根据。大不列颠这时的政治、政府组织方式和男男女女对其所持的看法,都不可避免与天主教和新教的观念联系在一起。

当然,被无情重建的君主政体,最戏剧性地反映了这一点。在1688年,之后又在1714年,严格的王位继承规则被惹人注目地打破,因而避免了邪恶的(多数英国人都这么认为)罗马天主教君主继位。这种情况第一次发生时,公开信仰天主教的詹姆斯二世及其男性继承人被军队武力逼迫逃亡法国,以便使王位传给他的新教徒长女玛丽,实际上是传给她加尔文教派的荷兰丈夫,奥兰治的威廉。而玛丽的妹妹安妮继任女王之后,虽然子嗣众多,但都因有病,无一幸存;托利

图9.《向芬奇雷进军》,威廉·荷加斯,雕版画,1750年

派乡间绅士主导的议会在1701年通过《嗣位法》，明确任何一个天主教徒或与天主教徒结婚的人，都"永远不能继承、获得或享有王位和对这一王国的统治"，这一法律至今仍有效。[79] 为确保得到一个新教徒继承人，议会不是一次，而是无数次反复被迫肃清有继承权的人选。它回避了50多个与安妮女王血缘关系更近，但因其天主教信仰而不合格的人选，以便迎来在1714年最终成为国王的那个人，即汉诺威的乔治·刘易斯，一个只会说一点简单英语的德意志人，一个其貌不扬、没有任何魅力的中年人，一个除了基本诉求之外，没有任何伟大抱负的人。他是一个路德教徒，而不是天主教徒。[80]

这些不遵传统的继承法令，其意义在博林布鲁克子爵亨利·圣约翰那里得到最清楚的展示，他是一个才华横溢、壮志未酬的人，曾担任托利派内阁大臣。他在《一个爱国国王的理想》（1738）这本写来教导乔治一世之孙（当时的威尔士亲王）的小册子中指出，英国君主仍可以使自己成为政治中最重要的中心、其子民的父亲。但他也以毫不含糊的口气告诉王位继承者，对统治之君的忠诚，其基础已不可避免发生了转移："法律所要求的忠诚，其根源……来自**国家，而不是个人**。"[81] 来自汉诺威的国王仍很有权势。但他们并不首先因为他们是谁而得以统治。也不因为他们的祖先曾经是谁而得以统治。议会把他们推上王位，而新教徒让他们继续待在那儿。他们本质上是时势造就的国王，因迎合了多数子民的宗教偏好而居其职，斯图亚特家族却反复拒绝这样做。一名英格兰主教曾说："一个天主教国君治下的新教国家，将永无宁日；如同看护人是一匹狼，那任何一群羊都不得安宁。"[82]

粉饰这一实用主义安排需要些时间，把一个顺应时势和功利主义的王朝变成一个富有吸引力和讲究礼仪的王朝，也同样需要时间。而在被流放的斯图亚特王储、詹姆斯二世之子詹姆斯·爱德华·斯图亚特和其孙查理·爱德华·斯图亚特不断觊觎王位的情况下，这一任务就变得更加艰巨。在他们的宣传海报中（这是大多数英国人曾见过的他们的唯一形象），他们都体格健硕招人，这正是汉诺威最初的国王所缺的东西。他们在苏格兰受到广泛支持（尽管也不是万众一心），尤其是在联合还没有完全深入人心的18世纪初。甚至在苏格兰之外，他们的不幸遭遇和大无畏精神，也使他们显得充满无限传奇色彩，这是古板、一帆风顺和同样充满勇气的汉诺威人并不想要拥有的气质。此外，像所有在野的领袖一样，斯图亚特王室允诺的东西很多，因为他们不在其位，不处于那些复杂之事中，也没有参与令人幻想破灭和失望的政府日常工作。[83] 但尽管如此，斯图亚特王室进行的事业，却面临一个致命障碍。那就是其代理人不会放弃曾经在最初令其王朝失去王位的天主教信仰。斯图亚特王室信仰坚定、令人钦佩，但从政治角度却致命，他们不皈依新教，这被证明具有决定性。

在英国王位上替代斯图亚特王朝的人知道，宗教是他们的王牌，他们要把它发挥到极致。例如，威廉和玛丽在1689年经历的加冕仪式，经过精心改造，以强调其信仰的优势和不可替代性。宗教改革的关键文本，即英文版《圣经》，第一次被带到向西敏寺进发的加冕队伍当中。这对君主必须依照"福音的真正信仰，以及法律所确立的、经过新教改造过的宗教"宣誓就职——其前任从来没被要求这样做。加冕之后，《圣经》就交给他俩人手一本："以使你铭记这一规则，且你应当遵守它。"[84] 所有这些革新都被以后的加冕仪式保留，如果有所区别，那就是提醒的热情有增无减，要在这些君主一生最重要的加冕仪式上提醒他们，他们是因为从宗教而言是什么而不是什么才获得这一位置。当安妮女王在1702年加冕时，在宣誓之前，她被要求发表一份冗长的声明，反对圣餐变体论*的主张。[85]

为使这些被指定的新教徒新君的统治合法化，护教人士不再求

---

* 一种认为尽管圣餐面包和葡萄酒的外表没有变化，但已变成了耶稣的身体和血的主张。——译者

助于总是带来麻烦的"君权神授"说,而把其立场改为神圣天意和人民的意愿。他们指出,奥兰治的威廉在1688年征服詹姆斯二世,还有汉诺威王朝在1714年继任英国王位,都是因为神圣天意对他们的青睐。新教的神祇再一次守护着被他选中的人。但上帝之所以以这种方式垂青新教徒国王,只因他们愿意承担他们对其子民的责任,而斯图亚特王室表现很糟糕,不愿意这样做。因此,君主的宗教基础和统治者与被统治者之间的契约观念,至少在理论上,完美结合。[86] 一个牧师在1714年曾指出,乔治一世把其继承王位归因于他是"皇家血脉在新教这一系"的直系传人,但同样重要的是,他是"这个国家自己的选择",并将根据这片土地上的法律来统治。[87]《上帝保佑国王》的最后一节同样指明了这一点:

> 最珍贵的宝物,
> 愿倾囊与他。
> 愿他维护国法,
> 为我们指引目标,
> 我们衷心放声歌唱,
> 愿上帝保佑国王。

英国人被反复告知,重新安排给他们的君主,是他们特别自由的原因之一。不仅君主继承王位的条件是信奉新教,而且人民对他的忠诚,也以他遵守宪法为条件。如果斯图亚特王朝复辟,这两样东西——新教信仰和宪法原则——都将被碾得粉碎。

这可能更多的是诉诸理智而不是情感,承认新王朝是建立在功利和宗教偏好之上,而不是建立在个人忠诚之上。支持最初几位汉诺威国王的书面和口头宣传,无一具有诗意,几乎没有詹姆斯党人最优秀的辩护词那样华美、像民间传说一样的特征。它常常更擅于就英国的现状发出令人兴奋的警告，而不擅于充满朝气地想象一切都已令人满意的未来。尽管有这种种局限，但它仍然赢了。因为它能吸引新教徒大众，而詹姆斯党人永远都不能。但它获胜，也因为新建的王朝只是革命之后给英国人提供的政治安排中的一半。而同样非常重要和有强大吸引力的另一半是议会，现在每年召开一次，会期达好几个月——这在 1688 年前从来未曾实现。

其直接后果，是加剧了党派间的冲突和选举时的竞争。[88] 但议会行使职能的方式和笼罩在其周围的神秘氛围，也促进了国家统一。1707 年后，实际上这个岛国的每个部分都有一个其近旁的贵族在上院，并且（或）向下院派驻代表。而且尽管与英格兰南部相比，威尔士、苏格兰和英格兰北部代表的比例严重偏低，但实践中，这一体制的运作比其看上去更为公正。来自席位偏少地区的富有和有影响力的人，常常在席位更充裕的地区当选，以这种间接方式，他们所在地区就在威斯敏斯特获得了发言权。例如，康沃尔这个当时乃至现在都在文化上独特且相当孤立的郡，其在 1761 年选出的 44 名议会议员，有一半以上，都是在其境外出生和扎根的人。另两个议员席位充裕的郡，即德文郡和威尔特郡，其选出的下院议员有一半也同样如此。这样的事情经常发生，即可能衰落但仍拥有议会选举权的市镇满足了实用目地，在这一案例中，是让那些议员席位较少地区的英国人，能进入威斯敏斯特及其立法机构。[89]

这与 16 和 17 世纪的状况完全不同，那时，各地上层阶级的精英，常常花很大心思来为当地人保住席位。在 1700 年代，外地人越来越容易当选，这显示出选举现在变得更不稳定，但也显示出上层阶级精英更具有英格兰头脑，而且越来越有英国头脑。假如一个人有钱、有门路和相当的能力，那他出生在康沃尔、德文郡还是威尔特郡就不再那么重要。到 18 世纪下半叶，甚至他是不是英格兰人都已不重要。因为虽然在 1750 年前，很少有苏格兰人能代表威尔士或英格兰选民，但随后，苏格兰人——和人数更少的威尔士人——渗透到英格兰选区中去的情况越来越普遍。1760 到 1790 年间，有 60 个苏格兰人在国外当选议员。接下来的 30 年里，超过 130 名苏格兰人坐到了国境之南的议员席位上。[90] 这标志着到这个世纪末，英国统治阶级已是名副其实的英国人，而且这样的标志还会越来越多。

尊重议会成了精英态度中一个越来越重要的部分，也是精英爱国主义中最重要的部分。这不仅因为议会为贵族和议员提供了一个促进其自身地区利益（显然它做到了这一点）的独一无二的途径。也不仅因为议会是发展事业和保障适当立法最重要的平台。在议会中服务（这个词被频繁使用，无疑意味深长），为沉迷于古典作品的男性精英，提供了扮演罗马元老院议员的机会。它调动他们的全部修辞能力，还迎合了他们的公民价值感。此外，曾到欧洲大陆参加教育观光旅行*的人，都清楚明了议会在英国的重要性，其把英国政府与其他几乎每个欧洲国家现有的政府区别开来。到 18 世纪初，与它最相近的机构都不再开会，如法国国民议会；或已被削弱，如德意志大部分邦国议会；或被人们视为只不过是阶级和地方特权已完全过时和令人讨厌的护卫者，是良好和高效政府的绊脚石，如波兰议会。[91]

他们所服务的机构与众不同，以当时的标准来看非常高效，而不是碍手碍脚，而且它的作用范围和重要性实际上还在增强，这一认识再次确保了英国贵族对其政治优越性的信心，也暗示了他们自身的优越性。贵族和议员常常为下院中行政部门的影响力，或为大选的频率，或为个别大臣的行为争论不休。但这些冲突都源于真正或莫须有的担心，担心这一体制的美正在腐坏，而不是源于怀疑这一体制整体的有效性。翻一翻对这些争论的记录就可以很快明白，在 18 和 19 世纪，人们对议会的意见几乎令人难以置信地高度一致，认为议会独一

---

* 教育观光旅行（Grand Tour），遍游欧洲大陆的旅行，在从前被认为是英国上流社会年轻人所受教育的结业课程。——译者

无二、卓越非凡和至高无上，是这个自由和信奉新教的民族来之不易的特权。

但对议会的狂热崇拜不仅限于操控它的地主阶级，尽管在1700年代初的大部分时间，崇拜者似乎的确只限于英格兰人。这部分原因在于，大多数威尔士和苏格兰民众从这一机构得到的直接好处甚微。直到18世纪末，议会几乎没有制定和通过任何特别影响到威尔士的公法或私法，其大部分居民对通过了什么法律也并不了然。雷蒙德男爵在1730年提议议会的所有会议记录都应翻译成威尔士语，以加深其民众对它的忠诚，这一具有远见的提案却被上院否决，因为苏格兰阿盖尔公爵认为这一提议滑稽可笑。[92] 尽管如此，威尔士仍因拥有选举权的人数众多，而远比苏格兰更密切地参与到议会体制当中。1707年前，即使是苏格兰自己的爱丁堡议会，在其爱国精神方面所起的作用也不大，因此，威斯敏斯特的议会在北部几乎不可能激起广泛热情，尤其是在联合之后的前三四十年。它实在太远了。在1745年前，它只偶尔通过了几项福泽苏格兰的立法。而更尴尬的是，只有极少数苏格兰人（不超过3000人）拥有投票权。[93]

在英格兰甚至威尔士的状况则完全不同。在这些地方，成年男子中拥有选举权的人口比例从未低于14%，而就在联合之后的那几年，几乎达到25%。[94] 此外，从1688年革命一直到1716年，至少每三年举行一次大选，有时甚至更为频繁。这常被看作是这一时期极不稳定的原因之一。然而我怀疑，频繁的选举也为男男女女反复提供了了解、欢呼或嘲笑其绅士代表的机会，这很可能促使新的政治秩序越来越深入人心、坚定不移。紧张状态可以被消除，愤怒能以一种可以接受和讲究礼仪规则的方式表达。而且，在早期阶段及之后，选举还被当作一种爱国和新教徒的方式，而不只是政治教育的方式。

不管竞选对手之间是否为争取选民而激烈竞争，也不管议会议员

（像大多数情况那样）实际上是否由当地最有影响力的地主提名，一次选举仍然是一个公民盛会。联合王国的国旗高高飘扬，乐队演奏爱国乐曲，焚烧教皇的肖像，免费啤酒激励人们为忠诚干杯，偶尔也激起不忠诚的示威游行。如果某人的投票权受到质疑，他可能不得不在村庄或城市广场公开宣誓效忠，以此提醒观众谁是在位之君，同时也提醒他们，只有新教徒才能成为公民。即使是不能投票的人，也受选举过程中的言辞和仪式鼓舞，相信他的代表们的权力附有条件，议会一定程度上是这些代表们义不容辞的责任。[95] 正因他们相信这一点，因此没有选举权的男士，偶尔还有一直没有投票权的女人，都频繁在商贸、道路、桥梁和地方管理等事务上，参与到向议会请愿的活动中来。例如1730年代，议会从英格兰和威尔士的店主那里收到100多份请愿书，希望更严格管理抢走他们一些生意的流动小商贩。[96] 这样的请愿者在议会选举中大都没有直接发言权。然而他们的行动显示，他们仍感觉那里代表了他们，他们也有发言权。

而且还有证据显示，即使是社会阶层中地位较低的群体也对议会充满敬意。1757年，林肯郡一位名叫劳伦斯·蒙克的地方行政长官遇到一群愤怒的农场主、工人和农民，他们抗议最近通过的《民兵法案》中的条款。开始时他们威胁要对蒙克和当地贵族使用暴力，但他们对话的高潮却发人深省：

> 在回应中他们（这群人）被告知，议会的任何法案都没有欺骗过他们，以后也不会。他们同意**如果连议会都不信，所有事情就都完了**，因此希望蒙克先生回去给他们一些麦芽酒，并保证不伤害他。[97]

对议会的狂热崇拜，并非19世纪辉格派史学家臆造。它在英格兰和威尔士很多地方的社会根基比这早得多，到18世纪下半叶，在苏格兰也越来越普及；这有助于解释为何议会改革者发现，在很长时间里总体上很难获得坚定支持者。议会是新教遗产的一部分，更多时候，它得到的是狂热崇拜而不是冷冰冰的分析。此外，在它极其有限的职权范围内，它行之有效。

因为最终，一事成功万事成。而成功，首先是战争中的成功，正是统治大不列颠的人能提供那种证明他们对其之下的千百万人统治合法的利器。与法国的九年战争、西班牙王位继承战争、詹金斯之耳战争*和奥地利王位继承战争、七年战争和反对大革命及拿破仑法国的战争，都为陆军和海军带来足够多的胜利，来逢迎英国的自豪感，而且在这大多数冲突中，从帝国的胜利和赢得的贸易路线而言，这些胜利不仅巨大而且持久。只有美国独立战争是一次惨痛的失败，而在当时人们的心目中，其绝非偶然，这是该时期英国最初面临的敌人是新教徒而不是天主教徒的唯一一次大战。

除了这次明显的重大失败之外，其余的全都获胜。而且我已经指出，这一事实有力证明一个统一的大不列颠，以及一个信奉新教的大不列颠的合理性。从15世纪到1688年，英格兰和威尔士像苏格兰一样，是处于欧洲权力游戏边缘的王国，更多时候是相互厮杀，而不是与大陆强权交战，而且，当他们真的与荷兰或法国或西班牙交战时，他们很成功的时候少得可怜，只在奥利弗·克伦威尔统治时例外。[98]因此，新教的辩护者很容易指出，并使大量男女相信，正因为驱逐了向天主教堕落的斯图亚特储君，并把这个岛国统一在一个信奉新教的王朝下，才改变了英国在世界上的地位。现在这第二个以色列拥有了它应得和上帝所需的统治者，那它收获胜利和领土，又有什么值得惊讶？

---

* 詹金斯之耳战争（War of Jenkins' Ear），是英国与西班牙之间从1739—1748年间发生的军事冲突。从1742年起，相关战争成为奥地利王位继承战争的一部分。——译者

重建这一思维方式，一直是一件复杂且有时令人不愉快的事。不言而喻，新教徒构建的英国人身份会使一小部分不信奉国教的人失去特权：天主教社群、1745年前的大部分苏格兰高地人和被驱逐的斯图亚特王朝的支持者，他们是为让其他人成为英国人而不被允许成为英国人的男男女女。同样不言而喻的是，这种看待世界的方式，孕育了战争且依赖于战争。把一个高度分崩离析的民族团结在一起的最有效方式，是激励它统一起来对抗自己和其他外人。1688年后的英国没有被内战分裂，最根本的原因是其居民的野心被定期和无怨无悔地释放到战争和帝国的海外扩张当中。

但我想指出，在这个社会，新教教义远不只意味着自吹自擂、不宽容和沙文主义。它给大多数人一种"他们在历史上拥有一席之地而且有价值"的感觉。它让他们为这种优越感自豪（他们的确很享受这种优越感），并帮他们在遇到困难和危险威胁时，能耐心承受。它给他们以一种身份。当然，还有其他强大的身份在起作用。新教徒的团结感并不总能超越社会阶层，它对英格兰、苏格兰和威尔士之间复杂的文化和历史分歧掩盖得也不多。但对"谁是英国人，他们是否真的存在"这一问题，新教却提供了一个有说服力和有效的答案，可能是唯一令人满意的答案。大不列颠可能是由三个各自独立的国家组成，但在上帝的名义下，它又是一个统一的国家。而且只要维持国内繁荣、与欧洲天主教国家反复交战并狂热和长时间高度成功地追求帝国，从而保持使命感和天佑宿命感的活力，那联合王国就会繁荣兴盛，不仅因顺应时势和利益得以维持，也因信仰得以维系。正是新教这一基础，为大不列颠的创建提供了可能性。

第二章 收益

从广义上说，新教为大多数英国人的生活提供了一个框架。它决定了他们对过去的解释，帮助他们理解现在。它有助于他们识别和正视敌人。它为他们提供了信心甚至希望。它也让他们更容易将自己视为一个与众不同的民族。如果宗教在英国就像在其他许多国家（法国、荷兰、瑞典、俄国或美国）一样，巩固了国民的身份认同，那么同样真实的是，对国家积极承担义务也常常与一种自利因素紧密结合。这曾是一种普遍倾向，现在依然如此。正如捷克史学家米罗斯拉夫·赫罗赫所说："当国家意识形态反映出（即便是以一种完全虚幻的方式）受它吸引的群体的利益，或至少一定程度上包含了与他们的利益密切相关的纲领时，它就有效。"[1] 尽管赫罗赫的论述的英译本并不生动，但他的见解依旧敏锐。大不列颠在 1707 年之后被塑造出来的方式和深度，部分原因在于不同阶级和利益集团将这个新近创造出来的国家视为一个有用的资源，一个效忠的对象，这个对象也能满足他们自己的需求和野心。男人和女人们可以期待来自爱国主义的某些利益和好处。

这一观点需要加以强调，因为偶尔有人声称，通过 1707 年《联合法案》以及七年之后汉诺威王朝即位所建立起来的体制，其社会和政治基础非常狭隘，并且几乎完全依靠军事力量来加以延续。[2] 在 18 世纪的大部分时间里，统治英国的人都是一群贪婪的辉格派敲诈者，他们吸引了"政治阶层和其他少部分人更卑劣的天性"。[3] 对普通男女来说，在国内压迫他们的"组织严密的精英"与"法国波旁王朝的绝对专制"之间,并没有太多选择余地。[4]这个社会中的统治秩序如果不是靠运气苟延残喘,事实上可能永远都不会像现在那样。[5]这些描述确切反映了各种反对派有时对英国权力结构的看法。正因为这个原因,他们很少公允和全面评价这些结构何以能持续存在。对于这个人为创造,在最高层由占统治地位的土地贵族和以盎格鲁人为中心的好斗的贵族寡头统治的国家(在18世纪前几十年尤为如此),何以能得到非常广泛的民众支持,他们也没有说出个所以然来。

在支持者中,各种类型的商人始终显得很突出,部分原因在于他们人数众多。在18世纪的英国,大概有五分之一的家庭依靠贸易和销售谋生:他们处在那些依赖国内和国外贸易网络来获取收益的农夫和制造业者的顶端。[6]另一个事实是,与大多数英国市民相比,商人更需要国家。国内商人,即使是小规模的油炸食品商,也依赖国家维持良好的秩序,这是商业和信贷业务顺利和安全进行的保障。从事海外贸易的商人,需要其海军在较危险的航线护航,战争时期更是如此。几乎所有从事贸易的商人,都在某种程度上受益于英国对殖民地市场无情的攫取,以及它与商业和帝国霸权的另一个主要竞争对手法国的不断战争。当然,并非所有商人都是爱国者,也并非所有商人都一如既往支持当时的政府。即便如此,在大部分时间,尤其是在非常时期,这个人口庞大的职业群体拥有一个最好、最充分的理由来效忠国家。非常简单,那就是国家带来收益。尤其是在大不列颠作为一个统一王国存在的前半个世纪,当时,《联合法案》才刚刚出炉,而汉诺威王朝才刚创立,也充满争议,拥有土地的统治阶级和一个庞大的商业社会之间紧密而令人惊奇的和谐关系,是稳定的一个重要源泉。这种关系也是创造性的,因为商业崇拜日益成为英国人生活的重要组成部分。

土地、贸易、战争与帝国

1740年，威廉·荷加斯创作了他最好的肖像画之一，这幅作品也最容易让人回想起商业在这一文化中的地位。这幅肖像画的对象是托马斯·科拉姆，正是他负责组织了英国第一家育婴堂。科拉姆肩膀宽阔、生性率直、面色红润，显得很自信，他背靠一根大柱子，自己满头亲切和蔼的银发，没有戴当时社会上很流行的卷曲或有辫的假发。他的衣着也舒适而朴素，袖口优雅的回折，这样就可以腾出手来做事情。乍看上去，人们会觉得这幅肖像画描绘的是某个乡村主教，是一个严肃正经的乡间杰出人物，身上散发着美德的光辉和乡村人的诚实。不过仔细一看，我们就会发现一些完全不同的东西。

这幅肖像画的背景不是乡村住宅；没有猎狗或者良种马，也没有农具做装饰。这显然是一幅静态肖像画，旨在让心生敬佩的公众观摩，肖像上的人物既不是皇室成员，也不是贵族。事实上，在科拉姆的一侧，是广阔的海洋和一艘航船，在他扣带紧锁的靴子旁边，是一个地球仪——象征着统治——我们正好可以看到上面的大西洋，科拉姆年轻时，曾经作为一位勤勉的造船工人横渡大西洋。太阳光从窗户照进来，将十字窗格映在地球仪上面的大西洋上。科拉姆既没有继承贵族头衔，也没有大片土地，他所拥有的，只是商业和事业心，当然还有新教，这些是他公民美德的基础。正如荷加斯所描绘的，科拉姆通过自力更生经营商业而成为英雄，并且不仅仅是一位英雄。这幅肖像画挂在育婴堂的小礼拜堂里，据说，当一些孩子在祷告过程中眼睛走神，凝视这幅绘有他们恩人的肖像画时，往往把上帝与朴实的科拉姆混为一谈。作为天真烂漫的孩子，他们一眼所瞥见的，正好也是荷加斯希望传达给更有阅历的观众们的东西：科拉姆以及与他同类的人，是大不列颠物质财富和道德价值的源泉，勇敢坚定的商业行为和

图10.《托马斯·科拉姆》，威廉·荷加斯，1740年

理想的爱国主义完全是一回事。[7]

　　大体而言，科拉姆的生平和工作，有力和无可辩驳地证明了上述说法。科拉姆是多塞特郡一位船长的儿子，1694年，作为伦敦一些商人的代理人，他横渡大西洋到达波士顿。科拉姆在北美殖民地生活了十年，担任过造船工人和水手，返回英国后，他开始从事一项了不起的职业，即为更广泛的世俗慈善事业四处游说。最初，他打算说服贸易委员会支持在殖民地安置复员军人和水手的计划。在这一计划失败后，他把注意力转向无数婴儿，他们中大多数是私生子，其中许多已经奄奄一息，被遗弃在伦敦街头和住宅门口。其他欧洲国家已经设立了一些照看孤儿的机构，这些机构通常受到政府或天主教会资助。在大不列颠，情况则完全不同，设立育婴堂是私人事业。科拉姆最初向乔治一世提议设立这一机构的建议无果而终。而敦促大主教和贵族为他和孩童的利益说话的努力，实在难以践行，那就好像要求这些人在宫廷赤裸上身一样。直到下一任国王统治时期，他才得到一些很有影响力的贵族支持，但这种支持也很有限。1737年，乔治二世认可了一份育婴堂管理者的名单，在这份375人的名单中，有一些名人显贵，但绝大多数积极活跃的管理者都是商人或科拉姆那样的人。

　　从一开始，这个慈善机构就依照商业方式管理。作为一个具有自己的理事和合法身份的志愿团体，它以伦敦许多股份公司为模板，股份公司这类组织延伸到慈善事业，这还是第一次。育婴堂的公开目标既是商业性的，也是人道主义的：拯救很可能消逝的年轻生命，让他们成为国家的有用之才。在长大成人后，女童被送去当仆人；男童被送去做水手或从事耕作。为了筹集必不可少的基金，就得使用技巧吸引公众注意，这些技巧不但具有创造性，其商业性也昭然若揭。荷加斯是管理者之一，他为育婴堂设计了与众不同的制服，以及一套令人动容的军大衣：一名刚刚出生的婴儿，自然和不列塔尼亚的形象分居两侧，这幅图景搭配一个充满哀伤的词语："救救我。"[8] 他也提出一项策略，能同时促进慈善和他自己的事业。与其他富有事业心的艺术家——弗朗西斯·海曼、艾伦·拉姆齐、托马斯·赫德森以及约瑟夫·海尔默等人——一起，荷加斯开始在育婴堂的公共房间里展示自己的最新作品。富家子弟和有闲阶级前来津津有味地观看，并驻足慷慨解囊；与此同时，荷加斯进一步推进他个人的宏图伟业，即把英国艺术与欧洲大陆艺术区别开来，以提高其受人尊敬的程度并开拓销售市场。育婴堂艺术家年会——他们的聚会所获得的称号——每年11月5日在育婴堂召开，旨在纪念1688年革命、自由以及新教，这种集会也适时推动了皇家艺术学会的建立——尽管比荷加斯的预期慢了很多。[9]

一眼看上去，托马斯·科拉姆的这座博爱建筑，成功地证实了前面那幅肖像画上显示出来的精神道德。这是一座开创性的慈善机构，由一位靠自身奋斗取得成功的人建立，管理者是一群与他同类的人，这项事业对整个国家都很重要，很显然，它宣传了商人们卓越不凡的公共精神。贸易是英国的力量之所在和灵魂，是英国之所以伟大的源泉，也是滋养英国爱国者之处，这种主张充分反映在诗歌、戏剧、小说、报刊、文章、议会演讲、私人通信，甚至当时的牧师布道中。1718年年度手册即《大不列颠现状》中，有一章题为"论贸易"，事实上每一位重要人士都读过，其起始句这样断言："除了我们宗教的纯洁性，我们之所以在全球所有国家当中最为重要，原因在于我们拥有最庞大和最广泛的贸易。"大约40年之后，这一章省略了宗教指涉，只告诉读者："我们的贸易是世界上最可观的。事实上，在所有国家当中，大不列颠最适合从事贸易。"[10]大量贸易不仅仅只是出于物质上的需求：对这一时期的英国人而言，它也明确证明了他们是世界各国中最自由和最具有新教精神的民族。

这种贸易崇拜超越了派系，也超越了社会阶层。1731年，一位政府小册子作家警告说："我们的贸易毁灭之日，也将是我们的公共价值和力量消亡之时。"反对派诗人约翰·盖伊声称："让商业成为你唯一渴望之物，保有商业，你就拥有了整个世界。"[11]1739年，卡特里特勋爵对他的贵族同僚说："我们的贸易是我们的主要支柱，因此，我们应当为了维护贸易而放弃其他念头。"尽管他是代表反对派发言，但作出回应的政府大臣们也都坚持认为，英国主要是"一个商业国家"。[12]文质彬彬的切斯特菲尔德勋爵在1750年代给他私生子的信中写道："你对贸易和商业略加考虑……我很欣慰你这么做。"[13]史学家托马斯·莫蒂默在1762年写道："商业是英国的伟大崇拜对象，英国可以为此放弃其他一切考虑，"他是在信心十足地老调重弹。生于阿伯丁的经济学家亚当·安德森在其著作《商业起源的历史和年代学演绎》（1764年）中声称："仅商业手段**这一项**，让大英帝国最为受益。"[14]相同效果的其他论述，我们轻而易举就可以找到几百甚至几千。

但从某些方面而言，这种主张具有欺骗性。在几乎所有政治人士看来，贸易是英国经济的主流，是其身份认同的重要组成部分，这没错。但是，就财富、身份和权力而言，英国社会中的商人依然远远不如地主阶级，而且这种状况还将持续很长一段时间。即使到了19世纪中期，地主富豪的人数依然超过通过商业起家的富豪。[15]富有的地主家族与依然还在积极从事商业的家族之间通婚极为罕见，并且，甚至长子之外穷困潦倒的子孙，也更愿意到军队、法律和政府部门寻求庇护，而不是去经商。[16]因此，即便议会中拥有大片地产的议员始终赞同商业，他们也只是认为，商业是国家康乐不可或缺的职业，但不**是他们自己**需要从事的职业，也不是他们子孙的职业，即便他们能够为商业提供帮助。其中不言而喻的信念是，贸易值得敬佩，只要大力提倡贸易的人知道自己的位置。1758年，老威廉·皮特打破上流社会传统，向下院宣称，自己将更为伦敦市议员身份而不是为世袭贵族身份而自豪，他的做法引起强烈抗议。就那些贵族而言，恭维占据市议员席位的肥头大耳的资产阶级，是一种疯狂的拜金主义，是彻头彻尾背叛阶级的行为，他们的确被激怒了。[17] 但他们并不需要过于担心。皮特自己的社会雄心最终被证明非常传统。他在肯特郡买了一块地产，并且接受了不止一个而是两个贵族头衔，其中一个给了他聪慧、长期遭受不幸的妻子，另一个是给他自己的伯爵头衔。

土地所有权仍然是获取最高权力以及社会地位最好、最可靠的方式。1714年到1770年间，每次议会大选，当选下院议员的商人不足60人，直到1867年，土地精英在下院中还占据超过75%的议席。英国政府每一届内阁中，绝大多数都是贵族成员，这种情况一直持续到20世纪初，这些贵族名下通常也拥有大量地产。事实上，直到维多利亚女王统治末期，地主阶级依然垄断着宫廷的高级职位，在陆军和海军、外交和殖民机构以及国教会和司法部门中，地主阶级担任高职的比例都显得过重。[18] 财富、地位和权力，不管是政府部门的正式权力，还是影响舆论和决定普通男女生死的非正式权力，显然都紧紧掌握在拥有头衔的贵族和土地精英手中。对于这一点，没有人比荷加斯眼中的商人英雄托马斯·科拉姆更为清楚明了。为了说服别人资助他的育婴堂，科拉姆周旋于宫廷、议会、贵族以及他们无趣而优雅的妻子之间。为了赢得位高权重者的赞同和支持，他让一些显贵成为育婴堂的管理者，即便他们很少做什么实事。如果科拉姆的一生，证明了英国文化中商业的抱负，那么，它也揭示了商人在活动中通常所受到的社会和政治束缚。即使最有活力和最成功的商人，在某些时候也很可能需要传统地主阶级的帮助、关照和庇护。一定程度上对地主阶级的顺从和追随，几乎不可避免。

我们如何理解英国社会的这种喧嚣的商业崇拜？当土地依旧是权力和声望的主要来源时，人们却普遍相信贸易是英国伟大和身份认同的基础，那么，这种广泛的信念意味着什么？事实上，这种看似自相矛盾的观点根本不矛盾。部分原因在于，土地以及地主阶级的地位坚如磐石，贵族、议会议员、政府大臣甚至君主，都准备对商业做出的贡献采取一种认可的姿态。在1700年代初西班牙王位继承战争期间，土地税开始侵蚀小贵族的收入，在18世纪最后30多年，地主阶级的权威受到国内和美洲殖民地商业部门的抨击，他们的自满态度才逐渐消失，这也可以理解。[19]但从《联合法案》签署到1760年代，英国贵族通常都强大和自信，能够以一种冷静的态度赞同贸易。

我怀疑，这也是为何威尼斯艺术家卡纳莱托能够受到英国赞助人大力支持的原因之一。辉格派显贵如里奇蒙公爵、卡莱尔伯爵、贝德福德公爵（他位于沃本的宅院，设计了整间房间来展示卡纳莱托的24幅作品），以及托利派地主如威廉·莫里斯爵士和塔顿的埃格尔顿，他们以极高价格购买的大量威尼斯风景画，这些画都是理想化的。脱落的灰泥、潮湿的运河和衣衫褴褛的乞丐，是当时威尼斯的真实写照，卡纳莱托的早期作品真实反映了这一点，有贵族头衔的买主并不想在自家墙上看到这种景象。从1720年代晚期以来，他们开始大量购买这位威尼斯大师的作品，他们希望看到的，同时也是卡纳莱托为他们创作的（如果他们出价足够高的话），是威尼斯仿佛还在15世纪全盛时期的景象，一个完美的海上共和国，有青绿的礁湖、精湛的石工技术、密集的港口和衣着考究的居民；那时的威尼斯是亚得里亚海地区的女王，一个商业帝国，对自己的自由深感自豪，**但在一个寡头政体的牢牢控制之下**。[20]威尼斯，更确切地说，威尼斯权力和繁盛的传奇故事，具有一种巨大魅力，因为它表明，商业精神、帝国版图、对自由的爱好以及唯我独尊的精英们稳定的统治，所有这些都能够轻松地结合在一起。大多数英国贵族在他们的位置上也充分相信，这些事物能在他们自己的岛屿上完全和谐一致，他们的想法无可指责。

他们大多数人还相信，商业，尤其是外贸，是国家权力和财富的动力，他们也理所当然地认为，世界的原料和市场供应极其有限，为

图11.《狂想曲：圣保罗大教堂和威尼斯运河》，
威廉·马洛，威尼斯中的伦敦和伦敦中的威尼斯，约1795年

此展开的竞争必然很激烈，如果英国商人想要在这场斗争中取胜，那么，他们必须在海外得到有力支援，在国内受到充分保护。事实上，对这一时期整个欧洲精英阶层而言，这种重商主义很常见。但英国统治者因为两个原因而特别愿意接受它。首先，除了卡纳莱托一再描绘的威尼斯之外，这些人绝大多数每年都会在伦敦待一段时间，而伦敦是英国的主要港口、金融中心和商业大都市。至少有十二分之一的英国人住在伦敦，甚至多达六分之一的人在其一生都去过那里，伦敦是一个与欧洲大陆其他首都不一样的城市。[21] 在18世纪，法国只有四十分之一的人口住在巴黎，西班牙只有八十分之一的人在马德里安家。这两个城市都不是主要港口。柏林、维也纳和圣彼得堡在社会、礼仪和文化上辉煌灿烂，但在商业上却微不足道。就所有欧洲大国而言，只有大不列颠——还有在集中程度上稍逊的荷兰共和国——拥有一个商业繁盛、人口众多的大都市，这个城市同时也是其权力中心。

伦敦不仅是英国的商业中心，也是王室所在地，是大臣和官僚施展神通的舞台，同时也是议会所在地。所有这些每年都吸引大量乡绅、贵族以及他们的妻子、家人、朋友和随从涌入伦敦。事实上，到18世纪50年代，英格兰、威尔士以及苏格兰的几乎所有贵族和议会成员，都在伦敦拥有自己的住宅，或租有住处。[22] 自然，在这个无序蔓延的大都市中，这些人居住在与其数量庞大的商业和贸易人口截然分开的地方。但这两个群体之间，还是存在很多接触机会，一个人不管如何离群索居、不问世事，不管有多好的教养，如果他在伦敦实实在在待上一段时间，那么无处不在的商业，肯定会给他留下深刻印象。泰晤士河从伦敦穿过，河面上可以看到载有各种工艺品的皇家驳船、私人游船、海军战舰以及满载世界各地货物的商船，不断提醒着人们这个城市独具特色的多样性，以及它和这个国家财富的基础。[23]

但英国精英阶级何以会对商业的各种要求作出特殊反应的第二个原因，远远更为重要。商业简直太有价值了，他们不可能作出其他反应。一些巨大的商业公司，如东印度公司、黎凡特公司和俄罗斯公司，连同伦敦的整个商业社区一起，为各届政府提供了最坚实的债权人。1688年以来，长期贷款平均提供了大约30%的战争费用，为美洲战争提供了将近40%的费用，这些贷款不是主要来自拥有土地的投资者，这些人只有数量有限的流动资金可用，而是来自商人、金融家、生意人和妇女，甚至小店主和小贩。[24] 更重要的是，国内外贸易提供了大量税收。帕特里克·奥布莱恩和其他人已经指出，在1713年西班牙王位继承战争结束之后，政府允许降低和平年代的土地税。由此导致国库收入减少，这部分差额由进口关税与对国内生产或销售的部分商品征收消费税来填补，这些商品包括啤酒、盐、麦芽酒、蜡烛、皮革、纸张、丝绸、肥皂以及淀粉等。土地税依旧是国家财政收入的重要组成部分，在战争时期尤为如此。但到18世纪末，关税和消费税总共占了政府收入的60%还多，有时甚至超过70%。[25]

如果上述现象，还不足以让当时已经摆脱了一些直接税负担的英国地主阶级特别欢迎商业和制造业，那么，还有皇家海军的问题可以推动他们这样做。自1650年代以来，皇家海军就大力扩编规模、发展火器，到18世纪中叶，海军舰载人员在战争时期超过4万人。[26] 为了供养他们，海军就得仰仗商业船队。许多海军志愿兵一开始都是在商船上学习航海技术，事实上，所有这些人也被要求为海军服役。尽管有很多关于海军征兵队的黑色传闻，但他们实际上很少强行征募在海滨碰见的任何一个穷人。法律和水手生活的实际要求都确保了征兵队只能把注意力主要放在"海员、水手和那些职业和行业是在河上的筏子和船上工作的人"身上。战争时期，皇家海军需要有经验的海员，而不是心有不甘的新手，这种人不但自己可能命丧黄泉，也很可能让他们的伙伴一去不返。因此，英国商船在和平时期提供的训练和雇佣对英国海军力量的运作必不可少。哈弗沙姆勋爵在1707年对上院的一次演讲中指出了这一点：

> 阁下的舰队和贸易之间关系密切，它们相互影响、不可分离；你的贸易是你海员的母亲和护士；你的海员是你舰队的生命，而你的舰队是你贸易的安全和保障，这两者一起，又是英国财富、力量、安全和荣耀之所在。[27]

哈弗沙姆强调了两件事情之间的密切联系，一方面是贸易，另一方面是地主阶级掌握英国政府的必要性，他的强调很重要。史学家们始终在留意蓬勃兴起和独立自主的中产阶级身份的各种迹象，他们往往关注地主阶级和商业社会之间的冲突及原因。无疑，就税收、对外政策以及政府的国内商业政策而言，冲突和不满时有发生。[28] 但在承认这些分歧时，我们也不要忘记两者之间相互依赖的背景。如果说英国地主阶级政客热衷于促进商业，同样真实的是，大多数商人（无论男女）也需要那些只有政府才能提供的东西。

不管身为行会商人、重要的中间人、不起眼的店主甚至沿街叫卖的小贩，商人的生活质量必然与法律、秩序以及国内和平的维持紧密联系。任何国外入侵或国内骚乱，几乎必然会破坏商业，危及货币供应和信贷。由于铸币厂无法生产足够多的银币和铜币，因此，与其几乎所有竞争对手相比，信贷在英国经济中扮演了更重要的角色。[29] 英国的店主——仅英格兰和威尔士就有大约14万店主——通常以赊账方式购入他们相当一部分货物。由于他们的很多顾客没有稳定收入来源，即便富农和地主绅士也可能一年到头只结一次账，即收取租金之后，因此相对而言，店主别无选择，只能以赊账方式销售商品。店主通常扮演了非正式银行家的角色，他们向比较可靠的顾客借出小额贷款，收取一定利息。在伦敦和主要港口交易的更为殷实的大批发商，也被允许从事一些慷慨的信贷业务：比如，为出口商提供长期贷款，这些人可能在一年之后才归还欠款；为当地以及其他地方的零售商提供短期贷款。在1711—1715年间，伦敦人起诉了英格兰和威尔士41个郡的 154 位破产者（他们几乎全是零售商），这些伦敦人主要是批发商，对他们来说，把信贷业务扩展到全国各个角落，导致了惨败。[30]

因此，宽松的信贷意味着商人必须承担巨大经济风险。从这种信贷中获利的男女，很快发现自己深深陷入一张由依赖和责任编织的复杂的网：

> 国内汇票在各地店主和伦敦批发商之间流通；小雇主、工匠和农民通过签订短期契约或抵押财产来筹集资金；地方律师鼓励寡妇借钱给那些急需资金的人；店主允许顾客"赊账"；商人相互借贷；即便劳工有时也是通过信用而不是现金购物。[31]

对一些人来说，必须卷入这些交易是导致他们愤怒的深层原因之一，也为他们反对国家体制提供了口实，因为这种体制显然无法为英国蓬勃发展的经济提供足够多的硬通货。但我们也要认识到信贷对政治稳定的贡献。所有信贷制度都基于信任：相信利息会在合适的水平和合适的时间偿付，相信债务最终会得到偿还。因此，不管如何厌恶特定的政府，借贷双方都会非常警惕任何严重破坏和平的行为。就借方而言，国内普遍的动荡可能会引起利率上升；而全国范围的叛乱或外敌入侵，可能意味着贷方永远无法收回原本属于自己的金钱。

这正是约瑟夫·艾迪生在 1711 年给《旁观者》杂志撰写的著名寓言中的观点。在那则寓言中，艾迪生把公共信用想象为一位在大厅中受人膜拜的美艳动人的贞女，她与那些议会颁布的维持当时秩序的法案——1689 年的《宽容法》和 1701 年的《嗣位法》——同居一室：

> 这位女士似乎赋予了这若干件装饰物以无法形容的价值，她矍铄的目光不时关注它们，在看它们的时候，脸上总是带着神秘愉悦的微笑；但与此同时，她也表现出某种不安，好像看到了某种会

伤害它们的东西正在逼近。[32]

这是辉格派提倡的观点,但确实有根据。严重的政治或军事动荡,很可能会瓦解公共信用,正如它必然会破坏推动英国贸易的各种私人信用一样。在危难时刻,那些拥有某种强大反对观念的人,可能会无视这些物质考虑。但对那些摇摆或中间派而言,我们将会看到,忠诚或至少是安宁所带来的巨大经济好处,显然势不可挡。

尤其是1688年革命确立,并由1714年汉诺威王朝即位进一步保障的新教统治秩序,为商人提供了积极的好处。首先,这个秩序最重要的创新之一,就是每年召开的议会,对那些渴望议会干预和制订有利立法的男女而言,这种做法具有巨大价值。自此之后,实际上每位议会成员和贵族提交的文件都表明了与贸易有关的提案数量之巨——请求修建新桥梁、新道路、新市场或改善街灯,修缮港口和灯塔,制订新的进口税率,或要求结束过时的垄断政策——这些都赫然列在当时的政治议题中。[33]小商人会组织起来向当地权贵或议会成员请愿,要求他们想要的东西。更有实力的人直接游说议会成员或找代理人替自己这么做。比如1739年,管理爱丁堡"皇家自治城市大会"的富有商人,向伦敦一位名叫托马斯·怀特的律师提供100英镑,请他游说议会制订有利于苏格兰亚麻业的法律。在接下来的十多年时间,这个团体还就以下问题向议会请愿:硬币制造、走私问题、战时为商人护航、统一度量衡以及制订法律修改破产法等等。[34]

对于上述这些人而言,他们很少认为国家机器与自己格格不入或是寄生虫。它有时提供了大量机会,有时如果运气好的话,还可以被用来为自己谋利。既然商人集团能以这种实用眼光看待国家民政部门,那就国家的军事力量而言,更是如此。因为英国政府对海军的大力投入,以及助长这种投入的帝国扩张,当时英国海外贸易以其所成就的方式和速度增长。就此而言,事实上是贸易寄生在国家的各种资源之上。

像许多真实和重要的事情一样，事实上相关统计数据，可能会掩盖这一时期帝国对英国商人的价值。这些统计数据表明，1707年《联合法案》颁布时，以及大约半个世纪之后七年战争爆发时，欧洲大陆依旧是英国最重要的市场，大约占英国国内出口和再出口额的五分之四，同时，英国绝大多数进口产品来自欧洲大陆。[35] 但结论与表面现象并不一致，这至少有三个原因。首先，对英国货物而言，大陆市场只在1700年之后才缓慢发展起来，很大程度上，这是因为欧洲大陆各国像大不列颠自己一样，采取了积极的贸易保护主义政策。与此相反，英帝国其他地区（北美和西印度群岛殖民地，在印度设立的贸易前哨）的商业活力，几乎具有无限前景。18世纪前半叶，来自北美的进口商品价值几乎增长了四倍，同一时期，来自西印度群岛的进口商品价值是以前的两倍，而东印度公司向英国输送的茶叶总量（与通过走私的途径不同，后者输入的茶叶数量更是多得惊人）增长了40多倍，从1701年的大约6.7万磅到50年后的将近300万磅。[36] 对殖民地的出口也一路飙升。1713年，英国商人向卡罗莱纳输出的商品价值大约为3.24万英镑。到1739年，向同一殖民地输出的商品价值超过了原来的七倍多。[37] 总而言之，在《联合法案》颁布之后的60年时间里，英国商品出口**增长额**的95%是销往欧洲之外的属地和殖民地市场。

其次，就与欧洲大陆的贸易而言，英国从殖民地的进口，在英国财政的收支平衡中起着越来越重要的作用。到1750年代，殖民地商品再出口几乎占英国出口总额的40%，占苏格兰出口的比例还要更高。[38] 这些再出口货物，有很多销往大陆市场。不过自然，大量殖民地商品是供国内市场消费，这是帝国贸易第三个，可能也是影响最深远的后果：它影响了国内对商业和帝国的观感。以前为少数精英进口的少量国外商品——丝绸、大米、染料、咖啡、烟草，尤其是茶叶和糖——现在大量输入，唾手可得。到1740年代，约翰·卫斯理和乔纳斯·汉韦这样的道德家，开始抱怨流动商贩在农忙季节甚至向收干草的工人销售杯装茶饮，以及"女仆们因喝茶而虚度青春"。[39] 就广大穷人而言，这些夸张。但殖民地商品在当时确实大量和广泛传播，把帝国的战利品带到所有乡村商店，帝国的魅力也比以前渗入到远远更多的英国人头脑当中：

> 英国海军穿越浩渺的海洋
> 她披波往返，在最极端的气候之下，
> 真了不起，带着芬芳的战利品返航
> 阿拉伯丰富的物产，或者印度的财富
> 珍珠，还有野蛮人的黄金……[40]

正如这些诗行所暗示的那样，有一种感觉千真万确，即商业成功，有赖政府对海军力量和帝国的投资。1675年到1740年间，英属北美殖民地的人口是以前的5倍，这种增长幅度，其他任何一个欧洲帝国都无法相比。大多数商人——像大多数英国普通人那样——理所当然认为他们能维持其统治，保有西方世界发展最快的市场，只要这些美洲人向王冠臣服。事实上，即使在赢得独立之后很长一段时间，美国都一直依赖于英国制造的商品。尽管就英国商业在世界上这一部分地区的成功而言，帝国的支持并不像许多人预期的那样必不可少，但战争和帝国在侵占和保全其他地方的市场方面，无疑起到重要作用。比如，作为参加西班牙王位继承战争的回报，英国获得了直布罗陀海峡、米诺卡岛、新斯科舍、纽芬兰岛、哈得逊湾，以及西属美洲的贸易权益。正是念念不忘这场战争带来的好处，使全英国商人在1730年代末，又推动向西班牙发起了另一场战争。事实证明，最终爆发的詹金斯之耳战争以惨败告终。七年战争——此战英国在北美、西印度群岛、非洲和印度获得了巨大利益——似乎比以前的任何冲突都更夸张地证明，用埃德蒙·柏克的话来说，商业能够"与战争合为一体，并在战争的推动下繁荣昌盛"，即英国的力量与商业利益相辅相成。[41]

毫无疑问，贸易路线、殖民地以及垄断权一旦获得之后，就需要保护。在一个极富侵略性的世界体系中，这就意味着得不断求助皇家海军。战争时期，英国商人要想免遭敌舰攻击，免遭在法国海港（如圣马诺和布雷斯特）之外游弋的海盗船侵袭，海军的保护就必不可少。和平时期，英国海军确保外国商人不得进入英国领海，同时为往来于危险贸易航道上的英国船只护航。[42]

总而言之，商业势力与控制立法和政策制定的地主势力之间的关系，尽管绝非平等或总是相安无事，但在18世纪大部分时间及这之

图12.《不列塔尼亚接受东方的财富》，斯皮瑞当·罗马，
东印度官的天花板壁画，伦敦，1778年

后，他们都互惠互利。商业不仅是英国经济不可或缺的组成部分，对政府税收和海军军力而言也至关重要。反过来，商人依靠国家维持国内秩序、颁布有利立法、在和平与战争时期提供保护，以及夺取海外市场。当然，从商之人的政治和爱国反应，从来都不整齐划一。其中有多种声音，混杂许多相互冲突的利益、要求和抱负，这种情况可能前所未有。但各式商人的确为大不列颠的存亡、独立和统一（这使其成为西方最大的自由市场）做出了贡献。尤其在《联合法案》颁布后大约半个世纪里，男女商人们在维护国家免遭外敌入侵和支持其在全球扩张方面，扮演了重要角色。

詹姆斯党人与忠诚经济学

一个拥有庞大商业阵线的国家，对外敌入侵是否更容易形成广泛抵制？剑桥大学一位不太引人注意的教师名叫本杰明·牛顿，他在1755年评论一件10年前发生的事情时，认为情况的确如此：

> 国家的勇气，与每个个体拥有或希望拥有的财产份额成正比。而且商业自然而然导致平均分配财产，一个商业国家的人民，也将随之表现出更大勇气和更大决心，来保卫国家（其他事情也同样如此）。[43]

商业文化是否会让公民迸发前所未有的警觉，抑或相反，它会导致勇武之气衰落？关于这个问题的争论，在当时整个西欧都很常见。但在大不列颠，这一问题显得尤为紧迫。不仅因为商业在这里很重要，也因为外来的危险非常频繁和严重。

在《联合法案》颁布后的前50年，大不列颠反复面临国外入侵威胁和国内支持斯图亚特王朝僭君的叛乱。1708年，有一次来自苏格兰的小规模入侵。1715年，在苏格兰和英格兰北部，詹姆斯·爱德华·斯图亚特（被拥趸称为詹姆斯三世）的支持者发动了一场严重叛乱。三年之后，西班牙政府从苏格兰发起了另一次失败的入侵。1745年，查理·爱德华·斯图亚特发动了这些入侵企图中最后也是最严重的一次，并且进军到伦敦以外140英里处。此外，在1720—1721年、1743—1744年、1750年，最后还有1759年，还存在一系列没有付诸行动的入侵密谋。[44]

为了理解英国商业群体（与大多数英国人一样）为何对上述紧急状况做出如此这般的反应，我们需要从暴力、破坏和政治变化等层面，来考虑斯图亚特王朝复辟很可能导致的结果。这看起来似乎是一种非常明显的策略，但事实上却很少被人采纳。愤世嫉俗的人可能会说，这是因为大量为詹姆斯党人著书立说的人，本身就是詹姆斯党人，他们对自己事业不那么吸引人的方面视而不见。[45]但我认为，我们在理解人们对詹姆斯党人做出的反应时，一个事实大大歪曲了我们的理解，即就大规模政治暴力而言，英国史学家是一个受到庇护的群体。因为自17世纪以来，他们的岛屿没有发生过政治革命或大规模内战，或来自国外的成功入侵，而且因为当今的写作很少带有愤怒之火，因此，他们总是处在过于急切和理想化探究这些现象的危险当中，迫切寻找动荡和骚乱的各种迹象，却没有考虑它们对活在当时的男人和女人们意味着什么。然而，正如许多爱尔兰人和欧洲大陆人告诉他们的那样，内战、外敌入侵和占领活动致使国家和民族分裂。这总要付出代价。

更严肃的詹姆斯党密谋者对此一直心知肚明。他们像现在所有史学家承认的那样，理所当然地认为，他们在1714年汉诺威家族即位之后真正获胜的唯一机会，在于实实在在得到大量国外军事援助。[46]甚至在1688年，在成功入主英格兰之前，奥兰治的威廉也觉得有必要率领一支一万五千多人的军队前往。那以后的军事发展表明，从理论上说，将来的入侵者需要拥有更强大的军事力量。詹姆斯二世的军队曾经多达4万人。[47]但其中很多人只有一点或根本没有战斗经验，事实证明，另一些人完全不同意詹姆斯的宗教政策，因而不可靠。与此相反，在18世纪上半叶，英国军队平均人数在战时超过7万人。其军官和士兵在欧洲战场千锤百炼，尽管训练仍有缺陷，但职业化程度迅速提升。当然，在和平时期，军队规模要小得多，就驻扎在英国的军队而言，不足1.7万人。[48]但詹姆斯党人这时也并无优势，因为外国政府也不想为了斯图亚特家族的利益，而在和平时期大举入侵英国。因此，詹姆斯党人机会渺茫，只能苦等英国卷入战争，而把军队大量调往海外，也希望与英国敌对的一个或几个国家，那时能有兴趣出人出钱，来支持斯图亚特家族的入侵企图。

问题是，这种战略必然会造成英国大量人员伤亡、大量财产损毁、普遍混乱以及商业瓦解。一些詹姆斯党人试图相信另一番景象。他们希望斯图亚特家族能像1660年的查理二世一样，借助不流血的政变复辟，或者汉诺威国王及其军队可能在敌人面前失去勇气，自动败退，如同詹姆斯二世及其支持者在1688年所表现的那样。但这只是黄粱一梦。无论乔治一世和乔治二世有什么缺点，他们都勇武过人、雄心勃勃、活力四射而且坚毅非凡。两位国王都在德意志多次率军亲征。他们在伦敦由一支高度集中的皇家骑兵和步兵守卫，都在爱尔兰、欧洲和英国驻有危急时刻随叫随到的额外兵团。一支詹姆斯党人或外国军队可以在北威尔士或苏格兰北部轻松登陆，那里英军驻防薄弱。但要赢取整个王国，就得深入腹地。他们必须准备好与大量英军及其盟友激战，这也将导致大规模杀戮。

约瑟夫·恩泽在乡村府邸邓恩宅中所造的一流的灰泥装饰表明，忠诚的詹姆斯党人对此心知肚明。这座宅邸位于苏格兰东海岸蒙特罗斯附近，端庄而又高雅非凡。[49]大约在克洛登战役爆发前5年，邓恩的戴维·厄斯金把这项工作交付恩泽，恩泽的石膏作品完美、几乎令

75

图 13. 约瑟夫·恩泽为邓恩宅设计的石膏作品

人震惊地结合了高雅的古典主义与目空一切的狂热。厄斯金是圣公会成员和詹姆斯党人，也是马尔伯爵的亲戚，后者是1715年叛乱的领导人，曾为厄斯金的府邸设计建言献策。在威廉·亚当设计的雅致相称的大厅尽头，有一幅海神尼普尔把流亡的斯图亚特王位觊觎者送回王国的浮雕。其正面墙壁留给了战神马尔斯。他披戴铠甲，脚踏联合王国的王冠和国旗，不列颠雄狮奴颜婢膝地匍匐在他脚下。战神上方是一座巨大和更加清晰的浮雕，一位女神坐在由大炮、臼炮、长矛、枪支组成的大量战斗武器和戴着镣铐的俘虏中间。

厄斯金以这样的方式来表现他有多期望其事业获得胜利，这么说全无批评之意。他非常渴望斯图亚特王室能取代汉诺威王朝；他当然也想破坏《联合法案》，恢复苏格兰独立，他也非常现实地明白，这样暴力更替的代价将是什么。我的观点是，归根结底，我们不能只从诸如意识形态、民间神话和趣闻轶事、金发王储、忠诚的高地人、私下庆祝等角度来理解詹姆斯党人。这是在事后已经知道这场运动最终失败的情况下，对其多愁善感的追忆。在当时，詹姆斯党人事业的关键，是能否获得军事支持。其胜利的代价，必然使内战久拖不决。就军队类型和武器类型而言，英国在18世纪中叶爆发内战，其破坏性无疑远大于一百年前三个王国之间的战争，而在那场战争中，也有大约五万英格兰、威尔士和苏格兰儿女被残害。[50]许多詹姆斯党人更愿仅以无害的方式表达忠诚，如饮酒祝斯图亚特王室健康，加入志同道合的同情者组织的秘密协会，收集流亡王朝的纪念品，或诅咒现任君主（这种方式危险得多），而使自己沦为笑柄。英勇无畏的反对者极为罕见。但这种不自信后面的动机通常无可指摘。不管这些人对汉诺威王朝恨有多深，他们都不想发动内战、戕害英伦同胞，可能也不想拿自己的财产和生命冒险。正如塞缪尔·约翰逊这位有时对激动人心的詹姆斯党人抱同情之心的托利派人士所言："人民害怕变化，即使他们认为变是对的。"[51]

人们认识到，斯图亚特王朝只能以国内的大规模暴力活动为代价，才有可能复辟；但受这一认识影响最深的，却是传统爱国者和还在摇摆不定的人。对他们大多数人来说，新教为他们提供了积极和最根本的理由，以下决心支持现有秩序。但害怕入侵和内战，无疑也很大程度上坚定了他们反对斯图亚特王朝事业的决心。实际上他们真切感受到，詹姆斯党人必然会依靠暴力，这使其宣传的很多本可以很有效的吁求落空。[52] 詹姆斯党理论家在高谈极其诱人的和平，而詹姆斯党阴谋家却热望战争，好在战时浑水摸鱼。他们阔论秩序和财富，然而在实践上却别无选择，只能诉诸武力破坏。他们声称为一个更加统一的英国而战，他们许多人对此的确深信不疑。但对反对他们的人而言，詹姆斯党人自己正是分裂势力的邪恶代表，而现在执掌权柄的王朝才是安宁盛世的最佳保障：

> 我们将坐在葡萄树下歌唱，
> 愿受赞美的上帝，保佑乔治我们的国王；
> 万物皆欢
> 不管属于宗教还是世俗：
> 我们致命的争吵将很快平息，
> 由我们的和平之君，乔治国王加以调停；
> 我们的生活将富足而舒适，
> 哪管天主教徒羡慕不已。[53]

我们已经看到，长老派和英国国教的许多牧师认为，并鼓励自己的会众认为，詹姆斯党人是敌基督者的代言人，或是《旧约》中所说的亚述各部，野蛮而好战的外邦人，威胁着上帝的选民，以色列人。

面对詹姆斯党人的威胁，社会所有阶层都可能感到焦虑。辉格派和托利派地主担心其地产安危，担心国内骚乱会导致1640年代那样

图14.《高地人杂牌军,或得意洋洋的公爵》,乔治·比克汉姆的多幅反詹姆斯党人的讽刺宣传画

的社会和政治动荡。政府债权人和与私人信贷网络有瓜葛的人，则在为其投资的安全性和内战一旦爆发如何收回债务而忧心忡忡。而在入侵逼近时，身无分文、无权贵亲友且无处可逃的穷人，最为焦虑。奥尔文·赫夫顿曾写道："18世纪的穷人进取独立，渴望不受打扰地过自己的生活，这令深入研究他们的人惊叹不已。"[54] 这种打扰既可能来自敌国，也可能来自国内。

詹姆斯党人的军队在1745年进军英格兰时被冷眼相对，就恰如其分地说明了这一点。尽管其行军路线经过许多城镇，但加入他们的非罗马天主教民众却寥寥无几。诚然，自发行动起来亲身阻止他们的民众也屈指可数。但认为这种不作为就是无动于衷的历史学家，也需要反思。当时英国民众没有受过充足的民兵训练，拥有火枪的数量也有限且经常是过时淘汰的。除非英勇过人或愚蠢十足，否则，他们不太可能向一支高地人组成的军队贸然开火，从而让自己的家园和亲人面临灭顶之灾。[55] 相反，英国穷人在面对入侵时强压怒火，直到詹姆斯党人军队溃败退却之际，他们才发起反击。一位詹姆斯党人军官后来抱怨，他的所有"因伤而被留在路边的部下，不是被杀死，就是被虐待或监禁。"一个睡在路边的精疲力竭的苏格兰青年，被一个流浪妇女和她的孩子割断喉咙。这很难说是弗兰克·麦克林所谓的懦弱。[56] 这是仇恨，是穷人和弱势群体对胆敢破坏他们社区安宁的外来者的仇恨。

英国商界的反应通常没那么野蛮，但也同样旗帜鲜明。对他们来说，他们不仅担心王朝暴力更替必将破坏国内贸易和信贷体系，而且担心詹姆斯党人的胜利，很可能会使英国在海外贸易和殖民地的最主要竞争对手法国渔翁得利。英国之所以参加九年战争（1689—1697）和西班牙王位继承战争（1702—1713），很大程度上是因为当时的法国国王路易十四坚持认为，流亡的詹姆斯二世及其子嗣是英国唯一合法之君。1715年叛乱，是因期盼法国入侵（实际上从未付诸实施）

而起。准许詹姆斯·爱德华·斯图亚特在其余生大部分时间避难法国的，是法王路易十五；他还在1743年，命令一支庞大的入侵舰队以他的名义运送一万名步兵到英国，这一计划只因詹姆斯党人自己效率低下而失败。[57] 简而言之，法国是斯图亚特王室最坚定的盟友。因此，英国人有种种理由相信，复辟的斯图亚特王朝，不管是否愿意，都将处于在法国势力的庇护之下，并支持法国的利益。法国为僭君出资，自然会对他们发号施令。

这一层意味对英国商界非同小可。西班牙王位继承战争之后，法国贸易的扩张速度快于其他任何一个国家，包括大不列颠。它以廉价的糖和咖啡赢得欧洲再出口市场。它在土耳其的成功，使英国自己的黎凡特公司经营受挫。在波斯和印度，法国布匹声誉良好，东印度公司很难匹敌。法国商人和军队不断侵蚀英国在西印度洋和北美的利益。[58] 换句话说，英国商人和贸易商早已面临法国的有力竞争。如果詹姆斯党人入侵英国引发旷日持久的内战，如果英国被军事占领，如果法国要求复辟的斯图亚特君主让出新大陆的殖民和商业利益，或裁减皇家海军，来回报此前的恩泽，那时英国商业该何去何从？詹姆斯党代言人也迫不及待地向法国政客指出，入侵英国是使其退出殖民和商业竞争的最佳途径。1732年，乔治·弗林特在巴黎写道：

> 英国人的计划，是有效摧毁法国的毛纺厂，可能还会进而破坏法国外贸的其他每一个有价值的部门，并以此摧毁法国。这番话是我在国王的接待室对红衣主教弗勒里亲口所说……如果法国人不着意阻止，英国人迟早会这么做。[59]

当然，法国人完全有能力自己得出这一结论，英国人也同样如此。

那么实际上，詹姆斯党人牵扯到的不仅仅是一个特定王朝的荣誉之争。男男女女都明白，其成功必然会让他们卷入内战。而政治素养更高的人则懂得，斯图亚特僭君只不过是英法全球商业和霸权之争的一枚棋子，在这场斗争中，商界人士和统治精英一样身处险境。

我并不认为物质因素注定詹姆斯党人必败。如果有什么使然，那只可能是整个大不列颠势不可挡的新教力量。但物质因素，尤其是商界的规模和重要性，无疑影响了詹姆斯党人被击败的方式和失败的程度。民众对1715年叛乱的反应，没能很好地说明这一点，因为那场叛乱去得太快，对男女大众影响不深，而民众在更大地理范围内，对1745年叛乱更为持久的反应则清楚地诠释了这一点。

1745年7月底，老僭君的长子和继承人查理·爱德华·斯图亚特在赫布里底群岛登陆。到9月，他就征集了大约2500名高地人，进军低地，夺取了爱丁堡，并在普雷斯顿潘斯战役中击败小股英军。到12月，他的杂牌军已多达5000人左右，往南一直深入到英格兰的德比郡，但这也是其好运之巅。他在1746年4月撤回苏格兰时，其人马在因弗内斯附近的克洛登被打得七零八落。他本人逃回法国，声色犬马，理想彻底幻灭。[60]他在人们记忆中的浪漫光环犹存，但这并不能掩盖其入侵的严重性。他以微不足道的资源，取得了如此巨大的成就，证明了詹姆斯党人军队的勇气和号召力，也证明了英国政府许多正式机构的无能。

当其对手入侵时，乔治二世还远在汉诺威，他在那儿漫不经心地一直待到8月底。当时英军主力有62000多人不在本土，而是在佛兰德斯和德意志执行任务。留下驻防苏格兰的兵员不足4000人，其中有许多还是新兵。当时内阁因大臣们争权夺势而意见不合。直到8月中旬才召开议会，几乎是在小僭君登陆3个月之后。[61]所有这些失误共同导致后勤混乱。政府没能为效忠的苏格兰要塞（如格拉斯哥）提供足够武器自卫，也没有给英格兰北部前线城镇提供所需给养。卡莱尔在11月投降詹姆斯党人，因为该城民兵长达两个月没能从政府或其他任何人那里拿到一分一厘。尽管一直面临斯图亚特王朝入侵威胁，却没有采取任何措施来使民防机制运转流畅。在这一阶段，苏格兰各郡没有治安长官协调防务，在英格兰和威尔士承担这一职务的大地主常常办事效率低下。康沃尔的治安长官通报政府说，他郡里的民兵缺勤太久，他都不知该如何召集。柴郡治安长官报告说，适宜在民兵服役的人员名单，连同他们的武器一起不见了。[62]

如果英国大众真想把宝押在詹姆斯党人的事业上，在上述情形下，还有什么能阻止他们。但只有较贫穷的高地人部族、一小撮威尔士人和大约300名英格兰人追随小僭君。[63]大部分男女民众都冷漠地待在家里，少部分富人则投入时间、金钱和武装来维持现有秩序。为便于民防，政府把其认真动员的正规军与非正式甚至业余武装结合，这既具有代表性，又是一种深思熟虑之举。国内好多世袭贵族都被许以政府资助，以回报他们在其势力范围内征募军队。而且像1715年那样，有产者被要求在其治安长官领导下联合起来，去招募和武装所有愿意宣誓效忠的志愿者。各地的积极性被调动起来，以弥补国家政府在组织上的不足，同时起到宣传动员作用。按照大法官哈德威克伯爵的说法，这些忠诚民众组成的武装联军，其象征意义和辉煌成就是为了表明，汉诺威王朝的背后有其臣民的积极支持。[64]仅在1745年9月到12月之间，就在英格兰和威尔士52郡中几乎3/4的郡里，成立了57支联军（参见书后附录一）。[65]

很明显，来自社会各界各行各业的男人们，他们参加联军，并不一定想着保卫整个大不列颠，甚或只是英格兰或威尔士。康沃尔郡治安长官设法招了6300名郡民投身一支武装联军。但这些勇士一边期待伦敦为他们提供武器，一边也像一个世纪之前其内战中的先辈一样，有他们自己的侧重："他们都表示时刻准备着保卫国家，但指的却是他们的郡。"[66]即使不那么偏远的南方各郡，如萨里、苏塞克斯和肯特郡，都不愿意建立保卫整个国家的联军。威尔士有十个郡，连同多塞特郡、萨默塞特郡和赫里福德郡，则根本没有建立这样的联

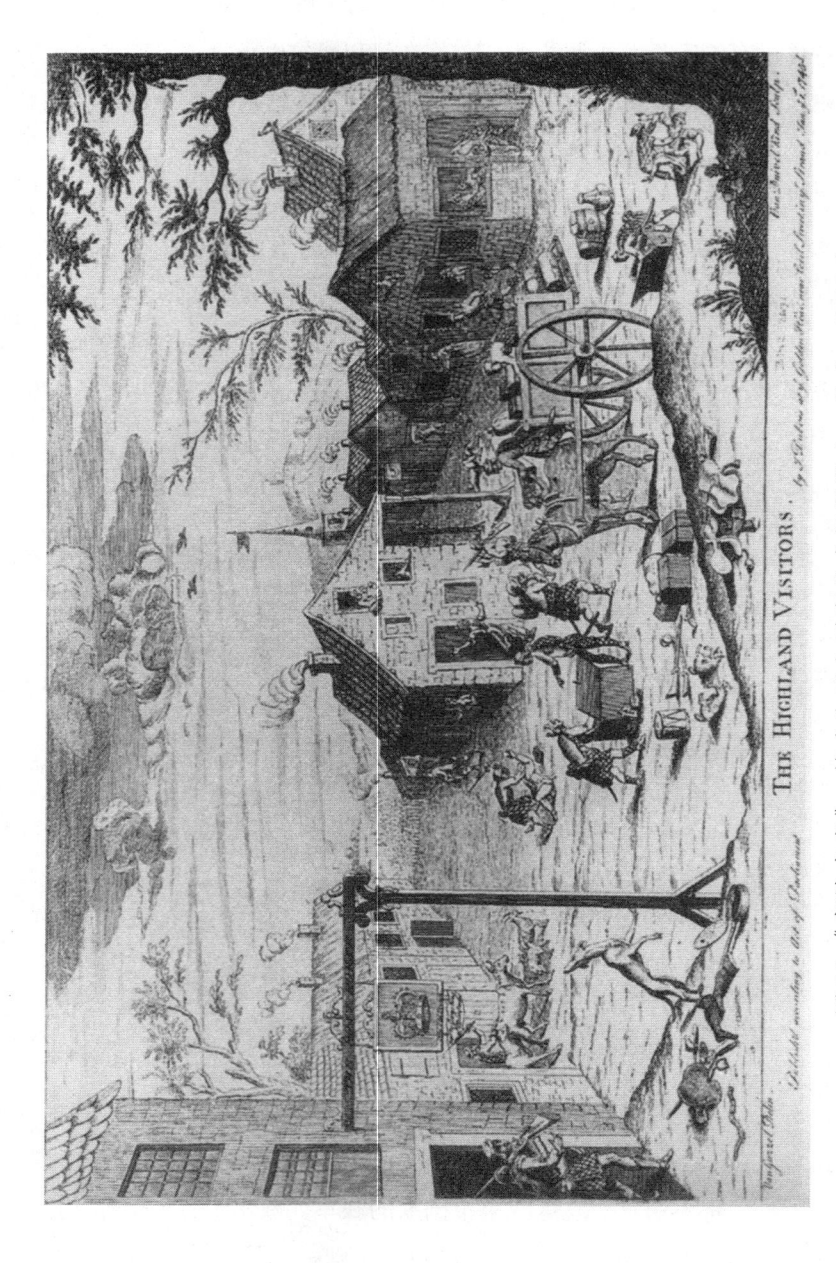

图 15.《高地来客》,掠夺和平与财富的詹姆斯党人,佚名,1746 年

军。这些地区的詹姆斯党人残余势力可能助推了这一结果，缺乏资金也促进了这一局面，在威尔士尤为如此。但南部和西部协调行动的主要障碍却是地理因素。对生活在这些地区的大多数男男女女们而言，苏格兰似乎太遥远，甚至英格兰北部也很远。萨默塞特郡一位特别懒散的爱国者向治安长官嘟囔说："叛乱在北方开始，很可能在那里就已平息。"[67]事实上，只有完全暴露在小僭君军队面前的英格兰北方十郡，郡社会才在士绅层面得以联合，使联军成为保卫家园的有效武器。

然而在士绅层面以下，积极爱国的模式则明显不一样。商界，以各种形式，灵活地自行联合。伦敦市长在该市商人中募捐，为苏格兰的英军士兵购买生活用品，之后，英格兰北部和苏格兰低地制造商和贸易商手中购买必需品的订单便接踵而至——1000张毯子、1.5万条裤子、1.65万双袜子、1.2万件羊毛衫等。募捐委员会的报告对其动机直言不讳。"在我们的公敌使用各种手段和伎俩破坏我们的贸易和信贷之时"，增加这些易受攻击地区的工作机会，这对事业有利，也有助于确保当地工人不轻易叛国。[68]英格兰唯一为小僭君提供新兵超过十人的曼彻斯特市，其状况也证明了这种逻辑的合理性。大约有两百名男子，许多是失业的纺织工，把宝押在小僭君身上（后来都因其决定受到严厉惩处）。有工作而仍然冒险反叛的曼彻斯特人，似乎主要是天主教徒、爱尔兰人或学徒，一定程度上都是外人或新手，极少有在其行业中地位稳固的人。[69]

那些有自己的商店或产业或在他人的产业中大量投资的人，可能更根深蒂固地厌烦詹姆斯党人的冒险。"感谢上帝保佑丝厂平安"，一位非国教徒医生在其日记中战栗着记下这句话，因为其时小僭君的军队正从斯托克波特进军，对其妻子规模不大但却很珍贵的固定资产秋毫无犯。[70]在威尔特郡的特洛布里奇和布雷德福，当地布商和大贸易商对土地贵族迟迟不组建武装联军越来越不耐烦，他们打破社会等级,组织了自己的防务力量。萨默塞特城市化程度更高的区域,似乎也组建了自己的临时防务力量,又一次表达了对当地贵族拒绝联合的藐视。[71] 大地主,尤其远离战场的地主,可能自以为能在一场大规模入侵中幸免于难。但整个命运只与一种商品的产销或一家商店或批发店紧密相连的个体远远更为脆弱,反应也更积极。

我们越深入研究反抗查理·爱德华·斯图亚特的地图,就越清楚商业和制造业中心在其败局中所起的重要作用。事实上,詹姆斯党人的军队占领的所有重要苏格兰城镇,都展现了积极或消极的亲汉诺威倾向,这也是为何查理向南胜利进军时,不得不向它们强派总督,而不是冒险举行新的市政选举。爱丁堡没有如其所愿为其提供志愿兵团。在格拉斯哥,即便是在高地人武装占领时,长老派牧师也做了亲汉诺威的布道。[72] 在邓弗里斯,当地邮政局长竭尽所能向政府通报整个叛乱期间发生的各种事件。在10月31日乔治二世生日那天,珀斯和邓迪的詹姆斯党人总督都受到爱国者攻击。[73] 在苏格兰城市的这种浪潮中,可能蒙特罗斯是唯一明显的例外,但可能也是证明这一定律的例外。

1706年,该自治市向其议员请愿,支持一项与英格兰联合的法案,担心如果不这么做,伦敦就会对边境贸易强加限制,"这是我们贸易中唯一有价值的分支,也是唯一对我们有利的贸易。"[74] 然而蒙特罗斯的经济,远比这一动议的内涵复杂得多。该市紧邻詹姆斯党人的据点邓恩宅,被有同样政治倾向的其他地主包围,是一群有权势和创业精神的詹姆斯党走私分子的根据地。其成员乐于与北海两岸同情他们的商人和银行家保持非法但令其收益颇丰的联系,因此创造了一种对当地经济至关重要和有利可图的商业网络。换句话说,有望复辟的斯图亚特王朝不会危及该市经济命脉,甚至恰恰相反。[75] 商业事业和斯图亚特的正统论在这里相得益彰。但其他苏格兰城镇,现在已开始从《联合法案》的自由贸易条款,以及越来越有利可图的英国殖民地准入中获益，并不确定王朝暴力更替对他们有什么好处。[76] 显然，英格兰的大城市也同样如此。利物浦在 1688 年革命之后才开始走向富裕，它组建了自己高效的志愿兵团来反击入侵，其商人仅一次集会就筹到三千英镑来为此买单。布里斯托的经济也高度依赖与北美和西印度的海外贸易，其市民募集了上述经费的十倍来资助其武装联军。更南方的埃克塞特，是重要的布匹制造中心，和所有这样的中心一样，在与法国纺织业激烈竞争，它也建立了一支由当地 18—55 岁之间的男子组成的武装联军，并飞速致信伦敦表达忠心，信件脏兮兮、皱巴巴，该市市长气喘吁吁地解释说，因为"市民们的热切和渴望之情无法抑制。人人都争先恐后签名表示将尽责效忠。"[77]

其他地方的自发行动还很多，匆匆上马，人员参差不齐，东拼西凑，几乎总是混杂着恐慌、自私和公共精神；然而正因为这些特性，反而比政府命令和强制采取的任何系统防御措施揭示了更多真相。在这场危机中，靠贸易谋生的人，并不全都积极站在政府一边。如果詹姆斯党人的军队成功逼近伦敦，支持政府的人或许也并不一定全都继续坚定不移。我们永远无从知晓。但这些所表明的是，在 1745 年 7—12 月的这 6 个月，即詹姆斯党人的军队高歌凯进，斯图亚特王朝复辟在望之时，大量商界人士和地主阶层一起，积极筹钱并拿起武器，支持现有秩序。相反，苏格兰以及威尔士和英格兰的大量民众，既没拿起武器，也没自愿捐资来支持小僭君。客观地说，这已说明问题。这甚至能支持对汉诺威王朝几乎没有任何好感的塞缪尔·约翰逊的言论。他曾说："如果在英格兰公平选举，现任国王今晚就会下台。"但他接下来更务实，可能也更令人伤心地补充道，人民"不会……冒任何风险来复辟那个流亡家族。**他们不会做得不偿失之事。**"[78] 事实证明确实如此。

约翰逊把詹姆斯党人的不幸之事归咎为英国人对于金钱的强烈考量，这很重要，因为尽管物质因素本身，虽不能解释斯图亚特家族的失败，但无疑推波助澜。贸易是英国经济的核心，促使詹姆斯党人受到坚决反抗。特别是在1745年，民众对查理·爱德华·斯图亚特的事业消极以待，而自觉支持现有秩序，这被证明至关重要，在更富裕和城市化更高的地区尤为如此。詹姆斯党人自己都注意到，"其军队所到之处，敌人似乎远比朋友多，"这促使其决定从德比郡撤退，而不是继续向伦敦进发。[79] 如果民众反应有所不同，同情之心更多一些，路易十五可能已亲率法军入侵英国，他在1743—1744年间就曾酝酿这一计划。[80] 现实是，詹姆斯党人既没有国内广泛支持，也没有国外大力援助，在克洛登战役之前很久就已被击败。其失败不是因为其支持者面向过去，而是因为有太多英国人在当下会损失太大。

对国家投资

就爱国的自发行为和民族身份的讨论而言，克罗登战役之后的20年是一个非常富有创造力的时期，在大不列颠和欧洲其他地方都是这样：法国相当明显，西班牙、俄罗斯、荷兰和德意志的许多地方也是如此。所有这些国家都就公民权的界限和意义展开了前所未有的大讨论。为爱国而建立的自发协会数量明显增加。推崇和赞美民族文化的尝试更加有意识。在法国，这一时期开始在卢浮宫展出非常自信的民族艺术。在英国，建立了大英博物馆，编撰了《不列颠百科全书》。必须补充一点，与这些明显的**英国**创举并行的，是对纯粹英格兰、威尔士或苏格兰文化兴趣的与日俱增。毕竟也是在这一时期，詹姆斯·麦克弗森创造了富有浪漫主义色彩的凯尔特英雄奥西恩。[81] 鉴于欧洲人仍在以一种极富民族国家风格的方式撰写历史，我们仍搞不清楚，重燃爱国主题的兴趣，为何在那么多不同的国度同时发生。规模前所未有的战争接踵而至、城镇发展、印刷品的传播以及我们不得不称为布尔乔亚的这一阶级的重要性日增，这些必然都在一定程度上推动了民族觉醒气氛的广泛蔓延。但对卷入其中的国家而言，也都各有其特殊的因素在发挥作用。

在大不列颠，最初的刺激因素来自詹姆斯党人叛乱带来的震撼。作为一个海上强国，英国差不多一个世纪以来习惯于在海上、海外或至少是在其偏远的边缘地区作战，当一支由其自己的人口组成的敌军，竟能如此深入，近抵其心腹之地，这令其非常紧张。尤其是这支军队人数少、装备差，大部分由高地人组成，而在苏格兰低地、威尔士和英格兰爱国者眼中，高地人是一个极其落后的民族。人们买票参观荷加斯描绘入侵的画作《向芬奇雷进军》，该画以典型的自满之情，对比了想象中苏格兰高地人挥舞的风笛、盾牌、斧头及狼牙棒，和英国军队闪闪发亮的现代化武器，加农炮和枪支。[82] 对精良技术的自信植根于种族优越感，这在詹姆斯党人最初胜利挺进之时只能更令人感到羞辱。对叛乱的镇压常常毫无章法，这也令人气馁。爱国行为很普遍，并最终制胜。但太多人龟缩在家里，既不参与反叛，也不站出来保卫汉诺威王朝。直到坎伯兰公爵最终进军苏格兰时，还有太多的国家机构似乎无所作为。

所有这些都使人们担忧英国的安全，以及它的人力是否足够。查理·爱德华·斯图亚特在法国海军护送下登陆英国，并有望获得更多军事援助。尽管援助并没有变为现实，但这一事件是一个有力的警示：法国拥有优良的军队和更为庞大的人口，可以轻易干预英国国内事务。1740年代末和1750年代，伦敦建立了一系列产科医院，旨在降低分娩以及穷人家婴儿的死亡率；1753年，下院通过法案进行全国人口普查（上院以妨碍自由为由反对这一法案）；1756年，在与法国的另一场战争爆发后，议会开始资助科拉姆在育婴堂的工作，这些现象绝非偶然。[83] 一年后，为回应民众建立更高效民防军的要求，新的《民兵法案》最终得以通过。

但对许多爱国者而言，上述旨在增加国家安全和人力的实际措施,并不能解决核心问题。詹姆斯·伯格出生于珀斯郡,他那标题切中时弊的书《对英国的提醒,或危险依旧》,在1746年销量超过一万册;英国国教牧师约翰·布朗长篇大论的悲情历史《论时代的风俗和原则》在1757年更为成功——这些作家都认为,真正的危险与其说是法国的力量,不如说是英国自己国内的分歧和道德上的堕落。英国之所以容易受到攻击,是因为它没有保有足够多的公共精神:"在各个部分之间没有纽带或凝聚力。"[84]悲观主义者把目光转向一场严重的牛瘟,这场灾难使爱国者的主食烤牛肉价格飞涨;他们也提到一个事实,即首都自身也在颤抖——确实如此。在里斯本大地震引起欧洲人情绪恐慌之前五年,伦敦自身在1750年经历了两次小的地震。[85]

但找到英国病公认的根源,要比辨认它的症状困难很多。约翰·布朗很认同一种说法,即商业自身应该受到谴责。人们将太多精力奉献给斤斤计较的商业实用性,助长了自私自利,忽视了公共精神和尚武精神:"我们以为,只要得到更多**钱**,我们就能让一切事物都有保障。"布朗对1745年有许多商人出资的爱国捐款无动于衷:

> 有人坚持说,实际上在那场叛乱期间,我们筹集了大量资金,这证明保卫国家的精神并没有消失殆尽……这是一个很不充分的推论:难道是指不怯懦(至少与勇于如此为之一样不假思索)于通过舍弃一先令或一英镑以避免危险的意愿?因此,关键的问题依旧是,"不是谁来付钱,而是谁来战斗?"[86]

然而,还有一种看法远比这一观点更常见,直截了当地把责任推到上流人士和统治阶级穿丝戴绸的肩上。杰拉尔德·纽曼曾揭示自1740年代末以来,这些人受到多么猛烈的抨击,诗人、剧作家和小册子作家如何不断指责他们以自身的好逸恶劳、奢华和狂热崇拜法国等行为,从内部败坏了英国。[87]这一看法进一步指出,只要英国贵族在他

图 16.《英国人的权利伸张，或者法国人的野心破灭》，
反法宣传画，1755 年

们彼此之间说法语，只要他们喜好法国服装、雇用法国发型师和男仆以及在教育观光旅行期间经常出入巴黎沙龙，只要喜好法国文化和进口奢侈品而致使本土艺术家、贸易商和制造商失业，那么国家特性就会受到侵蚀，国家傲骨就会腐坏：

> 娼妓、假发、饰品、名包、织锦和缎带；
> 虚华的形式，虚伪的面孔。
> 起来！自省！拒绝高卢的统治，
> 不要让他们的工艺品赢得他们的武力永远无法得到的东西。[88]

人们担心英国在一种精神不佳的情况下勉强支撑，国内必须重新振兴，以此作为发展理由，首先是由商人发起建立了一系列爱国协会，[89] 这一发展具有深远的社会和政治影响。这一时期，自发组织的各种协会在英国和欧洲其他地方雨后春笋般建立,尤其是在城镇,几乎清一色都是男士参加。有街道俱乐部,受到特定街区的头面人物资助;有各种兴趣俱乐部,关注点从玫瑰种植到严酷的体育运动到特殊的性癖好;有无数共济会和准共济会团体,迎合喜好神秘仪式和乔装打扮的男士;有拳击俱乐部,穷人加入其中,可以为自己提供很少的一点保障;有专注于政党政治或食物的俱乐部;有讨论俱乐部,在那里,下巴带着须茬的自学成才者可以思考科学和哲学奥秘;在上流社会的协会,那里尽责的市民相聚美餐并探讨当地的穷人问题。[89]从组织角度而言,新的爱国协会与其他俱乐部颇为相似。但在一个重要方面,它们截然不同。那时也和现在一样,普通的英国男士俱乐部既民主,又完全排外,平等对待其成员,但绝不让公众插手。相反,爱国协会公开的使命**都是**公共性的。它们有意对外——意在改革国家政府。

在这些组织中第一个也是最天马行空的一个,是"值得颂赞的反法国天主教协会",由一群商人于1745年入侵危机之际在伦敦建立。[90]其特别精美的徽章,现在还陈列在大英博物馆,上部绘着充满活力的英国商人乘风破浪去海外赚钱,中心部分是圣乔治用长矛挑落法国人的武器,并将其踏在脚下。该俱乐部的信条是"为了我们的国家",其公开宣布的目标非常商业化:"通过讲理和举例来阻止进口和消费法国农产品和工业品,并反过来,鼓励消费英国的农产品和工业品。"在实践中,这意味着其成员通过筹款来奖励爱国企业的行为,并在报刊公布这些奖赏,宣传他们的工作。一位蕾丝品制造商得到该协会补助,因为其产品被认为好到足以与法国同类产品相媲美,一位船长,因其捕鲸行动硕果累累得到认可,还有一位绘图师,绘制出英属北美殖民地的理想边界,也得到奖金。这个协会很快发展到各大城市和马萨诸塞殖民地,但它也把自己看作某种智囊团。其成员每年四次委托牧师布道,宣扬市民需要努力反抗法国的邪恶。然后协会负责资助出版,好让广大公众知晓,他们面临的威胁到底多么严重。

其传递的信息偏执但却连贯：自诺曼征服以来，法国的毒害就是一种邪恶，英国人现在只有变得更道德和更统一，才能摆脱这种邪恶。例如1756年，约翰·弗里在对该协会布道时声称，英格兰人、苏格兰低地人和汉诺威国王都是同一个撒克逊种族的后裔，因此都应当彼此和睦相处，并与威尔士人和睦相处，毕竟他们是唯一的古英国人。[91]在叛乱中，他们意见不合，落入法国的圈套，却灭了英国的志气。另一位牧师约翰·巴特雷解释说：

> 建立王国是为了卓然不群，区别于其他国家：它与欧洲大陆分离，也表明和宣扬了与他们在风俗上的差异……我们安享和平，国力强盛，确实如此；但如果我们与法国的风俗开战，将对我们有益。[92]

允许法国特性渗透到英国语言之中，进口法国工业品，将自己打扮得"文雅伪善"，仅仅因为这么做很时髦，这些都不亚于文化叛国，是在邪恶地虚掷真正的国家身份。

"艺术协会"，或给出其全名"大不列颠促进艺术、商业和制造业协会"，仇外的程度要低得多，但它同样专注于国家贸易和国家文化。该协会在1754年成立之初，只有17名成员，而且完全是威廉·希普利思想的产物。希普利是伦敦一位文具商的儿子，作为地方绘图师过着平凡的生活。到1764年，协会的支持者，同时也是客户，多达2100多人，他们遍布英国各地和美洲殖民地。[93]"艺术协会"和"反法国天主教协会"相似，但它建立在一种远远更系统的基础之上，如果某些人的作品或发明可能有利于经济，它就会奖励他们（她们）。例如，这个协会的备忘录表明，它一直热心鼓励钴的发现和洋茜种植，这似乎令人费解，直到我们想起钴是一种上好的蓝色染料，而洋茜在19世纪之前一直是红色染料的主要来源之一。很简单，该协会希望英国最重要的工业,即纺织制造业,能够在国内漂染布匹,而不是把它们运到国外去漂染。[94]这个协会的另一个关注点是如何在国内为商船和海军舰队提供更多木材。1757年,它设立基金,鼓励人们种植橡树、栗树和榆树。第二年,它又为种植杉木设立基金,这样一来,苏格兰人也能够为国家振兴贡献自己的力量。[95]

上述措施体现了"艺术协会"工作上平凡、改良的一面,热情的外国访问者,如本杰明·富兰克林,从来不忘对这一面大加赞赏。但艺术协会还有另一面,看起来更具有雄心抱负的一面。该协会每年都留出奖金,来资助最有前途的少年艺术家和雕刻家,1761年,它开放自己在伦敦的场地,举办了英国有史以来第一次公开的大规模国内艺术展。塞缪尔·约翰逊为艺术品目录作序,据说光顾展览的人数超过两万人。[96]这一次,"艺术协会"那些沉着和刚毅务实的成员,似乎接近了时尚和创造力的边缘。然而,对希普利和他那些爱国同胞来说,他们的工作完全一致。如果大不列颠要在与法国的竞争中胜出,就得在奢侈品出口和文化声望方面与之媲美。就此而言,花时间和金钱培育英国艺术,与鼓励种植洋茜或芜菁没有本质区别。希普利写到,他的目标是:"让大不列颠成为教育学校,正如它是已知世界绝大部分地区的贸易中心一样"。[97]英国必须主宰艺术,正如它主宰海洋一样,这两个方面都是与法国展开较量的竞技场。

这种经济和文化国家主义,在1756年随着战争爆发而日益高涨。那一年6月,俄罗斯公司的一名成员乔纳斯·汉韦,在康希尔的皇家徽章酒馆与其他22名商人聚会,决定成立海洋协会。协会的宗旨,是筹集资金收容失业者、流浪者、孤儿和穷困男孩,为他们提供衣物,并把他们送进皇家海军。其成功令人难以置信。到七年战争结束时,该协会正式会员超过一千五百人,已有大约一万名男子和男孩被送到海上服役。[98]但汉韦和其他许多组织者看重的,不是该协会的最终结果,而是其存在及运作方式:

> 由此，英国人的热情与英国人的仁爱结合，会在整个王国传播真正的爱国主义精神……如果我们教导这些年轻人敬畏上帝，同时教导他们的手和手指为国家、为真实而重要的美德而战，我们就可以期待，这种行为能令上天垂青这个国家。[99]

换句话说，慈善的目的，是让捐献者和受益者都获得新生。为爱国事业捐款，可以根除在1745年有时表现很明显的冷漠和分裂。男人和女人们在慈善事业中得到救赎和重新统一，随之自然能战胜法国。同样远大的雄心，也隐藏在汉韦倡导发起的另一个爱国团体，即1759年建立的"军队协会"背后，该团体旨在帮助英勇奋战在北美和德意志的士兵及其家属。[100]

这一时期，其他许多协会也在伦敦和其他地区蓬勃兴起：促进商业和制造业协会、军人救助协会、提高国民出生率协会，还有一些协会把堕落的妓女转变为体面的母亲，让她们哺育有用和强健的新一代英国人。很显然，所有这些创举，都源自对国家和前途的某种考虑，但现在也有人老调常谈，认为这些协会体现的，只是中产阶级的野心。[101]当贵族阶级因缺乏全情投入的英国精神而遭到严厉抨击时，商业阶级趁机把握主动权，同时大张旗鼓投身公共事业，如此一来，他们就可以在未来更好地控制公共领域。约克郡一位议员在1753年宣称："英国中产阶级的公共精神，以及上层社会的堕落和自私自利，在当前比以往何时间都要显著。"[102]这样解释当时发生的事情引人注目，但并不完全正确。在某些方面，爱国协会并没有体现中产阶级的自治要求，而是进一步证明了商业社会和上层人士之间存在着紧密联系。

例如，海洋协会最大的两位捐款人分别是乔治二世（捐了1000英镑）和孙子威尔士亲王（奉献了400英镑）。[103]固然，"艺术协会"是由一位心无旁骛的绘画大师创建，但长期担任其会长的，是世袭贵族罗姆尼勋爵，1760年，其成员中有许多贵族和政客，包括纽卡斯尔公爵（首席财政大臣）、老威廉·皮特（国务大臣）、比特伯爵（未来的首相），事实上包含了商务部的所有高官。[104]"反法国天主教协会"的贵族化程度要低很多，但它也毕恭毕敬邀请了米德尔塞克斯女伯爵出任其名誉会员，并且非常赞赏她禁止在宫廷穿法国时装和鼓励穿戴英制衣物和布料的努力。

对许多商人来说，这些爱国协会为他们提供了偶尔与位高权重者一起社交的机会，并可以为他们建立有用联系和留下良好印象大开方便之门，这是协会的成员资格更实实在在的吸引力之一。就此而言，这些协会并没有挑战现有的社会和政治秩序，相反，它们反映和支持这种秩序。例如，1756年之后，俄罗斯公司、东印度公司和成百上千个体商人慷慨捐助"海洋协会"，其部分原因，是战时，他们迫切需要政府扶持。所有海外贸易商不但与海军部签订了各种赚钱的合同，也依靠其保驾护航，以对付敌舰和海盗。为皇家海军贡献绵薄之力，是打动当局的一种方式，一种热心为公的姿态，可能确保其获得某种回报。

因此，仅仅只把爱国协会看作资产阶级自信的一种体现，那就错了。但它们的确展示了，在这个社会，乃至任何一个社会，积极的爱国主义，很容易汇聚成要求更广泛公民权和政治变革的洪流。

这些协会哪怕是其存在，都挑战了当时英国政府的组织方式。首先，其承担的某些任务，凸显了政府有很多工作没有做。1756年，威廉·希普利的"艺术协会"设立特别奖金，鼓励人们为英格兰和威尔士各郡绘制新的、更精确的地图。其备忘录温和地指出，法国政府早已下令测量法国全境的地形，而英国统治者还没有这样做，尽管全新、全面的地图，显然能为经济带来巨大好处。[105]1761年，一位匿名作家为"艺术协会"撰文，更直截了当地主张建立干预型国家，以更好地满足商人和企业家的需求。他质问道，英国统治者为何不"给改善制造业的发明家颁发荣誉？而我们的敌国在这方面做得相当成功。"

而且议会为何没有常设的委员会，来为商业利益修改成文法？[106]

怎样才算一个积极的爱国者？这些爱国协会对此也激发了一种有选择余地和更加宽泛的解释。尽管现有秩序使得政治权利的获得取决于等级、财产和信奉正确的宗教，但这些协会的运作方式表明，参与的意愿才是英国人的真正标志。它们也暗示了，真正重要的是一个人努力的程度，而不是法律上的资格。用汉韦的话来说，就是相信"慈善是统一的伟大纽带，也是社会最可靠的黏合剂"，所有这些协会都尽其可能谋求更多人的支持，而不论其阶级、所处地域、宗教、党派或性别。[107]威廉·希普利总是拒绝公开他自己的宗教信仰，因为作为一个兼容并包的爱国协会的秘书，看上去不属于任何宗教派别非常重要。出于同样的原因，他也明确要求"艺术协会"的一些奖金面向穷人开放，并为女士们留有余地。一开始，他希望女士们能够获得完全的成员资格，"因为人们没有理由认为，就有利于其国家的福祉而言，她们的慷慨和真诚会落于下风。"[108]汉韦的提议遭到其他成员反对，但该协会的奖金也本着良心同样颁给女士和男士。"今天终于证明，我微不足道的努力有益于国家，这一想法多么令人欢欣鼓舞！"一位获奖的女士写道，她走出私人领域，投身于公共福利并得到认可，她显然为此惊讶不已。女士们不但有所收获，也积极慷慨解囊。所有爱国协会都有女性捐助者：例如，"军队协会"在1760年为英国士兵募集资金时，已知的女性募捐者有120人，而牧师只有40人，贵族只有10人。[109]

因此，就其参与者的范围，以及实际上就其一丝不苟的行事方式而言，这些爱国协会显然是开放的机构，也是对寡头政治持续的公开侮辱。正如汉韦所鼓吹的那样，它们面向全国招募新成员，提出一种积极的公民概念，这种公民在规模和构成上与政府正式承认的公民完全不同。但就实际创建并决定其纲领的人而言，这些协会的限制远远更为严格。它们的主要活跃者几乎无一例外来自中产阶级，其中绝大多数为商人。

"艺术协会"无疑也吸收了大量高官显贵的捐助者，但这些大人物很少定期出席或参与组织工作。正是商人、销售商和手工匠人（阿瑟·扬后来把他们称为"生活中微不足道的人"）几乎占据了其2000名成员的一半，并决定了协会的方向。[110] 世袭贵族中只有一个，即罗姆尼勋爵，在海洋和军队协会中扮演重要角色。相反，商人掌管着这两个协会的委员会和捐款清单。汉韦自己的俄罗斯公司为"海洋协会"捐款100英镑，伦敦东印度公司的商人捐款200英镑，他们在孟买的商人兄弟筹集了1300多卢比。在1760年为军队协会捐资的1500名个人当中，有267人是足以在伦敦城市名录中出现的杰出商人。[111] 其他主要是小商人、杂货商、药剂师、酒馆老板、裁缝等，以及声明对国家负有责任的来自伦敦和各郡的店主。

这种人投资爱国主义又渴望得到什么回报？对他们中的一些人来说，物质吸引力显而易见。我们以出色的木雕工和反法国天主教协会的热心成员托马斯·约翰逊为例。约翰逊特别擅长雕刻精美的洛可可镜框和画框，这种精致而费时的作品卖价很高。1758年，他出版了自己的设计图样，在书的扉页，绘制着一位情绪激动的英国人，挥舞着"反法国天主教协会"的徽章，还有一位美少年在焚烧一个法国的纸质模型。为什么呢？因为纸质模型——即黏合剂和纸浆的混合物，我们这一代人至少在学校学过如何粘黏这种东西——是一种法国人的发明，并且日益被用来制作镜框。它可以轻松快速地铸模，而且比精美木雕便宜很多。因此，约翰逊对一个抵制法国进口货物的协会颇感兴趣，其原因一目了然。约翰逊从法国人那里毫不惭愧地大肆借鉴了其艳丽的洛可可设计，但现在，法国人威胁到他的事业。[112] 斯蒂芬·西奥多·詹森是伦敦市议员，也是"反法国天主教协会"的创始人之一，他无疑非常真诚、众所周知的爱国主义，也有着非常相似的个人动机。他在巴特西经营着一家瓷釉厂，生产精美昂贵的首饰盒等产

图 17. 托马斯·约翰逊家具设计的题献页，1758 年

品，但面临着法国进口的同类奢侈品的激烈竞争。[113]

在其他协会的工作中，也不难发现相似的物质利己主义因素。例如，"军队协会"为英国士兵募集的大量金钱，被用来购买国内生产的消费品：14000双鞋、6000件马甲、3000双手套、400罗角质钮扣，以及每枚4便士用来缝制它们的9000枚钢针。[114]因此，为海外征战的英国人提供适当的生活必需品，与为国内商人提供商业订单恰到好处地结合在一起。但商业爱国主义的好处从来不只是经济上或主要不是经济上的。加入这些协会和捐款，往往是有目共睹的行为。这些协会通过报刊杂志广泛宣扬它们的集会，或以小册子的形式发布捐款者名单，从而确保上述活动为大众所知。商业爱国者的名字和地址不断出现在印刷品上，这不但有利于生意，同时也让他觉得自己在社区中更有价值和更重要。

正是渴望获得认可推动着很多这样的人。以乔纳斯·汉韦为例，今天，人们在记起他时（如果他还被记起的话），只把他视为一位令人乏味的好心人，第一位经常带伞的英国男性。没有人想去追问，为什么汉韦很紧张地在下雨天保持自己衣物干燥。他这样做，肯定源自性质相同的社会焦虑，这种焦虑使他总是佩一把剑并别一枚完全仿造的盾形纹章。他急切渴望给人留下印象并被认真对待。建立"海洋协会"使他获得地位，成为一位人物，并最终使他得以葬在威斯敏斯特教堂。[115]同样，对其他许多小人物而言，加入爱国团体是获得某种影响力和重要性的途径，作为个体，他们永远无法得到这些。同样，与以往相比，这种方式也让大不列颠成为一个更符合商人需求和喜好的国家。

我们已看到，爱国协会接受任何人捐赠。但这些钱的使用符合商业需要，促进了一个有序、勤勉同时更加强大的英国。"艺术协会"用它的奖金来奖励工作努力、富有事业心的个人。具有更明显沙文主义的协会大力鼓励普通士兵和海员的优良品行。"海洋协会"为招募

到的每一名男孩提供一套新衣服和新观念:

> 你们是自由民的儿子。尽管贫穷,但你们是生而自由的英国人的儿子;记住,真正的自由在于表现出色;你们要互相保护、尊敬长官,为国王和国家奋战,直到流干你们最后一滴血。[116]

真正的自由在于表现出色。这是资产阶级爱国者的真实声音,他们相信,个人成功和国家利益永远相辅相成。这些少年海员到底有多少人能阅读和理解那些话,我们不清楚。但可以确定的是,"海洋协会"许多更有影响力的支持者——比如双目失明的伦敦行政官员约翰·菲尔丁——主张为皇家海军招募孤儿和失业者,作为解决犯罪、骚乱和贫穷问题的一种有效手段。强大的国防往往与清除街道上潜在的小偷、乞丐和商业破坏者紧密联系。上述方法可能的确奏效。"海洋协

图 18.《"海洋协会"的鼓励动机》扉页,塞缪尔·威尔,雕版画,伦敦,1757 年

会"在七年战争期间招募的4787名儿童中,战争结束时只有295人可查明。[117] 其余的人是否已被改造,他们是否在海军谋得一份终身职业,或者战争是否让他们的生命只是昙花一现,对此人们可能永远无从知晓。对许多经商的爱国者来说,那些男孩们不再无所事事,也不再妨碍他人的事业,知道这些可能就已经足够了。

获益的代价

我们回过头来看托马斯·科拉姆,另一位为了仁爱、为了大不列颠,也为了良好秩序和更充沛的劳动力供应而去拯救流浪少年的商人。科拉姆也像威廉·荷加斯、威廉·希普利、乔纳斯·汉韦和千千万万支持爱国协会的男女以及其他拥有商店和业务,或仅仅从事买卖的无数英国人一样,相信商业利益与国家利益完全一致。这或许是一种自命不凡的态度,但也并非一种不切实际的态度,尤其是在18世纪前60甚至70年,它大体上正确无误。

尽管地主主导着政治,但他们会认真考虑商业需求。他们这么做一定程度是为了自己的利益,但许多人也完全像任何一位重商主义宣传家一样深信,英国的繁荣是其受到上帝特殊恩宠的见证。战争仍然是国王们的游戏,主要出于王朝或战略原因参战。然而,英国从事的战争也填满大批商人的口袋,在1775年前尤其如此。与法国的九年战争(1689—1697)引发了严重经济危机和商人的系列反抗,但接下来的三次重大冲突,即西班牙王位继承战争、奥地利王位继承战争尤其是七年战争,似乎对许多商人非常有利。最后那场战争使英国出口达到新高,同时也获得世界上的广袤地区,它是商业利益与英帝国扩张之间相互促进的顶峰:

全世界贸易都以这个岛屿为中心;她是所有国家的市场:商

人独占宇宙的财富,像帝王一样生活;制造商可以凭借信誉和声望过活,我们的征服活动能轻松地为他们提供无数必需之物,而在以往,他们必须为这些物品付出高昂代价。[118]

这种说法有点夸张,因为每一场战争中,某些商业和工业都会遭受损失,一些个人会破产,一些船只会落入敌方的武装劫掠船之手,信贷会出现问题,最终,某种程度的厌倦和幻灭之情会趁虚而入。但对幸存下来的商人而言,至少有一种幻觉上获利甚至现实中获利的感觉。这些利益来自为战争机器服务,来自获得更多殖民地,来自海军和条约强制打开的新市场,来自廉价原料和外国商品;同样,这种获利感也因所有这些战争的敌人都是英国商业竞争的主要对手法国。英国的头号敌人,也被非常正确地视为其海外和国内贸易的主要对手,这一事实意味着,统治大不列颠的人在战争和受到入侵威胁时,常常可以仰仗殷实的商业支持。

因此,商业跟随在国旗之后,但它也有助于国旗继续飘扬。商业机构有助于把大不列颠的不同地区连接起来。商业有助于充实国库。商船是皇家海军的训练基地。从事商业的男女在保卫汉诺威王朝的战斗中扮演着重要角色。

考虑到所有这些原因,争论18世纪的英国(实际上还有19世纪的英国)到底是一个土地社会还是一个商业社会就显得毫无疑义。它并不完全非此即彼,而是两者兼而有之。重要的是土地与商业间的**关系**;在1775年之前,人们普遍而又正确地认为这是一种互惠关系。[101]如果说它后来变得越来越敌对,部分原因在于日益加速的经济和社会变化,同时也因为战争经历的变幻。与美洲殖民地的战争,以及与革命和拿破仑法国旷日持久的缠斗,破坏了英国的商业,而18世纪早期的战争并没有这样。一旦察觉到这一点,商业对在中央政府占主导的土地阶级的容忍度很可能就会大打折扣。

然而，即便在1775年之前，我们也可以发现各种模糊和紧张的关系。有一些明确的迹象表明，一些英国商人日益不满他们在政府中现有的间接影响力。"反法国天主教协会"、"艺术协会"以及"海洋协会"等志愿团体的兴起具有双重意义。它们进一步证明，经商的男人（也包括女人）之所以愿意向大不列颠投资，以及宣传和实践爱国主义，某种程度上是因为它给他们带来好处。但在更深的层面，这些私人组织也证明了商人们对更正式的政府机构的不满，并越来越相信，这些机构过于守旧和排外，无法贯彻商人们渴望的各种变化。在1760年代，这些协会有许多转而支持约翰·威尔克斯和议会改革。[119] 这合乎逻辑。正在发生的这一切，是个人抱负在公共政治中的实现，荷加斯很早以前就在托马斯·科拉姆身上发现了这一点。因为商业之光普照大不列颠，那么，那些促进它的人就一定有权利在阳光下占据一个更重要的位置？

第三章 外缘

在英国人参加的所有战争中,七年战争的成功最辉煌。他们征服了加拿大,把法国人从其印度、西非和西印度群岛的大部分殖民地赶了出去。他们从西班牙人手中夺取了马尼拉和哈瓦那。他们的海军摧毁了欧洲的竞争对手。他们自诩为世界上最富进取心、最富足和幅员最辽阔的国家。年轻而具有传统沙文主义倾向的查理·詹姆斯·福克斯对他的议会同僚们说道:"看看四周……仔细瞧瞧我们宏伟的都市,我们辽阔的帝国,我们庞大无比的商业和我们富足的人民。"[1]

但是,幸福感很快变味。一定程度上,这源于与过度沉溺于重大战争始终如影随形的后遗症。社会要消化20多万复员军人,其中大多数是穷人,有些还留有残疾,而且他们所有人都受过暴力训练,因此其压力可想而知。还有一个残酷、令人不快的事实摆在面前,即大肆发行国债导致税赋大幅上涨。还有1763年《巴黎和约》中令人不悦的外交政策,根据和约,英国向法国和西班牙退还了部分被占领土,徒劳无益地希望两国能够克制,将来不再发动战争夺回其余土地。尽管这些刺激因素很重要,但战后不稳定和分裂的根本原因更加深刻和持久。最重要的是,正是这场胜利自身的性质和程度,随后扰乱了和平。这次成功过于巨大,赢得的版图马上显得过于辽阔和过于陌生。英国人极大地扩张了他们的国威和帝国势力。但好比《伊索寓言》中那只想和公牛一比高下而使劲鼓气的青蛙一样,他们到头来反而担心自己是否扩张过度,他们辽阔的新版图令人紧张和忐忑。

新界标

七年战争之前，英帝国领土足够小，也具有足够的同质性，似乎恰好与英国人（尤其是英格兰人）自认为特有的价值协调一致。但战后的帝国过于庞大，无法迎合这些岛国偏见。战前的帝国居民主要是新教徒和说英语的人，关键在于十三州北美殖民地。但战后帝国包括拥有7万名法国天主教居民的魁北克，以及亚洲的大片土地，那里的人显然既不是基督徒，也不是白人。事实上，战前英帝国的军队人数相当可观，但它仍被普遍看作是一个商业帝国，是一个热爱自由的商业民族仁慈的产物，因此，完全不同于依靠征服建立起来的血腥和不稳定的罗马帝国和西班牙帝国。七年战争的战利品，让人们完全难以维持在已失败的帝国与当时的大英帝国之间进行的这种自以为是的对比。这不但带来道义问题，也导致实际难题。大英帝国现在不再主要以商业为支点，而是像以前的帝国一样，靠武力维系，谁又能够保证，它不会反过来在发展过程中腐蚀和毁灭母国本身？英国整整一代知识分子对这个问题争论不休，其中最给人教益的是爱德华·吉本，仅在《巴黎和约》签订一年之后，他就决定按年代叙述罗马帝国的衰亡史。[2]

然而，绝大多数英国人更担忧庞大帝国带来的直接挑战。战前的帝国完全是非正式的，议会不费什么代价就可以宣称自己对帝国的权威，而不用太操心这种权威会导致什么后果。战后帝国要求大幅增加对行政机器和军事力量的投入。加强控制所需的费用要么由英国纳税人支付，要么由他们的殖民地居民支付。但新的控制水平也需要合法化。一个自称无比自由的民族，拿什么来证明他们对他人和自己施加的极为广泛的支配正当呢？埃德蒙·柏克质疑道，"对维护一个庞大、未连成一片、具有无限多样性的帝国非常有用的强大指挥权",如何才能与保持英国传统的自由和谐一致?[3] 承担新责任将包括牺牲他们自己固有的岛国性,他们的这一务实的担忧在面对帝国的亚洲臣民和罗马天主教臣民时尤为强烈,因为对许多英国人而言,亚洲也像天主教一样,是专制权力的同义词。1770年,一位贵族警告说:"亚洲财富滚滚而来,不但带来了亚洲的奢华,我担心恐怕也带来了亚洲的统治原则。"[4]

因此,史无前例的胜利带来的战利品之所以令人不安,一定程度上是因为它们挑战了英国长盛不衰的神话:英国是一个以新教徒为主的民族;英国的政体建立在商业之上;英国是一片自由的土地,因为它的基础是新教和商业。战后英帝国的范围和本质,似乎都在拷问着所有这些前提。在20世纪的最后25年里,英国人关注的问题是,他们在世界上的权力太小,这可以理解。相反,在1750—1775年间,困惑他们先辈们的问题,却是太迅速地掌控了支配太多人的太多权力。他们猛然和有利可图地投身这场宏大的游戏,但他们大多数人还得去学习和接受其规则。国内同时出现的权力游戏规则的改变,使这种调适变得更加困难。

民众对七年战争的支持非比寻常,而且看上去全民一致。与此前在1689年以来的每一场对法战争相比,这次没有在法国推动下为斯图亚特家族的王位要求而对英国本土的入侵,也没有为了他们的利益而认真谋划的哪怕半途而废的国内起义密谋。[5] 到1763年,即使最偏执多疑的辉格派政治家也非常清楚——至少在英格兰和威尔士——詹姆斯党人现在对事件进程的影响已微不足道。议会内外的托利派,在战时也与他们的辉格派对手一样,表现得非常好战。汉诺威王朝从此一劳永逸地得以稳固。很显然,苏格兰与大不列颠其他部分的联合也同样牢固。有史以来第一次,英国军队得以从苏格兰高地征募大量兵源。那些曾在1715和1745年拿起武器反对《联合法案》的宗族，现在已被拉拢投身于英国的事业，因为他们当时的首领得到垂青和提拔，摇身一变成为帝国战争的炮灰。老威廉·皮特有些夸大其辞地说："我尽可能四处寻找美德，我在北部山区找到了它……一个英勇无畏的部族……他们忠诚服役，英勇战斗，为你在世界的每一个角落征战。"6

但战利品应当属于谁？现在托利派的忠诚已被证明毋庸置疑，詹姆斯党人已烟消云散，苏格兰已是作为整体（而不只是苏格兰低地）投身于英国的爱国主义，怎样才能证明高级官职和各种机会只留给辉格派和英格兰人仍然合理？考虑到托利派、苏格兰人，最重要的是考虑到新国王乔治三世，其回答根本不具合理性。

那么，对通常处在事件中心的人，但也对处在他们之下的人而言，1763年的各种前景令人兴奋，但也令人惊讶地完全开放。事实上，从这一刻一直到美国革命及之后，英国人都在他们很少有人能正确理解的一个巨大的海外帝国和一种新的国内政治环境中，集体患上了陌生环境恐惧症，他们被这一新环境所吸引但也有些迷失方向和意见不合，这么说并不过分。这也是一个期待值很高、迷茫和焦虑的时期，一方面要求变化，另一方面又公开谴责变化，这种谴责之声来自这个政治国家的外缘，来自大不列颠自身的外缘，也来自英帝国的外缘。在国内，约翰·威尔克斯及其支持者发动了一场声势浩大的运动，为英格兰人争取古老的自由和新的权利，与此同时，英格兰爱国者更普遍认为自己处于苏格兰人的野心和苏格兰对大不列颠的建构所带来的威胁之下。许多英格兰男女曾习惯于把在海外的美洲殖民者看作他们自己的镜像，但这些殖民地居民大都不但反对英国议会的权威，最后甚至否认他们自己身上残留的英国身份。对这些压力的反应，迫使人们严肃地重新评价英国性的意义和帝国的含义。

图 19.《约翰·威尔克斯先生》，威廉·荷加斯，蚀刻凹版画，1763 年

威尔克斯与英格兰性

1763 年 8 月 15 日,一位苏格兰人在巴黎街头挑战一位英格兰人,要与他决斗。[7] 这个英格兰人就是约翰·威尔克斯,当时他正在法国度假,以躲避国内债主,同时也为使自己在因煽动诽谤而与政府发生冲突之后能够平复下来。那位想要成为攻击者的人是一个莽撞的年轻人,名叫约翰·福布斯,是阿伯丁郡一位在 1745 年叛乱之后逃到法国的詹姆斯党人的儿子。他通过荷加斯的画作认出了威尔克斯,在那幅杰出的讽刺画中,这位爱国者简洁的优雅和新闻工作者的自命不凡,完全被他玩世不恭的挑逗目光、明显的斜视和一顶伪造的自由之帽抵消,这顶帽子像一把倒挂的夜壶一样,悬在他戴着时髦假发的头上。但福布斯追杀的并不是真正甚或虚假的自由鼓吹者:他想杀死的是一个猛烈抨击苏格兰人的人。在威尔克斯的住所后面,他告诉前者,因为其恶意攻击了英国北方及其居民,他前来索取其性命。威尔克斯凭借其混合了诙谐、夸夸其谈、粗鲁无礼和机智的惯用伎俩得以脱身。他借口说与一位英格兰国务大臣的决斗有约在先。他还宣称自己是国王非常有用的臣民,不能随意拿生命冒险。他称福布斯是一位反叛者,不值得与之战斗。接着,当这位年轻人被激得火冒三丈时,威尔克斯迅速溜走,侧身到法国治安官的保护之下。

这并不是唯一一次苏格兰人想要夺取威尔克斯性命。同一年的晚些时候,一位精神失常的苏格兰水兵在潜入威尔克斯的伦敦寓所时被发现,身上带着一把铅笔刀。他告诉当局说,他和其他 12 位苏格兰人发过誓,要暗杀他们民族的这个敌人。[8] 其他愤怒的苏格兰人在私人通信、公开的小册子甚至盖尔语歌谣中痛斥威尔克斯。在爱丁堡和苏格兰另外一些城市,少年学徒在国王生日那天焚烧他的肖像,这种做法一直持续到维多利亚女王统治时期。[9] 英格兰历史著作通常忽略

图 20. 代表米德尔塞克斯争议当选的约翰·威尔克斯，G. 博克，铜版画，1769 年

了苏格兰人表达出来的这种愤怒情绪,正如威尔克斯对苏格兰露骨的仇视,也常常被当作是与那场以他为中心的运动并没有真正关联的、令人遗憾的粗俗行为而一笔带过。然而,苏格兰人在把威尔克斯视为傲慢的英格兰沙文主义的体现时,实际上分辨出了他的这个运动的本质——赞美某种英格兰性,并维护英格兰人的权利。

如果说这种狂妄自大和令人难以容忍的、狭隘的英格兰爱国主义在此之后只是被轻描淡写,那是因为威尔克斯很容易被视为一位纯粹的持不同政见者。威尔克斯出生于伦敦商人家庭,不信奉国教,在荷兰接受教育并沉溺于自由思想,一位乐于抛弃糟糠之妻的好色之徒,加入地狱之火俱乐部并打算以卢梭的风格写一部关于两性的自传,他公开反对威斯敏斯特和白厅的密谈室,并在这一过程中成为一位民间英雄,一个全英格兰四面八方家喻户晓的人物:威尔克斯无疑是一个令人捉摸不透的人,从出生、性情和行为来说,都是一位满不在乎的局外人。[10] 虽然如此,但英国史学家现在仍有些过火地把他描述为道貌岸然之辈。他们津津乐道于他的愤世嫉俗、投机取巧和迷恋女色,尽管政治家通常都一成不变拥有认真严肃、坚持原则和出言谨慎的道德品质,尽管自我放纵必然与胸怀伟大理想水火不容。然而,约翰·威尔克斯以及与他联系在一起的观点值得我们认真对待。这个人本身无疑是一个一心追逐名利的浪子。他公然说谎、幸灾乐祸并且常常轻佻肤浅。但他又是一位民粹派,深谙如何迎合主流观点和偏见而从中获益,并且他的行为至少在一个重要方面出奇地连贯一致。

甚至早在1757年进入议会之前,威尔克斯就已毫不含糊地参加了那些其他具有爱国倾向的伦敦中产阶级乐于光顾的激进团体:"反法国天主教协会"和"艺术协会"。在代表白金汉郡的埃尔兹伯里当选议员之后,他成了该郡民兵中一位热情洋溢的上校,通过担任育婴堂当地分支机构的财务员,他也适度表现出对维持平民出生率的热望。(诚实迫使他承认自己也曾挪用育婴堂基金)。[11] 两次轰动事件使他名声鹊起,一次是 1763 年,他因与诗人兼剧作家查理·丘吉尔一起主编的报纸《北英国人》第 45 期上的文章,被认定毁谤国王及大臣而被捕,第二次是他在 1768 年代表米德尔塞克斯郡当选议员——当时他还是一名被剥夺了公民权的逃犯,这两次事件每一次都被他的支持者和他自己的公开言论扭转,以争取属于英格兰人的东西。当他在 1774 年最终被允许入座他的议席时,他不太引人关注的发言包括呼吁成立一个国家画廊和建设一个更宏伟的首都,以及更著名的成年男性普选权的主张。[12] 10 年之后,他四处奔走,以支持小威廉·皮特和"他的爱国计划……来恢复我国已经失去光彩的荣耀"。[13] 他在 1797 年去世前的差不多最后一次公共活动,是为一位名叫霍雷肖·纳尔逊的成功海军指挥官颁发伦敦自由奖章。

以这样的方式看来,1760、1770 年代初年轻、更具平民色彩的威尔克斯向他晚年市政要人的转变,就显得不那么突兀。尽管其政治意义必然随着时间流逝而有所变化,但他整个职业生涯的主要特征都是一种招摇夸张的爱国主义。对英格兰的崇拜也同样如此,这在他的私人通信也如在他公开发表的著作和演说中暴露无遗。在 1763 年面对普拉特大法官的审讯时,他对法庭说,其判决将决定"英格兰人的自由到底是一种客观现实还是镜花水月"。当他被宣判无罪时,他对陪审团说,"英格兰全国和英格兰国王的所有臣民"都会感谢他们。[14] 在第二年他被流放的时候,他开始致力于写作一部自光荣革命以来的三卷本英格兰史,事实上,他只完成了其中一卷。1768 年,威尔克斯被英国高等法院监禁,他对支持者保证:"在这所监狱,在其他任何一所监狱,在任何地方,支配我的情感都是对英格兰的热爱"。在很久以后的 1780 年代,他在与法律改革家塞缪尔·罗米利的一场不同寻常和完全仅限于私人的争论中,为频现的死刑判决和公开处决方式辩护,其理由是这可以让英格兰人藐视死亡。英格兰人的勇气来自英格兰人的绞刑架。[15]

对自己的听众了如指掌的威尔克斯，为何采取这种方式来呈现自己？当然，一个显而易见的答案是，在爱国主义口号和姿态掩护下攻击当时的政府，是一种让其容易被人们接受的相当可靠的方式。或者正如塞缪尔·约翰逊在其1775年版的词典中精辟断言的那样（当时他肯定想到了威尔克斯）：爱国主义是无赖最后的避难所。与此前英格兰的许多反对团体一样，威尔克斯及其支持者声称，偏离符合宪法的正确行为的人不是他们，而是宫廷及其宠臣。他们（即威尔克斯派）是真正的英格兰人：不管从出生还是从行为举止而言，与他们作对的那些身居高位的人才是异邦人。[16]如果说威尔克斯派运用这种论战风格比早先的持不同政见者更广泛和更成功，这一定程度是因为当时的环境允许他们这么做。1763年的首相是一位苏格兰人，即倒霉的约翰·斯图尔特（比特伯爵三世），而不是像他所有前任那样是英格兰人，这无疑是送给威尔克斯派的一份大礼。另一个意外礼物是，在1768年威尔克斯不得不与之较量的法官中，也有一位苏格兰人，即威廉·默里（曼斯菲尔德伯爵一世）。威尔克斯派宣称，这就是英格兰性正在受到腐蚀的铁证，这种腐蚀来自上层。

1760年之后，可以从另一方面（也是更真实的方面），把那些管理英国的人描述为异邦人。从1714年汉诺威王朝入主英国之后，高级政治职位就只被留给那些自称是辉格派的人。托利派（英国国教最高权威的传统支持者们）则被排斥在外。其结果之一，是新教非国教派觉得他们的宗教权利很安全，几乎全都非常忠诚。然后是乔治三世上台。新国王允许极少数托利派重新担任政府官职，并更明显地表达了对英国国教的热情，从而打破了汉诺威王朝长达46年的统治习惯。不管其意图多么善良，其行动的先例在事实上多么合理，但他仍粉碎了傲慢之情，惹怒了既得利益集团，并加重了战后的焦虑和茫然不知所向之情。[17]威尔克斯派领导人大都是辉格派，其中大部分是非国教派，他们感觉受到这些变化的威胁，坚持认为英格兰的历史被颠倒了。威尔克斯自己与政府当局的冲突，像当局与北美殖民者日益增长的矛盾一样，只是确证了这个国家的"光辉遗产"（新教徒继位原则、1688年光荣革命、内战，甚至撒克逊人反抗诺曼征服的斗争等成就）公然受到攻击。

作为回应，同时也为证明他们自己所夸耀的爱国主义，威尔克斯派倡导以更积极进取的辉格方式解释英格兰历史。就威尔克斯本人而言，这意味着真的编撰一部历史，即《从革命到汉诺威王朝即位的英格兰史》（1768年），该书颂扬1688年革命，尽管写得很好，但全无新意。更重要的是，他这场运动大张旗鼓地颂扬辉格派的宪政主义。为给他还债并教育公众认识到改革的必要性而形成了一个压力集团，这个集团自称"权利法案支持者协会"（缩写为S.S.B.R.），它处心积虑地援引议会于1689年通过、被删改过的英格兰自由章程，来支持自己更激进的意图。为支持威尔克斯而发行的无数读物，一次又一次把他与辉格派先贤祠中早先的殉道者联系在一起，他们都因反抗暴政而遭受磨难：约翰·汉普顿、约翰·皮姆、约翰·利尔本以及阿尔杰农·西德尼。[18] 正是在相同的英雄主义和半神话的历史背景中，威尔克斯的草根支持者被激励着以同样的方式看待他。例如1768年，在米德尔塞克斯郡，威尔克斯派选民的一支典型的游行队伍聚集在一个以奥伦治的威廉命名的小酒馆，他们打着《大宪章》和《权利法案》的旗号，准备出发去给他们的英雄投票。[19] 类似的游行发生在全英格兰和威尔士的部分地区。

以这种方式牢牢控制英格兰国家记忆中重要、感性的一面，是威尔克斯最主要的力量之一。他和他的支持者可以把他的个人困境、他遭受的就其煽动叛乱罪的审判、他代表米德尔塞克斯郡高票当选议员后又被驱逐出议会以及随后遭到监禁等，描述为只不过是延续了英格兰人为争取自由而进行的长达若干世纪的斗争，是他在争取人身保护权、陪审团审判、选举自由和新闻自由的卓绝的朝圣之旅中又一个至关重要的阶段。威尔克斯成了自由的化身，他声称，自由是英格兰性的纯正标记。这种立场的巨大优势在于，威尔克斯在其内心深处可能确实相信这一点。尽管他很明显玩世不恭、矫揉造作、放纵不羁，但我们应始终记住，他被培养成一位不信国教的新教徒。英格兰是一个被选中的民族，被上帝挑选出来，拥有程度非凡的自由，他很可能从少不经事时就几乎理所当然地对这些观点耳熟能详。当他的父亲和兄弟都被称作以色列人时，怎么可能不这样？但这样看待英格兰性的方式还有更大的好处。它可以从两个完全不同的层面理解和评价，并被用于两个截然不同的目的：既可以作为支持变化的理由，也可以确证现有的身份。

对威尔克斯的坚定支持者（那些参加了"权利法案支持者协会"，或在伦敦和米德尔塞克斯郡构成其权力基础的，或在各大城市担任前哨的律师、职业人员、零售商和未来的绅士）而言，这种版本的英格兰史和英格兰现状价值非凡，证明了他们热切渴望未来。对他们来说，威尔克斯无非是一种富有魅力的象征：象征着一场变革运动，这场运动旨在改变政治权力的社会分配，以及这种分配所赖以建立的理论基础。用依赖西印度群岛贸易发财的伦敦议员威廉·贝克福德的话来说，威尔克斯派积极分子拒绝用"拥有地产的数量"来衡量一个人的爱国主义。[20] 相反，他们强调对自由至高无上的关怀，并声称自由是英格兰性的同义语，以此提出他们自己作为爱国者高人一等的主张。像他们那样拥有动产的个人，无论是非国教徒还是国教徒，对积极公民身份都拥有与地主阶级同样的权利。他们还拥有更大的权利，因为他们是更优秀的英格兰人。

对这些积极分子来说，约翰·威尔克斯事件只是其政治教育的一部分，只是他们更持久的事业道路上的一小步，这一事业旨在改革议会和改变政策、每年召开议会、赋予更广泛公民权、严惩行贿受贿和废除正在使美洲人渐行渐远的各种措施。然而，对支持威尔克斯的普通大众来说（即过于贫穷、过于传统、过于缺乏知识或成天低头弯腰忙生计而无暇阅读激进报纸和小册子或关注"权利法案支持者协会"的政治方案的人），存亡攸关的事务立刻不那么具体，且更加近在眼前。对他们而言，这场运动取决于威尔克斯本人，而不取决于他真正的个性，甚至也不取决于他宣扬的观念，同样，它也取决于他作为英格兰人的自由和身份的化身这样一种图腾的象征价值。这也是为何很多威尔克斯派的歌谣吟唱的曲调都是"统治吧，不列塔尼亚"或"上帝保佑国王"，为何人们会在丰盛的晚宴上为威尔克斯的荣誉干杯，或在大街上高喊支持他的口号，频繁地把他的名字与国王的名字联系在一起，以及为何这场运动的主旋律，像约翰·布鲁尔评论的那样，具有"浓烈的忠君爱国色彩"。[21]

　　七年战争的后果令人困惑，因为男男女女要努力接受史无前例和广泛的胜利与帝国的各种新责任，在这样的情形下，威尔克斯确定了英格兰性的传统标准。他通过自己的言辞和各种英勇行为，大张旗鼓地再一次向人们保证，英格兰是一个无比自由和独特的民族，可以御异邦人和专制统治于国门之外，这一保证因他本人赢得了很多次战斗的胜利而更具说服力——这一点有时却被人们遗忘。他在1763年被捕时，对法官不屑一顾，最后被耀武扬威地释放。他代表英格兰最重要的郡当选议员，虽然没有多少个人财富，而且随时面临因违法而被放逐的处罚，但他最终仍然得以在议会就职。是的，1768年他的确遭受了牢狱之灾。但他1770年4月离开高等法院监狱时，却像是一次凯旋，礼物和溢美之词铺天盖地而来。四年之后，他竟像以前的民间英雄狄克·惠廷顿一样成为伦敦市长，像他那样克服重重阻碍，在阳光下谋得一席之地。尽管威尔克斯债务缠身、丑陋不堪、不信国教，并总是违背法律、国王及其大臣，但他跌跌撞撞步步高升，最终使自己成了英帝国首都的第一公民。

图 21.《高地英雄：詹姆斯·坎贝尔》，佚名，纪念英军最早的高地团中的一员，1745 年

图 22. 贫瘠的苏格兰:《饥荒》，1763 年的威尔凯特宣传册

威尔克斯取得的成就很多，很不平常，使他身处英国社会和政府上层的对手显得既无助又滑稽可笑，这也使其支持者因共鸣而产生巨大满足感。但威尔克斯的成功所传达的信息不但可以助长自满情绪，也可能导致固步自封。"威尔克斯与自由"成了一个表达胜利、庆祝和安慰的口号，而不是激励进一步反抗的战斗号角。我猜，这是随后几代激进分子不再多提威尔克斯其人和这个口号的原因之一。[22] 威尔克斯的个性具有很蛊惑人心的分裂性，在现实中轻易就被纳入传统、令人称许的英格兰爱国主义。这也是其运动在苏格兰的边界之南广受欢迎的原因之一。但他所诉诸和激发的自鸣得意的程度，也使他成为一位模棱两可的人物，可以轻易被吸收到后来更坚定也更广泛的英式激进主义的准则中：

> 他们得意洋洋地簇拥着他穿过人群，
> 来自真正英格兰人的声音，欢愉之情高声回荡，
> 轻蔑的手势是为苏格兰佬准备，他的阴谋徒劳无功，
> 我们拥有威尔克斯——没错，威尔克斯又拥有他的自由。
> 哦，甜蜜的自由！威尔克斯与自由！
> 英格兰人古老的自由，哦！[23]

如果我们把威尔克斯当作一个"在战后充满混乱和挑战的世界中，再次向人们保证英勇的英格兰人可以渡过难关，并保持他们身份"的人，我们就更容易理解他那高调的厌苏（格兰）症。按威尔克斯的观点，苏格兰人是与生俱来、无法改变的异邦人，永远都不可能与英格兰人混为一谈或融为一体。在威尔克斯派的出版物中，苏格兰人被一成不变（和不真实）地描绘成身穿方格呢短裙的人，而这种着装在1745年动乱之后就已被议会禁止。苏格兰高地人和低地人、比特伯爵那样有教养的贵族和最穷困、最目不识丁的宗族草民，全都穿

着同样的奇装异服。[24] 不单这样，威尔克斯还用其报纸《北英国人》的版面，提醒读者注意这两地之间的语言差异（"我会努力以平实的英语写作，而避免……苏格兰腔调"），并反对日益流行的"大不列颠"这一术语。他更愿意用"英格兰"这个词来描述整个岛屿，用"英格兰人"取代"英国人"，他的这一偏好也被他更忠实的许多追随者仿效。例如，约翰·霍恩·图克是"权利法案支持者协会"的领袖之一，他用其《一位英格兰人的请愿书》（1765年）来警告比特和曼斯菲尔德伯爵之流——事实上还有乔治三世本人——不要把"把英格兰人……熔合成英国人这一称谓"。[25]

但威尔克斯派宣称他们在英格兰人和苏格兰人之间看到的最根本的差别，是一种政治气质。但这并非当代的一些评论家所说的那种不同——即英格兰人"天生的"保守主义和其北部邻居根深蒂固的激进主义之间的不同。恰恰相反。对威尔克斯本人以及大西洋两岸其他许多更传统的辉格派人士而言，斯图亚特王朝来自苏格兰这一事实本身，确证这个地区一方面殷切嗜好专制权力，另一方面又愿意在这种权力面前卑躬屈膝。威尔克斯在1763年轻蔑地说道："苏格兰贵族大多是暴君，普通民众无一例外都是奴隶。"[26] 六年后，他的一位支持者附和道，苏格兰人的不幸在于，"最上层阶级生来就受专横原则熏陶，而最下层阶级处于最悲惨的奴隶境地，总是消极服从。"在威尔克斯派的指责声中，这种抨击的逻辑结论就是，是苏格兰人最终酿成了1775年后与十三州殖民地的战争："英帝国的毁灭完全是因**苏格兰人不同意**英格兰人的自由，**苏格兰人掠夺英格兰人的财产**"。[27] 来自英国北方的异邦人和异邦态度，最终成功感染了伦敦的权力中心，迫使大西洋对岸的其他英格兰人发起正义反抗。

很显然，这些指责许多都是最让人不舒服的、彻头彻尾的偏见。1760年代末，一位很有教养、彬彬有礼、名叫托马斯·彭南特的威尔士旅行家在苏格兰游历时，非常震惊地发现，那些稍有学识的苏格

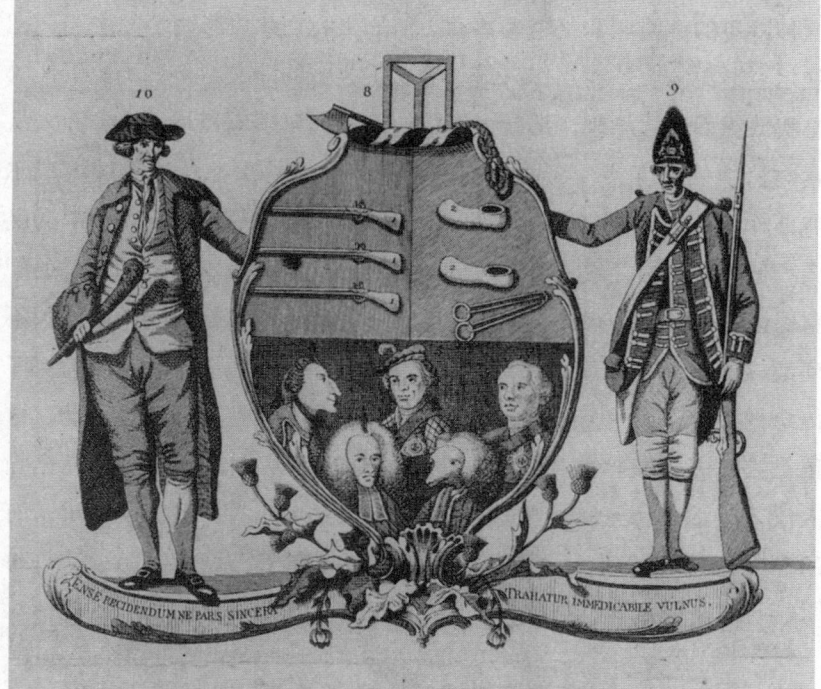

图 23. 作为专制统治代理人的苏格兰人：《为英格兰人民所设计的武器》

兰人，因长期受到南方人粗鄙的误解而耿耿于怀。彭南特承认，他最畅销的著作《苏格兰游记》（1771年）在很大程度上试图"调和两个民族之间被一些不怀好意的人很邪恶而又蓄意对立起来的感情"。[28]这种善意的中庸调和仍令人感动。但如果我们认可彭南特的思路，把威尔克斯派的厌苏症当作只是一群思想狭隘的沙文主义者不负责任的自我放纵而置之不理，那就大错特错。我们至少应当从两个方面来认真对待他们对苏格兰人的指控。首先，它们再次显示了约翰·威尔克斯作为一名英格兰民族主义者，如何安慰了一个激烈变革中的民族。他揪住苏格兰人不可更改的异邦色彩，向其较不宽容和焦虑的同胞保证，他们不会被席卷进一个来者不拒和不以英格兰为中心的大不列颠。威尔克斯暗示说，苏格兰人的与众不同是一种保障，确保了传统的英格兰性和英格兰在联合王国中的领导地位将岿然不动。这正是许许多多英格兰男女想听的话。然而事实上，这是一个完全引人误入歧途的保证。因为威尔克斯派抱怨苏格兰人正在以前所未有的深度入侵英国政治，其真正重要的地方在于，显而易见，这是事实——而这也是第二个重点。

苏格兰人的帝国？

英格兰的厌苏症在1760年之后完全失控，这不是两个民族之间传统憎恶情绪的产物，而是对更当下的事物做出的反应。当然，他们相互之间憎恨、不信任和武装冲突由来已久。至少从11世纪开始，英格兰人就曾时不时涌入苏格兰，恰如苏格兰人也曾时不时侵扰英格兰北部。有关强奸、杀戮和掠夺的记忆在边界两侧根深蒂固，并在民歌和孩童的游戏中依然活灵活现。即使到19世纪，苏格兰低地的男孩们依旧在玩"英格兰人和苏格兰人"的游戏，这是一种拔河较量，两队以一条线为界，极力把对方拉过线，游戏过程中，胜利者将拿走失败者的外套和帽子。[29] 但对生活在 1760 年代的男女来说，则有频繁入侵和洗劫等更冷酷无情的世仇。英格兰人只需回想一下 1745 年苏格兰高地人进军到德比郡，或瞧一眼坎伯兰郡和威斯特摩兰郡山丘上那屹立了若干世纪依然岿然不动、在苏格兰袭击者迫近时发出警报的一排排峰燧，就可以令自己回忆起苏格兰人的烧杀抢掠。而对苏格兰人而言，克洛登战役之后曾经风传的种族大屠杀，则足以让他们记住英格兰人关于种族主义和仇恨的潜力。

尽管共同的新教信仰、贸易和《联合法案》把他们结为一体，但当苏格兰人和英格兰人彼此相遇时，仍然容易产生恐惧、轻蔑甚至公开的暴力事件。贫穷的苏格兰低地人彼得·克尔和海伦·哈利迪一起在雷文肖的一个收费站工作，这个收费站位于东洛锡安和中洛锡安之间的边境，1760 年 10 月的一个夜晚，他们就经历了这样的情形。[30]

图 24.《苏格兰佬和约翰牛》，讽刺画，伦敦，1792 年，注意这时英格兰人从单纯的反苏格兰性向自嘲方面的转变

当时的情况很可能是陆军中校约翰·黑尔和其英格兰龙骑兵军官们试图不缴费强行通过收费站，也有可能像这些军官后来声称的那样，这对苏格兰夫妇侮辱了他们，也许是攻击了他们的英格兰作派。不管怎样，这些英格兰人做出了凶残的反应。他们将这位收费员暴打一顿，当他妻子冲出来帮他时，他们把她撞倒在地，还用枪托打她。当时她已有身孕。这对夫妇的亲戚和邻居想要劝阻时，也遭到同样待遇，最终，克尔和哈利迪被打得不省人事、生命垂危。黑尔和其英雄同伙都喝醉了，但这不是他们暴行的根本原因。黑尔在1745年暴动结束后，立马被派驻苏格兰，他的一位手下对那位收费员大吼道："你这个该死的苏格兰叛匪。"他们的纪律被酒精销蚀，黄昏时分纵马奔驰穿越这片异域风景，可能让他们紧张得要命，这些人下意识本能地思绪回涌，把苏格兰视为敌国疆域，把那里的人（尤其是平民老百姓）视为攻击对象。

然而，这一插曲中最说明问题的，不是英格兰人的攻击，而是接下来发生的情形。当地乡绅一起凑钱对黑尔和其同伙提起公诉，并使他们在爱丁堡受审。现在冷静下来，惊恐地意识到他们的所作所为后，他们赔礼道歉并提出私下赔偿，但都被拒绝。伦敦也没出面挽回他们的荣誉和颜面。相反，乔治三世本人坚持认为，应该把他们提交苏格兰法庭，并下令对他们严惩不贷，此外还要求他们"重新赢得其同胞的好评和信心"。南方当局的这种反应，才是雷文肖收费站事件中最引人注目的方面。这表明在官方眼中，苏格兰不再是死对头，也不再是需要战战兢兢地置之不理，或带着冰冷的怀疑看待的外缘，这些都是18世纪上半叶内阁对苏格兰的标准反应。相反，苏格兰日益被当权者视为有用、忠诚和**英国的**，它和这个岛上的其他任何一个组成部分一样，有资格拥有自己的民法来防止常备军成员肆意攻击。

官方态度的这一转变，直到1745年暴动之后才到来。在镇压了叛乱之后，议会才做了《联合法案》签署之后或1715年之后大量没做的事情。它颁布法案淡化苏格兰高地的文化、政治和经济独特性。禁止穿格子呢服装，违者监禁，只有在英国军队服役的高地人团才可以象征性地例外。过去常常是詹姆斯党人支持者的圣公会牧师，被要求宣读新的忠诚誓言，并从现在开始公开和清楚明白地为汉诺威王室祈祷。最引人注目的是，1747年颁布的《世袭审判权法》以王室审判权取代了以前由部族首领行使的私人审判权。一位议员言简意赅地指出，其意图是"让国王能成功深入联合王国的每个地区"。[31] 这些是用来摧毁苏格兰高地自治权的大棒。但政府也试着抛出一些细小的胡萝卜。

就苏格兰高地人而言，这意味着将没收的詹姆斯党人的财产重新投入经济建设。一些基础工业，如制革、捕鲸和造纸等，都得到补贴。一些学校建立起来，以教导成年人学习亚麻制造技术，并教说盖尔语的孩子学习英语。英国政府的统治者再一次显示了其坚定信念，即贸易和爱国主义密不可分。[32] 依照这种信念，如果能有更多苏格兰高地人被吸引到商业体系中，他们的忠诚就必然会开花结果。一旦这样的情形发生，就可以放心地把他们吸收到帝国的战争机器中。因为内阁大臣并不想摧毁高地人祖传的所有价值观。在白厅看来，只要他们从现在起转而全心全意为英国军队服役，那当其首领召集他们参战时，他们的服从和勇武就是完全令人钦佩的性格特征。国防部长巴灵顿勋爵在1751年对议会说：

> 我赞成在我们军队中始终尽可能多地保有苏格兰士兵；我并不认为他们比我们从其他任何国家招募的人更勇敢，而是因为他们通常更强壮耐劳和不容易哗变；在所有苏格兰士兵中，我又更愿意在军中尽可能多地选任和留用苏格兰高地人。[33]

这体现了态度的惊人转变。苏格兰（包括高地）不再是代价高昂的麻烦之地。它现在成了帝国的军械库。

图25.《苏格兰人到达金钱乐土》，一幅讽刺苏格兰人在
英格兰之野心的画作，1762年

然而，精明的英格兰政治家认识到，如果要把这一资源发挥到极致，就需要真正改变政府的运行机制及其背后的思考方式。苏格兰对联合王国的忠诚和苏格兰提供的人力，必须通过授予头衔和增加有才华的苏格兰男子入主伦敦并获得高级职位的机会来加以回报。就在克洛登大屠杀之后那一年，时任首相亨利·佩勒姆便作出让步说："每一个渴望而且有能力为国王服务的苏格兰人，都可以像英格兰臣民一样，得到进入政府机构的机会。"[34] 这是融合的另一个强有力的方面：允许苏格兰人在比以前更广阔的范围和更有利的条件下，在政府中通过竞争步步高升。事实上，正是认识到所发生的这一切，使约翰·威尔克斯和其追随者那样没有希望获胜的英格兰人非常暴怒。他们带有偏见却不乏敏锐地看到，苏格兰人的机会越多，英格兰人得意的时候就越少：

他们蹑手蹑脚爬上我们的地位、政府部门和床；

他们想要攫取我们渴望保留的一切……[35]

需要记住，威尔克斯本人之所以率先采用批判的新闻风格，只因他想成为刚被征服的魁北克第一任总督的疯狂游说以失败告终。相反，那一职位被授予詹姆斯·默里准将，当然，他是一名苏格兰人。

因此，威尔克斯派对苏格兰人的痛恨让人感受深刻，但也相当富有讽刺性。这种极端倾向，在那时和之后被频繁当作英国南方和北方之间巨大鸿沟的证据来解读，在现实中却陈述了这样一个事实，即英格兰和苏格兰之间的壁垒正在倒塌，也无情地证明苏格兰人正在大不列颠赢得的权力和影响，达到了一种前所未有的高度。

英格兰人在面对苏格兰新势力时的不安全感，有助于解释当时许多文字和图像攻击都纠缠于苏格兰人的性能力的现象。[36]这种现象最极端的体现，就是有人声称比特勋爵与乔治三世的母亲（即王太后）有染。在一幅接一幅低俗下流的印刷品中，这位优雅、当然完全无辜的苏格兰大臣要么在欣喜若狂的王太后面前展示自己的长腿（他对此极为得意），要么挑逗性地骑在一把扫帚柄上，要么把一套风笛按艺术家所能想到的方式尽可能暗示性地紧贴身体。[37]恣意支持威尔克斯的群众也常常上演同样毫不精彩的闹剧，他们挥舞一条代表王太后的女衬裙，同时举着一只代表比特勋爵的靴子。这并不是在抨击身居高位者的伤风败俗。指责一位苏格兰大臣入奸英格兰国王的母亲，直截了当地象征了真正的焦虑：即大量苏格兰人正渗透到英格兰自身，危及其身份特征，攫取其财富，排挤英格兰人。在一幅非常淫秽的卡通画中，王太后的手被画成牢牢伸到比特勋爵的方格呢短裙下，嘴里说道："有健硕身体的人，肯定会平步青云。"[*38]而苏格兰人到底会上升到多高？

---

* 这是一句双关语，其另一层隐晦意思涉及对男性生殖能力的夸耀。——译者

在报刊和小说中，尤其是在戏剧中，满是对这一问题的深入讨论。1750年代之前，苏格兰人仅以五花八门的样子出现在英格兰戏剧中。当时不存在典型的苏格兰人物形象，也几乎没有哪个英格兰剧作家知道如何模仿苏格兰语。18世纪下半叶，这一切都发生改变。出现了两类苏格兰人物形象。而且具有象征意义的是，他们并非卑鄙下贱之流，而是富有进取心之辈，即知识分子和野心家。英格兰观众嘲笑他们在舞台上展现的滑稽动作和勃勃野心，努力驱散他们对苏格兰人远大抱负的恐惧。在查理·麦克林的戏剧《纯正的苏格兰人》（1764年）中，主人公珀蒂纳克斯·麦克西科芬特爵士夸夸其谈地说："我得到一个贵族的身份，一个高贵的身份"：

> ……我靠俯首听命赢得这个身份；靠俯首听命，先生；在我一生中，当有重要人物在场时，我从不会笔直站在他面前；而总是俯首听命，俯首听命，这似乎成了一种本能……先生，我先俯首听命、观察、留意，然后跟随在这个大人物身后，直到我得到他发自内心的信任。[39]

麦克林是一个爱尔兰人。但他非常清楚，许多伦敦市民当时已非常熟悉苏格兰口音，乐于听到舞台上对他们滑稽地模仿，他们非常嫉妒苏格兰人的成就，将其全归因于谄媚奉承。（而非常明显的是，在那时的英格兰人看来，苏格兰人的主要恶行是对当权者溜须拍马，而不是詹姆斯党人叛乱。）麦克林可能没想到，苏格兰人现在已足够强势，使这种讽刺剧难以被接受。政府审查官一直禁止其剧作在伦敦各大剧场上演，直到1781年。即使到那时，他们也坚持换一个名字：《纯正的苏格兰人》不得不改成了更中庸的《世故之人》。

尽管这个小插曲微不足道，但它进一步证明，英格兰人大声抱怨苏格兰人喧宾夺主确有道理。克里斯托弗·斯莫特说，作为外缘的苏格兰开始"在中心施加影响,尾巴开始轻微左右狗的摇摆"。[40] 之所以这样,部分原因是苏格兰自身已变得越来越繁荣。1750 年代之后,苏格兰经济前所未有地飞速增长,某些方面比英格兰的增长速度还要快。1750 到 1800 年间,其海外贸易增长 300%,英格兰的增长是 200%。同期,苏格兰城市人口比例增长了一倍,英格兰较富有城市的人口只增加了 25%。[41] 苏格兰城镇现在是更富庶之地,后詹姆斯党人时代的稳定,确保了帝国贸易财源滚滚,宽阔崭新的街道、精美的私人住宅和雄伟壮丽的公共建筑,则令其容光焕发。爱丁堡新城便是典范之作,其市中心由詹姆斯·克雷格在 1767 年设计,旨在颂扬**英国**人的爱国主义,并明确苏格兰和这座城市在联合王国的重要性。王子大街、乔治大街及女王大街与汉诺威大街和弗雷德里克大街交汇,以此赞颂乔治三世、其直系家族、其父亲和其王朝。圣安德鲁广场用来纪念苏格兰自己的爱国圣徒,而用另一个以圣乔治命名的广场与之平衡——至少在克雷格最初的规划中如此。现在苏格兰首都的正中心是一座纪念碑,以表明它对汉诺威王室的忠诚依附与英格兰不相上下。[42]

然而,边界两侧都开始有这样一种感觉,即苏格兰与英格兰并非势均力敌,而是更加优秀。今天,大部分人都听说过苏格兰启蒙运动,但很少有人了解或关心是否有一场英格兰启蒙运动,这一事实不但表明,当时有一群星光闪耀的最优秀的苏格兰知识分子——哲学界的大卫·休谟、史学界的威廉·罗伯逊、科学界的约瑟夫·布莱克、社会理论界的约翰·米勒和经济学界的亚当·斯密,同时也表明他们是一个特色鲜明的小集团。由于来自一个小国,并处在英格兰偏见的持续压力之下,在学术圈和其他领域的苏格兰人往往团结一致、相互促进。威尔克斯忧郁地写道:"苏格兰人只会为另一个苏格兰人尽力,"这种强烈的集体身份感,极大增强了他们所能发挥的影响。[43] 有更多更好的大学作为训练基地,有抱负的苏格兰人也从中受

125　益匪浅。例如 1750 年之后的一百年，牛津和剑桥只培养了五百名医生。与之相比，苏格兰培养了一万名。[44] 这当中有许多自然会到南部谋职。大量苏格兰工程师也同样如此，如詹姆斯·瓦特，他在 1774 年离开格拉斯哥前往伯明翰，并与马修·博尔顿合作，之后不久还有伟大的道路工程师托马斯·特尔福德。苏格兰建筑师也纷纷南下，如罗伯特·亚当和威廉·钱伯斯爵士，他们后来都成为乔治三世及其王后的联席建筑师，从而安稳舒适地坐享其职业生涯的顶峰。

苏格兰人南下寻找更好的机会，这种做法已持续若干世纪，但从来没像现在这样人数众多，能有政治上地位够高的同胞成为有影响力的庇护人，这样的优势以往也极为罕见。就此而言，威尔克斯的哀叹基本正确，即苏格兰人正在凌驾于他们之上。因为詹姆斯党人已销声匿迹，因为伦敦非常渴望确保苏格兰在战争和帝国建设方面通力合作，也因苏格兰本身正在发展成一个更繁荣兴盛的国家，高质量人才的储备充足，因此，北方来客在南方觅得工作和机会的程度前所未有。由此带来的后果深远而又复杂。无论当今某些苏格兰民族主义者如何坚持，当时的状况都不是苏格兰顶级人才纯粹为了英格兰帝国的利益而被从自己舒适的家园抽调离开这么简单。英格兰人对这些苏格兰外来者的愤恨，很好地说明了这一点。

与背井离乡的人们通常的情况一样，南下的苏格兰人后来的发展各不相同。一些人孤立无援、梦想幻灭，早早返回故里。另一些人留下来当了外国雇佣兵，尽可能把握新环境中的每一次机会，但始终漂泊不定。还有一些人，如詹姆斯·博斯韦尔，被切身体验永久放逐，感觉自己苏格兰味太重，无法在英格兰安居乐业，同时又变得英格兰味太重，无法重返故里。但有一些人，尤其是最成功人士，采取权宜之计，把自己当作英国人，从而使他们的苏格兰过往与英格兰现在调和一致。例如詹姆斯·瓦特，在其整个职业生涯都一直是一名苏格兰爱国者。他取得专利的每一项发明，他创新的每一台蒸汽机，都让

图 26.《行走在大道上》，托马斯·罗兰森，1786 年，
该画描绘了在英格兰人塞缪尔·约翰逊和苏格兰人
詹姆斯·博斯韦尔之间 18 世纪最伟大的友谊

他热情洋溢地想到，未来自己的同胞会说："这是一名苏格兰人制造的。"可当叶卡捷琳娜大帝试图劝他前往俄国时，瓦特告诉她，他永远不会离开自己的祖国，即大不列颠王国。能进入一个更广阔的展示舞台，这也扩大了他爱国主义的范围。[45]

像瓦特这样的苏格兰人，似乎并不把自己看作英格兰文化霸权的陪衬。他们没有无助地屈服于他人施加的外族身份，在迁居南方之后，他们帮助把英国建设成其将要呈现的面貌。这一定程度是因为他们中许多最成功的人士，主要关注的是英国生活中某些明确的领域。一张苏格兰议员职业分析表，非常清楚地说明了这一点：

担任政府官职的苏格兰议员，1747—1780 年[46]

	1747—1753	1754—1760	1761—1767	1768—1774	1780
苏格兰文职	5	8	9	10	2
英格兰文职	3	5	8	5	6
陆军和海军	0	5	11	8	15
总数	8	18	28	23	23

这张表显示，1745 年詹姆斯党人叛乱之后的前两三年，苏格兰 45 名议员中，几乎没有任何人在政府部门任职。然而不到 40 年，这种情况被成功扭转。到 1780 年，苏格兰议员有一半以上在政府领薪水，这个图表实际**并未充分反映**苏格兰精英在成为英国人后获益的程度。例如，它忽略了林利思戈议员詹姆斯·科伯恩爵士，他在其一生大部分时间未担任官职，但却领取政府津贴，并在美国独立战争期间获得一份价值不菲的合同，向在美洲征战的部队供应 10 万加仑朗姆酒。[47]这张表也忽略了越来越多代表英格兰或威尔士选民而不是代表苏格兰选民当选的苏格兰人。1750 年代之前，很少有苏格兰人能以这种途径开始其政治生涯，并从中获利。但在 1754—1790 年间，有 60 人做到了，其中包括亚历山大·韦德伯恩。他放弃苏格兰律师事业前往伦敦，并把部分积蓄用来学习发音，以消除自己的天然口音，1768 年，他代表约克郡当选，适时返回议会。三年后，他平步青云，成为副总检察长和枢密院成员之一。1780 年，他成为总检察长和拉夫堡勋爵。这位邓迪市职员的儿子前景光明，他后来成为上院议长，逝后葬礼在圣保罗大教堂隆重举行。[48]

然而，苏格兰自己的议会议员们的经历显示，在 1780 年前，苏格兰人几乎不可能深入伦敦**文官**体制的真正核心。一些人试着打破英格兰人的歧视,如詹姆斯·奥斯瓦尔德成功进入贸易委员会,但在1763年却未能被任命为财政大臣,因为他是一名苏格兰人。[49] 极少数成功抵达权力最高层的苏格兰人,如比特勋爵,也仍容易遭遇恶毒怨恨。因此,采取完全不同的其他前进路线不但更容易,也往往更有利可图。其中一种可能性是:接受一个苏格兰行政职务。但另两个领域对来自各种广阔社会背景的苏格兰人远远更具吸引力,那就是不那么时髦的英国军队,以及其帝国新开辟的疆域——在其中生活依旧非常艰辛或充满变数,从而把更娇生惯养和骄横傲慢的英格兰贵族拒之门外,因此机会远远更为开放。

即使在联合之前,英国军队就是向有抱负的苏格兰人敞开大门的少数几个政府部门之一。到18世纪中叶,可能每四名军官中就有一个苏格兰人。[50] 与其英格兰、威尔士和爱尔兰同僚一样,这些人也需要金钱和关系才能到达职业顶峰。如果他们有这些条件,又能证明自己的忠心,取得什么样的成就都没有任何障碍。有一个极端例子恰当地说明了可能发生的一切,那就是约翰·坎贝尔,即劳顿伯爵四世,他能力平庸,但因其头衔、其在艾尔郡的领主权力以及其坚定不移的辉格派主张,仍得到伦敦高度评价。劳顿伯爵不胜其职,但不可阻挡地在军队森严的等级中步步高升,最终在七年战争期间成为英国驻北美军队总指挥,并很快从这一职位上被幸运地征召回国。[51] 大多数苏格兰军官比他更优秀,但没有他富有,他们通常都是穷困潦倒的乡绅之子。对他们而言,18世纪下半叶接二连三的帝国战争确实是天赐良机。当然,他们战死沙场的机会陡增,但他们快速晋级的希望和他们获取战利品的机会也同样大增。沃尔特·司各特爵士写道:"我生为苏格兰人,地地道道的苏格兰人,因此,我天生就要在世界上征战前进",这句话很恰如其分地点明了经济和侵略之间的联系。[52] 对这些苏格兰人的次子而言,正像一些与他们身份相同的英格兰人一样,风俗习惯禁止他们从事贸易,通往荣誉的道路也是他们所能获得的为数不多通往财富的路径之一。那么保卫英国的胜利，也是保障他们自己的一种方式。

这对许多人来说的确如此。赫克托·芒罗来自克罗墨蒂郡的一个家族，这个家族在15世纪举足轻重，但之后衰落穷困。一位家族朋友为他在劳敦的苏格兰高地人团买了一个职位，但直到1760年他随战友驶往印度之后，他的事业才飞黄腾达。芒罗以骁勇善战闻名，在1764年赢得布克萨尔战役胜利，从而有效确保英国得以吞并孟加拉。他很快衣锦还乡，用他的战利品在苏格兰买下一块地产，并使自己当选议员。然而对一些苏格兰人来说，帝国本身就是一种职业，一次获得权力、责任和刺激的机会，他们在国内永远都无法获得这么大的机会。詹姆斯·默里在1740年入伍时，身负两个劣势。他是一位穷困的苏格兰贵族的第五个儿子，而且其兄弟都是詹姆斯党人。他积极奋斗，花了20年时间才做到陆军准将，直到詹姆斯·沃尔夫将军选中他进攻魁北克时，大跨度破格晋级才降临到他头上。这次战役的胜利还有沃尔夫将军的仙逝给了他机会。他继续驻扎在那里恢复当地秩序，并在1760年适时得到奖赏，被任命为英国驻加拿大第一任总督。[53]

这些人是帝国天空中的明星，富有、光彩熠熠，只是难以模仿。但还有许多不那么显要的人物，在帝国的某些地方，这样的人物有相当一部分都是苏格兰人。例如，在比特勋爵任国务大臣期间，似乎确保了他的同胞能在佛罗里达东部和西部得到皇家职位中最大的份额，这些殖民地是在七年战争中获得，因此几乎不存在任何捷足先登的英格兰人造成的束缚。[54]早在"哈里九世"，即亨利·邓达斯统治之前，苏格兰人就已经在印度获得了巨大成功。有超过四分之一的东印度公司军官都是苏格兰人；这样，到18世纪中叶，其派驻马德拉斯和孟加拉的文职官员中，苏格兰人的比重相当大——苏格兰银行家和股东牢牢控制着东印度公司，从而确保了这一点。然而，有些出乎意料的是，似乎是一名英格兰人沃伦·黑斯廷斯，即孟加拉的地方长官和后来的印度总督，把苏格兰人在东方担任要职的涓涓细流，变成了一股滚滚洪流。[55]

黑斯廷斯的职业生涯以尖锐的形式提出了一些问题，这些问题需要以一种更宏观的方式展现：如果说苏格兰人对英帝国做出了什么贡献，这些贡献有什么与众不同之处？他们为何如此人数众多和如此热情地投入其中？非常清楚的是，黑斯廷斯晋升了很大比例的苏格兰人。在1775年之后的十年时间里，被任命在孟加拉担任文员的249人当中，大约有47%是苏格兰人；在被允许作为自由商人居住在孟加拉的371人中，有60%是苏格兰人。最令人印象深刻的是，黑斯廷斯的心腹，即他亲自挑选出来去与印度和其他地方的宫廷进行复杂外交活动的人，都由苏格兰人主导。如乔治·博格尔，在1774年被黑斯廷斯派去与西藏地区的班禅喇嘛商谈贸易关系，还有亚历山大·汉内少校，在之后那一年被派往莫卧儿帝国的宫廷去执行同样危险的使命。黑斯廷斯称这些人为自己的"苏格兰卫兵"。[56] 但他们身上到底有什么，使他对他们如此看重？

他们鹤立鸡群的原因之一，可能是在当时帝国各处的殖民地所能找到的苏格兰才俊的品质和数量，如同爱尔兰才俊的一样，令英格兰人相形见绌。生于富贵之家和（或者）受过良好教育的英格兰人，通常都在国内谋得一官半职。只有极少数人例外，比如黑斯廷斯本人，那些放弃他们家门口的机会，去追求一种不舒适和危险的殖民地生活的人，往往在某些方面都是无望获胜者：不那么富足、不那么幸运、不那么有声望以及能力相较来说更弱。相比之下，即便帝国最原始的边疆，也会吸引来自凯尔特边区的一流人物，因为他们往往比他们的英格兰同辈更加贫穷，在英国本土也更难觅得机会。

这些凯尔特冒险家有更多的东西可以赚取，却没什么可失去，他们更愿意去原始的环境中去冒险。他们中的一些人也更愿意花时间学习新的语言，如乔治·博格尔，他成了深入研究西藏文化的第一位欧洲人（零星的耶稣会传教士另当别论），在与班禅喇嘛会见之后，与他建立了亲密的友谊，并经常给他写信，一直到他回到加尔各答后英年早逝为止。[57] 这种冒险行为的另一个重要性在于，它与苏格兰的传统一致。早在 17 世纪，成千上万的苏格兰军官就曾经在丹麦、瑞典、尼德兰甚至波兰和俄国充当雇佣兵。因此，对苏格兰人来说，长途跋涉到一种陌生的文化中去工作和战斗，是一件驾轻就熟和并不可怕的事情。而且回报可能相当丰厚。英帝国，尤其是其印度帝国，为能力出众、幸运和位高权重之人提供了一个体验奢华和穷困，以及积累殷实的个人财富的机会，这种情况一点不假，一直持续到 20 世纪。生活费用低廉、仆人前呼后拥，尤其是在这最初阶段，捞取贿赂、敲诈勒索、巧取豪夺的额外收入不计其数。即便是非常称职、仅仅三十几岁就英年早逝的博格尔，也能够从印度任职期间积累起 2500 英镑的财富，因此还清了他在克莱德河附近达尔多韦的家族庄园上的所有债务。[58] 这是又一个苏格兰人的相对贫困，激发好斗的苏格兰人对英帝国的扩张产生兴趣的例子。

对这一小撮积极的帝国主义者千真万确的事情，对范围更广的人们也同样适用。在帝国身上投资，为苏格兰人提供了一种途径，来重新调整他们与英格兰人之间在财富、权力和事业上的些许不平衡。对苏格兰商人和经销商来说，进入新兴的殖民地市场具有双重好处，因为与旧殖民地和传统欧洲市场不同的是，新兴市场并没有被英格兰商人所支配。对于在医疗方面受过训练的苏格兰人来说，殖民地疾病频发的程度，也确保了如果能在那里开业，便总是有利可图，尽管有些危险。对于技艺娴熟的工匠、铁匠、建造业者、铜匠和细木工之类的人而言，离开苏格兰前往西印度或者其他殖民地，可能是他们赚到足够多的钱来购买他们自己的奴隶并创办企业的途径之一。其他一些苏格兰人也在殖民地找到了诸如文员或簿记员或法律助理这样的工作岗位。一位苏格兰史学家曾经写道："我们无法确切知道到底有多少人离开了这个国家，但现存的资料表明，这一数字大得惊人"。[59] 在许多情况下，那些背井离乡的人们可能最终发现，等待他们的只有失败、幻灭甚至匆匆而至的死亡。但尽管如此，帝国蓬勃的发展仍然为苏格兰人提供了旧大陆无法提供的机会。

然而对一些苏格兰人来说，最吸引他们的不是帝国提供的工作和商业方面的机会，而是帝国的**思想观念**。如果英国的首要身份是一个帝国，那么英格兰人就被牢固且一劳永逸地固定在了他们应有的位置，被降格为一个大得多的整体的组成部分，恰如苏格兰人那样，而不再是那个实际上操纵了整个演出的民族。换句话说，一个英国人的帝国让苏格兰人感觉他们自己与英格兰人平起平坐，而在一个岛国上完全不可能让他们感受到这一点。语言非常清楚地证明了这一点。直到今天，英格兰人和外国人依然喜欢把大不列颠岛称为"英格兰"。但从1707年之后起，他们在任何时候都不会习惯性地提到一个**英格兰**帝国。回想一下过去，帝国在其存在的绝大部分时间里，显然一直都是不列颠的帝国。因此，从自尊及其所能提供的好处而言，帝国主义都成了苏格兰的机遇。[60]

而这正是一些不是苏格兰人的英国人所担心的事情。沃伦·黑斯廷斯将"合约、许可和代理权"给予苏格兰人，在1785年，埃德蒙·柏克引用这一点作为他试图"在印度建立一种浪费和腐败的管理体制"的证据。[61] 柏克指出，那些在英属印度殖民地异常活跃的苏格兰人，都是冷酷无情、肆无忌惮的人，他们死死盯着这一重大机会，往往容易牺牲国家利益而去搞残酷无情的集权和自我扩张。与此前在野的辉格党和约翰·威尔克斯及其支持者一样，柏克想当然地认为苏格兰人无可救药，"充满了专制主义的观念"。[62] 他指出，黑斯廷斯如此热衷于雇佣苏格兰人，暴露了他自己专横的政治策略，因此理应受到指责。黑斯廷斯受到指控，漫长的审讯从1788年拖拖拉拉一直持续到他晚年，1795年才恰当地将他无罪释放。在许多批评他的议员眼中，黑斯廷斯犯了两个明显的大错。他在印度给予苏格兰军官和文职人员以优待，还有他以一种高压和毫无道义的方式进行统治，而这两个过错又紧密相连。

对黑斯廷斯的这些指控，是否只不过是英格兰人（或爱尔兰人，因为柏克是爱尔兰人）对苏格兰人的野心获得了更为广阔的施展舞台，而再一次表达出来的嫉妒和怨恨？情况是否真的是这样，即苏格兰人与帝国志趣相投，因为它表达了一种对强大、甚至无情的政府与生俱来的喜好？我怀疑，对一些苏格兰人来说确实如此。反对的批评再一次包含了一些千真万确的成分，某种我们不能简单地解释为偏见和不满而置之不理的事物。当时在殖民地的军队或文职生涯取得成功的许多苏格兰人，都来自詹姆斯党人家庭，或者他们自己本人曾经一度就是詹姆斯党人。比如詹姆斯·默里，加拿大的第一任总督，他的父亲和几个兄弟就都是詹姆斯党人。约翰·默里，即第四代邓莫尔伯爵（与詹姆斯·默里没有亲戚关系），在1770年担任纽约总督，并在一年之后被任命为弗吉尼亚总督。然而在1745年，他的父亲曾经为小僭君查理·爱德华·斯图亚特出生入死，而小僭君在荷里路德短暂停留期间，默里本人还担任过他的侍从。[63]

或者以亚当·戈登勋爵为例，他在西印度群岛为英国浴血奋战，并在纽约为自己谋得了一万英亩土地。他的父亲是罗马天主教徒，曾在1715年拿起武器为僭君而战。他自己本人绝对忠心耿耿，但完全铁血无情，在1760年代，他建议伦敦应当任命由中央支付报酬、全职、忠诚的总督到美洲各殖民地任职，而且应当紧紧掌控加拿大的所有教产。此外还有西蒙·弗雷泽，他是七年战争的主要指挥官之一，坚决反对美国独立。他的父亲，洛瓦特勋爵，因支持詹姆斯党人而在1747年被处死，他自己本人也曾在福尔柯克战役中为了那一事业而战。至于沃伦·黑斯廷斯在印度启用的那些苏格兰人，几乎全都与詹姆斯党人有着"秘而不宣"的联系。[64]

吸收如此多以前的詹姆斯党人家庭和个人来为帝国效力，完全体现了一种更广泛和更重要的趋势：也就是说，在1745年的动乱之后，苏格兰人越来越融入英国社会，并对其战争及征服行动做出了积极反应。然而詹姆斯党人向帝国的渗透，也强有力地提醒我们这种融合的双重意义。我已经说过，苏格兰人绝不仅仅只是被消极地吸收同化。他们不是一成不变地成为光荣的，或者根据某人的观点，成为令人蒙羞的英格兰人。他们在成为英国人的时候，也带着他们自己的观念和偏见影响了这一事业。就这些曾经与詹姆斯党人联系紧密，同时又参与了帝国建设的苏格兰人而言，这可能意味着，他们的某些态度会影响到北美、印度和西印度群岛这些新开辟疆域的统治者们。

因为他们的政治信仰，这些人很可能对当权的王室持一种同情的态度，尽管他们的国王现在是乔治三世。或许，他们也更倾向于采取一种强硬路线来镇压殖民地的骚乱，同时也会更加有恃无恐地设计各种新颖而有效的集权统治形式。这些人在苏格兰的家乡习惯了一种依据英格兰和威尔士的标准而言极其微小的选区，具有强大的军事传统，并习惯于对他们的佃户行使在绝大多数南方的地主看来难以想象的更大的权力，因此，至少就一些苏格兰帝国主义者而言，可能会觉得，在殖民地指挥成千上万没有发言权的臣民，既不会非常令人不悦，也不会感到特别陌生。这对下一代盎格鲁-爱尔兰殖民总督也同样如此，典型的有理查德·科利·韦尔斯利和他的兄弟阿瑟·韦尔斯利，即将来的威灵顿公爵。[65]

毫无疑问，英格兰人没能摆脱这任何一个诱饵。正如沃尔夫、黑斯廷斯以及罗伯特·克莱夫等人的职业生涯所展示的那样，他们当中的许多人，也非常享受帝国，以及随之而来的机会以行使不受约束的权力。但如果我们想要理解埃德蒙·柏克、约翰·威尔克斯和其他许多深怀不满的辉格派所表现出来的惴惴不安之情，我们就必须认识到，苏格兰人的进取心不仅试图表现在一场令人推崇的、世界性的启蒙运动当中，同时也具有盛气凌人和肆无忌惮的一面。在七年战争之后的动荡岁月里，苏格兰人在塑造英国帝国主义所呈现的面貌方面扮演了先锋的角色，促进其政治风格向更大的权威发展，这在美国独立战争之后变得尤为显著。

他们对这场宏大游戏的贡献在整个19世纪，一直到帝国的终结，都超乎寻常的持之以恒。并以一种奇怪、残留的方式仍在继续。今天，苏格兰人在英国的外交部及其外交事务中仍然人数众多，而且，在其情报部门中似乎更是占据了高级职位。在《斯迈利的人马》中，约翰·勒·卡雷笔下的英雄不禁感叹（"在他的职业生涯中不止

图27.《神谕。不列塔尼亚、爱尔兰、苏格兰和美洲的象征》，约翰·狄克森，铜版画，1774年

一次地感叹,")"……苏格兰人对隐秘世界为何情有独钟?……船舶工程师、殖民地官员、间谍。"[66]这并不仅仅只是英格兰人以一种冷血、越界的方式,怀疑勾心斗角、作威作福的苏格兰作风的一个过时的例子,尽管事实上确实是这样。在最著名的间谍小说中,代号007的詹姆斯·邦德,是一位一枪毙命的神枪手、善耍阴谋诡计之人、深藏在幕后的终结者、性感的运动健将和残忍的爱国者,他与其作者一样,也是一个苏格兰人,这些难道全都是巧合,他履行的又都是谁的意愿?[67]

美洲与英国情感革命

因此,通过战争和帝国这样的途径,苏格兰与大不列颠其余部分之间的联合变得名副其实。但军事和帝国冲突,也以另一种不太适宜的方式,界定着英国性将何去何从。在1774年3月,一组令人关注的铜板雕刻画在伦敦面世。它的题目是《神谕》,展示了时间之父正在向一位象征不列塔尼亚(在这幅画中被用来仅仅只象征英格兰人)的听众,还有一些以比喻手法描绘的代表苏格兰、爱尔兰和美洲的少女,放映一盏走马灯。时间之父放映的是一幅未来的景象,一个光辉灿烂的未来,在其中英国的自由和英国的联合,战胜了威胁着要把帝国撕得四分五裂的无秩序状态。不列塔尼亚头戴花冠、面露微笑,身体微微后仰,陶醉在这一美好的前景当中,而一位忠实的爱尔兰人指点着灯上的图景,指着现在业已安稳的全世界范围内的统治。这就是出生于都柏林的约翰·狄克逊所展望的未来。一年零一个月之后,枪声在莱克星敦响起,英国与其在美洲的十三个殖民地之间爆发了战争。

人们很容易把狄克逊和谐的帝国景象,当作一种被现实迅速推翻的短命的宣传而置之不理。但他意识到十三州殖民地所爆发的危机,也很有可能把英格兰、苏格兰和爱尔兰之间的关系牵扯其中,这不乏真知灼见。因此,同样,如果仔细观察,他画中关于美洲的比喻,要远比他表面上的乐观主义所能带给人们的期待高深莫测得多。与灯光下她那三个亲密依偎在一起的同伴不同，狄克逊那代表美洲的少女一个人坐在阴暗角落，她的脸模糊不清。她的外表进一步加深了这种孤独感和模糊性。她的皮肤是棕色的，而其他人的皮肤则是白色的。她的脚和手臂裸露，再加上她的粗布衣服和头上装饰的羽毛，与同伴们飘舞的古典绫罗绸缎和盘着的头发形成了鲜明的对比。以这种方式来描绘美洲殖民地，把其当作一个在一定程度上被赋予了浪漫色彩的印第安公主，是欧洲和美洲艺术家标准的拟人化处理手法，并一直持续到 1780 年代。[68] 但对英国人，尤其是英格兰人而言，这种表现方式具有一层特殊意味，而狄克逊对此驾轻就熟。

当然，用一个美洲印第安人来象征这十三个殖民地，其主要原因在于，他们的白人居民还没有发展出一套他们自己得到承认和独立自主的身份认同。当时的美洲殖民者大部分是英国人的后裔，很大程度上都来自英格兰。他们的衣着与本土的英国人大同小异，购买英国生产的商品，阅读大部分是在伦敦印刷的书籍，说英语，而且——如戴维·费希尔已经非常成功地论证的那样——完好地保留了他们祖籍地的许多民间传统、家庭以及两性生活方式。[69] 在这些方面，美洲殖民者与他们在英国本土的兄弟同属一个民族。但他们也差别很大，在一片完全截然不同的国土上作为移民和拓荒者的经历把他们区别开来，更别提横亘在他们之间的 3000 英里水路了。

那么，对本土的英国人来说，美洲人那时是（可能现在仍然是）一群神秘而自相矛盾的人，与他们相距遥远但文化又很接近，令人愉悦地相似但又令人气愤地截然不同。从这个意义上说，印第安公主，这个在伦敦的卡通画中经常作为殖民地象征的人物形象所激发的陌生感，就无论如何也没有什么不恰当的了。这一主题在其他方面也同样能引起共鸣。一方面，它唤起了高贵的野蛮人这一观念，因而也恰到好处地迎合了一些英国人，他们想把美洲理想化为第二个伊甸园，一个没有受到旧大陆的腐败和奢靡之风侵蚀的避风港。另一方面，美洲印第安人的形象也带着一丝威胁的成分，而我怀疑这常常是有意而为之。当时信息灵通的英国人并非毫无察觉，即帝国的支配权可能会在将来从他们自己的小岛，转移到他们的美洲殖民者所居住的幅员辽阔的大陆。[70] 狄克逊的印第安公主手持弓和箭镞。与她在帝国中的姐妹大不一样，甚至与把长矛随意放在身旁的不列塔尼亚也大不一样，她是一个战士，可能也是一个威胁。

美洲人是隶属于母国的殖民者，美洲人是在海外的英国人，因此也是国内那些英国人的兄弟，美洲人是希望之乡，没有腐败堕落的孩子，美洲人是帝国内部潜在的竞争对手：在这些相互冲突的形象背后，是帝国关系自身发展意味深长的不确定性。对于美国革命为何在当时以及为何以那种方式爆发，自发形成了许多不同的解释。但如果有人足够大胆地只归结于一个根本原因的话，那很有可能就是因为伦敦在北美没有像西班牙人在拉美地区的殖民地那样，建立一种强有力的帝国统治机制。[71] 这一失误，主要原因在于国内的环境，而不是没有兴趣或不想这么做。从1630年代一群东英吉利清教徒第一次真正移民到马萨诸塞开始，英格兰人只要得到国王的许可就可以在美洲定居。在这之后建立的殖民地，没有一个是由议会的法案授权，它们也没有哪一个向下议院派驻了代表。因此，殖民者把历任英格兰君主，而不是立法机构，视为最终权力的来源。但是在17世纪的大部分时间里，斯图亚特王朝的君主们都面临着国内太多棘手的问题，无法集中精力来处理他们在海外的殖民地。尽管查理二世和詹姆斯二世极力遏制美洲殖民者日益增长的自治倾向，但1688年的革命，迅速让他们的所有努力几乎都化为了泡影。[72]

接二连三的战争和王朝更替的烦忧，再一次阻止了英国政府持续集中精力来处理美洲事务，直到1740年代。首都重新确立对殖民者之控制的努力被一再耽搁，七年战争的影响使这一任务变得更加紧迫，同时也远远更加困难。加拿大被征服之后，完全打消了殖民者担心法国会从那里入侵的隐忧。这也明显造成了殖民地与母国之间的利益冲突。就英国人而言，他们北美帝国地理面积和文化多元性的大幅度增加，使得更大规模和更持久的驻军变得必不可少。因为战后国债数量如此庞大，政府年度预算的将近八分之五都被用来偿还利息，因此议会上下两院的几乎每一位议员都心知肚明，必须让十三州殖民地为它们自身的防务开支做出更大的贡献。但因为美洲殖民者现在感觉远远比以前更加安全了，这一观点便被置若罔闻。他们问到，既然现在法国已不再是一个威胁，那他们为何还要纳税来养活一支必然会对他们加强集权统治的常备军？

而且无论如何，议会有什么权利向他们征税？他们只效忠于英格兰国王，而就税收来说，只有他们自己选举的殖民地会议才有权利向他们征税。美国的爱国领袖和将来的总统约翰·亚当斯在1775年据理力争道："议会通过法案吞并了……威尔士，但从没有颁布法案来吞并美洲……英格兰和苏格兰这两个王国，通过《联合法案》，联合成了一个以大不列颠命名的王国；但该法案对美洲只字未提。"[73] 既然美洲殖民地的存在及其与大不列颠的联系都不能归因于议会通过的法案，而只能归因于国王，那么议会就没有权力向它们征税或者为它们立法。

这一观点从其自身而言非常合乎逻辑，但对英国统治阶级毫无意义，从近来英国宪政史的角度而言，也毫无意义。到1760年代和1770年代，未经议会同意，英国君主早就不能行使任何职权。因此，美洲人力图截然区分王权和议会权力的做法，在大西洋另一端的英国人看来，完全是无稽之谈。[74]

对美洲人而言，宪政和财政上进退两难的境地，不是战争爆发的唯一动力，甚至都不是主要动力。但对英国人而言，却是迫在眉睫的核心问题。在过去，他们显然没有能像西班牙人那样，在他们的美洲殖民地建立一种有效的王权和行政管理结构。其结果之一就是，他们不可能通过为那些有影响和有能力的美洲人提供更多进入政府公职的机会，来抚慰和拉拢他们，就像有影响力和有才华的苏格兰人正在被越来越拉拢过来那样。当时北美已有的政府机构规模太小，这一做法难以成为选项之一。考虑到英国对十三州殖民地的控制已经相当地不充分，如果还继续允许美洲人反对议会的最高权力，那将来靠什么来令人信服地维系其与帝国的关系？

英国政府正是出于这些考虑，才在1775年对十三州殖民地人开战。用乔治三世的话来说，他们是在为"立法机构而战"。[75] 正因如此，他们也希望得到某些爱国者的支持，即那些通常把议会视为英国身份认同和英国优越性最重要的组成部分的人。但在其他方面，正如大臣们所承认的那样，大众爱国主义的传统基础，并不能像在这之前那些18世纪的战争那样，如此自信地运用到如此遥远的地方。这次的敌人不是罗马天主教徒。尽管高教会派神职人员可能轻而易举就宣告美洲殖民者是当今的清教徒和邪恶的共和派，但英格兰、苏格兰和威尔士的大量普通的新教徒，而不仅仅是非国教徒，可能一想到要与大西洋对岸与他们信奉相同宗教信仰的人作战，就始终感到很不舒服。此外，当然还有贸易问题。到1770年代初，与十三州殖民地的贸易大约占了英国出口总值的20%和进口总值的30%。英国政府指出，只有让美洲人就范，英国商业王冠上的这些明珠才能够完好无损。一些商人对此表示完全赞同，但另一些商人却对战争会同时破坏跨大西洋的贸易异常憎恨，并担心一个战败和被践踏的美洲，在将来只能为英国的产品提供一个非常糟糕的市场。[76]

但是，一个事实从一开始就大幅度地消解了人们对于战争的热情，非常简单，这是一**场内战**，不仅仅因为交战双方有颇多共同之处，也因为双方内部各自都存在着分歧。一位愤怒的美洲人估计，他的同胞有三分之一的人赞成赢得独立，另有三分之一的人是热情的亲英分子，而剩下的人还依然摇摆不定——这种粗略的猜测,至少确凿无疑地传递了十三州殖民地在1775年确实在总体上普遍混乱的状态。大不列颠国内的观点也同样严重地不统一。这一点需要加以强调,因为许多历史学家选择了**要么**集中关注对于战争的激进反对,**要么**集中关注保守派对其的支持,而这一时期最为重要的状况是,人们的反应既不是势不可挡地支持战争,也不是毫不妥协地反对战争,而是相当复杂的情感交织。《年鉴》杂志的主编十分谨慎地写道:"我们对这场争论很感兴趣……在这件事情上,实际上我们的观点很少刻板教条和心意已决,因为即便是在大洋的这一端,公众也存在着巨大的分歧。"[77]

通过实际上是由政府非法操纵的对于战争的公民投票,就可以看出这种分歧到底有多大。在1775年9月初,曼彻斯特乡绅、牧师、制造商以及市民向国王递交了支持战争的陈情书。这是一种自发的地方行为。但是,得意忘形的政府迅速鼓励其他团体如法炮制。总共有大约150个团体、市议会、民兵团和居民团体发来了支持与美洲人开战的忠诚请愿。[78] 这些请愿书连同签署者的名字一起,实际上都被及时刊印在英格兰和苏格兰的每一份报刊杂志上。在此前的战争中,任何这样的公众运动都被认为并无必要,尽管在1745年詹姆斯党人入侵之后,这样的活动象征性地进行过一次。就像此前的那次紧急情态一样,这次的用意很明显,是为了压倒国内的任何反对意见。然而这一次,这种策略没有奏效。有25个市镇和郡通过递交和平请愿书,对忠诚请愿予以反击。[79] 这些请愿书也有亲笔签名,有的还相当令人尴尬。比如,汉普郡反对与美洲开战的请愿书,收集了2500个签名,多于该郡主战请愿书签名人数的10倍。纽卡斯尔也有1200多名自由民请愿支持和平,他们中许多人是小商人和工匠。然而,他们的同城市民只有124人签名支持战争。

仔细观察,甚至忠诚请愿书本身,也可以证明国内在战争问题上的分歧有多大,尤其是这个岛国上不同地区的反应是多么的不平衡。

英格兰的北部各郡——坎伯兰郡、诺森伯兰郡、威斯特摩兰郡、达勒姆郡、柴郡、约克郡以及兰开夏郡——曾经是内战时期保皇党人被孤立的飞地，在18世纪，他们当中许多人还保留着强烈的托利派传统和罗马天主教信仰。与这种党派传统相一致，这里的许多人似乎都把大西洋对岸发生的事情，视为煽动叛乱的非国教徒发动的另一场反对国王的暴动，实际上是第二次内战。在兰开夏郡的请愿书上，几乎有6500人签名支持战争，而博尔顿的请愿书上有1200人签名——这是在这场运动中，从一个单独的城市获得支持战争的签名人数最多的。然而即使是在这个明显保守的地区，在美洲问题上也出现了严重分歧。尽管这里大部分人是英国国教徒，但也有大量贵格会信徒，他们与在宾夕法尼亚的教友们保持着密切联系。在组织兰开夏郡和平请愿书时，个人的教友情谊似乎起了很显著的作用，吸引了大约4000个签名支持者。

事实上，大不列颠只有三个地区的公众对战争的爆发做出了或多或少一致的反应：东英吉利、威尔士和苏格兰。这当中的第一个地区，尤其是萨福克郡、埃塞克斯郡以及诺福克郡，在1620—1641年间有大量男男女女和孩童越过大西洋，成为新英格兰的首批白人居民。与美洲最初的这些联系，通过民间历史、家庭版圣经[*]以及跨越大洋两岸的通信记录，依然生动地保留在当地的记忆当中，似乎让许多东英吉利人十分反感战争，尤其是因为战争的第一滴血正是洒在了新英格兰殖民地的土地上。[80] 萨福克郡只有一个较小的自治市，埃塞克斯郡只有一个小城，向国王递交了忠诚请愿书。否则，这两个人口众多的郡就完全保持沉默。诺福克郡同样如此，其在1778年之前一直不动声色，那一年，该郡有5400名居民向伦敦递交了一份和平请愿书。[81] 在这个地区，反战立场从来就不仅仅局限于新教非国教徒或

---

[*] 家庭版圣经（Family Bible），通常附有空白页，用来记载家属结婚、出生、死亡等事项。——译者

激进份子，而是一种远远更为广泛的现象。或许，剑桥大学教师的行为能够最有力地证明这一点，当时，他们所有人都被要求是英国国教徒。而牛津大学（当时的校长是诺斯勋爵）在 1775 年 10 月向国王递交了一份支持战争的忠诚请愿书，剑桥大学一直顽固地保持沉默，直到 11 月底。即使到那时，大学理事会向国王递交请愿书的动议，也仅以 84 票赞成、46 票反对获得通过。

威尔士人甚至更加缄默，整个国家只递交了两份支持战争的请愿书。其原因可能仅仅在于，这种动员方式在威尔士还太过新颖。但其政府的这种糟糕表现，或许在一定程度上也要归因于某些广泛流传的关于战争的不幸。新教徒的身份认同感在威尔士非常强烈，这个国家为美洲提供了大量移民，其中大部分聚居在弗吉尼亚和宾夕法尼亚。[82] 反战领袖理查德·普赖斯是一个威尔士人，而且令人惊讶的是，他的许多同胞曾经支持约翰·威尔克斯在其运动中代表米德尔塞克斯郡当选议员。一位威尔克斯派新闻记者曾经在 1769 年指出："威尔士人和苏格兰人，居住在这个王国的遥远边陲，他们的原则截然相反。前者热情、儒雅、热爱自由。而后者暴虐和专横。"[83] 这种典型的威尔克斯派伦理套路的前半部分似乎确实有一定道理，因为许多支持威尔克斯派的威尔士人，也在继续支持十三州殖民地。而就其后半部分而言，威尔克斯派对苏格兰独裁主义的怀疑，被苏格兰支持战争的请愿活动进一步强化。在 1775 年 9 月—1776 年 2 月之间，苏格兰各郡和市议会总共递交了 70 多份支持武力镇压美洲殖民者的请愿书，这几乎与整个英格兰递交的请愿书一样多，而其人口是苏格兰的 5 倍。无论是在这次冲突期间还是在这之后，苏格兰都从来没有向伦敦递交过哪怕一份和平请愿书。

作为苏格兰舆论的一个指向标，这种情况实际上也并不像它看起来那样一成不变。苏格兰所有支持战争的请愿书，都没有签名或签名很少，只有三份例外。这三份几乎全都是由市长、市议会和行政官员一人书写和提交,因此几乎没有反映社会底层的态度。而且,尽管没有递交和平请愿书,但苏格兰确实有反战活动存在,这种活动存在于长老派牧师当中,存在于法律联谊会当中,存在于爱丁堡的知识精英当中,还存在于格拉斯哥,那里还发生了一次没有成功的和解请愿活动。因此,对于战争的支持,在这里也并不比大不列颠的其他任何一个地方更为意见一致。尽管如此,但就舆论的**正式**表达——请愿、宣传、签名表、布道以及征兵活动等——而言,《苏格兰人杂志》正确地指出,"在王国的这个地区,各种支持政府的努力,甚至超过了南方那些地区的努力"。[84] 在大西洋的另一端,苏格兰人对于战争的支持也同样很显眼。根据伯纳德·贝林的研究,在1760年—1775年间,大约有四万名苏格兰人移民到了北美,他们许多都是去寻求更美好和更富裕生活的穷困潦倒的高地人。然而,与同一时期移民到十三个殖民地的五万多爱尔兰人形成鲜明对比的是,在美国独立战争期间,这些苏格兰人移民似乎绝大多数都选择了站在亲英派那一边。[85] 这可能进一步证明,在1745年叛乱之后,苏格兰人,即便是非常贫穷的苏格兰人,也已经变得更加顺从英国的政体,并且深深地依恋于一个为他们提供了如此多机会的大英帝国。

　　实际上,许多有影响的苏格兰人都把美洲战争当作向伦敦强调他们在政治上可靠的一种手段,他们故意让他们自己夸张的忠诚,与十三州殖民地的反叛,以及与英格兰激进份子的反战活动形成鲜明对比。例如,因弗内斯郡福特罗斯市的行政官员和市议会递交的效忠宣言,兴致勃勃地痛斥"某些人……假爱国主义之名煽动叛乱,"其矛头显然指向约翰·威尔克斯及其支持者,他们当时是伦敦反战的急先锋。[86] 奈恩郡的士绅提醒国王:"本郡在最近的这场战争中,派出了大量儿女去保卫陛下那些忘恩负义的殖民地,"并向国王保证,他们现在将会浴血奋战,痛击那些"乱臣贼子"。[87] 凯思内斯郡的贵族宣称:"常常与财富相伴的邪恶并没有玷污我们的人民,他们一贯勤勉冷静——而且在为陛下服役时，他们一向以严守纪律和忠于职守闻名。"伦弗鲁郡的士绅和世袭土地所有者也发出了类似保证，但他们至少足够诚实地道出了苏格兰人的这种普遍奉承背后的复杂动机。他们在尽力支持战争的时候，也承认他们的行为不但出于"对我们祖国的忠诚和热爱，也是为了我们自己的利益。"[88]

这种开诚布公的肺腑之言表明，促使这么多政治上活跃的苏格兰人拍案而起，站出来支持与美洲殖民地的战争，并不仅仅只是为了维护王室的权威和对帝国的热情，尽管这些动机很重要。战争也提供了一个绝佳的机会，以他们同胞的忠诚打动当局，以此确保伦敦能在将来更积极地关注苏格兰的利益和居民。近来威尔克斯派试图利用盎格鲁-苏格兰之间的传统分歧来大做文章，因此，以这样一种方式来让伦敦记住苏格兰的价值，被认为确实很有必要。威尔克斯排外的英格兰性和广受欢迎的成功，在苏格兰看来，是对从1746年开始的进程中的那些努力的严重损害，这一进程试图构建一个更加统一的大不列颠和一个更加威严强大的大英帝国，在其中苏格兰人可以把他们自己看作，也被别人看作，与英格兰人平起平坐。但现在，正如亚历山大·默多克所写的那样，"美洲战争再次为他们提供了机会，来证明他们的忠诚和对英国这个概念的热情。"[89]

美洲战争也以另一种方式，迫使英国的不同群体重新审视其爱国主义的本质和边界。就激进分子和其他反对战争的人而言，时间的推移使得他们的处境日益艰难。他们中大多数人曾渴望把其大西洋对岸的教友们维系在帝国之内，同时主张和解是实现这一目标的最好途径。1776年7月的《美国独立宣言》，使他们的想法再也站不住脚，也让许多英格兰人感觉，他们过往历史和集体身份的一部分，已经被冷酷无情地切除。与呼吁他们缓和局势不同，公开支持美洲人有权为自己单独建立一个独立的国家，对于那些对自己身为爱国者而自豪的激进分子来说很难。当十三州在1778年与信奉天主教的宿敌法国结盟之后，这对他们来说就更难了。许多重大战役都造成了英国军队惨重伤亡，这样的背景更加致命。在萨拉托加战役之后，约翰·威尔克斯在下议院说道："我很遗憾，有 800 名英勇的英国和德意志士兵，在一个糟糕的事业中，在与世界上最好的体制作战时丧命。"[90] 这样做很勇敢，但不大可能受人欢迎。实际上，如果名望不像威尔克斯那么高，也没有受到严加保护的人，胆敢如此公开支持美洲人，他们很可能会惨遭绑架和谋杀。也时不时有美洲人的同情者受到殴打，或者偶尔被邻居粘上焦油和羽毛加以惩罚这样的事情见诸报端，这是在刻意模仿独立战争之前，美洲暴乱分子惩罚效忠国王之官员的做法。[91]

政府的批评者因此被迫转入防御，而他们对爱国主义的论断也以一种令人难以忍受的方式被反驳：

图 28.《弑父者，现代爱国主义的图纲》，佚名，1776 年，
图中人物是作为美国之友而成为英国叛徒的激进分子
（包括斜视的约翰·威尔克斯）

子孙后代一定会认为这些人卑劣无比，他们吹嘘自己的忠诚和对宪政的赤胆忠心，却在帮助那些意在公开肢解帝国的敌人。[92]

在这个意义上，美国革命促使英国激进主义的性质发生了某些变化。战争之前，宪政的批评者能够不费吹灰之力就把国内的改革要求，与最喧嚣的沙文主义、帝国主义和好战情绪结合在一起。那时的敌人通常是法国或者西班牙，即很容易被带有偏见的新教徒视为自由之敌的信奉罗马天主教的政权。比如说，威尔克斯一方面倡导议会改革以及向美洲殖民者让步，另一方面又在1770年谴责政府未能就福克兰群岛与西班牙开战，他并不认为这两者之间存在矛盾。在他看来，在这两件事情上他都是为自由而战。但是与十三州的战争摧毁了这种自鸣得意。从英国18世纪的经历来看，与新教徒进行大规模战争的这一新动向，破坏了对于宪政的热情与不受束缚的沙文主义之间这种表面上的一致性。从这个时候开始，国内批评英帝国政府的人更有可能面临一种两难的选择，要么支持坚持不懈的战争努力从而赢得普遍欢迎，要么冒着被人唾弃的危险，即使在战时也主要关注国内政治和社会改革的要求。[93]

对英国统治者而言，战争也很快被证明代价非常高昂和残酷。它持续的时间和花费远超大臣们预期。同时还不得不与国内的分裂和争论以及身处危险的孤立状态这样的背景作斗争。法国在1778年公开加入美国人这一边，紧接着西班牙在一年之后，荷兰在1780年步其后尘。相反，英国根本没有欧洲盟友，只有少数几个德意志邦国给它提供了些人力。由于四面受敌，它也无力和无心去阻止自己的边缘地区爱尔兰在1782年提出的议会独立的要求。当然最糟糕的是，也是这一时期独一无二的是，这次英国战败了。对具有严格等级观念和强烈自豪感的统治精英来说，败于自己以前的一个殖民地之手，这简直是奇耻大辱：伦敦的利韦里在英军于约克镇战役中遭遇决定性失败后对乔治三世说道,"您的军队被俘虏了,您所向无敌的海军被摧毁;您的领地沦陷了。"[94]

然而,自相矛盾的是,从长远来看,事实证明这次失败比七年战争所取得的光彩夺目的胜利更具有建设性。在普通人看来,这次孤独地对抗整个欧洲的失败和不愉快的战争经历,实际上似乎解决了1760年代和1770年代初的某些不确定性和分歧。当然会有不少人对与美洲动武的政府敬而远之。但当首相诺斯勋爵站到了替罪羊的位置,并在1782年辞职之后,一种英国与欧洲,以及现在英国与美国势不两立的身份认同感变得更加突出,超越了其他一切。斯塔福德郡一位完全无名的牧师写在教区纪事上的文字,很好地概括了那种心情:

> 在将来,这样的事情恐怕难以想象……即这些王国会像他们曾经做过的那样,与一个为反对他们而组成的最强大和不可侵犯的邦联进行一场光荣但力量悬殊的冲突。[95]

1763年之后,英国人对于征战的胜利并未心满意足,反而对他们自己耀武扬威的威仪惴惴不安,他们现在可以在受到不公正对待的感情中团结一心。他们再一次被彻底并实实在在地逼入绝境,这使他们许多人充满了强大的欲望和新的力量。

这场战争也在另一个重要的方面,有助于加强英国人的团结。是的,失去了一个重要的外缘,即十三州殖民地。但是另一个外缘,即苏格兰,与中心的联系变得比以往任何时候都更加紧密,各自利益上的相互一致把它们牢牢地拴在一起。这并不意味着新的宽容和理解的脉脉温情已经迅速地让苏格兰人对英格兰人的憎恶,或者英格兰人对苏格兰人的憎恶烟消云散,这显然没有。但约翰·威尔克斯及其支持者所发动的那种大规模反对苏格兰人在这个国家中的影响的运动,从此再也没有重新上演。[96]这与其说是因为这种影响减弱了,毋宁说是因为南方人对这种影响增长已经习以为常。英格兰人曾经把他们第一帝国的核心区,即北美殖民地,视为他们自己的私产,是他们自己的祖辈在与苏格兰的《联合法案》之前很久就已经开辟的。相反,在那些赢得它、统治它和定居在那里的人看来,第二大英帝国才真正完全是不列颠的。在很大程度上承担和分享了建设大不列颠的工作(及其收益),可以在很长一段时间里满足苏格兰人的野心。

我曾经指出,苏格兰人向新的英帝国的渗透,是18世纪末统治风格向远远更为强硬的方向转变的因素之一。但还有许多其他因素,而在美洲的失败是其中最重要的一个。有时候,一些人认为美国独立战争之于大不列颠,就如同大约两百年之后越南战争之于美国,这是大卫与歌利亚之间的对决,这一对决甚至早在上述强权遭遇不期而至的失败之前,就已经分裂和挫败了它。如果这一类比有效,那么我们还可以更进一步。这两个世界强国都是这样,在颜面丢尽之后,紧接着极速右转,再次无法容忍反对之声,并且坚决强化政府的结构。弗雷德里克·马登和大卫·菲尔德豪斯写道,伦敦从美洲战争中学到的教训是:"第一英帝国的统治与其说是过于苛刻或者说政策过于自私或不灵活,毋宁说是过于宽容、怀柔和效率低下。"[97]在七年战争之后不久,就有一些英国人的领袖为帝国的重负局促不安,甚至进而质疑帝国的道德品质。然而,到1783年,这样的犹豫不决和不确定性,如果不是全部的话,已经部分消失。其结果就是帝国的一系列改革,旨在明确和强化伦敦的统治:1784年的《印度法案》、1791年的《加拿大法案》以及1800年其重要性只会有增无减的与爱尔兰的《联合法案》。

但统治精英也在努力加强他们在国内的地位,重建其权威、形象和观念,同时——正如我们将要看到的那样——在英国性的问题上投入远远比以前更多的精力。在美国独立战争之后的半个世纪里,在大不列颠将会出现一种远远更自觉和官方构建的爱国主义,它强调对于君主的忠诚、帝国的重要性、陆军和海军成就的价值，以及对一个由英国有道德、有能力的名副其实的精英所领导的强大而稳定的政府的渴望。每个人都清楚，美国独立战争在美利坚创造了一个新国家，也摧毁了一个古老的国家，即旧制度下的法国。但它的成就甚至还不止于此。它还有助于铸造一个完全不同的大不列颠，在其中，无论是男是女都将前所未有地不得不对他们的爱国主义观和身份认同感加以明确。

图 29.《查理·斯坦霍普，哈灵顿伯爵三世》，
乔舒亚·雷诺兹爵士，1782 年

第四章　统治

　　1778年5月，在特拉华河畔举行了一场中世纪马上比武大会。七位自封的红白玫瑰骑士像他们的马匹一样，用红白绸带盛装打扮好自己，迎战七位来自火焰山的黑衣和橙衣骑士。在一块一百五十码见方的场地上，"依照古代骑士制度的习惯和规则"，呈圆形摆开阵势，他们折断长矛，用利剑厮杀，而且最后，毕竟这时已是18世纪，用火枪向对方已被汗水湿透、施粉的假发上方射击。直到他们为之而战的女士（即十四位穿着土耳其风格的服装、戴着漂亮穆斯林头巾的费城少女）催促下，这些骑士才停止比赛，撤出赛场，重新回到他们的英国军官同僚当中。接下来的舞会一直持续到午夜；而宴会一直持续到凌晨。在来自费城精英阶层和当地驻军的客人们已经酒足饭饱和神情恍惚之时，他们在身着银色衣领服装的黑人奴隶侍候下，在成百上千面特意进口的镜子中看到了自己的影像，并最终被燃放的焰火弄得飘飘然。结束时，他们经过一道被照得通亮的凯旋门，一个引起轰动的德高望重之人拿着喇叭用法语高喊："胜利的荣耀将永不会褪色。"[1]

　　表面上，这场欢送仪式或凯旋表演，是为了向即将离任的英国驻美陆军总司令威廉·豪致敬。乍眼一看，这件事只不过再一次体现了当时在欧洲上流文化中非常流行的对于哥特式浪漫主义和东方元素的喜好。但在这里真正的问题并不仅仅只是一场时髦的娱乐表演。莫里斯·基恩曾经提到，骑士精神的本质功能，是无视实际战争的残酷现实，而始终维持武装冲突的理想化形象。[2]根据定义，骑士精神也重申了习俗、等级秩序和继承顺序的至关重要性。为豪将军举行的那场骑士比赛，发生在英军决定性地惨败于萨拉托加仅仅七个月之后，而且我们知道，它是由一群具有安乐的地主背景和理想主义色彩的年轻军官所组织策划的。因此，可以把它看作一扇了解在压力之下精英们的思想和行为的窗户。在蛮荒而又陌生的土地上进行了三年前途未卜的战争之后，又面临质疑、失望以及隐隐约约将会失败的预感，英国军官团的精英们从一段有序和辉煌的历史中获得了短暂的逃避。他们手持利剑、身跨战马，依照理想中他们希望的方式来设想与北美殖民地人民的战争：根据出身高贵之人的规则来进行一场辉煌的十字军征战，并且战无不胜。

然而现实却截然不同。在豪的骑士凯旋仅一个月之后，英国人就被赶出费城。两年之后，约翰·安德烈上校，即骑士比赛中英勇的红白玫瑰骑士之一，也是详细记录了那场比赛的作者，被乔治·华盛顿亲自下令，作为一名普通间谍被绞死。而在1783年，国王的所有骑兵和所有步兵被迫放弃战斗，在他们身后留下一个独立的美利坚合众国：

> 引以为荣的纹章，耀武扬威的权力，
> 以及曾经付出的所有美好的事物和财富。
> 都同样在等待这一无法逃避的时刻。
> 通向荣耀的道路，却通向了坟墓。[3]

所有军事失败对于那些卷入其中的人来说都是破坏性的，但这次失败被证明尤为如此。在七年战争后，大不列颠自认为是世界上最强大的帝国，但却决定性地被法国和它自己相对弱小的殖民地居民击败。这里讨论的殖民地居民基本上全都是新教徒，而且主要来自英国。然而相同的种族和宗教，显然没有让他们保持对母国的依附。相反，他们非常乐意与英国同胞相互厮杀，并最终宣布自己根本就不是英国人，而是某个截然不同的民族。实际上，美国人将发现，锤炼一种全新和完全独立自主的民族身份并非易事。但遭到他们驱赶的英国人也将发现，调整的过程异常艰难。他们被夺去了自己的一个组成部分，现在不得不重新审视他们自己的身份认同和国界。他们的领导人也不得不谨慎地考虑他们的公众形象。因为在北美的失败被证明具有破坏性的最直接的途径，就是它使英国统治精英的能力因此受到怀疑。

实际上自《联合法案》颁布以来，英国所参加的每一次战争，都会在某些时候处境艰难，但在1783年之前，没有一次以失败告终。151而在这之后英国所参与的任何一次重要战争，也都没有以失败告终。（那些对这个国家特有的社会和政治稳定感到好奇的人，可能只需将此作为最根本的原因。）因此，美国独立战争是一个特别大的例外。一支由柏高英、豪和康华利等一批贵族将领所领导的英国军队，以及一套由一位贵族的长子弗雷德里克（即诺斯勋爵）所领导的行政班子，遭受了一次丢人现眼的失败，坚决支持这场战争的国王乔治三世也同样如此。有些人绝对杞人忧天，如贺拉斯·沃波尔，他们担心大不列颠将会就此分崩离析，沦为微不足道的岛国，但这次失败对统治阶层的自尊和声誉的打击，却直接而又巨大。

然而，英国的精英却以一种非同寻常的方式重振旗鼓。美国独立战争爆发之后的半个世纪，是现代英国和现代世界发展过程中最重要的成形和动荡时期之一——一个工业化和城市化急剧加速的时期，一个阶级意识和改革要求日益增长的时期，一个法国爆发革命的时期，以及一个欧洲的战争规模如此宏大，乃至席卷其他每一个大洲的时期。欧洲几乎每一个国家都会在这个时期经历政治变革、军事重组以及社会和思想意识方面的动荡。除了一个幸免之外，世界上各大帝国都将经历统治疆域大幅度减少，或者统治活力大幅度下降的情况。然而，大不列颠将会是这场普遍危机中一个引人注目的例外。这个例外并非是指它逃脱了这场危机。非常显然它没能幸免。这一例外是指其适应力很强。到1820年代，其统治者可以宣称他们管辖着超过两亿人，占了世界总人口的四分之一还要多。与其欧洲和欧洲之外的对手不同，它可以保持本土远离内战和严重的外敌入侵。也许所有这一切当中最不同寻常的是，英国统治阶层不但没有大幅度退却，实际上其数量、同质性、财富和权力的范围还有所增长。作为18世纪首先经历革命和帝国危机的欧洲精英，他们也将率先发展出一套忍耐和重振旗鼓的策略。自1780年代以来，其成员就在致力于重新调整他们的权威、形象、观念和构成。在这一过程中，他们不仅重新制定了在大不列颠行使权力的方式，也促进了英国的爱国主义和身份认同在内容上的巨大变化。

一个阶层的危机

要想理解这场贵族复兴的方方面面，我们就需要认识到这场危机有多么的广泛。就这一时期欧洲其他的每一个精英（也包括欧洲之外的一些统治精英）而言，最大的挑战莫过于以一种前所未有的规模爆发的战争。英国在与革命和拿破仑的法国发生冲突之前，经济刚刚勉强从美洲的战争中恢复过来。这场冲突从1793年持续到1815年，中间只有一次短暂和有名无实的休战，总共耗费了1 657 854 518英镑——接近于英国自光荣革命之后参与的其他所有重要战争开销总和的3倍，并相当于战前国民收入的6倍。[4]然而，对于当权的绝大多数人来说，失败的代价似乎远比赢得胜利的代价更为可怕。这在一定程度上是因为，正如小威廉·皮特公开承认的那样，与法国的战争是为了拼死保卫等级，而最重要的是保卫财产，以反对1789年革命所确立的"成功掠夺的先例"。埃德蒙·柏克在一年之后请他的议员同僚想象一下，将要发生的情形会是什么样子：

> 他们的官邸被推倒并洗劫一空，他们的人身受到虐待、侮辱和摧残，他们的地契被拿出来当面烧毁，他们自己和家属被迫在整个欧洲的每一个国家寻求避难所，因为没有其他原因，他们也没有任何过错，就因为他们生下来就是贵族和有钱人，并被怀疑想要维护他们的报酬和财产，仅此而已。[5]

即使是在拿破仑·波拿巴压制了法兰西共和国之初的平等主义之后，英国传统的统治者也依旧有可能失去颜面（如果不是失去脑袋的话）。拿破仑大军中的大多数军官，就像他帝国的大部分贵族一样，不曾拥有土地或古老的血统，而是在法国革命之后，通过他们自身的努力出人头地。在这个意义上，拿破仑的法国仍然可以被视为——而且被其英国对手视为———个能人治理的国家。因此，法国军队在欧洲大陆的不断成功，不仅仅只是威胁到英国的领土主权。它在政治上也具有颠覆性，它让人们对这样的信念产生怀疑，即拥有土地和良好出身的人，与生俱来就比其他任何一个社会群体更适合行使权力。《爱丁堡评论》在 1809 年断言："波拿巴的加冕，已经使欧洲所有古老的王冠都黯淡无光，而那些通过自身努力从芸芸众生中脱颖而出的人，也让欧洲的贵族相形见绌，沦为泛泛无能和不可理喻之辈。"[6]

在全球范围内进行的极其昂贵的战争，也意味着那些当权者在 1775 年以后必须处理的公共事务比以往任何时候都繁重得多。这对在中央政府拥有职位的人而言尤为真实，以财政部为例，在 1792 到 1805 年间，战争的财政需求使工作量翻了一倍，再以议会为例，在 1761—1813 年间，通过的立法、设立的委员会以及深夜开会的数量是以往的五倍。[7] 对于那些在自己本地发挥影响的地主和富豪们来说，情况也同样如此，这至少是因为民防责任在 1779—1782 年面临入侵威胁期间短时间和分散地发展起来，并在 1793 年之后变得更严苛和更加持久。可能所有这些当中最富有戏剧性的,是那些在陆军和海军拥有高级军衔的人,以及在一个跟 1776 年以前的帝国相比,现在幅员如此辽阔、地理条件如此多样、族群构成如此千差万别的帝国中担任重要职务的人,他们担负的责任和承受的危险大幅度上升。

在美洲的失败、法国革命、同时与这两个国家的战争,连同国内和帝国政府体量和多样性的增长,给英国精英们的生活、精神以及信心施加了巨大压力。其结果之一就是大量高级人士离世,不仅仅是在战场上。小威廉·皮特在 1783—1801 年间后又在 1804—1806 年间两度出任首相,年仅 47 岁就英年早逝,成为过劳和过量饮酒提神的牺牲品。他的政治信徒乔治·坎宁,在首相职位上几乎没能有所建树之前,就已经在 1827 年被重负完全压垮,当时有人指出,犹如"精疲力竭的老马突然倒下累死途中"。[8] 一些人意志没有那么坚定,在工作把他们击垮之前选择了自行了断。辉格党政治领袖塞缪尔·怀特布雷德二世在 1815 年自杀,议会中关于刑法改革的首席发声者塞缪尔·罗米利在三年后自杀,外交部长卡斯尔雷勋爵在 1822 年自杀,这些都要归因于当时公共生活无休止的要求。他们三人都是以挥剑自刎的方式黯然退场。

实际上,英国贵族的生活在 18 世纪末和 19 世纪初都具有一种明显**狂飙突进**的性质,即一种特殊的感伤主义和澎湃激情,从那时到现在一直都没有得到适当的研究。想一想 1778 年查塔姆伯爵在上议院崩溃的情形,当时他正在做最后一次狂躁和语无伦次的演讲,反对与十三州殖民地的战争,或者想一想埃德蒙·柏克,他在 1791 年 5 月强烈主张"远离法国的体制",以此证明自己与辉格党的福克斯派分道扬镳,以及查理·詹姆斯·福克斯对此突然痛哭流涕的反应。上层阶级的镇定自若在这一时期很容易让位给抽泣、装模作样以及口若悬河的浮夸之辞;而且有时甚至是彻底失控。我们知道,在 1790—1820 年间,总共有 19 位议会议员自杀;超过 20

位议员像他们的国王乔治三世那样似乎精神失常。[9]在议会之外，富有的庶民和贵族一样，都喜欢玩真正的俄罗斯轮盘、决斗和赌博，其程度前所未有，似乎更愿意选择以这些方式来拿他们的生命和财富冒险，而不愿意面对将要违背他们的意愿来吞噬他们的那些压力和危险。

然而，这个时期对贵族的自信和权威最具有破坏性的挑战，可能并不是与革命的美国和法国之间的战争，也不是一个更强大的东部帝国异乎寻常的要求和诱惑，甚至也不是国内行政管理和工业变化的脚步，而是权力精英的真正合法性受到质疑。在1760、1770年代，在支持约翰·威尔克斯和议会改革的辩论当中，会偶尔谴责作为一个抽象群体的地主阶级，而这显然不同于抨击单独的某个国王、大臣或者党派。但正是从1780年代起，这种批评才进入了英国政治话语的主流，通过托马斯·潘恩、乔尔·巴罗、托马斯·斯彭斯以及最重要的威廉·科贝特*等人的报刊杂志而变得普及，那些用姓名、数字和名单来支撑他们观点的激进分子使其更具有破坏性。一些汇编文集，如T. H. B. 奥德菲尔德的《大不列颠和爱尔兰代议制的历史》（1816年），揭示了地主阶级，尤其是贵族成员在多大程度上干预了选举过程；而《非凡的红皮书》（1816年）和约翰·韦德的《黑皮书：或腐败现形记》（1819年）则不留情面地详细准确地披露了他们为什么会费心于此。韦德对于贪污受贿的剖析销售了5万册；即使今天读来，也很容易看出缘由。非常简单，韦德记录了民众对政治的冷嘲热讽。他证明，或者似乎想去证明的是，英国当局中每一个人都监守自盗，发展自己的两性关系，并通过血缘或婚姻而与身居高位的其他每一个人紧密联系在一起：

---

* 威廉·科贝特（William Cobbett），英国新闻工作者和社会改革家，因作品文集《乡村漫游》（1830年）闻名，该文集揭示了工业革命引起的农村生活的恶化。——译者

图 30.《约翰牛读非凡的红皮书》，
一幅讽刺贵族之贪婪的画作，1816 年

贵族篡夺国家权力，以各种借口为他们家族地位较低的支系巧取豪夺，一种强迫的生存之道。他们支持一种沉闷和尸位素餐的教会体制；他们发动旷日持久和不必要的战争，以创造在陆军和海军中的就业机会；他们征服和维持毫无用处的殖民地；他们着手昂贵的外交使命，几乎在世界上每一个微不足道的小国和微不足道的小港口设置大使馆或领事馆，而且常常兼而有之；他们创设没有职责的办公机构，发放无功受禄的养老金，在王室、海军部、财政部、海关、税收部门、法庭以及公共部门的每一个机构保留一些毫无必要的职位。[10]

发动战争、提高税收、歪曲政策，还有铺天盖地的假公济私，这一切都是为了这些寡头统治者能够敛财暴富。

这样的分析具有破坏性，并不是因为他们在细节上正确无误（他们并非如此），而是因为他们把地主阶级当作一个寄生于国家的单独的阶级，而不是当作国家的一个组成部分以及其天然的领袖。他们没有把权威视作理所当然，而是对其进行冷峻的量化并加以谴责。尽管这种激进的批评显得不成熟和杂乱无章，却撕下了英国公众人物装模作样的爱国主义。它宣布帝国的那些统治者不知廉耻，也没有真正的公民美德。查尔斯·皮戈特指出，男性贵族的荣誉无非就是"勾引你们邻居的妻子或女儿，杀死你的丈夫，成为赛马俱乐部和布鲁克斯赌场的会员"。潘恩宣称，头衔就像佝偻病，一种人们需要加以根治才能发育成长的疾病。[11]如果这种攻击方式只局限于政治上的激进份子，那么它可能无关紧要。但贵族的堕落正在颠覆英国的观点，也在大量其他保守的中产阶级的评论中流传。"我们的贵族"，一位匿名的作家宣称：

> 在民众中地位显要，他们不但没有维护其身份的尊严，反而羞辱和玷污了它。我们年轻的贵族都是小丑、嫖客和挥霍无度之人，而那些年长者则通过不知廉耻地掠夺公众，来弥补他们后辈的亏空。

无可指摘的托利派成员汉纳·莫尔在1780年代写道："试图让穷人改过自新而同时富人却在贪污腐败，就是向水源投毒而往溪流倒入香水。"[12]

法国革命将在整个欧洲助长这种孤立当权者的言行，但在某些方面，大不列颠的精英更容易深受其害。正如我们所见，这是一群工作勤勉的资产阶级精英，他们积极支持商业，热爱可以让他们发财致富的任何一种形式的经济现代化。而且，其成员并没有要求领主权或免税权，这些特权使旧制度下的法国和德意志贵族轻易就成为攻击的目标。此外，作为下层贵族的地主阶级总是对来自工业、商业和其他职业的新成员开放，尤其是在这一时期似乎更是如此。[13]然而，从其规模和社会学的角度来说，根据当时的标准，英国更高等级的统治精英还是特别有限。如果让·梅耶尔正确的话，则在法国革命前夕，贵族平均占了欧洲大陆各国人口总数的1%到2%。而在10年之后，所有贵族、准男爵和骑士加在一起，也只占了英国总人口微不足道的0.0000857%。[14]当然，有很多富有和有影响力的人物并没有贵族头衔。但是同样，在英国精英的**更高等级**当中，白手起家的平民并没有一些史学家所说的那么多。约翰·伯克（著有《伯克贵族辞典》）计算过，在1830年代，真正拥有大量地产或者担任高级官职而"没有被授予世袭荣誉"的家族不超过400家，而这是当时整个联合王国的情况。[15]

约翰·伯克最了如指掌的是，这400个家族之间以及它们和贵族家族之间，存在着密切的血缘和姻亲关系。仅下议院的构成就证明了这一点。在19世纪初，每四个下议院议员中，就有一个娶了另一个议员的女儿。其他许多人娶了贵族家的女儿，或者他们本身就是贵族的亲戚。[16]与贵族家庭的这种联系，是被选入议会的一种最常见的途径。因为正如威廉·科贝特和其他激进的辩论家反复抱怨的那样，他们的贵族不仅占据了属于他们自己的上议院，而且还影响到下议院议员的选举以及他们当选后的表现。在1807年，至少有234名代表英格兰、威尔士和苏格兰选民当选的下议院议员，他们的席位在一定程度上都受到了贵族的干预。这是贵族影响下议院的顶峰或低谷——这取决于人们从哪个角度去看。即使是在1831年，即第一次《改革法案》通过前一年也同样如此，90个贵族仍然控制着大不列颠超过三分之一的下议院议员的选举。[17]

因此，在美洲战争发生半个世纪之后，英国统治精英的地位极其自相矛盾。它相对而言是同质的。在其上层尤为集中。它的财富和权力巨大，正如韦德和科贝特在当时正确分析的那样，它在某些方面实际上正在变得更为强大。所有这些特性都有助于维持它应对战争、帝国、革命、社会变革和持不同政见者的挑战。但这些自我同化的特性——同质性、高度集中、财富和权力——同样招致批评。英国的精英如果想在美洲战败之后恢复其荣誉和信心，并且赢得支持来与公然采取平等主义和论功行赏的法国进行旷日持久的战争，光靠强制性的权力还远远不够。它需要能够反驳它的统治者是一个唯我独尊、铺张浪费的寡头统治集团这样的观点，并且使其权威重新合法化。或许最重要的是，其成员需要向自己同时也向他人证明，他们是真正和热情洋溢的英国人：正如埃德蒙·柏克所言，去证明"一个真正天然的贵族阶层**不是**国家中一个单独或者可以被剥离的利益集团"。[18] 在保持他们封闭的社会身份的同时，他们也需要确立他们作为爱国者的理应具有的地位。正是在这一点上，他们的所作所为远远比人们间或认识到的更为成功。

让我们看看他们是如何实现的。

英国统治阶级的形成

> 地方贵族的主要成员……迁徙到首都定居；他们在罗马购买府邸，在时髦的近郊购买别墅和地产；他们挤入上流社会；他们与意大利的各大家族，甚至是古老的罗马贵族结为姻亲。

这是伟大的新西兰历史学家罗纳德·塞姆爵士曾经对奥古斯都治下罗马帝国的重建作出的描述。他指出，帝国外省大量雄心勃勃和很有影响的人物迁移到帝国中心，他们带来了许多新观念、新人才和新能量，而作为回报，他们为自己赢得了更多的机会和财富。塞姆总结道："一个帝国的力量和活力通常要归功于来自外缘的新贵族。"[19] 可以说18世纪最后30年以来的英帝国，情况也非常相似。

威尔士、苏格兰和盎格鲁-爱尔兰地主精英的成员，过去常常被排除在政治权力中心之外，而且他们性情乖僻，相距遥远。现在，他们迁居到这个中心或者受其吸引。在失去十三州殖民地之后，这些凯尔特精英与其英格兰同侪比以往更加广泛地融合在一起，恢复了英帝国权力结构的生气，锻造了一个一直延续到20世纪的统一和名副其实的英国统治阶级。

这样重要的发展不可能一蹴而就，其来由也不是蓄意而为的结果。就像所有世袭的精英阶层一样，最初和最重要的决定因素，是变幻莫测的性和生物规律。从17世纪下半叶到1770年代，英格兰、威尔士、爱尔兰和苏格兰的地主阶级陷入了一场严重的人口危机。出于现在依然还无从知晓的原因，许多地主都没有结婚，还有许多结了婚却没有生下男性继承人。在将近一个世纪的时间里，地主家族因此并没有自我繁衍，也就是说平均而言，一对父母没能生下两个孩子。其结果广泛而又深远。在苏格兰，一些名门望族，比如昆斯伯里家族，男性继承人都灭绝了。另一些家族，比如布雷多尔本家族，只是因为把头衔和地产都传给了远房亲戚，才得以幸存。[20]

爱尔兰和威尔士的发展显然也非常相似。卡迪根、梅里奥尼思、彭布鲁克和卡马森等地古老贵族家庭的消亡就是很好的证明。在1700—1780年之间，蒙默斯郡有31个家族因为没有男性继承人而影响到10处地产的继承；而在1750年，格拉摩根的31处大地产中，只有10处是由50年前这个家族首领的男性后裔继承拥有。[21] 英格兰也一样，许多古老的地主家族慢慢消亡了。在1700—1750年之间，天主教旧王朝的贵族在东北部地区消亡殆尽。在埃塞克斯，郡里的大家族在1770年代只有一小部分还掌握在1700年以前就已经建立起来的家族手中。在剑桥郡，郡里的精英有一半都在17世纪中叶到18世纪中叶的一个世纪里消失了；而在约克郡，1611—1800年间受封的93个准男爵爵位当中，有51个到1800年就已经消失了。[22]

因此，不管他们在多大程度上首先认为自己是英格兰人、爱尔兰人、威尔士人或苏格兰人，但这些天各一方的地主精英成员都受到了相同的、广泛的人口发展趋势的影响。而且在这所有四个地区，结果完全一样。随着一些家族因为没有男性继承人而消亡，他们的地产就转到其他地主手中：通过间接继承传给远房亲戚中的男性，或者留给女性继承人，或者干脆出售。加在一起，所有地产大约有三分之一似乎在这一时期通过上述方式转手，其中许多都落入了对土地所在地区而言完全陌生的人手中。例如，在埃塞克斯，米尔德梅家族是郡里一个从16世纪就已经建立的名门望族。但到1796年，其男性子嗣完全断绝，其地产通过米尔德梅家族一个侄女的婚姻，转入了亨利·保利特·圣约翰爵士名下，圣约翰爵士是一名其他郡的地主，他自己的地产在赫特福德郡。这样的合并常常也跨越更大距离，在国家的四个组成部分之间而不仅仅只是在不同的郡之间进行，比如1779年，当卡迪根郡高格丹家族的地产转到在伯克郡一个已经拥有土地的，名叫爱德华·洛夫登的人手上时，洛夫登就从一个**英格兰**的小乡绅，摇身一变成了一个全英范围内的地主。[23]

在人口危机期间地方精英遭受特别严重打击的一些郡，会使一种几乎全新和地产遍及全英的地主阶级应运而生，并取代了古老的地方贵族。在格拉摩根郡，正如菲利普·詹金斯所指出的那样，该郡的精英阶层在乔治三世统治期间几乎完全更新了一次，因为该地的地产通过联姻的方式，转到了这个郡之外诸如比特、顿拉文、迪尼沃和温莎等大地主的名下，这些地主全都已经在英格兰拥有土地，其中一些也是凯尔特外缘其他一些地方的大地主。[24]例如，顿拉文家族最终持续积累了四万英亩土地，地产遍及整个威尔士、爱尔兰和英格兰。比特家族更有过之而无不及，通过三代人俘获了四位女性继承人，在这一过程中获得了英格兰、威尔士和苏格兰各地的11.6万英亩土地。[25]由此一来，这些家族的成员是否想成为英国人就变得无关紧要了。土地所有权的转移实际上迫使他们，就像迫使其他许多人一样，从大不列颠的角度，而且通常还从作为一个整体的联合王国的角度，来思考问题。

这种跨越郡界和跨越四个地区界线的地产合并所带来的社会、政治和文化反响，因为另一种人口发展趋势，或者更确切地说，是另一种颠倒的人口危机，而变得更加复杂。在18世纪的最后30多年，整个不列颠和爱尔兰的人口飞速增长，对粮食作物的需求量激增，使小麦价格飞涨。到1789年，小麦售价为每夸脱45先令。1800年达到每夸脱84先令，并继续上涨到1810—1814年间的均价102先令，这个价格前所未有。其结果是，大地主变得比以前任何时候都更富有。英格兰绝大多数地产的租金增加了70%到90%。在威尔士，租金至少上升了60%，比如1790—1815年间梅里奥尼思地区温恩家族的地产，在某些情况下甚至增长了200%。在爱尔兰，租金平均上升90%，而在苏格兰大部分地区，1750—1815年间租金可能涨了8倍。[26] 随着原来贫穷的凯尔特外缘在利润和租金上赶上英格兰，整个联合王国地主关于经济的感受因此变得越来越相似，整个地主集团处于一种无与伦比的富裕状态。即便在滑铁卢战役之后有所衰退，但在19世纪20年代末，租金仍然稳定在1790之前的2倍左右。

土地利润的增长，以及这种利润在整个大不列颠和爱尔兰的一致化，进一步促进了英格兰、威尔士、苏格兰以及盎格鲁-爱尔兰精英阶层的融合。现在，寻求地产的英格兰人更愿意到凯尔特外缘去买地，这种情况变得更为普遍。到1820年代，甚至一向被英格兰人视为无利可图和野蛮落后的苏格兰高地的土地，也吸引了一批贪婪的撒克逊人前去购买。总而言之，他们新近共享的繁荣，使地主阶级的成员能够获取一种越来越趋同的生活方式和文化。

以锡弗思勋爵弗朗西斯·亨伯斯通·麦肯齐（1754—1815）为例。[27] 作为一位盎格鲁-苏格兰人，他不但在林肯郡拥有土地，而且在苏格兰高地拥有庞大的锡弗思地产，他是人口危机的直接受益者，只不过是1781年绝嗣的原锡弗思家族的远亲而已。1780年之后，他的地产租金飞涨，因此，与拥有这个头衔的先辈相比，他能够过一种远远更为显赫和更少地区偏见的生活。他在伦敦购置了不只一处而是两处房产，在爱丁堡最繁华的广场也购置了一处。他还重建了这个家族古老的权力中心，即布朗城堡，一支英格兰军队曾经在1725年摧毁了这座城堡，以惩罚第五代锡弗思伯爵对詹姆斯党人的公开支持。该建筑的一些更令人生畏的阴森特征也随之消失，这些特征可以表明，布朗堡曾经是一位宗族首领的堡垒，被修建起来以抵御来自南方的武装侵袭。新的锡弗思勋爵在原址上修建了一座宅邸，它的设计风格完全能够被边境两边的人所接受。府邸内部装饰着地毯、精美的瓷器以及乔治三世最喜欢的两位艺术家本杰明·韦斯特和托马斯·劳伦斯的画作。宅邸外面有一个景观园林，"小径、林间小溪和幽谷点缀其间"。有人一直批评锡弗思全盘接受了英格兰的美学，但这并不公平。正如有人指责与他同时代的英格兰贵族委托苏格兰建筑师罗伯特·亚当来设计他们的新府邸，从而放弃了他们的英格兰性，这样的指责也不公平。更为真实的情形是，所有拥有大量财产的英国人现在把某种共同的消费模式视为理所当然。他们一起消费，一起生活。

在某些情况下，更是如此；因为英格兰和凯尔特精英的融合被联姻进一步巩固。在1750—1800年之间，苏格兰贵族的女儿与英格兰男士之间的婚姻，是这个世纪上半叶的两倍多。到19世纪，这类女性更青睐英格兰丈夫，而不是嫁给苏格兰同胞。[28]凯尔特人更加富裕，是这场浪漫革命的根源。因为越来越多苏格兰、威尔士和盎格鲁-爱尔兰贵族现在能够负担伦敦的生活，因为他们的家族现在完全可以在伦敦社交圈大放异彩，也因为他们现在给女儿的嫁妆更加价值不菲，他们可以前所未有地在时髦的婚姻市场赢得胜利。尽管这个岛上任何一个地方的女性，很少有人能像这个时期苏格兰最著名的女继承人，即萨瑟兰女伯爵伊丽莎白那般嫁妆丰厚。1785 年，伊丽莎白与其英格兰丈夫，后来的斯塔福德侯爵乔治·格兰维尔·莱韦森高尔结婚，她带走了其爵位所在郡的 80 万英亩土地。还有一个例子，也是一个最引人关注的例子，有一个家族拥有的地产横跨边界两端。[29]

　　因此，为什么英格兰贵族比以前更热心于寻找凯尔特配偶也就一目了然。但英格兰女人的吸引力又何在？答案常常是可以增加获得影响力和权力的机会。我们前面已经看到，自 1745 年以来，苏格兰人渗透到军队和帝国各种职位的数量在稳步增长。但文官体制中的高级职位，很大程度上依然是英格兰人的保留地。正是与英格兰精英成员的联姻，最容易让这些天生不是英格兰人的人，跻身国内政府部门更高层，这一点仅凭凯尔特人的富裕本身很难做到。家族依附的力量，在所有世袭的精英阶层中都非常强烈，其有助于瓦解贪婪的英格兰人狭隘的乡土观念，这是其他任何一样东西都无法做到的。例如，与有优越社会关系的两位英格兰妇女的两段婚姻，让罗伯特·斯图尔特（1739—1821 年）从一位聪明的盎格鲁－爱尔兰地主和都柏林议会议员，变成了联合王国的显贵，在威斯敏斯特拥有一席之地，几个儿子也身居要位。他第一任妻子是赫特福德侯爵的女儿；在她去世之后，他又娶了英格兰前财政大臣第一代坎登伯爵的女儿，令人尊敬的弗朗西斯·普拉特。弗朗西斯的嫁妆少得可怜，但斯图尔特肯定知道，她家族的影响力十分巨大。这种影响力使斯图尔特成为一名爱尔兰贵族，随后又作为伦敦德里伯爵（后来是侯爵）在上议院获得了一个席位；而当坎登的继承人在 1798 年被任命为爱尔兰总督之时，他让斯图尔特的长子罗伯特担任其秘书，让他的次子查理·威廉担任其副官。对这两人来说，这被证明是他们步入仕途的关键一步。查理·威廉继续前进，成了英国陆军的一名将军和奥地利大使。他的兄长，也就是后来的卡斯尔雷子爵，更是官运亨通，一度进入内阁，成为外交部长，当然最终，直到他灵魂黯然失色的那个夜晚，用剃刀割断了自己的喉咙,这样才终止了他进一步迈向首相的步伐。[30]

经过几代人的相互继承,这种跨越国界的婚姻对于态度和行为方式的影响变得越来越大。以威廉姆斯·温恩家族为例,《伯克贵族辞典》今天依旧将该家族响当当地描述为"整个威尔士地产数量和政治影响力都无与伦比的家族"。在 18 世纪初,拥有这一头衔的人都具有强烈的威尔士气息和詹姆斯党人倾向。1727 年,沃特金·威廉姆斯·温恩爵士,即第三代准男爵,在登比公开焚烧乔治二世国王的画像,他还维持了一支私人军队来威吓他的政敌,并像他的所有前辈一样,娶了一位威尔士女子为妻。向他提供贵族身份以使他在政治上遵循正统的诱惑,被他不屑一顾地拒绝了,他一生大部分时间都在他位于北威尔士的堡垒中度过,直到他外出打野兔时折断了脖子,结束了他爱唱反调和田园牧歌式的生活为止。[31]

他的儿子直到 1770 年代才长大成人,仿佛来自另一个星球。他是伦敦业余艺术爱好者协会的成员和一名充满热情的业余戏剧爱好者,娶了不只一任,而是两任英格兰妻子。而在下一代人中,从半封建的地方豪强向负责、温和有教养的英国贵族的转变,变得更为显著。在 1789 年成为第五代准男爵的沃特金·威廉姆斯·温恩爵士,是一位高雅的年轻人,在威斯敏斯特和克赖斯特彻奇接受教育,当然,也娶了一位英格兰妻子:

> 温恩家族的地产在他管理的时代不再是(威尔士人的)一个文化中心,而变成了军事训练、野外运动、农业展览的中心,以及沃特金的母系格伦威尔家族的封地,正是在这一家族的庇护下,他不可避免地步入了公共生活。[32]

不可避免地这样做,的确如此。他的两位兄弟也同样不可避免地踏入了公共生活。当格伦威尔勋爵在 1806 年被任命为首相时,查理·沃特金·威廉姆斯·温恩不失时机地成为国内事务副大臣；亨利·沃特金·威廉姆斯·温恩并非一个能力出众之辈，也由于同样的恩泽，在这之前就已舒服地在外交部就职。

所有这些发展——土地通过继承和购买方式大量转手、土地利润史无前例的高涨以及凯尔特家族与英格兰家族之间越来越多的联姻——都有助于巩固一个新的、统一的统治阶级，从而取代了那些构成都铎和斯图亚特王朝时期英格兰、苏格兰、威尔士和爱尔兰鲜明特色的分散和属地特征明显的地主阶级。这种变化在当时就已经以最明白无误的方式被大家所认识。在1770年以前，英国出版的大多数论述贵族的作品，要么只涉及英格兰和威尔士，要么只涉及苏格兰或爱尔兰：这是关于当时实际上仍然完全各自独立的贵族们的一些互不相关的作品。但在1770年—1830年间出版的75本贵族指南中，有55本将联合王国的贵族作为一个整体来看待——数量如此之多，发人深省。[33] 例如，《科林贵族辞典》就是这么做的，到1812年扩编到9卷，由塞缪尔·埃杰顿·布里奇斯爵士编辑。约翰·斯托克代尔在1808年出版的《联合王国的贵族》也同样如此。约翰·德布雷特在1802年第一次出版的《英格兰、苏格兰和爱尔兰的贵族》影响更为持久，它是又一部显然具有整体性的参考书，在其中贵族们被以字母顺序排列，而不管他们是属于哪个地区的贵族。而当约翰·伯克在1830年代决定编纂平民领袖的名录时，他也理所当然地认为，他所讨论的场所是整个大不列颠和爱尔兰，而不仅仅只是英格兰。

这种更加一体化的统治阶级在多大程度上是名副其实和全新的英国统治阶级，而非仅仅只是英格兰化的统治阶级？有些人指出，凯尔特贵族在他们自己的地盘上也成了外乡人，因为他们屈从于英格兰的政治、英格兰的行为方式、英格兰的文化以及英格兰的配偶。[34] 对于许多苏格兰、威尔士尤其是爱尔兰佃户和农业劳动者来说，事实似乎确实如此。但在贵族们自己眼中，所发生的事情远远要复杂和精彩得多。他们中一些人确实被大都市的生活和价值所深深吸引，甚至自视为可敬的英格兰人。但就"英格兰"一词而言，他们通常指的是更大的范围，而不仅仅是他们居住其中的那个海岛的一部分。对他们来说（就像对特拉法加海战时的纳尔逊来说），这个词就是整个大不列颠的同义词，经常也是整个帝国的同义词。严肃的官方政治语言非常清楚地反映了这一点：

> 在说到英国臣民时，我们通常把他们称为英格兰人，不管他们是英格兰人、苏格兰人还是爱尔兰人；因此我希望，当英格兰这个词在将来被用来表示国王陛下的任何一个臣民，或者用它来意指联合王国的任何一个特定地区时，永远不要因此而冒犯别人。[35]

于1805年在下议院发表的这些讲话，并非出自某位傲慢的英格兰议员之口。说这些话的人是大卫·斯科特，福法尔人，代表彭斯郡选民当选。同样，帕默斯顿勋爵，一个盎格鲁－爱尔兰人，在1855年成为首相，他总是称自己是英格兰人，当他对苏格兰进行政治访问时，总是不能理解那里的人们为什么不愿意也被称为英格兰人。[36] 对于像他这样的人来说，"英格兰"是一个无所不包的术语，而完全不是一种狭隘的依恋之情的表达。

然而，对绝大多数威尔士、苏格兰和盎格鲁－爱尔兰贵族而言，与他们的英格兰同侪更大程度的融合，仅仅意味着双重身份成了一个非常有利可图的现实。他们能前所未有地广泛分享伦敦的恩惠，同时又在他们自己的国家保持相当大的自治。以第四代阿伯丁伯爵乔治·戈登为例，他可以在哈罗公学和剑桥大学接受教育，可以作为小威廉·皮特的侍从迈出走向威斯敏斯特政治活动的步伐，可以看着他的兄弟和姐妹在军队、外交部和宫廷中身居高位坐享清福，他本人也继续前进，在 1852 年出任首相。然而，缪里尔·钱伯兰谈到："如果阿伯丁看到对苏格兰法律体制、婚姻制度或银行体系的任何攻击，就会立刻暴跳如雷"。他知道自己的故土在哪些地方依然与众不同，并讨厌"英格兰对苏格兰事务的任何干涉"。[37] 对他来说，作为一个英国政治家在伦敦工作，与斩钉截铁地做一个苏格兰人之间，根本就不冲突。其他许多人也持相似的看法。同样是那个使布朗城堡变得更加高雅，并且非常热爱伦敦生活的锡弗思勋爵，不但致力于盖尔语的学术研究，而且也大力资助沃尔特·司各特爵士。[38] 甚至优雅的沃特金·威廉姆斯·温恩（第五代准男爵），尽管他置身于格伦威尔家族的庇护之下，却一直拒绝伦敦提供的贵族身份，相反很乐意被称为"威尔士的亲王"（Prince *in* Wales）。[39] 人类是多面性的生物，并不像历史学家和政治家有时暗示的那样，轻易屈服于他人的霸权。这一时期成为英国部分当权者的那些威尔士人、苏格兰人和盎格鲁-爱尔兰个体，大部分并没有在变得酷似英格兰人这样的意义上出卖了自己。相反，他们以一种崭新和非常有利可图的方式变成了英国人，与此同时，他们在自己的思想和行为举止上依然是威尔士人、苏格兰人或者爱尔兰人。

　　事实上，远远比凯尔特人的顺服更引人瞩目的，是英格兰贵族在这一时期准备让步，为他们的威尔士、苏格兰或盎格鲁-爱尔兰同侪提供大量职位和支持的程度。当然，偏见依然无处不在。悉尼·史密斯是一个很受欢迎和风趣幽默的牧师，他嘲笑英格兰人主导的下议院依然多么地不喜欢"来自北方的大量有能力的青年人"的入侵，他们的口音听起来让人不舒服，他们的野心更令人不安。[40] 但从今往后，在议会和内阁，还有司法部门、外事部门、外务部、陆军以及尤其是在殖民地事务上，显赫、享有特权和贪婪的英格兰人已经理所当然地认为，他们必须与凯尔特外缘同他们平起平坐的同辈合作与竞争，自 1760 年代初比特伯爵担任首相以来关于公共生活的设想,已经大大改观。约翰·海·比思在第一次世界大战期间发表的一篇题为《受压迫的英格兰人》的文章,具有煽动性地把这一点描画得入木三分:

> 今天,一个苏格兰人领导着驻法英军(陆军元帅道格拉斯·黑格),另一个苏格兰人在海上指挥着英国庞大的舰队(海军上将大卫·贝蒂),而第三个苏格兰人是国内的帝国总参谋长(威廉·罗伯逊爵士)。大法官是一个苏格兰人(芬利子爵);财政部长和外交部长也是如此(分别是博纳·劳和阿瑟·鲍尔弗)。首相是一个威尔士人(大卫·劳合·乔治),海军部长是一个爱尔兰人(卡森勋爵)。然而,还没有人提案,以给予英格兰以地方自治! 41

很明显,这不是英格兰人遭到挫败的排外心理姗姗来迟的爆发。这是一种冷嘲热讽。比思是一个职业幽默作家,正如他的名字所暗示的那样,他是一个苏格兰后裔。然而,在他学童似的讽刺文学背后,解释了不列颠岛上不同精英之间的对抗和偏见,为何会在18世纪的最后30多年里,最终不得不在一定程度上得到调整和解决的原因。那一时期大规模的战争和帝国建设活动,不仅迫使地主阶级出于自身利益而相互合作,而且还让他们史无前例地与毫无争议是外邦异族的男女打交道。在十三州殖民地与美洲人作战,或者在欧洲和亚洲与法国人作战,或者征服印度、非洲、澳大利亚和西印度群岛上那些不幸的居民,都让英格兰人、威尔士人、苏格兰人或盎格鲁-爱尔兰人更容易察觉到他们的共同之处。如果联合王国的居民们在当下更多地意识到了他们内部的分歧,这反而是他们为和平与世界大国地位的终结所付出的一部分代价。他们不再由相同的义务团结在一起,去反对一个敌对的异己,一种来自外部的威胁。

精英阶层的文化重建

因此，18世纪的最后25年和19世纪的前25年，见证了一个名副其实的英国统治集团的出现。贵族和显贵紧密团结，在财富、婚姻模式、生活方式以及野心抱负方面变得越来越相似，从而让自己在面临来自外部的巨大压力时更加安全。但就其本身而言，这种发展还不足以驳斥这样的指责，即那些统治英国的人，是国家中一个独立和邪恶的利益集团。更大程度上融入大城市的社会和政治之中，实际上可能也使凯尔特贵族显得甚至比以前更多地脱离了威尔士、爱尔兰和苏格兰的大众，正如日益增长的财富进一步加大了把英格兰地主阶级与穷人割裂开来的鸿沟。这显然是一个进退两难的困境。一个世袭特权阶级的团结一致，如何才能展示出广泛和爱国主义的功能？如何才能不露马脚地，把新出现的英国统治者显赫的财富、地位和权力包装起来，使其看起来有益而不是难以负担，是国家的一种资源，而不是一种与其不相容的增长？

贵族和上流社会的文化活动，在某些方面是堂而皇之非英国式的，这一事实让上述困境变得更加突出。没错，他们不像欧洲的其他许多精英阶层那样，奉法语为他们的第一语言。但是，会说法语依然是进入上流社会或担任高级职位的先决条件。例如1818年，当美国大使理查德·拉什首次参加卡斯尔雷勋爵在伦敦府邸举行的官方晚宴时，他非常震惊地发现"交谈几乎全都以法语进行"：

> 英国人不但与外宾用法语交谈，而且相互之间也说法语……在这里，一位英国国务大臣的家里，我周围全是法国文学、法语和法国话题；还得补充一下，还有法式小菜和法国红酒！[42]

如果拉什早 50 年来到伦敦上流社会的话，他还可能还得加上法国时尚。直到美洲革命及其之后，男性精英都还身穿**法式制服**出入宫廷，正如菲利普·曼塞尔所描述的那样，一种"精致和绚丽多彩的丝缎，或天鹅绒上衣和马甲，领口和袖口饰有花边"。[43] 对应的女性服装则是**法式礼服**，一种四边由裙撑——撑裙框——托举起来的豪华衬裙，配以开放式上装，腰以上是有框架支撑且紧身的胸衣，以使胸部上挺和半露。这些服装的变体在欧洲大陆各国的首都都可以看到，在费城、波士顿、纽约以及马德拉斯和加尔各答也可以看到。但不管在哪里，其起源都一样，来自路易十四的凡尔赛宫的宫廷着装。

英国显贵并不只是从法国这一个外国获取或借鉴时尚。来自苏格兰的长老派地主通常将他们的继承人送到乌得勒支或莱顿大学学习。在教育观光旅行的线路上，有时候也会列入德意志的一些邦国，这或许是出于对军事和音乐的兴趣，或许仅仅只是出于一种很实际的考虑，即英国统治君主来自汉诺威选帝侯国。[44] 但最有吸引力的地方是南欧。在 1700 年代甚至那之后很久，富有、快乐和（或）有教养的英国人都非常钟情于意大利，尤其是意大利艺术。1711—1760 年间，在伦敦拍卖行拍卖的价值超过 40 英镑（也就是说，这个价钱只有富人和贵族才有可能出得起）的绘画，有 50% 都出自意大利大师之手。[45] 教育观光旅行中包括威尼斯或佛罗伦萨或罗马，其吸引人的地方之一，就是去欣赏这些城市的艺术，而且很可能会买上一些。

在贵族们自己看来，这些行为没有一个会必然有损于传统的爱国主义。他们到外国旅行或购买外国的东西，几乎不是出于对其文化和政治的任何强烈的认同感，更多的是想要维护和强化他们自己已经持有的偏见和立场。当然，总是有少数像切斯特菲尔德勋爵那样的完美主义者，真正以身为世界公民而自豪，但总体而言，世界大同主义的姿态之所以受到重视，是因为它所象征的东西：闲暇、教育和财富——这在今天仍然如此。例如，法国时尚吸引人，主要是因为其优雅精致、昂贵和完全不切实际，大肆宣扬了穿戴者的绅士地位。穿戴成这种方式，女性就宣告了她们自己是忸怩作态和矫揉造作之人，她们甚至极少需要移动身体；而男人则成了爱慕虚荣之辈，他们显然不需要工作。这也是为什么劳伦斯·雪利，即第四代费勒斯伯爵，在1760年因谋杀其管家而被处以绞刑时，如此精心地身着一件**制服**，由白丝绸制作而成，装饰有银色的刺绣。[46] 就在英国法律前所未有的民主迫使他将要像一个普通罪犯那样死去的那一刻，他那"外国的"服饰，再次重申了他完全不同寻常的等级。出于同样的原因，荷兰和意大利古老的杰作，像哥白林和博韦挂毯、装饰精美的手稿或希腊花瓶，都被竞相追逐，因为它们是独特的艺术品，是稀有之物，能够作为证据来展示一个人有教养的品位和富有的程度。

　　因此，有选择性地模仿和拥有外国的东西，就成为英国贵族在国内宣扬其社会、文化和经济优越性的方式之一。但到18世纪的最后25年，这种策略开始被看作非常不明智的行为。我们前面已经看到，报刊、杂志、小说和漫画长期以来都在谴责贵族的这种世界大同主义是一种浪费和退化，是国内没能发展出新教朴素原则的嫌疑犯。[47] 现在出现的对于精英阶层的疏远更加意味深长，对于文化叛国行为的指控也比以前更为凶险。与此同时，与欧洲其他国家令人羡慕的接触机会也被断然阻隔。1778年的法美协议，使大不列颠与欧洲大陆之间人员和商品的自由流动戛然而止，与革命和拿破仑法国之间的战争，让这种隔绝又延长了20年。到滑铁卢战役时，英国新一代贵族已经成长起来，对他们来说，欧洲大陆更是一片战场和一派被革命颠覆的景象，而不是一个时髦的游乐场和文化圣地。因此出于必然，同时也是出于审慎的原因和爱国主义的选择，统治阶层的成员被激励着去寻找新的、毫无疑问英国式的文化表达形式。他们仍然像以往那样关注于强调那些把他们与其较为贫穷的同胞区别开的东西，但现在是以对他们而言更为本土的方式，而不是从国外借鉴而来。

"我的教育跟我这个阶层的大多数年轻人相似……我在伊顿公学和牛津大学学习",霍兰勋爵在他回忆录的开篇不经意地写道,向我们指出了这种新的文化认同的一个最重要的来源。[48] 在18世纪最初期,贵族男青年通常在家里接受家庭教师的教育,他们通常也不上大学。在1701年,就读牛津和剑桥大学的英格兰贵族不到35%;上大学的苏格兰、威尔士或爱尔兰贵族比例更低。[49] 但随着这个世纪的发展,一切都发生了改变。到霍兰写这段话时——大约1800年——仅在伊顿、威斯敏斯特、温切斯特以及哈罗这四所公学接受教育的英格兰贵族,就超过了其总数的70%。在19世纪上半叶,贵族和乡绅的儿子们一起,就占了所有重要公学学生人数的50%。[50] 对来自这一社会背景的男孩子们来说,教育现在几乎一成不变地意味着融入与大不列颠作为一个整体相一致的体制之中,而不是进入纯粹的乡土学校。在离开私人的、自我封闭的家乡和田园地产之后,他们就长期与社会地位相同的人打交道,接触一套统一的观念,学习如何以一种与众不同和构成他们特色的方式说英语。他们在完成公学学业之后的情况也越来越如此。到1799年,超过60%的英格兰贵族会在某所大学待上几年;到1815年,比例大致相同的英格兰、威尔士、苏格兰和爱尔兰议会议员也是如此。[51]

更加统一的贵族教育的出现,如何塑造了对于不列颠民族国家的态度?迄今为止,研究这一时期公学和大学的意识形态(而不是社会学)的作品极其有限,但我们确切知道的东西却很有启发性。公学校长鼓励男孩们参加全国性的捐献活动,并庆祝英国陆军和海军的胜利,在这样的时候,爱国主义责任被以实际的方式加以强调。这种爱国主义还被包含在古典课程之中。对希腊和罗马作者以及古代历史的强调,意味着不断讲述战争、帝国、英勇行为还有为国捐躯的故事。这一时期公学和大学的获奖诗歌和散文聒噪的都是这样的主题,同时也洋溢着对壮士英雄气概的盛情赞美:

>……无法抗拒之力量的真正分量;
>英雄的风采、外表和伟岸身躯;
>看上去安宁祥和的面部表情——他的灵魂
>通过受到严格控制的四肢加以说明。
>(牛津大学获奖诗歌,1817年)[52]

在19世纪初,获得牛津大学校长英语言文学奖的文章题目有《论荣誉感》(1805年)、《论逝后的声名》(1806年)、《论爱国之情》(1809年)以及《论葬礼和坟墓的荣耀》(1811年)等等。[53]

古典文学无疑非常适合,因为它所赞美的爱国主义丰功伟业非常明确具体。荷马、西塞罗和普鲁塔克的英雄,其地位和头衔都非常显赫。在这一点上,他们提醒英国的精英不要忘记其服役和参加战斗的责任,除此之外,也肯定了他们做这些事情高人一等的资格。[54]古典作品还有一个更加实际的好处。它们所颂扬的社会早就消失无踪,因此,它们可以激励人心而又不构成任何威胁。实际上,熟悉历史上记录的古代帝国的光辉业绩,甚至能够更加坚信英帝国卓越的美德和权力。1810年,基督学院的一名大学生在一首诗中写道,罗马把它的英雄主义消耗在了"壮观的死亡,和血腥的剧场";但英国的权力完全不一样。它是建设性的。它是基督徒一样人道友好的。它是自由的。最重要的是——它是与时俱进的。威廉·柯珀用韵文翻译的《伊利亚特》和《奥德赛》(1791年),很快就被吸收到牛津和剑桥大学以及苏格兰各大学的课程当中,他对古典作品的热爱推动着他进而大胆地赞美自己的祖国,这在当时非常典型。博阿迪西亚在他的一首诗中向罗马人高歌:"我们被赐予帝国,而等待你们的只有耻辱和毁灭"[55]。

公学和大学努力灌输的,是**英国当前**的贵族爱国主义,而不仅仅是对古代的学术兴趣。巴纳德博士在1754—1781年间先后担任伊顿

图 31. 伊顿公学保存的查理·格雷画像，乔治·罗姆尼，1788 年

公学的校长和教务长，他开创了一项传统，邀请六年级中最最杰出的学生——事实上，这些人相当于那些下定决心想要步入政坛的贵族青年——向学校捐赠画像。这既激励了他们自己的雄心壮志，也鼓励了低年级的伊顿学子，他们将在像查理·詹姆斯·福克斯、未来的格雷伯爵塞缪尔·惠特布雷德以及未来的印度总督和令人尊敬的理查德·韦尔斯利这样自信高人一等的校友的画像注视下，度过他们的中学时光。[56] 巴纳德还改革了伊顿公学独特的节日，即蒙泰姆山节*，把它变成每三年举办一次的庆典，庆典期间高年级学生被授予军衔（上尉、司仪官、少尉、军士长），并且身穿英国军队较低职务者的军服。最

---

* 蒙泰姆山节，最晚在 1561 年就开始在伊顿公学兴起的一个传统节日，因在学校外两千米处的蒙泰姆山进行而得名（该山也因此又被称作盐山），最初是为新生撒盐以开启其智慧的入学典礼，每年举行一次，几经变革，最后在 1847 年被废止。——译者

终把蒙泰姆山节从原来青年人激烈的狂欢、有钱人的嬉闹，变成了一个爱国主义的盛会，以取悦自豪的父母和重要的来宾，如乔治三世或者威灵顿公爵。[57]当伊顿、哈罗以及温切斯特的学生进入牛津和剑桥或者爱丁堡、格拉斯哥甚至都柏林的三一学院之后，他们很快就会竞相创作以英国和帝国为主题的希腊和拉丁韵文或英语散文，如果他们足够聪明的话，更是如此。例如，1804年，孟加拉威廉堡学院副院长在剑桥大学为论述英属印度的最佳论文设立了一年一度的奖金。在校学生被鼓励来讨论在东印度公司掌控下"教化大英帝国印度臣民的最佳方式"，或者"上帝将亚洲如此大片区域置于英国统治之下的可能立意"。[58]

然而对许多年轻人来说，公学和大学越来越努力灌输的思想，肯定没有它们必然会促成的男性纽带和强健体魄么重要。威廉·拉塞尔勋爵指出，公学能够完美地让"一个男孩变成一个男子汉……让他能够应付生活的困难，去获得朋友，去参与公共事务"。[59]长期远离他们的家，投入一个几乎全是男性的世界，男孩们会敏锐地意识到他们的等级身份，并为以后远离家乡到军队或殖民地服务做好准备。让年轻人崇尚坚强刚毅，从政治和爱国主义的角度而言都很重要。潘恩的《人权论》（1791—1792年）从各个方面抨击了英国的统治阶级，但他最残酷无情、最巧妙的攻击，是斥责其成员都是"懒汉"、一群"土耳其后宫的男宠"。对于一个想要声称其地位建立在为国家服务之基础上的精英阶层来说，这可能是最令其愤慨的羞辱。当时公学和大学的话语在一定程度上强调强健的体魄，强调活力和男子汉气概，几乎可以理所当然地被理解为是在试图有意识地抵消这种消极形象。在1803年的入侵危机期间，伦敦的《泰晤士报》特意援引了精英教育的品质，来证明潘恩的评论有失偏颇：

我们年轻的贵族和绅士不是在像土耳其后宫那样完全隔绝的

禁锢之地中长大，而是在公学严格的纪律下成长；他们从童年就在激烈的体育运动和训练中成长。[60]

1811年，剑桥大学现代史钦定讲座教授在一位新校长的就职典礼上当众朗诵了一首赞美诗，也使用了非常相似的话语和推理。他在诗中表示，英国的伟大和长存不朽，源于其法律、虔诚、英勇和自由，也毫无疑问源于上帝。但最重要的是，它源于"艰苦的体育锻炼，源于充满男子汉气概的公学"。[61] 大不列颠不仅仅是另一个罗马，一个更加伟大的罗马，它也是一个当代的斯巴达。它的贵族青年是勇士而不是娘娘腔。

与此同时，在狩猎场也传达出非常相似的信息。在18世纪的大部分时间里，猎狐活动都只是边远地区乡绅和农户偶尔为之和毫无组织的活动，不享有猎鹿活动那么高的声望，最初在贵族层面也没有猎兔那么普及。但从1750年代开始，当莱斯特郡一位名叫雨果·梅内尔的乡绅培育出速度更快的新品种猎狐犬之后，这项活动的范围和名声都开始膨胀。F. M. L. 汤普森写道：

> 在18世纪末，尤其是在19世纪的前30多年，乡间的猎狐活动在各个定期开放的猎场之间追逐搜寻，他们的"场地"或区域，被明确和易于识别的边界清楚地划分，他们的狩猎集会组织有序、控制有方，以便彻底搜寻他们的整个狩猎场。[62]

到1830年代，散布在整个大不列颠的各种狩猎场有90多个，以爱尔兰为根据地的猎场更多。大不列颠的山河现在被重整和重新构思，以便与有土地和富裕的人们休闲的优先选择相符合。拆除树篱栅栏、填平沟壑、修建通道和桥梁、侵犯佃户的私产，所有这些都是为了追逐那些不幸和不能食用的狐狸。

当然，不能食用的猎物是极好的馈赠佳品。这是那些**参与**真正远远比获胜更为重要的为数不多的体育运动之一。猎狐吸引了乡村社会的一大批人，但繁殖和饲养猎狗与马匹的费用，主要是由大地主承担，他们因此重新确立了他们在当地社会的重要地位。他们重新确立的东西远远不止这些。与猎鹿或猎兔相比，猎狐是英国特有的一项体育活动。它速度快、有危险性、场面壮观，进行时需要身着显然是模仿军服缝制的时髦便捷的紧身衣，而且在这一阶段几乎完全仅限于男士参与。简而言之，在当时的人们看来，猎狐运动的发明可以被视为另一种表达贵族新的爱国主义和英勇气概的方式："纵马直接跨过任何篱笆，在猎场风驰电掣的同一批人……也很可能会去做战斗需要他们去做的任何一件或每一件事情，不管是率领一支骑兵，去跨越堡垒或沟壑，还是……袭击一个炮兵连"，参加过滑

图32.《乔治，骑在"小个子"上的第五代戈登伯爵》，本杰明·马歇尔，1806—1807年，画中包含一群猎狐犬

铁卢战役的老兵西顿勋爵推断说。[63] 唯一的区别是，法国人代替了狐狸的位置成为猎物。

猎狐可以让一个绅士张扬地挥霍其闲暇时光，在这一过程中又不显得无所事事或者娇柔颓废。这项活动把他与穷人和劳工、城里人和商人、久坐不动的人和专业人士区分开来，而又丝毫不危及他装模作样的爱国主义。狐狸是害兽。精英阶层中的男士通过猎杀它们——因而保护了小农的鸡群或羊群——表明了他们的社会功能，与此同时自己也得到了巨大的享受。而且因为猎狐运动具有健康和在户外进行的特点，有助于培养男性的敏捷和胆量。一位贵族子弟在1802年写道："我须要夸大鼓励这样一项体育运动的政治好处，这项运动可以繁衍优良的马匹，防止我们的年轻人在邦德街变得更加柔弱娇气"。最为赞美这项体育运动的新闻记者"宁录"*写道，猎狐运动是"王权重要的支柱之一"，是行动中的英国性、男子汉气概和身份等级。[64]

因此这是地主精英方面远远更自觉和更积极的努力的一个例证，从而维护了其作为民族文化的裁决者和护卫者的地位。当然，我并不是说这一发展是以任何简单和直接的方式源于精英阶层感受到了其所面临的挑战。通常情况下，这是一些早就存在的趋势和做法，只是被以新的方式加以利用和诠释。例如早在1760年代，精英阶层的男性和女性成员在国内旅游而不是国外旅游的趋势就开始蔚然成风，这最初是大规模战争阻断了前往欧洲大陆之通道的结果。这种风气的先驱之一是第四代准男爵沃特金·威廉姆斯·温恩。1771年，他在北威尔士进行了为期两周的旅游，当时带了9个仆人和初出茅庐的艺术家保罗·桑比，他雇请桑比来记录更为生动别致的风景。[65] 随着国内旅游的发展，其他人的探险远远比这更为深入。例如艾塞克

---

* 宁录（Nimrod），《圣经·创世记》中一个英勇的猎人，这个记者以此为笔名显然意有所指。——译者

斯准男爵和艺术收藏家乔治·博蒙特，在战争阻止他前往他所钟爱的意大利之后，就转而经常到湖区和威尔士旅游写生。还有其他一些贵族则出游四处收集稀有矿石、采集植物、欣赏美景或狩猎。到1800年代早期，道路和猎枪得到大大改进，使在苏格兰高地最为阴冷潮湿的地方巡猎得以实现和令人向往。戈登公爵像苏格兰高地其他许多地主一样，在《泰晤士报》上登广告，宣传其庄园上的狩猎和垂钓活动，以每次70英镑的价格出租专门的狩猎小屋，招揽更为富有和嗜血的旅游者。[66]

这一时期在大不列颠更为僻远的地区探险，就像欧洲大陆之旅那样，具有同样显示尊贵地位的成分，而且远远更加安全。与资产阶级长期钟爱的发展更完备的温泉和矿泉疗养地相比，前往北威尔士、湖区和苏格兰高地旅游依然更为昂贵，因而也更受青睐。与南威尔士、苏格兰低地或英格兰相比，那些地区的工业化和城市化程度低得多，其居民不容易受激进思想影响，可能也更愿意知道和安守本分。游历这些地区，贵族旅游者享受到了时光倒流的美妙幻觉，回到了他们的世界依然很安全的年代。此外，要想像欣赏罗马、佛罗伦萨或巴黎那样，以正确的方式欣赏"英国最遥远的地区"（这是旅行指南对这些地方的称呼），就需要人们已经接受了一种时髦的美学教育：了解掌握埃德蒙·柏克的崇高理论，拥有对别致景观的成熟理解，并且能够阅读像威廉·吉尔平的《论怀河》（1782年）这样的重要作品，该书未经翻译地引用了大量拉丁原文，并时不时提到克劳德·洛兰和萨尔瓦托·罗莎这样的早期绘画大师。[67]

因此，就像教育观光旅行一样，令人见多识广的国内旅游，也成了显示身份地位的一种方式，这一点简·奥斯汀在《诺桑觉寺》（1798—1803年）中作了富有特色的精确描述。在某个地方，作品中天真无邪的女主人公凯瑟琳·莫兰，因为对巴斯风景天真和深情的赞赏，而受到她的爱慕者亨利·蒂尔尼及其妹妹埃莉诺取笑：

在当前的情况下，她承认并且懊恼自己知识贫乏，宣布她愿意不惜任何代价学会画画；而一堂关于别致风景的课程也接踵而至，在其中亨利的指导一清二楚，使她很快就能从他所欣赏的每一样东西中看到美，而她如此全神贯注，他开始极为满意她有很高的天然品位。他谈到了近景、远景和次远景，旁衬和透视，光和影；而凯瑟琳是一个很有前途的学生，当他们登上比琴崖顶峰时，她不由自主地对整个巴斯城不屑一顾，因为它不配成为一幅风景画中的组成部分。[68]

与她的其他小说一样，奥斯汀让我们清楚地知道她的每一个主人公，在社会和金钱利害关系中到底价值几何。亨利受教于牛津大学，是一位拥有财富和乡间地产的将军之子；他的妹妹后来是一位子爵夫人。优越的社会地位和教育，让他们能够把自己土地上的风景据为己有：完全以凯瑟琳无法想象的方式去欣赏和描述它（"近景"、"远景"、"次远景"以及"旁衬"等等），因为她只不过是一个朴实的乡村牧师的女儿。

坚持把上流社会的眼光放在首位的做法，也同样越来越延伸到美术领域。当然，贵族和巨富长期主导着高端艺术市场，但现在，他们以一种完全不同的方式来行使和阐释这种最高权威。在18世纪的大部分时间里，拥有贵族头衔的英国赞助人，尤其是英格兰赞助人都饱受指责，说他们滋养了外国的艺术家，而完全忽略了本国的艺术家。他们可能会找到某个威廉·艾克曼，或某个威廉·荷加斯，或某个托马斯·赫德森，以及后来的某个雷诺兹或某个庚斯博罗，来为他们自己、他们的子孙后代、他们的狗、他们的马和他们的妻子作画。但当他们想要在美术上花一大笔钱的时候，他们就把目光转向欧洲大陆，尤其是那些已经过世、毫无争议和没有投资风险的早期绘画大师。要求认真对待英国艺术，并作为一项有利于国家的事务积极加以扶持，这种主张被留给了艺术家们自己,以及一系列资产阶级活动家,例如约翰·威尔克斯这样的人,他在议会呼吁建立国家美术馆,或者伦敦市议员约翰·博伊德尔,他委托英国艺术家绘制莎士比亚戏剧中的景色,直至家道破败。[69]

英国政府的统治者在支持这些文化提议方面的动作极为缓慢。法国在1793年建立了国家美术馆;瑞典在第二年紧随其后。荷兰国家博物馆建于1808年,西班牙普拉多博物馆建于1819年。但直到1824年,议会才规定在伦敦建立国家美术馆,而即便在这时,也没有给予足够的馆舍,直到1830年代末才有所改观。在大革命战争期间,一位法国艺术理论家曾经揶揄说:"那个国家没有集中、具有权威的收藏,尽管市民们私人获得的艺术品很多,他们保有这些东西,**自然而然**是为了自娱自乐"。[70]虽然这是共和派的恶意诽谤,却不无道理。只要他们还在与法国大革命的军队和观念交战,英国绝大多数贵族就不愿意侵犯神圣而显赫的私人财产,也不愿从他们自己乡间府邸的收藏中出借或捐献艺术品,用来建立一个国家美术馆。这样做代价沉重,甚至具有颠覆性。

然而尽管英国政府并不关心艺术,但在当时把艺术看作是在贵族的资助下繁荣兴盛,仍然恰如其分。情况也越来越如此。像乔治·博蒙特爵士、约翰·弗莱明·莱斯特爵士、塞缪尔·惠特布雷德二世(格雷勋爵的妹夫)和小说家沃尔特·司各特爵士这样的绅士收藏家,热情洋溢地收集和委托他人创作本土艺术作品,其出价之高,令前几代人几乎难以理解。[71]的确,在更大程度上,第三代埃格勒蒙特伯爵乔治·奥布赖恩·温德姆表现得更加突出。他的父亲,第二代埃格勒蒙特伯爵,也是一个狂热的收藏家,但几乎只购买意大利大师的作品和古代大理石雕塑。相反,新一代埃格勒蒙特伯爵购买英国艺术品。他不仅仅只收藏庚斯博罗和雷诺兹这样的早期艺术大师的作品,也购买诸如约翰·康斯坦布尔、威廉·布莱克、大卫·威尔基和本杰明·海登这样的新手的画作，以及出自约翰·弗拉克斯曼和查理·菲尼克斯·罗西之手的新古典主义雕刻。另外还有透纳的作品。第三代埃格勒蒙特伯爵购买了不少于 20 幅透纳的画作，而且从 1827 年到十年之后他去世之前，都不时邀请这位艺术家到他的乡间府邸佩特沃斯，请他让这个府邸的湖景、花园和洒满阳光的房间在画布上永存不朽。[72]

《佩特沃斯的内景》，这幅作品今天在伦敦泰特美术馆的墙上熠熠生辉，它是绘画史上赞美贵族之慷慨大方的作品中，最令人印象深刻的一幅，但就 19 世纪初英国艺术赞助的一般原则而言，它却依然是个例外。大多数贵族继续把目光集中在欧洲大陆的艺术，甚至现在比以往更容易得手，因为法国大革命把大量皇家收藏带入了市场。但与以往相比，现在更关注于赋予这些原有的收藏习惯以一种新的和更容易被接受的意义上的扭转。贵族阶级购买的艺术品，被越来越多地以一种公共财富，一种国家资产的形式呈现。实现这一点的途径之一，是在远远比以前更大的程度上，向符合资格的公众成员开放乡间府邸的藏品。[73]更富有的贵族有时还在伦敦设立他们自己的私人美术馆，然后选择性地面向参观者开放。例如英格兰贵族联合会的领袖布里奇沃特公爵，以 4.3 万英镑从法国买下了奥尔良收藏的惊人的早期艺术大师们的作品，他在 1803 年去世，并把遗产留给了斯塔福德侯爵。后者很快就在伦敦克利夫兰宅开设了一家美术馆，来展示这些画作，并隆重地配备了 12 个职员，每个职员的制服花费了 40 几尼*。其他一些贵族委托他人为他们的艺术收藏编写参考手册，并允许将其出版。这正是格罗夫纳伯爵二世的做法，他此前花了一万英镑购买了鲁本斯的四幅油画，又出于爱国的良好意愿，买下了雷诺兹的《悲剧女神西登斯夫人》和庚斯博罗的《蓝衣少年》。[74]

---

* 几尼（guinea），英国旧时的金币，值二十一先令。——译者

但 1805 年 5 月在伦敦帕玛街*建立的旨在推动联合王国之美术水准的"英国美术促进协会",可能是贵族艺术收藏家借以让他们的私人珍藏看起来像是一种公益事业的最有效的途径。[75] 这是一项高度排外和准官方的冒险事业。乔治三世被要求批准其建立。威尔士亲王担任其荣誉主席。特别富有的捐献者被允许购买世袭的董事席位;而其最积极的支持者包括达特茅思伯爵、劳瑟子爵、斯塔福德侯爵和查理·朗爵士,他们全都是政府的坚定支持者。协会公开的目的和它大部分工作都完全是公益性的。它提供了一个永久性的美术馆,英国艺术家可以在此展出他们的作品,它还展示从乡间府邸借来的早期美术大师们的作品,以熏陶启迪普通大众,同样还有国内成长起来、初出茅庐的艺术家。然而,正如当时的批评家所指出的那样,其中无疑还有一个隐蔽的预期目标。"英国美术促进协会"可以让贵族影响到英国艺术的发展,而又不用屈从于一个国家美术馆,因为后者很有可能会挑战私有财产权原则。一个绅士收藏家把一些早期美术大师的作品借给协会,可以借以炫耀他的财富和文化,另外可以出乎意料地看上去像一个爱国者,而其本人又根本用不着购买任何英国的艺术品。

英国美术促进协会通过所有这些方式,帮助形成了一套在今天都还有影响的文化假定,也就是这样一种非凡的观念:即便一件艺术作品来自国外,而且即便是其依然牢牢地被掌握在私人手中,但只要它被放在某个乡间府邸,它就必定在某种程度上属于国家,并使国家受益。早在 1812 年,埃杰顿·布里奇斯爵士就能在他编撰的《科林贵族辞典》中提出这种观点:

> 斯塔福德、卡莱尔和格罗夫纳收藏的画作;斯宾塞、马尔

---

* 帕玛街(Pall Mall),伦敦一条上流社会街道,以圣詹姆斯宫的残存部分和许多私人俱乐部闻名。它的名字来源于类似门球的铁圈球游戏。17 世纪的圣詹姆斯宫前辟有玩这种游戏的球场。——译者

博罗、德文郡、布里奇沃特和彭布鲁克的图书馆，都是**国家的**财富，他们成了正在为这个世界帝国争夺财富的一个群体。[76]

实际上在这一时期的每一个欧洲国家，贵族们都生活在他们的财产会被洗劫或被没收的危险之中。只有大不列颠才被证明能够传播这样的观点，即贵族的财产会以某种神奇和非常难以琢磨的方式，**也成为人民的财产**。今天，成千上万的男女都愿意承认，私人拥有的乡间府邸和里面的东西，都是英国**国家**遗产的组成部分，这一事实再次证明，英国精英阶层在一个革命风起云涌的年代，是多么成功地重塑了其文化形象。

他们自己的史诗英雄

1818年，一位敏感的外国观察家第一次参加在圣詹姆斯宫举行的皇家招待会，见识了英国精英阶层的上流人士希望被人们看到的样子：

> 那里都是些有才华和有知识的人。贵族人数众多；军人也同样如此。有40到50个将军；海军上将数量可能也差不多……"那是沃克将军"，我被告知，"曾经被刺刀刺中，在攻击巴达霍斯时身先士卒"。而他旁边，很高但有点跛的人是谁？"庞森比上校，他在滑铁卢战役中被认为已阵亡而没有人管……"然后过来一个似乎很尊贵的人，但缺了一条腿，行动缓慢，接着传来窃窃私语，"那是安格尔西勋爵"。第四个人曾经在塞林加帕坦负过伤；第五个人在塔拉维拉挂过彩；一些人曾经在埃及经历痛苦；一些人在美洲遭受过磨难。还有一些人在纳尔逊的甲板上留下了伤疤；另一些人在豪的麾下留下了伤痕。有一名来宾，是的，有一位，参加过萨拉托加战役……我的询问得到的回答都是这样。所有的人"已尽忠尽责"，这是他们最喜欢的溢美之词。[77]

所有精英都通过戏剧效果来巩固他们的统治，18世纪统治大不列颠的人在这方面确实足智多谋，他们利用法官长袍和各种法律仪式来强调他们的惩罚和宽恕权，利用他们豪华的乡间府邸来炫耀他们的个人财富和地方影响。但这位美国大使在这一场合见证的是一种更大规模的戏剧效果，在其中有头衔的人与参加战斗的人融为一体，出身名门的贵族因为与热血的英雄主义联系在一起而光彩四射：笔挺的军装、光荣的伤疤、英雄的伤残，为了保险起见甚至还外加了些许才智上的成就和精英教育，这些都是非常恢宏的舞台布景。他被明确告知，这样的布置旨在传递的道德讯息是，英国的精英阶层是一个服务性的精英阶层。在巨大的政治、军事和社会压力下，其成员比以往更需要说服自己以及其他人，他们实际上已经对大不列颠尽忠尽责，而且干得卓有成效。

大张旗鼓地狂热推崇英雄主义和为国家服务，起到了宣传英国精英阶层的重要作用，当然，承认这一点并不意味着，我们应当因为其虚伪和不真诚而对其置之不理。所有贵族都有一种强烈的军事传统，而对许多英国贵族而言，这一时期旷日持久的战争是一个飞来鸿运。战争为他们提供了一份差事，更重要的是，为他们提供了一个目标，一次机会，去实践他们从孩童时代就被训练去做的事情：跨上战马、开枪、展示他们无疑实实在在的勇气，并对他人发号施令。正如我们已经看到的那样，甚至新近才迅速崛起的精英成员，也很可能会在公学或大学，被置身于一种积极进取的爱国主义课程之中。一种在全世界扩张英国权力的兴奋愉悦之情，和一种特别的身份优越感，几乎影响了他们中的每一人，在美洲的失败一度严重削弱了这种优越感，但持续时间不长。人们可以看到，这种优越感，即对国家的自豪感和对血统的自豪感，非常清楚地反映在这一时期的肖像画当中。乔舒亚·雷诺兹爵士通过捕捉甚至强化这一点而发家致富，他借鉴古典雕像《望楼上的阿波罗》所启发的造型，并把它运用到一系列职位很高的

图 33.《沃尔夫将军之死》，本杰明·韦斯特，1770 年

英国男士的肖像画中。但是，甚至比雷诺兹有过之而无不及的，是北美的艺术家本杰明·韦斯特，他鼓励杰出的英国人把他们自己视为一部民族和帝国史诗中的英雄。

他的画作《沃尔夫将军之死》，于 1771 年在皇家学院第一次面向公众展出，其内容是一个弥天大谎。[78] 沃尔夫是一位年轻、有点神经质、颇受争议以及出身绝不算高贵的驻加拿大英军总司令。1759 年，他在攻取魁北克时，在和普通人一样所处的肮脏环境和痛苦境地中死去。在韦斯特的画中，他临终之时围绕在他身边的军官当时实际上全都不在场。那个忧心忡忡，注视着这位伟大的白人如何死去的印第安武士，当时也不在场，因为像他那样的人大部分都在敌方与之战斗。而且在现实中，在这位垂死的英雄上方也没有扬起一面卷折的联合王国国旗，像一个十字架一样带走它的牺牲者。这幅油画只在一个关键和革新的方面确凿无疑。韦斯特没有让他的主人公们身着不合时宜的长袍或武士甲胄，而显示他们穿着当时英国军队的制服。他采用

图 34.《皮尔逊上校之死，1781 年 1 月 6 日》，
约翰·辛格尔·科普利，1783 年

古典和圣经式的献身及英雄主义的艺术姿态，并借用到此时此地的英国人身上。而这就是为什么这幅画能引起轰动，为什么它能被制成最畅销的印刷品，为什么乔治三世也定购了一幅复制品，以及为什么罗伯特·格罗夫纳勋爵出 400 英镑购买原画——这在当时是很大一个数目。[79]

《沃尔夫之死》开启了一种为那些挑战或引领世界，或在胜利之际战死沙场的英国军官阶层的成员绘画的风尚。韦斯特的同胞约翰·辛格尔顿·科普利在他对皮尔逊上校之死的描画中，重复了韦斯特这位大师的几乎所有技巧；皮尔逊上校在 1781 年从一支入侵的法国军队手中重新夺回泽西的圣赫利尔镇时遇害。再一次，战争的某一单独时刻和事件被凝固成永恒。再一次，一位著名的年轻军官在联合王国的旗帜下，在鞠躬尽瘁圆满完成使命之时，引人注目地战死。而且再

图 35.《纳尔逊将军之死》，阿瑟·威廉·德维斯，约 1805 年

一次，艺术家用不重要的人物来表达重大事件的意义，并使其达到史诗的高度：皮尔逊的英勇行为旨在营救的，是四散的妇女和儿童；一个普通士兵，这次是一个鼓手，忘记了自己身负重伤，为失去领袖而悲恸；而最生动的人物，是皮尔逊的黑人侍卫——据我所知，这是唯一一位在 18 世纪的艺术中被以英雄的方式加以纪念的，在英国军中服役的黑人——他正在杀死射出那颗致命子弹的那个法国人。约翰·佐法尼将绘制在构思上大体相似的作品，来赞美在印度的英国军官的英勇行为；大卫·威尔基也同样如此，他尤其颂扬了他的苏格兰同胞。但这类绘画在英国的效果，在阿瑟·威廉·德维斯为在 1805 年特拉法加海战中去世的海军总司令纳尔逊将军创作的油画中，达到了顶峰。

在这幅画中，就像在其他许多画中一样，捕捉和纪念的是胜利时刻的死亡和死亡时的胜利。但这一次没有联合王国的旗帜飘扬在奄奄一息的英雄上方，只有胜利号血迹斑斑的船舱中那根巨大的木梁，像一个十字架一样横在他的头顶。而纳尔逊确实被呈现为脱去了他的英国军装。作为替代，德维斯精心地把他画为包裹在白布当中，笼罩在船上的提灯照出的光环之下，他海上的部下们围绕在他周围，已经把他奉为了他祖国的救世主，海军的守护神。

对现代的品位而言，因为这些画同时具有太强的叙事性和过于不加掩饰的沙文主义倾向，我们往往忘记了它们在当时规模惊人的影响。在那些年里，以它们为底板的复制品和粗糙的木刻画，被卖出了几万甚至几十万份。批量生产的丝织品和陶瓷的设计也源于它们，给儿童的廉价黑白或彩色画片和大量客栈招牌也同样如此。[80] 尽管爱国主义肖像画的市场在 19 世纪最初期已经是一个相当广泛深入的市场，但上流阶层——最主要是精英阶层中的男士——可能受其影响的程度最深。毕竟，当这些画的原作展览的时候，只有他们才有金钱和特权前去参观，并有财力买下它们。正是他们已经被灌输了希腊和罗马的古典作品，在其中英雄们为了荣誉和国家，**为祖国捐躯的甜美与荣耀**，而不惜牺牲自己的生命。也正是他们最强烈地认同这样的形象，在其中高级军官正是完全凭借个人的优异特性，从战争的痛苦、默默无闻和可以预见的杀戮中脱颖而出。对于英雄主义高度选择性的崇拜，极少聚焦于普通士兵或水兵，而是聚焦于那些指挥他们的人，这极大地迎合了那些对他们个人的地位和荣誉深感自豪的人们。关于这一点的一个非常公开的体现，是议会在 1790 年代初决定用国家税收，在伦敦圣保罗大教堂为陆军和海军军官的英雄们树立雕像——这是前所未有的事情。[81]

但对精英英雄主义新的崇拜，也塑造了个人行为。一些男士被其深深地吸引和迷惑，他们的现实生活，甚至更大程度上他们的死亡，与普鲁塔克和荷马的作品，或韦斯特、科普利、德维斯等人的艺术作品中所能看到的极为光彩照人的英雄形象，无法解脱地交织在一起。我认为，为小威廉·皮特奉上最后一餐的侍者很可能是对的，在1806年1月23日去世时，小皮特说的最后一句话确实是："我想我可以吃一块贝拉米牛肉馅饼"。但神圣版的皮特之死看起来似乎更加真实得多，在他没有受公共事务和酒精搅扰的每一刻，这位古怪、极为自负的人都在读古典作品，他临终的话语是："哦，我的祖国！我多么热爱我的祖国！"[82] 在1809年科鲁纳战役中身受重伤的约翰·穆尔将军阁下也同样如此，他在弥留之际气喘吁吁地说："我希望英格兰人民会感到满意。我希望我的祖国能公平地对待我。"[83]（顺便说一句，穆尔是一个苏格兰人。）这些情感显然发自肺腑，设计安排也很完美。这些人，还有其他很多像他们一样的人，像他们的文化教导他们的那样死去，并因此成为英勇和自我牺牲的贵族理想的一个至关重要的组成部分。

但最容易受这种理想感染的人，往往并不是大地主，或具有最显赫家世的世袭贵族，而是相对晚近加入精英阶层的新贵，他们可以失去的东西更少，需要证明的东西更多。霍雷肖·纳尔逊是诺福克郡一个教区牧师的儿子。他有一些很有影响力的亲戚身居高位（如果不是这样，他将很难在皇家海军如此快速地步步高升），但他和他的直系家族拥有的田地可以忽略不计，可以随意支配的现金也少得可怜。因此，追求荣耀是他出人头地的唯一可靠路径，他带着一种宗教皈依的全部力量实现了这一梦想。1776年，他从疟疾中逐渐康复，他认为他看见眼前有一个发光的圆球：

> 爱国主义的光芒突然在我的心中闪闪发亮，国王和国家像我的庇护人出现在我的面前。于是我欢呼："我要成为一个英雄，而且我向上帝倾诉，我在所有危险面前都会勇往直前。"[84]

他职业生涯的基础，正是这种快意的勇敢和自我陶醉的自负。他在

1798年尼罗河战役前夕写道："在明天的这个时间之前，我要么得到贵族头衔，要么进入威斯敏斯特大教堂。"[85]他要么成名并成为一名贵族，要么成名而英勇献身。当然最终，他鱼和熊掌皆得。他在特拉法加海战之前漫长的几个小时里写下遗嘱，对他来说，把埃玛·汉密尔顿托付给国家似乎完全合情合理。为大不列颠服务使他杀身成仁。在他死后，国家照顾他的遗孀难道不也是在情理之中？

因为纳尔逊是一个富有英雄色彩的人物，因此，人们很容易把他那意味深长的浪漫举止，还有那种自利性的爱国主义看作是一种极端的例外而不予考虑。就其强度和坦率程度而言，可能确实如此。但纳尔逊只是以一种引人注目的方式，实践了在他渴望跻身其中的阶层中被广泛鼓励的那种对于英雄个人主义的狂热崇拜。他的演技和观众感，也非常典型。与当时英国精英阶层的其他成员一样，实际上与拿破仑时代欧洲所有精英阶层的成员一样，纳尔逊对军功章和制服的重要性非常敏感，所有这些华丽的外表都象征着为国家服务。而像他这样的人，则更夸张地把这些东西发挥到了极致。他身高只有5英尺2英寸，头发未老先白，有一只眼睛严重受损，只有一条胳膊，上牙在他生命的最后岁月里几乎全部掉光，他为他的公众和海军形象投入了巨大精力，不仅仅因为他爱慕虚荣，也因为这不可或缺。在圣文森特战役（1797年）之后，他向当局明确提出，他想要巴斯勋章而不是准男爵爵位作为奖赏，因为前者上面有一条精美的红色绶带。当然，他如愿以偿，并将其和英国及其盟国颁发的其他奖章一起，总是戴在身上，其中包括土耳其苏丹颁发的镶有珠宝的星形怀表，上紧发条后就会转动。[86]

吉尔雷在1798年对纳尔逊的这一面，即身着宽大军服的小个子，进行了非常精彩的讽刺。纳尔逊，无可争议、光彩照人的英雄，他在特拉法加海战中可能被一个法国神射手一眼认出，因为他拒绝遮盖身上令他如此显眼的奖章、肩章和金丝带。正是这种蓄意而为的表现

图36. 讽刺刚被封为贵族的纳尔逊的画作，詹姆斯·吉尔雷，1798年

欲，这种戏剧效果，令其同时代的许多更纯正的贵族局促不安和胆战心寒。因为它似乎通过夸张性的模仿将他们自己正在越来越多采用的那种风格和策略通俗地表现了出来。纳尔逊光辉灿烂、毫不掩饰和绝对成功地，更加优雅和小心谨慎地做到了那些统治大不列颠的绝大多数人想要去做的事情：用爱国主义表现给公众留下深刻印象，并巩固他们自己的权力。

当时战争的绝对规模，有助于他们实现这一目标，战争使他们穿上制服从军的人数达到前所未有的比例。皇家海军军官的人数从1792年的2000人，增加到1806年的10000人，那时他们有大约40%来自地主家庭，这一比例比以往任何时候都高。[87]地主出身的人在英国陆军军官阶层，尤其是在其最上层和最精锐的团中，甚至更为突出。在1750—1800年之间，有124位贵族和贵族子弟在近卫骑兵

图 37. 制服的重要性:《多变的人与变化的服装》。1811 年伦敦出版的纸片人偶,帮助艺术家应顾客之请绘制穿制服的肖像

图 38. 制服的重要性:《习惯塑造人》。一种激进派的纸牌游戏,伦敦,19 世纪早期

团、皇家骑兵卫队、第一近卫团和苏格兰近卫团中服役。在接下来的半个世纪,这样做的人有 228 位。[88] 但 1793 年之后志愿军和民兵兵团的迅猛扩张,甚至比正规军还壮大,这更让在国家和本地具有影响力的几乎每一个年轻或中年英国人都穿上了军装,如果他愿意的话。

在1790—1820年间，议会当选的两千多名成员当中，几乎有一半担任了民兵或志愿军军官。另外还有五分之一的下议院议员是正规军军官，这是1790年之前任何一届议会人数比例的两倍；还有一百多人是海军军官。[89]大不列颠的最高立法机构不仅成了一个指挥一场争夺领土完整、帝国和财富的世界战争的军事指挥部。它现在从表面看起来也像是一个军事指挥部。

贵族的外表发生的这种变化意味深长。就个人而言，军服如果足够华丽并且剪裁恰当，就能一如既往地发挥作用：增强其穿戴者的身体给人的印象，而不管他事实上有什么不足。在这一点上，当时"纠正"男性穿着的指南无比坦率。对于一款骑兵军官制服，其中一本指南评论道：

> 一个无足轻重的头颅被藏在一个威武、饰有羽毛的帽盔当中。外套在各个方向都被衬垫填得很好……由于腰背部用了紧身胸衣，所以收得很紧……然后，在又长又硬、高及大腿，还非常牢靠地添加了两英寸长后跟的皮靴中，根本察觉不到任何罗圈腿或膝盖外翻，因此再加上胸甲和衣服上各种不同的饰带，使其构成了一种有效的掩饰。[90]

拿破仑时代的印刷品和肖像画证明了这一点。在这之前或者在这之后，英国军队的制服都没有那样华而不实、那样色彩艳丽、那样装饰丰富或者剪裁如此地紧绷和讲究。而且一个军官所属的团越特别，他的官职越高，他的制服可能就越炫目。从各种意义上讲，他穿得都算是光鲜亮丽。

然而，不管是在私人还是公共场所，不管是在大街上或是舞厅中，还是在阅兵场或战场，这些精美和极其昂贵的军服，远不仅仅只是迎合了个人的虚荣心或魅力。它们还有助于把英国精英阶层的成员与其他民众区别开来，而与此同时，又强调了其穿戴者的爱国职责。军服是权力的体现，但也意味着为国家服务。这就是为什么在北美独立战争之后，有那么多时间和创造力被投入到设计和丰富军服这一事务上。1786 年，乔治三世为将军级军官颁布了一套新的国标军服，1793 年又为陆军元帅颁布了一套特殊制服；而为下级军官的穿着颁布的第一套规范，似乎可以追溯到 1799 年。海军军服也得到了相似的关注，海军部委员会颁布了新的和详尽的制服条例，据此"军中等级的区别变得更加清楚和适宜"。[91] 在 1815 年和平到来和志愿兵团被迫解散之后，摄政王*精心为宫廷和政府的所有高级官员，以及为英格兰、苏格兰、威尔士和爱尔兰各郡治安长官，制定了新的文官制服。[92]

英国精英阶层的男士在外表上的这场革命，不仅仅只限于拥有军队或文官职务的人。欧洲的每一个精英阶层都注意到了 1789 年巴黎三级会议第一次集会所带来的衣着和政治灾难，拉开了法国大革命的序幕。在那一场合，第三等级的代表身着肃穆的黑色服饰，受到人们的欢呼；而贵族和牧师传统的华丽服装则遭遇了嘲笑或无声的反感。正如让·斯塔罗宾斯基所言："炫耀卖弄的魔力，对观众已不再有效，他们已经学会了评判为此付出的代价。"[93] 从这时开始，曾经在波士顿到柏林，还有莫斯科到曼彻斯特风行的法式服装、假发、施粉的头发、织锦、丝绸、饰带和模仿的修饰，被越来越弃如敝屣，转而喜好更加柔顺和更加实用的男士服装。但最重要的一点是，在从爱慕虚荣的男士向严肃的实干人士的风格转变过程中，大不列颠似乎显而易见是最早引领这一风潮的欧洲国家之一。早在 1780 年代，甚至世袭贵族也经常被看到身着一身朴实、具有准军事性和男子汉气概的服装现身上议院：颜色平淡的骑士上衣，白色或淡黄色的马裤或紧身裤，以及靴子。[94] 到 19 世纪最初期，剪裁极佳但本质上服帖且简朴的伦敦

---

* 即后来的乔治四世在其父亲乔治三世精神失常不能履职时，代其行使君权时的称谓，详见后文。——译者

图 39. 骑兵军官制服，罗伯特·戴顿，约 1805 年

裁缝技术，不但在整个西方世界变得流行，而且在国内还孕育了其自身强大的礼仪规则。事实上，英国高级文官今天还依旧遵循的显然不成文的规范——在伦敦只适合穿黑色、灰色或藏青色服装，褐色或绿色只允许在乡村地区穿着，其他任何颜色对一个绅士而言则完全不可接受——这在 19 世纪初出版的大量服装指南中，就得到了广泛宣传。[95] 不管是多么正式的场合，贵族男士现在都身穿英国风格的服装——就好像那些忙于公事的人那样。

但仅仅看到这一方面还不够。如果要让人们相信英国贵族是爱国者，那么，文化和衣着的变化，就必须要有精英阶层举止行为的变化相伴。在实践中，这并不意味着服务国家再也得不到丰厚的金钱回报，或者裙带关系和挂名闲职的终结。1809 年，众议院确定，每年用公款发放的津贴仍然远远超过 100 万英镑，其中只有 8% 用来奖励出色服务于公众的人。一年之后，据透露，尽管进行了行政改革，仍然有 250 名男女在吃空饷。就此而言，用威廉·科贝特的话指责英国贵族及其亲属是"一群庞大的寄生虫"，对他们并没有言过其实。[96] 更加诚实的贵族在他们的私人信函中承认了这一点。前辉格派财政大臣兰斯多恩勋爵写道:"过去5到20年在这里的每一个人都知道,公共美德只不过是一场闹剧,私人考虑,而不是爱国原则,驱动着活跃于我们眼前的傀儡"。[97] 波特兰公爵的次子威廉·本廷克勋爵,对精英阶层的动机和期待作了更微妙和更准确的评价。他在1813年写道,服务公众的真正奖赏,是"公众的敬重,如果你当之无愧,你就会自得其乐……这完全取决于……我自己的行为。但政府能够给予我公众所不能给予的东西,即收入和舒适。尊重非常有益于精神,但无益于身体"。换句话说,贵族敏锐地知道看上去很好地服务于公众的重要性,同时常常又急切地渴望尽可能毫不吝惜地服务于自己。本廷克将被证明干劲十足地先后担任了马德拉斯总督(1803—1807年)和孟加拉总督(1828—1835年)。他在任职期间也小心谨慎地聚敛了九万英镑。[98]

官员和贵族找到不同的方法,来调和个人发家致富的诱惑和公众对诚实公德的强烈要求,令鱼和熊掌皆得。他们许多人成了工作狂,达到了一种让老一代人完全惊讶的程度:"年轻人们的时尚,"霍兰勋爵在1820年代不无迷惑地写道:"就是投身于议会的事务当中"。[99] 对另一些人来说,宗教成了他们生活中最重要的动力和理论基础。凯尼恩勋爵是一位托利派高教会成员,他利用他大法官法院的案卷主事官职位,为他的儿子确保了两份收入不菲的挂名闲职,在法庭内宣扬高尚的道德,在法庭外实践积极的基督慈善事业。他毫不留情地处理他遇到的任何一个贵族决斗者和通奸者,并总共向12个不同的慈善协会捐款。他之所以以这种方式行事,无疑是在各种事件重压之下必然做出的一种自保行动,正如他自己在法国大革命爆发的那一年,在法庭上讲述的那样:

> 人类永远也不会忘记,统治者不是为了他们自己而生,而是**为了公众的福利**而被置于他们各自的位置,去履行他们的职责。[100]

即使不那么积极信教的公众人物，也承认经常去教堂做礼拜和遵守传统的两性道德至关重要。在 18 世纪初期和中叶，身居高位的政治家如博林布鲁克子爵或罗伯特·沃波尔或桑德维奇伯爵等人，曾经有可能炫耀他们养情妇这些事，并且对报刊和漫画刊登这些东西毫不介意地不予理会。但到 1800 年，英国国内执政的政治家们的风尚是卖弄如何疼爱妻子（在野的辉格派和殖民地官员则总是另一番景象）。斯宾塞·珀西瓦尔、利物浦勋爵、乔治·坎宁、西德默思勋爵、卡斯尔雷勋爵以及罗伯特·皮尔都沉迷于家庭生活。小威廉·皮特终身未娶，是这一潮流最大的例外。但他谨小慎微，终身保持童身。[101] 193

更强调无可指摘的私人生活——或者至少表面上这样的生活——是政治家更宏大理想的一部分。对英雄主义的狂热崇拜不仅仅局限于军事领域，它也同样被用来粉饰高级文官对国家的服务。尤其是皮特，一位伯爵的儿子，他非常小心谨慎，是个不折不扣的专业人士，"对他来说，国事是一种激情，而不是庇护之所"，他成为整整一代英国政治家的楷模，在整个 19 世纪都影响着官员们的态度和行为。[102] 在他去世之后，皮特俱乐部在英格兰、苏格兰和威尔士的各大城市纷纷涌现，其成百上千非常富有的成员每年都在伦敦集会，纪念他的诞辰和传奇：

> 难道他留给英国人的记忆不珍贵， 194
> 他的典范让所有民族妒忌，
> 一位不被利益或恐惧所左右的政治家，
> 不被权力腐蚀，不被金钱玷污。
>
> 当恐怖和怀疑统治整个宇宙之时，
> 当掠夺和背叛成为他们的准则肆虐，
> 是谁，维护了他祖国的灵魂和希望。

这个王国在世界废墟中完好无损。[103]

《在暴风雨中屹立的领航员》是这首赞美诗的题目,也意味深长地描述了他的政治才能,皮特是后来一系列英国政治家的楷模,像利物浦、坎宁、皮尔、威廉·格莱斯顿,还有成百上千不那么显要的人物,都有意识把他们的职业生涯建立在此基础之上。从他们自己的角度而言,这一溢美之词恰如其分。不仅因为皮特本人的勤勉、高效、财政专长和道德,在一个剑拔弩张的年代,赋予了贵族统治以一副更令人满意的面貌,而且他还率先认识到,这一统治必向能人治国的方向上略作调整。迈克尔·麦卡希尔指出,从美国独立战争到1830年间,贵族人数迅速增加了200多人,使进入上院为国家服务的议员上升到了前所未有的数量。在1780—1801年间,有35位政治家、法官、外交官尤其是战斗英雄获得了贵族头衔,使他们可以入座上议院;在1802—1830年间,又增加了45人。[104]

图40.《威廉·皮特》,约瑟夫·诺尔肯斯,1807年

这一趋势最典型的受益者是阿瑟·韦尔斯利，一个相对没落的爱尔兰贵族的小儿子，他在印度和欧洲的军功，让他先后受封为男爵、子爵、伯爵、侯爵，最后成为威灵顿公爵。在海军中，圣文森特、坎珀当和科林伍德等人，也都凭借他们在海上的表现而被授予爵位，威灵顿在半岛战争中的所有副官，贝雷斯福德、霍普和希尔，也全都如此。某种能人治国的姿态也同样发生在文职领域。刑法改革家塞缪尔·罗米利在1806年一针见血地评论说，在过去25年里，乔治三世费了很大心思来在所有总检察长、副总检察长和法官刚被任命的时候，就授予他们以骑士爵位，而在1780年之前，"他从来不认为这有必要或合适"。[105]这里再一次，在司法领域，我们可以看到英国统治者已强烈意识到某些事情的重要性，即被目睹奖励那些特别杰出的人才，并把这些人才融入那些只是通过继承获得贵族头衔的人中来。

官方的目的与其说是为了让人才更容易进入英国政治的高层，倒不如说是为了效率，同时，也是为了维护现有的秩序，而以一种可控的方式来吸纳一些真正杰出的人士。杰出的人才和显著的功勋，被当作酵母来使用。吸收为数不多这样的人，有助于世袭贵族及其子嗣这样的生面团在公众的评价中发酵膨胀。大部分贵族继续主要依靠他们是谁，而不是他们为国家做了什么，来获得他们的爵位。根据最近所作的一个估算，在1790—1820年间，在最活跃的议会议员当中，有超过70%的人根本不是靠自力更生白手起家，他们在政府中的突出地位，至少最初，要归因于他们的地产。[106]大量海军上将也和几乎所有将军和外交官一样，是地主出身。大不列颠的社会和政治优势，仍然主要掌握在其传统的统治者手中。[107]但因为这些传统人士很多也都能力出众，气宇非凡，因为他们接纳了数量有限的出身贫寒之人才加入他们的队伍，因为他们满足了商业和工业利益的需求，也因为在美洲战争的灾难之后，他们自己显示出愿意修正他们的风格、精神气质甚至他们的外表，所以他们得以长盛不衰。

如果英国人输掉了反对拿破仑的战争，所有这一切的效果就都会大打折扣。但他们赢了。滑铁卢又恢复了一个对绅士们没有危险的世界。一支由一位公爵领导，并由主要是地主出身、通过买官方式获得任命的人指挥的英国军队，帮助摧毁了一个自力更生白手起家的皇帝和他的军团。这不是在伊顿公学的操场取得的胜利，但滑铁卢战役无疑为旧式的伊顿人及与其同类的人保持了社会和政治上的优势地位。它可以被引用来作为终极证明，证明那些统治大不列颠的人，他们的地位应当归因于他们真正的卓越不凡和恪尽职守，而不仅仅是他们的出身或财产——并最终证明他们确实是英雄。

当然，仍然还有许多人不为所动。然而，在滑铁卢战役之后，尽管有些地方在继续抨击那些统治大不列颠的人，说他们的权力排外、贪婪和骄横自大，但他们仍然有充分的理由来祝贺自己。他们从美洲战争失败的耻辱中强势回归。他们把法国共和主义拒之门外，并粉碎了国内模仿它的一切尝试。他们在欧洲大陆摧毁了拿破仑·波拿巴的军事机器。并在这一过程中，他们显著扩张了英帝国的面积。他们还做了一些别的事情：呈现了服务性精英阶层的许多特征，因作为一个服务性精英阶层而赢得了许多信任，事实上，在向能人治国转变的途中所做的让步也并不是很大。他们只向非常有限的少数自力更生白手起家的人打开了通往权力和上层等级的大门，他们所自觉广泛采用的为国家和大众服务的说辞和表象被证明非常有效。

英国新的精英阶层以一种很有技巧和准军事化的方式穿着打扮自己。他们进入公学和大学的人数比例大大超过从前。他们许多人现在比以前更费尽心思来显得在宗教信仰上一丝不苟，在道德上无可指摘，并把自己打造成在战场上战功赫赫，在国内受到市民英雄主义崇拜的形象。不知疲倦的辛勤工作、完美的职业精神、坚定的个人品德和惹人注目的爱国主义：这就是小威廉·皮特及其信徒宣扬的统治风格，与罗伯斯庇尔及其拥护者在法国大革命时所宣扬的风格非常接近。在这个方面,也和其他许多方面一样,英国统治阶级借鉴了海峡对岸敌人的做法,以打败他们。但贵族风格的这种变化,也受到国内因素的推动,即需要平息国内中产阶级的舆论,并尽可能抵制议会外广泛变革社会和政治的要求。当然,英国精英阶层的延续,需要的东西比我这里已经谈到的变革多得多。它对国内持不同政见者的有效镇压和它在经济和领土上的绝对权力,也发挥了重要作用。然而归根结底,一个统治阶级的优势地位和持久性到底能有多长,取决于它在多大程度上能让别人——还有他们自己——相信其统治的正当性和统治的能力。从这个意义上说,英国精英阶层在美洲战争之后,以一种新的和自觉的方式把其自身与爱国主义和国家联系在一起的能力,被证明对延续其权威和信心的价值不可估量。

这一时期当权的地主阶级做出改变的意愿和能力,有时被大大忽略或否认。因为这个国家的中产阶级直到19世纪下半叶才成功地攻克了政治和经济权力上层的堡垒,一些历史学家便满足于只关注英国传统精英阶层"不断延续的权力",仿佛其社会构成上的变化才是令人信服的唯一重要的变化。[108] 然而,我们已经看到,精英阶层在其他许多方向上,尤其是在更重要的英国性这一方向上,确实发生了改变。在18世纪最后25年和19世纪最初25年更是如此,在整个英伦诸岛,高层的全体成员都统一成了一个新的和远远更加完整一体的上层社会。以前英格兰、苏格兰和爱尔兰各自为政的地主阶级当权者逐渐融合,他们的成员相互通婚、获得分散在整个王国内的土地、竞争国内和帝国的职位、采取相似的生活方式和消费模式,并宣称自己是"国家"——从英国这种意义上讲的国家——文化的保卫者。一位新闻记者在1819年的评论中写道:"贵族和绅士的举止在整个王国内都变得极为相似"。[109]

通过这种方式成为更加单一的精英阶层,英国上层人士不但巩固和强化了他们自己的社会和政治优势,也有助于影响英国性将要呈现的面貌。公学、猎狐、对军事英雄主义的狂热崇拜和对一种独特的"男子汉气概"的狂热崇拜、相信高贵庄严的府邸也是国家遗产的组成部分、喜爱统一的制服：英国生活中所有这些富有特色的成分——其影响在今天依然犹存——是在美洲战争之后的半个世纪里，在贵族的推动下才第一次变得显眼。而且从另一个和相关的意义而言，这些年也见证了大不列颠内部权力的调整，同时重塑了作为英国人的内涵。这个时期可以看到英国统治阶级的形成，同样是在这个时期，还可以看到英国君主体制也呈现出了许多特征，以及在相当程度上爱国的重要性，这些直到20世纪仍旧安然保留。

第五章 王权

在1788年11月,乔治三世看上去就快要精神失常了。他口吐白沫,脸色越来越红,拒绝睡觉,精神亢奋和喋喋不休地念叨着要修建新的宫殿,建立新的骑士团,与彭布鲁克女士同床共枕——简而言之,去做自1760年他登上王位以来,曾经如此尽忠尽责拒绝自己去做的所有放浪之事。当通便剂和鸦片,这两种18世纪的应急药品,都毫无效果的时候,他那疯狂的家族和大臣们同意召来一位名叫弗朗西斯·威利斯的医生,一位转行做起了精神病看护的牧师。正是威利斯和他那帮重量级的助手团队,把国王吓回了正常状态。任何时候只要他拒绝吃饭、躺下、吞药、停止说话,或者扯掉强加在他的前额贪婪吸血的水蛭,或者除去令他的腿起泡的芥末和西班牙芫菁膏,他的看护就会强迫他穿上紧身衣,用铁圈和绳子把他固定在床上。有一次在遭遇这样的情形时,这位俯卧在床上、受尽屈辱并且在现实中可能根本没有疯的可怜人大声喊叫着说,除了英国国王之外,再也没有哪个统治者可以被如此彻底地束缚。[1]

回想起来,这位国王的绝望似乎意味深长地具有讽刺意味。因为尽管在他统治的前半段非常具有争议,并且有时不令人愉快,但其后半段却被证明是王室的典范。正如英国的统治阶级在美洲战争失败之后的半个世纪里,让自己在大体上得以复兴和重建,几乎与此同时,并且出于一些几乎相同的原因,英国的君主制也成功地变得比其至少在过去一个世纪里曾经的面貌更加值得赞扬、更加广受欢迎和更加纯粹爱国。然而这些令人惊讶的变化,对在其看护人手中痛苦挣扎的精

图41.《国王乔治三世》,弗朗西斯·巴托洛兹,
点刻雕版画,1800年

神错乱的生命来说，全都并没有太多意义。而且在某种程度上，乔治三世在他的权力和尊严受到极端控制时的痛苦咆哮，意味深长地发人深省。

首先，其发人深省是因为，它实实在在是真的。一个发疯的君主，或者一个看上去快要疯了的君主，是欧洲几乎每一个世袭君主制国家在某些时候都要面临的风险之一。但几乎从来没有哪个王室，像乔治三世那样，遭受如此无礼的治疗；更少有哪个王室，敢把这样的治疗细节，搞得连普通大众也尽人皆知。当丹麦的克里斯蒂安七世（1749—1808年）在1760年代真的发疯时，他仍然被允许继续完成他的一些皇家义务，而在丹麦宫廷内外，对他的状况都小心谨慎地保持缄默。[2]但乔治三世的症状，正如他的医疗病历所提到的那样，"被医生、普通人，实际上还有国王本人，在私下、公开场合、议会和新闻出版界自由地讨论"，对此缺乏限制证明了政治信息在英国的广泛传播，也证明了在这种传播中皇室形象的独特性。[3]在国王的言辞背后包含的是，他当然认识到了这些特殊性，而且他厌恶它们。面对威利斯医生极端过分的绝对权力，他发号施令的自由和他毫无怜悯之心地采取强制措施的能力，怎能不使国王想起英国的王权所受到的残酷限制？

幽闭的皇家文化

当然，从法律和宪法理论的角度，这样的限制简直微乎其微。无论是1689年的《权利法案》，还是1701年的《嗣位法》，都没有限制英国国王宣战或讲和，召开或解散议会，指定他中意的任何一个具有资格的英国新教徒担任内阁大臣、侍臣、陆军和海军军官，如他所愿地提名贵族、主教、法官和大使，或者完全赦免他选中恩赐的任何一个罪犯。[4]在一个把强大的君主国当作典范的欧洲，大不列颠仍然，或者正如其在文件中看上去那样，是一个强大的君主国，在这个大洲，那些极少数偏离了这一典范的国家——威尼斯、荷兰共和国或者波兰——最终都江河日下。然而在实践中，英国国王早就比他们在欧洲大陆的绝大多数同侪，都受到更大的限制，这些限制不仅来自宪法惯例，也来自他们特殊的境遇和性情。

　　金钱，是最显而易见，也是最持久的限制。即使是在16世纪初修道院问题解决之后，也没有哪个都铎王朝的君主，曾经享受到与他或她的需要和野心相当的经费。同样在17世纪，也没有哪一个斯图亚特王朝的国王能够平衡他的预算，或达到他所期望的奢华程度。伊尼戈·琼斯*为查理一世设计了一个宫殿，足以使与他同时代的腓力四世正在西班牙修建的利池宫相形见绌；但是，尽管查理毫无疑问对皇家奇观和视觉艺术充满渴望，却始终负担不起相应的费用。[5] 国内战争耗尽了王权的物质辉煌，同样也对其神秘性发起挑战。许多中世纪和都铎王朝的宏伟宫殿，包括格林威治、楠萨奇、西奥博尔德斯、伍德斯托克和温彻斯特，都在战争中被毁，或被胜利的议会铲平，或不可挽回地难以复原。因此，那些亨利八世曾经在其中嬉戏、追逐女人或异教徒，分散在整个英格兰的20多所宏伟的行宫，只有7座在1660年还给了查理二世，即白厅、圣詹姆斯宫、萨默塞特宫、汉普顿宫、格林威治宫、温莎城堡和伦敦塔。[6]

　　在接下来的几百年，英国每一个君主获得的遗产都在进一步减少。没有哪个君主能够或愿意专注于一座用石头、大理石和雕塑造就，可以体现皇家威仪的建筑，以媲美于遥远的法国凡尔赛宫，或圣彼得堡的冬宫，或波茨坦的观景楼，或汉诺威的海恩豪森宫**，或马德

---

* 伊尼戈·琼斯（Inigo Jones），1573—1652年，英国早期最著名的建筑师，把意大利帕拉弟奥古典主义风格带到英国。他设计了格林威治的女王行宫及伦敦怀特霍尔宴会厅等。——译者

** 海恩豪森宫，1666年始建，1714年完成，是德国少有的保存完好的巴洛克园林。花坛中有法国和荷兰艺术家设计的雕塑。北面是宫殿和画廊，中央是高82米的大喷泉。——译者

里、那不勒斯和都灵的王宫。不能这样做的部分原因是没有资源——但也仅仅只是部分原因。实际上,即使是在议会保证国王可以获得数额可观的王室专款(在乔治一世时是每年七万镑,在乔治二世和乔治三世统治初期是每年八万镑)之后,冒险大兴土木的可能性也从来都不是很大。一旦国王从这笔钱中给他的侍臣、大臣、法官、外交官和情报机关支付了工资——这是他必须做的事,并以一种体面的方式来维持他的家庭之后,剩下的零用钱可能就捉襟见肘了。[7]到底有多么捉襟见肘,从1760年代初发生的一件事可见一斑。一个地产商在白金汉府(即后来的白金汉宫)花园的对面抢购了一些空地,并迅速建起了一排新的住宅,其最初销售的卖点就是,可以在皇室成员冒险出门的任何时候,都对其一览无遗。国王曾请求财政部额外给他拨付两万英镑,来把这些冒犯他们的房产全都买下,以保护他的隐私。但财政部长,即小气的乔治·格伦威尔*拒绝了,因此皇家的私人散步,就成了公共景观。[8]

但手里没有现金,并不是对英国皇家建筑唯一和最重要的限制。欧洲大陆所有伟大皇家建筑的建造者,而不仅仅只有路易十四,都在他们的作品上花了远远超过他们承受能力的金钱,但相信它们崇高庄严的美将物有所值。至少在与美国的战争之前,英国君主显然没有能力以同样算计过的放纵来有所作为,这比其他任何一件事都更多地源于没有勇气,以及缺乏王朝的自信和连续性。短命和有争议的统治,总是危及一种成熟的皇家形象的发展演变;而且在1625年查理一世即位到1727年乔治一世去世之间的一个多世纪里,英国总共有7位君主,其中有5位统治时间不超过13年。如此频繁的君王更替,即使只是因为偶然的死亡所造成,也仍然具有破坏性;统治的破坏性

---

* 乔治·格伦威尔(George Grenville),1712—1770年,英国政治家,在他后来任首相(1763—1765年)时,鼓动通过了《印花税法案》(1765年),激起了北美殖民地的反抗斗争。——译者

更替首先是由国内战争，其次是由光荣革命，最后是由1714年汉诺威王朝的即位强制引发，这些都使更替的破坏性更是不可避免地雪上加霜。正是这些接二连三的中断，连同这些正在被讨论的王朝之间在风格和品位上的差异，以及他们常常相互厌恶其他王朝的记忆，使英国没能建造出一座与国王相匹配的宫殿。

查理二世在1660年结束流亡归国之后，马上在格林威治和温切斯特着手建造新宫殿，以及大规模翻修温莎城堡和位于爱丁堡的荷里路德宫。但他的继任者詹姆斯二世统治时间太短，没能巩固这些项目；而在光荣革命之后，威廉三世放弃了所有这些项目——例如，把格林威治宫变成了一所退休水兵医院——转而集中精力重新装修汉普顿宫。然而，克里斯托夫·雷恩把这里变成一座大规模巴洛克宫殿的计划，最终像伊尼戈·琼斯早年梦想一座经过改头换面的白厅一样，无果而终。[9] 当安妮女王在1702年即位之后，他对汉普顿宫的大部分工程置之不理，而把她大部分时间花在了温莎城堡。相反，乔治一世不喜欢温莎城堡，而把他自己非常有限的建筑委托，完全放在了肯辛顿宫。他的儿子乔治二世，只要有可能避开这座建筑，就绝不会靠近它，转而重新恢复了汉普顿宫和圣詹姆斯宫。而这种君王更迭下彼此相轻的模式，一直延续到乔治三世统治初期。他不屑于住在他的前任待过的地方，而购买了白金汉府作为他私人的休憩之所。[10] 这完全就像一场非常宏大但稍微有些疯狂的抢座位游戏。而且，像许多游戏一样，它对游戏者的尊严几乎没有什么帮助。如果王室持续施加压力，财政部和议会最终很可能会同意建造一座英国的凡尔赛宫，哪怕仅仅只是作为与法国之间国家竞争的另一种表达形式。正是英国皇室自我形象的不确定性和变化无常，最终使皇家建筑的壮丽辉煌，彻底化为了泡影。

英国君主没能让自己与一座特别壮丽辉煌的建筑联系在一起，其影响既实在，又具有象征性。最明显的是，宫廷获得的物理空间很有限。汉诺威王朝反复爆发俄狄浦斯式的争吵——乔治一世与他的大儿子,将来的乔治二世争吵,乔治二世最初与他的儿子,威尔士亲王弗里德里克,后来又与他的孙子,将来的乔治三世格格不入,如此等等——可能向我们大量泄漏了与这个家族的多子多孙相关的、涉及空间的压力和政治。非常简单,没有足够大的宫殿来同时容纳这些几世同堂的皇族和他们的仆人和侍臣。这在都铎和斯图亚特王朝治下不是问题,因为尽管这些王子非常荒淫放浪,但他们并没有生下一大群健康的孩子——只有詹姆斯一世和查理一世例外。但汉诺威王朝多子多孙,他们的大多数后嗣都活到了成年。这是这个王朝为什么长久延续的一个最根本原因,但也是它内部勾心斗角的原因。汉诺威王朝的国王没有足够的空间来使后嗣养尊处优,使他的家庭与他亲密无间,并处于他的监管之下,他很可能会发现他们在伦敦购买了他们自己的地产,莱斯特宅和后来的卡尔顿宅,因此制造了与宫廷分庭抗礼的中心和潜在的政治对立基地。

空间政治也限制了宫廷作为一个社会和文化中心的作用。像蜂房一样殿堂林立的凡尔赛宫引领着时尚,它有像雄蜂和工蜂一样分明的等级,全都聚在一个单一、自身足够宽敞的环境里,一起为统治者服务,其需要大量的空间同样还有大量的资源。在皇宫的范围内有足够的空间来容纳大量艺术家、演员、歌唱家、科学家、猎人、击剑手、女主管、厨师、侍臣和仆人——到1740年代,在凡尔赛总共住着一万名这样的人,因此,迫使赶时髦的社会绕着君主的喜好和追求打转,使他可以自由自在地生活而不依赖于他的首都。[11] 英国的宫廷社会则完全不同。其规模要小得多。乔治一世和他直接继承人治下的王室,从来都没有容纳超过1500人,而且他们也并没有全都在同一时间出现。它包括一个音乐家团队和一群顺从的桂冠诗人,但它没有人力或空间资源,来构建一种独立的宫廷文化,或创造其自身全部大规模的娱乐活动。例如,无论何时乔治二世或乔治三世想要看一出歌剧或一场戏，他们都不得不离开圣詹姆斯宫或白金汉宫，前往伦敦大剧院，恰如其他观众一样。从这个意义上说，英国的宫廷总是寄生在首都之上，从来没有离它而独立过。[12] 而且因为宫廷置身在伦敦林立的剧场、歌剧院、游乐场、俱乐部和贵族们富丽堂皇的城市住宅当中，因此它从来没有成为时尚社会的**唯一**焦点，尽管它总是其中重要的一个。

赫维勋爵尖刻的日志中，记载了乔治二世宫廷中的一件轶事，突出了这些要点。他告诉我们，在1728年，昆斯伯里公爵夫人——"其美貌众所周知，并且位列文雅和时尚世界之巅"——被国王撞见在皇家绘画室为约翰·盖伊的《乞丐歌剧》募款。因为这出非常成功的音乐剧辛辣地讽刺了国王的大臣，即罗伯特·沃波尔爵士*，因此公爵夫人迅速被禁止出入宫廷。但她和她的丈夫完全没有在皇室的禁令面前退缩；他们也没有受到其他贵族成员的冷淡。公爵辞去了公职，以抗议他的妻子受到的羞辱；因此她在给乔治二世的信中写到：

> 昆斯伯里公爵夫人感到惊讶和非常高兴，因为国王如此和蔼地下令让她远离宫廷，她将永远不会再来此地消遣，但却给国王和王后留下非常端庄文雅的举止；她希望通过这样一道前所未有的命令，国王将在他的宫廷如愿以偿，尤其是几乎看不到敢于思考和说出真理的勇气。[13]

在许多欧洲皇室，或者实际上，在许多非欧洲的权利中心，都很难想象这样精心蓄意冒犯君主，而不会受到严厉惩罚的情况。然而，昆斯伯里公爵夫妇似乎都没有受到文雅社会或统治王朝的任何长久伤

---

* 罗伯特·沃波尔（Robert Walpole），1676—1745年，英国政治家，第一财政大臣和财政大臣（1715—1717年和1721—1742年），领导了辉格党政府，被认为是英国第一位首相，虽然直到1905年，该职务才被正式确立。——译者

害。公爵很快就被威尔士亲王任命为宫廷侍从，因此亲王与他的父亲发生争执，并且随后他成了亲王的一名私人顾问；公爵夫人继续举行令伦敦上流社会趋之若鹜的舞会、化装舞会和晚宴。王室的不悦对约翰·盖伊也没有任何伤害。《乞丐歌剧》成了一出经典，现在仍然如此；而且尽管其最后一幕《波莉》也被宫廷下令禁止上演，却迅速成为最卖座剧目。在伦敦，没有人需要取悦王室家族来获得文化上的成功；实际上，艺术家很容易发现，娱乐这座城市远远比逢迎宫廷更有利可图。

当时，直到乔治三世即位及之后，英国君主都仍然势力强大，但却只是偶尔光芒闪耀和自信满满。其配置尚不充足，其宫廷的品位和标准，也不再决定上流社会的内容和方向，甚至上流社会的行为举止。当然，这些十足的不利条件，可能已经转化成了一种政治资本。在一些欧洲国家盛极一时的庞大、耗费甚巨、对外界不屑一顾的宫廷，充斥着贵族成员，声称对文化定调，这些机构给人印象深刻，但并不受广大群众欢迎，这些群众为它们支付费用，却永远见不到其富丽堂皇。英国君主相对而言的克制，很容易被拿来当作其杰出爱国美德的证据；正如其居住在这座岛上最受欢迎的城市，同样可以被用来巩固其在礼仪方面的吸引力，并强调国王在本质上与其人民同心同德。但从1688年革命一直到18世纪末，皇家宣传人员和侍臣都很少沿着这些或任何其他路线来**持续**努力营造大众对君主的顶礼膜拜。君主在其私人环境和与贵族阶级的关系上并不趾高气扬，但仍然过于离群索居，过于不问世事和过于引发争议，而难以持久和广泛受到人们欢迎。

这在汉诺威王朝最初两位君主的治下尤为显眼，并不只是因为他们是毫无魅力的外国人。当苏格兰詹姆斯六世在1603年南下，而成为英格兰詹姆斯一世时，他极少能吸引他那英格兰的新臣民，因为他只不过是一个外国人，确确实实没有任何吸引力。然而，他和他的王朝似乎迅速被同化。如果说与之相比，最初几位汉诺威君主只受到了五味杂陈的接待，这在某种程度上是因为他们自己和他们顾问们的失误。詹姆斯一世在1603年之后，只回过他的故国一次——苏格兰人合情合理地对此颇有微词。但乔治一世在1714年之后，造访过汉诺威五次，在那里去世并埋葬在那里；而乔治二世更是多次在他的故国度过漫长的暑假。与之相对，他俩都没有不辞辛劳去访问过威尔士、苏格兰或英格兰的中部或北部。都铎王朝的逍遥作风，他们宏大的跨国巡游和令平民观众眼花缭乱，并令接待他们的倒霉贵族濒临破产的皇家入住方式，都不符合早期汉诺威君主的品位。这两者也都不是耗费低廉、在日常基础上大量进行的世俗宣传活动。"真遗憾"，有人在1723年写信给一家英格兰报纸说，"但应当设计出一些路线来，在沿途国王陛下发表演说，而其他所有皇家报纸，可以更加公开地传播到全国去……消息只传到了集贸市镇的一些特殊宅邸，平民百姓一般只能道听途说，而终其一生都生活在愚昧无知之中。"[14] 这确实很遗憾；但在教堂之外很长时间里几乎没有采取任何行动来弥补事情的这一状态。报纸和周刊中对皇室的报道，仍然是东拼西凑和冷漠无情的，詹姆斯党人的歌谣，常常比歌颂统治王朝的溢美之词更容易在穷人中流传，也更具有娱乐性。

这并不是说，汉诺威王朝最初几位君主，输掉了与斯图亚特王朝对手的舆论大战。相反，在最重要的事情上，他们毫不费劲地取得了胜利。在1723年夏天的阿特伯里阴谋暴露之后，乔治一世的大臣们迅速颁布了一条法令，要求英格兰、苏格兰和威尔士的"全体和每一个人，不管是谁"，只要年满18岁，不管是男是女，有无财产，都要发誓效忠，这一对全国认可统治君王的要求令人惊讶，其并未得到适当考察。[15] 并且当小僭君在1745年入侵的时候，所有教派的牧师和两个党派的新闻记者，在大量支持汉诺威王朝的布道和辩论性文章中，铺天盖地地谴责他。他们指出，乔治二世和乔治一世一样，是因为神的旨意和人民的选择而登上王位：他的王位和他所享有的众星拱月式的保护，都是因为他维护英国民众的自由、法律、财产和国内和平而赢得。反之，为斯图亚特王朝辩护的人，首先是从他们是谁的角度来赞美他们，而汉诺威王朝是从他们做什么和坚决不做什么的角度，来证明他们的正当合理性。从本质上说詹姆斯党人肆意使用人身攻击和虚构故事；他们的对手可能更大程度上是借助统治王朝的新教信仰和其在宪法上的功用，并诉诸理性和警告。而且，在前两位汉诺威君主每一次遭遇王朝危机之时，求助于新教信仰、宪法、理性和警告都取得了胜利。

但就其本身而言，这并不足以使汉诺威君主及其公众感染力更吸引人。保卫王朝生存的战争取得了全胜，但每一天为赢得更加广泛和更高的名望而进行的战役，却完全是另外一回事。一些历史学家在18世纪上半叶的英国文化中发现的詹姆斯主义，在多大程度上是一种本质上更加中立的渴望，即渴望早期汉诺威君主没能满足的某种富有感情色彩和被高度粉饰的忠君思想，思考这一问题相当吸引人。从1714年9月20日晚上开始，当乔治一世第一次进入他的新首都，在一片漆黑的暮色中驱车行进，仿佛有意要激怒已经等了好几个小时想要一睹君容的伦敦人，经过1749年在格林公园举行的皇家焰火表演，那时展出的爱国标语还只能以拉丁语来呈现，一直到1761年9月22日乔治三世加冕礼，当他和他的皇后分别被各自轿子带到威斯敏斯特大教堂，恰如普通人出行去处理他们的日常事务，在这一时期上演的皇家仪式和庆典通常没有什么艺术性可言。萨缪尔·约翰逊抱怨说，国王时常让"民众望眼欲穿"，或只是以不那么引人注意的姿态让他们看见。[16]

为什么会这样？为什么早期汉诺威君主不把注意力和想象更多地投入到这样的挑战之上，即让自己以显赫君主或英国统治者的形象出现？只从或主要从这些国王的个性或他们的宣传人员不称职这样的角度来解释,将大错特错。成为一个受人欢迎的君主,一个可以被广泛和不断称颂为爱国主义象征的君主,其真正障碍更大程度上是结构性和根本性的。有一个问题,直到维多利亚女王统治结束之时还没有完全解决,那就是英国的君主仍然还是积极的政治家,尽管其参政的程度日渐减少。因为只要他们被看到正在积极颁布或废除法令,他们就有可能疏远其臣民中某个或另外一个党派团体。尤其如果他们始终只与一个政党相联系时——像最初两位汉诺威国王一样——更是如此。不管是对是错,乔治一世和乔治二世都被许多英国人看作辉格派国王,是党派的象征而不是国家统一的代言人。这些国王自己也认识到,这一明显的偏见束缚了他们政治行动的自由,并削弱了他们的公众吸引力。但在大部分时间,虽然不是在全部时间里,他们都让自己相信他们别无选择。即只有辉格党执政的连续性,才可以使他们免受支持被流放的斯图亚特王朝的阴谋和入侵企图的伤害,从而安然无恙。

不管斯图亚特王朝的幽灵到头来多么虚幻,还是令汉诺威王朝的前两位国王有所防范。乔治一世和他的继任者本应该积极响应,增加王室礼仪、公开露面和宣传的势头,但他们没有这样做,而是再三再四隐居在宫廷或与纯粹的辉格派抱团,或定期逃往汉诺威,通过这些方式以寻求庇护。这两个人或烦躁,或苛刻,或神经过敏,或者干脆缺席,似乎就是不能在新继承的王位上完全地放心和快乐。[17]这种信心的缺乏,尤其体现在他们留存下来的肖像中。

这些肖像的特色是数量稀少,而且主要是私人性质。乔治一世生前在伦敦树立的唯一一座户外雕像,被放置在一座教堂塔楼的顶上,远离人们的视线,只在远处才能看见。乔治二世的两座城市雕像,都是由私人捐资打造,而不是由王室指示用公款兴建。[18]两位国王都对利用艺术来培育自己身边的个人崇拜不感兴趣;两人也不喜欢为了半身像和宫廷画像而摆姿势。极少数留存下来的画像,比其他任何东西

第五章 王权 | 255

图 42.《乔治二世》，罗宾·厄奇·派因，仿作

都更清楚地显示，他们两人在自己的位置上都无法放松。与当时欧洲其他君主一样，他们不想被画成或雕刻成古典或基督教神明的形象：鲁本斯颂扬詹姆斯一世说，他不希望以所罗门、大卫或其他任何一个直接受上帝指引的行动者的姿态出现。甚至詹姆斯·桑希尔爵士在格林威治宫对乔治一世及其家人的赞美，尽管充满寓意，但也绝对清楚地表明，国王本人是人而不是神。[19]

但抛开了神性这个护身符之后，国王和他们的艺术家都畏缩不前，不敢采纳在欧洲大陆宫廷肖像画中已经很流行的轻松的群像风格。1733年，荷加斯大胆为皇室群像创作了一幅草图，描绘了年轻的王子和公主们在其父母乔治二世和卡罗琳王后面前嬉戏打闹；但王室显然没有批准。[20] 相反，汉诺威王朝的前两位君主，几乎总是一成不变地被描绘成身着正式宫廷服饰，或一身戎装，或横刀立马，或像罗马的皇帝；而且几乎无一例外的是，他们总是被画成孑然一身。在这些早期的皇家肖像中，似乎从来看不到宝剑入鞘，王室的姿态也从来未曾放松。即使乔治二世最后一幅，也是出奇感人的一幅肖像画，由罗宾·厄奇·派因在1759年创作，当时不列塔尼亚正在征服世界，画中这位年迈、失明、牙齿掉光而且明显虚弱不堪的国王，也依然裹着紧身的宫廷服饰，孤零零站在他幽闭的宫廷，只有全副武装的侍卫守候在他周围，随时待命。

乔治三世为何不同

这位在1760年10月25日继任国王的冷漠自负的年轻人，常常被描述为在政治上保守和个人生活上守旧的人，这样做到现在已经有50多年了。历史学家们急于消除他既疯又坏这种更为粗浅的荒诞说法，又矫枉过正，把乔治三世描绘为与他的祖父乔治二世或曾祖父乔治一世在本质上没有太大区别。[21] 然而，仅仅列举这些关系以及他们所处年代和几代人的变迁，便可告诫我们，这样的解释有漏洞。在任何一个社会,有多少年轻人像或愿意像他们的祖父那样?乔治一世和乔治二世都生于"光荣革命"之前。两人都在战火蹂躏的德意志长大,曾率军征战,人到中年才成为国王。我们看到,对他们两人来说,英国的王位都是一个新的和令人紧张的收获,从来没有惬意地被当作理所当然。但乔治三世不同。不仅因为他在1760年登基时只有22岁,像他对议会炫耀的那样,在英国出生和成长。他的不同还在于,他在一个比他的先辈更安全和更宏大的政治世界中长大,接受了新环境和新思想的熏陶。

这些思想不是他自己的,也不源于他那优雅但未起作用的导师比特勋爵,而来自他的父亲弗雷德里克·刘易斯,英国历史上本应该成功的伟大人物之一。自1730年代开始,常常被当作只不过是另一个无足轻重的青年王子而置之不理的弗雷德里克,就已经认识到汉诺威王朝君主制的做法出了什么差错,并试着以他有限的资源来改善局面。他拒绝成为辉格党的傀儡,从所有政治集团中选择朋友和同盟。[22]他花钱和时间,把自己与打造一种爱国文化的举动联系在一起,计划成立国家艺术学院,并委托托马斯·阿恩和詹姆斯·汤姆森创作《统治吧,不列塔尼亚》。他还为自己塑造了一种形象,巧妙而富有影响地把仪式的恢宏和动人的家庭生活结合起来。他那艘优雅的金色豪华游艇,现在在格林威治国家海事博物馆中,表明他多么想制造一种视觉冲击,多么渴望让泰晤士河水带着他别具一格地巡游他的首都。但他的私人生活也发挥了公共作用。结婚之后,他从一个落入俗套肆意放纵的单身王子,变成了一个专情的丈夫和九个孩子的慈父。弗雷德里克在艺术中颂扬了所有这些家庭财富。正如他让人画他与姐妹们弹奏大提琴,以及帮着扑灭伦敦一场大火的场景。[23]由于弗雷德里克,汉诺威王朝的形象发生了改变,变得更温和,显然也更富有同情心。乔治一世和乔治二世首先是为生存而努力;弗雷德里克和他的继承者一样,希望吸引人和打动人。

乔治三世的统治，很大程度上将在一个更加有利的环境中，重复弗雷德里克在1751年英年早逝之前打算去做的事情。弗雷德里克想铲除那些传统的党派分歧；乔治达成了它们的瓦解。弗雷德里克希望英国艺术机构化，以服务于王权和政府；乔治把艾伦·拉姆齐为自己创作的非常成功的肖像画，复制分发给英国的每一个大使馆和重要政府部门，并帮助在1768年建立了皇家艺术学院。弗雷德里克播下了种子，然后收获了扮演资产阶级的家长带来的私人和公众利益；乔治更早地投身于父亲角色，并未像其父亲一样走过很多弯路，而且更为投入。两个人都知道，为了最好的公众效应，必须用帝王金碧辉煌的寒意，来平衡家庭壁炉的温暖。乔治曾经在他学生时代的一篇文章中写道："王子……把个人的节俭和公开场合的富丽堂皇结合，从而在海外令人敬畏和尊重，在国内受人爱戴。"[24]

重视国王如何在臣民面前最好地展现自己，这具有预见性。乔治三世统治时期的君主制复兴，很大程度上是一个革新的和无疑更具国家性的王室形象问题，而不是政治意义上的王权复苏。一开始，乔治本人或许也渴望某种与此非常不同的东西。他像他的父亲一样，无比仰慕地追忆17世纪斯图亚特王朝的君主，尤其是查理一世，比如说，他的许多艺术赞助都在模仿前朝之作。1764年，当佐法尼在白金汉宫为国王的两个大儿子作画时，他把他们画成站在范戴克为查理一世的孩子们创作的肖像画下面，只有在王室的指示下，他才可能这样做。[25] 这种不起眼的信号，可能就是国王表达个人野心所能做的一切：他希望随着詹姆斯主义偃旗息鼓，以及汉诺威王朝初期的策略性失误得以纠正，英国君主制可以恢复其曾经的面目。大西洋两岸的激进派，声称在新的统治中嗅到了斯图亚特王朝的原则死灰复燃的气息，他们可能比自己知道的更为清楚地窥探到了王室的想法。

但这位新国王更为宏大的野心，都注定全部落空。可能因此，在1788年他被躺着束缚在紧身衣里奋力挣扎时，才会如此强烈地抱怨受到的对待。通过习俗、政治变革、政府事务日益增加的复杂程度和规模以及他们自身起伏变化的能力和执行力而强加在以往英国君主身上的无形但强有力的桎梏,在乔治三世统治时期并没有被解除。1760年之后,王室对内阁的影响力并没有显著提高,而是恰恰相反。王室对外交和帝国政策或政府管理的兴趣和积极性,也没有大幅上升。国王在阻止他不赞成的措施和人事上的否决权依然强大,但在乔治三世统治的任何阶段,他都不曾像普鲁士的腓特烈大帝那样,被描述为"通常几乎是政府所有部门唯一的动力";他也不曾试着像奥地利约瑟夫二世的方式那样,亲自去重组英国的政府组织。[26] 在英国,也像在其他许多欧洲国家一样,在18世纪下半叶出现了一个王室复苏的进程。但在普鲁士或奥地利、俄国、瑞典或拿破仑的法国,这一进程的形式是王权或准王权的提升,而在大不列颠,变化的则是君主的形象和声望。即使是这样的变化,也不是马上就发生。

塞缪尔·罗米利是自然神论者、改革派和卢梭的追随者,除了垂暮之年看上去也快要精神失常之外,与乔治三世没有任何共同之处,但他比同时代的其他任何人都更好地分析了姗姗来迟的对国王的颂扬的原因和时机:

> 从登基伊始到美国战争结束,他都是英国登上王位的最不受欢迎的王子之一;而现在(1809年),他是最受欢迎的君主之一;然而,其政府的特征或精神并没有任何改变。**但事实上,正是其他人的行为,以及其王权无法控制的事件,造就了他所有的声望**。在诺斯勋爵和福克斯先生的联合执政出现之际(也就是说,1783年),形势朝着有利于他的方向发展……在这个至关重要的时刻,国王与人民联合起来,反对他的大臣和议会,为他的声望奠定了基础。接着发生了一个疯子暗杀他的事件;然后是行为不检点、放荡不羁的王子注定要成为他的继承人;再接下来就

是他自己不幸的精神失常……而最后，为爱戴国王的动机增添十倍能量的，是法国大革命造成的恐怖。[27]

罗米利的分析并不完全正确。前面我们已经看到，王室形象的提升，**有些**要归因于乔治三世自己下决心要做一个与他的先辈不同的国君。但从公众响应的角度而言，这一决心直到美洲战争结束之后，才真正收到回报，这倒是真的。在1760、1770年代，无疑有很多证据表明，许多英国人支持他们的新国王。但也有大量证据表明，厌恶国王的人也大有人在，而且表现积极，遍及全国各地，不仅限于激进的伦敦，在那里，威尔克斯派暴徒一度把一辆灵车拉到圣詹姆斯广场，以提醒身居王位者暴君的下场。1775年，刚刚完成一次跨地区传教任务归来的约翰·卫斯理警告说："在每一个城市、集镇和乡村，大多数

图 43. 讽刺乔治三世的画作，托马斯·罗兰森，1781 年

人……并不完全只针对大臣们……也针对国王本人……他们由衷地鄙视国王，对他恨之入骨"。[28] 只有在紧随英国于北美的运势江河日下并最终溃败之后的处于守势的自省情绪中，大众对君主的态度显著而持续的变化才开始显现。

这种变化以既简单又复杂的方式得以彰显。从乔治三世于1760年登基到1781年间，伦敦剧院的记录显示，《上帝保佑国王》只正式演奏了4次。然而，在接下来的二十年里，它演奏的次数超过90次。到19世纪初，英国人经常把这首非常阴沉的乐曲称为**国歌**——这是前所未有的事。[29] 几乎与此同时，王室形象的类似变化，也可以在卡通画中看到。美洲战争之前和期间，乔治三世在漫画中多数时候都是被嘲笑的对象；有时甚至比被嘲笑更糟糕。虽然通常被描绘成一个失明的傻瓜，被他的母亲和据称是她情人的比特勋爵用绳子牵着蹒跚学步，但他本人有时还被画成一个恶棍：一个碰巧在西方统治的东方暴君，腐败堕落行为的虐从，或者一个隐秘的天主教徒——对大多数英国人来说，这几乎比任何指控都更糟糕。[30] 但从战争结束之后，大多数漫画家对国王显然越来越友善。从1780年代开始，他被反复刻画成一个亲切朴素的农民，或像典型的英国人，或像圣乔治，甚至是英国的化身——如在詹姆斯·吉尔雷早期的一幅作品中便是如此。[31] 乍看上去，《法国入侵；或轰炸贩货船的约翰牛*》似乎是一幅极为不敬的粗俗之作，乔治三世所夸耀的爱国，被降格为直接向敌人排泄的能力。然而，这些排泄物有些误导观众。自伊丽莎白女王一世的《迪奇雷肖像》之后，几乎很少在哪件艺术作品中，能够如此明确地表达国王和王国的融合。乔治三世被描绘成能以最亲密的方式，与英格兰和威尔士完全融为一体（有趣的是，还没有与苏格兰融为一体）。它们

---

* 约翰牛（John Bull），英国或英国人的绰号，拟人化用法，意指典型的英国人或者英国作风。该词源于1712年苏格兰作家约翰·阿布诺特的小说《约翰牛的生平》中主人公的名字。——译者

赋予他以形体，而他赋予它们以身份同一性。审视一次——吉尔雷的作品充满了这种双关性——它也可以被解读为一幅非常保守的作品。

它还非常有趣；而这一点，也意味深长。除了伦敦激进派秘密发行的少数粗俗作品之外，从 1780 年代起，对君主的图像批评，通常是为了令人发笑而不是令人憎恨。即使是那些断然拒绝以新的爱国主义方式崇拜君主的艺术家，现在也更愿意把国王表现为一个令人发笑的人物，而不是一个腐败或集权的君主。吉尔雷的乔治三世形象，像下一代的克鲁克香克家族讽刺乔治四世的漫画一样，无疑会令花几便士买它们，或在版画商店的窗外盯着它们看的大众，以不敬的娱乐方式哈哈大笑。但笑声去掉了讽刺中的毒刺。而对王室成员个人的嘲笑，在实践中很容易令人愉快地容忍王室本身。近年来，许多讽刺英国王室的人——讽刺他们养的柯基犬，他们被普遍认为的庸人习气，他们搞笑的服装，他们甚至更为搞笑的口音和他们性生活的不检点——可能认为他们具有颠覆性，其实他们当然没有。对于君主的批评，其变化最初是在 1780 年代开始变得明显，这种变化从对制度的愤怒，转变为对王室成员个人及其弱点的嘲讽，这有助于——现在仍然有助于——维护其存在。

但为什么会发生这样的转变？为什么英国君主制在乔治三世统治后半期变得更有名望，并且作为爱国庆典的焦点更为成功？塞缪尔·罗米利指出，最直接的原因是 1780 年代的政治。作为一个权力有限的君主，乔治能够从英国在北美战败的绝大部分指责中全身而退。前首相诺斯勋爵成为国家蒙羞的替罪羊；而国王本人，因为其不容置疑的家庭正直形象、他坚定的爱国主义和他与天才青年小威廉·皮特巧妙的结盟，使他在许多英国人眼中，成了从灾难和幻灭中重拾稳定和诚实以及简单价值的象征。[32] 然而，如果没有另两个更为持久的进展，这一点恐怕算不上什么。1788 年冬，国王染上了可怕的疾病，使他看上去极其虚弱，公众对他的同情激增，从而打消了此

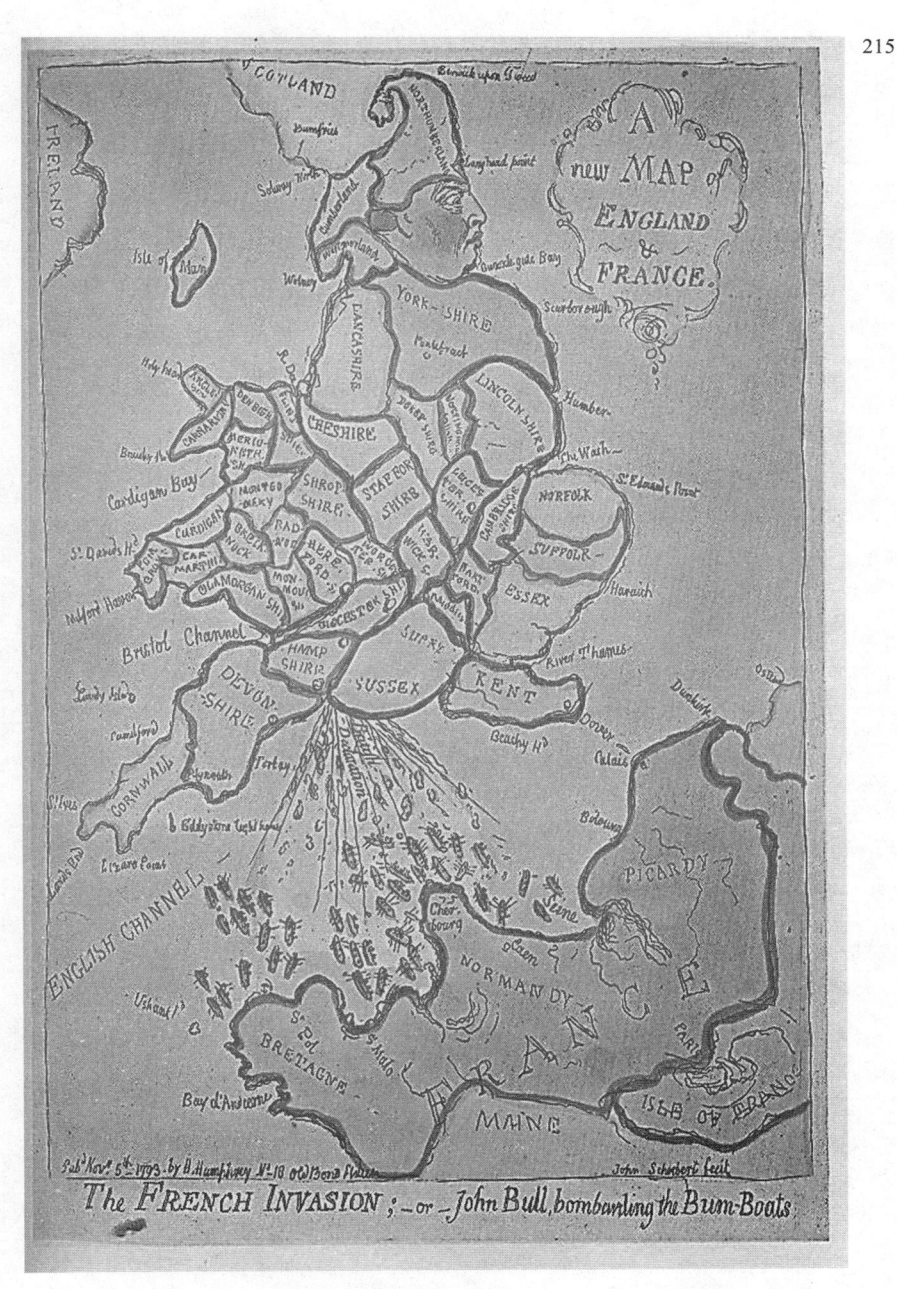

图 44.《法国入侵，或轰炸贩货船的约翰牛》，詹姆斯·吉尔雷，1793 年

前对他专权和腐败意向的诸多担心。从那时起,健康状况堪忧、活动减少以及最终的老态龙钟,都有利于保护乔治三世(正如这些状况后来保护了维多利亚女王一样),让他免受以前曾经困扰他的那种严厉批评和争议。在这些新形势下,宣传家更容易辩护说,君主制是国家团结不容置疑的关键,而法国大革命,使得这一观点无处不在和不可或缺。1789年之后,在整个大不列颠,皇家庆祝活动在规模和频率上都大幅度增加。其形式多样,并满足了方方面面数量惊人的个人需要。但对于权力的代表而言,其首要意义,是成为赢得公众更广泛支持对外战争和维护国内良好秩序的一种手段。

在1789年之前,议会和大臣们机警而又嫉妒地盯着王室专款,以及看上去有可能超出专款的任何一项王室开销。然而,在1789年之后,直到1810年代的军事胜利之前,除了极端分子之外,几乎所有辉格党成员,不管有多勉强,都愿意承认,有必要为了国家安全,而在皇家威仪上投入更多金钱。钱袋子放松的最明显结果,是王室生活空间的改变。在其统治的前半段,国王的建设脚步小心谨慎。但在1811年之前的二十年里,据估算他花了16.8万英镑来翻新温莎城堡,

图45.《1800年前的白金汉府》,佚名,版画

图46.《白金汉宫》，威廉·高奇，石版画，约1830年

又花了5万英镑来改造白金汉宫，并斥资50万英镑巨款，在丘园建造了一座全新的城堡。[33] 与此同时，王位的继承人，也就是未来的乔治四世，也在布莱顿阁东方式的金碧辉煌上大把大把地花钱，并雇请大量艺术家、建筑师、石匠、室内装潢师、细木工匠、五金工匠和木雕工匠，把卡尔顿府邸从一座已经相当豪华的城市住宅，改造成"当时欧洲最好的皇家住宅之一"。[34]

　　与以往相比，这些皇家建设项目体现的不仅是成本和规模的大幅增加。就风格和象征性而言，它们也凸显了至少在一定程度上由政治推动的突然转变。1780年代之前，乔治三世的品位曾经是世界主义的。就他的营造活动或购买的画作而言，他喜好新古典主义设计和法国以及意大利大师。例如，在翻修白金汉宫时，他和他的宫廷画家，北美人本杰明·韦斯特"想尽办法使他们在自己看来是国际化的"。[35] 但在美洲的失败，以及从伦敦迁居温莎堡——直到1789年才搬完——似乎促成了王室审美观的转变。乔治三世现在要求本杰明·韦斯特为温莎堡绘制一系列大幅壁画，来赞美英国真实和神化的

图47. 在乔治三世重新设计温莎堡并在宫墙上配上本杰明·韦斯特的画作之后的国王觐见室,摘自《皇家宅邸史》

历史;而他位于丘园的城堡,像温莎新的国家官邸一样,是势不可挡的哥特复兴的一次演练:塔楼、护城河、箭窗和一排排林立的齿形城墙。国王以这种方式营造,追逐着流行时尚。但哥特式时尚的吸引力,大量存在于其对骑士精神、等级制和君主制不容置疑的往昔岁月的追忆中。[36] 我相信,对乔治而言,丘园城堡是对革命的有力还击,不管是美国、法国或英国的革命,正如韦斯特的历史画卷,维护了英国英雄主义(和君主制)的历史,从而反击了其当前面临的怀疑、危险和失败。

他的继任者对法国大革命的反抗,尽管同样真心实意,却采取了不同的审美形式。乔治四世没有从他自己王国的中世纪历史去寻找灵感,而是将目光投向革命前的法国。卡尔顿府邸充斥着各种曾经属于路易十四的物件,有太阳王及其皇室子孙的各种奖章、图画和小雕像,以及法国**旧制度**的各种纪念品:例如范·德·穆伦对凡尔赛建筑的研究，或者路易十五的加冕手册，那是乔治的代理人为他抢购的，以备他自己在1821年的加冕礼上使用。无论是作为威尔士亲王或摄政王还是国王，汉诺威四个乔治国王中的最后一个，总是像塔列朗所称颂的那样，**是一个伟大的君主**，一个致力于捍卫旧法国，反对新法国之原则和统治班底的人。[37] 乔治四世沉迷麻醉药物、肥胖和愚蠢地多情，如果在他生活的这些糟粕中，他自己开始相信他曾经亲自在血流成河的滑铁卢战场浴血奋战，这恐怕并不像其看上去那样荒谬绝伦。在他自己的脑海中，更重要的是，在他的艺术和建筑赞助中，乔治成年后实际上终其一生都在抗击拿破仑及其共和国先驱。他指示他的建筑师约翰·纳什，必须重建摄政时期的伦敦，以超越拿破仑时的巴黎，我们对此还能有什么别的理解？[38]

在美洲的失败，最重要的是在法国的革命，孕育了英国一段更加辉煌的君主统治，并影响了这种辉煌的性质和方向。对公开的皇家庆典和王室的私人空间都是如此。我们知道，乔治三世像其他许多英国人一样，知道雅克-路易·大卫和其他人在幕后为法国新领袖策划的政治说教性的国家庆典，并为之着迷，这些庆典有1790年的联盟节、1793年的统一节，以及一年之后举行的最高主宰节。[39] 似乎很有可能是法国民众参与这些爱国节日的程度，他们为了能在巴黎和外省的各大城镇同时举行庆典而通力合作的方式，以及最重要的是其纯粹的宣传效果，使国王和他的大臣们下定决心同样作一些竞争性的努力。1797年12月，乔治三世庄重地穿过伦敦街头，经过远远超过20万围观的群众，前往圣保罗大教堂作感恩祷告，为英国海军战胜荷兰、法国和西班牙舰队而感恩。英国此前也为军事胜利而举行过皇家感恩祷告（尽管自安妮女王统治以来就未曾举办过），但新闻界正确地察觉到，这里所包含的，不仅只是回归古老的本土传统。《纪事晨报》的判断是，海军感恩祈祷，是一场"法国式的闹剧"，尤其因为通过在游行队伍中加入了250名普通水兵和海军陆战队士兵，它打破了英国通常的做法，抄袭了革命法国的先例（并宣扬皇家海军恢复了忠诚的服从，前不久刚发生了斯皮特里德和诺雷哗变）。国王本人推动了这一创新，率先作出了举行一场感恩祈祷的决定。[40]

这场在庆典和审美上跨海峡的竞争，为英国当局带来了一个显著的问题。他们如何组织公众表演，才能区别于非法和敌对政权所举行的表演？他们的解决办法是双管齐下。首先，英国爱国和公众表演的独特性在于，它的实施以君主为中心。革命和拿破仑法国保留了路易十六和他的先王们使用过的许多典礼形式，同时更强调了其民族主义和军国主义，而在战时的英国，庆祝国家成就的几乎所有官方庆典，都被包含在对君主的颂扬之中。因此，新闻界刻意指出，1809年10月25日的五十周年纪念，即乔治三世统治第五十年开始的那一天，恰好，虽然只是巧合，也是阿金库尔战役的周年纪念日。[41] 同样，1814年，摄政王把伦敦最重要的和平庆祝活动安排在8月1日。这就确保了它正好与汉诺威王朝即位一百周年的庆祝活动同时举行，并且着实被即位庆典的光芒所掩盖。[42] 因此，官方在发起爱国庆典时，都会尽可能地，使其与国王的庆典完全一致。

使英国在这一时期的庆典显得与众不同的第二种方法，是宣称它因传统而神圣，从而不同于法国暴发户式的人为刻意的设计。这样的分析看上去可能过于牵强附会，但1805年圣乔治节在温莎堡举行的非常壮观的嘉德骑士受勋仪式这一例子表明，事实并非如此。在这场典礼中挥霍的金钱数量空前，有人估算超过5万英镑，向所有外国使节和国王的大臣们发出的邀请函数量也同样空前。然而官方强调的是庆典的**古老渊源**："国王陛下特别希望，应当尽可能多地保留古老的习俗"。[43] 一位见多识广的观众威廉·温德姆，即未来的国防大臣，对这场典礼的反应，恰好说明了乔治三世和他的顾问们为何沉迷于这样的花费和庆典，而与此同时又声称他们的努力与传统完全一致："它比凡尔赛的正式表演更为出色"。[44] 在不到一年前的1804年7月，拿破仑在荣军院举行了一场特殊集会，嘉奖获得他在 1802 年创建的"荣誉军团"勋章的第一批杰出人士。5 个月之后，他在巴黎圣母院他自创的一套辉煌庆典中加冕称帝，英国媒体对此作了详细报道。1805 年举行的特别奢华的嘉德骑士庆典，必须被理解成王室、贵族和英国作出的精心还击，旨在挡开一位暴发户皇帝夸张的炫耀：正如伦敦《泰晤士报》所言，是给"无所顾忌和残暴的篡位者"脸上一记响亮的耳光，这位篡位者竟敢"通过一场华丽的拙劣表演，来模仿古老国家的纯洁荣誉下，那历史悠久、神圣和令人崇敬的制度"。[45]

王室庆典的机制

因此，在 18 世纪的最后 25 年里，英国君主制的国家声望和庆典活动的复兴，可以在一定程度上被解释为乔治三世和他的大臣们在美洲战败之后，以及面临法国革命和拿破仑及其军队威胁时，下决心重申等级制度和重整公众舆论。但王室在英国被神化，不仅仅是因为上述原因。要理解它为何如其所是的发生，以及何时发生，我们也需要探究为何有那么多普通英国人显然愿意以新的方式来颂扬他们的君主制。我们可以从两个截然不同的女性的故事，来开始我们的讨论。

1809 年 10 月 14 日*，一位身份卑微的中产阶级寡妇，即比格斯夫人，从威尔士边境写信给宫廷事务大臣达特茅斯伯爵，鼓动一项别具一格的爱国动议。对于王室家族来说，这一年是非常尴尬的一年。不仅因为威尔士亲王和王妃仍然令人惊骇地分居，实际上，从他们 1795 年灾难性地结婚以来，就一直如此；而且国王的第二个儿子，英国陆军总司令，约克公爵弗雷德里克·奥古斯塔斯，也陷入了性丑闻。他的情妇，一个名叫玛丽·安妮·克拉克的精明的交际花，利用其床榻

---

* 原文如此，这里可能是作者的笔误，因为根据后文关于 50 周年大庆的筹备和执行情况来看，这封信写作的时间在 7 月似乎更为合理。——译者

上对公爵的影响力，向渴望以超常规速度快速晋升军衔的人索贿，事情最终被克拉克的一个旧情人，索尔兹伯里议员沃德尔上校捅到下议院。经过漫长和棘手的调查之后，发现公爵尽管没有腐败，但犯有极端轻信罪，他在全国各地改革者举行的自以为是的集会和一大堆淫秽小册子以及所有首脑人物的辩解书中黯然辞职。[46]

把这一事件从其多少有些沉闷和窘迫的境地中拯救出来的，是克拉克夫人和比格斯夫人从容不迫的机巧。克拉克是一个印刷工的女儿，她富有特色地结合了胆量与娴熟的专业技巧，来应对迫在眉睫的社会羞辱。她撰写和发表了一本天马行空的小册子，来痛击沃德尔；然后偷偷印刷了约克公爵的所有情书，来保障自己的未来。王室花费了 7000 英镑现金和每年 400 英镑的抚恤金，来收买她和她印刷的全部情书。如此一来，克拉克就可以安享一种轻松愉悦和受人尊敬的生活，她一直小心谨慎地在德拉蒙德银行偷偷保留了这些情书的一份副本，作为自己的保障。对王室家族来说，状况没有立刻好转。乔治三世本人现在已经双目失明，日渐老迈，实际上隐居在温莎城堡，而随着厌战和经济上的不满情绪日益增长，君主制处于风雨飘摇之中，或至少在一位反对派贵族领袖格雷勋爵看来，它"全然丧失了对人们情感的掌控"。是比格斯夫人想到了一种补救措施。她在致达特茅斯伯爵的信中写到：

> 在初夏时节，当沃德尔上校的受欢迎程度和要求改革的集会看起来将要危及国家的和平与幸福时，我突然想到，即将到来的十月是陛下的五十周年登基纪念，如果一次五十周年庆典或全民欢庆的想法能够获得成功，它将激起一种热情效忠的精神，非常有利于抵消沃德尔有害的努力。[47]

因此，在整个 7 月底和 8 月初，这位突发奇想的策划者写了"将近

图48.《1809年伦敦梅森宫前的五十周年庆典》,佚名

三百封(匿名)信,寄给大多数身居要职和许多受欢迎且有影响力的人,提议举办一场包括节庆和慈善活动在内的五十周年庆典。"[48]

这个想法大受欢迎。1809年10月25日举行的登基五十周年庆典,是王室首次举办此类庆祝活动,它也在英帝国的边远地区举行,在整个苏格兰和威尔士以及英格兰的650多个不同的地方举行:

> 一个国家,快乐,伟大,自由;
> 一个异口同声的国家,
> 从泰晤士河到恒河沿岸一片欢腾,
> 在这普天同庆的五十周年庆典里。[49]

然而,由妇女发起和自我强化的这些截然不同的行动,影响广泛深远。克拉克和比格斯几乎夸张地代表了王室家族与女性之间关系的两个面相。一方面,女性是(并且仍将是)丑闻的一个持久的源泉,尤其是当对未婚王子有机可乘之时。另一方面，多愁善感的女性对英国君主制的依恋，这种依恋在乔治三世统治时期变得更加明显，从现在起将为其群众基础发挥越来越重要的作用。[50] 同样，克拉克和比格斯也表明了君主制和宣传效应之间的矛盾关系。太多不适当的宣传，会将君主制置于险境（现在同样如此）；然而，适当的宣传行动，对其吸引力而言又不可或缺。最后，也至关重要的是，比格斯夫人的足智多谋强有力地提醒我们，1780年之后王室的复兴，并不仅仅只是行政推动的产物，甚至也不只是保守的地主、神职人员和教会-国王的治安维持会等地方势力努力的结果，尽管所有这些力量无疑都很重要。王室庆典的规模和协调性之所以能够提升，也是远离正式政治精英阶层之外的男女积极热情的结果；日益完善的通信基础设施，也提供了无可估量的帮助。用《苏格兰人》夸夸其谈的话来说："在当今，邮政、新闻报刊和公共马车，使我们更容易把2000万人凝聚在一个共同的事业之上，而在马其顿的腓力时代，把这1/50的人凝聚在一起都要困难得多。"[51]

到现在为止，新闻媒体已经征服了大不列颠更边远的地区。1804年，南威尔士拥有了第一份成功的英语报纸，3年后，《北威尔士新闻》在班戈市落户。在苏格兰，报刊也以前所未有的速度扩展。退回到1750年，其5家报纸集中在阿伯丁、格拉斯哥和爱丁堡。50年之后，苏格兰至少有13种报刊；到乔治三世驾崩时，其报刊数量是之前的两倍以上，由于道路的改善和邮车服务的扩展，报纸甚至流通到了最北部的萨瑟兰和凯思内斯等郡。到1820年，整个大不列颠有300多种不同的报刊。[52]

但这并不只是意味着人们现在可以读到更多的新闻内容：不同的印刷技巧也正在被更大胆地用来传播信息。当摄政王的女儿，即有可能继承王位的夏洛特公主，在1817年11月死于分娩时，几家地方报纸试着用黑线框在其头版报道这一事件。这成为后来报道王室伤亡事

图 49.《伊灵顿天使酒馆的皇家邮局,在国王殿下生日之夜》,
理查德·吉尔森·里夫,蚀刻凹版画,约 1825 年

件的标准做法,在新闻报道中添加戏剧成分,及时向那些只浏览,而不读报道内容的人通报国家损失。也是在这个时候,报纸的编辑似乎学会了一种印刷技巧,用大号字将头版头条刊登的更具轰动性的消息印在海报上。这些海报在当时被张贴在报社外面,同样也粘贴在邮车上,邮车按时在驿道上一路传播这条要闻(也宣传登这条要闻的那家报纸)。当 1837 年《雷丁使者》的出版商以这种方式来昭告威廉四世突然离世的消息时,他们认为"不到一个小时……这座城市就几乎无人不知国家蒙受的这一巨大损失"。[53]

由于伦敦一定量的报纸总是得到政府资助,而地方报纸一如既往地借鉴伦敦新闻界的作法,由此,对王室报道的强度和方向,有时就会受到来自上面的管控。这似乎在所难免,例如,《信使报》在 1817 年预测了全国范围内对夏洛特公主的哀悼:"毫无疑问,在下周三,即葬礼那天,所有商业都会歇业;帝国将会呈现一片悲恸和恰如其分的景象，整个国家会自发从事宗教和祈祷活动"，这时，它是在执行财政部主计官的指示。[54] 约克郡彭特里奇的暴乱刚被平息。完全不得人心和压制性的《禁口令》仍然有效。随着公主的亡故，英国君主制的未来似乎突然变得极其脆弱。摄政王现在已经没有直接合法的继承人。在与他的妻子，布伦瑞克不幸的卡罗琳分居之后，他也不可能再生育一名子嗣。因此，直到他的一个哥哥被说服抛开情妇，去结婚生子之前，对夏洛特公主逝后的崇拜——建立在她的性别、青春、美德、即将初为人母和悲剧式让位之上——似乎是这个四面楚歌、显然濒临绝嗣的王朝背面为数不多可靠的、能够给予其庇护的屏障之一。[55]

尽管后来的英国政府当然也试着激励新闻界往有利于王室的方向发展，但全面控制其对君主制的报道，从来都遥不可及也毫无必要。更真实的情况是，在18世纪初期和中叶，各大报纸争相报道王室活动。其价值有多大，从其对1809年乔治三世的登基五十周年庆典的推动，就可见一斑。因为其源起不在中央，没有王室也没有大臣监督，这一事件的绝对规模显然是对新闻界的积极性的褒奖，似乎也是对那些迫使许多地方当局采取行动的公众舆论的称颂。[56] 从1809年8月起，英国几乎每一家报纸都通过刊登读者建议和深情款款的社论，还有市长关于五十周年纪念集会的公告，五十周年纪念品和捐款明细的广告，游行路线和计划的狂欢活动等，来强化对这一事件的期待。[57] 在少数几个地方政府对五十周年庆的安排迟缓拖延、犹豫不决的城市，报纸就显得更为重要。在布里斯托，市长直到庆祝活动将要开始前4天才召集庆典筹备会。但因为《布里斯托日报》几个星期以来一直在为读者详细报道其他城市的准备情况，极大地触动了市民们敏感的自尊心（"我们已经仔细研究过每个地方的报纸，其报导都表明了这个日子所激发的普遍关注。为什么我们这个古老、忠诚而又富足的城市，要最后一个宣布其参与这一普天同庆的节日的意愿？"），布里斯托下属的基层当局消息足够灵通，他们自己安排了一场五十周年庆祝活动。[58]

　　需要这样激励才加入王室庆典的，只是极个别城市的当局。实际上，他们越来越把这当作一种宣传其城市特有的富裕、身份认同感和文化的途径，当作公民自豪感和英式爱国主义的一种表现手段。传统上王室庆典都是悄无声息地进行，一次特别的教会仪式，为市政当局提供的私人晚宴，或许还有为平民准备的篝火晚会，与这样的传统不同，富有和雄心勃勃的城市现在有意愿和便利条件在设计远远更为豪华的庆祝活动中纵情狂欢，以展示当地的自豪感。更宽阔和规划更出色的主要街道，让大规模游行不但可能，也不可阻挡；新的礼堂也被用来举办舞会或招待地方精英的公开晚宴。为王室庆典预留的日子，被用来发起一些改善当地的实际工作，这种做法也变得流行起来。爱丁堡利用纪念乔治三世登基五十周年的庆典，扩建了利斯码头；伯明翰揭幕了其第一座公共雕像，即理查德·韦斯特马科特纪念霍雷肖·纳尔逊的青铜像；奥斯韦斯特通过第一次使用其新型煤气灯来铭记这

图 50. 一枚典型的廉价、批量生产的乔治三世纪念章，约 1810 年

一天；威尔士的班戈市在当天开设了一家公共诊所。[59]

这种策略有助于确保能有大量群众参加王室庆典活动。尤其是忙碌和贫穷的人，更有可能被推着走出家门，去看看他们自己的环境有什么实实在在的变化，而不是消极地站在那里欢呼——或者连欢呼都没有。但忠诚表演和真正的地方利益之间的这种同步，也包含了一种更深层的信息。当时为王室辩护的人提出的最有力的观点之一，是欧洲大陆的共和主义实验无情地导致了无政府状态、军事专制、大规模征兵和掠夺财产，而在大不列颠，由于现有秩序得以保存，事态令人幸福地有所不同："实际上我们已经听到了风暴声"，一个国教牧师在1809年五十周年庆典那一天承认，"但在国内温暖屋檐下的那些人，却听不到冬天寒风的怒吼；我们听见了，却令我们更加珍惜我们国内的安乐。"[60] 与许多摇摇欲坠的欧洲君主政权相比，乔治三世作为一个国王也作为一个人不同寻常的长寿，可以被看作其国家相对稳定的一个象征，也确证了其作为新教以色列"这块受恩宠之地"的地位。国王轻而易举地成了一个幸运符，一个可以驱除恶魔的图腾。用一首邓迪民谣的歌词来说：

> 我们在他的领导下，坐着闲聊，
> 在和平和紧密的团结中，
> 而每个民族都在重压之下，
> 哪像我们的小乔治那样悠闲。[61]

王室的每一次活动，都与公民福利实实在在的改善联系在一起，还有什么方式，更能使这一盲目信仰（在相当程度上）深入人心？

一个城市越觉得自己成功，就越有可能为皇家庆典有所投入。诺里奇曾经是这个王国的第二大城市，但现在就财富和人口规模而言，只能勉强保住前十的位置，城里的权贵显然不愿意为1809年的五十周年庆典或 1821 年乔治四世的加冕礼组织大众庆祝活动,这种不作为源于信心不足,而不只是担心当地的激进主义。[62] 这与帝国新兴的第二大城市利物浦形成了鲜明对比。利物浦五十周年庆典上的致辞表明,其领导人乐于颂扬乔治三世,以这种方式来赞美利物浦自身的成就:"陛下,你看到我们曾经默默无名。在陛下您的管理庇护下,我们现在取得了如此高的商业成就……找遍陛下辽阔的帝国,我们的重要性都几乎无可比及"。[63] 这个城市把对这一事件的纪念进一步推进,建立了一个阻止虐待动物协会,并委托雕刻家创作国王骑马像,其全部费用由公共捐款支付。当地的一份传单上说,这座雕像模仿了罗马的马可·奥勒留雕像。但它有过之而无不及。前者被挤在丘比特神殿前面狭窄的空间里,而利物浦的国王雕像则雄踞在伦敦路的入口,让那些从大都市来到这座北方新罗马的游客眼花缭乱。[64]

对地域的自豪和对富裕程度的自豪,与就参与人数的自豪相辅相成。人们常常以为,法国革命的狂暴,叠加在戈登暴动挥之不去的记忆之上,使得英国有产阶级恐惧与其贫穷的邻居聚集在一起。然而,这一时期的报刊在报道大众参加王室庆祝活动时,通常对大众的规模津津乐道,胜过对其聚众闹事的担忧。利物浦的报纸吹嘘称,普遍认为有 5 万名男女参加了庆典,但这只占了其参加人数的一半。[65] 一个小得多的城市,即普利茅斯,也为数量大致相同的人参加了五十周年庆典而欢欣鼓舞,因为这证明了其作为一个地区首府的地位。乡下人和乡绅从康沃尔郡和富于乡村气息的德文郡蜂拥而至,为这座城市的商店和供货商带来了大笔生意,这些乡下人痴痴地欣赏着这次精心准备的游行:"在英格兰西部所能见到的最宏大和管理最棒的游行"。[66] 在没有职业警察部队的情况下,数量激增的各种志愿团体,使这种洋洋自得成为可能:私人组织为城市和王室庆典凑了数,但其成员都是自律和中规中矩的人。

与法国的战争所催生的志愿兵团和民兵团,显然就是一个很好的

230 例子，并且对于使首都成为皇家表演的一个比以往更可靠的舞台尤为重要。在 17 世纪末和 18 世纪初，常备军普遍不受欢迎，这意味着在盛大游行中的军事因素也常常不受欢迎。而在战时，也并非总能召集到足够多的正规部队来承担大范围的庆典职责。然而，如果没有足够的军事力量，公开的皇家庆典就可能不安全。在 1789 年 4 月，据说因为担心群众没有受到有效控制，伦敦有很多人没有去观看为乔治三世的康复举行的感恩游行。大批平民志愿兵的出现，改变了这一切。尽管在有些地方，他们依然广受敌视，但他们是本地人，而且（关键是）他们在抵御法国入侵中的重要性，意味着首都和各地的游行，现在可以借助一支武装部队的治安维护和吸引力，而又不大失人心。在入侵危机高峰时的 1803 年 10 月 26 和 28 日，国王在海德公园检阅了 2.7 万名志愿兵，是这一时期参与人数最多的皇家活动之一。据估计这两天每天都有 50 万人参加，对从赫特福德郡长途跋涉前来观看的布拉姆菲尔德警察局长约翰·卡林顿来说，这场表演令人神魂颠倒，"我一生还从来没有见过这样一个场面"。[67] 到 19 世纪末，维多利亚女王在正式场合如果**没有**军队的威仪相伴，就会招致其臣民不满，市民态度的这一革命，就起源于拿破仑时期。[68]

在一支拥有鲜艳制服、锃亮武器和军乐的业余部队帮助下，英国的市民游行成了一个比以往更大和更复杂的事务，常常由专门指派的委员会精心编排。各地在皇家庆典时的游行，参与者不再只局限于地方市政当局的成员，或从商业团体中挑选的成员（在 1789 年之前，他们经常是节日和假日活动的参与者），而是日益把两性、各个年龄阶段和各个阶层的人组织起来——这样做有充分的理由。这些庆祝活动的包容性越强，就越容易被看作宣扬了当地对国家和皇家庆典的广泛认同。

他们的参与早就开始了。我们现在依然非常漠视这一时期英国儿童参与政治活动的情况，然而，他们在激进游行和皇家游行中都越来越突出。就后者而言（或许就前者而言也是如此，谁知道呢），迅速发展的各种慈善学校和主日学校，为此提供了巨大方便。到 1800 年，英格兰和威尔士有大约 20 万名孩子参加星期日学校的学习；30 年之后，几乎有 6000 所这样的学校，教导着 140 万名儿童。此外，在白天为贫穷儿童提供便宜或某些情况下免费教育的学校，其学生数量也在大幅增长。这些孩子到底在多大程度上愿意接受社会地位比他们高的人灌输给他们的观念，至今人们还在争论不休。[69] 在所有时代和所有国家，孩子们很少像成年人所愿意相信的那样天真和容易受感动。但对一群看似受控制和相对易受管教的听众宣扬忠君爱国，其诱惑当然不是这一时期英国统治阶层所选择拒绝的。例如，在 1813 年乔治三世生日那一天，一群时髦的淑女和绅士屈尊来到伦敦的一所贫民学校。他们花钱给男孩和女孩们提供了一顿特别的庆祝晚餐，孩子们可以随心所欲尽情享用，这样：

> 他们（孩子们）可以通过亲眼所见而受教导，善良使所有等级和社会地位的人都平等相待……他们容易受感染的幼小心灵，像当时那样，受到一次电击，从而永远给他们打上了善良和诚实之人的烙印——成为他们的国王和国家至死不渝的捍卫者。[70]

英国许多地区识字率的迅速提高，意味着现在也可以向贫穷儿童发放爱国手册（就像乔治四世加冕时，施鲁斯伯里的儿童们那样），或国歌的印刷稿（在同一天被发放给了约克郡主日学校的孩子们）。因为他们已经在确定好的学校建筑中进行了预演和训练，所以很容易把这些孩子编入爱国者的游行队伍；而且如果他们的父母加入欣赏围观的人群，更是锦上添花。兰开斯特把当地的天主教徒、卫理公会教徒、非国教徒和免费语法学校的孩子们编成四大方阵列队前进，是其1821 年乔治四世加冕游行的一大特色。孩子也被廉价的收买。曼彻斯特开始向小孩们大量发放免费纪念章，在这一时期的皇家活动中，有许多城市都这么做；其他地方则提供玩具、《圣经》、三便士的蛋糕或标语。[71]

动员儿童这个人口中最容易受影响的群体，表现了最赤裸裸和公开地利用皇家庆典来进行控制和洗脑的欲望。但不能把被这些狂欢活动吸引的所有男女，甚至其中的大部分人，都看作是受到上层操纵的消极和温顺的牺牲品。许多人被一场游行表演所吸引，必定因为其有某些与众不同和具有娱乐性的东西，或者因为他们可以放一天假并得到一顿免费大餐，或者参与其中是显示其在当地社区之重要性的一种方式。一些妇女打扮成不列塔尼亚或约翰牛夫人甚至披着古典服饰的贞女，唱着国歌穿过城市，同样也有她们自己的如意算盘，这一点我们将在后面讨论。[72] 共济会成员也同样如此。到1800年，皇族的几乎所有男性都是共济会成员，从1790—1813年，威尔士亲王还是共济会总会长。因此，共济会成员在这一时期积极参与皇家庆典，部分原因是向恰好是王室成员的兄弟致敬，部分原因是为了扩大在当地的影响力，部分原因也是给那些富有但绝非必然出身名门望族的人提供一个途径，来展示他们的成员身份和凝聚力。[73]

在社会下层，互助会和行业团体参加皇家庆典，与其说主要是因为雇主的压力，毋宁说打着行业标语和国旗穿过城市的街道也是为数不多能展示工人团结的合法手段之一。此外，皇家庆典的**大众化**趋势，也赋予工人们一种短暂的权力：说"不"的权力。事实证明，男性和女性劳工有时确实说了"不"。1821年，布里斯托只有10个行业团体同意参加这座城市庆祝乔治四世加冕的游行。10年之后，当威廉四世戴上王冠时，不少于28个不同的行业团体游行穿过这座城市，庆贺英国的新君主，以及据信他所代表的议会改革的承诺。[74]

脱离大规模爱国节庆，而孤立地研究18世纪末和19世纪初发生在整个大不列颠的持不同政见者的大众示威游行，仿佛只有后者的影响才激进，而前者一成不变始终保守稳健，马克·哈里森认为这实际上大错特错。[75] 在这两种大众运动当中,最引人瞩目的是参与公共政治的英国人的数量和类别都在大幅上升。一种狭窄的政体正在被迫变得越来越开放。从这个意义上说,君主制的英国和革命的法国之间令人惊讶地差别甚微,林·亨特曾经描述1789年之后的法国政权,有意让越来越多的人参与政治,以此作为增强自身实力的一种方式:

> 在不同社会地位的人创造和学习新的政治方面的"细微技巧"时,革命政府的权力……在每个阶层扩张。做记录、参加俱乐部会议、阅读共和诗歌、戴帽徽、绣标语、唱歌、填表、组织爱国捐款、选举官员——所有这些行为一起,创造了全体共和国公民和一个合法的政府。[76]

这种"细微技巧",这种由个人发起、组织和参与的行动,并非法国独有。它们也不是共和派和激进派的专利。在大不列颠,类似的政治策略从18世纪中叶以来就已变得越来越常见和越来越广泛。但现在,它们以一种前所未有的程度,被引入皇家庆典活动。其结果之一,是更多的男女以一种新的方式习得忠诚,并发现其非常吸引人。但他们中至少有一部分人也必然学会了其他一些事情:如何在游行中列队前进、如何制作和展示标语、如何参加有组织的会议——简而言之,如何规划和举办户外的大型政治活动。在1819年8月彼得卢大屠杀之前举行的大规模工人游行——"向曼彻斯特行进的小分队纪律严明也很壮观:每百人就有一名领导(以他帽子上用树枝做的花冠加以区别),有多支乐队和刺绣精美的大幅标语……'我们最漂亮的女孩'小分队走在前列"——显然在很大程度上要归功于大众对近来举行的大规模皇家庆典已经轻车熟路。[77] 如同最常发生的情况那样,群众的爱国主义即使是在帮助维持现有秩序的时候,也对它发起了挑战。

意义与魔力

因此显而易见，在乔治三世漫长统治时期的不同阶段，其王权对英国的不同群体意味着截然不同的事物。他一度被斥为暴君或疯子；有时又被尊为人民的父亲和国家的图腾；他的一些臣民赞美他是英国繁荣和稳定的保护人；另一些人因为他们自己的私人和地区原因而颂扬他；拥护共和的少数派一直把他斥为昂贵的摆设：这个最终碌碌无为的人，比绝大多数统治者都更多地激发了各种令人迷惑的鲜活反应。因此，通过细节和分歧来探究其统治对君主制的公共和爱国形象的演变所具有的深远意义就比较棘手，而且会得出两种截然不同的结论。

以他的汉诺威先王为背景可以发现，通过乔治三世本人的行动所影响并通过其他人的行动所感受到的转变非常显著。乔治一世和乔治二世受到他们明显的党派偏见、德意志教养、詹姆斯党的幽灵以及拥有太多权力以致无法避免争议，却没有足够的权力来筹措维持宏伟建筑或者支配政府的资金等因素的羁绊。相反，乔治三世的统治很安全，他是一个铺张炫耀的英国人，也没有党派偏见；到1780年代，在全国范围内受到前所未有、完全无可争辩的颂扬，并在这姗姗来迟的敬仰中，得到了绝大多数统治阶级成员的支持。

国王驾崩时民众的表现非常清楚地表明了这种转变。乔治一世在1727年造访汉诺威时离世，英国似乎没有人吵着要将他的遗体运回国内，也没有为他竖立纪念碑。乔治二世在1760年的状况也没有多少好转。在宫廷外，报纸毫无顾虑地报道他已死在浴室，更有甚者，《绅士杂志》令人羞愧地刊登了一幅他被摘下的心脏的彩图。[78] 上流社会也没有更多的敬意。一位政治家发现，这个统治大不列颠30多年的人，其葬礼"很多贵族都没有认真参与，甚至国王的老仆也如

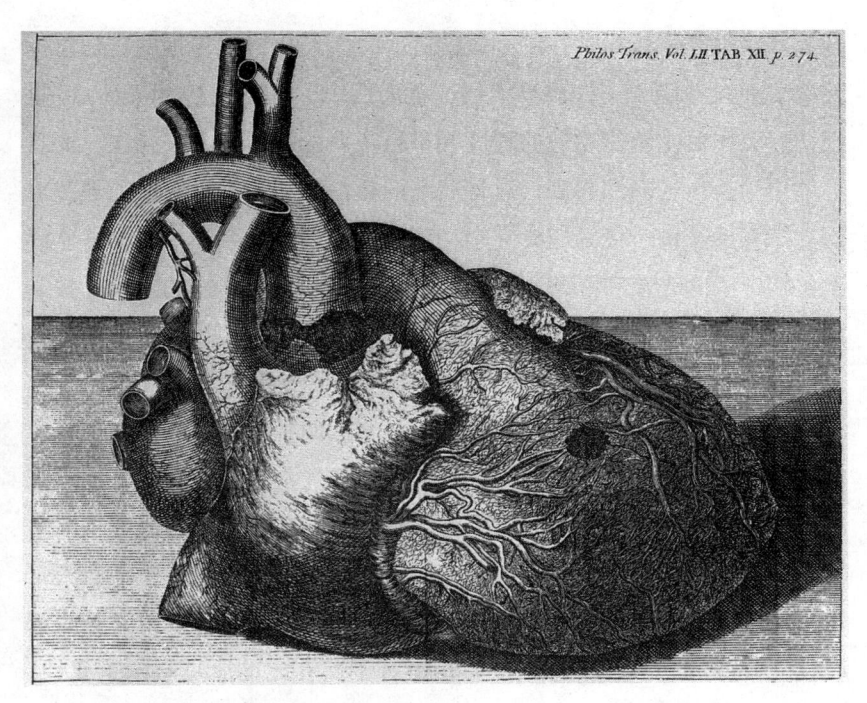

图 51. 乔治二世被摘下心脏的图绘,《绅士杂志》,1762 年 11 月

此"。[79] 然而当 60 年之后乔治三世去世时,整个王国的商店关门;据报道甚至伦敦的穷人也戴上了一些表示哀悼的佩饰;政府和反对派政治家都表达了敬意;超过 3 万人亲临温莎镇出席葬礼,尽管这完全是一个私人的场合。[80]

这令人印象深刻。然而就发生在其继任者身上的情形而言,似乎也很容易看出对乔治三世的尊崇并不具有决定性。在 1821 年乔治四世加冕时,与他貌合神离的妻子卡罗琳在威斯敏斯特大教堂外踌躇游说,徒劳地想要获准参加庆典,从那一天起,到 1830 年他无人悲悼地离世之时,这位英国国王一直饱受广泛谴责和无情嘲讽。[81] 在 19 世纪下半叶,落到汉诺威王朝最初两位国王身上的许多批评,似乎又卷土重来。维多利亚女王在与阿尔伯特亲王结婚后,被指责具有党派偏见和亲德意志倾向；在刚刚丧偶之时，人们指责她管理的宫廷沉闷乏味，而且像隐士一样离群索居，远离臣民。[82] 直到19世纪末20世纪初，英国君主制受欢迎的程度和举行庆典的吸引力才又一次，而且远远更为持久地高涨起来，这种高涨的热情，与一个世纪之前那些巩固支撑乔治三世时代的庆典完全相同的诸多因素联系在一起，这些因素包括帝国的光荣和焦虑，以及对日益增多和骚动不安的人口的控制需要，此时的人们受到了更加民主的思想以及获胜的战争带来的意外事件的影响。[83]

关于乔治三世之统治的重要性，尽管这两种观点看起来似乎完全矛盾，但在现实中，它们远非相互排斥。在大不列颠也和在其他国家一样，其君主制的声望随着时间的推移而上下起伏，或者说它当前适当的受欢迎程度，是循环发展而不是稳定发展的产物，这并不令人奇怪。换句话说，1820年之后英国君主制对公众的吸引力和庆典的辉煌程度方面的起伏，不应当被看作损害了其在之前所具有的重要性。与贵族阶级的其他成员一样，乔治三世在面对美洲的失败和法国革命时，通过一种新的和非常自觉的方式，与国家达成了妥协，从而成功地重树了他的权威。至少在三个方面，他的遗产被证明经久不衰。到他统治结束之时，这一君主制成为比以往更名副其实和确凿无疑的英式君主制；它无疑更加辉煌；而且它与非理性和诉诸情感的政治策略更加紧密地结合在一起。

现在不言而喻的是，皇家庆典最好能把大不列颠的所有政治派系、所有宗教团体和所有地区都网罗进来；换句话说，它至少应该**看起来**是真正全国性而不是地方性的庆典。但事实并非总是如此。在1727年乔治二世加冕时，许多地方中心城市的辉格派和托利派积极分子，为此组织了各自独立和相互竞争的欢庆活动。与之相反，在1821年乔治四世加冕、1831年威廉四世加冕和1837年维多利亚女王加冕时，组织庆典的绝大多数地方委员会，都引人注目地联合了两党,有争议的徽章、标语或颜色都被排除在外。[84] 当然,这并不是他们自然而然就两相情愿的事。但现在非常明显,官方希望他们最好能协调一致。

出于同样的原因,在所有宗教场所,而不仅仅只在新教教堂,为皇家庆典举行特殊宗教仪式也变得常见:"主教座堂、大教堂、教区教堂、非国教徒的礼拜堂、卫理公会教徒和天主教徒的小教堂以及犹太教徒的会堂",《泰晤士报》在1809年五十周年庆典时——一列举说,"都在这个非常令人关注时刻开放"。《日报》则承认:"整个国家就像一个大家庭为……人民之父……虔平祈祷和感恩。"[85] 尽管王室还没有同意解放天主教和犹太教徒,但现在在爱国表演中已经牢牢植入了宗教多元性,并直接得到王室自身的鼓励。例如,乔治三世的好几个儿子,都推波助澜地正式造访了越来越受欢迎的伦敦犹太教会堂,哪怕仅仅只是因为在拿破仑战争期间,犹太人在购买国债方面举足轻重。[86]

皇家庆典这套事物的中心,远远比乔治三世继位前更加显赫,更加稳定。后来的君主可能会继续上演微不足道的美学反叛——乔治四世拆毁了丘园堡,维多利亚和阿尔伯特卖掉了布莱顿馆——但他们谁都不怀疑,真正重要的是温莎堡和白金汉宫,两者现在都装饰豪华、地位稳固,足以媲美欧洲大陆的任何一座宫殿。乔治四世作为摄政王和国王,从王室专款中拨了165万英镑,还从自己的资金中拨了更多经费,来进一步扩建这两座宫殿,并翻修汉诺威王朝在苏格兰的大本营,即荷里路德宫。他还从议会巧取了78.7万英镑,来打造摄政街、大理石拱门、特拉法加广场、大英博物馆扩建工程、新造币厂和罗伯特·斯默克设计的一座新建筑,"当之无愧的世界第一邮政局"。[87] 他自己和约翰·纳什计划用大理石装饰首都,但从未完全实现。但伦敦现在被装点成50年前无法想象的庆典舞台。在法国战争中暴富的财阀也领导了这场变革,他们珍视这座城市作为世界帝国首府的地位。回望 1760、1770 年代，伦敦的市议会还在请愿书中痛斥国王，支持约翰·威尔克斯并反对美洲战争。现在，这座城市的管理者为皇家宴会慷慨解囊，只要他们愿意接受，就尽可能给更多地为王室成员颁发荣誉市民权，并投资制作在皇家庆典的所有场合使用的特殊标语，上面绣着 S.P.Q.L 这样的字母。作为这座新罗马城的市民领袖，他们需要自己的凯撒，并准备着为他设宴庆贺。[88]

但对英国的大部分民众来说，与其说真正重要的是这些物质上的进展，毋宁说是王室身上发展演进出的一种新魔力和神秘性。埃德蒙·柏克的《法国革命论》（1790 年）的精华，是抨击国王只能通过他们对国民的用处来加以评价这样的观念。他正确地分析说，君主制永远不能仅靠宪法的抽象概念而幸存。它如果要繁荣昌盛，就需要浪漫、魔力、非理性和盲目的忠诚。它还需要一副人的面孔，以"在人的身上……得到表达"。[89] 为了达到这些目的，为王室辩护的人不能仅仅只强调因为他是一个新教徒和一个符合宪法的君主，乔治三世的统治得到了神的认可。还需要为君主制寻找一个更加人性化的基础。通过赋予关于国王的两种位格的古老的概念以一种新的和更世俗的解释，这一基础也被不失时机地找到。是的，按照这种解释，乔治三世与他的所有臣民都不处在同一个层次，他住在壮丽辉煌的宫殿，是前所未有的庆典活动的支柱；但他也是一个丈夫、一个父亲、一个终将一死的人，他也会生病、衰老，有各种世俗的弱点，因此，在本质上与他的臣民一样。"这是一个重要的真理"，《泰晤士报》在 1820 年他的葬礼那天宣布，"乔治三世拥有的绝大多数品质……可以被人类的**每个阶层**模仿和获得。"[90] 这道出了新创造的皇家魅力的本质。与此同时，英国人还被引导着把他们的君主看作一个即独特又具有象征性，即具有仪式上的威仪华贵，又一如既往的平凡，即光彩照人，又和善可亲的人。

这种魅力有助于把乔治三世的弱点转化为力量。通过这种魅力点石成金的方式，乔治三世反复罹患的重病、他逐渐老迈的年纪和他那群自甘堕落的儿子，似乎没有太多地降低君主制的声望，反而增加了公众对国王本人的保护。他变得明显脆弱不堪，同时也变得更吸引人。但这一魅力也充分利用了他毋庸置疑拥有的那些品质：他的品德、他对家庭的挚爱、他在庆典场合之外对广义上的简朴生活的喜爱。正是这些品质，使他有可能被吸收到非常传统的民间传说当中：也就是国王到民众中微服私访，并听取他们质朴意见这样反复出现的虚构故事。从 1780 年代开始，乔治三世这样做的故事就在报纸和张贴画中越来越常见：

> 渐渐熟悉之后，农夫不假思索地问绅士，他是否见过国王；在得到肯定回答之后，农夫说："我们邻居说他是个好人，但穿着非常朴素。""是的，"国王陛下说，"就像你现在看到的我这样朴素。"然后骑上马继续赶路。[91]

国王生活的所有这些方面，可能显得非常乏味，对宫廷中那些老于世故的贵族似乎确实如此，但却被为王室辩护的人，甚至他们的一些对手变幻戏法，成了国王深得人心的证据。当吉尔雷描画国王夫妇在火炉前吝啬地吃着煮鸡蛋，或者一份挖苦夏洛特王后的悼文得以发表时（在其中，她被刻画成一个跌入浴缸而死的过于节俭的家庭主妇），这些都清楚地表明，即使是讽刺作家也无可救药地深陷于王室朴实无华这样的神话之中。

王室成员与其他每一个人既相似，同时又有所不同，这个非常有吸引力的神话，由于王室成员明显增多的亲身出游而广为传播。1800 年之后，乔治三世本人太虚弱，无力四处旅行，但他众多的儿子——常常因为大宴宾客或令人叹为观止的铺张浪费而被历史学家所忽略——几乎访问了大不列颠的每一个地区，他们在接受各大城市的荣

图 52.《节制地享受俭朴的膳食》,詹姆斯·吉尔雷,雕版画,1792 年

誉市民权时，也沿途听取各地的意见。例如，格洛斯特的威廉王子在 1795 年前去接受格拉斯哥的荣誉市民权时，也造访了爱丁堡，随后又四处旅行，去接受剑桥（1799 年）、利物浦（1804 年）、伯明翰（1805 年）、布里斯托（1809 年）和伦敦（1816 年）的荣誉市民权。[240] 苏塞克斯公爵以不拘小节闻名，他更富有进取心，不仅接受了巴斯、布里斯托和切斯特这样的主教堂所在城市的荣誉市民权，还造访了威尔士、北方工业区、桑德兰、唐卡斯特以及纽卡斯尔等地。[92]

这些访问大都不像 19 世纪末 20 世纪初的皇家巡游那样组织严密。[93] 但它们却使比以往远远更多的英国人见到了王室成员，看到他们长什么样、怎样穿着打扮和言谈举止如何，尽管隔着小心保持的距离。一个目击者对乔治四世 1822 年访问爱丁堡的描述，揭示了公开露面的王室成员对天真质朴的观众造成的某些影响，这是自 1630 年代之后治国之君对苏格兰的首次访问：

> 一排排苍白的脸，带着翘首企盼所造成的实际痛苦，以及第一次瞥见那位被称为国王的人时手足无措的笑容——他是英国国王——苏格兰国王——他们自己的国王！这一刻，是他们生命中第一次，可以把被称为陛下的本人，与他们自童年时代就梦想和想象的那个人的一切加以比较！[94]

然而魅力再次发挥作用。亲眼见到王室成员本人，这些在当时至少可以说在身体方面并不令人着迷的群体，似乎使这些成员对公众而言更加卓越非凡，而不是相反。

国王们自己可能没有完全认识到，但更加机敏的朝臣和政治家无疑感觉到，围绕英国君主制发展出了一种前所未有的成功吸引公众的策略，一种新的爱国意味和一种特殊的征服。参加过滑铁卢战役的老兵，内阁大臣和宫廷红人安格尔西侯爵，在 1830 年与未来的威廉四世的一次谈话中，令人赞叹地清楚阐明了那种策略：

> 尊贵的陛下须牢记——您必须维持一个显赫的宫廷……不要让自己太平常，但你一定要在臣民中间经常现身。

换句话说，君主制看起来必须辉煌灿烂，但最重要的是，它必须**被人们亲眼所见**。

> 在很久没有看到任何一种像女性一样温和的宫廷之后，这样的宫廷具有无限多的好处。

也就是说，王权必须与家庭生活幸福快乐的表象结合；然而，又不要长久深居宫墙之内：

> 我认为国王定期造访其王国的各个地区是恰当得体的。[95]

辉煌的庆典、热爱家庭生活的表象以及无处不在的身影：这就是乔治三世教导和留给继承其王位者的策略。这使他们在迷倒众多英国人的同时，也受到某种风尚的束缚，这就是其成功的代价。

第六章　女权

1814年6月22日，萨默塞特郡汤顿镇的男女休假一天，庆祝和平降临。他们欢快地纵情于新闻工作者所称的"公众得意洋洋的奢侈表演"之中，不知道还需要另一场大规模战争，才能最终摧毁拿破仑和他的军队。当地穷人尽情享受免费牛肉、啤酒和葡萄干布丁。镇西入口修建了一座凯旋门，上面飘扬的旗帜，宣告约翰牛已经完成使命。穿过这座由帆布和层板建造的不牢固的建筑，走来一支游行队伍：陆海军退伍老兵、志愿者兵团、市民显贵和神职人员、学童、商人团体、裁缝、石匠、煤炭搬运工、木匠、印刷工等等，每队都佩戴或高举着显示其特定职业的标志或旗帜。对没有观察力的人而言，它看起来就像一次典型的市民庆祝活动，意愿良好，排练可能有点不够，而且队伍显然过于冗长。然而在这里，在汤顿的和平庆典中，也在整个大不列颠发生的许多类似事件当中，出现了某种新的和意味深长的事情。

在汤顿的行业团队中，有六个妇女互助会的成员并肩同行。那位被分配到满意的任务，在这一场合扮演威灵顿公爵的资产阶级绅士，其马车中也加入了一位具有同等社会地位，被打扮成不列塔尼亚的女士。在他们后面，不仅体面地跟着一位"可敬的自耕农"，穿戴成约翰牛的样子，还跟着一位来自相同社会背景的妇女，扮演约翰牛夫人。[1]在社会的各个层面，爱国庆典都被加入了女性元素。就英国而言，这是最近才出现的一个新鲜事物。在过去，妇女在市民游行中，偶尔也充当匿名的道具，扮成自由女神，或者像这里一样，扮成不列塔尼亚。[2]但她们极少像汤顿的妇女协会那样,有亲自参与游行的权利。而且在美国革命之前,在英国的市民和爱国庆典中,约翰牛夫人也不是一个常见的角色。现在在这里,她与她的"丈夫"约翰牛肩并肩出现,意味着在这个社会,妇女的权利要求正在以一种新的方式得到承认。通过作为当事人而不仅仅只是旁观者参加这场胜利游行,以及参与1814年和1815年整个大不列颠发生的其他许多活动,妇女们宣称,她们也是爱国者,也能够为国家的福利和进步做出积极贡献。然而,英国的女性到底希望成为哪种爱国者?

砸烂女性的镣铐

随着18世纪的演进,对于妇女在社会中的适当地位这一问题的争论,不仅在大不列颠,而且在整个西欧和北美,都愈演愈烈。在所有这些地区,妇女都被正式排除在政治权力的运作之外,而在英格兰和威尔士,对她们的限制在某些方面甚至比其他地方更为严格。1777年,《妇女法则》一书的作者充分总结了妇女的传统地位:"婚姻是妇女身体或法律存在的终结。"除了执政的女王之外,每个妻子都在其丈夫的合法权威统治之下,她的动产也同样如此:"未经其丈夫同意,她不能出租、安排、出售、赠予或转让任何东西。依照法律,她本人必要的衣物饰品也不是她的财产"。[3]苏格兰的法律在与离婚有关的事务上,对妇女稍微仁慈一点,但在这里,法律也规定,"在婚姻问题上,丈夫获得了对妻子本人的控制力,妻子被认为不具有法律人格"。[4]在整个大不列颠,所有这一切最终的结果都一样。婚姻剥夺了妇女的独立身份和财产自主权,根据定义,妇女不是公民,也永远不能指望拥有政治权利。一个苏格兰人在1779年解释说,"在英国",

我们允许一个女人登上我们的王位,但根据法律和习俗,我们禁止女人参与其他政府部门，她只可居于家中，似乎在执掌国家和她自己的厨房事务之间，没有一个公共职位，是妇女的天赋和能力所能应付的。我们既不让妇女主持我们的圣坛、在我们的议会辩论，也不让她们在战场上为我们而战。[5]

在大不列颠，妇女的政治行动自由只可能以一种最凄惨的方式得到正式承认。如果她犯了叛国罪，她会被审讯和处以火刑（而不会像男性叛国者那样被开膛破肚）。一个英国女性可以为密谋叛国而受罚，但根据法律，她永远不能在这个国家扮演一个积极爱国者的角色。

法律尽管不是一无是处，但很少充分反映社会现实。英国妇女的实际地位，比法律全书反映的情况更加多样化，而且越来越变动不居。许多成年女性，可能绝大多数贫穷妇女，都在为薪水而工作，从事农业、棉织业、家政服务、商店销售、矿业，从事她们可能获得的任何一种职业。如果她们单身或丧偶，她们就可以合法占有她们的薪水和可能得到的其他任何财产。而且如果她们的父母富有而考虑周全，即使已婚的妇女也能拥有婚前置于她们名下，她们的丈夫在婚后也不能动用的财产。在这个意义上，英国女性与她们的绝大多数男性同胞地位相当。她们可以适当拥有一些自己名下的财产。但在现有的代议体制下，她们没有投票权。这也是18世纪下半叶男性对女性的主张变得越来越焦虑的原因之一。如果没有土地只有动产的男士如他们在1760年代那样，开始为进入政治进程而摩拳擦掌，如果一些激进分子如他们在1780年代那样，进一步提出了男性普选权的要求，又拿什么来阻止单身或丧偶女性，甚至最终可能还有已婚妇女，争取获得相似的权利？积极向上和政治上雄心勃勃的英国男士，在使他们要求积极公民权的主张合法化时，是如何把妇女排除在外的？

其回答之一是重新强调男性和女性之间在身体、智力、情感和职责上的差异。让－雅克·卢梭的《爱弥儿》（1762年），在1770年之前至少出现了五种不同的英文译本，只不过是这类对性别高度两极分化的处理中最耀眼的成功作品之一。卢梭声称，女人天生就应当服从。她没那么聪明，身体也较弱，本质上是一个相对存在的生物，对男人们的依赖多过他们对她的依赖。然而她对国家福祉的贡献，实际上，与男人们的贡献一样至关重要，但在本质上必然有所不同。其王国的边界被限定在家庭之内。这是她对其丈夫施加温柔以及启发性影响，培养下一代、给她的孩子们哺乳和灌输爱国美德之地。那些为了外面的世界而忽略其家庭，把其婴儿交给外人看管，或者最糟糕的，是控制生育的女性，危害了国家，也违背了她们自己的本性。那些谋求任何一种公众承认的妇女们，也同样如此。卢梭认为，"即使她确实拥有天分，她的任何自负都会贬低它们。她的尊严在于保持默默无闻；她的荣耀是其丈夫的尊重，她最大的快乐是家庭幸福"。[6]她对国家福祉的贡献本质上是私人领域的，而且始终是间接的。

事实证明，卢梭的性别政治在英国影响巨大，不但在詹姆斯·福代斯、汉娜·莫尔和简·奥斯汀这样的保守道德家中间，也几乎违背其意愿地影响了女权主义者玛丽·沃斯通克拉夫特，她发现完全避开男性和女性的领域各自独立这个概念既不太可能，也不受欢迎："男人必须履行公民职责，否者就会受到鄙视"，她在《为女权辩护》（1792年）一书中写道，而"……当他受雇于市民生活的任何一个部门时，他的妻子也是一个积极的市民，应当同样致力于管好家庭，教育孩子和帮助邻居"。[7]对许多人来说，各自领域独立这样的学说，提供了一个再保险，即尽管男士权利的变化可能必要和迫切，但都无须和不应当让妇女在家庭内外的地位发生相应的改变，尽管对玛丽·沃斯通克拉夫特而言并非如此。

实际上，对一些人而言，大不列颠的福祉使妇女继续按照传统方式行事变得绝对至关重要。狂热崇拜母性的生育能力，极大地吸引了那些相信英国的人口在下降（1800年人口普查之前，有许多人都这么认为），以及那些只想有更多婴儿顺利诞生，以便在与法国竞争时能有更多炮灰的人。这一特殊考虑随着欧洲战争规模的扩大而被进一步强化，从这个世纪中叶在伦敦和其他地方如雨后春笋般为穷人新建的大量妇产医院，证明了这一点。出于实际，同时也有人道方面的原因，鼓励妇女生育、大力宣传母亲喂养优于奶妈喂养的好处、拯救弃婴和孤儿，所有这些事业在18世纪下半叶都越来越吸引英国的立法者、权威评论家和慈善团体。[8] "居家已婚妇女分娩后救助协会"，是威尔士亲王于1780年代在伦敦资助建立的一个新潮的慈善机构，其座右铭坦率而典型："儿童越多，国家越强！"

　　随着越来越多女性抛头露面积极在外活动，对妇女继续留在家庭领域生儿育女、忙碌并为此心满意足的渴望在英国反而越来越强烈。城镇总是变化的风向标和推动者。女性构成了城市人口的主体，在社会阶层的一端当女仆、商店和酒馆女工、流民和妓女；另一方面，又被乡村不能提供的舒适设施，如剧院、会堂、借书馆、音乐厅、优雅的广场和诱人的橱窗商店等吸引，前往定居和探访。[9] 随着城市化率的提升，道学家越来越焦虑其对女性面貌和行为举止的影响。他们担心有越来越多的年轻妇女放弃乡村的安宁和监管，在城市里受雇当家庭女仆。他们更担心女仆数量的增加所预示的东西，即女性的闲暇不再只是出身名门或大富大贵之人的特权这样的事实。从繁重的家庭职责中解脱之后，中产阶级的妻子和女儿，甚至小商贩的妻子和女儿，更容易沉迷于物质消费和华而不实的东西。他们可能接触到新的和不体面的观念。她们可能像谢里丹笔下的莉迪娅·兰瑰嬉那样，阅读不健康的小说，或者更糟糕的是，书写这样的小说。（当然，越来越多的妇女两样都做。）他们可能会在没有丈夫和父亲的监督下，碰到别的男子。她们可能不再纯洁无瑕。

　　城市化进展和对两性角色的忧虑，这二者之间的紧密联系，在苏格兰体现得非常明显，在那里，爱丁堡、阿伯丁、格拉斯哥和其他许多小城镇的发展,可以通过妇女行为举止堕落这样的悲观言论出现的频率来衡量。凯姆斯勋爵担心,现在有那么多妇女在家庭之外纵情享受,以后谁来生孩子?[10] 爱丁堡大学医学教授约翰·格里高里认为,公共场所"并不适合人们相互了解"。妻子尤其是女儿们,最好能在男性家长庇护下进行社交活动。1776年,阿伯丁神学家詹姆斯·福代斯奉承说,妇女是社会的"主要源泉",但之所以把她们限定在一个令人满意的角色和一个单独的领域,主要是因为:"理性之子只与美德之女交谈"。[11] 历史学家詹姆斯·拉姆齐回忆说,苏格兰妇女"最闪亮的抛头露面是在葬礼上"。现在,"随着剧场、聚会厅和音乐厅的出现,女性的行为举止已经发生了巨大变化"。[12]

到拉姆齐写这段话的时候,在这些城镇自身出现了对女性参与社交更为严密的监控。在1750年代,爱丁堡的一个会堂曾经由一个女人,即曼斯菲尔德勋爵的姐姐执掌,其客户名册曾经"在任何时候都向女士开放"。到1780年代,这座城市有三个会堂。但位于新城那个最时尚的会堂,由一名男性管理者经营,其章程特别禁止"不着女装的年轻女士"入内。[13] 这段时间对女扮男装的忧虑特别突出,现在看来有些杞人忧天。现实情况只不过是一小撮时尚的妇女,在紧身裙装外面,套了某款男士骑服,以便参加散步、骑马和郊游等户外活动。然而,许多关注这一主题的讽刺画表明,一些女士正在改变的外形轮廓,被看作进一步证明了世界正在发生的危险变化。经常发生的情况是,这一时期对于妇女地位的争论,成了更广泛之忧虑的交会点。在国外战争与革命,以及国内社会和经济加速转变的巨大压力之下,英国人抓住相对不那么巨大的妇女地位的改变,把其视为所有令人不安和具有颠覆性之变化的一个表征。

1784年威斯敏斯特区竞选国会议员的旷日持久的运动,显示了这样的反应到底能有多激烈。这是美洲战争之后举行的第一次大选,也是英国有史以来第一次,妇女地位成了演说、民谣、新闻出版物中

图53.《一位女士载着一名轻步兵团军官驶向考克斯-黑斯》，一幅讽刺女扮男装的画作，约1780年

激烈争论的政治话题。有趣的是，在某种层面，争论主要集中在女佣身上。首相小威廉·皮特提议向她们的雇主征税，从而承认了她们在当时已普遍存在。女佣们自身认为这有可能危及她们的工作，威斯敏斯特的反对派竞选人查理·詹姆斯·福克斯不失时机地游说大家反对这一提案。但远远吸引更多关注的，是来自广泛社会背景的妇女，尤其是其中最突出的一位。

直到最近，我们对德文郡公爵夫人乔治亚娜的真实情况都知之甚少，可能还把她称作"贵族的一个上等妓女"，这是英国史学界残存的男性至上主义的一个标志。[14] 当时的人们对她了解更深。当她1806年去世时，一则讣告把她描述为"广泛阅读了各个国家的历史和政治"，并给予适当恭维。她似乎的确曾经如饥似渴地阅读，并对政治观念和政治人物着迷。我们知道她是卢梭的狂热信徒，阅读他的著作，当然是法文版原著；她对妇女教育的新思想非常感兴趣，聘请约翰逊的朋友和很有影响的作家、令人尊敬的萨拉·特里默的女儿来担任她孩子的家庭女教师。尽管她很聪明，亲自写了至少一本成功的小说，但她仍然时时感觉无聊。她在16岁时，很大程度上是遵父母之命，与傲慢、无趣、拈花惹草和完全不思进取的第五代德文郡公爵威廉·卡文迪什结婚，生活"在实际上无所事事的不断忙碌当中"。一定程度上因为这样，她成了一名热情的辉格党人，在伦敦扮演了一位政治交际花，与一些重要人物鸿雁传书和绯闻不断，同时充当了福克斯和威尔士亲王的柏拉图式红颜知己。（只是到后来才与以后提出《改革法案》的格雷勋爵通奸。）[15] 在这个意义上，乔治亚娜并不比其他许多总是能在幕后发挥一定政治影响的贵族妇女出格。但在威斯敏斯特的选举当中，她跨越了雷池，从能被接受的妇女对男性政治家的私人影响，步入了不能被接受的自主和政治上公开的行动。

富家和贵族妇女在选举时为男亲属拉票并不稀罕。[16] 乔治亚娜的母亲，稳重和非常虔诚的斯宾塞伯爵夫人，就曾在北安普顿自治市为

第六章 女权

图 54.《德文郡娱乐》, 佚名, 1784 年

儿子拉票, 把这看作是她家庭责任完全合理的延伸, 并不离经叛道。但乔治亚娜在 1784 年投身威斯敏斯特选举, 却在两个重要方面打破先例。不言而喻, 威斯敏斯特不是一个家族的自治市。它也不是乡村, 或远离公众视线的穷乡僻壤。它是国会大厦所在的选区, 就其选民而言, 它是大不列颠最大和最民主的自治市, 也最有可能吸引媒体关注。此外, 她支持的候选人查理·詹姆斯·福克斯, 跟她没有血缘关系。他是下议院极具争议的辉格党反对派领袖, 一个赌徒和浪子, 君主制的激烈批评者, 当时主张一种以家庭为单位的普遍选举权, 甚至准备在 1797 提出, 受过良好教育的妇女理所应当拥有投票权。[17] 乔治亚娜在户外而不只是在辉格派整洁、幽闭的市内府邸支持他, 从而被公开指责是他的情妇; 人们还指责她对政治进程的干预, 是出于信念而不是出于女性对个别人的依附。这一指控千真万确, 她用来为

自己辩护的语言，表明她非常清楚自己面临的障碍，以及她需要多么坚强才能跨越这些障碍："面对政治，我既平静又**得体**"，她在竞选期间安慰她母亲，"……真的，并非自作聪明，事态正在为惯例敲响警钟"。后来又说，"这是一个令人讨厌的话题，**然而全面考虑，率性而为**，它又是人们必须思考和感受的一个话题"。[18]

1784年，讽刺她竞选活动的许多漫画见诸报端，大都带有敌意，通常仅以其肤浅的淫秽内容引人关注。有人声称，公爵夫人通过性交易来为福克斯拉选票，但事实上，这并不是问题的关键。是女性参与公共领域有违常理，才使漫画家们反复纠缠这一话题，而一个贵族的妻子打破阶级界限拥抱平民投票者的形象，充其量也只不过是这种更大程度上违背公认秩序的一部分。在一份名为《政治情感》的刊物上，画着公爵夫人把一只狐狸紧紧搂在胸前，而她饥饿的孩子却嗷嗷待哺。其寓意很明显，她为了干预公共领域而置她自己的私人情感领域于不顾；另一幅漫画也切中要害，显示倒霉的德文郡公爵在孩子的母亲不在时，正不得不给孩子换尿布。这幅漫画被分为两部分，模仿了想象中男人和女人各自操持的两个领域。但他们的角色发生了戏剧性转换。公爵在局促的家里照看着孩子的光屁股，身后是寓意自己因妻子和他人有染而长出牛角的肖像画；而公爵夫人则像她在1784年的几乎所有漫画中的形象一样，在公开场合抛头露面，披头散发、衣襟飘舞、吊带脱落，自由之棒的顶上端着福克斯的头颅，她手上还攥着两根像男性生殖器一样的狐狸尾巴。

但有一幅匿名的素描，可能最强有力地评价了公爵夫人不合常理的努力，画中她半张强打精神和浓妆艳抹的脸，与查理·詹姆斯·福克斯的半张阴郁和不修边幅的面容拼接在一起，当然只有部分吻合。漫画下面的打油诗清楚地指出，关键点不只是他们的结合离经叛道，甚至骇人听闻，而在于粗暴和恶毒的男性政治家与假笑和时髦的女性气质之间泾渭分明，完全水火不相容。而且男政治家与想成为女政

图 55.《亲密无间，或称面具》，佚名，1784 年

治家的人之间的组合既无法用视觉形象来表现，同样也难以用言语来表达。在威斯敏斯特选举期间，对他的支持者而言，福克斯是杰出的"人民之子"、改革家和民主人士。而假如公爵夫人用类似的头衔，就成了人民之女，正如她的批评者指出的那样，这意味着她在宣布自己是一名娼妓。同一个英语称谓，令男性公众人物风光无限，却把女性公众人物贬为了妓女。

乔治亚娜的支持者竭尽全力也无法找到一种满意的方式，来解释和令她的努力合法化。一个作家尖刻地嘲讽这种观念，认为"高洁的妇女与国事无关（而且）……除了做布丁之外，绝不踏出育婴房半步"。[19] 但其他许多人对公爵夫人的美貌、优雅和与福克斯纯洁的友谊津津乐道，从而把她对政治理念的支持，转化为一种更容易被人接受和多情的对个人的依恋。甚至进而把她升华为缪斯。在为她辩护的漫画中，她在自由和名望女神陪伴下，接受不列塔尼亚献上的月桂花环，或者在衣装松垮掉落的真理和美德女神的搀扶下，站在匍匐在地的名为"丑闻"的尸体之上。这样的构思正是为她的行动正名的另一种而且非常有用的方式。她被美德女神牵着手（美德女神们在画中总是拉着她的手，似乎约束着她的身体），完全成了另一个可以被当作一个符号来加以膜拜的女性象征，又不以任何方式挑战甚至谈到当时妇女在国家中之地位的观念。当1784年5月最终宣布福克斯代表威斯敏斯特当选下院议员时，他的支持者举行了一次庆祝游行，途经位于皮卡迪利的德文郡府邸。德文郡公爵夫人的马车也一同参加了游行，车顶上悬挂着写有"女性爱国者专用"的旗帜。即便福克斯阵营中与乔治亚娜共事的人，也无法承认她属于那种可以囊括男人和女人的单一和共有的爱国主义阶层。就马车本身而言，它是空的。[20] 在1790年的下一届大选时，乔治亚娜远离城市，被吓得畏缩在沉默和私人生活当中。

威斯敏斯特的选举本是一桩小事，但它集中体现了美国革命之后半个世纪左右的时间里，英国和其他地方妇女地位的一个重要悖论。

图 56.《被尊奉为神的公爵夫人》,佚名,1784 年

图 57.《在拉票成功后,前往竞选讲坛的游行》,
托马斯·罗兰森,1784 年

一方面，这个小插曲充分证明，这个时期对妇女的行动自由越来越焦虑，对其严加控制的决心也越来越强。尤其是，报刊、艺术品和人们的谈话，比以往远远更强调需要把妇女排除在公共生活之外。1778年，即德文郡公爵夫人受人嘲笑之前六年，下议院禁止妇女在旁听席或议员席听取辩论，从18世纪初开始，她们一直很喜欢这样做。而在本书所讨论的这段时期末的1832年，妇女被排除在普选权外被《改革法案》正式确证，特别规定只有符合资格的"成年男子"才有投票权——在此之前，这只是被认为理所当然而予以默认。[21] 在此期间，英国妇女将被淹没在各种规范文件当中，警告她们说她们属于私人领域，那里才是她们应该待的地方。在威斯敏斯特选举结束前一个月，一位男性作家在《淑女杂志》中趾高气扬地说，"如同存在特定的职业一样"，

> 也有适合不同性别谈论的特定话题；众多男性中一位非常伟大的法官曾经对我说，政治属于男人，听女人恶毒地谈论一派或另一派，就像我们听一个男人反对一对花边饰带的裁剪方式一样不合适。[22]

我们已经看到，在18世纪末19世纪初大不列颠的既有秩序受到挑战时，需要重树皇室的排场和贵族的权力加以应对。同样是这些危机——在美洲的失败、法国革命和英国自身经济和社会前所未有的变化速度——也激发人们重申两性之间的差异和女性屈从的必要性，这没有什么好奇怪的。

有人认为，这个时期见证了英国还有其他地方妇女公共角色实际的收缩，以及妇女被前所未有地限制在私人领域，在我看来，这些人混淆了愤怒的争论及象征性姿态，与真实发生的状况。[23] 是的，1778年之后，下院禁止妇女旁听其辩论。但在那之前，也只有极少数贵族妇女在那里旁听；而在那之后想去偷听的人，似乎也能找到门路。是

的，1832年的《改革法案》明令禁止妇女参与投票。但即使是在被正式禁止之前，妇女也不能参与投票。是的，德文郡公爵夫人在1784年受到粗暴对待。但显然引人关注的，是她在威斯敏斯特选举中积极活跃，一马当先，顺便说一句，其他许多时髦的女性并没有受到如此多的抨击。恰恰是公爵夫人受到的激烈反对本身，是一种失控。它比其他任何事物更加雄辩地证明，在英国，男人和女人之间的所谓分界线，实际上并不稳固，**而且越来越如此**。

与此同时，两性各自独立的活动领域，在理论上的规定越来越多，但在实践中却被日益突破。美洲战争之后的半个世纪，将见证英国妇女公共和爱国活动领域的显著扩张，以及这些活动被看待和合法化的方式发生改变。来自不同社会背景的妇女，将投身于支持战争的积极行动。妇女也将为日益频繁的皇家庆典做出重大贡献。即使最传统的英国妇女也将同意，正式剥夺她们的积极公民权，并不能剥夺她们承担爱国职责——这也是某种政治职责。

战争与性别

以往男人奔赴前线和妇女待在家中的所有传统战争，关注的焦点都是两性之间的区别。但对抗革命和拿破仑法国的战争，把这推到了极致，并且有其特殊的原因。我们看到，18世纪的英国人，常常通过与他们所看到的构成法国特征和风格的东西相对立，以此来界定自己。而且即使是在1789之前，不管作家们的政治立场如何，他们在谈论女性正当的操守时，都习以为常地用想象中法国妇女的行为举止，来例证英国必须不惜一切代价避免的东西。约翰·安德鲁斯在1783年评论说，法国妇女比她们海峡对岸的姐妹牙齿更白，但这一小小优点，被她们的浓妆艳抹所抵消。玛丽·沃斯通克拉夫特认为，法国女人太虚荣、太轻浮、太自我放纵，过于沉迷肉欲，因而不能成为理性而谦逊的女性楷模。[24] 然而通常来自于男士的最常见也更严重的指控是：法国妇女拥有太多不正当的权力。

通过男女齐聚一堂交流文化和科学思想的巴黎沙龙，一小撮法国妇女获得了思想自主的权力。保守的福音教徒托马斯·吉斯伯恩写道，这样的女人被证明"最没有资格做妻子"，但幸好"……在大不列颠的天空下，很少看到这种现象"。[25] 他对想象中法国妇女的另一个特征也感到不满。因为法国是一个绝对君主制国家，没有负责的代议机构，因此那里的女人能够利用她们在宫廷中受宠，来参与国王同样还有大臣们的政治阴谋。尽管英国宪制的优越性，连同其受到限制的君主制和全部由男性组成的议会，可以因此把具有相似地位的女人远远阻挡在高层政治之外，但从德文郡公爵夫人等女流的行动中，吉斯伯恩也看到了迫在眉睫的腐败迹象：

> 长期以来，只要环境许可，巴黎的……模式就会被伦敦仿效。上流社会的贵妇敢于追逐浮华或幻梦；与之相应，认识她们的女人也会研究和效法她们，这些人虽然只能卑微地站在远处，但她们所处的位置让她们有机会亦步亦趋。即使与政治圈毫无关联的妇女，也会被上层传递的热情所激励；她们汲取了那种政治好恶的精髓；借助热情，她们只从其偶像身上模仿了她们有能力仿效的部分，这种热情表明，她们在攀比中落下风，并不是因为缺乏野心。[26]

正如1789年之后法国的雅各宾派那样，英国道学家谴责法国旧制度让妇女拥有不自然的突出地位。[27] 詹姆斯·福代斯在1776年断言："在法国，妇女地位优越：她们统治着从宫廷到乡村的所有地方。"七年之后，他的苏格兰同胞约翰·安德鲁斯附和说："她们现在满脑子都是权力和统治欲望，并让她们曾经特有的情感依恋荡然无存。"²⁸ 以这种方式把"不恰当的"女性行为描述为法国式，这在一定程度上也是一种论辩策略：英国道学家可以藉此强调他们认为这些行为多么异类和不受欢迎。女人想要像男人一样行事显然不正常。为了向英国听众讲明这一点，还有什么比把这种不恰当的举止刻画成法国人独有更好的方式？

但与反法情绪交织在一起的对性别角色的偏见，也在一个更深和不那么理性的层面奏效。当时有一种感觉——可能现在仍然有，即英国人认为自己本质上属于一种"男性"文化——率直、豪爽、理性和近乎市侩的现实，与本质上"女性"的法国——敏感、思想多虑，陶醉于高级时装、美食和排场，也沉迷于闺房政治必然干预其中的性欲——永远敌对。所有这些复杂的偏见，只不过是捕风捉影，使英国的保守派尤其把法国革命的爆发，视为一种可怕的证明，证明如果允许妇女在她们正当的领域之外游荡，危险就会接踵而至。

革命的真实事件使这一分析更吸引人。1789 年 10 月，巴黎市集妇女因饥荒而陷入疯狂，进军凡尔赛，袭击法国王室的住所，强迫他们离开宫殿，在警卫护送下回到首都。这是"地狱的怒火，从最恶毒的女人身上宣泄出来"，这是埃德蒙·柏克的《法国革命论》（1790年）对她们的描述。但这部容易引起争议的杰作更有影响的部分，是他对市集妇女的受害者玛丽-安托瓦内特的描述，她逃脱了她们的魔爪，像一个淑女应当的那样，在"国王和丈夫的脚下"寻求庇护：

> 从我见到这位法国王后距今已有十六七年……无疑在这个星球上，几乎没有什么景象比她看上去更令人愉悦……像晨星闪耀，充满活力、光彩和喜悦……我几乎做梦都想不到，在我有生之年，在一个豪侠的国度，在一个君子和骑士的国度，会看到这样的灾难降临到她头上。我想即使是可能冒犯她的不敬一瞥，也必定招致万剑出鞘的报复。——但骑士时代已经落幕。——继之而起的，

是诡辩家、经济学家和算计之人的时代；而欧洲的荣耀已一去不复返……在这样的事物格局中，一个国王只不过是一个男人；一个王后只不过是一个女人；一个女人只不过是一个动物；而且不是一个最高级的动物。通常以这种方式向女性表达的所有敬意，不以特殊的眼光看待，都会被看作是离奇和荒谬之事。[29]

尽管一般而言，现在把柏克的《法国革命论》对保守主义意识形态发展的影响视为理所当然，但这个令其同时代人印象极为深刻的段落，常常被斥之为言过其实的浪漫主义，并无些许深意。然而如果有人想要求证琼·斯科特的论点，即"性别是被反复提到的话题之一，人们曾经据此构想、合法化和批判政治权力"，柏克的这段话就是强有力的证据。[30] 像受到启蒙运动感染的大多数思想家一样，柏克习惯于通过一种文明对待妇女的方式，来衡量这种文明的品质。对他而言，劳动妇女胆敢在公共事件中率先发难，以及同时也是一个妻子和母亲的王后被强行赶出家门，这两种现象都同样证明了法国的事件有可能会破坏他所熟知和珍视的社会。尊重君主制、尊重社会等级和宗教信仰、尊重两性的合理秩序：对柏克而言，所有这些东西都息息相关，并受到法国大革命的威胁。

因为在一个被认为特别"女性化"和容易受女人影响的国家，爆发了一场越来越激烈的革命，也因为女人在这场革命的最初阶段积极参与，以及玛丽－安托瓦内特众所周知的宿命——由于这些原因，在1793年与法国的战争爆发之后，英国此前就有的对妇女地位的忧虑，变得更加强烈，这便没有什么好奇怪的了。为了良好秩序和政治稳定，有必要维持两性各自独立的活动领域，坚持这一观点的行为手册、布道、训诫、小说和报刊文章，比以往有过之而无不及地把男人和女人们淹没其中，女性尤甚。[31] 保守的托利派牧师理查德·波尔威尔声称，女人应当记住，"质朴的脸红始终比自信的思想之光更有魅力"。³² 妇女参与射击练习以防法国入侵的报道，令爱丁堡的一位绅士心神不宁，他写道，"自然的羞怯和亲切的温柔"，是女人的本质特征："……让她们把军事职责和保卫民族尊严的任务留给其父亲、兄弟和男同胞"。托马斯·吉斯伯恩在其最畅销的作品《论女性的职责》（1796 年）中指出，女人永远不要忘了伯里克利对雅典的主妇们说的话："珍惜你们本能的谦虚；把不成为公众谈论的对象，看作你们最高的荣誉"。³³

尽管她们被要求毫不含糊地以女人的方式去观察、感觉和行事，但与此同时，在实践中，许多英国女性比以往任何时候都更多地参与到公共领域，尤其是爱国活动当中。这并不意味着大多数妇女，比大多数男人更一成不变地支持反对革命与拿破仑法国的战争。她们并非如此。有大量证据表明，在所有社会阶层，认为战争始终不道德，或认为这次反法战争尤为错误和难以忍受的妇女大有人在。一些更平庸的妇女只是憎恨政府占用了她们的男人，她们隐匿逃兵，使丈夫致残以免于应征入伍，并参与抵制征兵的暴动——至少在苏格兰是如此。³⁴ 但这些都掩盖不了一个事实，即妇女在这次冲突中，比英国以往任何一次战争都更突出地位列传统爱国者的行列。而威斯敏斯特的政治家在当时就意识到了这一点。例如 1804 年，威廉·温德姆提醒下议院说，军事胜利将依靠平民的努力，而不只是武装力量：

> 我们无须为此进一步寻找证据，只要问一问这个社会的另一半，也就是妇女，她们当然不用参军，但问问她们对提升军队士气的影响就可以了。³⁵

在许多情况下，那些支持战争的妇女的确鼓舞士气，其动机与她们的男人们一样：出于传统的沙文主义，出于意识形态的信念，出于害怕法国入侵或害怕国内革命，甚至出于与其邻居保持一致。但女性爱国主义也有更特殊的源头。许多妇女，而不仅仅是贵妇，似乎相信，她们自己的安全和家庭的安全，在这次反法战争中，受到了在此前的冲突中所从未有过的威胁。其部分原因在于，在这次战争中，法国入侵英国的风险比以往任何时候都大得多。但玛丽－安托瓦内特和法国王室家族其他人所遭受的屠戮，也是女性焦虑的一个至关重要的因素。

我们现在已习惯了暗杀杰出女性的企图，和战争与革命时，普通妇女和男人一起被杀的情形，很容易忘记断头台贪婪残害妇女而不仅只是男性牺牲者的神话，尤其是法国王后被推上断头台，在1790年代引起了多么大的轰动。[36] 自16世纪初亨利八世的妻子被处决以来，还从没有过社会等级如此高的女性被**公开**审判和**公开**处决（请记住，苏格兰的玛丽女王是被体面地秘密处死）。读写和通信水平的大幅提高，使玛丽－安托瓦内特的恐怖的死亡方式，比早先那些女人的死更广为人知和令人感伤：**它简直令人震惊**。埃德蒙·柏克指出，它之所以如此，是因为它引发了一些问题，即到底是什么使女性容易受到攻击，以及妇女到底有多安全？

如果一个女人可以被指控包括虐待子女在内的诸多罪行，在经过非法审判之后被粗暴处死，还有别的什么可能会降临到其女性成员身上？英国人描述玛丽－安托瓦内特之死的语言，常常使用强暴的景象，这并非偶然。以玛丽·沃斯通克拉夫特为例，她远远不是一个同情王室的保皇派，她这样描述暴徒闯入王后在杜伊勒里的寝宫：

> 圣洁的休憩之所，烦恼和疲乏的庇护之地，一个女人的贞德庙，**我只把王后当作一个女人**，她安然入睡、侧身其中忘记尘世烦忧的榻卧之处，被那些要置人于死地的狂怒之徒侵犯了。[37]

在这里，玛丽－安托瓦内特的毁灭，被重新想象成一次漫长和公开的强奸暴行。

并非每个人都如此极端地看待问题。但在富人中间——而且，我怀疑，在更大范围内——玛丽-安托瓦内特的陨落、被监禁、审判和行刑，以一种其丈夫路易十六之死未曾有过的方式，令人感到万念俱灰。"王后死亡的景象不断浮现在我眼前"，德文郡公爵夫人写道；"法国王后未尝有片刻不浮现在我脑海"，贺拉斯·沃波尔宣称，"……他们令她永垂不朽"；这种高度情绪化的反应非常普遍。[38] 在法国广为流传的玛丽-安托瓦内特臭名昭著的腐败、不忠、同性恋和与儿子乱伦的故事，在英国并不流行，即使为人所知，似乎也只是加深了对她命运的恐惧感。汉娜·莫尔不是王后的崇拜者，她在听到乱伦的指控时写道："简直是恶魔，如果他们处心积虑为她罗织每一项莫须有的罪名来妖魔化她，欲加之罪又何患无辞"。[39]

在英国保守派发行的大量令人恐怖的宣传资料中，玛丽-安托瓦内特及其家人的命运，似乎的确令很多妇女震惊，促使她们把这场与法国的战争，视为一项与其自身福利和地位息息相关的事业。[40] 如果法兰西共和国把海峡此岸的孔多塞和彼岸的沃斯通克拉夫特这样的激进分子所倡导的那种文明和教育进步，拓展到其女性人口的话，她们的反应或许会更加复杂。当然，这样的情形没有发生。玛丽-安托瓦内特在1793年10月被处死，仅两周之后，法国政府禁止了所有女性政治团体。11月，罗兰夫人和奥伦比·德·古日等共和派巾帼领袖被送上断头台。而1804年，《拿破仑法典》明确强化了丈夫和父亲对妻子和女儿的权威。法国大革命似乎前所未有地把妇女暴露在政治暴行面前，但反过来给她们的实际好处，如果有的话，也微乎其微。实际上，甚至可以说剥夺了她们某些东西。琼·兰德斯和其他人已指出，法国大革命的许多语言和意象，要求人们服从一个不具有人格的国家，重于更加家庭的和人性的关系，这在其初期尤甚。[41] 对新法兰西共和国严酷命令的职责，现在被置于对家庭的忠诚之上，而这是大多数妇女能发挥影响的唯一领域。面对这种状况，消息更为灵通的英国妇女可能已完全下定决心，支持这场反法战争，不仅出于谨慎，也与其安全攸关。"全世界可能都在打仗"，利蒂希娅·霍金斯在1793年指出，

> 但连其传言甚至都未曾到达英国妇女耳边——帝国可能丧失，政府会被推翻，而她可能仍然继续平静地待在家里；她天生的主人可以随心所欲地变换他的统治者，而她既感觉不到变化，也感觉不到苦难。[42]

在大不列颠，妇女处于从属地位并受到限制。但她至少也是安全的。

在战争期间，爱国宣传孜孜不倦地演奏着英国妇女特别安全和她们受到法国人威胁的双重旋律。小册子作家、漫画家，最重要是神职人员，历数了落到入侵的法军手中将遭遇的掠夺、屠杀和强奸威胁，此举显然非常奏效。1797年，一小股在彭布鲁克郡菲什加德登陆的法国远征军被围捕之后，俘虏必须加以保护，以免受到愤怒的当地居民，尤其是怒不可遏的妇女伤害。负责把法国战俘押往伦敦的考德勋爵报告说，"妇女比男人吵得更凶，做着割断他们喉咙的各种手势，并希望我不要自找麻烦押着他们继续前进"。[43] 在1798年9月，即法国似乎比平常更有可能入侵英国之时，我们在莱斯特郡妇女身上，似乎也能察觉到大致相同的愤怒不安。政府敦促（但不能强迫）莱斯特郡民兵志愿加入镇压当时爱尔兰叛乱的军事行动。只有一半民兵愿意响应，其他人则回到他们舒适的本地尽责，行军途中穿过县城。他们遭遇了"最明显的鄙视"，尤其是妇女的鄙视。[44] 这不只是因为他们没有去作战，更因为他们没有到爱尔兰去作战，对觊觎英国本土的任何一支法军而言，爱尔兰都是一个合乎逻辑的跳板。当莱斯特妇女嘲笑这些路过的民兵时，她们谴责的是她们本郡的男人，因为他们没有

男子汉气概,也没有尽到保护她们的爱国职责;因为他们再次唤起了对骑士时代可能已经终结的恐惧。

但女人对与革命和拿破仑法国之间的战争感兴趣,也有一些更积极而不那么消极的原因,性无疑是其中之一。数量前所未有的男人身着军服,在大不列颠每个地区行军、检阅和实战演习,为许多妇女通常平静和周而复始的生活,带来了一阵兴奋愉悦的激动之情。可能还有人记得,在简·奥斯汀的《傲慢与偏见》(1813年)中,当一个民兵团驻扎在离贝内特夫人家步行可达的距离之内时,她和她那群傻女儿们作何反应。15岁的利迪雅·贝内特梦想着"营地的一切辉煌;一排排帐篷美丽整齐地伸展开来,住满了身着鲜红色炫目军服的青年人和小伙子",而精明的贝内特夫人幻想着"某个年收入五六千英镑、潇洒年轻的上校"突然真真切切地把她的某个女孩从她的手中牵走;这种想法在战争年代,在小说之外,在英国平民以及中产阶级中,引起了广泛共鸣。威廉·罗博顿是一个观察力敏锐并有点文化的纺织工人,在曼彻斯特附近的奥德姆生活和工作,他那文法不通和不可思议保存至今的日记中,反复提到在当地工作的女孩如何挽着士兵的手,如何竭尽所能迫不及待地前去观看每一次新兵检阅。[45]

就大不列颠而言,对英雄主义的崇拜,在这次战争中比在以往的冲突中远远更为兴盛,这在很大程度上应归因于女性的这种热情。仅以夏洛特·勃朗特为例,她从五岁开始,就是威灵顿公爵的狂热崇拜者。她收集他的肖像,仔细搜罗约克郡报纸对他的报道,让他成为她与其姊妹艾米莉和安妮,以及与其兄弟布兰威尔创作的虚构作品《玻璃镇》和《安格利亚》中的男主角。这种迷恋一直延续到她的成熟作品。阿瑟·韦尔斯利,即滑铁卢战役的胜利者第一代威灵顿公爵,就是《简·爱》中最终创出的阴郁专横的罗切斯特先生的原型。[46] 这个人物至今仍影响着各年龄阶段的女读者,这使我们得以洞悉萦绕在纳尔逊和威灵顿这样的勇士周围非常浪漫,常常是公然的性幻想。谁要想为此寻找更实在的证据，只需前往伦敦的海德公园，去看一看英国妇女为纪念威灵顿公爵而请人雕刻的阿喀琉斯像。

树立这样一座纪念碑的想法，最先是由斯宾塞伯爵夫人拉维尼娅提出，她是第二代斯宾塞伯爵的妻子，虔诚的福音教徒。1814年，她发起一场公共募捐——但仅限于女性——并在这期间募集了一万多英镑。任务被交给德高望重的理查德·韦斯特马科特，他很快设计了伦敦的第一座裸体雕像，即著名的奎里纳尔山驯马师之一的青铜复制品，去掉了他的马，并加了一块盾牌和一把剑，让他变成了《伊利亚特》中的英雄。然而，吸引当时大多数人的，主要不是这座雕像无可指摘的古典主义系谱，而是这样一个事实，即完全由女人捐赠的钱，被用来如此大张旗鼓地表现一个男子的裸体。雕像在1822年完成时，最初被命名为"女士们的纪念碑"，但很快以"女士们的梦中情人"闻名。霍兰女士调侃地写道："遇到了一个难题"：

> 这位艺术家曾征询女赞助人，这尊巨大雕像是保持其古风的裸体，还是用一片无花果树叶遮挡一下。大多数人的意见是拿一片树叶……而**少数人**的名字并没有公布于众。[47]

然而，事情的真相更具有讽刺意味，也更暗示了男士在女士大无畏计划面前的焦虑。显然是谨守妇道的斯宾塞女士所安排担任雕像委员会主席的那位绅士，而不是女赞助人们自己，坚持要有无花果树叶。

尽管有这些淫秽的轶闻围绕，但斯宾塞夫人的倡议，实际上表明了一个广泛而重要的进步。一些英国妇女在这场战争的爱国主义行动中，比在以往任何一次战争中，都更显而易见地为她们的精力和组织能力找到了用武之地，并承担了某种公共角色。1793年战争刚一爆发，大批来自全国各地的富家女子就聚在一起，为即将开赴弗兰德斯的英国军队提供温暖的服装。她们组织募捐钱款和法兰绒衣服，并在

图 58.《迈向高雅！！！》，乔治·克鲁克香克，1822 年

图 59.《法兰绒盔甲－女性爱国主义》，詹姆斯·吉尔雷，1793 年

伦敦设了一个储存衣物的仓库，以备不时之需。[48] 其他一些来自相似社会背景的妇女，则忙着为全岛如雨后春笋般迅速组建的志愿兵团和民兵团，缝制旗帜和标语。她们在户外仪式的大庭广众之下，把这些东西交给士兵。仅在 1798—1800 年间，人们知道的以这种方式把军旗交给志愿兵团的妇女就有 90 多人，有时在这一过程中，还会对集合的部队和观众发表演讲。[49] 但妇女彰显爱国心更常见的方式，是与男人们一起策划募捐或参与现成的募捐。1798 年，许许多多妇女参与了政府为战争组织的自愿捐款，以至伦敦《泰晤士报》强烈怀疑是否应当为她们单独开列一张捐款名单。[50] 妇女在地方和私人募捐中同样表现突出。1803 年，威尔士蒙默斯郡为志愿兵团捐款的人中，女

人占了 20%。第二年，有 120 名妇女向总部设在伦敦，为受伤士兵和水兵分发战利品和抚恤物资的爱国基金捐款。捐赠者上有捐款 100 几尼的贵妇阿默斯特女士，下有 17 个凑在一起共捐了 8 先令的农家女孩（她们是否自愿，不得而知）。[51]

这种为战争做贡献的方式为社会所认可，因为这可以被视为是仁爱、照看孩子和做针线活等妇女传统美德向军事领域的延伸。妇女为士兵提供旗帜、法兰绒衬衫和其他生活物资，表面看来，与她们在家里服侍男人完全一致。然而现实中，妇女们的所作所为，代表了一种由小及大的非常激进发展的开端。随着女人们的关怀向与她们基本上没有血缘或婚姻关系的国家军队中的男人们延伸，她们也表明，她们的家庭美德既与私人，也与公众息息相关。不管自觉与否，这些女爱国者都为自己牢牢锁定了一种公民角色。[52]她们许多人乐在其中。正如宗教和地方慈善事务使这时的中产阶级和上层妇女变得越来越活跃，战争事务让妇女们走出家门，并教她们如何游说、运营委员会和管理组织。"这一周我很忙"，汉娜·莫尔在 1794 年对此乐此不疲地写道："……尽力为民兵的鞋子筹款；大量写作和演说"。[53]

参与战时捐款也能让女人们涉足组织工作，同时证明她们享有一定经济权力。那些捐款的人经常按照自己的主动性行动，以自己的名义捐款，而非等着她们的丈夫或父亲捐赠。那些与其丈夫一起捐款的妇女，有时确实对父权表达了适度尊重。例如，一位公务员的妻子罗伯茨太太，在 1804 年向爱国基金捐款时，数额明显比她丈夫少。她的儿子再少一点；她女儿甚至更少，因此强调了她在家庭等级中处于底层的地位。但并非所有家庭都以这样泾渭分明的等级行事。莫里斯太太，米德尔塞克斯郡布伦特福德市一位园丁的妻子，向爱国基金捐款一几尼，跟他丈夫数额完全相同。他们的孩子——不论男孩女孩——每人都捐半几尼。[54]

妇女史学家很大程度上忽略了数以百计保存至今的这些爱国捐

赠人名单中所包含的关于妇女财产和家庭政治的史料价值,这可能是因为那个流传已久的观念,即女人比男人,或者应当比男人更热爱和平。然而事实上,在反对革命和拿破仑法国的战争中,与在后来的许多冲突中一样,英国妇女似乎都不比男人更明显热爱和平。相反,正如其许多男同胞一样,一些女人找到了把支持国家利益,与某种自我推销手段相结合的途径。通过尽力支持战争,女人以一种完全令人接受的方式表明,她们的关注点绝不仅限于家庭领域。在常常是真实且发自心底的爱国主义的庇护下,她们为自己在公共领域赢得了虽然不稳,但实实在在的一席之地。

独立领域论为女性所用

因此,大规模和旷日持久的战争,在这些年里,对英国大后方具有某种自相矛盾的影响,这在20世纪将远远更有过之而无不及。它强调了两性之间的职责差异,与此同时,又扩大了女性活动和奋斗的领域。当然,那些积极投身爱国行动的英国女性,数量仍然非常有限。大多数妇女承认,持家和照看孩子,连同对父亲以及更大程度上对丈夫适度的服从,是她们的首要责任,尽管不是唯一责任,在此意义上,她们继续默认两性各自独立的领域正当合理。对许多孩子年幼无法自立的工人阶层妇女而言,她们别无选择。家庭,可能还有一些在家里完成的廉价计件活计,并不是一种选择,当然也不是一种职业。那是她们生活的现状。

尽管承认这一点,但我仍然要与某些历史学家划清界限,他们把这一时期当作一个妇女明确退却和受到限制的时期,或者继续认为"妇女在19世纪被前所未有地限制在私人领域"。[55] 至少从1770年代开始,大不列颠就开始再次推崇女性节操和热爱家庭生活的风尚:的确如此。这可能而且确实限制了女性:我同意。妇女被禁止参与那些法国大革命看上去所预示的,以及英国改革者日益为成年男子争取的政治进步：毫无疑问。但这一时期更加精心发展的各自独立领域的论调，也有一系列更意想不到的后果。它为妇女们提供了一种途径，来坚称她们在英国社会中地位重要，并保护她们为此而享有的权利。

其原因之一在于，各自独立的领域这一信条，像其他许多政治概念一样，是观念上意味深长的契约论。至少在理论上，禁止妇女侵入公共领域，即行动的王国，就要尊重和承认她们的道德影响。她们接受在生活中的弱势地位，其前提是男人们要供养和尊重她们。以陆军中尉帕特森的女儿帕特森小姐在1799年向伦敦的一个志愿兵团敬献旗帜时的演讲为例：

> 尽管我们女性的职责仅限于私人生活，公民和军事职责是专属于你们的特权，但不要认为，因为我们不能参与你们的工作，我们就对其目标漠不关心……我们不共戴天的敌人（即法国人），其目的就是要颠覆那些把社会凝聚在一起的原则。我们和你们本人一样，对维护这些原则感兴趣。因为你们一旦养成了现代革命者的性格，一旦不再敬畏上帝和尊敬国王，女性的影响就必将一去不复返。你们将不再因为我们得体的行为举止而尊重我们，而我们认为那是我们最高尚的装饰。[56]

我们该如何解读这份宣言？它显然非常保守，因为它断然谴责法国大革命所代表的一切。帕特森甚至呼应了埃德蒙·柏克的预言，即欧洲的荣耀将"一去不复返"，只是她非常意味深长地，把其改为"女性的影响必将"——在革命事件的侵蚀下——"一去不复返"。帕特森明确接受，事实上赞美了英国社会限制她活动领域的做法，就此而言，她的演讲也是保守的。另一方面，她在伦敦一个阅兵场**公开**向静静站在她面前的一小队男子演讲，在1789年之前的英国，这样的举

图 60.《圣彼得广场大屠杀，或"英国人攻击家园"！！！》，
一幅讽刺彼得卢大屠杀的画作，1819 年 8 月

动对非王室的女性而言非常罕见。而本质上，她所坚持的是一种相互约束的契约：我，作为一个女人，会忠于职守。而你们，作为男人，也必须尽心尽责。

　　这是一种非常有限的女性政治。对许多较为贫困，千辛万苦才能勉强维持自己和孩子生计，几乎不指望她们男人的骑士精神或其他任何东西的女人来说，帕特森的话似乎是一种尖刻的嘲弄。各自独立的领域本质上是一种契约学说，这一观点被 19 世纪初英国发生的各种事件反复强调，这些事件影响到各个阶层的男人和女人们。例如，想想公众对 1819 年 8 月彼得卢大屠杀的愤怒反应，当时一支皇家骑兵队，袭击了一群聚集在曼彻斯特圣彼得广场，听议会改革者亨利·亨特演讲的群众。在这场灾难中，有大约四百人受伤，其中一百多人是妇女；还有两名妇女和九名男子被杀害。[57] 在这样的场合，女人显然

无法抵挡男人的进攻。两性之间不成文的契约，被以这种可能最公开的方式打破：当局为此付出的代价相当大。当时发表的每一张抨击这一事件的政治漫画，无一例外都突出了全副武装的男人追逐、践踏妇女或把她们击倒在地，尽管遭害的男子是妇女人数的四倍。很大程度上正是这种表现彼得卢事件——无助的英国妇女被身着军服的男人伤害而不是保护——的力量，使这成为英国政府的一次严重的宣传失败。一次更为明显的宣传败笔，是英国对卡罗琳王后的审判，这简直就是法国处死玛丽 - 安托瓦内特事件的翻版。

卡罗琳与乔治三世的长子威尔士亲王的婚姻，在1795年双方未曾谋面的情况下被包办。当他们真的见到对方，彼此一见生厌。据传说，可能仅仅只是传说，他们只在新婚之夜共度良宵。显然，唯一的孩子夏洛特在1796年刚一诞生，他们就分道扬镳。亲王重返暴饮暴食、建筑和情妇的怀抱。他的妻子则陷入一系列谣言，可能还有真实的性丑闻当中。1813年，她在得到一大笔抚恤金之后，终于同意出国，她在国外，可能与她的意大利管家巴托洛梅奥·贝尔加米发生了奸情。当她丈夫在1820年成为国王乔治四世之时，卡罗琳决定返回英国，去要求她的王后地位。为了阻止她，国王坚持要以通奸罪在上议院审判她。这很严重。根据14世纪一条没有被废除的法律，王后通奸被视为叛国；一些重要的保皇派暗示，卡罗琳可能会为她的违法行为丢掉性命。[58]

但这样的情形没有发生，没有发生的原因之一，是一场全国范围内支持卡罗琳的运动，在其中中产阶级和劳动妇女显然身先士卒：14000名布里斯托尔妇女、9000多名爱丁堡妇女、11000名谢菲尔德妇女、17600名伦敦已婚妇女、3700名来自哈利法克斯的女士、7800名诺丁汉女士、9000名埃克塞特女士以及数万名其他地方的妇女，在支持王后的请愿书上签名。在泰恩河畔的纽卡斯尔，只有男人才能在支持卡罗琳的请愿书上签名，于是一位妇女带来她的五个儿子，让他

图 61. 威廉·霍恩在 1820 年为卡罗琳王后所作辩护书的扉页

们全都签名，同时为自己被拒之门外而对组织者喋喋不休："因为这是一项女人的事业"。[59] 那些能够签名的妇女在各种文件上留下自己的名字，反复重申王后的美德，抨击乔治四世试图让双重标准合法化，并表示她们担心皇室成员离婚，会危及所有英国妇女的婚姻安全。布里斯托妇女指出，"如果可以通过捕风捉影的推论来证明一起通奸行为，则离婚申请将无限地成倍增长"。或者，正如当时一首民谣所唱的那样：

> 照顾好你们品性高洁的英国妻子
> 支持你们受伤的王后，
> 维护她的权利；**这也是你们自己的权利，**
> 这一目了然。[60]

就像在战争年代一样，英国妇女显示了她们愿意挣脱家庭的束缚，以捍卫她们在家里安然无恙的权利。

与此同时，辉格派和激进政治家，连同大部分支持卡罗琳的新闻媒体，反复重申所有英国妇女安全无虞的权利神圣不可侵犯，一位下院议员声称："女性的美、善和非常无助，都如此需要我们的支持，都如此神圣地呼唤每一只非常强壮和勇敢的手臂予以扶助"。[61] 在同一层面上，这种语言也十足地展现了各自独立领域这一意识形态对女性的严格限制。卡罗琳——言下之意也包括支持她的那些妇女——不是被当作拥有权利而必须予以尊重的公民；相反，作为妇女，因为她们的性别，不管有什么错，都应得到男人的保护。一本名叫《王后和大宪章，或约翰签署的文件》的激进小册子，以打油诗和威廉·霍恩精彩的钢笔画，总结了英国男子的公民权和他们的女同胞在完全私人领域内的特权之间的对比。在一个英格兰男子、一个爱尔兰男子和一个苏格兰男子的画像下，文字写道：

> 他们都是
> 英国人，
> 而暴发户被拒之门外，
> 他们据理力争
> 为了卡罗琳王后的名分。

紧接着是一幅没有区分妇女国别的群像，画上配的诗句是：

> 她们都是
> 女士
> 她们的丈夫和儿子，
> 为了她们的安全，
> 挥舞着军刀和枪炮
> 我们的慰藉，我们的幸福，
> 我们生活的妩媚
> 我们的
> 母亲，
> 我们的
> 姐妹，
> 我们的
> 女儿，
> 我们的
> 妻子。

男性可以是英国人，或苏格兰人，或爱尔兰人，或英格兰人。但根据这种看法，妇女，不能从公共效忠的角度来加以刻画。[62] 她们是女士，只能根据她们与男性的私人关系来表达她们的特征。而且她们都弱不禁风。

然而，以这种方式强调女性的无助和**为此应享有的东西**，在某一点上，对她们有利。卡罗琳王后引起的骚动传播如此广泛，其支持者所使用的言辞如此煽情，使当局被迫让步。多年以前，埃德蒙·柏克把玛丽-安托瓦内特受虐和法国政治的腐败联系起来，现在这一联系被发掘出来，以指责英国的托利派政府和乔治四世，其效果惊人。"玛丽-安托瓦内特有一个忠诚、品德高尚、温柔和深情的丈夫"，伦敦《泰晤士报》声称，"因而如果她因任何淫乱而被判有罪，她的行为都更不可原谅。"[63] 但卡罗琳是一个清白无辜的女人，上述评论进一步指出，娶她的是一位臭名昭著、邪恶放荡的君主。她不仅是一个清白无辜的女人，更是一个清白无辜的**英国**女人。起诉她，会令政府及其统治者受到谴责。面对这种言辞，国王、大臣和上议院都束手无策。王后实际上被无罪释放，玛丽-安托瓦内特的幽灵最终获胜。

有人指出，卡罗琳王后事件所引发的"多愁善感的轰动效应和家庭闹剧"，使她的许多支持者偏离了当前真正的政治事业，即抨击未经改革的英国政府及其君主制。[64] 当然，这完全取决于你认为政治应该有何作为。对许多英国女人来说，多愁善感和爱家，不是支持卡罗琳这一运动的细枝末节：它们就是运动本身。要知道为什么，就需要我们把卡罗琳事件放到一个更广阔的背景当中。

从 18 世纪最后 25 年以来，一大群王室女性促使公众改变了对英国君主制的态度，同时也影响了妇女对自己的态度，卡罗琳只是这些女性当中的一个。乔治一世把他犯通奸罪的妻子幽禁在一座德意志监狱，乔治二世的王后早他近四分之一个世纪离世，与之形成鲜明对比的是，乔治三世与夏洛特王后婚后，从其 1761 年加冕到 1810 年其有效统治结束，都对其婚姻忠贞不渝。夏洛特王后朴实、温顺、传统和生育力旺盛，生了 15 个孩子，其中 13 个活了下来。尽管她通常被认为缺乏生气，但事实上，她是一个坚强的女人，与她丈夫一样，也是一个重要的道德图腾。

图 62.《夏洛特王后》，本杰明·韦斯特

从一开始,她就乐于把她的微笑和充沛的母爱铭记在艺术当中,摆出的姿势常常是手持或梳妆台上放着育儿书籍。在美洲战争期间,本杰明·韦斯特为她和国王画了一幅双联画。画中国王的背景是士兵、马匹、大炮和战争。王后也被画得同样端庄,身后站着她由美丽的小公主和高傲的小王子组成的大家庭,这是她对国家的贡献。各自独立的领域有时被看作一个专属中产阶级的概念。[65] 然而在现实中,这种重要的文化观,在社会上从来没有以这种方式被加以区分,相反,其影响了社会各阶层的行为和看法。如果没有王室许可,本杰明·韦斯特永远也不可能以这种形式来创作他的这幅双联肖像画。夏洛特肯定心知肚明,这种形式尽管限制,但同时也提高了她在王室的地位。但对她真正的神化发生在1789年,在为庆祝国王从貌似

图63.《夏洛特·奥古斯塔公主》,弗朗西斯·巴托洛兹仿理查德·科斯韦,点刻雕版画,1797年

图64. 马修·怀亚特在温莎堡的圣乔治礼拜堂为夏洛特公主建造的纪念雕像

疯癫的状态中清醒而举行的一系列庆祝活动当中。在英伦诸岛各地发来的 700 多份忠诚请愿书中，几乎有四分之一是专门寄给她的。"从来没有哪个女性比她更实至名归"，一则新闻评论说，"她是家庭美德的典范，无论怎样赞美都不为过"。[66]

她的女儿们像修女一样幽居在温莎堡，她们对公众的影响，无一能与她比肩。但与她同名的孙女夏洛特公主另当别论。从 1796 年诞生开始，她就俨然成为眷恋之情关注的焦点，在妇女当中尤为如此。青春期的她丰满而任性，与她的摄政王父亲争吵，支持她的母亲，即未来的卡罗琳王后，为爱而拒绝乃父为她选择的追求者，坚持嫁给了萨克森－哥达的利奥波德，刚满 21 岁就在 1817 年 11 月分娩时罹难，最终成就了她作为一个浪漫女英雄的角色。一位反对派政治家回忆说："这简直就像全大不列颠的每个家庭都失去了一颗掌上明珠"。[67]人们发起了为离世的公主捐款修建纪念碑的活动，最初仅限妇女参加。所有捐款都被接纳，且不得超过 1 几尼；然而最终募得的善款远远超过 12000 英镑。这些钱资助建造了一座巨大的大理石雕像，由马修·怀亚特创作，现在仍然可以在温莎堡的圣乔治礼拜堂见到。吊唁的人群来自全球各地，雕塑中辞世的公主在寿衣覆盖下已香消玉殒，只露出一只柔弱的手臂。但就在凡人的肉身离世的悲伤场面之上，一个不朽的夏洛特，连同她被天使抱在怀中的婴儿，正凯旋般地奔向天堂。[68]公主因亡故而成为一个巾帼英雄，且不仅仅只是一个英雄。因为公主之死，以及乔治四世不能容忍卡罗琳，或不能舍她而生育合法继承者，使得一位名叫维多利亚的十多岁女孩，在 1837 年继承英国王位，这是另一位因具有当今有些人所称的女王尊严而彪炳史册的女人，并且这一次，她是凭自身的力量进行统治。

在新闻界和纪念品行业令王室活动和个性触及非常广大的公众之时，英国君主制的女性化，对所有阶层的妇女都非常重要。概括沃尔特·白哲特的说法，它为她们普遍可能经历的严酷现实，提供了一种辉煌的版本。被不断生育后代搞得筋疲力尽，而且知道打理一个庞大和不和谐的家庭有多么难的女人们，在夏洛特王后的生命中，看到了她们自己被理想化的形象。与父母争吵或倔强地要嫁给她们中意之人的年轻女子，可能或的确与夏洛特公主惺惺相惜。她死于分娩既令人恐惧，引人注目，但可能也非常合情合理地，安慰了那些在同样的命运面前担惊受怕的年轻妻子们；恰如卡罗琳王后受审，触动了那些害怕被抛弃或受丈夫虐待的妇女们的神经，并令她们同情一样。

在一个信奉罗马天主教的国家，对圣母玛利亚的崇拜，可以部分满足理想化妇女传统经历之需。但对威尔士、苏格兰和英格兰人而言，这一慰藉已被宗教改革正式取消。从18世纪末至今，英国王室家族女性成员的卓越声望，与去教堂的人数逐渐减少恰好重合，可以在一定程度上被看作一种替代性宗教，一种实实在在的新教版圣母崇拜。在某种程度上，马修·怀亚特对此肯定心知肚明。他雕刻的夏洛特公主纪念碑，像许多纪念她的廉价印刷品一样，也借鉴了更为古老的"圣母升天"像的造形。这位令人悲伤和矮胖的汉诺威公主，如果活着，将成为大不列颠及其帝国的女王，香消玉殒之后，则成为天国的女王。

对王室女性的这种崇拜，具有双重的更为广泛的重要意义。一方面，夏洛特公主与夏洛特王后、卡罗琳王后以及后来的维多利亚女王一样，为专属于英国妇女自身的爱国主义提供了一个中心。但除此之外，像肥皂剧一样的君主政治，以一种英国政治生活的其他任何方面——这些方面在当时完全由男性支配，很大程度上在现在依旧如此——都不可能或办不到的方式，使得（据信现在仍然使得）普通妇女生命历程中的不公正和惯例显得重要和有价值。去世的夏洛特公主可能是圣母玛利亚的一位羸弱的新教替身，但她也以身示范，赋予英国许多普通妇女的平凡和私人生活以尊荣。正如一位妇女匿名投寄给《绅士杂志》的诗中所写的那样：

> 她平静、谦逊、优雅，
> 统治着妇女最主要的帝国，家庭；——
> 她让安息日如期进行，
> 在乡村教堂谦恭的礼拜仪式当中。[69]

王室中的女性，如公众所乐意想象的那样，更给予关于妇女独立活动领域的思想以更多的道德分量和英雄般地位。其结果既具有限制性，也具有解放性。

妇女在国家中的位置

我已经指出，自1770年代开始，在大不列颠，同样也在欧洲和北美的规范性文献中变得日益明显的关于各自独立领域的思想观念的传播，在实践中也可以被用来捍卫妇女的地位。我还认为，必须扮演妻子、女儿、姐妹或母亲等角色的杰出王室女性的存在，有助于其他英国妇女确认这些私人关系的尊严和重要性。但自相矛盾的是，信仰单独的女性领域，也可以为妇女干预迄今为止被视为专属于男性的事务提供合法性。

要理解为何如此，我们需要回到卢梭那里。尽管他理想中的女人顺从而矫揉造作，但考虑到其相夫教子的私人影响，她对国家的福祉也不可或缺。没有她管理下的健康家庭，男性公民就将是无根之木，"立法机关的走廊将越来越沉寂和空荡，或变得喧嚣腐败"。[70] 从这些初始前提，可以得出两种截然不同的结论。就法国雅各宾派和大不列颠福音派保守者而言，鉴于女人在家中的地位如此有价值，因此，她待在那里非常重要。但对卢梭的观点也可以作完全相反的理解，这也是为何像德文郡公爵夫人乔治亚娜和玛丽·沃斯通克拉夫特这样的女权主义者如此珍视他的著作。在此前盛行的政治理论当中，公民权与拥有土地和（或）携带武器的能力联系在一起——换句话说，被当作一种完全属于男人的特权。卢梭放弃了这种范式，转而强调公民美德和家庭之间的联系，不管他是否承认，他都为妇女干预政治事务提供了某种理论基础。尽管他把妇女限定在私人领域，但他又帮助打破了其与公共领域之间的界限。因为如果像他谆谆教诲的那样，政治与道德密不可分，那么作为道德卫士的妇女，当然必须拥有某些参与政治的权利？

沃斯通克拉夫特在卢梭的观点中非常清楚地看到了这种可能性，并在《为女权申辩》一书中，根据妇女对家庭的贡献，精心构建了她的妇女权利主张。"要教育孩子们理解爱国主义原则"，她指出，那么"他们的母亲也必须同样是一个爱国者"。只有妇女们能"拥有一种对祖国的理性情感"，她们在家里才能变得真正有帮助。[71] 沃斯通克拉夫特在1797年死于分娩，随后对她私生活的披露，极大地限制了她的影响力。相反，卢梭政治分析的颠覆性潜力在英国的普及，是由另一个完全不同的女人，即汉娜·莫尔完成的。

女权主义者从来不十分清楚该如何对待莫尔，有时称赞她是她们当中的一分子，有时又斥责她是一个反动派和变节者。莫尔本人并没有感觉到这种矛盾。正因为她大体上显得（而且确实是）保守，使她能侥幸过上她自己非传统的生活，并写出关于女性的著作，这些著作并不像其乍看上去那样保守。她生于1745年，她的父亲是一个境遇江河日下的学校教师。为了维持生计，她与姐妹们在布里斯托建了一所女子寄宿学校。但她很快进而从事更高级的事务，先是在伦敦创作拙劣但大获成功的剧本，然后以托利福音派的身份进行全职文学创作。莫尔的偏见和个性缺点非常明显。她冒进、没有幽默感和骄傲自满，而且在有影响力的男士面前阿谀奉承，无论他们是政治家、贵族、教士还是像塞缪尔·约翰逊和大卫·加里克这样的文化名流。但像许多知道如何对有影响力的男士溜须拍马的女人一样，她也大获成功。1793年，当伦敦主教在物色一位为大众创作保皇主义小册子的作家时，他绕开受过大学训练的男知识分子，径直找到汉娜。其成果便是所谓的《廉价知识全书》，在战争期间销售了数百万份，主要卖给正搜寻某种简易读物，以分发给穷人的焦虑的地主、牧师和雇主。莫尔的许多面向中产和上层阶级的说教手册和小说，也成了畅销书；她在1833年去世时，身家有30000镑。[72] 莫尔自力更生独自奋斗，而且终身未婚，成为英国女人中靠写作致富的第一人，单单这一事实就提醒我们，不要只把她看作一个保守人物。

对莫尔同样还有卢梭而言，女人生而为妻子和母亲，她们的精神必须受制于此。"可能没有哪种动物像女人那样，其美好的举止如此多地受益于其从属的地位"，她写的这句话延伸了卢梭的格言："女孩必须在年幼时就挫其锐气"。[73] 莫尔坚持认为，女政治家就像女战士一样，因不自然而不当，更因不得体而不当："得体之于女人，就像伟大的罗马评论家所说的活跃之于演说家那样；它是第一、第二和第三要件。"她反复指出，端庄、谦逊和忍耐，是女人在一个男人世界中的根本策略，还有务实："她们应当学会不喋喋不休地规劝，而应习惯于可能遇到和忍受反对意见。这是这个世界不会不给她们上的一课。"[74]

这明显迥然不同于玛丽·沃尔斯通克拉夫特所坚持的立场，即英国社会是一个整体，必须加以改变，以使女人可以作为**公民**拥有权利，而不仅仅只是**女人**。但通过写作实际上是遗孀手册的作品，督促女人们安于现状，莫尔也像沃尔斯通克拉夫特一样，热心号召她们行动起来。她反复指出，女人必须摒弃轻率之举和搬弄是非，而去认真学习，这样做"有助于坚定思想"，并"让读者从感性上升到知性层面"。在家里，她们自然技高一筹，她们一定"不能满足于梳妆打扮，当她们还可以有所改进；不能满足于应酬款待，当她们仍然清醒"。而且尽管她们不能且不应该直接行使权力，但通过她们对男人的影响，她们有可能决定如何使用权力：

上层阶级妇女乐于使用由于习俗的恩惠、对女人发自内心真诚的殷勤、对道德情感的绝对控制、那些文明国家的习惯以及优雅社会的风俗而交给她们行使的权力；我认为，她们此后对这种权力的行使，不折不扣地，将有赖于这些国家的安康……以及良善和幸福，可能还有这个社会的真实存在。[75]

这种（在我们看来）自相矛盾的观点，坚持女人必须待在私人领域，同时又在这一领域之外施加道德影响，是19世纪上半叶关于妇女权利之讨论的主流，尽管不是全部。例如《当代妇女，关于她们对社会的影响》（1831年），该文作者没有留名，但显然是一名国教徒和保守派，文章响应莫尔，相信"当前**我们在这个国家的影响广泛深远**"，坚持认为这种影响建立在妇女的家庭地位之上，但也警告说，家庭职责与消极被动不相容："我们被派到这个纷繁世界是有用的"。[76]1840年之后，莎拉·斯蒂克尼·埃利斯将使其其数百万读者确信："英格兰妇女与这个国家在全国范围内保持的道德品质之间的联系，是多么地紧密"。[77]

在英国所有妇女像绝大多数英国男子一样，仍旧没有投票权、仍旧被排斥在绝大多数公共建筑和政治俱乐部之外、受教育之后仍旧不能自由选择职业、受雇之后报酬仍旧可能被大打折扣之时，上述断言会像不合时宜地建议她们知足和清静无为一样，令我们震撼。然而莫尔和埃利斯，以及成百上千模仿她们的其他作家，如果被理解为只是在宣扬顺从和避退，她们就很可能难以在妇女当中取得她们已然获得的成功。相反，她们对妇女领域的解释，似乎提供了某种可能性，去追求一些更高的目标，一种金蝉脱壳去采取行动和参与的机会。她们是大不列颠的道德仲裁者，这种断言赋予妇女以德文郡公爵夫人乔治亚娜在1784年闯入威斯敏斯特政治时所明显缺乏的东西：在家庭之外掌握主动权的权威和合法性。

这种情况甚至同样适用于英格兰北部和苏格兰的工人阶级妇女，她们在1820年代成立了自己的改革协会。当她们与男同事一起参加公众集会时，这些妇女往往身着白衣，以此象征她们的美德和公正无私。她们声称，她们并不想为自己争取投票权。她们因其家庭职责而采取行动，并被亲眼见证的苦难和对其男人的义务所激发。一个劳工妇女在1819年为激进报纸《黑侏儒》撰文写道：

> 我们不希望成为合格的演说家，我们也不想要求选举全国议会代表的投票权……我们希望有人指点我们什么样的方式最有利于发挥我们所具有的优势，我们希望对你们的性别保持这一优势……有许多母亲，像我本人一样，希望培养爱国的儿子。[78]

卢梭本人已很难再改进对适当的女性抱负的表述。而女改革家依然遵循着更古老和令人满意的女性行为模式，即缝制自由帽来奖励其男同胞的做法。其中一些自由帽极尽装饰之能事，如"布莱克本妇女改革协会"于1819年7月在该市一次公开集会上献给一位激进演说家的帽子："由红布、丝绸或缎子制作，配有绿条纹，蛇形金丝带，以金黄色流苏结束。"[79] 不管是否承认，这样做的先例显然是源于出身高贵的女子，在她们挑选的骑士奔赴战场或代表她们进入马上比武名单之前，奖赏给他们那些刺绣精美的珍爱之物。敬献这顶帽子的那位布莱克本妇女告诉那位激进的发言者，"至死"都不要丢弃它，她这样做也表明了这一点。[80]

以这种方式借鉴骑士的神话，也为女改革家提供了又一次机会，来把她们自己打扮成美德和崇高道德的化身，她们的职责是激励其男人采取正确的政治行动。只有这样，她们才有可能把她们无疑偏离了正统女性操行的做法（即参加独立的政治团体），与对其女同胞的期待调和起来。只有达致了这样的协调，她们才有些许机会拒绝男性的偏见。但为何这一时期绝大多数参加了不同压力集团的英国女性，觉得必须从客观公正和对其家庭的责任这样的角度来解释她们的行动，个中几乎必然有另外一个原因。她们需要说服自己，就像说服男性相信，她们所投身之事业的正当性。作为参与公共生活的新手，她们常常紧张、没有安全感和缺乏经验。诉诸女性更高尚的道德和良善被证明益处无穷，因为它把行动的**欲望**转变成一种这样做的重大**责任**。女人可以这样想，并对别人说，她们别无选择，只能这样做。对那些参与了诸如宪章运动、反谷物法联盟和反奴运动等的女性，以及像伊丽莎白·弗赖和后来的弗洛伦丝·南丁格尔这样的个体改革者而言，情况确实如此。

  英国男性中已广泛存在各种压力集团，这一事实也对妇女有所帮助。妇女现在显然更容易混入公共事务，因为政治不再专属于议会和白厅排外的男性世界，因为现在有许多道德运动的发起不依赖于排外的国教和长老会男性统治集团。非正式和即兴表演，孕育了新的机遇。例如1791年，当男人们组织发起了一场在全国范围内以抵制使用奴隶生产的蔗糖为目标的运动时，英国妇女第一次严肃地参与了反奴隶贸易活动。不管有意无意，这把反奴运动带入了妇女传统影响领域的中心——即家庭。在家里拒绝使用西印度群岛的糖，以及在购物时倾向于选择经营自由人所生产蔗糖的经销商，这些举动会让一个女人感觉她正变得举足轻重。尽管这场抵制食糖的运动收效甚微，但同样的策略在1820年代中期卷土重来时，却大获成功。[81]

  到那时，整个大不列颠已有大量妇女投身反奴运动，她们设法让其他人还有她们自己相信，她们特别的技能和交际圈，可以派上更大用场。那些中产阶级妇女为慈善事业而在邻里间进行的不知疲倦的探访和坚持不懈的资金募集，那些在战时活跃的各种为士兵织袜、组织募捐或举行皇家庆典的女士委员会，那些妇女中间有用的关于社区如何运作、谁有钱、谁能跟谁说上话等事无巨细的知识；同样，所有这些女性技能，被首先用来赢得支援，以结束英国所参与的奴隶贸易，然后被用来努力废除英属殖民地的奴隶制。[82] 到 1830 年，英国几乎每一个城镇都有反奴女士协会，其中最大的伯明翰分会，每年分发大约 3.5 万份宣传手册，并定期向伦敦总会汇款 50 英镑。让威廉·威尔伯福斯深感恐惧的是，女士们还为反奴请愿书征集签名，兴高采烈地利用了这样一个事实，即男主人很难不顾传统礼节，当面冒犯女游说者，或把她赶出家门。尽管妇女仍然很少在男人们的请愿书上签名，但到 1830 年，她们经常提交自己的请愿书。1838 年递交给下院的那份最大的请愿书，包含了 50 万个妇女的签名。[83]

妇女也日益频繁地在关于其他政治问题的请愿书上签名。许多妇女——主要来自劳动阶级——似乎请愿反对 1829 年对罗马天主教徒的解放；在一些城镇，妇女也为 1830—1832 年支持议会改革的大规模请愿运动做出了贡献。无论来自社会底层还是身为议员，男性的反应常常充满敌意。例如，1829 年布里斯托尔反天主教请愿的组织者在向威斯敏斯特递交请愿书之前，剔除了所有妇女的签名。[84] 混合的或妇女的请愿书（一旦出现的话）不得不遭受傲慢绅士的猛烈攻击。"像其他男性一样，他也欣然同意妇女的位置很适合她们"，1829 年 3 月罗伯特·韦思曼在下议院如此说道——根据议会议事录的记载，当时引起一阵笑声——"但是，当妇女向议会请愿时，他并不认为她们处于适当的位置"。[85] 代表奥德姆新当选为下议院议员的威廉·科贝特也不认为妇女应这么做。1832 年，他谴责女性干扰改革斗争，"因为他认为，女士们一旦跨出家庭领域进入政治领域，她们就失去了本来可以合适地拥有的许多影响"[86]。

这里涉及的不仅仅是传统偏见。韦思曼和科贝特都是激进的议会议员，致力于让所有有财产的男性和受过教育的工人阶级获得选举权。他们担忧国家会向在家门外参加请愿的国民给予更多的政治承认，讨厌女性参与议会外的政治活动，因为他们害怕这种参与会让那些政治活动蒙羞。女性偶尔涉足政治领域的现象,绝对不得破坏一种进程,即争取更广泛的、然而基本上依旧由男性独占的公民权。毫无疑问,对女性参与公共事务的遣责,不仅仅局限于激进分子。当极端保守的埃尔登爵士令人惊奇地向上议院递交一份"有许多女士签名"的反天主教请愿书时,一位贵族的质询引起上议院一阵骚动,他问道:"请愿书到底是表达了年轻女士还是年老女士的情感"。[87]

各自独立领域的观点至少有一个优点,即依照女性优越的道德来证明妇女偶尔参与政治活动的合理性,在对这些观点做出任何判断时,我们不得忘记男性对女性参与公共事务做出的那种轻率的反对。这些观点可能是令人受限的,但是,在缺乏其他任何有效的论证形式的情况下,它们有其存在的合理性。"有些人被发现试图不再嘲讽他曾经因为它们主要由女性签署而暗讽过的请愿书",1833 年向下议院递交了大量反奴请愿书的丹尼尔·奥康奈尔宣称道:

> 他会说——并且他不关心他说话的对象——他会说,那个人胆敢无礼地嘲讽英格兰少女和主妇,指责她们竟然认为应当解放另一个地域的国民。他不会谈论这种嘲弄所暴露的糟糕品位和感觉——他只是表述一种观点,他确信每一位议员都会与他保持一致,这种观点就是:如果女性有权利干预,那得取决于时机。毫无疑问,在英国女性走出家门投入政治事务之前,奴隶制引人注目的冤情肯定已经深入人心,强烈地激发了英国民族的感情……他会毫不犹豫地说,那个嘲讽英国女性向议会请愿的男人,不管他是谁——那个这么做的男人,就如同一个挥鞭者一样残暴。[88]

可以想见,没有议会议员会对这种话做出轻率的回应或表示反对,那么做是危险的。当英国妇女充当民族良知的时候,当离开传统家庭生活的、无私的行动主义者只是为了推进更大利益的时候,她们就穿上了坚固的甲胄来对抗对女性的厌恶和傲慢的长矛。在这种情形下，女性的声音可以传达到威斯敏斯特，并且在那里得到倾听。

不言而喻，这是一种有限的女性政治。之所以说它是有限的，因为只有少数妇女参加了这种议会外的运动。它在如下意义上也是有限的——为了变得有效——参加运动的妇女发现自己必须充当国家的天使，而不是像她们的男性同胞那样作为英国公民而采取行动。就像1830年代和1840年代议会改革的女性支持者、女性宪章派成员以及反谷物法联盟的女性参与者一样，反对奴隶制的女性也不得不活动于由男性规划和推动的运动的边缘。她们根本无法提出那些特别有益于自身的要求。她们几乎总是通过忘我献身和道德高尚的方式来展现自己是在为他人服务，用哈丽特和约翰·斯图亚特·密尔的话来说，就是自我定格为"一种多愁善感的神职人员"。[89]

然而，牧师可能是重要人物。被当作道德典范的命运，远远好于完全被视为低人一等和无关紧要。就美洲战争之后半个世纪英国妇女地位的改变而言，似乎确凿无疑的是，变化所带来的影响会增加而不是减少女性参与公共生活的机会。同以往的战争相比，与革命、拿破仑法国的战争，促使更多英国女性走出家门参与主战活动中（或者参与和平主义运动中）。对王室女性成员做出的新的理想化处理，为许多来自不同社会背景的妇女提供了她们自己鲜明的爱国主义标签，也成为赞美她们作为母亲、女儿、姐妹和妻子等家庭角色的方式。在此期间，妇女前所未有地接触到城市生活的匆忙和诱惑，接触到更多和更便宜的报纸、杂志、书籍和大报，接触到各种新的慈善、爱国和政治协会，当然，也接触到各种新的带薪工作。对她们来说——对许多同时代男性而言也一样——所有这些发展的累积性结果无疑更有利于接触各种人、信息和思想。

大量规范性文献重新强调了各自独立领域的重要性，我们必须在上述背景下来理解这种现象。如果英国妇女被要求留在家中，如果这一时期比以往任何时候更强调妇女应该待在家里，很大程度上是因为太多妇女发现家庭之外有越来越多事情可做。有关各自独立领域的文献不是描述性的，而是说教性的。然而，正如有些妇女所发现的，它仍然可以用来服务于一个有用的目的。宣扬她们被普遍认定的脆弱性和道德优越感——以及男人有责任尊重二者——的做法，为妇女提供了一种手段来证明她们参与公共事务的合理性，同样也提供了一种保护自身的方式。事实上，充当心灵纯洁的英国妇女的做法，也是坚持对公共精神的权利的一种方式。

当然，绝大多数妇女依然在家庭领域寻找她们的绝大多数乐趣。但大量男性也是如此。毫无疑问，1884年之前，妇女像大多数英国男性一样没有选举权。问题的关键在于，对于两性而言，在18世纪最后25年和19世纪最初25年，国内发生巨变，国外发生大规模的、耗时耗力的战争，并且国家认同的新方式也带来了挑战。这是妇女首先不得不接受英国性的要求和意义的时代。在这些年中，对于由男人塑造国家的需求——我们后面会讨论——更加迫切和前所未有。

图65.《登陆48小时之后的波拿巴!》,詹姆斯·吉尔雷,1803年

第七章　男权

在1803年7月26日,当迫在眉睫的法国入侵造成的恐慌达到高潮的时候,詹姆斯·吉尔雷发表了他最引人注目,然而也最难以理解的一幅版画。一个英格兰志愿兵——橡树叶在他波浪起伏的三角帽上欣欣向荣地伸展出来,就像圣诞节布丁上的冬青叶和果实——高高地挥舞着一把干草叉。在叉子的顶上,是拿破仑·波拿巴的头颅。在法国登陆刚刚48小时之后,这个征服了欧洲大陆大部分地区的人,就被一群平民志愿者们击败和摧毁,联合王国的国旗在他们中间高高飘扬。如此鼓舞人心,无以言表。我们可能会认为,这是一幅由工匠创作的典型的爱国主义宣传画,但它却出自一位艺术大师之手。然而,我们越走近观看这幅虚构的画面,我们就越有可能感到迷惑。这位志愿兵英雄的脸浮肿而粗糙,他的嘴唇黏黏糊糊,眼睛目光呆滞。他盲目自大和陈词滥调地夸耀着他的胜利,仿佛这位法国的执政官是聋子而并没有死:"嗨,你敢抢劫古老的英格兰?嗨,使我们都成为法国人的奴隶?嗨,你想淫掠我们所有人的妻子和女儿?噢,上帝救救这颗愚蠢的头颅!"尽管有这些喋喋不休的大声吵嚷,但事实上,更加吸引我们关注目光的,是牺牲者僵硬的头颅,而不是砍下这颗头颅的那个痴笨之人。拿破仑·波拿巴瘦骨嶙峋、滴着血,无情地暴露在风雨中,但仍然保持着他高高的颧骨,他的高鼻梁如雕塑般漂亮,他的头发被剪成时髦的提图斯*的样式,他的整个轮廓充满了古典韵

---

* 提图斯(Titus),公元39—81年,罗马皇帝(公元79—81年),与他有关的著名事件有攻陷耶路撒冷(公元70年)和建造罗马圆形剧场。——译者

味。英国的头号敌人，他在死的时候仍然是一名指挥官和一位绅士，而吉尔雷显然忍不住要把他画成这个样子。同样清楚的是，艺术家发现他不可能在赞美他的这个普通志愿兵同胞的时候，不同时对他嗤之以鼻。[1]

吉尔雷不能理解这些平民爱国者，这在当时绝不是特例。在整个欧洲，法国革命和拿破仑战争的规模和危险性，都决定了大众正在以前所未有的规模被武装起来。战争，正如克劳塞维茨所指出的那样，成了"人民的事业。"[2] 而且在整个欧洲的有产阶级当中，对于这样大规模的社会和政治动员的影响，有着极大的忧虑和迷惘。这些社会曾经习惯于把他们普通的士兵看作是粗野、唯利是图和危险之人——威灵顿公爵把他们称作是地球上的糟粕——现在却发现他们自己前所未有地依赖于大量军队的积极参与。其结果之一便是，必须做出一些努力，来把平民士兵重新塑造为爱国者和将来可能的英雄；而正如吉尔雷的版画所见证的那样，这一调整过程事实上常常很困难。然而，就大不列颠而言，**看待**这一时期那些普通战斗人员时态度的起伏不定，却持续了相当长的时间。我们现在知道了大量关于群众武装在法国大革命和拿破仑时期的运作方式和意义，以及西班牙、俄罗斯和德意志邦国对法国军队活跃的群众性抵抗。[3] 但是，对于几十万不管出于什么原因而投身到与法国激战中的英国人，我们却仍然知之甚少。正如吉尔雷一样，我们仍然还看不清这些人的真实面目。

这在一定程度上是因为，大不列颠与1789到1815年间诸多其他欧洲和欧洲以外的国家不同，它从来没有经历法国的入侵。因此，英国人心中的印象始终是，这些战争实际上都是在海外为了财富、统治权和维护现有的秩序而进行，很少有国内自发的民间投入。但是，在这一时期大不列颠的大众爱国精神，与在其他许多时期的一样，因为这段时间群众抗议的证据分散了大量注意力，而很少被人探究。18世纪的最后25年和19世纪的前25年，大不列颠的工业地区经历了快速

图 66.《入侵之后——大堤上的民众》，1803 年，
另一个版本的爱国民众

和引起严重混乱的人口增长，在工匠阶层中激进的思想和政治组织迅速蔓延，对于食物、劳动条件和税收的不满，常常以激烈和暴力的形式加以表达。罗杰·韦尔斯指出，在这样的情形下，在与法国最终和最危险的战争期间，"认为英国的群众会忠贞不二是愚蠢的。"[4]这千真万确。但是，避而不谈群众的忠诚和群众的身份认同真正的广度和深度，却并不恰当，这其中重要的原因有两个。

首先，英国的统治者自身别无选择，必须深入研究大众爱国精神的优点——并依赖于它。在1793年之后，法国大规模入侵的危险如此巨大，如此旷日持久，这迫使他们不得不查明有多少英国人愿意拿起武器来保卫他们的祖国。为了做到这一点，伦敦不得不积累数量空前的信息，来了解普通英国人及他们参战的能力和意愿。对于这一时期群众爱国者和身份认同的深入研究至关重要和值得进行的第二个原因是：仅仅且不同寻常地因为存在足够多的证据让我们做这项研究。通常情况下，历史上那些为生活奔忙的穷人和目不识丁的小人物，只有在以某些方式制造了麻烦的时候，在他们违法或者遭到强权非难的时候，才会留下他们的身影。与之相反，显然顺从的工人，在其身后却通常极少留下关于他们思想和行动的印迹。但在18世纪末和19世纪初，情况却并非如此。我们在前面已经看到，极端的危险和国内的紧张局势如何纠缠在一起，使得皇室、贵族和女人们都在这一时期显著地投入了爱国热情和各种各样的大不列颠精神。但是，可能更加富有戏剧性的是，这也是英国工人阶级被积极动员的一个时期，其规模之大，直到第一次世界大战才再次望其项背。这也是当局第一次明确到底有多少英国人愿意参战——这也是我们在英国历史上第一次可以做到这一点。

一个武装的民族

为什么有这么多生活在贫困边缘的人们，愿意为并没有赋予他们有效公民权的国家去冒生命和伤残的危险？是什么样的召唤令他们拿起武器？他们的服役和可能的牺牲又被赋予了什么样的意义？

自从1707年联合之后，这些问题就已经变得越来越紧迫却没有得到正面回答。的确，与法国一再发生的战争，使英国的武装力量在西班牙王位继承战争期间扩充到13.5万人左右，在七年战争中达到17万人，在战败的美洲战争中达到创纪录的19万人。[5] 尽管这样的扩军，要求财政和行政管理上的改革创新，但它也的确大大改变了对于普通战斗人员的观念，并有效地根本改变了征兵的实践。像其他欧洲列强一样，大不列颠在战争期间继续依赖大量外国雇佣兵（主要是德意志人），并在自愿应征入伍的工匠和劳工当中，加入了被违背意愿强迫抓来的壮丁。此外，与其他许多国家形成鲜明对比的是，大不列颠的大部分地区都没有军队入侵和国内战争之忧。除了詹姆斯党人在1715年发起的短暂叛乱和查理·爱德华·斯图亚特在1745年更加严重的入侵这两次重大例外,大不列颠都得以保持着备战状态,而又无须被迫把自己转变成一个被武装起来的民族。

但是,像大不列颠的其他许多事情一样,在美洲战争之后,随着一种截然不同的武装冲突类型的到来,这一切都发生了改变。与大革命和拿破仑法国之间的战争,持续的时间之长,是第一次和第二次世界大战加起来的两倍,波及的地理范围之广,如果把英国也考虑在内的话,横扫了整个欧洲,直至亚洲、非洲、北美洲、拉丁美洲,甚至在澳大利亚沿岸也爆发了仓促的海战。最后的事实证明,战争并没有跨越海峡进入大不列颠本土,但那些生活在1793—1815年之间的人们却并不知道这一点。拿破仑的英格兰兵团是到那时为止被召集起来对抗大不列颠的最令人恐怖的武装侵略力量,他所带来的威胁旷日持久,几乎就要取得胜利。在1796年有针对爱尔兰的重大但流产的入侵企图,在两年之后又有一次更为成功的法军登陆行动。1797年在威尔士有一次小规模试探性的武装登陆。从1798—1805年,征服英国是拿破仑的首要战略目标。即使是法-西舰队在特拉法加被摧毁,而英国已经在圣保罗大教堂埋葬了纳尔逊被浸泡的尸体*,并在其墓碑上记录了这件事之后,法国的封锁带来的挑战还在继续。[6]

在面对这些危险的时候,英国武装力量的增长不得不比其他任何一个欧洲列强军队数量的增长都更为迅速。在1789年巴士底狱被摧毁的时候,英国陆军有4万人。到1814年,陆军已经扩充了六倍多,达到25万人左右。作为防御、进攻、帝国、商贸之基础的皇家海军,增长的速度更快。在1789年以前,它雇佣了1.6万人。到1812年,它雇佣的人数超过14万人。[7]作为这些常规陆军和海军补充的,是一支在后方默默无闻保卫家乡的更为庞大的兼职和自愿者队伍,到

---

* 纳尔逊在特拉法加海战中战死,船员用烈酒浸泡他的尸体,以防在回国途中发生腐败。——译者

1804年几乎达到50万人。动员这些老百姓,极大地挑战了当权者的神经和创造性。[8] 再也不能仅仅只通过职业士兵、兵营、监视和布道的方式来维持国内的秩序和顺从。甚至通过密集的宣传活动和爱国主义仪式等方式,也不再足以培育忠诚。在面临经济困难、社会动荡和法国大革命学说的引诱时,必须做出重大努力,以便在长达几乎四分之一个世纪的时间里,激励来自广泛社会背景的众多人们拿起武器来支持英国政府。在这样的情形下,这一问题就变得更加紧迫。有多少英国人能够被召集起来参加战斗?

在与法国的战争爆发时,国内现有的唯一防御武装是民兵组织。该组织在1757年重建,当时议会命令英格兰和威尔士的每一个郡,都要装备一定数量年龄在18到45岁之间的男人,并从税收中为他们支付报酬。总计3.2万人,全都是虔诚的新教徒,通过抽签的方式产生,在实际服役期间遵守战时的法律,在和平期间则每年调遣一次,在当地热心和自愿的贵族领导下,进行为期一个月的军事训练。[9] 至少在法律上是这么规定的。但是在实践当中,这一体制被证明效果很不理想,而且完全不受人欢迎。与法国相似,民兵服役的负担全都落在了目不识丁的穷人身上。[10] 并且正因为如此,便总是招不到足够的人手。各郡很少进行抽签;也没有采取任何行动来对它们加以调整,与英国变化的人口保持平衡。在1796年,像多塞特、贝德福德和蒙哥马利郡这些以农业为主的郡,其符合条件的人在民兵中服役的比例超过1/10。但与之相比,在人口从1750年代开始迅速增长的更为工业化的郡,比例就要低得多。在约克郡西区,符合条件的人在民兵中服役的比例仅仅只为1/30,而在兰开夏郡,更是只有1/45。[11]

从1793年与大革命法国爆发战争到其后的5年,英国政府对这些兵员不足的反应都审慎而又有限。1796年《民兵法案补充条款》颁布,要求再从英格兰征召6万民兵,从威尔士再召4400名,这次小心翼翼地确保配额被平均分配到每一个郡。在接下来的一年里，第一次开始从苏格兰征召民兵，希望因此能再增加6000名保卫家乡的服兵役者。这使整个大不列颠的民兵力量达到10万人左右。[12]此外，当局还鼓励"上流人士"去建立他们自己的个人志愿步兵队或骑兵队。这些早期的志愿兵领不到任何国家津贴。对于他们穿什么或者谁来指挥他们，伦敦方面只字未提，对于他们明确的职责应该是什么，也没有任何限制。相反地，这些兵团都是自给自足这一事实，可以被看作进一步保障了其成员的社会责任感和政治可靠性。在战争的这一阶段，政府所希望的，是土地拥有者或者富有的制造商应征入伍来担任志愿军官，而让农民、从事专门职业者、小店主和其名下有固定职业的人来充当普通士兵。他们所得到的人中，有很大一部分正是这样的人。例如，在1797年爱丁堡的志愿兵当中，有40%左右是律师。在志愿保卫剑桥郡伊利城的75位英雄当中，诸如农民、代理律师、收入可观的商人、屠夫、铁匠、小酒馆老板这样的人占了69位，只有6个人是劳工。[13]

正如艺术家和卡通画家所乐于指出的那样，正是他们的制服，透露了这些最初的志愿兵团的真相。在很多情况下，这些服装都华丽精美、不实用而且非常昂贵。在一个时髦的伦敦志愿兵团中，一套士兵的制服，每个人甚至需要花费50镑，每年还需要再花10镑来保持其整洁时髦，并提供弹药。埃格雷蒙特伯爵1795年为他在苏塞克斯郡佩特沃斯的自耕农骑兵团所设计的服装要稍微便宜一点，但仍然价格不菲，每人要10镑左右。一套做工精细、剪裁讲究、衬有白色条纹的绿夹克，高雅地披在一件白色马甲和马裤上面，最外面是反差极大、鲜红色镶边的深蓝色披风。在他们的头上，这些战神的儿子戴着熊皮头盔，头盔上配有帽徽、镀金装饰和一根鲜红色的羽毛。公爵一定要让他自己的制服更加优雅精致，而他头盔上的羽毛更是出奇的大。然后，像全国其他无数志愿军官一样，他迫不及待地让人把自己的形象画了下来。[14]

我们已经见识了——就英国的精英阶层而言——对于英雄主义和男子汉气概的高度关注,如何大大刺激了这一时期身着制服的热情。但是,这些早期志愿者高贵华美的制服还有一个更为广泛的意义。它比其他任何一样东西都更为生动形象地展示了,在战争这一阶段的志愿行动主要是(尽管不完全仅仅只是)一个有钱人的游戏。一些郡筹集到了慷慨的捐赠来为更穷的人提供衣物和装备。但许多志愿者自豪地自己武装自己。还有许多人投身于志愿兵团,并不主要是为了生存而与法国作战,而是为了保卫他们自己的商店、家园、生意或土地,而与他们自己更为妨碍治安和蠢蠢欲动的同胞作战。

那时有证据显示,在战争的最初几年里,英国政府——不管是对是错——也像惧怕敌人一样惧怕它自己的国民。[15]劳工可以是常规军的基础,并为民兵补充兵员,但在组织不那么严密的志愿者队伍里,他们既不受欢迎,也得不到充分信任。在冲突的这一阶段,当权者最急切想要创造的,不是一个武装的民族,而是一批有财产和受人尊敬的家园保卫者,来消除国内的无序状态。这种情况在1797年冬天风云突变,当时拿破仑的英格兰兵团沿着法国海岸线扎营。局势令人绝望,而且至今都没有欧洲盟友的支持,政府别无选择,不再追求国内部队的质量,而转为谋求数量上的支持。

这一疯狂寻求大众支持的最为著名的结果,就是大不列颠的第一次人口普查,由议会在1800年颁布命令进行,其理由在于"在每一场战争当中,尤其是在一场自卫战争当中,最重要的事情必定是最大限度地征召和训练尽可能多的兵员。"[16]远远没有那么广为人知的结果,则是1798年4月通过的《国土防卫法》所要求的每个郡反馈的详尽信息:每个基层行政区体格健全者的具体人数,每个人准备为政府提供何种服务(如果有的话)的详细情况,他拥有什么武器的详细情况,所能获得的牲口、手推车、磨坊、小艇、驳船和谷物的具体数量，那里有多少老人、多少外国人和体弱多病者的详细情况。这些反馈信息由不知疲倦的治安官或者学校教师收集，牧师、教区委员会和副治安长官加以审核，在 1803 年又重复进行了一次，为英国政府提供了自《地籍簿》*之后最宏大和精确的对于其国民的分类整理。同样是这些曾经被绝大多数历史学家和人口统计学家所忽略了的资料，使我们能够窥见平民防卫的行政管理细节，触及这些人本身，即那些"行动中活生生的人"，理查德·科布以此来称呼在法国那些情况类似的人。[17]

当然，这些调查表不能为研究大众的爱国热情提供一种绝对可靠的索引。有些甚至根本就没有被保存下来；当然无疑还有更多——尤其是那些与威尔士和苏格兰有关——的资料还依旧纹丝未动的保存在满是灰尘的私人档案文件里。那些现存的反馈信息也并不总是完整和可信。也并不是所有治安官和学校教师都在尽职高效地工作。他们并不是所有人都实话实说。在一些地区，他们甚至根本没有尝试。在王国最边远的地区，如远在苏格兰海岸的奥克尼郡和马恩岛（在 1760 年代才被归于国王的治下），似乎从来就没有完成过政府的各种调查表。与王国更为紧密结合在一起但仍旧孤立和人口稀少的地区则反应较慢、不均衡，有时甚至完全没有反应。到 1804 年中，苏格兰的萨瑟兰郡、凯斯尼斯郡和奈恩郡以及威尔士的蒙哥马利郡和拉德诺郡似乎仍然还没有向伦敦提供它在前一年 8 月就已经催要的关于民众志愿者的所有详细的分类数据。[18]

尽管如此，现存的民众响应的数据仍然令人印象深刻。让人印象深刻的地方在于，其保管在总体上的完整和认真程度。但就它们所显示的内容而言，也同样如此。在 1798 年，政府要求地方官员讯问每一个年龄在 15 到 60 岁之间的符合条件的男人，问他们在遭遇入侵的

---

* 《地籍簿》（Domesday Book），威廉征服者在 1085—1086 年间下令对英国地主及其财产进行的普查和测量的书面记录。——译者

时候是否愿意拿起武器。在 1803 年，它还希望进行更为深入的调查，这次针对的是所有年龄在 17—55 岁之间符合条件的人。对于那些不得不四处奔忙来贯彻这些指示的人来说，他们只要声称各个地方都统一在一片爱国主义的舆论当中，这一切就一定非常容易，而且必然非常具有诱惑力。有的人的确就是这样做的。例如，布雷克诺克郡克里卡达恩教区的代理治安官约翰·金西在 1803 年向当局担保，其所有符合条件的人都"愿意而且准备好了为保卫王国而尽一份力"。[19] 我们永远都不知道这样的陈述有多么接近真相。

然而最重要的一点是，这些泛泛而谈的保证并不是政府所询问和需要的。1798 年和 1803 年所要求的详细反馈资料从来都没有完整印刷，也从来没有打算用于宣传活动来打动犹豫不决的人们。他们所提供的绝大多数信息，只供当地的首席治安长官和中央政府的成员过目，这些人最想要的是精确的数据而不是信誓旦旦。大部分治安官和学校教师似乎已经尽其所能来准确地提供这样的数据，在他们长途跋涉四处奔走询问人们是否愿意参加战斗的时候，他们——常常是逐字逐句地——汇报了他们所得到的诚恳坦率和千差万别的答复。这正是这些反馈资料在当时和现在都如此有价值的原因之所在。它们粉碎了在当时和那之后对英国的市民们在法国大革命和拿破仑战争期间的反应所做出的几乎每一个肤浅的概括。它们以真实汇总，无可辩驳的事实否定了那些片面认为整个大不列颠在这个时候都普遍忠诚和顺从的人，也否定了那些在另一方面试图断言英国的群众与他们的统治者之间离心离德的人。他们到底是怎样的人？

谁愿意参加战斗？

现存的《领土防务》反馈信息确凿无疑地显示了，即使是在 1803 年法国可能的入侵使爱国主义热情达到高潮的时候，一些英国人也不愿意为他们的祖国而战，而且觉得可以如此直截了当地告诉当局。在苏塞克斯的东格林斯蒂德，当地的治安官估计有 556 个年龄在 17—55 岁之间符合条件的人愿意去当志愿者。这些人当中有 34 人已经加入了个人的志愿军团，另有 169 人宣称他们在入侵行为发生的时候愿意入伍。但仍然还有 350 人左右不愿意服役。[20] 反馈表中已经写明，这些人中绝大部分是年龄更大的，有孩子的已婚男人，自然不愿意离开他们的家。但是在另外一些城市和村庄，同样也有更年轻的人说不。雅各布·菲利普斯，埃克塞特一位 17 岁未婚的学徒雇员就在那一年拒绝加入一个志愿军团；他的同乡弗朗西斯·埃利斯也同样如此，他是一位年轻的织布工人，不仅一次，而是两次坚决拒绝了当地治安官认为他应当拿起武器保卫祖国的建议。[21] 我们不知道这两个人为什么要拒绝。他们可能不喜欢可以想见的军队纪律的束缚。他们可能太专注于他们的个人事务。或者，像伦敦一名马车制造人一样，他们的拒绝也有其政治基础，这个伦敦人在当地治安官的反馈表上，实际上已经潦草地写下了他的理由：

> 苍穹之下没有任何法律或者权力可以强迫我拿起武器……我向上帝祈祷，我永远不愿活着看到我的祖国成为法国的一个省，但如果这场战争还将痛苦地继续，我知道它将会被征服，因为我绝对相信，国王、上议院和下议院……从很久以前就已经失去了这个国家绝大多数民众的忠诚、亲善和感情。[22]

从他自己的言辞判断，这个人既不积极煽动叛乱，对宗教也并非漠不关心。他也不是穷人。他在牛津街拥有一套豪华的住宅，还有一份体面的职业。那些在这个时候拒绝合作的人，和那些顺从的人一样，不能被简单地归入任何一个很容易就预先料想到的范畴。

例如，他们并不来自任何特定的职业群体。即使对于那些其激进倾向已经人尽皆知的人们（如鞋匠）而言也同样如此。贝德福德郡的萨恩布鲁克，的确有6个属于这一行业的人——可能是这个不到600人的社区中的全部——在1803年拒绝担任志愿者。但是在诺福克的利彻姆这个稍小一点的社区，5个鞋匠都位列当地武装联军的创建人之列，要献身于"我们的国王、国家和宪法"。[23] 在英格兰和威尔士的那些以不信奉国教的人为主的地区，似乎也没有做出与令人放心的英国国教徒地区不同的反应。尽管东英吉利这样悠久的清教徒心腹地区**可能**是个例外。剑桥郡曾经是最后遵从1757年《民兵法案》的几个郡之一，直到1778年以前都拒绝抽签选出其民兵服役者。25年之后，这个郡与亨廷顿郡一起，是英格兰所有郡中应征加入志愿军团的人数占人口比例最小的两个郡。在1803—1804年，剑桥郡像贝德福德郡一样，没能就其防卫准备向政府提供足够的详细信息；与此同时，亨廷顿郡只有13%符合条件的人加入了志愿者，而在埃塞克斯这样做的人也只有20%。[24]

然而即使是在这些地方，宗教上不信奉国教可能也并不是这种战时爱国精神不均衡背后最重要的因素。今天任何一个熟悉东英吉利乡村地区的人，都知道它罕见的独特性、其独一无二的风景、其裸露和阴郁的沼泽、苍茫的天空和无处不在的水系，这在潮湿的空气当中可感受到，并被不同寻常的水闸和沟渠网络加以调整控制。直到1914年，全国范围内的动员才以某种显著的程度渗透到这个水泽湖乡，而且即使是在这个时候——正如当地一位历史学家所写的那样——"在这个国家其他地方所看到的排队应征入伍的情况在这里也并没有出现"。[25] 东英吉利的乡村郊野只不过是人烟过于稀少、过于与世隔绝、过于满足于自身，而不太关注其领地之外的国家。

在英格兰西部和南部海岸大片区域的郡——格洛斯特、萨默塞特、德文、威尔特、汉普、苏塞克斯和肯特——的情况则完全不同，这些郡有着更为强大的军事传统，而且在地理上远远更为容易受到法国的攻击。在1803年，这些郡所有年龄在17—55岁之间的人，平均有 50% 志愿拿起武器。在大不列颠，也像这个时期其他的欧洲国家一样，似乎正是这种特殊的地理位置，超过其他所有因素，影响着人们参加战斗的意愿。他们所居住的地区和社乡镇的类型才是最重要的因素，而不是他们如何礼拜上帝的方式，或者他们属于哪个社会阶层或者职业群体。

那么，我们该如何看待大不列颠在这一时期的战争爱国主义地图呢？如果说对于加入志愿者的号召所作出的反应存在个体和地区差异的话，那么我们对于公开宣称愿意参加战斗的表态又能做出什么样的粗略概括呢？我们可以得出三个结论。首先，威尔士和苏格兰对于动员要求做出的反应不同于英格兰，而且相互之间也有所不同。其次，工业化和城市化程度越高的地区，就越有可能产生更高水平的志愿者。第三，在 1798 年之后，国家要求大量人员来保卫它的号召得到了响应，实际上并不是全民一致，但毫无疑问数量充足。

在 1804 年 5 月，众议院被告知，在大不列颠**境内**大约有 17.6 万名英国人已经在民兵、常规部队和各种各样的私人志愿军团中服役。还有 48.2 万已经表达了他们在入侵事件发生时会参战的意愿，而且这当中有许多人现在正在政府提供津贴的志愿军团中接受训练（参见附录二）。这当中有一些人已经同意为他们的城镇或者村庄所在的整个军区（在整个大不列颠总共有 14 个军区）服役；但多数人已经被告知，在情况紧急的时候，他们必须在大不列颠的任何地方服役，并已按此条件加入志愿队伍。[26] 已经有超过 20 万名志愿兵装备了火枪，这些火枪在训练的间隙通常被储藏在最近的教堂里。[27] 所有这一切给人留下的印象都非常深刻，但是如果议会议员们认真研究了摆在他们面前的这些数据，他们就不仅能够注意到我前面已经讨论过的那种做出反应的地区差异性，而且还能注意到大不列颠的 3 个主要组成部分之间反应的差异性。英格兰的所有郡当中只有 3 个没有发来反馈信息，威尔士有 5 个郡县，而苏格兰有 11 个郡没有向中央政府提供足够的信息。

为什么会这样呢？同时就威尔士和苏格兰这两者而言，我们可以对任何她们的人民仍然对战争的努力漠不关心这样简单的假设置之不理。他们并非如此。在1798年英国政府开始致力于全民性的民防之前，它编撰的统计数据显示，威尔士和苏格兰人投身于志愿军团的比例比英格兰人的比例**还高**。在战争的前5年里，威尔士和苏格兰的全部男性人口当中，有将近4%的人志愿加入了保卫家乡的部队，与英格兰的刚刚2%多一点形成了对照。而且在这场战争的早期阶段，苏格兰人和来自**南**威尔士的人，在执行他们的军事任务时，要远远比他们的英格兰邻居开朗爽快得多。在1798年初英格兰已知应征入伍的8.4万名志愿兵当中，有几乎一半都保证，在法国入侵事件发生的时候，他们只准备保卫他们自己的城市和村庄。与之形成鲜明对比的是，彭布鲁克郡和格拉摩根郡88%的志愿兵声称，他们愿意保卫他们的整个军区。而有超过90%的苏格兰志愿军团愿意为整个苏格兰效力。只有在富有的低地郡县塞尔扣克郡和拉纳克郡，才有大量苏格兰人表示，他们甚至不愿意保卫他们自己的后院（参见附录三）。

在这场战争的早期阶段——即1798年之前——英格兰是一个比威尔士和苏格兰都更为富裕和人口更为高度集中的地区，这一事实可能还反而削弱了大不列颠的这一特殊部分保卫家乡的效率。许多安乐窝里的英格兰人在这一阶段还看不到任何加入志愿军团的理由。那些这样做的人常常更在意的是保卫他们自己的家园和产业不被国内的动乱所侵蚀，而不是保卫他们更大范围内的国家不被外国敌人所侵略。这些环境中的相对繁荣富裕，滋生了最令人不齿的地方主义。与之相比，苏格兰和威尔士更为贫穷和更为农业化的经济，似乎一开始就有助于军事化。这两个国家中拥有土地的人，尤其是在苏格兰，对他们的佃户常常能够行使着远远高于在英格兰所可能有的控制权。[28] 很大程度上就因为这一点，威尔士和苏格兰征召加入早期志愿军团的人数比例就比他们的英格兰同胞更高，而且远远更为仗义宽厚。许多人前来服役一定经历了长途跋涉，因为他们的地主让他们在这件事上别无选择。所处位置的特殊性可能也有助于这个方向的发展。苏格兰高地有着强烈的尚武传统，而且她的许多居民也习惯于长距离跋山涉水前往低地和英格兰北部去找工作。这些因素——还有这一地区大量权力巨大的地方精英——可能都有助于使得其志愿军团在1790年代初响应更为积极、更为外向而且人数更多。

但是，正是因为威尔士和苏格兰部分地区的防御措施比英格兰更为严重地依赖于对当地地主广泛顺从，因此，威尔士和苏格兰在1798年之后对于投入战斗的呼吁所做出的反应有时就没有那么令人印象深刻。那一年所通过的《领土防务法》，以及随后大量的平民防卫立法显示出最初的保家卫国的发起者现在已经从地方权贵转移到了议会。其结果之一便是，苏格兰和威尔士的一些曾经非常乐于组织他们自己的私人志愿军团的地主，给予这些新措施的支持似乎就没有那么尽心尽力。而没有这样的支持，政府的指示在如此远离伦敦的地方，就只有极其微弱的影响。

然而，这些困难需要全面地看待。在1803年底，有超过5.2万名苏格兰人在志愿兵团中担任普通士兵，占了整个大不列颠全部士兵人数的15%左右。[29]只有一些更为偏远的地区——例如因弗内斯郡和比特郡——才对伦敦的要求进行了明显的抵制。而且，和往常一样，苏格兰在总体上对于加入军队的号召比威尔士反应更为积极。威尔士各郡在1804年所呈报的8份反馈表（威尔士总共有5个郡没有呈报完整的反馈表）显示，它们平均只有28%符合条件的男人愿意加入志愿军。[30]威尔士主要是乡村和农业地区，还有大量男人和女人们仍然只会说威尔士语一门语言，而且缺乏苏格兰人如此珍视的强大的军事传统，尤其是其北部和中部，在19世纪初仍然是大不列颠最不愿意受中央控制的地区。

经济因素还有文化特征，进一步解释了大不列颠的三个组成部分所做反应的差异性。英格兰普遍比威尔士或者苏格兰更为繁荣富裕。**如果能够说服他们法国入侵真的已经迫在眉睫的话**，他们的爱国主义因而更容易被利己主义所强化。到1803年，他们绝大多数人似乎确实已经相信这一点，其后果可以预见："英格兰永远都不能被践踏"，亚瑟·扬咆哮着说："……她的步兵就像她、遍布各处的资产一样数量众多"。[31] 英格兰也是一个比威尔士和苏格兰更为城市化的国家，交通通讯远远更为发达；而这一点，也造成了差异性。正如这本书中已经反复指出的那样，积极献身于大不列颠并不是，也不可能是事先确定的。它必须学习得来；男人和女人们需要看到学习它的一些好处。那些住在远离财富、人口、信息和活动中心的人们学得慢，而**一些**苏格兰人和威尔士人，像英格兰一些更为偏远和外围地区的居民一样，选择根本就不去学它。苏格兰的检察长在1804年试图向他的英格兰同僚解释这一点：

> 桑迪和唐纳德在考虑、在计算牲畜，谁会不狂热地陷入这些算计而不假思索呢，就像约翰牛的做法一样。此外，我们这里远离公共事务的中心，远离所有那些如此强有力地有助于激起英格兰民众之精神的场景。[32]

只有良好和持续的沟通交流，还有经济和文化上的改变，才能克服一部分长久存在的差异。威尔士在1798年之后的平民防御记录就证实了这一点。像偏远、多山、人烟稀少并且严重依赖于农业的布雷克诺克郡、卡马森郡和拉德诺郡，就没有怎么响应政府的防御措施。与之相反，因为有雷克瑟姆这样的城市中心，并且因为与国界对面英格兰的切斯特具有紧密的商贸联系而富足的弗林特郡，则反应积极：在1804年，其符合条件的男子有一半以上登记成为志愿军。在格拉摩根郡这个威尔士最英格兰化、城市化和最容易进入的郡,有超过4400人加入志愿军。似乎显而易见的是,战时爱国主义情绪更容易因为城市和商业的繁荣而高涨。

而这是英国的统治者所始料未及的。在与大革命法国之间的战争刚爆发的时候,小皮特的政府就直接假定,忠诚可能更容易与财富成正比。那些在社会上没有什么投资的人,被当作是潜在的不安定分子。但并不是所有人都受到同样程度的怀疑。人们相信,英格兰、威尔士和苏格兰高地的乡村劳动力和所有地方的家庭佣工,可能在人身上更依附于他们的地主和雇主,因此更加温顺。[33] 乡村纵深地区简单、传统和别具一格的民情民风,追求他们历史悠久的生活方式,安宁祥和而没有任何现代的痕迹,被认为更加恭顺**因而更加忠诚**。然而,正如当今的许多历史学家一样,大臣们预计会从那些"习惯于联合在一起的人们"——从制造厂的工人,或者城市工匠,或者矿工,或者采煤工人,或者码头工人——那里传来抗议之声和煽动言论。在城市和大工厂中聚集在一起的人们,被广泛认为是潜在的不安定分子。另一方面,乡间的英国人则被认为像田地中的牲口一样有用和心甘情愿地听话。[34] 然而,如果《领土防务》反馈表显示了什么东西的话,那就是在城市和乡村的反应之间有着泾渭分明的界限这样的假设事实上绝不是一成不变地永远正确。

我们手里所拥有的关于1798年平民反应的一些最详细的信息,与北汉普郡主要以农业为主的基层行政区有关。[35] 这是一个与贝克郡和萨里接壤的地区,拥有像史蒂文顿这样的小社区,那里是简·奥斯汀的父亲担任教区牧师的地方,也是她自己早期小说的创作之地。那时,这是一个安宁和守旧的地区,完全与任何现代化或者交通隔绝。第一次人口普查显示,史蒂文顿的150多个居民当中,总共只有6人不在那片土地上工作。在相邻的克利迪斯登,只有10名男女以农业之外的职业谋生。在梅普德韦尔,只有3人如此;在斯特拉特菲尔德特吉斯，只有 2 人，而在坦沃思则 1 人都没有。在这个毫无疑问是穷乡僻壤的地方，有时对地方当局很顺从；然而，对于国家的紧急召唤，绝大多数人都充耳不闻。作为一个尽职尽责的牧师，奥斯汀牧师保证如果需要的话，有 35 个史蒂文顿人愿意加入志愿军。但却没有来自克利迪斯登或者梅普德韦尔的这样的承诺，当地负责的治安官让政府表格中的相关部分空着。在斯特拉特菲尔德特吉斯也找不到积极效忠的人，当地的治安官诚实地写道："没有人说他**愿意**去服役。"至于坦沃思，其零碎拼凑和前后不连贯的反馈表则意味着，当地的治安官要么理解不了他得到的指示，要么就是他根本不会写字。

北汉普郡乡间的真实情况，似乎也是英格兰其他许多偏远乡村地区的真实情况。以贝德福德郡的蒂尔布鲁克教区为例，它在 1800 年有 219 个居民，其中只有 5 个人不在那片土地上工作。在 1803 年，当地的治安官算出其总共只有 40 个年龄符合志愿军条件的男人，但只有 11 个人愿意加入其中。在他表上的每一个农民都不愿意服役，有一个勇敢的人向当局解释了原因：

> 兹向阁下禀报，我们现在需要大量的人手来收割庄稼，因此我腾不出时间，因为我们的小麦在这个时候很快就会发霉。但当我们收割完庄稼之后，我和我的伙伴愿意为您效力。[36]

这并不是不忠诚或者失败主义的态度。毕竟这是在 8 月，作为一个有庄稼需要收割的农民，威廉·贝克知道孰重孰轻。我们在约克郡北区发现，处境非常相同的人们做出了极为相似的反应。众所周知，在那里，在那些坐落在与兰开夏郡这个人口众多和越来越工业化的地区接壤的基层行政区，有大量的人加入了志愿军。但是"在东部边界的克雷文，在更为偏僻和人烟稀少的沃夫河谷上游地区，则极少有什么参加志愿军的热情：在凯特尔韦尔教区没有志愿兵，在安克利夫有

3个，在林顿有3个"。[37]这种乡村在本质上与世隔绝并对外界不闻不问。其居民对国家动员的反应，与普罗旺斯的村民对于1789年之后的新法兰西共和国野心勃勃的中央集权化的企图所做的反应非常相似：完全无动于衷、高度怀疑、默默怨恨而且有时还公然反抗。[38]

在英格兰和威尔士，尽管不包括苏格兰，更加城市化和工业化的地区提供的志愿兵占了最大比例（正如同样是这些地区为常规军和民兵提供了大量兵员一样）。[39]这一点在《领土防务》反馈信息中展现得非常清楚。1800年的人口普查显示，仅在英格兰的7个郡——牛津、剑桥、贝克、埃塞克斯、赫里福、亨廷顿和林肯，其农业人员的数量就比从事其他行业的男女数量的两倍还多。这7个以农业为主的郡中，有2个——剑桥郡和牛津郡——在1803—1804年间没有向政府提供足够的志愿者的数据。而在其他5个郡，其登记作为志愿者的男人的比例在那个时候平均只有22%。如果我们看看那些劳动力主要从事商业和工业的英格兰地方诸郡，将会有一幅完全不同的画面浮现。根据人口普查资料，这样的郡总共有11个。其中有10个——柴郡、德比郡、达勒姆郡、莱斯特郡、北安普敦郡、诺丁汉郡、斯塔福德郡、萨里郡和沃里克郡——在1803—1804年间向当局提供了关于他们志愿兵的详细反馈信息。这些信息显示，这些郡中平均有35%符合条件的男性人口愿意保卫祖国。[40]英格兰只有一个郡显然违背了如下常规，即在发生入侵危机的时候，人口稠密和工业化的经济实际上比农业为主的经济更容易动员。这个郡就是约克郡，那里只有20%的男性人口愿意参加志愿军。当然，也正是约克郡提供了爱德华·汤普森了不起的经典《英国工人阶级的形成》一书中的许多证据，证明在拿破仑战争期间大众在心理上的疏远冷漠。

我们应当承认，从战时爱国主义的角度而言，约克郡的大众反应**可能**更是例外而不是常规。而且我们需要认识到一些具有更广泛重要性的东西。法国历史学家已经比他们的英国同侪更为广泛地研究了

图 67.《征兵》，威廉·亨利·邦博瑞，约 1780 年，
一个小村子里的嘲笑和漠不关心

草根民众在这一期间对于战争的反应。其结果之一是，他们更快认识到新的经济力量，尤其是与城市化和工业化一起出现的人口的大量聚集，通常有助于社会的军事化。[41] 与之相反，英国的历史学家在写作时，仿佛总是把经济变化看作好像不变的破坏因素：似乎乡村自然而然孕育了顺从，而城镇只滋生抗议之声。现实正如我们已经看到的，情况完全不是这样。在 1803 年，《爱丁堡评论》的一个作家抱怨说，

乡村劳动力被保守派如此地美化,而城市工匠们的公民潜能则被严重地忽略。然而,他指出:

> 如果说工匠们的身体力量不如农夫的话,那么他们则拥有程度远远更高的手工技巧和灵活性,这在发展中,尤其是在现代战争的发展中是如此的必要……现代战争存在于使人员处于一种机械运动的状态,并且把他们当作一台大机器的一部分组合起来。这两种人中,哪一个因其以前的习惯最适合于这种需要,是那个人,他终其一生都扮演着处于一组动运中的机器的一部分,还是那个人,他一直被当作思考、独立、分离和隔绝的行为体?[42]

城市工匠因为不断接受新的文化而改变,因为他更容易受到宣传活动和征募新兵集会的鼓动,而且更重要的是,因为他没有被捆绑在土地上,因此就能成为在打仗的时候比离群的农夫更有用的市民。从这个角度而言,早熟的工业化和城市化完全没有自动地使大不列颠更容易受到革命的影响,反而还很有助于抵御大革命法国的军队于国门之外。

出于个人的原因

有多少英国人在大革命和拿破仑战争期间投身到志愿军团,他们是谁,他们来自哪里?搞清楚这些问题相对比较简单。但是,使如此多的人志愿加入的确切原因是什么?爱国主义并不是唯一的动机,甚至在某些情况下都根本不是动机之一,得出这一结论并不令人感到惊讶。经济压力,同时还有各种各样的胁迫,当然还有个人私利,驱使一些人拿起武器。

像曾经存在过的其他每一个部队一样,英国的志愿军团也得益于大规模的失业。这也是为什么加入志愿军的人中,来自城镇的人远远比来自乡村的多得多的原因之一。在乡村地区，通常都能找到足够多的农活让日子混下去，至少在夏天是如此。与之相反，战争造成的经济崩溃，使诸多城市地区中剩余劳动力的人数大增。一些住在城里的人必须屈尊去当志愿兵，因为他们没有其他职业，还因为他们在训练的时候可以得到的零用钱，这总比一无所获的好。[43] 此外，当局还精心地在他们的防卫立法中加入了一些强制性成分。在1803年，他们让人们知道，除非有足够数量的人前来当志愿兵，否则，他们将按照法国的模式，进行全面强迫征兵，这会使所有年龄55岁以下的成年男子都受到影响。因此，似乎有可能的是，至少在一些社区，年轻的单身男性会感受到要他们加入志愿军的压力，这些压力来自他们有妻子和孩子或者其他有家眷需要其照顾的邻居和工友，以及那些极度担心会违背他们的意愿被征召的人。

除此之外，有大量证据显示，雇主、地主和牧师运用了他们的影响力来说服工人和佃农加入志愿军团。（尽管也存在雇主禁止他们的工人加入志愿军这样的证据，因为参加部队的训练意味着他们不得不从工作中抽出时间。[44]）例如，在苏格兰的整个中洛锡安郡，在1798年每七个符合条件的男人就有一个在志愿军团中服役。但在爱丁堡东南大约六英里左右的达尔基斯区，实际上其土地全都属于巴克卢公爵，那里男性居民登记作为志愿兵的比例相当高，几乎两个中就有一个。[45] 这样心甘情愿取悦当地土地巨头的做法在苏格兰最为显著，但决不仅仅只限于那里。英格兰的地主对他们的佃农施加了大致相当的压力，此时英格兰的牧师们正利用他们对于教区居民的传统影响力以号召居民加入军队。"受人尊敬的莫顿先生很高兴地告知特雷弗先生，"贝德福德郡一个牧师相当谄媚地写信告诉他的副治安长官，"在礼拜日，当对教区居民发表了一次演说之后，年龄17—55岁之间的所有男人，总共有103人，高唱《上帝保佑国王》和三声欢呼，志愿入伍服役。"[46]

然而，如果认为大量志愿兵是违背意愿被驱赶着拿起武器，或者因为他们想要奉承讨好居高位者，那就错了。首先，这会忽视常常包含在其中的个人算计的因素。法律规定志愿兵可以不参加民兵抽签。因此，对于一些人来说，加入志愿军必定即使不是一个让人舒适的选项，至少也是所能得到的最好的选项，一个受人欢迎的机会，可以与他们的朋友一起在兼职军团中服役，而不是被迫加入有着更加严格的纪律和与常规军联系更为紧密的民兵。而且尤其对于零售商和店主来说，可能死在或者伤在法国人手中的风险，被真正确定无疑的挣钱的机会所抵消。志愿军团不仅仅只是准军事组织。客观冷静地说，他们也是现成的健康男性的消费者群体，这个群体需要不断供给衣服、鞋、食物、饮料和装备。彼得·劳里这个东洛锡安郡小农场主的儿子，无疑就是这样看待他们的。劳里在1790年代初刚开始工作时，是在一个印刷厂里当学徒。但他为了家人的福利而对当地激进的政治显示出太多的兴趣，并很快就被派往伦敦去创造他的财富。他的确做到了。在成为一个马具商后，他加入了首都的一个志愿军团。"我非常讨厌当兵"，他后来在他的回忆录中承认，"但我从来没有让自己错过任何可以增加我产业和名誉的事情。"[47]他以特别折扣向他的同伴销售鞍具和制服的腰带，并进而利用他与军队的关系，从东印度公司的印度兵团那里获得有利可图的订单。劳里是一个典型白手起家的人，以东印度公司的董事和伦敦市市长的身份结束了他的生涯。

还有成千上万的人与劳里一样抱着机会主义的动机，虽然不一定像他那样迅速而非凡地成功。布里斯托一个志愿步兵军团在1790年代的人员构成对于这一点展示得非常清楚。[48]这个军团几乎很少吸引这座城市中众多的书商、学校教师和奢侈品商；也不包括多少受雇于航海业中的人。但加入其中的845人里，有1/6每天都以销售食物和饮料，以当贩酒商、杂货商、屠夫、酒馆老板、面包师等诸如此类的职业谋生。还有80名布里斯托的志愿兵是鞋匠、亚麻布商、缝纫用品商、裁缝、羊毛商、帽商和袜商。此外队伍里还有不少于 13 个理发师在其中服役。这些小商贩中有一些无疑是出于对他们的城市和国家的眷恋而来当志愿兵的。但即使是这些人也将会意识到，他们在部队中的伙伴，也是潜在的客户和顾客。他们甚至会对如下现实情况十分敏感，即志愿兵同伴们也需要吃吃喝喝，也需要挥霍金钱来买时髦的新制服和理发，以取悦他们的军官并给女人们留下好印象。在这个国家中积极的投资，对于这一社会阶层的人也如对于其他许多英国人一样，是有所回报的。

然而，虽然我们认识到有一些人按照自己的意愿加入志愿军队伍，而其他人这样做是因为他们没有工作，或者出于顺从，或者因为他们感到了某种形式的胁迫，但我们必须小心谨慎不要重复当时一些更为富裕之人的高傲态度。詹姆斯·吉尔雷不能想象和理解他们，使得他把这些志愿兵斥为只不过是容易受骗的乡巴佬或者自私自利的庶民，我们不能犯同样的错。我们不能对普通人的进取和充满活力的精神、自然而然想要保护自己家庭的精神所起的作用轻描淡写，仅仅因为那些经历这样感情的人碰巧大部分都是穷人。所有证据都显示，那些身为劳苦大众的志愿兵，和那些不是劳苦大众的志愿兵一样，可能是被各种各样不同的动机所打动，而不仅仅只是由于直接的诱因，或者因为来自上面的压力，也可以是出于本能，出于理想主义，出于对他们家园热切的关注，出于他们的年轻而加入志愿部队。

到 19 世纪初，有将近 55% 的英国人都在 25 岁以下，这一点有着重大影响。[49] 从绝对的角度而言，更多年轻、没有结婚的人比以前更容易找到，他们急切、憧憬、渴望得到战斗的机会（可能尤其是在家乡的土地上）并且极为在意在朋友和爱人眼中不被看作一个懦夫。对于英雄壮举以及这一时期在爱国主义艺术和文学中被如此高调宣扬的男性进取心的狂热崇拜，在大众民谣和歌曲中也同样明显。例如在这首纽卡斯尔的歌曲中，对于和平快点到来的渴望与期待击败法国的意味带着躁动地混杂在一起：

> 矿工们炫耀的队伍在前进，
> 我们是内心勇敢而又坚强的人，
> 上帝毁灭法国，我们如此强壮；
> 我们将射杀他们每一个人，棒极了：
> 上帝会撕碎我的衬衣，如果我踌躇犹豫，
> 把他们摔向深渊，
> 像我扔一块煤那么快……[50]

似乎还有一种可能，一些英国人至少加入志愿军不是完全因为他们如此渴望为某种特殊的东西而战，而仅仅是因为他们想战斗——仅此而已。

当一个志愿兵参加战斗这一前景可能具有巨大的吸引力，相当重要的原因是这一体制**被认为**是非官方的。我们所拥有的所有在这期间和英国的早期战争中反对常规军和民兵征兵的群众暴动的记录都意味着，专横的强迫是最令人愤怒的因素。当抓壮丁的队伍闯入社区，通过武力把人掠走，或者当人们通过抽签的方式被选为民兵，为此穷人得不到任何补偿的方式，就总是伴随着痛苦的怨恨和常常暴力的反抗。但是群众定期的抗议，正如拉纳克郡在 1797 年反对民兵征招的暴动一样，他们的行动不是由相当程度的不忠或者不愿意参加战斗所激起的：

> 在联合王国的这片区域，并不缺乏足够多自愿和高高兴兴前来保卫国王陛下的身体和政府、反对所有入侵和叛乱的人，只要国王将武器高兴地交给那些没有什么服役困难的人，如同交给这些请愿者一样，对他们**一视同仁地征兵或抽签决定**服役者。[51]

在前一年林肯郡反对民兵的暴动中，我们也听到了大致相同的话，他们反复高喊着："法国人不管他们什么时候来，我们都会与他们战斗。为什么绅士们不站出来？我们将和他们一起战斗。"[52] 我们承认这些人可能有从最能够接受的角度为他们的行动辩护的自然而然的想法，但这些说法似乎也的确有一些真实的成分。穷人们如果能够避免的话，他们不会被迫加入。他们也不愿意为了富人能够安全地蜷缩在家里而去送死。但他们大多数人也不会不采取行动，任由法国入侵而不加以反抗。在1798年，后来又在1803年，国家的统治者都是**请求**他们服役，而不是**强迫**他们服役。那些成为志愿者的人常常发现他们与来自许多不同社会背景的邻居相伴，因此，穷人们不会感到只有他们在被迫独自承受军事动员的重负。在1803年，蒙默斯郡的马亨区的几百个强壮的男人组成的志愿军团，在这一点上就是一个典型的例子。其成员从一名绅士，到一位律师的书记员，到一群农民和农业劳动力，一直覆盖到平常乡村贸易的所有行业，再到十个在当地铁厂工作的人。[53]

一旦入侵威胁的直接刺激削弱之后，不同社会和职业群体之间的这种群情激昂的合作就很少再继续。到1805年年底，这一点已经显而易见，许多英国人离开了志愿军团，或者拒绝再参加每周的军事训练，或者开始相互争吵或者与他们在本质上也是非职业者的军官争吵。因为志愿军团不受军法约束，除非是在入侵真的发生的时候，这种混乱被证明很难消除。[54] 但是随着恐惧和肾上腺素作用的持续，这些军团的志愿属性，就像他们在社会上广泛的召集范围一样，被证明对加入它们的那些人有着巨大的吸引力。作为它们赖以建立之基础的对于家乡强烈的情感也同样如此。

像1914年的人们一样，1798年和1803年的人们受到这样的承诺激励而参加志愿军，即他们可以与来自他们本村和本郡的朋友和亲戚们一起服役。在可能参加志愿军的人周围做工作的每一个牧师和学校教师都得到郡治安长官的教导，反复强调这样的事实，即这些人可以"享有不被编入常规军、民兵或者国防兵的任何团、连或者军团的特殊优待,而只会与他们的亲戚、朋友和邻居们一起服役"。[55] 经常发生的情况是,在实践中,强烈的地方忠诚并不妨碍高效的全国范围内的动员。相反,如同在以后的战争中一样,他们成了基石,更广泛的爱国主义响应被从中唤起。被邀请和他们的亲兄弟、表兄弟、酒友、工友们一起拿起武器的人,不仅被这样结伴战斗的场景所鼓舞,如果他们不像其他人那样加入的话,他们还会感受到来自同伴的压力。因此,蒙默斯郡一家铁厂的主管写道,他相信"我们 2/3 以上的人都是真正的志愿兵——其他人是在别人的影响下,或者**是怕被别人嘲笑**而加入的"。[56]

但是至少在 1798—1805 年之间,加入志愿军的首要动机不是伙伴关系,或者野心,或者贪婪,或者害怕被人认为不像个男人,或者来自上面的胁迫,而只不过就是害怕法国入侵。当然,我们现在知

图 68. 反入侵宣传画,1795 年

道，大不列颠不像俄国、瑞士、荷兰、西班牙、波兰或者意大利和德意志各邦国一样，它从来没有受到法国军队的蹂躏。这里从来不需要在 1807 年之后发生在普鲁士，或者更多地在 1808 年 5 月 2 日之后发生在西班牙的那种为了争取解放的爱国战争。在这些国家，男人和女人们都被卷入保卫他们的家园、家庭和文化的战斗，因为不抵抗的残酷代价就是亡国或者征服。英国碰巧逃脱了这些残酷的被迫之事。但是，活在当时的那些人们感觉不到这样的结果会出现的任何保障，记住这一点至关重要。相反，平民防御努力的绝对程度，连同宣传的力度，还有知道了在欧洲的其他地区发生的事情，使得焦虑和强烈的预感几乎不可避免。

我们从当时的日记中得知，在 18 世纪末 19 世纪初，法国武力入侵英国的梦魇是多么经常出现，敌人事实上已经登陆的谣言多么容易在轻信和担惊受怕的人们中间找到滋生的土壤。诗人约翰·克莱尔是来自北安普敦郡的一个穷苦劳工的儿子，他在 1803 年刚刚 10 岁，后来他回忆了他村子里的人是多么"深陷"遭受入侵的恐惧之中。他们如何聚在一起：

晚上在他们的家门口谈论着 1745 年叛军抵达德比时的抵抗，甚至在间歇的时候还会听听，以为他们听到了在北安普顿的法国"叛乱分子"用加农炮把它攻陷的声音。[57]

为撤退而做的准备，村子街道上等着运送妇女、儿童和体弱多病的人远离战场的长长的马车队，当地牧师和治安官混乱的指示，这些都使神经高度紧张，那些指示催促人们"为每个人准备一身换洗的亚麻衣物和一条毯子，在床单中把床铺裹好，并带上你所拥有的所有食物"，以准备好在命令下达的时候撤离或者战斗。[58]

在这样的情形下，许多英国人必定会加入志愿军而不会太多地算计这样做会给他们带来多少好处。实际上,我们知道他们的确这样做了。根据法律,五港同盟*(多佛、黑斯廷斯、海斯、新罗姆尼、拉伊、桑德威奇、锡福德和温切尔西)的男性居民都被免除了民兵抽签。因此,在他们的案例中,不存在这些人将加入志愿军当作一种温和选项,以逃避更为苛刻的民兵服役义务的问题。但这些港口依然有超过 50% 符合条件的男性人口—— 5000 人以上——在 1804 年加入志愿部队。[59] 为什么会这样的原因似乎足够清楚。五港同盟在英格兰东南海岸连成一线,最容易受到可能爆发的法国入侵的攻击。他们的志愿军必然比其他任何人都更为急切地保卫他们自己的家园和他们自己的生活方式。即使是大不列颠不那么暴露在法国面前的地区,对于紧急情况的感知程度也促使更多的人加入志愿军,远远超过了当局要求或者规定的人数,尽管事实上这些多出来的志愿兵被明白无误地告知,他们的服役不会使他们免于征召民兵的抽签。

有波拿巴这个可怕的人物威胁着他们,那些贫穷的英国人,甚至比那些富人更有可能被吸引到军队中服役,不仅仅只是因为担心,还因为其所具有的刺激,因为一种冒险和大戏即将开幕的兴奋感,因为一套免费、崭新的彩色制服的引诱,也因为军乐所激起的强大诱惑。人们很容易忘记这个时候大部分人所听到的声音范围是多么的有限。音乐课、音乐会和室内管弦乐演奏的对象被限制在富裕的极少数人之内,绝大多数男女在节日和婚礼的时候只能勉强使用人声演唱、教堂钟声可能还有跑调的小提琴声。所以当征兵的队伍带着他们的管乐器、鼓和铙钹来到小村庄的时候,其效果直接而又强大。约瑟夫·梅耶特,一个来自白金汉郡非常可悲也很聪明的农夫,在 1803 年报名参加了他家乡的民兵,因为他有一次被征兵队伍的军乐队吸引而不能

---

* 五港同盟(Cinque Ports),11 世纪组成海运和防御联盟的一组英国东南部海港,最初为黑斯廷斯、罗姆尼、海斯、多佛和桑德威奇。在 14 世纪盎格鲁与法国的对抗中达到鼎盛。——译者

自已，在音乐的指引下，他走向了自己的宿命，完全就像跟着穿花衣的吹笛手哈姆林走的小孩子们一样。[60] 具有启发性的是，正是从**声音**的角度，漫画家乔治·克鲁克香克描绘了在1806年全国范围内参加志愿军活动的影响：

> 每一个城镇……都是一个要塞——在一个地方，你可以听到一些学习打鼓的年轻人敲出的"归营号"，在另一个地方，你可以听到横笛在练习一些进行曲或者民族曲调，而且每天早上5点，军号响彻街道，唤起志愿兵们进行两小时的操练……然后你听到一把步枪砰、砰、砰开枪的声音，或者步枪齐射的震天声响，或者远处大炮的轰鸣。[61]

被洪亮和令人振奋的声音包围着，装备着崭新的制服以及新奇的长矛和步枪，被灌输着法国在其他国家压迫和实施暴行的故事，并被不断告知，只有他们可以阻止类似的恶行降临在他们自己的海滨，他们自

图69.《乐队》，托马斯·罗兰森

己家的城镇或者乡村，显而易见，一些劳苦大众在志愿军队伍中，看到了一扇通向更广阔和更有生气的生存方式的窗口。对于他们来说，前来保卫大不列颠提供了一个稍纵即逝的机会，去尝试干一点大事，有一些微小的机会逃离单调乏味的日常义务，并且成为一个一时重要的人。我们不知道有多少人这样想过。就天性而言，他们这样想的时间似乎也不可能太久。但无疑，这样的人在所有社会阶层都的确存在，而且尽管他们的声音在那之后几乎都被忽略，但在《领土防务》反馈表中的确响亮和清晰地出现过，并被编撰他们的人一字不差地记录了下来。"给我一把剑和一把手枪"，一个来自埃克塞特的马车夫在1803年强烈要求；"我会摧毁法寇（原文如此）"，一个农夫夸口说；"如果旁拿巴（原文如此）来了，我会做各种事情来让他后悔"，另一个声称；"我会择断（原文如此）这些法国食蛙者的翅膀"，一个以挖花园谋生的人说；"如果法国人来了，我会手握战斗的剑"，一个苦力发誓。[62]

这些戏剧性的言论令人遗憾并具有启发性。在现实生活中，劳动人民几乎很少有人有机会手握刀剑，更谈不上学着如何去使用它。但是民族危难显然给了人们一个像这样幻想和满怀希望憧憬的机会，一个登上舞台去表演的机会。在这一瞬间，他们可以想象他们自己像许多民间传说中的英雄那样——是惊天壮举的执行者，是命中注定的那个人，是胜利者而不是失败者。他们乐此不疲。一个工人把这描述为"对于荣耀普遍的渴望"，[63]勇士的浪漫生活和期待像英雄那样死去，这对该社会阶层的人充满了诱惑，同时也对当时在寄宿学校和牛津与剑桥大学的贵族青年们充满了诱惑。并且因为身处战争中的人们很少有人是完全理性的，难道不是么？

民众承担义务的政治学

从下往上看，有许多条道路可以让人作出拿起武器反抗法国的决定。从上往下看，重要的不是这些个体承担义务的主要动机，而是征召志愿军在总体上的成功。正确评价在多大程度上取得了成功的最好的方法，是回顾詹姆斯党人在1745—1746年的入侵，这大概是该时期英国政府唯一面临的另外一次严重威胁。[64] 在那次事件中，正如我们所看到的那样，苏格兰男性人口中大多数人没有采取积极行动来支持查理·詹姆斯·斯图亚特，但也没有作出努力来阻止他的前进。相反，大多数苏格兰人待在家里，等着事件出现转折；大多数威尔士人也同样如此。在英格兰，对于小僭君入侵的抵抗很强烈，但并不均衡，在城镇和受到严重威胁的北部比乡村地区和南部更为激烈。与之形成对照的是，大约55年之后所发起的民防努力，给人印象深刻的不仅仅只是它所吸引的绝对人数——大约有50万名平民志愿兵——而在于整个大不列颠都作出了积极反应这样的事实。并不是每个地区都作出了同样程度的反应。但每个地区都作出了一定程度的反应。

从组织的角度而言，1745年和1803年之间的差别主要在于伦敦的当权者在后一时期越来越高的亲民性和成熟性，并且出现了一个更加团结统一的英国统治阶级。如果伦敦没有能够利用整个威尔士和苏格兰以及英格兰的郡治安长官、副长官和地主们对于当地的了解和权威，它永远也不可能有序组织出如此大规模的国内防御措施。这两次入侵危机之间还存在着另外一个重大的区别。在1745年，大不列颠还危险地处在内战的边缘，从这个意义上说，一些苏格兰高地人是为了实现王朝更替才拿起武器，而苏格兰低地和英格兰军队是为了阻止他们而投入战斗。但是在1803年，威胁被证实完全来自国外，而没有来自国内。有50万人，他们大部分来自工作人口，被吸收到国民防御当中，并且政府还给他们发放了武器。在1801—1804年间担任首相的亨利·阿丁顿指出，其结果便是政府和被统治者之间的契约关系得到成功更新：

在政府方面，是作出把武器交到全体人民手中的决断，在人民这一方面，是作出果断接受它们的决定……这被证明是一个双重保险，以及一个双重的誓言。在政府方面的誓言是，他们将永远不再作任何与宪法为敌的尝试。在人们这一方面的誓言是，他们理解并且珍惜它的卓越非凡；他们将坚决拥护它，并且下定决心要去保卫它。[65]

这远远不是故事的全部。但把枪炮交到来自大不列颠每个部分和所有社会阶层的人们的手中，当局曾经冒了相当大的危险，这倒是真的。他们曾经放弃了在法国大革命刚爆发时所采取的对于民众参与的压制态度，至少在有一段时间是如此。甚至这种压制态度的发起者威廉·皮特，在 1803 年也准备作出让步，他说"有一段时间……把武器交到这个国家大部分人的手中曾经是危险的……**但这样的时刻现在已经过去了。**"[66] 显然，作为回报，英国的志愿军已经证明了他们领导者的信心是正确的。他们没有企图利用他们的武器和军事训练来发起叛乱。他们甚至未曾试着去使用它们——像在美国革命期间在爱尔兰组建的新教徒志愿军团那样——以要挟伦敦作出政治让步。这些事情他们都没有做，而这样人数众多的志愿兵，是我们所拥有的最强有力的标志，标志着在最后的时刻，在面临来自境外的极度危险的时候，未经改革的英国政府依赖其大多数居民的积极顺从。

承认这一点并不会否认有大量英国人反对他们国家的政治秩序，反对其在经济上的苛捐杂税，反对其在社会和经济方面的不公平，并且反对其卷入一场旷日持久的战争。在这一时期有着不均衡但却广泛的不满之声。但这些人中大多数贫穷和（或者）不满意的人似乎并不比欧洲其他国家的人们更多地认为，法国的入侵是对他们国内的问题富有吸引力的解决方式。当这样的入侵似乎最有可能的时候，英国当局证明他们有能力动员比他们自己的预期规模远远大得多的志愿军。当然，这些群众士兵从来都没有真正经受考验。但是在各种错误的法国登陆警报响起的时候,大不列颠各个地区的民兵和志愿军团都在可靠忠实地结集,其速度之迅速和全体的一致性,意味着这些业余士兵和爱国劳动者将与拿破仑的军队展开即使可能不一定非常成功,但也激烈和血流成河的斗争。我们现在知道法国在这个时候对于西班牙、俄罗斯和德意志各邦的入侵,几乎没有受到当地居民张开双臂的欢迎,相反还遭遇了激烈的群众反抗。[67] 几乎看不出有任何理由假定,英国的民众,不管他们可能有多么不喜欢他们自己的政府,会作出任何不同的反应——尤其是因为英国在战时针对大众的宣传,并不仅仅只是把与法国的冲突当作一场保卫君主或者财富甚至民族独立的斗争来呈现。

相反,爱国主义语汇十分精心地将战争重新描述成为了自由而反抗军事暴政的圣战。"拿出你们被自由和勇敢的精神所激励的样子,这曾经是威尔士英勇国民的性格特征",一位来访的高级将领对哈弗福德韦斯特的志愿兵这样说。[68] "我们是为保护整个地球免受野蛮的军事专制的枷锁而战",伯明翰的志愿军在一次集会中宣示。而在入侵危机达到顶点的时候,从坎伯兰郡和威斯特摩兰郡传来了公众的宣言,这一宣言意味着这种呼吁在感觉上是多么的强烈:

> 我们憎恶君王的专制暴政。我们更憎恶共和的专制暴政……只要我们还活着,我们就不会屈服于任何名义之下的专制政府。

共有 19322 人在上面签字。[69] 即使是在许多激进主义者眼中,早在 1803 年之前很久,就已经不再把法国当作解放者和没有经过改革的欧洲各国的楷模。在拿破仑统治下,法国人在英国人的想象中又回复到了他们在过去常常呈现的样子:在国内是高度集权的政府懦弱的牺牲者,在国外是军事侵略凶猛残暴的支持者。[70] 新教徒和自由主义鼓吹者开足火力的自鸣得意,被再一次拿来反抗海峡对岸传统的敌人。

然而，这些国民防御措施的累加效果远远大于传统做法的效果。群众武装的规模和持久性对于英国社会的改造性效果，其研究才刚刚开始起步。尽管志愿军团在 1808 年之后被残酷地解散，被一种新型的地方民兵组织所取代，但在 1815 年战争结束的时候，仍然有大约 35 万人参与了国民防御。此外，可能还有多达 50 万之众的人在欧洲和帝国的常规部队中服役。[71] 在大不列颠，也和在其他主要的欧洲强国一样，在政府主持下的军训，而不是在工厂中的劳作，或者成为激进政治组织或者非法工会的成员，才是工人阶级在 18 世纪末和 19 世纪初最常见的集体生活体验。在这里，也和在欧洲大陆一样，是战争的压力而不是工作经历或者政治革命的示范，可能才具有改变生活、观念和期望的最显著的潜力。诗人萨缪尔·泰勒·柯勒律治*在这个时候仍然还是一个激进主义者，他以自己的方式展示了在 1800 年经受了战争改造的政府：

> 我们的祖国正处在危难之中吗？每个人都被号召采取行动；每个人都感觉他作为一个**国民**的重要性超过了他个人的重要性；上层和下层还有中产阶级全都变得像政治家一样；多数人取得了胜利；而雅各宾主义是自然的结果。让我们不要被言辞所欺骗。每一个政府，只要在其中的所有居民，不管财富多寡，都被发动起来执行某种公共精神，这样的政府在这个时候就是一个雅各宾主义的政府。[72]

因为拿破仑从来没有成功地入侵英国，这被证明是一个过于得意的预言。但是柯勒律治的本能仍然是正确的。考虑到动员的规模，普通英

---

* 萨缪尔·泰勒·柯勒律治（Samuel Taylor Coleridge），1772—1834 年，英国著名的诗人、评论家、浪漫主义文学的倡导者，他同威廉·华兹华斯一起出版了抒情歌谣（1798 年），里面包括了他最为著名的诗歌《水手之歌》。——译者

图 70. 反入侵宣传画，1803 年

国人所持有的关于其政府、关于其国家以及关于他们自己的国民重要性和身份认同方面的一些观念发生变化是不可避免的。

这有一部分是因为那些志愿保卫英国的人常常经历了比在和平时期更多的事情。从他们被组织的方式而言，志愿军团总是地方而不是全国性的机构，被从一个很小的区域内征召，并且由同样相邻的非专业人士指挥。但是当局试图确保把志愿兵团与更大范围内的忠诚联系起来，而不是仅仅只效忠于一个村庄，或者一个郡，或者甚至只是构成大不列颠的三个组成部分当中的一个。在 1802 年之前，每一个志愿兵都被要求宣誓效忠，同时忠于国王和忠于新教信仰，在那之后，则只需要忠于国王；而战时的宣传引导每一个志愿兵都把自己看作英国自由的保卫者，并且把英国当作一个整体来看待。[73] 从 1798 年起，所有志愿兵都必须同意为他们的整个民防区服役。在 1803 年 8 月之后，范围被进一步拓宽，要求每一个志愿参军的人在参军的时候都要明白，他可能会被送到大不列颠的任何一个地方去战斗。民兵部队像常规军部队一样，总是被从这个岛国的一个地方调到另一个地方，其理由是，人们在一个与他们没有任何个人联系的地方，很容易让他们不再那么自由散漫。因此，当局有意派遣英格兰的民兵部队去镇压苏格兰 1797 年的反民兵暴动。他们许多人都被派驻在爱丁堡周围，数量这样多的英格兰工人出现在那里，其新鲜的程度，足以引起报刊评论的关注。[74]

在这个案例当中，战时人员的调动影响了许多的人，而不仅仅只是这些士兵自己。市民们，尤其是那些住在驻军城镇的人们，发现他们自己突然和经常要与那些拥有不同口音和方言、不同文化背景和休闲方式、来自完全不同地方的英国人接触。例如，萨福克郡的小市镇伍德布里奇，在法国大革命和拿破仑战争期间，接待了不少于 22 个不同的团，包括戈登高地人团和来自林肯郡、沃里克郡和兰开夏郡的团。[75] 这样持续不断的调动对于那些卷入其中的人们的身份认同感究竟有什么样的影响，这一问题从来没有得到详细的研究。有人可能会猜测，随着士兵和民兵们交了新的朋友，或者与他们驻扎地的女人亲密交往，或者只是决定在战争结束的时候，在英国的一个新地方迎接一个新的开始，而不是回到他们所来的地方，这时必然会有新的感情依附关系形成。而且还有一些证据显示，更富有思想的人们在军队服役的大范围调动中，找到了一种定义他们是谁的新方式。以来自白金汉郡的贫穷民兵约瑟夫·梅耶特为例。[76] 我们知道他，主要是因为他是一个有读写能力的人。他在孩提时代学会了阅读。并且在民兵随后教会他如何写字之后，开始写自传。通过这一页页非凡的文献，我们可以洞悉一些对几十万来自这一阶层的人而言都必然完全真实的一些东西：即，军事调动有能力改变一个人的生活和他看待英国的方式。

梅耶特不是一个从容不迫、说话滔滔不绝的爱国者。他在民兵的服役被证明是一次令人郁闷的经历，害他得了天花，并付出了一只眼睛的代价，让他在和平到来重返农村安顿生活时，非常不健康和无所寄托。然而，尽管这样，被卷入为战争进行的组织活动中，无疑是他生命里最激动人心和随之逐步成长的经历。在他的传记当中，他分配给描述入伍之后每一年生活的文字量，就陡然增加到了此前生活记录的两倍还多。这对他来说，显然是一个全新世界的开端，是一段新体验开始的时候，是他开始学习写作的时候，是他可以——在一个支持他的民兵指挥官的帮助下——接触到政治方面书籍的时候；而这也是他远离他自己位于昆顿的小村子去旅行的时候，远远超过了他在任何其他环境下曾经期待去旅行的距离。他的军事驻防让他沿着整个南部海岸到达了德文郡，然后纵贯英格兰直至诺森伯兰郡，最终，经由利物浦到达爱尔兰。直到他在1814年10月从那个国家回家的时候，他才最终领悟到了他是哪国人，通过与他所不是那些人相接触而被迫认识到："23日，我们在英格兰故土的海滩上安全地登陆。"[77]

我并不认为梅耶特的例子是有代表性的，他也并没有经常想到英格兰；他的传记中压根儿就没有提到过大不列颠。但在军队服役对这样一个人的影响，需要进行透彻和富有想象力的重建，特别是因为平民去当兵像其他形式一样可以在最广泛意义上被当作一种政治教育。

英国当局自己做了一些零星的努力来使志愿兵政治化。每一个有自尊心的军团都有它自己的旗帜，装饰以激起情感的地方和民族性符号，由当地的要人显贵或者他的妻子呈交，其时还会有滔滔不绝的关于战争正当性和法国人失道的长篇演讲。在国王的生日，以及其他爱国纪念日，志愿兵们都会行进到当地的教堂或者小礼拜堂去听一场特殊的布道，或者立正站在满是尘土的乡村广场上，在围观小孩子们的

第七章 男权 | 379

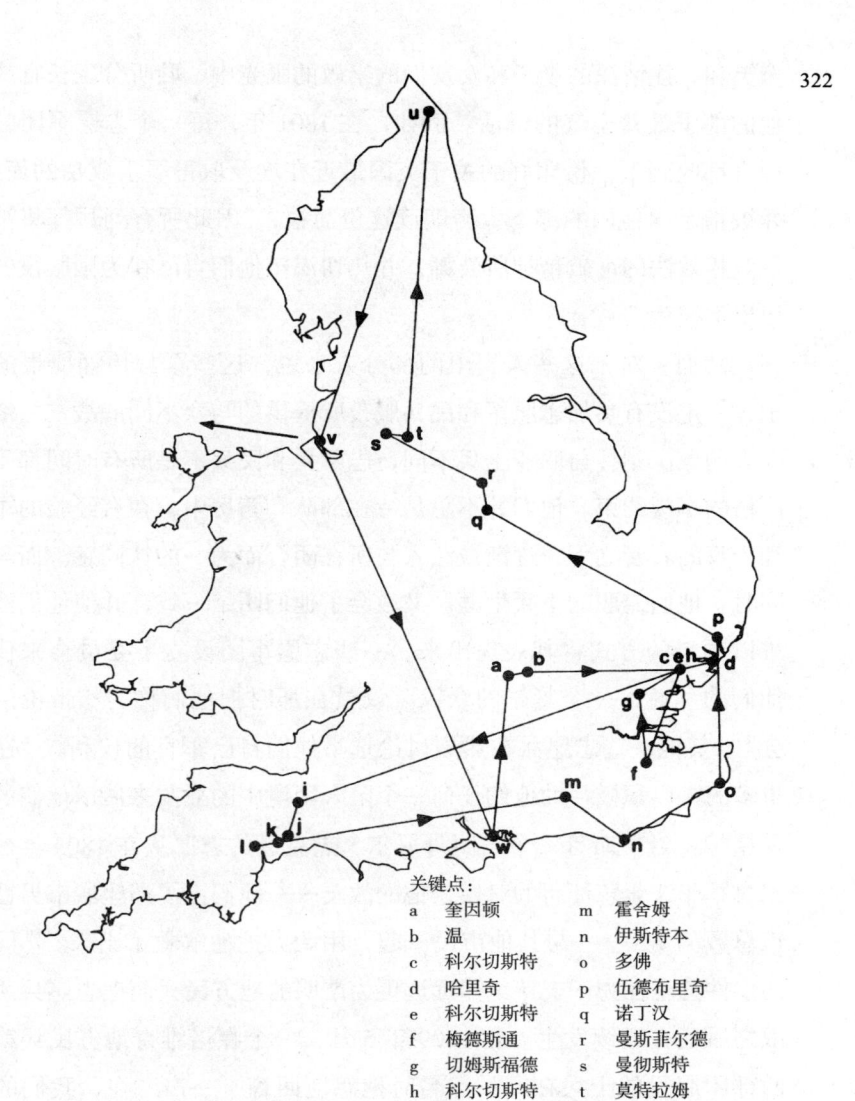

322

关键点：

a 奎因顿　　　　　m 霍舍姆
b 温　　　　　　　n 伊斯特本
c 科尔切斯特　　　o 多佛
d 哈里奇　　　　　p 伍德布里奇
e 科尔切斯特　　　q 诺丁汉
f 梅德斯通　　　　r 曼斯菲尔德
g 切姆斯福德　　　s 曼彻斯特
h 科尔切斯特　　　t 莫特拉姆
i 陶顿　　　　　　u 贝尔福德
j 霍尼顿　　　　　v 利物浦（至爱尔兰）
k 奥特里圣玛丽　　w 普次茅斯
l 埃克塞特

大卫·索登供图

图71. 约瑟夫·梅耶特曾驻防地点

傻笑和一往情深的妻子和女友们的崇敬的眼光中,聆听分区长官或者他的部下鼓舞士气的讲话。例如,在 1801 年,每一个志愿军团的指挥官都收到了一份印好的关于英国最近在埃及取得军事成功的简报,并被指示向他们的部下大声朗读这份简报,"因此所有列兵都将被一种竞相效法的可敬精神所鼓舞,并热切渴望他们自己在为国服役的时候出类拔萃。"[78]

然而,对于这些人当中的部分人来说,这些军官传诵捷报的日子,一定没有参加志愿军和民兵服役所提供的与众不同的战友之情更令人印象深刻。与职业士兵不同,志愿兵和民兵不是所有时间都受到严格的军规约束。他们并不总是待在部队和营房中,在有经验的军官和士官的看管之下,逐渐被注入与所在团合而为一的认同感。而与此同时,他们兼职的士兵生涯,又教会了他们团结一致,并使他们能以难以预料的方式将其表现出来。一些志愿军团设立了委员会来代表他们的利益,一个紧张的众议院议员在那时把他们称为"带枪的议会"。其他一些志愿兵在热烈讨论选举他们自己军官的权利。[79] 还有更多的人以积极帮助他们任何一个陷入困境中的战友来展示他们的**团队精神**。当切斯特一个名叫丹尼尔·杰克逊的志愿兵在 1803 年被皇家海军非法紧急征召的时候,他的战友——他们占了那座城市男性人口总数的 1/5——与其他市民一起,用武力把他解救了出来。[80] 同样的事件甚至在为了支持纪律远远更为严明的地方民兵而把志愿兵团解散之后还在继续发生。在 1809 年 5 月,一个在诺维奇地方民兵第三西部团服役的士兵在阅兵点名时抱怨地回答了一声"在,我们的肚子饿扁了。"他被迅速关到禁闭室,而他的整个连队也同样迅速地把他从那里营救了出来。[81]

与这些孤立的事件相比,当局更担心的是在许多时候,志愿军不仅仅只是展示了相互之间的团结,而且展示了与当地穷人之间的团结。在苏格兰北部、英格兰的中部和南部,志愿士兵参与甚至在有些情况下挑起了抢食物的暴动，或者在命令他们去进行镇压的时候，完全予以拒绝。伍尔弗汉普顿志愿军团的一个发言人告诉地方官员，说他们加入志愿部队，"是去保卫他们的国王和宪法，而且他们把这样的奉献看得很神圣；但他们从来不想为不人道的压迫者提供安全保障，而同时穷人们还在富人中间忍饥挨饿。"[82] 德文郡的一些志愿军团在 1801 年食物严重短缺的时候，采取了相同的路线："他们宣布他们将为他们的国王和祖国而与共同的敌人作战，但认为他们在被命令去支持国内地方长官执行他们不赞成的任务时，有权利拒绝提供援助。"[83] 这些平民志愿兵的态度毫不含糊地清楚并且完全符合逻辑。作为英国人，他们愿意团结在一起反抗来自国外的敌人。但他们没有必要加入对他们自己同胞的镇压行动。

伟大的军事史学家约翰·福蒂斯丘，一个贵族的儿子、哈罗公学的忠诚校友、剑桥大学三一学院荣誉理事、国王爱德华七世的图书管理员和获得维多利亚勋章的第二级爵士——因此，不是一个明显的民主主义者——把这一事件当作一个显著的证据，有效地证明了志愿军团很容易堕落为"一群武装的乌合之众"。[84] 军队指挥官和焦虑的众议院议员在那时说的话完全一样。在一定程度上，他们是对的。从职业标准来说，志愿兵的纪律涣散，更接近于一群散兵游勇而不是一支军队。作为兼职的士兵，他们不得不住在他们所保卫的社区。因此，可以预见，他们中的一些人会觉得他们被迫与当地的贫民站在一起。如果脱去他们的制服，他们当中的许多人都是穷人。然而，志愿军团所发起的这些断断续续的抗命，不能被简单地归因于这样一个事实，即他们完全是非职业士兵。志愿军团的抗命之所以发生，也因为这些志愿兵的身份：也就是说，是一群来自所有社会阶层、所有宗教派别和所有政治观念的英国人的大杂烩。

在面临极度困境的时候，英国政府被迫要求所有英国人的支持——不仅仅只是英格兰人，或者英国国教徒，或者拥有财产的人，或者持保守观点的人，而是全体英国人。从聚集全国范围内的支持来反对外敌入侵的角度而言，这一号召被证明出乎意料地成功。例如，在响应它的人当中，有许多都是以前通讯会的成员，通讯会是那些在1790年代为成年男子积极争取选举权的工匠联合会。[85]这些压力集团中最大和最激进的一个，即伦敦通讯会，在1798年伦敦警察驱散其最后聚会的时候，实际上正在讨论它的成员在那个时候应该加入哪个志愿军团。[86]志愿军团和民团也吸引了不信奉国教的新教徒和罗马天主教徒来充当普通士兵和军官，这些人有充足的理由希望英国政府被加以改革，但根本没有任何理由希望看到它被法国入侵。

通过这种方式把大不列颠各个地区和各个宗教派别的各个社会阶层、持各种政治观点的人召集起来保卫它，通过不加区别地把他们都当作爱国者来对待，当局显然承担着鼓励如下诉求的风险，即要求在日后进行政治变革。他们故意要冒这样的风险，因为他们认识到他们别无选择。一个其正式的政治权力被集中在少数有产者手中的国家，一个每15个成年男子中可能只有1个人拥有投票权的国家，除了指望其居民大众来赢得战争和保持其独立性之外，没有其他任何的选择。法国革命的这个头号敌人自己也使用了革命性的方式，以取得获胜的机会，并确实得以生存下来。"如果我们雇佣大量民众来进行我们的国内防御"，英国的一名军官在1803年给一名政府成员的信中写道，"只有出于保卫我们作为一个国家的独立性，才能借助这一同样的权宜之计，法国在过去的十年间已经成功地利用了这做法。"[87]这一点正中要害。为了击败法国人，英国人被要求效仿法国人，其对旧体制所提出的挑战具有潜在的破坏性。

改革者和大臣们一样，相当清楚地认识到了这一点。正是萨缪尔·班福德这个兰开夏郡的织布工人和不信奉国教者使政治发生了根本的扭转，他向威廉·科贝特指出，政府的民兵和志愿兵名单，将为每个郡成年男性的数量提供绝佳了解，这些人可能在不久的将来就能赢得投票的权利。[88] 如果所有成年男子都值得为大不列颠而战，那么他们是不是当然也有权利参与到其政治中来？科贝特当然这么认为。在 1816 年，他印刷了一篇最畅销的演讲辞"致英格兰、威尔士、苏格兰和爱尔兰的工匠和劳工"，敦促他们为其属于"这个世界上最强大的国家"而欢呼庆贺，这个国家充满了繁荣和富有的标志：

> 如果没有工匠和劳工，他们没有人能够生存……他们是人类的同一个阶级，都必须，用他们的武器，来保卫它的安全和提高它的名望。头衔和数量惊人的金钱已经被赐予无数海军和陆军军官。我们并不质疑这一切的正当性，我们或许可断言胜利将由**你们**来赢得。[89]

正如科贝特所理解的那样，大不列颠在与大革命和拿破仑法国的战争期间对广大群众的武装，提供了不可辩驳的证据，证明了爱国主义——从这个意义上而言，即一种对那些威胁英国的外国军队进行反抗的不列颠集体独立性的认同——可以**暂时**平息社会分歧和其他差异。但为此需要付出什么，何时付出？那些展示了他们参战意愿的人，什么时候才能得到他们应得的回报？英国的每一个爱国者什么时候才能成为一个具有权利的公民？

图72.《英国大力神，或者约翰牛扛起的和平秩序》，
1816年，一幅激烈讽刺和平代价的画作

第八章 胜利?

大不列颠并不总是处在历史的转折点上,但滑铁卢却显而易见是这样的转折点。尽管如果没有大陆联军,英国人可能永远都赢不了这场战役,但正是他们,被赋予了首要荣誉,也正是他们,收获了最实在丰厚的政治和领土回报。滑铁卢摧毁了拿破仑,无可争辩地确立了大不列颠作为首屈一指的欧洲强权的地位。此外,在随后进行的维也纳会议对于战利品的瓜分,确保了大英帝国战后成为世界上人们所知的最大帝国。然而,至于说到后方,预期会从这些重大进展中产生的沙文主义兴奋之情在很长一段时间中都并未出现。"国家荣耀的所有胜利感觉",一个作家在 1815 年写道,"似乎全都被普遍的压抑所抹去了。"[1]

之所以会这样,有一部分原因已经非常明显。与法国的这些刚刚结束的战争是在 1793 年爆发的——仅仅只在输掉美洲战争的十年之后——而且持续了,实际上没有中断过,将近有四分之一个世纪。许多英国人只不过是太筋疲力尽和太疲惫不堪,除了冲突的过度疲劳现在终于得以结束这样麻木的放松之外,感受不到其他任何东西。而且对于穷人来说,甚至对于中等富裕的人来说,从近期来看几乎没有什么值得欢庆的事。经济已经如此长时间地围绕着战争转动,和平的突然降临,使农业、商业和制造业突然陷入了严重的衰退,一直延续到 1820 年代初。其结果是高失业率和社会动荡,而 33 万多军人的复员,使得情况变得更加糟糕。关于这些老兵,我们知道的情况极其少,他们对于重返故里如何看待,当他们真的回家的时候发生了什么。但他们许多人对于重返贫困和被人忽视显然非常生气，即使是那些能够找到工作的人，似乎也常常发现他们已经很难再重新融入正常的工作生活。这样几十万人的疏离——还有他们的军事技能——有助于解释在滑铁卢战役之后的20甚至30年间英国的群众抗议特别激烈这样的状况。正如西摩·德雷舍所写的那样，在这期间，"在议会之外的骚动背后，存在着某种'额外'的东西：异常真切的具有暴力属性的后备军。"[2]

但是，无论是这些短期的经济和社会紧张状态，还是人口膨胀和工业扩张更加持久的影响，都不足以解释战后高度的普遍压抑情绪和争论不休的状态。还有一种更加复杂的方向迷失夹杂其中。早至1689年开始，英格兰、威尔士和苏格兰就已经被卷入了一系列与欧洲最主要的天主教强权法国的重大战争之中。正是法国及法国所支持的斯图亚特王朝所造成的威胁，首先造就了1707年的《联合法案》和大不列颠的正式建立。从那时候开始，与法国反复发生的战争，使得大不列颠所包括的不同国家、社会阶层和种族群体能够具有某种共同的东西——不管这是一种恐惧还是一种攻击行为，或者是一种认为新教处于敌人包围之中的强烈感觉。与一个明显敌对和背道而驰的外国强权之间反反复复的战争，铸造了表面上的团结，并把注意力从内部相当大的分歧和紧张状态转移开来。在一种非常真实的意义上，战争——反反复复、旷日持久和不断增加的要求——是大不列颠得以形成的原因。但是滑铁卢最终杀死了巨龙；而在许多英国人当中的第一反应，更多的是迷失了方向而不是感到满足。英国民族性不可能再如此抽象地依赖于被围困的新教信仰这样一种感觉，也不可能再依赖于同以天主教法国这样的形式出现的其他国家的经常性冲突，那么，现在它该如何界定？

在和平突然降临的1815年和维多利亚女王即位的1837年之间，这种复杂但又普遍的不确定性，聚焦在了三个特殊的事件上，每一个都与英国民族性的问题息息相关。第一个事件，也是最具有争议性的一个，是1800年爱尔兰以《联合法案》的方式并入联合王国所引发的一系列问题。[3]这一新的政治安排的直接原因是惧怕法国的军事干涉，这一恐惧对此次合并所产生的影响甚至要大于其对早前与苏格兰的《联合法案》的影响。爱尔兰被兼并，是为了阻止拿破仑利用它作为一个跳板入侵英国主岛。但是，正如当时一些明智的人所承认的那样，爱尔兰永久顺从于威斯敏斯特的直接统治连一点可能性都没有，除非占爱尔兰人口大部分的天主教徒被赋予更广泛的公民权利。然而，爱尔兰和大不列颠在法律上统一了，如何才能把完整的公民权扩展到爱尔兰天主教徒身上，而又不对大不列颠本国内的少数天主教徒作出同样的让步？而且这样一个明确信仰新教的国家，如何才能允许任何一个天主教徒完全分享其公民生活，而又不会不可避免地危及其传统的身份认同？

第二个事件没有那么情感纠结，但也同样与公民权的事务紧密相连。在1789年之前，要求议会改革的运动只是零星爆发，感兴趣的人很少。在那之后，积极要求扩大公民权和重新分配议会席位的讨论开始变得更为广泛，更为连贯一致，而且远远更为激进。这不仅仅要归因于法国大革命在意识形态方面的影响，也因为战争的被迫要求。我们已经看到，为了保卫英国的领土完整而引入的群众武装，如何使得激进的代言人将他们对成年男性普遍选举权的要求变得合法。但是，广泛参与战争的努力，必须公平地以增加获得公民权的机会作为回报，这一观点也在被那些感觉他们处于不利地位的其他集团所使用，而不仅仅只是被那些想要使上升的工业和商业中心获得直接代表权和为支配这些中心的中产阶级赢得投票权的人们所使用。如1815年在没有代表权的曼彻斯特举行的一次抗议集会："通过使我们可以利用那些在任何一个仅仅只有农业的国家都不能利用的资源，商业和制造业在英国的巨大重要性在最近的战争中已经得到了充分的展现。"[4]那些统治大不列颠的人为了击败法国而曾经被迫利用了数量空前的人们的军事服役和收入，他们发现他们自己在和平到来之后，处在改变政治体制，好让所有拥有财产的人，以及所有工人，都能够被赋予投票权这样的压力之下。

像议会改革一样，第三个事件在 1760 年代之后变得越来越重要，但是英国在与大革命和拿破仑法国之间的战争中所取得胜利的绝对规模，使它变得越来越紧迫。到 1815 年，英国帝国的疆域变得如此的广大，全球每五个居民当中，就有一个帝国的子民。[5]这些显然不是英国人，但却被军事武力置于英国统治之下的以千百万计的男女，该如何被对待和看待的问题，因此就变得不能再逃避。如果有责任的话，母国对他们有何种责任？他们能否对如此多的英国人认为是他们自己特有的那些不可名状但却无比珍贵的自由有任何主张吗？或者英国的臣民也可以是奴隶，只要他们是黑人并且安全地住在国外？他们不能，也不应该如此，这样的观点在 1807 年取得了如此巨大的成功，以至于议会禁止英国再参与奴隶贸易。但英国在西印度群岛的产糖殖民地仍然依旧依赖于奴隶劳动力。游说议会解放这些奴隶的全国性运动，一个在 1833 年——仅仅在第一次《改革法案》重新修改了选举体制之后的一年，以及 1829 年成功解放天主教徒之后的四年——的《解放奴隶法案》中达到高潮的运动，常常被这一时期的历史学家悄悄地略过或者当作一个非本国的转移注意力的事件对待。然而其发生的时间揭示出，废奴运动与关于公民权和英国民族性的意义这些其他的热烈讨论有着紧密的联系。

在和平时期，几乎没有来自国外的恐惧，现在在海峡对岸也没有这样一个借以界定他们自己的明确的敌对势力，因此英国的不同群体需要寻找新的方式来确定他们是谁，以及如果有的话，是什么使他们特别并把他们紧密联系在一起的，这并不令人感到奇怪。这一适应过程被证明不和谐和具有令人痛苦的分裂性，这也没有什么好奇怪的。因为，为把公民权扩大到英国和爱尔兰天主教徒而进行的奋争，为改变代议体制而进行的奋争和为解放同样也是英国臣民的黑人奴隶而进行的奋争，尽管这三者具有许多不同的诱因，但包含在所有这三个运动当中的原因至少有一个，那就是对于国家民族的重新界定。

解放天主教徒与社会分歧

1834年10月16日下午6点刚过，威斯敏斯特的议会大厦就燃起了熊熊大火。从那天早上7点钟开始，两个工人就在忙着烧毁整车整车的符木——即财政部在过去用来保存其账目的干木片。他们使用的是上议院地下室的火炉，因为这样比较方便，还因为没有人告诉过他们烟囱没有清理干净，或者那样不断地开关火炉的门会导致强烈的气流。直到下午很晚的时候，贵族和议会议员们才开始注意到他们古老、木制的议事厅当中的温度正在令人震惊地上升，已经褪色的挂毯开始冒烟，而排成长龙的游客不得不透过越来越厚的浓烟来仔细观看中世纪的木雕刻。到这个时候已经太晚了。到下午7点30分，上议院的屋顶坍塌，此时风突然转到东北方向，下议院开始猛烈燃烧。到那天晚上11点，它也变成了一片废墟。而这个世界上最大的帝国没有一栋用于其立法机构的建筑。[6]

在泰晤士河岸边成排站着的数以千计的围观者似乎更多的是高兴而不是惊骇；艺术家——其中包括约翰·康斯坦布尔和特纳——高兴，是因为大火在夜空映衬下的壮观绚烂，为他们的将来的画作赋予了灵感；保守主义者高兴，是因为这场大灾难似乎是对1832年通过《改革法案》的一次适当的惩罚；激进主义者高兴，是因为它把在他们观念中与若干世纪的贵族腐败相联系的这些建筑一扫而空；而因循守旧的爱国者高兴，因为它为建造一座与这个处于其权力巅峰的经过改革的帝国相称的新的威斯敏斯特宫敞开了道路。随后的建筑设计竞赛公开进行,吸引了将近100件作品。获胜者是极有天赋并且已经声名显赫的伦敦建筑师查理·巴利。但并不是他一个人就完成了英国现在无疑最著名和人们最熟悉的景物轮廓线。与他全程一起工作的是一个皮肤黝黑、感情热烈和才华横溢、在年仅40岁时就因为精神失常而病逝的名叫奥古斯都·韦尔比·诺斯莫尔·普金的年轻人。"议会大厦都是普金的作品,"已故的肯尼斯·克拉克写道,"……每一块嵌板、每一张墙纸、每一把椅子都是从普金的脑海里迸发出来的,而他生命最后的时日花在了为这个大厅设计墨水瓶和伞架上。"[7] 这一点为什么重要呢?因为普金不仅是一个法国人的儿子,而且皈依了天主教。在19世纪最能使英国的民族和帝国威严得以铭刻的建筑——并在那个时候就已经承认了它的这一作用——竟然是一个坚定的新教徒和一个热情洋溢的罗马天主教徒之间合作的产物。

使普金之所以能为这样一个敏感而富有象征意义的工程做出这么大贡献的,不仅仅只是1829年《天主教徒解放法案》的通过,更有在这之前大不列颠在态度上的显著转变。对罗马天主教的宽容和对英国天主教徒主张公民权利的默许,已经增长了一段时间,横跨了社会光谱。之所以要强调这一点,是因为有时人们认为,这个时候只是因为面临爱尔兰起义的威胁,天主教徒的解放才得以进行。[8] 然而这忽略了长期的趋势并且仅仅集中于短期的原因。爱尔兰天主教联合会的草根运动,以丹尼尔·奥康内尔*在1828年竞选克莱尔郡在下院的议员席位达到顶峰,这毫无疑问给威灵顿公爵的托利派政府和国王乔治四世施加了巨大的压力,并且决定了《解放法案》的准确时机。[9] 但是,如果没有英国国内自身意见的显著变化,立法可能永远都不会通过。

至于说到统治精英,他们融化传统的新教不宽容的主要溶剂是

---

* 丹尼尔·奥康内尔(Daniel O'Connell),1775—1847年,19世纪前期爱尔兰民族主义运动的主要代表,英国下院天主教解放运动的领袖。——译者

战争及其需要。从宗教改革到现在，约束天主教的立法牢笼就主要是为了保护一个神经紧绷的新教徒国家免遭内部第五纵队的威胁而构建的。在英格兰和威尔士，对天主教徒民事权利的主要限制是1663年的《市政法》和1673年的《宣誓法》，前者强制地方官员要接受英国国教圣餐，后者要求不管是在地方还是在中央政府的所有官员，都要参加英国国教的圣餐仪式，并且拒绝接受天主教的圣餐变体论这一核心教义。1678年和1689年更加深入的法案，专门把天主教徒同时排除在议会和投票权的范围之外。在苏格兰，相似的限制早在1707年的《联合法案》之前就已经在执行；而在爱尔兰，反对天主教的刑法甚至更为残酷。直到18世纪中叶，伦敦仍然想要强化这些限制，主要是出于安全的原因。大臣们相信，公正地来看，天主教徒仍然保持着对以前与他们信奉同一宗派的被流放的斯图亚特王孙们的忠诚。然而，在克洛登战役确保了詹姆斯党人已经无关紧要之后，政府对于天主教的态度开始明显和合乎逻辑地变得放松了，不仅仅只是因为启蒙运动的思想影响而软化，也是出于非常实际的考虑，即其大部分天主教徒臣民都生活在爱尔兰和苏格兰高地，这两个地方都是英国军队主要的兵源地。[10]

在法律上，不管来自英国还是爱尔兰的天主教徒都不能在军事部门中服役。尽管如此，从七年战争开始，就有大量爱尔兰和苏格兰天主教徒被征召并积极活跃在海外。在1764年，据估计已经有大约6000名苏格兰天主教徒入伍参军，他们绝大部分人在印度和西印度群岛。他们的表现如此令人印象深刻，以至于柏高英将军在1770年敦促议会放松限制天主教徒的法律，以便于进一步征兵。这一立法提案没能成功。但不久之后，都柏林议会通过立法，允许爱尔兰天主教徒公开加入军队，而无须让他们自己在进行新教宣誓的时候被迫作伪誓。有大量来自爱尔兰、苏格兰和北美的天主教徒男性劳动力被招来参与美国独立战争，在1793年之后，陆军和海军招入的天主教徒甚至更多，那时罗马天主教徒有权利获得的军衔甚至包括陆军上校在内——尽管只有身处在爱尔兰服役的军队中才可以获得。[11]

早在1800年与爱尔兰的《联合法案》签署之前，战争的规模越来越大、越来越危险，那时在英国军事机器中服役的天主教徒就已经开始撬开精英们的态度。从1770年代开始，支持放松限制天主教徒法案的呼声在政府圈子内就已经非常强大，并且并不只限于像埃德蒙·柏克这样更加进步的辉格党反对派成员之内。更广泛而言，天主教徒在战场上忠诚和大量服役，动摇了最长久反对天主教徒解放的基础之一：也就是，因为天主教徒对以教皇为体现的外国权威在宗教上效忠，因此他们的政治和爱国忠诚必然令人怀疑。例如，在1816年，威廉·普伦基特这个杰出的律师和代表都柏林大学的议会议员，能够以巨大的勇气攻击一位在下议院一边庆贺威灵顿公爵取得滑铁卢战役胜利，却几乎与此同时拥护一种完全排他的新教体制的托利党发言人：

> 当你提到我们杰出的指挥官取得的辉煌胜利……当你说到杜罗河这一段事迹，说到罗利卡、维梅罗、塔拉韦拉、萨拉曼卡、维多利亚这些战役，所有听你发言的人的感觉都和你本人一样激动。每一颗心都兴高采烈，每一颗**爱尔兰人**的心更是兴高采烈，因为爱尔兰产生了这样一位英雄。先生，当他们在不朽将领的指挥下，已经为帝国打开心闸浴血奋战之后，这是一个宣布那些人不可改变之命运的适当时机吗？……而你正在把花环戴在胜利者的额头上，你向他保证，他那些获得胜利的追随者们一定永远也不要期望分享他的勇气收获的果实，但只有那些在赢得胜利的时候已经流干了最后一滴血的人们，才将是唯一在公民权的胜利中不会获益的人。[12]

这样的语言越来越使天主教徒解放的反对者处于守势，使他们显得不太尊重已经逝去、不再能享受当时大不列颠的显赫声望和富裕辽阔的那些爱国者。"英格兰,不管多么重要,都只是英帝国的一部分,而且并不是最繁荣的部分,"另一个英裔爱尔兰律师冷静地指出:

> 因此,苏格兰和爱尔兰人民当然有权利反对任何一种总体的政治体制,只要这种体制的采用只考虑了英格兰的偏见,并只着眼于那些帝国并不关注的地方既有传统;但他们尤其反对这样一种体制,这种体制的首要指导思想,是关注英格兰大学中的神职代表所拥有的狭隘观念。[13]

但在苏格兰和爱尔兰的部分地区,反天主教的偏见可能比在英格兰更为粗暴无礼,从这个意义上说,上述说辞并不坦诚。但是更广泛的争论——即在16世纪,当英格兰还是个小国且容易受到攻击的时候,不宽容就已经形成,这一点与300年之后英国帝国的疆域和势力都不相称——却是很重要的一点。这确保了那些以英国新教国体的神圣性必须得到维护为基础、反对天主教徒解放的极端托利派政治家,永远都不能够独占爱国主义话语。相反,它们可以被呈献为只维护那一种不列颠的愿景,一种非常狭隘的愿景。一个苏格兰的议会议员评论说,他们似乎认为,

> 国体的伟大原则是排外的原则;但我认为,相反,英国国体的伟大原则,是向共同体中举止良好、适合被赐福的每一个阶层传播所有的那些祝福。[14]

事实上,到1820年代初,认为把天主教人口全都包含到国民当中,而不是经过改良的排除在外,是一个更加明智和更具有操作性的策略,就下议院以及内阁中有影响的一部分人来说,这一观点取

得了胜利。退回到1805年，有336名议会议员投票反对天主教信仰，只有27%的议员支持它，在1812年之后，反天主教的投票很少再有把握超过250票。1819年，一次支持减轻限制的投票以只差两票而失败；1821年，另一个废除议案以微弱多数获得了成功，而在两年后赋予合格的英格兰天主教徒以公民权的动议以超过50票的优势获得通过。[15] 换句话说，就下议院而言，辉格派历史学家所热爱的观念逐渐但持续不断的改变，在这件事上确实真的发生了，并在当时这样做的时候就得到了认可。大约仍然还余有170名极端托利派议员由衷并热情地相信，赋予天主教徒与宗教宽容截然不同的完全的公民权，将彻底破坏由1688年的革命所确立的政治安定。但需要强调的是，这些人是在议会中除了罗伯特·皮尔之外便没有内阁发言人的少数派。[16] 因而，就下议院而言，把向解放天主教徒的转变归因于1828—1829年的爱尔兰危机是完全错误的。从知性的角度而言，一小部分英国议会议员在这之前的若干年里就已经同意，必须赋予天主教徒以公民权。

当然，发生在爱尔兰的事件至关重要，迫使托利党政府最终迎难而上。1828年天主教徒奥康内尔竞选克莱尔郡的下院议员席位，在天主教刊物上公开进行竞选游说，还有其他爱尔兰选区在下一次大选的时候将会提出天主教徒代表的可能性（尽管这样的人在现行的法律之下不能入座威斯敏斯特的议席），使政府鼓起勇气抛开自己的极端托利派，并迫使乔治四世接受了一项解放法案。[17] 然而，如果议会之外的态度没有同样发生改变的话，这样一场广泛的宪法变革也将是不可能的。回到18世纪最初期，正如我们已经看到的那样，新教徒和天主教徒英国人常常非常平静地共同生活在一起。但对于后者，在战争期间或者发生其他国内紧急情况的时候，仍然有受到身体攻击的可能性。政治家想要放松反天主教的立法，还依然受到担心激怒广大好战的新教徒这样的限制。然而，在19世纪初，大众对于天主教徒的反应正在发生转变。草根民众对于通过《天主教徒解放法案》的反应显示，天主教教义仍然是英国大众爱国精神的主要敌人之一。但它也同样证明，宗教热情和不宽容在大量普通英国人世界观中的重要性正在削弱。

削弱，但绝不意味着不重要。在大不列颠的一些地区，因为最近爱尔兰移民的大量涌入，传统的偏见实际上甚至变得更加强烈。退回到1780年代，住在不列颠的爱尔兰男女的数量可能比4万人稍多一点。但到1831年人口普查的时候，在不列颠的爱尔兰人大约有58万人，将近占到劳动力的5%。尽管他们对于经济的总体影响可能还较小，因为他们大多数都是刚刚成年的人，文盲和没有技能的人比例失调，在他们集中的英格兰北部和苏格兰城市——格拉斯哥、利物浦、邓迪、曼彻斯特和佩斯利——对不列颠本土的体力劳力者造成了冲击。[18]

所有这些城市都在1829年请愿，强烈反对天主教徒解放。格拉斯哥递交了超过21份反对的请愿书，总共有2.4万个签名。曼彻斯特的请愿活动组织不力，仍然获得了2.2万个签名。邓迪提交了53份请愿书，而且有一份报纸宣称，实际上这个城市的每一位成年新教徒都签了字；而利物浦的反天主教徒请愿书数量如此庞大，以至于众议院的门房几乎搬不动它。反爱尔兰的情绪，可能也是在1829年之前很少因为任何事情请愿的威尔士人在这一次如此广泛请愿的原因之一。例如安格尔西岛，这个在地理位置上如此靠近爱尔兰，并且是许多前往不列颠的移民中途用作休憩之地的岛屿，就向众议院发出了超过20份反天主教徒的请愿书。[19]

然而，反爱尔兰的情绪，不管是建立在经济利益受损还是种族偏见的基础之上，都很难解释反对天主教徒解放的民众骚动的绝对规模。爱尔兰移民集中在一小部分以大城市为主的地区。与之相反，反天主教徒的请愿——它们可能有3000份之多——在1828—1829年从几乎每一个郡涌来，从城市同时也从乡村涌来，从以前从来没有向议会请过愿、之后也几乎再也不会向议会请愿的地方涌来：卡迪根郡的托德洛尔、蒙默斯郡的兰维杭厄克鲁科诺、弗林特郡的赛菲尔、萨福克郡的芒克斯伊利、诺丁汉郡的斯克里文顿、白金汉郡的草地上的沃顿和诺森伯兰郡的阿伯威克，对于这些小村庄伦敦和大的地方报纸几乎都不知道如何拼写它们的名字，并且在这些地方，一个从相邻的郡来的人，更不要说是一个爱尔兰人，简直都像干旱的夏天一样少见。[20]并不是反爱尔兰的情绪使得这些地方的居民采取了前所未有的向遥远的立法机构签名请愿的行动。常常也不是因为对于罗马天主教徒或者他们信仰的任何直接感受而使他们如此。这些抗议者在这样做的时候，其行为就像一个议会议员所说的那样，"并不是根据他们所知道的东西，**更主要是根据他们所感觉到的东西。**"[21]对于这些男女来说，新教并不仅仅只是一种如同罗马天主教那样的宗教信仰。新教是界定他们是谁的一个至关重要的部分，也是一个框架，他们透过它来回顾历史。

有证据显示，许多在1828—1829年的反天主教徒请愿书上签字的普通的英国人把他们自己，相当自觉地，看作一种反抗天主教的民族传统的一部分，这一传统可以追溯到若干世纪之前，并且似乎甚至要无穷地延续下去。在英格兰西南部，即抗议尤为突出的地方，当地的积极分子从追思1685年的蒙默斯暴动中找到灵感，当时他们成百上千的祖先拿起武器去驱逐信奉天主教的詹姆斯二世，并用一个信奉新教的君主来取代他。在弗罗姆贴出了一张告示，上面列出了这个镇子在那个事件当中的12位"烈士"，而在陶顿的另一张告示上，给出了其因为参加同一个暴动而被处死的6个市民的名字。一些苏格兰的教区，以非常相同的方式反对天主教徒解放，从仓库中拖出那些在1630年代和1640年代反抗查理一世宗教政策的誓约派成员用过的已经褪色的旗帜，并把它们重新挂在他们的教堂里。[22]

解放危机所制造的大多数手写和印刷的宣传材料都没有保存下来。它们既廉价又短命，于那些在其身后几乎没有为历史学家留下任何记录的那种男女的脑海和家里消失得无影无踪。但从那时在议会宣读的文献中所摘录的文字足以显示，在许多较为贫穷的不列颠拥护者看来，新教改革看上去仍然多么地记忆犹新——而且是多么地臆断。在伦敦的一些工人阶级居住区，张贴的布告上赫然写着，"托钵会修士和罗马教皇，以各种心态和方式将新教徒放于易燃物之上"。在萨里，流传着一本反对解放天主教徒的小册子，名叫《玛丽女王的日子》，令人毛骨悚然地画满了在史密斯菲尔德燃烧的大火的景象。在英格兰西南部，地方官员不得不没收画着在天主教士手中"被分成四半的婴儿……和钉在尖桩上还活着和裸体的年轻女孩"的画册。[23] 甚至罗拉德教派信徒，那些在14世纪曾经因为挑战天主教正统而受到迫害的以平民为主的异端分子，也没有被忘记。一系列来自"维克利夫"（对约翰·威克利夫名字的错误拼写，暴露了作者并没有受到特别良好的教育）的信出现在《北威尔士编年史》当中，敦促威尔士人在他们能接触到的任何一份反天主教徒的请愿书上签字。[24] 还有一些男人和女人们甚至追忆到更远的民间记忆。例如，在肯特，一次可能有多达6万人参加的非常大型的反天主教徒集会在佩宁顿希斯举行，这里自从诺曼征服开始，就已经被用作紧急时刻集会的场所。[25]

　　这些抗议——是一个全国范围内的现象，并且从来没有得到适当的研究——再一次确证了新教对于塑造普通英国人如何看待和理解他们所生活的这片土地的重要性。因此，在这许多示威活动当中，都表达了对于被看作上层的背叛这样的行为的愤慨，这并不令人惊讶。如同在其历史上的许许多多时刻一样，大不列颠面临来自天主教的危险。但在这一次，他自己的许多领导人都公开与敌人合作。"同胞们"，斯坦福郡的一份传单上宣称，"国体被出卖了。堡垒处在危难当中……以色列人啊，回到你们的帐篷去吧"*26 当议会最终在1829年4月真的通过了天主教徒解放法案，这些下层民众当中的疏离感和困惑相当严重；在对这一时期的社会和政治对抗进行的任何评价当中，都应当记住这一点。对许多英国人而言，似乎他们的统治者已经公然辜负了他们——而且同样也辜负了上帝、历史和国家。实际上，乍看上去，很容易把为这一事件所进行的斗争，只不过当作彼得·伯克和其他人在18世纪末和19世纪初的许多欧洲国家所观察到的上层阶级从他们以前参与的大众文化中退缩的又一个例证。[27]这里，显然，是一个向后看和仍然意志坚定的新教人口，被为了支持新的和更加世俗的需要而丢弃了传统态度的精英在困境中抛弃的明显例子。然而，在两边，参与者的联合实际上都比这远远更为复杂。

因为在支持天主教徒解放的时候，不仅英国的统治精英发生了分歧——国王和吵吵嚷嚷的一小撮贵族和议会议员都对作出让步愤怒不已——而且下层民众对它的反对也绝没有步调一致。在一些城市，例如在格拉斯哥、伯明翰或者是布里斯托等发起的反天主教徒的请愿，包含如此多的签名（分别是2.4万个、3.6万个和3.8万个），它们必定赢得了来自当地中产阶级社区同样还有来自工人阶级的支持。但在其他城市地区，在莱斯特、诺维奇、爱丁堡，最主要是在伦敦，当时的人们注意到，受过教育、商业和专业人士阶层现在对于天主教徒的态度比在前一个世纪的远远更为缓和。[28]与其说这是因为在很大程度上这些人们已经变得不那么虔诚了，尽管他们中的一些人的确这样，毋宁说，他们已经不再把天主教徒们看作是一个宗教或者政治威胁。管理部门所关注的是这样一个更为重要的事实，即较为贫穷的英国大众在天主教问题上，已经不再像他们以前那样感到如此咄咄逼人了。

---

* To your tents, O Israel！出自《圣经·旧约·历代志》。北方以色列支派代表向继位所罗门王的罗波安王陈述民间疾苦，罗波安王回应粗暴，北方代表因未达目的，遂喊出这句口号并返回家乡，此事导致北方反叛，自立北国，即以色列国。——译者

他们可能仍然非常不喜欢它。但1829年抗议的性质显示,他们中的许多人害怕它的程度已经不再像他们的先辈那样深了。

回到1778年,当议会通过了一个远远无关痛痒的《天主教徒改善处境法案》之后,跟着发生的抗议导致了伦敦的戈登暴动,这是英国历史上规模最大、最具破坏性和延续时间最久的城市暴动;而在苏格兰的反抗是如此地激烈,使得政府被迫放弃了在那里执行这一立法。[29] 在1829年没有发生这样的事。在英国本土没有因为《天主教徒解放法案》而引起重大的暴动。似乎没有人因为反对它而被杀;也没有一个天主教小教堂因为报复而被烧毁。宽容在逐渐增加,在滑铁卢的胜利,带着优势地位的和平开始到来,意味着英国人不太可能把国内现在的天主教徒,与来自国外的军事威胁联系在一起。而许多更具有野心和受过教育的工人和中产阶级成员,现在正把他们的希望和精力,投入到政治而不是宗教激进主义,投入到为改革议会而进行的斗争当中。

在1829年,最嘈杂和最一心一意反对天主教徒的,是更加贫穷、更加边缘和更少有文化的民众,是德文郡、康沃尔以及威尔士北部和中部卫理公会派社区中,诸如矿工、采石工、渔夫和农场工人这样的体力劳动者,以及大量的妇女。[30] 在卡罗琳王后的事务上,妇女们组织了完全由她们自己向国王提交的请愿,与这样的做法截然不同的是,这次大量女人与男人们一同签名向议会请愿,这是英国历史上最早几次这样做的事件之一。而且那些参加请愿的妇女看上去主要来自工人阶级,而且几乎清一色站在反对天主教徒解放的这一边。妇女在反天主教徒阵营中的显要表现,或许可以归因于这样一些事实,即她们常常在去教堂做礼拜这件事上,比她们的男性同胞更为坚持不懈。但是,大部分妇女也比男人更少受到正式教育,并且更加依赖于传统的、大部分是口传的文化,新教不宽容恰恰是如此深入地植根于这样的文化当中。一个支持解放的贵族遭遇了一次粗鲁的反天主教宣传,

图73. 一幅支持天主教徒解放的画作，影射了来自妇女（和"娘娘腔"的政治家）的反对之声，1829年

图74. 议会改革的爱国精神：群众和王权，《坚定的改革者》，1831年

他的傲慢态度——"他相信，这些故事是依照传统从一个老妇人那儿传到另一个妇人那儿的"——并不吸引人，但却可能包含着一些真实的成分。[31]

不管其原因是什么，但妇女们在这些骚动中的突出地位，进一步确证了新教徒群众运动已经不再像在 18 世纪和之前那样，是暴力和危险的运动了。在 1829 年，这一点至关重要。托利派政府能够因此通过罗马天主教解放法案，并因此化解了与爱尔兰陷入内战的危险，而不用担心其行动会激起本岛的市民暴动。反对天主教的英国人可能感觉遭到背叛，但他们的挫折感不太可能通过暴力来表达。[32] 当然，当局还是对他们的偏见作出了一些让步。英格兰、威尔士、苏格兰和爱尔兰的所有男性天主教徒都可以投票、进入议会，如果他们拥有必要的经济和社会资格，他们还可以在大多数文职官员的岗位上任职，在这种意义上，他们现在全都是公民。但天主教徒还是被排除在王权之外（现在也仍是这样）。古老大学的门还是对他们关闭，最高司法机构也同样如此。如果被委派到政府部门就职，他们仍然必须宣誓说，他们不会"扰乱或者削弱这个王国中的新教信仰或者新教政府"。而且，从被接纳进入议会而言，天主教徒仍然不得不经历选举偏见的严酷挑战。例如，直到 1890 年代，苏格兰选民都没有选出任何一个天主教徒议会议员。[33] 但无论如何，1829 年是一个时代的终结。

在那之前，正如布鲁斯·伦曼所写的，英国政治结构"的主权主张直接来自在 16 世纪由亨利八世所进行的英格兰宗教改革，它要求民众的支持，以对 1688 年光荣革命所保护的自由做出的含糊但强有力的新教诠释为基础。"[34] 这些诉求必定会受到向罗马天主教徒开放公民权利的影响。新教爱国主义精神仍然强大和广泛，尤其是在工人群众当中。但是现在，天主教徒解放已经成为了法律，不宽容的新教也很有可能会像把英国人团结在一起一样，再把他们分裂开来。有什么东西可以出现替代它而成为国家民族的黏合剂呢？

议会改革和妥协

在1830年9月15日星期三，发生了一个重大事件。用以展示的火车在利物浦和曼彻斯特之间的一个小型采石场停下来加水，在他们最终进入车站的时候，一些绅士跳到铁轨上，仔细察看这台闪闪发光的新机器，四处闲逛欣赏美丽的风景，并与即将表演《上帝保佑国王》的音乐家闲聊。车内的人小心谨慎地伸展着他们的身体，打量手表，思忖着还要过多久，另一个火车头才能抵达他们这里。"我认为你们最好进来"，威灵顿公爵向外面还在闲逛的人们喊道。说时迟那时快，他们看到另一条轨道上承载的机车飞快地向他们压过来。他们突然意识到，没有足够的空间，可以让他们安全地站在轨道的另一侧，在两排铁道之间也没有空间。于是男人们开始挣扎着要打开停着的火车上豪华车厢的大门，拼命努力地将自己强拉进车厢，因为这节车厢高高地远离地面，并且没有提供梯子。前国务大臣已经尝试了通过穿越轨道躲避呼啸而来的火车。他现在惊恐地往回跑，正抓住其中的一扇门，这时火车头把他挂住并甩到铁轨上。甚至在车厢内，威尔顿女士都可以直接听见骨骼被碾碎的声音，紧接着是赫斯基森先生尖声的惨叫。[35]

威廉·赫斯基森不同寻常的死法，成了英国历史上一个必不可少的段落，因为它看上去具有如此明显的象征意义。即使是在那个时候，也有人认为，他如此漫不经心在轨道周围闲逛的原因，是因为他习惯了在他的马车停下来换马的任何时候都走出他自己的车厢。他完全不习惯于火车旅行，只不过不幸地按他习以为常的方式行事。[36]在当时，即使是对他的同时代人而言，这一事件也被解释为旧世界和它的习惯突然被新世界的猛烈冲击敲得粉碎。尽管现在回想起来，这一事件也仍然显得更像是一个不可思议的预兆。一个重要的托利党政治家——他在1830年初的辞职，进一步削弱了这个在通过天主教徒解放法案的问题上已经严重分裂的政党——却在英国最大的两个商业城市之间运营的第一条伟大的客运路线开通的时候,被乔治·斯蒂芬森最著名的火车车头给撞倒了。此外,整个过程是在威灵顿公爵,这位托利党首相和这个政治团体的中流砥柱完全在场的时候发生的,他曾经预言,蒸汽机车将永远也不会变得流行起来。[37] 在这个事件发生三个月之后,又轮到他被迫辞职,被承诺将议会改革措施付诸实现的辉格党政府所取代。显然,在宏观层面也和在微观层面一样,进步和工业化可能会猛烈冲击那些妨碍他们的人。当然,不同的是,不会完全以这样的方式。

历史学家在很久以前就已经挽回了赫斯基森和他的托利党同侪们的声誉,而且他们不再从不可抵挡的经济现代化进程或者更广泛的民主进程这些角度来解释1832年《大改革法案》的通过。[38] 相反,像如此多其他重大事件一样,这一事件也被认真仔细地研究和剖析。我们现在知道,议会改革运动的社会构成在英国的不同地区都千差万别。我们知道,政治家在他们想要达到什么目的上总是存在分歧,尽管在他们决心排除工人群众的选举权方面多多少少存在一致。而且我们知道,那些议会之外积极支持改革的人,也只是断断续续这么做,并且常常在这个体制应该在多大程度上加以改变方面意见相左。事实上,我们知道的如此之多,很容易就对显而易见的问题熟视无睹:即议会改革运动是全国范围之内的,并且关乎英国的选举体制和立法机构的重建。既然是这样,围绕公民权的意义和对于这个国家来说什么是最好的等问题展开的讨论就是极为重要的。而且出于各种不同的原因,其所有的支持者都广泛应用了爱国主义的话语。

在某种程度上,这只不过是一个说服大家的问题。托马斯·潘恩写他的《人权论》(1791年)的原因之一,是为了击碎这样一种观念,即认为自由是一种首先是英格兰,此后是英国的独有产物,其植根于撒克逊的历史,并相继得到《大宪章》、对查理一世的反抗、1688年的革命和1714年汉诺威人即位的浇灌。并不存在需要改革的古老且自由的国体,他指出:至关重要的斗争必定是为了创建一个崭新的政治秩序。[39] 然而,不管潘恩的影响在总体上有多么的大,但显而易见的是,即使是他较为激进的读者,也不愿意接受他的论辩中这一特殊的章节。他们自己的自我形象太多地与这样一种信念紧密相连,即相信英国在历史和在本质上是世界上最自由的国家,不管腐败和寡头政治的力量现在对它的危害有多么的深。1790年代最著名的民主社团,即伦敦通讯会,最初考虑把自己叫作爱国者俱乐部(其在诺维奇和曼彻斯特的模仿者实际上确实把他们自己叫作爱国者社团),这样做的意图,并不仅仅只是为了让要求完全公民权这一激进的主张引起人们的注意,而是意味着在更为传统的意义上对于国家的忠诚。必须把大不列颠从其统治者手中拯救出来,并向新的影响力敞开胸怀,这样其淳朴和最初的美德才能闪闪发光:是的。但是这些最初和与众不同的美德永远也不会被忘记。正如伦敦通讯会的一个领导成员,激进派理论家中可能最具有创见的约翰·赛沃尔在1794年所宣扬的那样:"在这个国家的国体当中,必须要有某些将让一个英国人永远热爱和尊敬的东西。"[40] 出于同样的原因,而且在现代人眼中看来有些自相矛盾的是,这一代激进主义者像他们战后的同侪们一样,也像1830年代和1840年代的宪章派一样,一方面因为议会成员的排外性和趋炎附势而痛骂议会,同时另一方面又毫不懈怠地不断请愿。他们大部分人还保持着对这样一个机构之基本价值的根本信仰,即使是在他们要求对其进行彻底改革的时候。[41]

而且像早前英国的持不同政见者一样,他们知道用爱国主义话语和符号来武装自己可能是一个完全实用的策略。在其最基本的层面,它提供了一条反驳当权者之指责的途径。例如,当6万名男女和儿童在1819年行进在曼彻斯特,去听亨利·亨特拥护男子普选权的演讲时,与游行队伍的每一个分队相伴的铜管乐队都一路演奏着《上帝保佑国王》和《统治吧，不列塔尼亚》，以鼓舞他们。此外，地方官员随后还被告知，无论何时，只要国歌的旋律在游行者的耳边响起："人们在极大程度上都会摘下他们的帽子致敬"。[42] 如此夸张地表现得像忠诚的英国人一样，是挑战官方叙述的一种形式，这些官方叙述指责这类行动都是在煽动叛乱。它显示在至少在游行者的眼中，他们的所作所为都是合法的且具有积极的爱国心。这些行动宣布，正是他们，而不是他们的对手，才是真正的爱国者。他们是真正的英国人，并且因此完全值得拥有投票权。正如当时一首激进的民谣所描述的那样：

> 至于说到我，不管在什么天气，不管是在和平还是战争时期，
> 我都会服从于祖国的指挥；
> 她的权利处在危险之中，这一刻即将来临
> 当她的儿子们要坚持他们的要求：
> 那时，那时，我勇敢的英国人，我们永远都不应该成为奴隶，
> 也不能让暴君统治这个小岛：
> 看那自由女神，她的旗帜在高高飘扬，
> 并用她的微笑激励着她深爱着的儿子。[43]

用这种爱国主义的面貌来展现他们自己，而不是与一种更为地方性的意识形态为伍，也是吸引更广泛支持的一种方式。对于议会改革运动的各个分支，这都是一个至关重要的考虑。在1790年代，改革的思想被第一次大规模地传播到了手工业者阶层。但即使是在大城市，群众对于这一事业的热情也仍然常常很难找到，而政府的镇压也使得这一运动保持在低调和零星的状态。如果说这一切在19世纪第二个十年开始发生变化，这在一定程度上是因为激进派的领导阶层让自己致力于使改革成为一个在最广泛意义上的全国性的事务。这样做的一个方面，就是他们接受了在1816年之后已经成为激进计划之重

要组成部分的男性普选权。⁴⁴ 但同样重要的还有英格兰各个地区的改革者之间、英格兰和苏格兰的改革者之间，以及，在程度上稍逊一筹的英格兰和威尔士改革者之间远远更为广泛深入的联合行动。

约翰·卡特赖特少校，是一个70多岁精力充沛的改革发动机，他开始带头进行一系列足迹遍布全国的宣传旅行。在1813年，他造访了英格兰北部、内陆和西南部的十个郡。两年之后，他进行了一次为期十三周的穿越苏格兰的行程，三次造访了爱丁堡和格拉斯哥，同时还在佩斯利、邓迪、圣安德鲁斯、阿伯丁、柯科迪、邓弗姆林、格里诺克、斯特林和其他地方的公共集会上发表演说。在他所到之处，他都传播着这样的信条，议会改革是化解经济困境以及政治不满的解决途径，敦促人们尽可能多地向议会提交有尽可能多的人签字的请愿书。在他结束在苏格兰的旅程回家的时候，带回了不少于六百份请愿书。⁴⁵

当然，苏格兰改革者有他们自己的议会改革运动，而且，和在1790年代一样，他们中的一小部分人是坚定的反联合主义者。⁴⁶ 尽管如此，现在连接英格兰和大量苏格兰地区的快速邮政马车，连同边界两侧工业中心之间工人的持续迁移，确保了这两个部分之间在整个改革运动及其之后，在标语口号、象征标志、印刷宣传品、抗议的形式和人员方面的相互交换，其程度曾经令约翰·威尔克斯这一代人惊讶（和胆战心惊）。1819年在谢菲尔德，一只支持改革的数量庞大的工人游行队伍，对于唱着庆祝战胜英格兰的最重要的苏格兰歌曲之一（即罗伯特·伯恩斯的《跟随华莱士一起流血的苏格兰人》）的曲调前进毫无顾忌。⁴⁷ 与此相反，在那一年的晚些时候，当苏格兰低地拉瑟格伦的一次改革会议正在举行的时候，苏格兰最主要的激进报刊之一——其名字意味深长，叫作《联合的精神》——报道说，所打出的最显眼的横幅上，写着"记住曼彻斯特"（影射的是彼得卢惨案）和"站起来，英国人，来维护你的权利"；而这个活动以演奏《上帝保佑国王》和《统治吧，不列塔尼亚》作为开始，接着是照例必须有的《跟随华莱士一起流血的苏格兰人》。[48]

13年之后，苏格兰所有的城镇中都举行了庆祝《改革方案》取得胜利的游行，对这些游行所进行的报道中，显示了非常相似的象征标志的混乱使用。改革者在爱丁堡举行的游行中，专门展示苏格兰英雄形象——圣安德鲁、华莱士和罗伯特·布鲁斯——的横幅，与英国国旗和装饰有不列塔尼亚形象的旗帜一道，被不加区别地高高举起。甚至还有一张海报上打出了纳尔逊在特拉法加战役中的命令："英格兰期盼人人都恪尽职守。"[49] 在国界的另一边，托马斯·阿特伍德在伯明翰的政治联盟，在单独针对苏格兰的改革法案也通过之前，拒绝为英格兰和威尔士改革法案的通过而举行自己的庆祝活动。[50] 这样的证据被那些希望强调改革骚动之地方性变化的人们所大量忽视。这样的变化当然是很多的。然而，社会等级中不同层次的改革者们认为他们是以大不列颠整体为活动范围的、一元、统一运动中的一部分，这种认识的显著程度远远更为值得我们关注。

这一时期激进的群众，完全比之后的宪章派更没有能力仅仅只从一个国家，或者仅仅只从一个阶级，或者仅仅只从劳动人口中的特定部分的角度，来提出他们的诉求。相反，他们经常口口声声说起从最广泛意义上使用的"国家"这个词，而且他们还说起"人民"这个词，意指所有那些愿意加入他们为改革而奋斗的人。至少，从公共言论的角度来说，他们将网撒得尽可能地远和尽可能地普遍，以便网罗到数量足够他们所需的支持者。这一策略为它带来了更进一步的好处。这些改革者从广泛的和英国的角度来描述他们自己，在修辞上就把他们的对手贬为了小帮派。他们暗示说，只有他们和他们的支持者才是真正生而自由的英国人，值得拥有投票权的人，因为他们如同处于战争中一样捱过和平时期中最艰难的时候。与之形成对比的是，他们的对手只不过是买卖议会中属于自治市镇之议席的人、公债持有人、担任闲职的人、腐败的获益者和政治代表的垄断者,一个由与国家利益不一致的游手好闲之人和寄生虫组成的狭隘的小集团。这是一种论战的风格,极好地把对英国社会的传统描述颠倒过来,把享有高度特权的极少数人推到了险恶的边缘,并把千千万万沉默的人作为最好的爱国者提升到了舞台的中心。人民必须"向腐败的少数显示站在他们前面的自由人士的巨大数量,"一个名叫乔治·彼得的激进的裁缝在利兹的一次集会上说到。[51] 而且对语汇的选用也同样小心谨慎,以便贬低政治变革的反对者,这种情况在勃朗特里·奥布莱恩对1832 年的《改革法案》的所进行总结中也可以看到:

图 75. 议会改革的爱国精神:像约翰牛一样的人民,《改革你自己——不要让我来做——我的方式可能不适合你》,1831 年

用以抵抗一个可憎的**小集团**的坚定、平静和睿智的决心，已经取得了圆满胜利，而且这个国家**团结的人们**通过他们的捕杀，已经令这个世界上所曾见过的**最卑贱和最可恶的爬虫**胆战心寒。[52]

那些更为温和且居于优势地位的中产阶级改革者，在1820年代变得越来越突出，也同样渴望为他们的行动披上一件爱国主义话语和象征的外衣，并且对许多人而言都是出于相同的原因。他们也不得不面临与激进主义者一样的根本问题：正如他们当中的一个人所表述的那样，改革者如何"才能集合在一起，那些无数的请愿者团体如何才能被汇聚起来，如果要取得任何一线成功的希望，就必须如此。"[53]他们也不得不找出一种方式，来掩盖议会改革支持者当中的地方差异性，并使他们的行为合法化和贬低他们的对手。但对他们来说，呼吁一种自由和团结的英国爱国主义，还服务于一个额外的功能。

绝大多数中产阶级改革者认为理所当然的是，只有他们得以展示出大众在致力于议会改革，才能够给威斯敏斯特的政党留下印象。然而，他们当中的大部分人要么在个人态度上并不赞同普遍的男性选举权，要么坚信把这作为一个当前的目标并不现实。那么他们如何在没有所有成年男子参与投票这样的诱惑刺激的情况下，吸引足以威慑统治精英作出让步的大量平民支持者呢？其答案之一便是通过从改革将为作为整体的国家赢得什么这样的角度来谈论和书写它，而不是更为详细和可能令人为难地分析它将会为不同的社会阶层带来什么。

煽动改革时所使用的主要武器，在爱国主义音乐高奏和激动人心的横幅中举行的大众公开集会，精心配合的请愿活动，还有自由的新闻报刊，实际上有意无意地帮助了这种伪装。考虑到缺乏技术上的支持，于1830—1832年间在英国几乎每一个富裕的城镇中举行的支持改革的公共集会中，所出席的绝大多数人对于演讲者所说的话可能一半以上都听不到。大众的质疑和抗议之声通常也听不到；因此，支持

图 76.《不列塔尼亚和改革法案》,《每周电讯报》送出的免费纪念品,1832 年

议会改革的措辞含糊的宣言相对比较容易通过欢呼喝彩获得支持。无数已经准备好并适用于推广支持改革之请愿的复印资料，在那时会被放在附近的各个商店和办事处当中，让人们在有空的时候可以在上面签字，更多的材料还会被发送到乡野的各个村庄。[54]

温和、激进的改革者都借助于这种策略，其结果是，仅仅只在1830年10月—1831年4月，向议会提交的请愿书就超过了3000份。这些当中绝大多数都是支持议会改革的。但有一小部分在明白无误地要求男性普选权的同时，还提了其他一些要求：终止什一税体制，更多保护工资水平的政府干预，廉价的面包等。[55] 然而，绝大多数支持改革的大报纸，都忽略了这些不同的声音，用集中报道全国范围内的请愿活动这样的**事实**来取而代之。

例如，以苏格兰低地最有名望的报纸之一《苏格兰人》来说，它在这个时候每一期的销售量大约在2000份左右，但读者大约有几万人，其中主要是富有和从事专门职业的人。在改革危机期间，其编辑开辟了一个专栏，被深思熟虑地取名叫"国家运动"——而国家明白无误地指的是大不列颠，而不只是苏格兰。日复一日，这个栏目重复着从这个岛国的所有地方采集来的改革闲谈的只言片语、谈话的摘要、关于支持改革的纪念品的信息、在各个地方有哪些请愿活动正在进行和大概估计有多少英国人已经在上面签字的报道。[56] 显然，其目的，是要传达一种该运动在持续不断地进行和人们意见一致的印象：

> 一个统一的国家是其自身命运的主宰者；而英国的人民现在完全统一——在支持这一法案方面意见几乎完全一致，就像任何一个国家在最神圣同时最终彻底胜利的事业当中的情形一样……这一法案是人们意见一致的象征，是我们互助合作的誓言：它是大宪章，我们的权利以永远不会被抹去的方式铭刻在其中。[57]

对于改革集会的报道，也被以同样精心设计的意见一致的语言来加以表述。《苏格兰人》花费了大量工夫来报道工人出现在这样的集会当中，而与此同时，强调了他们的渴望和在整个过程中平静的专心致志。在爱丁堡举行的一次庆祝改革的公共集会上，手工业者行业团体非常显眼，在对这次集会的描述当中，提到了"海洋给了我们三重的快乐，因为它把富人和穷人混合进了一种爱国主义的责任当中，并借助所有人来追求所有人的利益"。它还继续引用一个中产阶级演讲者在达尔基思的一次群众集会上的发言："我们正是认为自己是一个自由大家庭的成员。"[58]

在中产阶级积极分子他们自己的眼中——不管他们来自苏格兰、英格兰还是威尔士——到这里来参加活动并不是十分虚伪的事情。他们认为，被排除在代表体制之外的所有阶级，都面对着同一个敌人：一个不负责任和构成成员来源狭隘的议会，其统治愚昧无知、不公平公正和代价昂贵。重要的任务，是在整个国家层面和跨越阶级地团结一心，以便敲开并净化这个麻痹迟钝的体制。其后，即使要对选举权加以限制，所有英国人也必定会因此受益。在1832年，当人们发现事实情况并非如此的时候，工人阶级的疏离感非常的强烈。但在煽动改革期间本身，这种论证被证明不可思议地非常有效，主要是因为那些使用它的人自己常常对此深信不疑。约翰·法夫是纽卡斯尔的一个医生，他在后来反对当地宪章派的时候，将采取一条非常强硬的路线，但他在1831年对一群主要是由矿工组成的群众讲话的时候，可能完全是真诚的：

> 我们的目标必须保持一致。尽管现在的政府所提出的法案并不能如我们许多人所愿，但我们看到，它对于那些对自治市镇中所进行的肮脏交易的真正根源发起攻击的人们益处良多，这些交易为这个国家带来了如此深深的破坏和痛苦。现在我们这里总计

有八万名改革者,如果请每一位都来拟一份改革法案,没有两份会是相同的;但我们知道,仅仅意见一致这一点就可以促进我们伟大的目标,因此我们每一个人,都像一个真正的爱国者一样,都放弃了他自己的个人意见,以达成意见全体一致这一目标。[59]

采取这一路线如果还需要什么进一步的辩护,也很容易就可以找到。不进行一场革命,就不可能有任何议会改革的措施,除非辉格党愿意作为一个整体来倡导它。这就使得男性普选权和其他那些诸如秘密投票这样进步的改革变得完全不可能。

在最近的一些历史学家看来,辉格党受到了一些不公平的对待,从表面看来,这似乎是正确的。[60] 他们领导人的形象几乎清一色是地多田广的贵族,专注于维护他们自己那个阶层的政治特权。如果完全按照民主派犯下时代误置错误的正直标准来判断,他们的表现自然

图 77.《威廉四世签署改革法案》,弗朗西斯·钱特里爵士,霍克汉姆厅,诺福克

很坏。他们几乎没有英雄主义的热情和超凡的魅力。在改革危机期间那些为数不多他们确实想要成就伟大事迹的场合里,也往往上演闹剧。"我警告你,我卑躬屈膝地哀求你,我恳求你——不要反对这一法案!"这一党派的大法官布鲁厄姆男爵(顺便提一下,他是一个白手起家的人),在 1831 年突然瘫倒在他目瞪口呆的贵族同僚们面前的时候说到。他那时发现他的关节已经失灵:

> 他继续了一段时间,仿佛是在祈祷;但是他的朋友们,放心不下他,生怕这种不成样子的举止会损害他,把他扶起来,安稳地在议长的位置上就座。[61]

然而,在这则有损尊严的轶事中所包含的,是重要但有时却被忽略的一点:辉格党在 1830 年 11 月上台和《改革法案》在 1832 年 6 月通过之间所做的事情,在政治上是危险的,他们和他们的对手都意识到了这一点。此外,他们侥幸获得的成功也几乎就要失败。[62] 毕竟,格雷勋爵和他的支持者们正在从事的,是自奥利弗·克伦威尔在 1650 年代的统治之后,对英国代议体制进行的第一次重大重建,对于大多数统治精英来说,这不是一个令人放心的先例。辉格党自己是从 1820 年代初开始,才真正投入议会改革的。他们执政的经历极其有限,议会内部和外部批评者也不计其数。在斗争中支撑他们的,是对于如果他们没有采取行动就会引发革命的恐惧、巩固他们权力的自然愿望和——最重要的是——他们自己的那腔爱国热情。

格雷和他的辉格党同侪们相信,他们的党派有一个特殊和世代相传的使命,要去保障人民的自由。[63] 但这也并不理所当然地意味着,要一人一张选票。而是在人民掉入一个过于强权的行政机构的腐败魔爪的任何时候,把他们拯救出来,并由那些拥有足够多财富和智慧,知道什么对他们最好的人来管理他们。正是根据这样的信条,我们才能理解格雷在1831年3月《改革法案》被提交到议会后对利文公主所说的话:"我信守了我对国家的诺言"。⁶⁴他在这一时刻所看到的自己,非常像雕塑家弗朗西斯·钱特里后来将用大理石雕所捕捉到的他的形象,在精神上与那些13世纪冒着生命危险让约翰王就范,并签下大宪章的骑士和贵族一致。现在和当时一样,思想健全的有产者正在行动,不是在人民的教导下,而是代表了人民。辉格党人在他们自己的眼中,正在履行他们的财富、他们的等级和他们的政治意识形态所加在他们身上的传统的职责:为了得到改良但稳定的自由以及为了大众的利益而让自己去冒风险。他们不顾一切地渴望以这种方式来看待自己的行动,发现在议会之外有如此多从全体一致、立宪和爱国主义的角度表述的要求改革议会的运动,这对他们有着巨大的帮助。这当然是他们所从事的这项工作正确和有益的明证。"他想",约翰·罗素勋爵在1831年3月平静地告诉众议院,"那些支持《改革法案》的人数,与那些反对它的少数人相比,证明他在说**改革者就是国家**的时候是公平合理的"。⁶⁵英国人已经在势不可挡地大声呼唤一种忠诚和负责任的自由,而辉格党绝对有义务赋予他们这一自由。

在这一过程中,他们对英国政治和选举生活的改变,远远大于我们现在通常所知道的程度。旧的代表体制是一个被零零碎碎创造出来的产物,在英格兰可以追溯到14世纪,在威尔士可以追溯到16世纪,在苏格兰可以追溯到1707年联合的时候,而在爱尔兰可以追溯到1800年联合的时候。它在回应特殊群体和私人利益的要求中逐步形成,而其对选举权的规定,反映了各地习惯令人困惑的多样性。它是一个强硬的拼凑物,显然不是一件没有缝线的外衣。新的体制,(大致)以1821年的人口普查为基础,远远更为均衡统一。为了创造它,56个完全可以由贵族私下自由处置的小自治市镇彻底失去了它们在议会当中的代表席位,30多个自治市镇的代表席位被减了一半。由此空余出来的64个席位被分配给新的工业和商业中心,这些中心全都集中在中部和北部，因此对偏重于英格兰南部的旧体制有所校正。大约相同数量的席位被重新分配以有利于郡，大部分席位再次流向北部和中部的郡。[66]

与此同时，这一代表体制的构建在很大程度上不再像以往那样完全以英格兰为中心。在苏格兰创建了8个新的自治市选区。威尔士多获得了5个议员议席，有8个现有自治市选区的范围被扩大，以吸收更多的选民。[67]在整个大不列颠，第一次有了统一的自治市镇选举权。每一个拥有年值10磅及以上住宅的成年男性，如果他向当局进行了登记，现在都拥有了选举权。所有这些变革的累积效应，将加快每一个地方的政治生活的发展速度。但是在以前地主对选举进程的影响曾经令人窒息封闭的威尔士和苏格兰，这种效应更是达到了蔚为壮观的程度。

在18世纪的大部分时间和19世纪初，苏格兰和威尔士有选举权的人几乎和在编部队的人数一样多。[68]在这两个地区当中，各自的地主阶级将大量选民控制得如此之好，以至于以前选举的议会议员常常不经过竞选就已经宣布当选。因此，尽管在1832年的《改革法案》之前大约有22000个威尔士人在法律上拥有投票的权利，但在1826年的普选当中，他们实际上只有546人能够行驶他们的投票权。其余的人都生活在没有举行过竞选的选区，只能看着他们的代表被当地的寡头指定到他们的头上。在1830年的大选时，威尔士投票人的境况甚至更糟。那一年在威尔士根本没有竞选上演，所以从他们在自己的选区中实际参与的情况而言，所有的威尔士人都被实际剥夺了公民权。苏格兰的形势在《改革法案》之前的状况更为惨淡，因为在这里，有选举权的人还不到5000人。这些人在1826年以前没有一个人能够实际参与投票；在4年之后举行的选举中，也只有239人可以这样做。

但《改革法案》创造了一条与此截然不同的选举风景。不仅拥有投票权的人数在上升（以苏格兰为例，翻了13倍还多），而且庇护人的控制也在减弱，有选举权的人中参加投票的人数也在直线上升。1832 年在新体制下举行的第一次普选当中，有超过 43000 名苏格兰人得以投出他们的选票。同样，在 1835 年的下一次选举当中，有超过 9000 名威尔士人参与了投票。[69]

在这一点上，一个权重有利于英格兰、有利于南部以及有利于地方利益和各个选举庇护人的权力分散的代表体制，被一个更加统一的英国、受到政府更加严密监督管理，并在相当大程度上更加民主的体制所取代。最显而易见的滥用和不合理形式被一扫而空，对英国的繁荣兴盛做出巨大贡献，但在此前没有直接代表的社会团体和宗教派别现在得到了它。以欧洲的标准来看，英国改革后有 65.6 万名选民，这一数量实际上已经非常庞大了，不要忘了奥地利、丹麦、俄罗斯和希腊还根本没有普选的国家立法机构。现在在英国可以投票的男人比例远远大于法国、西班牙、比利时或者荷兰。在 1832 年的欧洲，只有在一些斯堪的纳维亚半岛国家，拥有权利的市民的范围才更为广泛一些。[70] 在这一限度之内，辉格党已经成功地赋予了英国的宪政自豪感以实质内容和新生。他们的所作所为，成了 19 世纪英国爱国主义意识形态中至关重要的一个部分，激进的威廉·科贝特在他发出预言的时候也不得不承认这一点，《改革法案》将获得和其他那些标志性事件，宗教改革以及 1688 年革命，一起并驾齐驱的位置。[71]

然而，正如这另两个事件一样，这次也有失意者和不公平之处。在已经经过改革的议会当中，英格兰有 468 个议会议员，而苏格兰获得了 53 席，威尔士只有 32 名代表。就威尔士而言，这一议席的分配实际上反映了其仍然较小的人口规模——根据 1831 年的人口普查，刚刚超过 90 万人。但无论是从其富庶程度还是从其人口规模来说，苏格兰的代表人数都严重不足。辉格派执政当局认为其乡村地区是托利派地主发挥影响的天堂，因此与其自治市镇不同，不愿意提高的郡的席位。[72] 但苏格兰没有获得与大不列颠其他地区相应的议席，这源于这样一个事实，即其代表体制是一个单独的改革提案的主题，正如爱尔兰的情形一样。直到1884年的《人民代表法》之后，联合王国的所有组成部分才被重新改组成一个整体，服从于一套规则。对于大多数苏格兰人来说，新的选举权条款把他们拥有选举资格的人从不到5000人一下子提高到65000人，缓和了他们对于所分配到的议席数量可能感受到的任何不满。但对于其他的许多英国人来说，正是《改革法案》的这一层面，即其选举权条款，是真正存在背叛的地方。

80%的成年男子，当然，还有所有的妇女，都仍然没有获得投票权。没有为秘密投票设置任何条款，因此，地主和雇主仍然可以对更容易受影响的投票人施加压力。[73] 旧的体制被清理、合理化和拓展，但其有利于有产者的倾向得以延续，因为辉格党总是认为应该这样。这所激起的愤怒和迷茫的程度，只有从改革条款在1832年之前被多么广泛地讨论这一角度才能理解。正如我们所看到的那样，甚至其更为激进的支持者，也已很少从为工人阶级赢得政治权力，而无视**作为一个整体**的有产阶级这一角度来发言。相反，改革集会和印刷的宣传品，普遍以爱国主义团结一致的语言来加以表述。所有的人都要奋起抗争，因为所有的人都将获益。在相当长的时间里，这一皆大欢喜的前景都把注意力从改革运动的分歧中转移开来，并掩盖了辉格派的改革提案的局限性。

固然，总有个别反对这一提案的激进主义者和保守者警告说，它对于工人大众没有任何直接的好处。但普遍的不信任仍然十分罕见。提案在经由议会讨论的旷日持久的整个过程当中，支持它的请愿和集会不断吸引了来自所有阶层的大量支持。甚至在改革提案获得通过、其确切的条款已经广为人知之后，人们都一度仍然还有巨大的热情。在1832年的夏天和秋天，在整个大不列颠为改革组织的周年纪念活动，是场面蔚为壮观的重大事件，得到了刚刚获得选举权同样还有被排除在外的人们的大力支持。[74] 在改革运动中曾经使用的爱国主义的语言，继续扮演了一道烟幕的角色。当它最终散去之后，被排除在外的人们中间的愤怒之情无比地强烈。他们曾经被改革的鼓动所激励，把他们自己看作政治国家的一部分，并被指引着相信，一个重建的立法机构必定会带来更好的东西。现在，生活中惨淡的现实提醒他们，他们，英国人中的绝大多数人，仍然没有任何发言的机会。

然而，回想起来，《改革法案》显而易见的局限性，并没有它所取得的巨大成就和它所创造的这一体制所经历的漫长岁月那样引人注目。尽管继续投身于宪章运动的男女愤怒不已，但在1832年，大不列颠是欧洲最民主的国家之一，这一事实仍然不容置疑。但到了1865年——尽管经历了宪章运动——情况已然不再是如此。到那时，奥地利、法国、希腊、匈牙利、葡萄牙和瑞士，还有斯堪的纳维亚半岛国家，都享有了比不列颠和爱尔兰更为广泛的选举权。即使是在1867和1884年的《改革法案》之后（这两次改革的实施都并非主要为了响应大规模的公众压力）直到第一次世界大战之前，按照东欧还有西欧的标准来说，联合王国都仍然是最不民主的国家之一。[75] 在早些时候争取投票权的斗争是如此地激烈和范围广泛，为什么会发生这样的情况呢？为什么19世纪后期的英国人不再更加敢作敢为和更加长久地进行斗争，以成为完全羽翼丰满的市民？至少其部分答案，存在于这一时代三次重大改革运动的最后一个当中。

奴隶、自由和舆论

在1840年，约瑟夫·玛罗德·威廉·特纳把他画作当中最有轰动性的作品之一送到了皇家学院的展览上参展。其背景是一艘在大风暴中颠簸的帆船，其桅杆在风中摇摇晃晃，船头几乎隐没在愤怒的水雾当中。但他的意图并不是要把视线停留在这里。相反，血红色落日的倒影，把视线往下带向了一片暴怒的海洋，海面上堆满了戴着枷锁的黑人的肢体。然而,这并不是一个营救的场面。这艘船是在驶离这些被淹没的人,而不是驶向他们。这也不是一个逃跑的场面,因为一条——几乎是难以控制地——在水中乱踢的腿表明,那些对于生命的渴望和挣扎都被铁链带向了深渊。这是一幅大规模屠杀的画面。往回追溯到1783年,桑格号,这艘驶向牙买加的英国奴隶船,遭受了一场瘟疫的袭击。其船长担心储存的水不够,并且知道他的保险单只赔保那些在海中丧生的奴隶,而不包括那些由于不健康的环境而导致的在船上死亡的奴隶,于是他决定一箭双雕地同时解决这两个问题。他下令把133名生病的奴隶一批一批活生生地扔到海中。最后36名奴隶意识到灾难将要降临到他们的头上,就奋力反抗。于是船长就指示把他们捆绑在一起,然后扔向海中。在这一时刻,10个奴隶挣脱开身,跳入海中,作出了自由意志最后绝望挣扎的姿态。[76]

约翰·拉斯金抢先买下了《奴隶船》(《已死或垂死的奴隶被扔向海中,暴风雨即将来临》)这幅画,然后又卖掉,因为他发现看着它的时候太令人痛苦,然而,这幅画恰好或多或少是英国所犯暴行的代表。正如其标题所显示的那样,而且只要瞥一眼这艘破不禁风、被暴风雨摧残、飘摇着驶向落日余晖的奴隶船,就可以确信,特纳的意图是要纪念奴隶制的末日,而不仅仅只是纪念其中的一部分牺牲者。像他这个时期的其他一些画作——例如《不顾一切地抗争》,画中一条高大和破烂的帆船,正被一艘远远没有那么雄壮但速度非常快的蒸汽船拖向修理码头———一样,《奴隶船》是在思量那些为英国的进步力量让路的旧事物。在1807年,议会废除了涉及英国的奴隶贸易,并在1833年,释放了其在西印度殖民地的一百万名奴隶当中的四分之三。五年之后,把他们全都予以解放。现在,到了1840年,伦敦成了第一届"国际反奴隶大会"的主办地,特纳对于这一刻公众的良知当然是心知肚明。英国从18世纪世界上最贪婪和最成功的奴隶贸易国，转变到可以自吹自擂地标榜他们自己是世界上走在反奴隶最前沿的国家。[77]这是感觉和观念上一次极为显著的革命，这一革命揭示了他们如何看待住在地球上另一边的黑人，也同样多地揭示了英国人如何看待他们自己。

在18世纪的大部分时间里，英国人无论如何都看不出他们标榜他们自己国内的自由，与从非洲的贸易点购买男人、女人和孩子然后卖向海外做奴隶之间有任何互相矛盾之处。在这个世纪的第一个10年里，主要的奴隶贸易国每年用船运往北美和西印度的3.1万名奴隶当中，英国可能贡献了其中的1.2万名，在后来的80年里，英国继续平均每年供应了超过2.3万名奴隶。[78]到了1790年代，当法国被他们自己的革命和在圣多明戈的奴隶暴动淘汰出这一行业之后，英国的船每年出口的黑人几乎超过4.5万人，这可能占到了整个奴隶贸易量的60%左右。即使是在1807年英国从奴隶贸易中撤退的前夜，奴隶的价格还在上涨，这一行业的投资者预期利润率还可以达到10%左右。[79]那时，在英国的奴隶贸易持续进行的时候，它是其经济的重要支柱，支撑了其商业航运业，为其殖民地供应了不可或缺的劳动力，为其工业化提供了至关重要的资本，并把布里斯托、格拉斯哥和利物浦变成了重要的港口和光辉灿烂的城市。托马斯·杰弗逊（当然，他自己也是一名奴隶主）在《独立宣言》中斥责乔治三世"对人类天性本身发起了残酷的战争，把一个远在天边的民族中那些从来没有冒犯过他的人迷晕并运到地球的另一半去做奴隶，侵犯了他们最神圣的生命和自由的权利，"这样的指责可能恰如其分。[80]

然而事实上，与十三州殖民地之间那场失败的战争，并不完全是使英国对奴隶贸易的态度发生根本转变的猛然一击，而只是把已经存在的疑虑转变成积极行动的动力。正如在西欧的其他国家一样，在1760和1770年代，有大量的证据显示，人们对于蓄奴的做法越来越反感。塞缪尔·约翰逊和约翰·卫斯理就宣布反对它；亚当·斯密和苏格兰启蒙

图 78.《奴隶船》(《死去或濒临死亡的奴隶被扔向海中，暴风雨即将来临》)，J.M.W. 特纳，1840 年

运动的其他代表人物也同样如此。并且格兰威尔·夏普和其他激进主义者以及贵格会活动家也已经发起了一场解放住在英国的大约 9000 名黑人奴隶的运动。但直到美国独立战争结束的时候，很少有迹象表明，大众对奴隶贸易本身感兴趣。例如，桑格号事件，在当时只受到了有限的关注。[81] 科林伍德船长并没有受到惩罚。在议会中也没有发起任何质询。对于曼斯菲尔德勋爵把抛弃奴隶比作在紧急的时候往船外扔马的言论，也没有报纸认为有必要进行长篇大论。那些犹犹豫豫的人们，"尽管有些令人遗憾，但奴隶制为英国的繁荣贡献得过多，以至于它应该被解体"这样的观点会使那些仍在犹豫中的人们受到损失。[82]

然而，当充分认识到在美洲的失败之后，他们开始下定决心。在 1783 年，贵格会向议会提交了第一次反奴隶请愿。四年之后，在伦敦成立了"实现废除奴隶贸易协会"，在各个省都有分支。而在 1788

年，在曼彻斯特这个在议会中还没有代表的迅速发展的工业城镇，发起了一次大规模的请愿运动。可能在这个城市中有多达 2/3 的成年男子都在一份要求结束奴隶贸易的请愿书上签了名。另外有上百个城市随后附和了这一请求，使这一运动成了英国到当时为止在公共事务上所组织的最大规模的请愿运动。在同一年，立法机构通过了第一个规范奴隶贸易商的行规。[83]

失去十三州殖民地也使议会改革、帝国改革、宗教解放、监狱和精神病院改革的热情骤然上升：事实上，是对可以使这个国家在将来不再蒙受类似耻辱的任何实质性变革的热情。然而，对于反奴隶新的热情，也与以一种特殊方式失败的经历紧密相连。我们已经看到，英国人保持着对于天意强烈的信仰。正如他们把此前在战争所获得的胜利，都归因于神对于首要新教国家的眷顾一样，他们中许多人现在也把他们的失败看作是神的提示，试图以此来解释在殖民者手中那种看上去几乎令人费解的失败。他们专横而腐败，他们发起了对新教徒同胞的战争。他们也受到了相应的惩罚。在这样的情绪中，奴隶贸易，从道德的角度如此明显地存在问题，并带来了大量世俗的利益和奢侈，看上去已经远远成为了一个不利因素。

我们真的可以期待，一个为了一己私利贩卖异教徒，而不是努力把他们变成基督教徒的国家，将会变得繁荣富强？"我们都是罪人"，威廉·威尔伯福斯 1789 年在议会第一次发起反奴隶的讨论时，警告议会说。[84] 从世俗而不仅仅是从道德的角度而言，大不列颠将来的进步将有赖于它如何让自己在这件事务上表现得当，这一观点变得持久而又强大。"从亘古之处，我们就比其他任何国家都更受上帝青睐，"达勒姆主教在 1807 年告诉他那些正在讨论废除奴隶贸易的贵族同僚，"……但是我们应当知道，持续的不公平非正义将如何使我们失去上帝的护佑；因为如果我们这样行事，尼罗河和特拉法加那种的荣耀在将来就无处可寻。"[85] 对于这种居于主导地位的新教文化，反奴隶就成了与上帝之间特别严格的契约。如果大不列颠繁荣兴盛，那么它显然必须坚持良好地履约。但如果它失败了，它仍然必须坚持履约，期待可以此来赎罪。

为什么英国从 1780 年代开始，就如此强烈地反对奴隶，还有另外一个涉及自身的原因。与美洲殖民地的战争，以及战败的结果，使英国是为自由而战这一点饱受质疑，反对奴隶贸易，是重申他们是为自由而战，此外别无他求的一种方式。刚刚独立的美利坚合众国仍然在使用奴隶劳工，而大不列颠已经通过了保护其自己为数不多的黑人人口，并正在把它的矛头也指向奴隶贸易这一事实，使得自豪感得以重新树立。甚至理查德·普赖斯博士这位在曾经整个战争期间都支持美国的威尔士唯一神教派信徒，在与大西洋彼岸的一名通信者谈到奴隶制的时候，也不无得意地提醒他："这一次我可以向他们推荐我自己祖国的例子——在**英国**，一个黑人从他的脚踏上英国土地的那一刻起，就变成了一个自由的人。"[86]

一直到 1860 年代甚至之后，鼓吹他们关心奴隶的福利，都是更加正统的英国人反驳美国人标榜自己更自由的标准途径。我们还将看到，在 1789 年之后，同样的策略被转而用在法国人身上。反对奴隶制成了国家美德的一种具体体现，通过这种方式，英国可以给外国人留下他们深爱自由的印象，并在他们自己的信仰面临削弱危险的任何时候，重新恢复他们自己的信心。我在想，第一次反对奴隶贸易的大规模请愿运动发生在 1788 年，即非常著名的光荣革命 100 周年纪念的时候，这难道完全只是巧合吗？似乎并不是这样。至少，有一些英国人一定在废奴运动中，看到了一次颇受欢迎的重新确认他们的自由传统的机会。

简而言之，尽管在失去十三州殖民地之前，英国人并不认为，反对奴隶贸易符合国家利益，不管其在道德层面可能多么令人钦佩，但在美洲战争之后，反奴隶制越来越被当作一种拯救国家的手段，一种爱国的行动。当然,它还有另外一些根源。人道主义、宗教都憎恶压迫,信仰人类之间超越国界的兄弟之情,这些也很重要;而且对一些人来说,甚至远远更为重要。但这些更加无私的动机自身并不能解释英国废奴运动的年代关系,为什么它在1780年代变得如此突出显著,而不是在这之前。它们也不足以解释为什么有如此数量庞大的人群参与其中。在1788年爆发了反对奴隶贸易的请愿运动,四年之后,接着又爆发了另外一场运动。这一次共有来自大不列颠全国的500多次请愿集会。在1814年,反奴隶制的压力集团发动了800次请愿,敦促英国政府劝说复辟的法兰西王朝放弃它的奴隶贸易。共有75万男人和女人们在上面签字。[87]但这还只是一个开始。在众议院于1833年同意把废除奴隶制作为英国西印度群岛的一项制度之前,其成员已被共有150万人签字的5000多份请愿书所淹没。此外,他们收到了一份特殊的女士们的请愿书,展开来有半英里长,上面共有18.7万个签名。5年之后,又有将近50万名妇女向议会签发了另一份单一性别的请愿书,坚持现在应当给予奴隶完全的解放。[88]

正如我们所看到的那样,大规模请愿曾经也是鼓动天主教徒解放和支持议会改革的特征之一。但是反奴隶制似乎吸引了甚至更大范围的请愿活动。事实上,19世纪没有另外哪一项事业在如此漫长的时间里,如此成功地获得了这么广泛的支持。也没有其他哪一项事业跨越了如此多的障碍,吸引了来自整个大不列颠的英国国教徒同样还有非国教徒、女人同样还有男人、乡村同样还有城市里的支持者,以及来自每一个社会阶层的热心人。这在一定程度上是对反奴隶制协会的草根组织的覆盖范围和老练宣传的一种回报,但它也说明了这一事业独具的无可争辩且从不同人群中吸纳力量的诉求。

奴隶,与爱尔兰人、罗马天主教徒或者工人阶级不同,绝大部分生活在英国自己的地理和精神版图之外。其自身的黑人人口数量很少,差不多有两万人,而且集中在伦敦和大的港口城市。[89]大多数英国人一生都没有遇到过任何一个皮肤颜色不同于他们自己的人。而且尽管反奴隶制的宣传讲述了大量受苦受难的黑人们的轶事，但都与现实无关。人们主要的印象仍然是约书亚·韦奇伍德*著名的陶瓷徽章：一个黑人大声喊道，"难道我就不是一个人和一个兄弟？"，但在这样做的时候，他处在安全的位置上。简而言之，奴隶并没有危险，至少从英国国内的情况来看是如此。因此，赋予他们自由似乎纯粹是一个人道和自愿的举动，一项可能除了会对大不列颠经济有所损害，几乎没有其他国内后果的成就。同样地，其呼吁相当地广泛。工匠和工厂工人可能出于对于压迫的相同感受而支持废奴主义。但他们的雇主可能也同样如此，其基础是奴隶劳工是对自由市场经济的一种公开侮辱。激进主义者可以把反对奴隶制与争取男权的更为广泛的斗争等同。但对于保守主义者而言，这一运动则进一步确证了英国的政治体制尤其有利于自由：

> 向不列塔尼亚致敬，美好的自由之岛！
> 她的眉头令暴君畏缩，奴隶则赢得了她的微笑；
> 在风中传播吧，向非洲讲述这个故事；
> 对哀悼者的母亲说，"欢呼吧！"
> 不列塔尼亚散发着她的美丽，她的光荣，
> 奴隶在听到她发出声音之后，一跃而舒展为人。[90]

然而，尽管议会之外支持的广度令人震惊，但其本身还并不充分。正如其在1829年回应反对天主教徒解放的请愿和回应1832年之前和之后那些支持男性普选权的请愿时所显示的那样，议会有足够充分的能力无视大众所表达的意见，如果它想要这样做的话。然而，关

---

* 约书亚·韦奇伍德（Josiah Wedgwood），1730—1795年，英国陶艺家，他改进了制陶的材料及工艺。他的工厂（创建于1759年）制造的器皿是英国陶器与新古典主义花瓶的最好代表。——译者

第八章 胜利？ 427

图 79.《黑人庆祝在英国治下的奴隶解放，1834 年 8 月》，塞缪尔·雷文

于废奴运动，它对外界压力的接受性既显著又持久。跟随1788年请愿而来的，是一项调整奴隶贸易的法令。在1792年的下一次请愿运动后，众议院在四年之后投票废除了这项贸易，这一决定之所以推迟，首先是因为战争，此外还有程序上的困难。在1814年的请愿之后，英国的大臣们让人们确信，欧洲列强下一年在维也纳开会的时候，将讨论与奴隶相关的事务。在1833年，当150万名英国人为赋予西印度群岛的奴隶以自由的一项解放法案请愿的时候，议会在稍做修正之后所给予他们的，就正是这项法案。那一年通过的《解放法案》宣布，年龄在6岁以下的儿童将从1834年8月1日，即汉诺威王朝即位120周年纪念之后获得自由。成年奴隶和大一点的儿童将成为学徒，年满6年之后也将获得自由。尽管最后的结果是，西印度群岛的所有奴隶从1838年8月1日起，全都获得了解放。

大卫·布瑞恩·戴维斯曾经写道，"废除奴隶的问题最终是一个权力问题。"[91]英国的统治精英为什么如此乐意以这么坚定的方式从事这一事业？为什么，威廉·威尔伯福斯，这位伟大的反奴隶十字军战士，于1834年在威斯敏斯特修道院下葬的时候，有一大群王室公爵出席，从而把这同一个问题演变成了一个象征性的行动？为什么，在他的墓志铭有这样的言辞：

> 英国的上下两院议员，
> 他们拥有大法官和议长的头衔，
> 将他带到了适合他的地方
> 在他四周仙逝的伟人们中间。[92]

为什么，倡议废除大不列颠最赚钱的行业之一，变得如此令人尊敬，实际上责无旁贷？

因为，正如我们已经看到的那样，英国在1807年远离奴隶贸易，并不是因为它正在变得无利可图，事实情况正好相反。西摩·德雷舍几乎完全正确地指出，"在 19 世纪的转折点上，无论从资本价值和海外贸易的角度而言，奴隶制度都正在扩张，而不是在萎缩。"[93] 英国在 1833 年之后废除他们在西印度殖民地的奴隶制，也并不是因为它已经变得不经济，或者出于因为奴隶暴动事件发生的频率正在上升而产生的紧张情绪。正如他们在世界上其他许许多多地方所显示的那样，英国在必要的时候，非常愿意通过武力方式来维护他们的经济和领土利益。英国统治精英并不是在超出其控制范围之外的事件驱使下开始反对奴隶制。它也不是无助地屈服于国内公众压力的冲击，尽管议会之外的鼓动当然有一些影响。英国的统治者结束奴隶贸易并释放西印度殖民地的奴隶，主要是因为他们想要这样做。

在一定程度上，他们的动机与那些不那么重要的英国人所体验的动机一样。在两院中都有一个笃信福音的大团体，他们对威尔伯福斯的观点非常感同身受，即反奴隶制是一个国家赎罪所必须的行动。[94] 其他的政治家，包括小威廉·皮特，则认同亚当·斯密的观点，即奴隶制是最不经济的劳工形式，同时也败坏了人性。在大臣和议会议员中还广泛流传着这样一种观点，即拯救奴隶，以一种最令人满意和最便捷的方式，确证了大不列颠对自由的强烈爱好。这在拿破仑于 1802 年把奴隶制重新引入法兰西帝国后尤为如此。在那之前，英国的一些保守派曾经踌躇，害怕反奴隶制的事业与雅各宾主义和人权的联系过于紧密。在那之后，支持奴隶的事业变成了一种维护现有秩序之名誉的手段，同时对抗了国内的激进主义和法国的敌人。议会在 1807 年对于废除奴隶贸易的争论，弥漫着民族的骄傲和自豪，同样也充满了真挚的人性。上议院大法官宣布，结束这一贸易，

是我们对于上帝和对于我们祖国的责任，祖国是照亮欧洲的晨星，她的自豪和荣耀是赐予自由和生命，并给予所有民族以人

道和公平正义。

塞缪尔·罗米利是一个改良派的辉格党人,他把威尔伯福斯的美名与拿破仑的恶名加以比较,前者曾经拯救了"成百上千万他的同类生物,"可以在夜晚安然入睡,而后者还在"屠杀和压迫中"跋山涉水,走向自己的厄运。[95] 这一寓意十分清楚,其他议会议员非常乐意明确地加以说明,即与法兰西的统治相比,英国的统治是仁慈的,而且是对文明的一种福音。

反奴隶制为英国提供了一个史诗般的舞台,在其上,他们可以势不可当地以一种令人愉悦的姿态昂首阔步。他们知道,这样做并不会贬损他们所取得的成就。并不是所有的强权都如此热衷于挽回过去的压迫,或者如此急切地倾听世界上的忠言。无数生命因为1807年和1833年的法案而获救;更多的人因为皇家海军在19世纪后期反对其他国家的奴隶贸易商的行动而受益。而从贸易损失、补偿西印度殖民地种植园主和海军巡逻等角度而言,英国致力于这些行动所付出的经济代价,加起来必定数以百万英镑为单位才算得清。[96] 但另一方面,精神和政治上的收益却无与伦比。大不列颠无可争辩地把自己确立为最首屈一指的欧洲强国和帝国,几乎就在这同一个时期,它也通过其废奴运动,获得了道德完善的声名,这一点甚至最吹毛求疵的外国观察家也很愿意奉上一些溢美之词。废奴主义的成功,成了英国维多利亚时期霸权至关重要的基础之一,提供了不可反驳的证据,证明英国的权力是建立在宗教、自由和道德标准的基础之上,而不仅仅只是建立在更加优越的军事和资本储备的基础之上。

在政治上,那些从这一宣传妙策中受益最多的人,是英国的统治阶级。在当时,废奴运动还没有成为一股保守的力量,事实上远非如此。它给了来自所有阶层的成百上千万英国人(包括数量众多的妇女),一个表达他们自己意见的机会。而且它还让他们更加认真地思考压迫的意义。一定有很多人从沉思黑奴劳工的命运，转向英国国内的田野、矿山和工厂，去留意解决那些白人苦工的问题。[97] 尽管如此，到1830年代的时候，大众激进主义的几乎所有重要的代言人都已经认识到，废奴运动的成功，有着一种势不可当的保守主义的影响。

这种保守主义的影响，首先，是因为它为英国提供了一个强有力的合法化理由，使他们可以声称他们是文明和不文明世界的仲裁者。在1846年，当帕默斯顿勋爵被告知桑给巴尔岛的奴隶贸易暴行之后，他不假思索的反应便是指示当地的英国领事，"要利用一切机会给阿拉伯人以这样的印象，即欧洲列强注定要终结非洲的奴隶贸易，**而大不列颠是上帝手中完成这一目标的主要工具**。"[98] 对于帕默斯顿，就像对于他的许多英国人一样，19世纪的大不列颠仍然是以色列，其为反对奴隶制而发起的十字军东征，只不过是一个其在列国拥有最高地位的更加至关重要的证据和保障。英国的炮舰在上帝的护佑下扬帆起航，因为他们执行的是上帝的工作。

此外，在反对奴隶制的行动中，英国的统治精英再次展示了其采取一种大众和爱国主义的路线，而又不怎么放弃其权威的做法的能力。通过根除英国的奴隶贸易，通过废除西印度殖民地的奴隶制，并通过继续不断干扰外国的奴隶贸易，其成员展示了他们的公共精神、他们的道德理想主义、他们的无私和他们对于负责任的公共意见表达的接受能力。正如斯坦利勋爵在1833年5月对众议院所说的那样："这个国家现在已经可以，而且在相当长的一段时间里都可以大声地宣布，奴隶制的不光彩将不再令人痛苦地继续成为我们国家体制的一部分。"[99] 而且，在这件事上，国家的命令将得到遵从。

不管是否有意为之，对于公众在奴隶制上施加的压力所作出的回应，有助于转移人们的注意力，因为在其他与国内关系更为密切的事务上，例如宪章派要求更为广泛的选举权和更加深入的社会改革等，统治精英拒绝为公众意见让路。在一种较小的规模上，反奴隶制起到了英法之间连绵不绝的战争在过去所广泛具有的相似作用：把人们的注意力从国内事务转移开来，激励他们去比较他们自己更加优越的地位和那些国外更加不幸的人们的地位。解放奴隶使大量英国人感受到了他们的重要性和善良，以及最重要的是，他们是自由的庇护人和拥有者。它再次让他们相信，祖国值得他们的依恋和其他国家的嫉妒：用科诺·克鲁兹·奥布莱恩所创造的那个相当具有煽动性的词来说，它仍然是神的土地。[100] 这一沾沾自喜的说辞，并不足以抵消在痛苦的 1830 年代和 1840 年代国内的动荡局面。但在政治和经济形势得到改善的 19 世纪中叶，废奴运动的记忆和神话——有如此数量众多的英国人曾经如此满足地参与其中——成了维多利亚时期自鸣得意的文化中一个重要的部分，在其中，国内改革的事务可以放在一边。这是好妨碍了最好的一个典型的例子。

不断界定的民族

然而，以这样的注解来结束我们的讨论，将会过于令人失望。就英国国家意识的形成而言，在滑铁卢战役之后的那些年所产生的变化极为重要。凭借 1829 年通过的《天主教徒解放法案》，英国的统治者不可避免地损害了作为一种国家黏合剂和战斗口号的新教价值。但是 1832 年的《改革法案》，连同一年之后的解放奴隶，为他们和英国的其他每一个传统的爱国者提供了充分的补偿。它们有助于保证在英国人不再能如此自信地摆出排他和独一无二的新教徒的姿态时，他们仍然还可以把自己看作与他们的欧洲邻居和曾经是他们殖民地的美国不同甚至更加优越的民族。和平和有序的宪法改革，和敢为人先且成功的废奴主义，将被许多人当作进一步和决定性的证据，证明英国的自由具有更加优越品质。

而且在令人厌烦的自鸣得意之下，也存在一些真正的实质内容。回过头来看，而且一前一后地看，为解放天主教徒而进行的斗争、议会改革和废奴运动，在一定程度上，都是成功和具有变革性的。罗马天主教徒，从 16 世纪开始就处于社会的边缘和不利的环境当中，取得了与新教徒英国人几乎相同的完全公民权。代表体制被广泛地调整，以至于在一段时间里，积极公民权在威尔士和苏格兰，同样还有英格兰，比在欧洲其他几乎任何一个地方的分布都更为广泛。最后，议会和人民一起决定，在海外的英国臣民——像在国内的英国人一样——永远，永远，永远都不会成为奴隶。在实践中，奴隶制在大英帝国的部分地区——尤其是在印度——在 1833 年和 1838 年的立法之后很久依然继续存在。尽管如此，值得一提的是，这一制度已经被宣布不为法律所接受，而且在 19 世纪的其余时间里，英国的军事和外交压力被更加频繁地用来对抗那些仍然在实行这一制度的国家。

  英国也取得了一些实质性的成就。从权利和公民权的角度而言，直到 20 世纪的战争爆发之时，大不列颠都再也没有发生过如此突然的巨大飞跃。女性的投票权和男性普选权一直要等到 1918 年才实现，而福利国家一直要到第二次世界大战之后才完全实现，这一事实确认了滑铁卢战役之后的这段时间同样也证明了的事情：即在大不列颠，民族国家比其他任何一样东西都更多地通过军事努力来打造，更为激进的宪制和社会改革的胜利同样也与战争的影响紧密相连。然而，紧随拿破仑战争之后的改革主义在一个至关重要的方面被证明是独一无二的。普选权和福利国家在英国的出现，首先是因为这正是威斯敏斯特的掌权者想要的东西。大量英国人对于这些变化并非无动于衷。但两者都紧随在毁灭性和令人筋疲力尽的世界大战之后，他们都没有非常积极地参与到确保这些变化的行动当中。与之形成对照的是，在滑铁卢战役和维多利亚女王即位的那些年间，尤其是在 1820 年代末和 1830 年代初，是英国现代史上有据可查的唯一一个人民的力量在实现重要的政治变革中起了突出和广泛深入作用的时期。

  在这些年间，来自大不列颠各个社会阶层和各个地方的参与了游

图80.《请愿战，上下两院现在都在热烈欢呼声中上演的一出闹剧》，一幅讽刺大规模群众请愿的画作，1829

行、示威和请愿的男女的绝对数量是惊人的。同样更惊人的是这样的事实，即在1818—1829年间，为反对或者支持天主教徒解放而提交的请愿书有3000多份，在1830年辉格党掌权之后，同样有3000份关于议会改革的请愿书涌入议会，在1833年敦促废除奴隶制的请愿书也同样多达5000份，使议会无法傲慢地视而不见。它们也不是仅仅只是用一个形式上的命令就可以打发，它们在被遗忘（这是在1830年代中期之后大不列颠的绝大多数公众请愿的命运）之前就已经被印在纸上。[101] 正如英国议会议事录的记录所显示的那样，贵族和议会议员们连续数月对这些请愿书的内容、合法有效性和意义进行了严密和激烈的讨论。"主要是在关注这些请愿书"，一个观察员在1829年毫不夸张地说，"这时议会的会期就已经被消磨过去了。"在4年之后讨论废奴事宜期间，一个议员可能会，同样也是相当合理地，报怨，"没有哪一份请愿书没有经历长时间的争论。"[102]

当然，我并不认为，大不列颠在这些年里有任何事情是通过公民表决来进行管理的。非常显然，事情并不是这样。但是，能够出现一种在相当大程度上的单一的政治话语，这也是事实。一方面，新闻出版业的迅速扩张，连同对议会讨论大规模的报道，意味着可以使议会之外的英国人知道议会之内的那些人的语言，这是前所未有的事。另一方面，因为附有签名而分量大增的接二连三的请愿浪潮——议会也在密切关注它们——使议会议员和贵族们熟悉了至少是一部分他们力求管理的男女的观点和语言。

在谈到爱国精神和英国的身份认同这些问题时，威斯敏斯特宫外英国人的声音，与那些堂而皇之关在议会之内密室中的人们的深思熟虑之间的这种非同寻常的相互影响，正是为什么在滑铁卢战役和在1837年汉诺威王朝终结*之间的这段时间如此光辉灿烂的原因之一。不仅这一时期最重要的政治辩论直接与公民权的问题紧密相关：它们使两性、每一个社会阶层和这个国家的各个部分一起，即使没有达成确定的一致意见，也至少引发了有教育意义和启迪作用的讨论。天主教徒解放、议会改革和废奴运动被常常只从局部和分项的角度加以阐释，被当作阶级、地方主义者、某个派系的狂热或者纯粹精英压力的产物，它们也必须同样从全国范围内动员的角度，并在关于是什么构成了英国之民族性的各种思想的启发下来加以理解。

大众参与到英国对抗法国的最后也是最重大的一次战争当中，随后，他们又游移参与到战后的政治中。在这一过程中所取得的胜利充满了斗争，也相当重要。然而，这些胜利也显然相当不彻底。在1837年维多利亚女王即位的时候，英国的人口中只有一小部分人赢得了正式的政治权利。绝大多数英国人仍然不是公民。那么，在这个时候把大不列颠看作是一个民族国家，这在多大程度上是合理的呢？这正是我们现在必须最终考虑的问题。

---

* 原文如此。汉诺威王朝的正式终结应为1901年维多利亚女王驾崩。此处作者将该王朝男性统治者的终结作为王朝终结时间。——译者

图 81.《切尔西伤兵读滑铁卢战役公报》，大卫·威尔基爵士，1822 年

结　语

当那个名叫亚历山德琳娜·维多利亚的 18 岁女孩在 1837 年 6 月从她那受到令人窒息之保护的背景中挣脱出来，成为大不列颠、爱尔兰和海外帝国的女王时，她最初的行动之一，便是批准大卫·威尔基爵士为王室的首席画家。[1] 威尔基是一个苏格兰人，一个来自法夫郡的大臣的儿子。他于 19 世纪最初几年登上伦敦艺术舞台，从此以后，他那风俗画和历史画的声名便备受推崇，但现在他的艺术巅峰已过。而且尽管新君主与苏格兰的关系将变得紧密，虽然充满感情色彩，但与苏格兰的这一特殊联系最终令双方都非常的失望。维多利亚发现威尔基尽心尽责地试着不加逢迎地为皇室作画，但在她即位之初他所绘制的史诗画面，没有一幅可以与他初期和仍然最著名的历史画作的效果相媲美，这幅画就是《切尔西侍从读滑铁卢战役公报》。

当 1822 年这幅画在皇家学院第一次展出的时候，引起了一场轰动。成千上万的男女排队几小时等着去看这幅画，人流从早到晚簇拥着它，为此在它前面设置了专门的围栏来保护它的安全。即使是在今日，它仍然是一幅特别大胆创新的作品，同样也是一幅有着多重内涵的作品。其日期，艺术家告诉我们，是 1815 年 6 月 22 日，星期四，当时刚刚公布了宣告英国与联军在滑铁卢取得胜利的第一份官方公报。其画面是切尔西一条早已被拆除的名叫犹太人路的街道，街道两旁排列着古老低矮的酒馆、廉价的出租屋、典当行和旧衣店，但依然靠近切尔西的医院，从 17 世纪末开

图82（1）．图81细节

始，这医院就是伤残和退伍士兵之家。画面上挤满了士兵、退伍军人、妇女和衣着褴褛的工人等各色人等，显示了他们对于这一消息的反应。一个苏格兰高地人用风笛演奏起庆祝的曲调，而妇女们正被拉起来开始舞蹈。一位军士把他的婴孩托举向空中，而这个孩子被这些色彩和噪音鼓噪得非常兴奋。他的伴侣停下来整理他的头发，她的手臂静静地举在头顶，仿佛在若有所思地听着对这场战役的记述。在大门口是一个上了年纪的卖牡蛎的人，正在她撬开一个牡蛎的时候停下了手，露齿而笑，仿佛她的想象在火光四射。女孩们挥

图 82（2）. 图 81 细节

舞着手绢，男人们竭力探出窗外聆听这条消息。在每一个地方，都有音乐、笑声、丰盛的啤酒、欢快的情调、浓厚的兴致和远远更意味深长的某种东西。

在这幅完全想象的画面中，清楚显示的是在大量英国人中存在的一种超越了阶级、种族、职业、性别和年龄界限的爱国主义。但是威尔基在当时发表的这幅画的基调，显示了他想传达某种超越这些的东西。[2] 事实上，《切尔西侍从读滑铁卢战役公报》，是一个人对英国特性之多样性及其根源的一种非常精确的阐释。那位带来这条胜利喜讯的骑兵来自一个威尔士团；围绕在他周围的士兵包括苏格兰人、英格兰人、一个爱尔兰人甚至一个黑人军乐手。那位看着密密麻麻印刷的公报页大声朗读的切尔西侍从，是一名参加过1759年魁北克战役的老兵。悬挂在这排酒馆上面的客栈招牌，见证了更多的战役，更多的战争。有叫"约克公爵"的招牌，纪念的是英国与革命法国的战争。有叫"雪靴"的招牌，是美国独立战争的一件遗物。甚至还有一个纪念格兰贝侯爵的招牌，他是1746年克洛登战役和七年战争中的英雄。威尔基似乎比其他任何事情都更为强调的是，是把这些不同的民族团结在一起的反反复复的战争经历。与一个危险和敌对的异己之间的冲突，掩盖了内部的分歧，并培育了某种团结，使得他，一个苏格兰人，能够绘制一幅伦敦街头的庆祝画面，庆祝的是一个英裔爱尔兰人，威灵顿公爵亚瑟·韦尔斯利所取得的一场胜利。这幅画主张和宣布，战争，是英国得以形成的基础。

正如本书努力想要表明的那样，事实确实如此，但这并不是事实的全部。战争在1707年之后英国国家创建的过程中起到了至关重要的作用，但如果没有其他的因素，尤其如果没有宗教的影响，其效果永远都不可能有如此的强烈。正是它们对新教共同的信仰，使得英格兰、威尔士和苏格兰第一次融合在一起，并延续至今，不管它们在文化有着多么大的差异。正是新教的帮助，使得在1689年之后英国与法国接二连三的战争从国家形成的角度而言如此重要。一个强大和不断造成威胁的法国，成了常常萦绕在脑海的天主教异己的象征，英国人从16世纪的宗教改革之后就被教导着对其心存恐惧。与它面对面，激励着他们在为生存、胜利和利益而斗争的时候，掩藏了他们内部的分歧。埃里克·霍布斯鲍姆曾经写道："再也没有什么途径，比联合起来一致对外，更能有效地把彼此分离、惶恐不安的民族紧密联系在一起"。[3] 把法国想象成他们卑鄙可耻的敌人，就像是海德对于他们的杰基尔医生*一样,成了英国人,尤其是那些更为贫穷和更少有特权的人们,为他们自己构想一个相反的和讨人喜欢的身份的途径。法国深陷在迷信当中:因此,英国,与之相反,必须享有真正的宗教。法国受到一只臃肿军队和绝对君主的压榨:因此,英国人显然是自由的。法国人用木靴来践踏生命,而英国人,正如亚当·斯密所指出的那样,穿着柔软的皮鞋,因此,显然更为富裕。[4]

关于法国人之劣根性和英国人之优越性的许多假想都是错的,但这无关紧要。英国人坚持这些以便赋予他们自己价值,并作为令自己安心的一种方式,在困难的时候,他们总能抽到生活中的好签。迟至1940年代的时候,林肯郡格拉汉姆一个名叫阿尔弗雷德·罗伯茨的卫理公会派杂货商还会这样来表达他的意见,即法国人作为一个民族"从头到脚都是堕落腐败的"。[5]作为一个白手起家爬上其所在市镇之市议员席位的人,他本能地感到有必要以轻蔑的方式提到宿敌,以便沉浸于他自己那惹人注目的清教徒道德、斯巴达式的生活方式和忠于职守等更加伟大的信仰。通过诋毁法国,他吹嘘了英国的美德,从而推及他自己的美德。肯定有人会感到好奇,他这种不正眼看待海峡对岸那个民族的方式,到底有多少传递给了他那极度严肃和令人崇敬的大女儿,即将来的玛格丽特·撒切尔夫人?

正如这个例子所显示的那样,那种让如此多英国人把他们自己看作一个与众不同和被选中之民族的新教徒式世界观,在滑铁卢战役之后,还延续了很长一段时间,在1829年的《天主教解放法案》通过之后也同样如此。对于大多数维多利亚时期的人而言,作为无数次

---

* 英国作家斯蒂文森笔下著名小说《化身博士》中的主人公。杰基尔(Jekyll)是一名善良的医生,为探求人心之善恶,发明变身药并以自己为试验,结果创造出一个化身海德(Hyde),杰克把身上所有的恶都给了海德,自己则保有善。后来杰克和海德就成了双重人格或双面人的代名词。——译者

成功战争之果实的庞大的海外帝国,是大不列颠幸运宿命最终和结论性的证据。他们相信,上帝把帝国托付给了英国人,是为了更加深入地把福音信仰向全世界传播,以证明他们这些新教徒是上帝选民的身份。[6]这种骄傲自满持久稳固。直到20世纪,与那些明显异于他们之民族的接触和对他们的统治,滋养了英国人与众不同的优越感。他们可以与那些他们仅仅一知半解,但通常以某种方式被看作下等的社会比较他们的法律,他们对待妇女的方式,他们的财富、权力、政治稳定性和宗教。[7]帝国巩固了英国人的神恩,以及被苏格兰社会学家克尔·哈迪称作"大英民族不屈不挠的勇气和精神"的那种东西。[8]

因此,在这种广义的意义上,新教信仰居于英国国家身份的核心地位,这一点可以理解。宗教是欧洲之内和之外的绝大多数国家最重要的凝聚力。例如,瑞典和荷兰把他们最初的自我界定建立在新教信仰之上,其程度与大不列颠相当,还有稍后新独立的美利坚合众国也同样如此。[9]早在16世纪,如果不是在那之前的话,正是东正教教会的推动,才使其甚至最贫穷的居民也对"神圣俄国"产生了某种依恋。[10]而近代之初的法国男女,似乎也因为他们居于主导地位的天主教信仰而感到团结一致和与众不同,即使他们当中的大多数人还需要学习如何读写法语。在这里,也和在其他许多国家一样,早在铁路、普遍教育、先进的出版网络和民主政治这些形式的现代化肇始之前很久,正是宗教首先把农民变成了爱国者。[11]

当然,这并不意味着其他因素在国家构建中所起的作用无关紧要。大不列颠作为一个紧凑岛屿,早在18世纪初就被各种因素连接在一起,这些因素包括一个相对发达的运河和道路系统,其境内繁荣兴盛的,比欧洲其他民族国家都要早的多的自由贸易,其新闻报纸和期刊出版成熟较早而且无所不在,以及这样的事实,即英格兰和苏格兰是18世纪欧洲城市化最迅速的地区:所有这些经济条件无疑都对这个本质上人为创造的国家走向团结和进一步团结做出了贡献。住在城里或者城边，能够接触到一些印刷出版物，尤其是那些被国家的国内外贸易网络网罗其中的男女，似乎总是位列最忙碌和最可靠的爱国者的行列。他们可以并不一定满意那些在伦敦掌权的人，但他们对国家的安全仍然会尽一份力，并且对国家面临的危险非常敏感。因此，英国人的经济特征有助于他们的凝聚，但还是这个岛屿在泛新教信仰及其与一个天主教国家接二连三的战争这两方面的一致性，对于赋予其被尤金·韦伯称作"一种真正的政治人格"的东西贡献最多。[12]

他们在 1707 年之后反复经历的新教战争，以各种各样的方式影响了各式各样的英国人，尽管他们几乎所有人在一定程度上都是被迫去作出反应和改变。就汉诺威王朝的国王们而言，法国的威胁，至少在最初，危及他们王朝的存亡，缓慢且不规则地导致了一种更加自觉的爱国式、甚至平民化的皇家风格的出现。尽管直到乔治三世即位而且君主对政治干预下降之后，一种真正成功的民族主义的君主政体形式才被设计出来。王室对于王国每个地方的造访，精心编排和与之同时进行、鼓励所有阶层和两性都积极参与的王室庆典，一种王室对英国文化惹人注目的赞助奖励：所有这些在输掉与美洲殖民地的战争之后并面临与革命和拿破仑法国将近四分之一个世纪的战争之时，都变得前所未有的高调明显。

一个更加真实可靠的英国统治阶层，正如我们所看到的那样，也是在战争需要的强力支持下形成的。把这个岛屿作为一个整体，从中（以及从跨过爱尔兰海的那个岛屿）征集税收和炮灰的日益增长的需要，迫使那些最初在伦敦垄断民政权力的英格兰精英接受了一定数量的苏格兰、盎格鲁-爱尔兰和威士的议员进入他们的行列。此外，作为与法国的战争之结果的具有伸缩性的帝国，也越来越依赖于那些不是英格兰人的英国人来加以统治、开发和利用——这一依赖一直延续到 20 世纪。随着越来越多的爱尔兰、苏格兰和威尔士统治者和野心家参与为帝国服务或者为伦敦所用，他们与他们的英格兰同僚进行社交和通婚变得越来越平常。尽管这可能有投靠英格兰价值观的意味，但这些曾经的凯尔特局外人的行为，可以被恰如其分的解读为获得了作为英国人所将带来的实在好处。

规模空前巨大和反复进行的战争，也在这样的意义上改造着英国的统治者，即它迫使他们向下层民众要求得更多。在1700年以前，统治者通常都希望男女民众整洁有序、服从和**最重要的是**，在面对权威等级比他们高的人时**消极被动**。积极的公民权被看作是有钱人和男人的特权。"更加贫穷和卑微的人们"，阿尔伯玛尔公爵在1670年代用非常傲慢的口气写道，可能"除了关心琐碎小事之外，对国民整体毫无兴趣"。[13] 与法国接二连三的战争显示了这种轻蔑的态度越来越行不通。更高和更加严酷的战时税，在英国普通民众中间培育了政治意识，1760年之后在美洲殖民地居民中间发生的情形也同样如此。而反复出现的法国入侵英国本土的威胁意味着，相较以前的若干世纪，积极的忠诚通常在更大规模上和更低社会等级中被煽动起来。在1793年之后，甚至一些女人也被号召在战争努力、筹钱、为士兵组织军需物资中扮演角色，在爱国庆典和激励他们的同胞前去战斗时尽一份力。在面对权威时只是顺从已经不够了：现在各式各样的国民都必须成为英国人才行。

正如本书试图表明的那样，数量令人印象深刻的英国人的确从被动了解国家往前迈进了一步，变成为了国家利益而积极热心的参与者。但他们这样做大体上并不仅仅只是因为爱国主义是上层所要求的，而且还因为他们希望以某种方式从中受益。男人和女人们成为英国爱国者是为了提升他们在社会上的地位，或者出于被国家或者帝国雇佣的野心，或者因为他们相信一个更加广阔的大英帝国将有利于他们的商贸，或者出于担心法国取胜之后将会损害他们的安全和生计，或者出于寻找刺激并从单调无聊生活中逃脱，或者因为他们觉得他们在宗教方面的身份认同危如累卵，或者，在有些情形当中，因为作为一个积极的爱国者似乎是赢得完全公民权的重要一步，是更加接近选民并在国家运作中具有发言权的一种途径。最后这一群人并没有搞错。英国在滑铁卢战役之后20年里政治变化的比率显示，大众参与战争的努力与扩大政治权利和参与度之间是有联系的——虽然是一种复杂的联系。[14] 实际上，可能会有人感到奇怪，在1830年代之后，大不列颠相对缓慢的政治改革，在一定程度上是否应当归因于，直到1914年之前都没有重大战争需要进行大规模的群众动员。维多利亚时期从来没有需要召集普通英国人来保卫国家政府的迫切需要，这一现实意味着他们的统治者可以更加轻易地忽视他们的需要？看上去可能是这样。

有一点非常清楚的是，在这一段时期的大不列颠，爱国主义，以及在某种意义上与国家的身份认同，可能具有许多根源，理性和非理性的反应也一样多。如果我们要理解英国的历史——以及实际上英国的现在，那么承认爱国主义和国家情感的复杂性和多样性非常重要。这么多历史学家写了那么多和那么出色的关于18世纪，以及19世纪英国的暴动、詹姆斯党人、激进主义以及阶级冲突的各种表现形式的作品，可能有时显得似乎某种形式的抗议构成了大众政治行为的全部；即只有通过对抗行动，统治精英之外的男女才得以推进他们对于认可、改革和更广泛公民权的要求。然而这是完全错误的。这一时期英国社会的特征是，来自中产和工人阶级的男女越来越多地参与政治，其采取支持政府的形式，与采取反抗的同样多，如果不是更多的话。成为一名爱国者是一项政治行动，而且常常是一项多面和动态的行动。我们不能再把爱国主义与简单的保守主义混淆，或者用对盲目爱国主义和沙文主义那种谴责和藐视的提及将其扼杀。就像其他任何一项人类活动一样，历史上的爱国主义需要灵活、敏感而且首先，需要富有想象力的重现。[15]

这一时期各式各样的男女有时都能找到恰当和强有力的理由来把自己的身份当作英国人,当然,承认这一点并不是说**所有**的男女都是这样。也并不是说,那些支持国家反对外来攻击的人们,也同样一成不变、毫不批判地支持国内的现有秩序。也不是说,这一点需要强调一下,在1707年之后日益增长的对于英国的感觉,代替和排挤了其他的忠诚。尤其是在英国更为乡村和偏远的地方,在苏格兰高地,在威尔士中部,在康沃尔郡、东英吉利亚和英格兰北部大部分地区,浓厚的地方主义仍然是其生活准则,如果不是在第一次世界大战更为强烈的征兵侵扰之前,至少在铁路开通之前是如此。"村里没有邮局",愤怒的理查德·科布登于1850年代在苏塞克斯的海雪特(一个不到400人的教区,离伦敦大约50英里)写道:

> 每天早上,一个老人,年纪大约70岁左右,走到中赫斯特去取信。他每送一封信件就收取一便士……他用来给全村人取信的邮包平均每天装的信件是两到三封,其中包括报纸。进入这个教区的唯一的报纸,是两份《贝尔每周邮报》,一份主要由呆滞慵懒的农夫资助的相当古老的托利派贸易保护主义报纸。[16]

19世纪生活在像海雪特这种地方的英国人远远超乎我们通常所认为的数量,他们生活的世界很小,大部分时间都被习俗、贫穷、无知和冷漠所隔绝。

威尔士性、苏格兰性和英格兰性就像地方主义和乡土观念一样,仍然是强有力的分水岭。"英国是一个被人为创建的国家",彼得·斯科特最近写道,"并不比美国古老多少"。[17]而且因为大不列颠直到1707年才被完全创建,因此它不可避免地被添加在远远更为古老的忠诚义务之上。在《联合法案》之后半个世纪甚至更长的时间里,正如我们所看到的那样,猜疑和仇恨都在破坏着苏格兰和英国其他部分之间的关系，同样破坏着苏格兰低地和高地之间的关系。在那之后，日益增长的繁荣，共同投入新教战争和有利可图的帝国冒险，以及岁月的洗礼，一起使得这些内部的分裂激烈程度显著降低，尽管从来都没有完全消退。到 1837 年，苏格兰仍然保留着一个独特国家的许多特征，但它也舒适地躺在一个更大国家的怀抱之内。它既是英国的也是苏格兰的。[18] 与之相比，威尔士甚至更为独特。它拥有其自身统一的语言，城市化程度比苏格兰和英格兰更低，而且——至关重要的是——更少热衷于军事和帝国事业，它仍然可以因为坚决保持自身的独特性而使来自其边界之外的观察者感到震惊。"如果除了外国的东西再没有什么能令他欣喜的话"，一个观光旅游的英格兰作家在 1831 年有些夸张地宣称，"他将发现（威尔士）居民的语言、行为方式和衣着，除了在客栈里之外，都像法国或者瑞士的那些东西一样完全是外国的"。[19]

那么，从这个岛屿的中心坚决地把一种新的文化和政治统一强加于其外缘的角度来解释英国在这一时期内国家意识的增强，将是错误的。对于许多更加贫穷和文化更少的英国人而言，苏格兰、威尔士和英格兰仍然是比大不列颠更有效的召唤，只有在面临来自海外危险的时候例外。而且即使是在政治上受过教育的人们当中，从双重国家身份而不是从单一国家身份的角度来思考问题也很稀疏平常。[20] 例如，艾洛·摩冈这位 18 世纪末最激进的威尔士作家，很平常地提到威尔士语和英语是他的两门**母语**。他具有双重国民性正如他能说两种语言一样。出于同样的原因，约翰·辛克莱尔爵士这位在 1793 年成为农业委员会第一任主席的凯斯尼斯郡苏格兰人，无论如何都没有在他一方面热衷于英国政治组织内的成员资格，与另一方面热爱高地社会和所有苏格兰的东西之间发现任何矛盾之处：

> 民族特性在激发一种雄性竞争精神方面的用处很大……联

合王国保持这些民族的东西,或者现在可能被更为恰当称作英格兰、苏格兰、爱尔兰、威尔士的地方特性的东西,符合联合王国的利益。[21]

辛克莱尔在把什么称作联合王国、大不列颠和大不列颠的组成部分上的不确定性,被后来的许多评论家所跟随。而且,如果还有人继续陷入一种关于是什么构成国家性的不现实的狭隘观点,那么这种对于定义的苦恼就是必然的。从世界开始的时候,就几乎没有哪个国家在文化和人种上是同质的;双重国家身份是再平常不过的事了。大不列颠,从其在《联合法案》签署到维多利亚女王即位之间这些年里开始冉冉升起的时候,以及其在今天的存在,都可以被看作既是一个相对比较新的国家,也是若干个较为古老的国家之间的联合——这些旧的国家与新的联盟之间确切的关系,甚至在我写下这些文字的时候仍然还在变化和被激烈地争论之中。

因为实际上每一个欧洲大国现在都面临着一种压力,即那些一度勉强同意成为一个更大整体之一部分的小民族的重新苏醒,因此今天分裂或者重新组合英国的号召,不应当只归因于这些岛屿自身特殊的发展。[22] 但只有我们认识到那些在过去为英国的形成提供了条件的因素在很大程度上已经不再发挥作用了,我们才能够理解当前这些争论和激辩的本质。新教信仰这个一度至关重要的黏合剂,现在对英国文化的影响有限,实际上就像基督教自身一样影响式微。与欧洲大陆国家反复进行的战争,十有八九也彻底结束,所以各式各样的英国人不再感觉有以前那样在面对来自外部的敌人时保持团结的冲动。而且,至关重要的是,商业优势和帝国霸权也已经一去不复返。英国人再也不能通过与贫穷的欧洲人(不管是真实的还是想象的)进行比较,或者通过对显然外来的民族行使权威来确证自己独特和享有特权的身份。上帝不再是英国的,天意也不再对他们微笑。

作为其结果的疑虑和混乱状态具有许多种形式。现在如此多构成英国特性的成分已经衰退，复兴其他更为古老之忠诚——回归到英格兰特性、苏格兰性或者威尔士性——的可预见到的呼唤已经出现。在英格兰，圣乔治的旗帜变得远远更为流行。而且，尽管现在已经有了一个威尔士议会和一个新的苏格兰议会，一些人仍然还在追求一个完全独立的威尔士和苏格兰。即使是在那些想要维持英国现状的人中间，对于真正该做些什么和继承些什么的争论也显然越来越激烈。本书中所讨论的许多爱国标识（王室家族，威斯敏斯特议会和猎狐）的有效性和适当性，现在也在经历前所未有的争论。但可能，在如此多的英国人感到正在被越来越同化到一个更加团结的欧洲这样的担忧下，国家的不确定性是最显而易见的。在德国和法国从机遇的角度而言还在期待看到一个没有国界的欧洲之时，英国人，尤其不单单只是英格兰人，反而更倾向于把它看作一个威胁。这部分原因在于英国人在历史上曾经如此频繁地与信奉天主教的欧洲国家作战；但他们显而易见的岛国狭隘性，也可以通过他们日益增长的、关于他们现在是谁的疑虑来加以解释。自觉不自觉地，他们当中的许多人害怕设想一种新的身份，担心它完全湮没了他们现在拥有的已经不再牢固的身份。

　　所有的这一切将如何解决其自身，我们拭目以待。大不列颠可能会在某个时刻四分五裂为单独的威尔士、苏格兰和英格兰等国家。但也有可能的是，一个更加权力下放和多元文化的英国将最终在一个内部联系更加紧密和越来越强大的欧洲内确保其自身存在的位置。或者，英国可能会选择保持不确定和疏离的状态，其政治领导会紧紧保持与美国的不对称关系（但从历史上可得到解释）。不管发生什么，重新检验作为一个英国人到底意味着什么，这样的诘问还将继续。

　　即使是在18世纪和19世纪初，已经有人担心英国人的身份认同太依赖于反复进行的新教战争、商业成功和帝国征服，认为应当投入更多的思考和注意力来在后方巩固一种更加深沉的公民身份感。"对

外贸易是一个好东西,我那前景光明的印度也同样如此",一个名叫约翰·麦克芬森爵士的苏格兰籍总督在1790年代写道:

> 但世界正在巨大的变革和暴力革命的掌控之下,而其他国家逐渐增长的创造能力和他们对我们垄断一切的憎恶,将会在某一天剥去我们这些东方和西方的羽翼。因此,我们必须着眼于国内,而且如果我们没有把我们的商业和在亚洲的统治权用来真正改善我们自己的本土和完善三个王国内部的联合……我们就滥用了我们的遗产,即先辈们为了让我们享受和完善而获得的那些精神和思想。[23]

但是约翰爵士是一个著名的古怪之人。没人注意到他。

附　录

一、1745年的忠君地图

1745年7月，查理·爱德华·斯图亚特在苏格兰北部登陆，想要复辟其王朝对大不列颠、爱尔兰和英属殖民地的统治。三个月之后，他带着一支5000人的军队跨过边界进入英格兰。从9月到12月中旬他退回苏格兰并战败期间，英格兰、威尔士和苏格兰有超过200个地方向当时的统治之君乔治二世火速递交了忠君陈情，超过50个地方组织了募捐或者私人军队来保卫自己反抗詹姆斯党人入侵。

其他许多城镇和郡县在斯图亚特王子开始撤退*之后*，表达了他们对汉诺威王朝的忠诚。但那时，危险已经过去，忠诚一文不值。与之相对，这张图中所标明的地点，在斯图亚特僭君还有很大机会获胜的时候，就已表明了自己的立场。因而那些在忠君陈情上签字的平民，尤其是那些志愿捐钱或者亲自服役以支持现有秩序的人，一定程度上冒了相当大的风险。因此，他们的行动应当被认真对待。

这张图以政府公文中的报告、《伦敦公报》和档案P.R.O.S.P.36中的信息为基础。还有其他许多不那么正式的反入侵平民动员行动没有报告当局。因此本图只是抛砖引玉，告诉大家当时在哪里可以找到积极主动的忠诚。该图并非一张无所不包的全图。

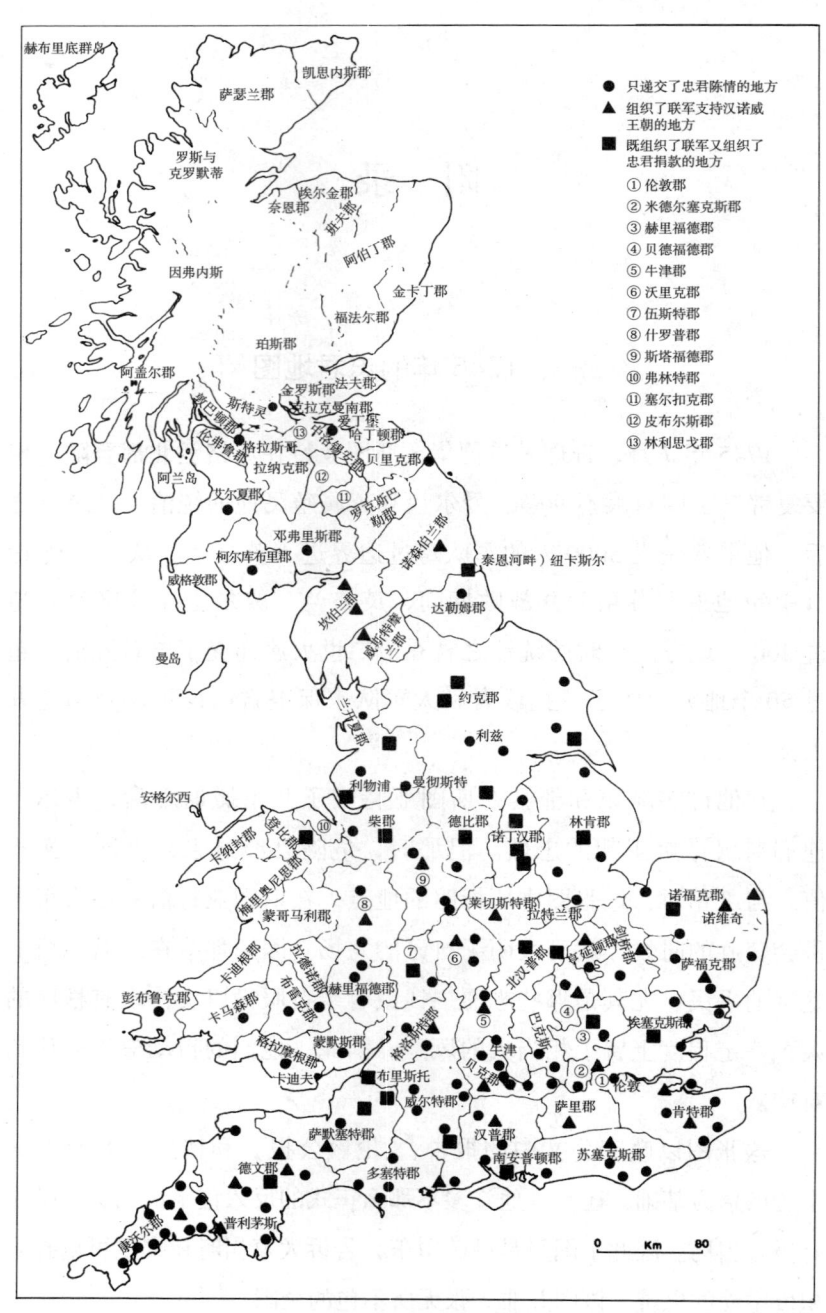

452 | 英国人：国家的形成，1707—1837 年

大地图

图例：
- ● 只递交了忠君陈情的地方
- ▲ 组织了联军支持汉诺威王朝的地方
- ■ 既组织了联军又组织了忠君捐款的地方

① 伦敦郡
② 米德尔塞克斯郡
③ 赫里福德郡
④ 贝德福德郡
⑤ 牛津郡
⑥ 沃里克郡
⑦ 伍斯特郡
⑧ 什罗普郡
⑨ 斯塔福德郡
⑩ 弗林特郡
⑪ 塞尔扣克郡
⑫ 皮布尔斯郡
⑬ 林利思戈郡

二、1804年5月全英的武装人数

在1803年《国内防御法》通过后不久，大不列颠的每个郡都被要求报告其境内年龄在17—55岁之间的男性居民的人数，这些人中有多少愿意拿起武器参加志愿军，有多少已经入伍，或者参加了苏格兰的国防军，或者已建成的志愿军团。这些先被报到各地治安长官那里，然后为了伦敦的利益而编制的估计数字并不完备。而且，自不必说，考虑到它们编制的速度和19世纪初传送和记录的条件，它们很可能也并不完全准确。但它们仍对战时平民的反应提供了一个无与伦比的指导。

	A 17到55岁之间男子数量	B 志愿者的数量	C 已经入伍的男丁的数量	B和C占A的比例
英格兰				
郡				
贝德福德郡★	10997	5814	未知	—
贝克郡	19418	2457	734	16%
巴克斯	18141	6034	1893	44%
剑桥郡★	17109	未知	1404	—
柴郡	34799	7211	2641	28%
康沃尔	33440	3213	4354	23%
坎伯兰	19683	1615	76	9%
德比郡	27947	14985	319	55%
德文郡	51101	15919	10312	51%
多赛特	20066	4353	2306	33%
达勒姆	23523	1101	6325	32%
埃塞克斯	36243	3391	3926	20%
格洛斯特郡	35220	17440	390	51%
汉普郡和怀特岛	36229	19680	4847	68%
赫里福德郡	13651	3494	502	29%

赫特福德郡	18261	6618	447	39%
亨特郡	6900	753	133	13%
肯特	37929	4233	14373	49%
兰开夏郡	131535	27728	13846	32%
莱斯特郡	20815	8755	918	46%
林肯郡	32948	5122	4968	31%
米德尔塞克斯郡和伦敦★		数据不完整		
诺福克	49325	15458	3019	37%
北汉普郡	21260	5494	562	28%
诺森伯兰郡	15222	6916	4649	76%
诺丁汉郡	24841	3079	1916	20%
牛津郡★	19369	8184	未知	—
拉特兰郡	3089	1269	182	47%
什罗普郡	29796	3981	2971	23%
萨默塞特郡	39878	9035	8249	43%
斯塔福德郡	41951	18497	780	46%
萨福克郡	37452	11217	2195	36%
萨里郡	39411	1846	10337	31%
苏塞克斯	27838	9510	3109	45%
沃里克郡	35703	11644	213	33%
威斯特摩兰郡	4609	2702	3?	59%
威尔特郡	29317	12334	909	45%
伍斯特郡	14195	3739	216	28%
约克郡:				
北区	25398	7642	1356	35%
东区	22386	2584	803	15%
西区	102527	9980	1396	11%
五港区	10205	445	4998	53%

威尔士
郡

安格尔西	5553	1729	1729	62%
布雷克★	6659	1295	未知	—

卡迪根郡	5899	489	618	19%
卡马森郡	10609	531	371	8%
卡纳封郡	5939	632	1394	34%
登比郡	9426	518	1？	5%
弗林特郡	6420	718	2561	51%
格拉摩根郡	14758	4441	234	32%
梅里奥尼思郡	4292	396	260	15%
蒙默思郡★	10254	1457	未知	—
蒙哥马利郡★	8374	1867	未知	—
彭布鲁克郡★	8215	未知	737	—
拉德诺郡★	3691	未知	未知	—

苏格兰
郡

阿伯丁	19279	2585	3162	30%
阿盖尔	13404	10989	1280	91%
艾尔夏郡★	13197	4458	未知	—
班夫郡	3982	1108	902	50%
贝里克郡	4883	1471	337	37%
比特郡★	2056	未知	480	—
凯思内斯郡★	3113	未知	925	—
克拉克曼南郡★	1360	未知	未知	—
科罗马第郡	1041	180	209	37%
敦巴顿郡	3795	716	554	33%
邓弗里斯郡★	8370	未知	未知	—
埃尔金郡★	4081	未知	717	—
法夫郡	12278	3673	3035	55%
福法尔郡	14936	1021	1238	15%
因弗内斯	9629	830	716	16%
金卡丁郡	4148	1397	266	40%
金罗斯郡★	1112	未知	18	—
柯尔库布里郡★	3166	未知	906	—
拉纳克郡★	28617	7356	未知	—
林利思戈郡	2300	541	450	43%

洛锡安区	17955	3048	3038	34%
奈恩郡★		数据不完整		
奥克尼郡		数据未知		
皮布尔斯郡	1696	315	460	46%
珀斯郡	20166	8694	814	47%
伦弗鲁郡★	10653	未知	247	—
罗斯郡	6574	4289	394	71%
罗克斯巴勒郡	5850	3507	100	62%
塞尔扣克郡	959	464	150	64%
斯特林郡	7869	2135	421	32%
萨瑟兰郡★	3433	未知	1080	—
威格敦郡	4252	1417	137	36%

★尽管这些用星号标注的郡在 1804 年没有提交完整的反馈，但它们在 1803 年 12 月的确反馈了它们普通士兵志愿者的数量。那时，贝德福德郡有 1978 名男丁在志愿军团中服役；剑桥郡有 2500 人；伦敦、威斯敏斯特、塔尔·哈姆雷兹和米德尔塞克斯一共有 35256 人；牛津郡有 3516 人；布雷克，1196 人；蒙默思郡，1656；蒙哥马利郡，1680；彭布鲁克郡，2701；拉德诺郡，1000；艾尔夏郡，2691；比特郡，90；凯思内斯郡，1320；克拉克曼南郡，336；邓弗里斯郡，1879；埃尔金郡，784；金罗斯郡，280；柯尔库布里郡，946；拉纳郡，4513；奈恩郡，320；伦弗鲁郡，2414；萨瑟兰郡，1092。不清楚在 1804 年这些人还有多少仍在服役，但相信他们中许多人都在。

资料来源：Abstracts of the Subdivision Rolls in Great Britain，7 May 1804, *Hansard*, 1st series, 2（1804）, lxii–lxiii, checked against the originals in P.R.O.,30/8/240,fol.97.The December 1803 returns are in *Hansard* 1st series, 1（1803–1804）, p.1902.

三、1798 年志愿军和他们选择参加战斗的地点

在 1798 年秋入侵危机期间，英国政府命令调查当时整个岛上已有的步兵和骑兵志愿军团的总量。它还试图搞清楚这些本质上私人的防御力量有多少愿意（a）在整个战区参战，他们的郡只是其中的一部分，或者（b）只在他们家乡所在的郡参战，或者（c）只在他们的镇子或村庄 20 英里甚至更近的范围内参战，或者（d）并不确定他们尽职的范围是否有边界。其结果列表如下：

	志愿者数量	想在如下地区服役的比例			
		a 整个战区	b 本郡	c 20 英里范围内	d 未知
英格兰郡					
贝德福德郡	346	54%	—	46%	—
贝克郡	1422	4%	11%	71%	14%
巴克斯			未知		
剑桥郡	313	16%	—	84%	—
柴郡	1230	31%	29%	40%	—
康沃尔	4415	49%	9%	25%	17%
坎伯兰			未知		
德比郡	460	54%	33%	13%	—
德文郡	8800	66%	1%	22%	11%
多赛特	2265	69%	—	26%	6%
达勒姆	1945	33%	—	52%	15%
埃塞克斯	2362	12%	2%	83%	3%
格洛斯特郡	2350	20%	—	80%	—
汉普郡和怀特岛	6326	65%	1%	18%	16%
赫里福德郡	450	40%	—	60%	—
赫特福德郡	1150	29%	9%	62%	—
亨特郡	160	62%	—	38%	—
肯特	5276	66%	2%	19%	13%
兰开夏郡	7050	35%	1%	55%	9%
莱斯特郡	980	59%	—	35%	6%
林肯郡	1440	54%	15%	31%	—
米德尔塞克斯郡			未知		
诺福克	2921	38%	3%	59%	—
北汉普郡	1030	44%	—	56%	—
诺森伯兰郡	2350	70%	6%	16%	8%
诺丁汉郡	1270	33%	—	12%	55%
牛津郡	600	18%	—	82%	—
拉特兰郡	570	90%	—	10%	—

什罗普郡	820	72%	—	28%	—
萨默塞特郡	4806	44%	1%	29%	26%
斯塔福德郡	234	13%		73%	14%
萨福克郡	2120	48%	3%	35%	14%
萨里郡	2740	20%		64%	16%
苏塞克斯	1000	52%	6%	12%	30%
沃里克郡	1245	30%		47%	23%
威斯特摩兰郡			未知		
威尔特郡	2270	56%	—	44%	
伍斯特郡	920	25%	—	75%	
约克郡：			—		
北区	1620	52%	4%	14%	3%
东区	1450	88%	—	12%	—
西区	3950	70%	—	30%	—
五港区	1430	100%	—		—
威尔士					
郡					
安格尔西	440	45%	55%	—	
布雷克	60	100%	—	—	—
卡迪根郡	970	77%	—	—	23%
卡马森郡	260	100%	—	—	—
卡纳封郡	340	—	53%	35%	12%
登比郡	560	21%	27%	52%	—
弗林特郡	230	74%	—	26%	
格拉摩根郡	2240	73%	10%	7%	10%
梅里奥尼思郡	110				
蒙默思郡	976	5%	66%	29%	
蒙哥马利郡			未知		
彭布鲁克郡	1246	87%	5%	—	8%
拉德诺郡			未知		

苏格兰
郡

阿伯丁	1070	65%	35%	—	—
阿盖尔	1352	100%	—	—	—
艾尔夏郡	1389	48%	15%	12%	25%
班夫郡	1230	100%	—	—	—
贝里克郡	516	100%	—	—	—
比特郡	290	65%	35%	—	—
凯思内斯郡	600	100%	—	—	—
克拉克曼南郡	560	21%	—	—	79%
科罗马第郡	310	58%	—	—	42%
敦巴顿郡	660	100%	—	—	—
邓弗里斯郡	150	100%	—	—	—
埃尔金郡	360	100%	—	—	—
法夫郡	1875	89%	8%	—	3%
福法尔郡	1313	91%	—	9%	—
因弗内斯	2407	93%	5%	2%	—
金卡丁郡	210	—	—	—	—
金罗斯郡		未知			
柯尔库布里郡	180	67%	—	23%	—
拉纳克郡	1270	90%	—	10%	—
林利思戈郡	300	100%	—	—	—
洛锡安区	3460	100%	—	—	—
奈恩郡	220	100%	—	—	—
奥克尼郡	未知				
皮布尔斯郡	120	100%	—	—	—
珀斯郡	2730	100%	—	—	—
伦弗鲁郡	1580	100%	—	—	—
罗斯郡	760	100%	—	—	—
罗克斯巴勒郡	366	66%	16%	18%	—
塞尔扣克郡	90	33%	—	67%	—

斯特林郡	360	100%	—	—	—
萨瑟兰郡	600	100%	—	—	—
威格敦郡	290	100%	—	—	—

小结：
英格兰志愿军总数：84762（只有35个郡）
威尔士志愿军总数：7432（只有11个郡）
苏格兰志愿军总数：26618（只有30个郡）
　　　　　　　　118812

资料来源：P.R.O.,30/8/244,fol.237.

注　释

因为每一章的参考文献实际上都构成了一个连续的参考书目，所以我省略了延伸阅读表。全书中，每章第一次引用的参考文献会全文列出，之后使用缩写。文中使用的文献版本的出版地除了特别说明的之外，都是伦敦。在引用手稿时，无论是否必要，我都把其改为当代的拼写方式。

下面是注释中使用的缩写词：

Add. MS	补充手稿
B. L.	大英图书馆，伦敦
Hansard	英国议会议事录
H. M. C.	皇家历史手稿委员会报告
H. O.	内政部
Political and Personal Satires	弗里德里克·乔治·斯蒂芬和玛丽·多萝茜·乔治，*Catalogue of Prints and Drawings in the British Museum: Political and Personal Satires*（II vols, 1870—1954）
Parl. Hist	W. 科贝特，*The Parliamentary History of England from the Earliest Period to 1803*（36 vols, 1816）
P. R. O.	公共档案办公室，伦敦，现在的国家档案馆，丘区
S. P.	政府文件

再版序言

1　1994 年及 2003 年出版 Pimlico 平装版，1996 年另出版一个较早的平装版，2005 年出版一个较早的耶鲁大学平装版。

2　大不列颠岛只是一个大群岛的一部分，一些较小的离岛（如马恩岛）在本书讨论的全部或大部分时期仍保有相当独立性。见 David W. Moore, *The Other British Isles* (Jefferson, N. C., 2005)。

3　引自拙著 *The Ordeal of Elizabeth Marsh: A Woman in World History* (New York, 2007), p. 114。关于大不列颠不同部分的男人和女人确切地视谁为"外人"，以及这种看法如何随时间变化，有更多的研究需要进行。

4　Paul Langford, *Englishness Identified: Manners and Character, 1650—1850* (Oxford, 2000), p. 14.

5 引自 Skinner, "Afterword", in David Armitage (ed.), *British Political Thought in History: Literature and Theory*, *1500—1800* (Cambridge, 2006), p. 204。

6 关于该主题有价值和比较均衡的探讨，见 Christopher G. A. Bryant, *The Nations of Britain* (Oxford, 2005)。

7 Rogers Brubaker, *Citizenship and Nationhood in France and Germany* (Cambridge, Mass, 1992), p. 13。

8 我强调这一点，因为我在第七章指出，我试着提供"这一时期(1790年代和1800年代初)的托利版本，这是由爱德华·汤普森《英国工人阶级的形成》(Edward Thompson, *Making of the English Working Class*) 所提出的挑战"[休·卡尼,《不列颠岛：四个国家的历史》(Hugh Kearney, *The British Isles: A History of Four Nations*, Cambridge, 2006 edn), 第216页]。实际上, 我力图勾勒一幅平衡的景象, 我也强调了一些工人在回应参加志愿军的号召时, 如何"无动于衷、漫不经心、强烈怀疑、无声的愤恨, 有时还会直接反抗"(第304页), 而"一旦入侵危机所带来的一时刺激变得平静", 爱国热情也如何趋于逐渐消褪(第311页)。

9 见 James Epstein, "'Our Real Constitution': Trial Defence and Radical Memory in the Age of Revolution", in James Vernon (ed.), *Re-reading the Constitution* (Cambridge, 1996), pp. 22—51; and *The Trial of Joseph Gerrald, Delegate from the London Corresponding Society to the British Convention* (Edinburgh, 1794)。

10 依据 Boyd Hilton 的建议而调整, *A Mad, Bad and Dangerous People? England, 1783—1846* (Oxford, 2006), p. 103。

11 关于"英国人"(Britons)一词的可塑性, 请见 *Oxford English Dictionary On-Line* (2008 edn) 所提供的定义和引用; Jim Smyth, "'Like Amphibious Animals': Irish Protestants, Ancient Britons, 1691—1707", *Historical Journal 36* (1993), pp. 785—797。

12 Christopher A. Whatley and Derek J. Patrick, *The Scots and the Union* (Edinburgh, 2006), p. 13。

13 关于"英国人"(Britons)在威尔士众多互助会名称中的流行度, 见 Glamorgan Court of Quarter Sessions papers, Glamorgan R. O., series Q/D/F。

14 见 Ralph Griffiths, "The Island of England in the Fifteenth Century: Perceptions of the Peoples of the British Isles", *Journal of Medieval History* 29 (2003), pp. 177—200。历史地理学家比史学家更深入关注岛国性的政治和文化后果; 例如, *Journal of Historical Geography* 29 (2003) 中所收录的文章。

15 Daniel Defoe, *A Tour through the Whole Island of Great Britain*, ed. Pat Rogers (1971), p. 446. 然而, 笛福的书也清楚指出, 大不列颠在1720年代仍存在巨大的经济和文化差距。

16 *An Inquiry into the Nature and Causes of the Wealth of Nations* (3 vols, 1796 edn), II, pp. 176, 190, 245, 319 and index.

17 另见 Fiona Richards 开创性的 "British Islands: An Obsession of British Composers", in Kevin Dawe (ed.), *Island Musics* (Oxford, 2004)。

18 Stefan Collini, *English Pasts: Essays in History and Culture* (Oxford, 1999), p. 13.
19 Tony Claydon and Ian McBride (eds), *Protestantism and National Identity: Britain and Ireland c.1650—c.1850* (Cambridge, 1998), 书中收录了一些记录这一时期历史中不同新教团体之间分歧的有用文章。我并非是要否认这些分歧，而是强调，这些分歧与英国历史上许多其他事一样，需要在更大的语境下进行考察。虽然很多具有相同信仰的英国新教徒彼此之间的意见并不一致，然而他们经常在遭遇一个真正的，或仅仅是感知到的天主教威胁时发现他们彼此的一致之处。关于这类清教徒团结甚至在 1707 年之前对于身份认同的重要性，见 Steven G. Ellis and Sarah Barber (eds), *Conquest and Union: Fashioning a British State, 1485—1725* (1995), pp. 87—138。
20 *History and Proceedings of the House of Commons from the Restoration to the Present Time* (14 vols, 1742), IV, p. 172.
21 关于英国 17 和 18 世纪的泛欧新教主义，例如，参见 Jason C. White, "'Your Grievances Are Ours': Militant Pan-Protestantism, the Thirty Years War, and the Origins of the British Problem, 1618—1641", Brown University Ph. D. dissertation, 2008; and Andrew C. Thompson, *Britain, Hanover and the Protestant Interest, 1688—1756* (Rochester, N. Y., 2006)。
22 Richard Brewster, *A Sermon Preach'd on Thanksgiving Day* (Newcastle, 1759), 转引自 Kathleen Wilson, "Empire of Virtue: The Imperial Project and Hanoverian Culture c. 1720—1785", in Lawrence Stone (ed.), *An Imperial State at War: Britain from 1689 to 1815* (1994), p. 128。
23 将天主教与奴隶制描述为孪生姐妹的说辞源于 Earl of Shaftesbury 在 1679 的演讲：Tim Harris, *Revolution: The Great Crisis of the British Monarchy, 1685—1720* (2006), p. 31。与之类似的 "新教必然与更高程度的自由交织" 这一观念，在英国各地都有不同形式的表达，而并非霸道的英格兰或纯辉格派的观点，参见 Neil Forsyth, "Presbyterian Historians and the Scottish Invention of British Liberty", *Records of the Scottish Church History Society* 34 (2004), pp. 91—104。
24 把 "英国人和新教徒" 这一短语与要求政治改革或变革相连，这一做法在布道和论辩作品中也很常见。因此苏格兰内阁大臣和历史学家老托马斯·麦凯利指出，为了反对奴役，废奴主义者有权利和义务 "表达我们作为英国人和新教徒所具有的自由"：*Miscellaneous Writings, Chiefly Historical* (Edinburgh, 1841), p. 225。
25 普林斯顿大学的 Hannah Weiss 正在撰写一篇博士论文，是关于一个更多元、更广阔的帝国如何在 1760 年后迫使伦敦重新审视关于谁是可被接受的英国臣民的概念。
26 见拙著 *Captives Britain, Empire and the World 1600—1850*(2002)。
27 "Slavery in India", *House of Commons Papers: Accounts and Papers*, no. 125, p. 378.
28 John Maiden, "The Anglican Prayer Book Controversy of 1927—1928 and National Religion", University of Stirling Ph. D. dissertation, 2007.
29 关于历史编纂趋势的两个有意思且精妙的论述，见 James Thompson, "Modern Britain and the New Imperial History", *History Compass* 5(2007), pp. 455—462; and Dane

Kennedy, "The Boundaries of Oxford's Empire", *International History Review* 23 (2001), pp. 604—622。

30 John Tomaney, "End of the Empire State? New Labour and Devolution in the United Kingdom", *International Journal of Urban and Regional Research* 24 (2000), p. 676. 一部带有广泛参考文献的关于英格兰性及帝国争论的考察,见 Krishan Kumar, "English and British National Identity", *History Compass* 4 (2006), pp. 428—447。

31 例如,见 Mary Hickman, "A New England through Irish Eyes?", in Selina Chen and Tony Wright (eds), *The English Question* (2000)。

32 Tom Nairn, *The Break-Up of Britain* (1977);近期从苏格兰民族主义视角对该主题的考察,见 David McCrone, "Unmasking Britannia: The Rise and Fall of British National Identity", *Nations and Nationalism* 3(1997), pp. 579—596。

33 见 Kevin Kenny (ed.), *Ireland and the British Empire* (Oxford, 2004)。

34 见 Martha McLaren, *British India and British Scotland*, *1780—1830* (Akron, Ohio, 2001);关于遍布帝国的苏格人:T. M. Devine, *Scotland's Empire, 1600—1815* (2003)。

35 David Gilmour, *The Ruling Caste: Imperial Lives in the Victorian Raj* (New York, 2006), p. 55; Huw V. Bowen, "British Conceptions of Global Empire, 1756—1783", *Journal of Imperial and Commonwealth History*, 26 (1998), pp. 1—27. 强调帝国不变的"英格兰性",一定程度上可以服务于两种不负责任的借口。它让一些苏格兰人、威尔士人,当然还有爱尔兰民族主义者,在过去可以完全不响应贯彻帝国的所有要求;它也可以让英格兰学者不用费力去分别考察各种方式,在这些方式中,英格兰、苏格兰、威尔士最终还有爱尔兰的参与者和影响,在运行和利用帝国及其支撑性的意识形态上,越来越融为一体。

36 在这个意义上,有人可能会指出,当前苏格兰出生的英国首相戈登·布朗对"英国性"所表现的热情,有着很长的历史渊源。

37 Whatley and Patrick, *Scots and the Union*, p. 353.

38 关于这一"联合"的混合特性,见 K. Theodore Hoppen, "An Incorporating Union? British Politicians and Ireland 1800—1830", *English Historical Review* 123 (2008), pp. 328—350。

39 *Punch* 22 (1852), p. 62.

40 Duncan Bell, *The Idea of Greater Britain: Empire and the Future of World Order, 1860—1900* (Princeton, N. J., 2007), p. 2 and *passim*.

41 我在最初的结论中引用了这一点(p. 376)并且现在十分确信地重复它。

42 宪章运动显然也关心其他事务,对此请参见 Philip Howell, "'Diffusing the Light of Liberty': The Geography of Political Lecturing in the Chartist Movement", *Journal of Historical Geography* 21 (1995), pp. 23—38;对于全英范围内女性选举权的象征意义,请见 *National Union of Women's Suffrage Societies* (1909), British Library, 8413. k. 5. 然而我强调,这些运动既有地区差异性,也有全国范围内共有的特点。

43 引自 Vernon Bogdanor, "England May Get Its Turn", *Guardian*, 23 April 2001; 和他的

Devolution in the United Kingdom (Oxford, 1999), p. 22。

44　引自 Elfie Rembold, "'Home Rule All Round': Experiments in Regionalizing Great Britain, 1886—1914", in Ulrike Jordan and Wolfram Kaiser (eds), *Political Reform in Britain, 1886—1996: Themes, Ideas, Policies* (Boehun, 1997), p. 169。

45　在第二次世界大战结束60多年之后，纳粹德国的故事仍然还铭记在英国中小学历史大纲中，也是影视剧的一个重要题材，其程度之深，可能正是一个例证，证明了这样一种一致认定的"异己"，现在多么令人怀念。

46　关于权威解释，见 Bogdanor, *Devolution*；另见 L. Paterson, "Is Britain Disintegrating? Changing Views of 'Britain' after Devolution", *Regional & Federal Studies* 12 (2002), pp. 21—42; and A. Aughey, *Nationalism, Devolution and the Challenge to the United Kingdom* (2001)。

47　Langford, *Englishness Identified*, p. 319.

第一版序言

1　Paul Kennedy, *The Rise and Fall of the Great Powers* (1988), p. 160.

2　例如，见 John Lough, *France Observed in the Seventeenth Century by British Travellers* (Stocksfield, 1985), 及其 *France on the Eve of Revolution: British Travellers Observations 1763—1788* (1987)。

3　P. G. M. Dickson, *The Financial Revolution in England* (1967); John Brewer, *The Sinews of Power: War, Money and the English State, 1688—1783* (1989).

4　然而，可见 Mark Philp (ed.), *Resisting Napoleon: The British Response to the Threat of Invasion, 1797—1815* (Aldershot, 2006)。

5　例如，见 Paul Kleber Monod, *Jacobitism and the English People, 1688—1788* (Cambridge, 1989); James E. Bradley, *Popular Politics and the American Revolution in England* (Macon, Georgia, 1986); J. E. Cookson, *The Friends of Peace: Anti-War Liberalism in England, 1793—1815* (Cambridge, 1982); Roger Wells, *Insurrection: The British Experience 1795—1803* (Gloucester, 1983)。

6　Benedict Anderson, *Imagined Communities: Reflections on the Origin and Spread of Nationalism* (1991 edn), p. 6. 另见 Eric Hobsbawm, *Nations and Nationalism since 1780: Programme, Myth, Reality* (Cambridge, 1990)。这两本书都价值非凡，证明了关于"是什么构成了国家主义和国家地位"的任何一种单一的柏拉图式的观念，都不可靠。

7　Peter Sahlins, *Boundaries: The Making of France and Spain in the Pyrenees* (Berkeley, Ca., 1989), p. 271.

8　见拙文 "Britishness and Otherness: An Argument", *Journal of British Studies* 31 (1992)。

9　关于英国的"融合"，参见 Keith Robbins, *Nineteenth-century Britain: Integration and Diversity* (Oxford, 1988)。"英国是由以'逐渐取代了'地区和地域文化并确立了'单一民族文化'的英格兰为核心的帝国形成的"，对于这一理论最完善的表述，参

见 *Internal Colonialism: The Celtic Fringe in British National Development, 1536—1966* (Berkeley, Ca., 1975). 不用说，这两本书都包含了许多有价值的东西，但这两本书似乎都认为，英国只需要培育某种文化一致性，就可以生成，这一点我不同意。

10　R. F. Foster, *Modern Ireland 1600—1972* (1988), p. 163. 后来成为大法官的菲利普·约克，在 1721 年，以罕见的直率，陈述了伦敦对于爱尔兰的态度："爱尔兰的臣服，要从英格兰和爱尔兰两个方面来考虑……爱尔兰是一个被征服的民族，是一个英格兰人移居于此的殖民地，一个服从于母国法律的殖民地"，同上，第 248 页。这和威尔士和苏格兰的宗主国地位大相径庭。

11　*The Times*, 22 November 1991.

第一章　新教徒

1　*The Complete Poetical Works of James Thomson*, ed. J Logie Robertson (Oxford, 1908), p. 420. 不列塔尼亚的人物形象可以追溯到英国大部分地区都还是一个罗马行省的时候。她大概在 1665 年第一次出现在英格兰的硬币上，尽管要到 1797 年赢得一系列对法海战的胜利之后，她才获得了她那为人们熟悉的三叉戟。1821 年，不列塔尼亚成了一个更军事化的形象，身披盔甲出现在英国的硬币上：参见 C. Wilson Peck, *English Copper, Tin and Bronze Coins in the British Museum 1558—1958* (2nd edn, 1964), pp. 110, 288, 295. 对于她如何在 18 世纪的出版物中被用来代表作为一个整体的大不列颠，参见 Herbert M. Atherton, *Political Prints in the Age of Hogarth* (Oxford, 1974), pp. 89—97。

2　关于联合的形成，见 Bruce Galloway, *The Union of England and Scotland, 1603—1608* (Edinburgh, 1986); T. I. Rae (ed.), *The Union of 1707: Its Impact on Scotland* (1974); P. W. J. Riley, *The Union of England and Scotland: A Study in Anglo-Scottish Politics in the 18th Century* (Manchester, 1978); Denys Hays, "The Use of the Term 'Great Britain' in the Middle Ages", *Proceedings of the Society of Antiquaries of Scotland* 89 (1955—1956)。

3　Rosaland Mitchison, *Lordship to Patronage: Scotland 1603—1745* (1983), pp. 1—129; T. M. Devine, "The Union of 1707 and Scottish Development", *Scottish Economic and Social History 5* (1985), p. 26.

4　Brian P. Levack, *The Formation of the British State: England, Scotland, and the Union 1603—1707* (Oxford, 1987); Alexander Murdoch, *The People Above: Politics and Administration in Mid-18th Century Scotland* (Edinburgh, 1980).

5　关于这一记录特别狂躁的抱怨，见 John Free, *Seasonable Reflections upon the Importance of the Name of England* (1755)。

6　Timothy J. McCann (ed.), *The Correspondence of the Dukes of Richmond and Newcastle 1724—1750*, Sussex Record Society, 73 (Trowbridge, 1984), pp. 204 and 236.

7　Kenneth O. Morgan, *Rebirth of a Nation: Wales 1880—1980* (Oxford, 1981), p. 20.

8　W. T. R. Pryce, "Wales as a Culture Region: Patterns of Change 1750—1971", *Transactions of the Honourable Sociery of Cymmrodorion* (1978).

9 John Evans, *The Christian Soldier: A Sermon Preached before the Most Honourable and Loyal Society of Ancient Britons* (1751), p. 25.

10 见 Richard Rose, *Understanding the United Kingdom: The Territorial Dimension in Government* (1982), pp. 15 *et seq*。如 Rose 所提醒, 意味着存在一个作为整体的凯尔特认同是 Michael Hechter 除此之外将十分吸引人的著作 *Internal Colonialism: The Celtic Fringe in British National Development, 1536—1966* (Berkeley, Ca., 1975) 所存在的问题之一。

11 *The Break-Up of Britain: Crisis and Neo-Nationalism* (2nd edn, 1981), p. 147. 关于大不列颠不同地区的地域文化, 见 Hugh Kearney, *The British Isles: A History of Four Nations* (Cambridge, 1989)。

12 例如, 见萨瑟兰女伯爵管家 Patrick Sellar 的观点, T. C. Smout and Sydney Wood, *Scottish Voices, 1745—1960* (1990), pp. 292—293。沃尔特·司各特爵士决定把乔治四世 1822 年对苏格兰著名的访问, 变成一场称颂高地人所有事物的庆典, 这深深惹恼了许多苏格兰低地人。伊丽莎白·格兰特在当时写道:"场景设计者们犯了一个大错, 一个惹恼了所有苏格兰南方人的错; 国王在接见时穿着高地人的服装。我猜他认为这个国家全是高地, 看不到富饶的平原, 搞不清撒克逊人和凯尔特人之间的区别", *Memoirs of a Highland Lady* (2 vols, Edinburgh, 1988), II, pp. 165—166。

13 Philip Jenkins, *The Making of a Ruling Class: The Glamorgan Gentry 1640—1790* (Cambridge, 1983), p. 11.

14 引自 Benedict Anderson, *Imagined Communities: Reflections on the Origin and Spread of Nationalism* (1991 edn), p. x。

15 见 R. A. Houston, *Scottish Literacy and the Scottish Identity* (Cambridge, 1985)。

16 D. J. Withrington and I. R. Grant (eds), *The Statistical Account of Scotland 1791—1799* (20 vols, Ilkley, 1975—1983), III, p. 491.

17 G. L. Gomme (ed.), *The Gentleman's Magazine Library* (30 vols, 1883—1905) I, p. 20.

18 *John Clare's Autobiographical Writings*, ed. Eric Robinson (Oxford, 1983), p. 58.

19 Peter Sahlins, "National Frontiers Revisited: France's Boundaries since the Seventeenth Century", *American Historical Review* 95 (1990), p. 1435.

20 引自 Peter Furtado, "National Pride in Seventeenth-Century England", in Raphael Samuel (ed.), *Patriotism: The Making and Unmaking of British National Identity* (3 vols, 1989), I, p. 50。

21 见 John Bossy, *The English Catholic Community, 1570—1850* (1975), 这是一部出色的考察, 但却没有处理好反天主教的规模。关于威尔士的反天主教情况, 见 Geraint H. Jenkins, *Literature, Religion and Society in Wales, 1660—1730* (Cardiff, 1978)。然而, 还几乎没有作品研究过苏格兰所存在的相似偏见, 但可见 Robert Kent Donovan, *No Popery and Radicalism: Opposition to Roman Catholic Relief in Scotland, 1778—1782* (New York, 1987)。

22　Geoffrey Holmes, *The Trial of Doctor Sacheverell* (1973), p. 35.
23　见 David Cressy, *Bonfires and Bells: National Memory and the Protestant Calendar in Elizabethan and Stuart England* (1989)。尽管使用了这个标题，这本书提到了威尔士。另见 James Caudle, "Measures of Allegiance: Sermon Culture and the Creation of a Public Discourse of Obedience and Resistance in Georgian Britain, 1714—1760", Yale University Ph. D. dissertation, 1995。
24　William Keeling. *Liturgiae Britannicae* (Cambridge, 1851), p. 398.
25　引自 in E. J. Hobsbawm, *Nations and Nationalism since 1780: Programme, Myth, Reality* (Cambridge, 1990), p. 12。
26　本段与下一段基于 Bernard Capp, *Astrology and the Popular Press: English Almanacs 1500—1800* (1979)。
27　*Ibid.*, p. 245.
28　*Literature, Religion and Society in Wales*, p. 47.
29　关于这一点，见 Colin Haydon, "Anti-Catholicism in Eighteenth Century England c. 1714—c. 1780", Oxford University D. Phil. dissertation, 1985。
30　例如，见 Defoe 对于 1720 年代弗林特郡霍利韦尔新教徒与天主教徒融洽关系的评论, *A Tour Through the Whole Island of Great Britain*, ed. P. N. Furbank, W. K. Owens and A. J. Coulson (New Haven and London, 1991), p. 199。
31　关于这类战时迫害运动的图例说明，见 Haydon, "Anti-Catholicism in Eighteenth Century England", p. 199。
32　*Ibid.*, p. 55.
33　"Religion and National Identity in Nineteenth-Century Wales and Scotland", in Stuart Mews (ed.), *Religion and National Identity* (Oxford, 1992), p. 502.
34　William J. Callahan and David Higgs (eds), *Church and Society in Catholic Europe of the Eighteenth Century* (Cambridge, 1979).
35　引自 Jeremy Black, "The Challenge of Autocracy: The British Press in the 1730s", *Studi Settecenteschi* (1982—1983), p. 113。
36　Samuel Chandler, *Plain Reasons for Being a Protestant* (1735), pp. 63—64. 关于詹姆斯党威胁最透彻的分析，见 Bruce Lenman, *The Jacobite Risings in Britain 1689—1746* (1980)。
37　见 Kenneth Bourne, *The Foreign Policy of Victorian England* (1970)。
38　Gerald Newman, *The Rise of English Nationalism: A Cultural History 1740—1830* (1987).
39　关于这一点，见 Katharine R. Firth, *The Apocalyptic Tradition in Reformation Britain 1530—1645* (Oxford, 1979)，该书应与 William Haller 这部早期出版但仍有价值的 *The Elect Nation: The Meaning and Relevance of Foxe's Book of Martyrs* (New York, 1963) 一同阅读。
40　*The Book of Martyrs: Containing an Account of the Sufferings and Death of the Protestants in the Reign of Queen Mary the First* (1732), preface.

41 *Ibid.*, pp. 723—724.
42 *The Pilgrim's Progress from This World to That Which Is to Come*, ed. J. B. Wharey and R. Sharrock (Oxford, 1960), p. 65.
43 Christopher Hill, *A Turbulent, Seditious, and Factious People: John Bunyan and his Church* (Oxford, 1988); E. P. Thompson, *The Making of the English Working Class* (1965), pp. 26—54.
44 见 Paul Fussell, *The Great War and Modern Memory* (Oxford, 1975), pp. 137—144。在第一次世界大战期间，还有新教徒认同对于英国身份的更尖锐的表达。一些来自阿尔斯特（原为爱尔兰的一个地区，现在被北爱尔兰和爱尔兰共和国所分割）的团，据说高喊着"教皇去死"的口号，参与到对德作战当中。
45 关于敦刻尔克及关于它的传奇，见 Nicholas Harman, *Dunkirk, the Patriotic Myth* (New York, 1980); Russell Plummer, *The Ships that Saved an Army: A Comprehensive Record of the 1300 'Little Ships' of Dunkirk* (Welling-borough, 1990)。
46 关于瑞典与荷兰的新教民族主义，见 Michael Roberts, "The Swedish Church", *Sweden's Age of Greatness* (1973); Simon Schama, *The Embarrassment of Riches: An Interpretation of Dutch Culture in the Golden Age* (Berkeley, Ca., 1988), pp. 1—125。关于非常相似的跨大西洋的宗教与身份趋同，见 Nathan O. Hatch, *The Sacred Cause of Liberty: Republican Thought and the Millennium in Revolutionary New England* (New Haven and London, 1977)。
47 *Blake: The Complete Poems*, ed. W. H. Stevenson (2nd edn, 1989), pp. 491—492. Firth, *Apocalyptic Tradition*, pp. 109 *et seq*.
48 引自 William Donaldson, *The Jacobite Song: Political Myth and National Identity* (Aberdeen, 1988), p. 45（重点标志由我添加）; Bonamy Dobree, "The Theme of Patriotism in the Poetry of the Early Eighteenth Century", *Proceedings of the British Academy* XXXV (1949), p. 52。
49 Adam Ferguson, *A Sermon Preached in the Erse Language to His Majesty's First Highland Regiment of Foot* (1746); Alexander Webster, *The Substance of Two Sermons* (1746)，这条参考书目信息要感谢 James Caudle 的勤勉研究。
50 Haydon, "Anti-Catholicism in Eighteenth Century England", p. 199.
51 接下来的段落要感谢耶鲁大学 Robert Forbes 的研究。
52 Christopher Hogwood, *Handel* (1984), p. 251 and *passim*.
53 *Tour Through the Whole Island of Great Britain*, p. 157.
54 关于这一解释，来自两种不同政治视角，见 Edward Thompson's *Whigs and Hunters: The Origin of the Black Act* (1975) and J. C. D. Clack, *English Society 1688—1832* (1985), pp. 42—118。
55 Ronald Paulson, *Hogarth: His Life, Art and Times* (2 vols, New Haven and London, 1971), II, pp. 75—78.

56 引自 Black, "Challenge of Autocracy", p. 107。
57 Ralph A. Griffiths 在 *This Royal Throne of Kings, This Sceptr'd Isle: The English Realm and Nation in the Later Middle Ages* (Swansea, 1983) 中察觉到了百年战争期间同样的英格兰偏见。
58 引自 Jeremy Black, *The British and the Grand Tour* (1985), p. 174; 关于布里斯托的标语 Linda Colley, *In Defiance of Oligarchy: The Tory Party 1714—1760* (Cambridge, 1982), p. 155。
59 引自 Black, *British and the Grand Tour*, pp. 193—194。
60 E. g., Clark, *English Society*, passim. 至于用"旧制度"这个词来描述1789年以前的欧洲大陆，则犯了年代错误，因为托克维尔和其他人只在反思过往的时候，才在这种意义上使用这个词。西蒙·夏玛评论道，因为它承载了"语义上大量过时的东西"，因此越来越被研究法国大革命之前历史的史学家弃用，不清楚英国史学家为何要重拾这一术语。
61 Fernand Braudel, *The Identity of France*. II: *People and Production* (New York, 1990), pp. 371—384. 关于英国的观点，见 K. E. Wrightson, "Kindred Adjoining Kingdoms: An English Perspective on the Social and Economic History of Early Modern Scotland", in R. A. Houston and I. D. Whyte (eds), *Scottish Society 1500—1800* (Cambridge, 1989), p. 255。But cf. Roger Wells, *Wretched Faces: Famine in Wartime England 1793—1801* (Gloucester, 1988)。
62 此处要感谢 E. A. Wrigley, "Society and the Economy in the Eighteenth Century" 这篇未发表的文章。
63 见 Eric Pawson, *Transport and Economy: The Turnpike Roads of Eighteenth-Century Britain* (1977), pp. 134—69。
64 T. Hunter (ed.), *Extracts from the Records of the Convention of the Royal Burghs of Scotland 1738—1759* (Edinburgh, 1915), p, 256; *Bibliography Lindesiana: Catalogue of English Broadsides 1505—1897* (Aberdeen, 1898), p. 302.
65 Jan de Vries, *European Urbanization, 1500—1800* (1984)。
66 P. J. Corfield, *The Impact of English Towns 1700—1800* (Oxford, 1982); Peter Clark (ed.), *The Transformation of English Provincial Towns* (1984); Ian H. Adam, *The Making of Urban Scotland* (1978).
67 Wrigley, "Society and the Economy"; R. Houston, "Geographical Mobility in Scotland, 1652—1811: The Evidence of Testimonials", *Journal of Historical Geography* II (1985).
68 John Chamberlayne, *Magnae Britanniae Notitia: or, the Present State of Great Britain* (1716), p. 362.
69 关于这一信息感谢编写"18世纪短书名目录"的 A. D. Sterenberg。
70 G. A. Cranfield, *The Development of the Provincial Newspaper* (Oxford, 1962); M. E. Craig, *The Scottish Periodical Press, 1750—1789* (Edinburgh, 1931). 为了宣扬苏格兰启蒙运动大师们流传远远没那么广的作品，需要更多作品来研究苏格兰的报纸、期刊

和宗教出版物，这些一直被忽视。
71　E. g., *Scots Magazine* I (1739), pp. 76—78, 486, 603.
72　Colley, *In Defiance of Oligarchy*, p. 325n80.
73　*Literature, Religion and Society in Wales*, p. 54.
74　*Scotland's Opposition to the Popish Bill: A Collection of All the Declarations and Resolutions* (Edinburgh, 1780), p. 191; John and Dorothea Teague, *Where Duty Calls Me: The Experiences of William Green of Lutterworth in the Napoleonic Wars* (West Wickham, 1975), p. 47.
75　引自 *The Collected Essays of Asa Briggs.* II : *Images, Problems, Standpoints, Forecasts* (Brighton, 1985), p. v。
76　Percy A. Scholes, *God Save the Queen! The History and Romance of the World's First National Anthem* (1954).
77　见下文, p. 213。
78　Paulson, *Hogarth*, II , p. 90.
79　E. N. Williams, *The Eighteenth-Century Constitution* (Cambridge, 1960), p. 56.
80　Graham C. Gibbs, "English Attitudes towards Hanover and the Hanoverian Succession in the First Half of the Eighteenth Century", in Adolf M. Birke and Kurt Kluxen (eds), *England und Hannover* (Munich, 1986), p. 37; 另见 Ragnhild Hatton, *George I Elector and King* (1978)。
81　他继续补充说："我们也可以说一艘船是为了某位特定的领航员建造、装载和行驶，而无需认为领航员是为了船、其装卸的货物和全体船员（在政治航船上，他们总是主人）而生；就像说王国是为国王而创制，而不是国王为王国而生", *The Works of Lord Bolingbroke* (4 vols, Philadelphia, 1841), II , p. 380。
82　Richard Willis, *The Way to Stable and Quiet Times: A Sermon Preached before the King* (1715), p. 25.
83　关于这一点，见 Donaldson, *The Jacobite Song*, and Paul Kleber Monod, *Jacobitism and the English People, 1688—1788* (Cambridge, 1989)。
84　感谢 Lois G. Schwoerer 教授未发表的文章。
85　L. G. Wickham Legg, *English Coronation Records* (1901), p. xxx.
86　感谢 James Caudle 的研究。
87　John James Caesar, *A Thanksgiving Sermon Preached the First Sunday after the Landing of his Majesty* (1714), p. 6.
88　关于英格兰和威尔士，经典的叙述是 W. A. Speck's *Tory and Whig: The Struggle in the Constituencies, 1701—1715* (1970)。18 世纪苏格兰的选举体制更为狭小，并且仍旧困扰着历史学家。
89　见拙著 *Namier* (1989), p. 86。
90　*Ibid.*, p. 87.
91　A. R. Myers, *Parliaments and Estates in Europe to 1789* (1975), *passim*.
92　W. Charles Townsend, *Memoirs of the House of Commons, from the Convention Parliament*

of 1688—1689 to 1832 (2 vols, 1844), Ⅱ, p. 87; T. I. Jeffreys Jones, Acts of Parliament concerning Wales 1714—1901 (Cardiff, 1959).

93　The Pubilc General Statutes Affecting Scotland 1707—1847 (3 vols, Edinburgh, 1987).
94　Frank O'Gorman, *Voters, Patrons and Parties: The Unreformed Electorate of Hanoverian England, 1734—1832* (Oxford, 1989), p. 182.
95　*Ibid.*, *passim*.
96　Jacob M. Price, 'The Excise Affair Revisited' in Stephen Baxter (ed.), *England's Rise to Greatness 1660—1773* (1983), p. 293.
97　David Neave, "Anti-Militia Riots in Lincolnshire, 1757 and 1796", *Lincolnshire History and Archaeology* Ⅱ (1976), p. 26(my emphasis).
98　John Brewer, *The Sinews of Power: War, Money and the English State, 1688—1783* (1989), pp. 7—14.

第二章　收益

1　Miroslav Hroch, *Social Preconditions of National Revival in Europe*, trans. Ben Fowkes (Cambridge, 1985), p. 12.
2　Jeremy Black, *Culloden and the '45* (Stroud, Glos., 1990), preface.
3　Thompson, *Whigs and Hunters: The Origin of the Black Act* (1975), *passim*; Bruce Lenman, *Jacobite Risings in Britain 1689—1746* (1980), p. 231.
4　F. J. McLynn, *France and the Jacobite Rising of 1745* (Edinburgh, 1981), p. 6.
5　E. g., Ian and Kathleen Whyte, *On the Trail of the Jacobites* (1990).
6　Julian Hoppit, *Risk and Failure in English Business, 1700—1800* (Cambridge, 1987), p. 4. 我们现在对那时的苏格兰与英格兰贸易群体的上层人士了解较多，而对较他们更穷、数量极多的同行或威尔士的总体贸易生活知之甚少，例如，见如下这些杰出研究：Paul Langford, *A Polite and Commercial People: England 1727—1783* (Oxford, 1989); Peter Earle, *The Making of the English Middle Class: Business, Society and Family Life in London 1660—1730* (1989); T. M. Devine, *The Tobacco Lords: A Study of the Tobacco Merchants of Glasgow and their Trading Activities, c. 1740—90* (Edinburgh, 1990 edn)。
7　Ruth McClure, *Coram's Children* (New Haven and London, 1981); 关于这幅画的重要性，见 Ellis Waterhouse, *Painting in Britain 1530 to 1790* (4th edn, 1978), p. 174。
8　Ronald Paulson, *Hogarth: His Life, Art and Times* (2 vols, New Haven and London, 1971), II, pp. 35—42.
9　R. M. Nichols and F. A. Wray, *A. History of the Foundling Hospital* (1935), pp. 249—64.
10　*Magnae Britanniae Notitia: or, The Present State of Great Britain* (1718), p. 33; *ibid*. (1755), p. 42.
11　John McVeagh, *Tradefull Merchants* (1981), p. 65.

12　*Parl. Hist.*, XI, pp. 7, 19.
13　T. K. Meier, *Defoe and the Defense of Commerce* (Victoria, B. C, 1987), p. 15.
14　第一版序言；J. R. Raven, "English Popular Literature and the Image of Business 1760—1790", Cambridge University Ph. D. dissertation, 1985 (2 vols), II, unpaginated。
15　W. D. Rubinstein, *Men of Property* (New Brunswick, 1981).
16　Lawrence Stone and Jeanne C. Fawtier Stone, *An Open Elite?: England 1540—1880* (Oxford, 1984), pp. 211—255.
17　Marie Peters, *Pitt and Popularity* (Oxford, 1980), p. 111.
18　David Cannadine, *The Decline and Fall of the British Aristocracy* (New Haven and London, 1990), pp. 8—25.
19　Neil McKendrick, "'Gentlemen and Players' Revisited: the Gentlemanly Ideal, the Business Ideal and the Professional Ideal in English Literary Culture", in N. McKendrick and R. B. Outhwaite (eds), *Business Life and Public Policy* (1986); and see McVeagh, *Tradefull Merchants*, pp. 80 *et seq*.
20　J. G. Links, *Canaletto and his Patrons* (1977).
21　E. A. Wrigley, "A Simple Model of London's Importance in Changing English Society and Economy, 1650—1750", *Past & Present* 37 (1967); and Earle, *Making of the English Middle Class*, *passim*.
22　Paul Langford, *Public Life and the Propertied Englishman, 1689—1798* (Oxford, 1991), p. 194.
23　Defoe 的研究仍是最好的，见他的 *Tour Through the Whole Island of Great Britain*, pp. 133—165。
24　P. G. M. Dickson, *The Financial Revolution in England* (1967), *passim*.
25　J. V. Beckett and Michael Turner, "Taxation and Economic Growth in Eighteenth-Century England", *Economic History Review*, 2nd series, 43 (1990).
26　John Brewer, *The Sinews of Power: War, Money and the English State, 1688—1783* (1989), pp. 29—63.
27　引自 P. K. O'Brien and S. L. Engerman, "Exports and the Growth of the British Economy from the Glorious Revolution to the Peace of Amiens", in B. Solow and S. L. Engerman (eds). *Slavery and the Rise of the Atlantic System* (Cambridge, 1991)。我要感谢 O'Brien 使我有机会在出版前看到这篇杰出的再修正主义作品。N. A. M. Rodger, *The Wooden World: An Anatomy of the Georgian Navy* (1986), pp. 145—182。
28　关于这一点，见 Kathleen Wilson, "Empire, Trade and Popular Politics in Mid-Hanoverian Britain: The Case of Admiral Vernon", *Past & Present* 121 (1988); Nicholas Rogers, *Whigs and Cities: Popular Politics in the Age of Walpole and Pitt* (Oxford, 1989)。
29　Julian Hoppit, "The Use and Abuse of Credit in Eighteenth-Century England", in McKendrick and Outhwaite, *Business Life and Public Policy*. 在苏格兰和威尔士，关于信贷的使用尚未进行如此深入的调查，但请参见 Charles Munn 所给的启发，他认为在苏格

兰有一个庞大的个人之间的信贷领域，然而对该领域尚未进行研究。*The Scottish Provincial Banking Companies* (Edinburgh, 1981), p. 5。

30　Earle, *Making of the English Middle Class*, p. 412.
31　Brewer, *Sinews of Power*, p. 186.
32　引自 Dickson, *Financial Revolution*, p. xxi。
33　例如，见 Thomas Carew 保存在萨默塞特档案室的文章，他是一位很重要的托利派议员。
34　T. Hunter (ed.), *Extracts from the Records of the Convention of the Royal Burghs of Scotland 1738—59* (Edinburgh, 1915), *passim*.
35　本段及接下来两段十分感谢 O'Brien and Engerman, "Exports and the growth of the British economy"。
36　Denys Forrest, *Tea for the British: The Social and Economic History of a Famous Trade* (1973), p. 284.
37　Patrick Crowhurst, *The Defence of British Trade 1689—1815* (1977), p. 157.
38　Jacob M. Price, "What Did Merchants Do? Reflections on British Overseas Trade, 1660—1790", *Journal of Economic History 49* (1989), p. 276.
39　Forrest, *Tea for the British*, pp. 55—58.
40　引自 Virginia C. Kenny, *The Country House Ethos in English Literature 1688—1750: Themes of Personal Retreat and National Expansion* (New York, 1984), p. 68.
41　引文来自柏克对老皮特的纪念文字，Peters, *Pitt and Popularity*, p. vi。
42　Crowhurst, *Defence of British Trade*, pp. 15—80.
43　Benjamin Newton, *Another Dissertation on the Mutual Support of Trade and Civil Liberty* (1756), p. 13. 关于对于这一时期商业和公共精神的欧洲范围内的讨论，见 Albert O. Hirschman, *The Passions and the Interests: Political Arguments for Capitalism before its Triumph* (Princeton, 1977)。
44　见 Lenman, *Jacobite Risings in Britain*。
45　在这一意义上，即詹姆斯党人最热心的许多历史记录者，其背景都是坚定的苏格兰民族主义者、罗马天主教徒或顽固的托利派。这并不奇怪，因为反对联合的苏格兰人、天主教徒和顽固的托利派（不是全部托利派），是18世纪活跃的詹姆斯党人的主力军。
46　J. C. D. Clark, *English Society 1688—1832* (1985), p. 173.
47　John Childs, *The Army, James II and the Glorious Revolution* (Manchester, 1980), p. 175, and his *The British Army of William III, 1689—1702* (Manchester, 1987), p. 6.
48　Brewer, *Sinews of Power*, pp. 29—63; J. A. Houlding, *Fit for Service: The Training of the British Army 1715—1795* (Oxford, 1981).
49　见导览 *House of Dun: Tour of the House and History*, 由 The National Trust for Scotland 出版；但最好还是参观这栋住宅。
50　这一预估要感谢我在耶鲁的前同事 David Underdown。

51 引自 Paul Kleber Monod, *Jacobitism and the English People, 1688—1788* (Cambridge, 1989), p. 266。尽管非常同情斯图亚特的事业，但该书博学和富有想象力地重现了"消极"型的詹姆斯党人。苏格兰没有这样的作品存世，但沃尔特·司各特在《韦弗利》中，虚构了同样不情愿的、清静无为的形象，书中与作品同名的英雄（至少开始时）拒绝叛乱的诱惑："不管斯图亚特固有什么样的权利，冷静地思考告诉他……自那（1688 年）以后，曾有四个君主和平和光荣地统治过不列颠，维持和提升了国家在国外的形象，及国内的自由。*理性问道，是否值得去搅动一个建立和统治了这么久的政府，把王国拖入到内战的悲惨深渊*……？"（斜体由作者所加）。这段引文的前面部分反映了司各特本人的政治观点，但最后这句话在苏格兰引起了更广泛的共鸣，尤其是在 1745 年之前。这段引文要感谢耶鲁大学的 Cyrus Vakil。

52 关于这一点，见 Monod, *Jacobitism and the English People*, and William Donaldson, *The Jacobite Song: Political Myth and National Identity* (Aberdeen, 1988)。

53 *A Collection of State Songs, Poems etc That Have Been Published since the Rebellion* (1716), p. 137.

54 Olwen H. Hufton, *The Poor of Eighteenth-Century France 1750—1789* (Oxford, 1974), p. 367.

55 当一名斯托克波特人真的开枪并打死了一名詹姆斯党人士兵时，高地人为了报复，烧了他的牛棚和谷仓，杀了他的牛，抓走了他的父亲：F. J. McLynn, *The Jacobite Army in England, 1745* (Edinburgh, 1983), p. 147。

56 *Ibid.*, p. 145.

57 McLynn, *France and the Jacobite Rising of 1745*.

58 关于法国此时的商业力量，见 Ralph Davis, *Aleppo and Devonshire Square* (1967), p. 28; K. N. Chaudhuri, *The Trading World of Asia and the English East India Company 1660—1760* (Cambridge, 1978), pp. 223—235; William Doyle, *The Old European Order 1660—1800* (Oxford, 1978), pp. 62—70; James C. Riley, *The Seven Years War and the Old Regime in France* (Princeton, 1986), pp. 105—110。

59 Jeremy Black, *Natural and Necessary Enemies: Anglo-French Relations in the Eighteenth Century* (1986), pp. 146—147.

60 F. J. McLynn, *Charles Edward Stuart* (1988).

61 W. A. Speck, *The Butcher: The Duke of Cumberland and the Suppression of the '45* (Oxford, 1981), pp. 27—52.

62 *Ibid.*, p. 62; P. R. O., S. P. 36/74/3.

63 见 A. Livingstone, C. W. H. Aikman, and B. S. Hart (eds), *Muster Roll of Prince Charles Edward Stuart's Army 1745—46* (Aberdeen, 1984)。

64 R. Garnett, "Correspondence of Archbishop Herring and Lord Hardwicke during the Rebellion of 1745", *English Historical Review* 19 (1904), p. 542.

65 见附录一。

66 Speck, *The Butcher*, pp. 72 and 211.

67 P. R. O., S. P. 36/74/24.
68 *Report from the Committee of the Guildhall Subscription Towards the Relief, Support, and Encouragement of the Soldiers Employed in Suppressing the Rebellion* (1747), p. 3.
69 Monod, *Jacobitism and the English People*, pp. 336—341.
70 Vanessa S. Doe (ed.), *The Diary of James Clegg of Chapel en le Frith 1708—1755* (3 vols, Derby, 1978—1981), II, p. 559.
71 P. R. O, S. P. 36/71/17; S. P. 36/74, Part II, fol. 57.
72 Lenman, *Jacobite Risings in Britain*, p. 257.
73 *Ibid.*; Garnett, "Correspondence of Archbishop Herring", p. 729.
74 T. C. Smout, "The Burgh of Montrose and the Union of 1707: A Document", *Scottish Historical Review* 182 (1987), pp. 103—104; and see Speck, *The Butcher*, p. 185.
75 Lenman, *Jacobite Risings in Britain*, pp. 101—102, 216—218; 感谢 Paul Monod 的信息。
76 所有史学家都同意，1740年代就苏格兰而言，联合王国正在支付经济红利：Christopher A. Whatley, "Economic Causes and Consequences of the Union of 1707: A Survey", *Scottish Historical Review 68* (1989)。
77 P. R. O, S. P. 36/70/107.
78 *Boswett's Life of Johnson*, ed. G. B. Hill and L. F. Powell (6 vols, Oxford, 1934), III, pp. 156—157. 这条参考信息要归功于 James Caudle。
79 A. J. Youngson, *The Prince and the Pretender: A Study in the Writing of History* (1985), p. 115.
80 见 McLynn, *France and the Jacobite Rising*。
81 例如，见 Rosalind Mitchison (ed.), *The Roots of Nationalism: Studies in Northern Europe* (Edinburgh, 1980); C. Prignitz, *Vaterlandsliebe und Freiheit Deutscher Patriotismus von 1750 bis 1850* (Wiesbaden, 1981); and the essays in Otto Dann and John Dinwiddy (eds), *Nationalism in the Age of the French Revolution* (1988)。关于奥西思现象，见 Fiona J. Stafford, "The Sublime Savage: A Study of James Macpherson and the Poems of Ossian in Relation to the Cultural Context in Scotland in the 1750s and 1760s", Oxford University D. Phil. dissertation, 1986。
82 Paulson, *Hogarth*, II, pp. 90—92.
83 David Owen, *English Philanthropy 1660—1960* (1965), p. 50; James Stephen Taylor, "Philanthropy and Empire: Jonas Hanway and the Infant Poor of London", *Eighteenth-Century Studies 12* (1978—1979).
84 John Brown, *An Estimate of the Manners and Principles of the Times* (2nd edn, 1757), p. 111.
85 T. D. Kendrick, *The Lisbon Earthquake* (1956).
86 Brown, *Estimate of the Manners*, p. 92; 另见拙文 "The Apotheosis of George III: Loyalty, Royalty and the British Nation 1760—1820", *Past & Present* 102 (1984), p. 99。
87 Gerald Newman, *The Rise of English Nationalism: A Cultural History 1740—1830* (1987),

especially pp. 63—122.
88　*Ibid.*, p. 71.
89　关于这一点，见 John Brewer, "Clubs, Commercialization and Polities", in Neil McKendrick, John Brewer and J. H. Plumb, *The Birth of a Consumer Society: The Commercialization of Eighteenth-Century England* (1982), pp. 231—262; and Kathleen Wilson, "Urban Culture and Political Activism in Hanoverian England: The Emergence of Voluntary Hospitals", in Eckhart Hellmuth (ed.), *The Transformation of Political Culture: England and Germany in the Late Eighteenth Century* (Oxford, 1990), pp. 165—184。
90　见 Isaac Hunt, "Some Account of the Laudable Institution of the Society of Antigallicans", in *Sermons on Public Occasions* (1781)。
91　John Free, *A Sermon Preached at St John's, in Southwark before the Laudable and Loyal Associations of Anti-Gallicans* (1756), pp. 18 et seq., 另见他的 *An Essay Towards an History of the English Tongue* (1749), and *The Danger Attending an Enlightened and Free People* (1753), 在这本书中，他对一个共同的撒克逊种族提出了类似要求。
92　John Butley, *A Sermon Preached at the Church of Greenwich . . . before the Laudable Association of Antigallicans* (1754), pp. 17—18.
93　D. G. C. Allan, *William Shipley: Founder of the Royal Society of Arts* (1979 repr); Derek Hudson and Kenneth W. Luckhurst, *The Royal Society of Arts 1754—1954* (1954).
94　Hudson and Luckhurst, *Royal Society of Arts*, pp. 1—89.
95　*Ibid.*, p. 87.
96　Iain Pears, *The Discovery of Painting: The Growth of Interest in the Arts in England, 1680—1768* (New Haven and London, 1988), pp. 127—129.
97　Allan, *William Shipley*, pp. 6—7.
98　James Stephen Taylor, *Jonas Hanway: Founder of the Marine Society* (1985), pp. 67—102.
99　Jonas Hanway, *Letter to the Marine Society* (2nd edn, 1758), p. 4.
100　Taylor, *Jonas Hauway*, p. 75.
101　这很大程度上是杰拉德·纽曼在《英格兰民族主义的兴起》(Gerald Newman, *The Rise of English Nationalism*) 一书中随处可见的观点。此前很久，于尔根·哈贝马斯把那时的西欧当成一个整体来考察其社会发展时，得出了同样的观点。我还发现 Geoff Eley 的一篇没有发表的论文在这里很有价值: "Nations, Publics, and Political Cultures: Placing Habermas in the Nineteenth Century"。
102　William Thornton, *The Counterpoise. Being Thoughts on a Militia and a Standing Army* (1752), preface.
103　Hanway, *Letter to the Marine Society.*
104　D. G. C. Allan, "The Society of Arts and Ggovernment, 1754—1800", *Eighteenth-Century Studies 7* (1973—1974).

105 J. B. Harley, "The Society of Arts and the Surveys of English Counties 1759—1809", *Journal of the Royal Society of Arts* 112 (1963—1964).
106 "A Dissertation on the Progress of Agriculture, Arts and Commerce in That Part of Great Britain Called England", Royal Society of Arts. MS A5/7.
107 Hanway, *Letter to the Marine Society*, p. iv.
108 Allan. *William Shipley*, p. 44.
109 D. G. C. Allan, "The Society for the Encouragement of Arts, Manufactures and Commerce: Organization, Membership and Objectives in the First Three Decades 1755—1784", London University Ph. D. dissertation, 1979, p. 282; *A List of the Subscribers for the Benefit of the British Troops* (1760).
110 Allan, "Society for the Encouragement of Arts", p. 290.
111 *List of the Subscribers for the Benefit of the British Troops* 同 *A Complete Guide to All Persons Who Have Any Trade or Concern with the City of London* (1757) 相比较。
112 Helena Hayward, *Thomas Johnson and the English Rococo* (1964), pp. 23—25.
113 *Rococo: Art and Design in Hogarth's England*, 关于1984年维多利亚与艾伯特博物馆一次展览的名录, pp. 48—49。
114 *List of the Subscribers for the Benefit of the British Troops*, p. 47.
115 Taylor, *Jonas Hanway, passim*.
116 Jonas Hanway, *Letter to the Encouragers of Practical Public-Love* (1758), p. 57.
117 Taylor, *Jonas Hanway*, p. 72.
118 *Monitor*, Ⅱ September 1762.
119 Brewer, "Clubs, Commercialization and Polities", p. 232.

第三章 外缘

1 *Parl. Hist.*, xvii, p. 147; Ronald Hyam, "Imperial Interests and the Peace of Paris", in Hyam and Ged Martin (eds), *Reappraisals in British Imperial History* (1975).
2 Patricia B. Craddock, *Young Edward Gibbon: Gentleman of Letters* (1982), pp. 198 et seq.
3 Jack P. Greene, *Peripheries and Center: Constitutional Development in the Extended Polities of the British Empire and the United States, 1607—1788* (1986), pp. 2—3. 另见 P. J. Marshall, *A Free Though Conquering People: Britain and Asia in the Eighteenth Century* (1981)。
4 引自 J. P. Thomas, "The British Empire and the Press, 1763—1774", Oxford University D. Phil. dissertation, 1982, pp. 321—322。
5 尽管存在流产的法国入侵图谋,见 Eveline Cruickshanks (ed.), *Ideology and Conspiracy: Aspects of Jacobitism, 1689—1759* (Edin-burgh, 1982)。
6 Basil Williams, *Life of William Pitt* (2 vols, 1913), I, p. 294. 在1745年以前,只有很少的高地人被征召到苏格兰黑色警卫团 (Black Watch) 服役。

7 见 *Scots Magazine* 25 (1763), pp. 473—486, 533。
8 见 *Political and Personal Satires*, IV, print no. 4071。
9 见 Alexander Murdoch, "Lord Bute, James Stuart Mackenzie, and the Government of Scotland", in Karl W. Schweizer (ed.), *Lord Bute: Essays in Reinterpretation* (Leicester, 1988), p. 139。
10 仍然缺乏一部威尔克斯的详细传记。但可见 Arthur H. Cash, *John Wilkes: The Scandalous Father of Civil Liberty* (New Haven and London, 2006)。George Rudé, *Wilkes and Liberty* (Oxford, 1962) 以及 John Brewer, *Party Ideology and Popular Politics at the Accession of George III* (Cambridge, 1976) 所提供的关于其支持者及策略的了不起的分析。
11 V. E. Lloyd Hart, *John Wilkes and the Foundling Hospital at Aylesbury, 1759—1768* (Aylesbury, 1979).
12 *The Speeches of John Wilkes* (2 vols, 1777), I, pp. 57—67.
13 1784年竞选宣言, B. L., Add. MS 30866, fol. 54。
14 Rudé, *Wilkes and Liberty*, p. 44.
15 *Memoirs of the Life of Sir Samuel Romilly* (3 vols, 1840), I, p. 84; John Wilkes, *The History of England from the Revolution to the Accession of the Brunswick Line* (1768).
16 见 Hugh Cunningham, "The Language of Patriotism", in Raphael Samuel, *Patriotism: The Making and Unmaking of British National Identity* (3 vols, 1989), I, pp. 57—89。
17 见拙著 *In Defiance of Oligarchy: The Tory Party 1714—60* (Cambridge, 1982); Brewer, *Party Ideology and Popular Politics*, pp. 23—136。
18 E. g., *Political and Personal Satires*, iv, print no. 4063.
19 Rudé, *Wilkes and Liberty*, p. 69; Brewer, *Party Ideology and Popular Politics*, p. 175.
20 Rudé, *Wilkes and Liberty*, pp. 136—137.
21 Brewer, *Party Ideology and Popular Politics*, p. 190.
22 感谢 Gareth Stedman Jones 的信息。
23 *Political and Personal Satires*, IV, print no. 4028.
24 *Ibid.*, print nos 4020, 4033.
25 *North Briton*, 5 June 1762; Alexander Stephens, *Memoirs of John Home Tooke* (2 vols, 1813), I, p. 61.
26 *North Briton*, 25 June 1763.
27 *Freeholder's Magazine*, October 1769; *London Evening Post*, 23/25 May 1780.
28 *The Literary Life of the Late Thomas Pennant, Esq, By Himself* (1793), p. 13.
29 见 William Grant and David D. Murison (eds), *The Scottish National Dictionary* (10 vols, 1931—1976), VIII, p. 236。
30 本段及下段基于 Alexander Murdoch, "'Beating the Lieges': The Military Riot at Ravenshaugh Toll on 5 October 1760", *Transactions of the East Lothian Antiquarian and Field Naturalists' Society* 17 (1982)。

31 见 Byron Frank Jewell, "The Legislation relating to Scotland after the Forty-Five", University of North Carolina Ph. D. dissertation, 1975。

32 见 Annette M. Smith, *Jacobite Estates of the Forty Five* (Edinburgh, 1982)。

33 *Parl. Hist.*, XIV, p. 728.

34 H. M. C. Polwarth V, pp. 236—237.

35 *A Prophecy of Famine* (1763). 这是由威尔克斯的盟友 Charles Churchill 所写的强烈反苏格兰的文章。

36 认为苏格兰高地人的性能力极强，这一信念在低地人和英格兰那里由来已久，反映了这样一个事实，即像美国南方的黑人一样，他们被认为既有威胁又很原始。

37 例如，见 *Political and Personal Satires*, IV, prints nos 3825, 3848, 3852 and 3939。

38 *Ibid.*, print no. 3849.

39 J. O. Bartley, *Teague, Shenkin and Sawney: Being an Historical Study of the Earliest Irish, Welsh and Scottish Characters in English Plays* (Cork, 1954), p. 228.

40 "Scotland in the 17th and 18th Centuries—A Satellite Economy?", in Ståle Dyrvik, Knut Mykland and Jan Oldervoll (eds), *The Satellite State in the 17th and 18th Centuries* (Bergen, Norway. 1979), p. 18.

41 见 R. A. Houston and I. D. Whyte (eds), *Scottish Society, 1500—1800* (Cambridge, 1989); 以及 T. C. Smout 的经典之作 *A History of the Scottish People 1560—1830* (2nd edn, 1970)。

42 A. J. Youngson, *The Making of Classical Edinburgh 1750—1840* (Edinburgh, 1966), *passim*.

43 John Wilkes 在他的那册 *The History of the Late Minority* (1766) 页边空白处的手迹, B. L., G. 13453。

44 Derek A. Dow, *The Influence of Scottish Medicine: An Historical Assessment of Its International Impact* (Carnforth, 1988), p. 39.

45 见 Janet Adam Smith, "Some Eighteenth-Century Ideas of Scotland" in N. T. Phillipson and R. Mitchison (eds), *Scotland in the Age of Improvement* (Edinburgh, 1970); Gerald Newman, *The Rise of English Nationalism: A Cultural History 1740—1830* (New York, 1987), p. 153。

46 本图表依据 Lewis Namier and John Brooke (eds). *The History of Parliament: The House of Commons, 1751—1790* (3 vols, 1964) 中的档案。

47 *Ibid.*, II, pp. 229—230.

48 *Ibid.*, III, pp. 618—620.

49 *Ibid.*, III, pp. 237—240.

50 James Hayes, "Scottish Officers in the British Army 1714—1763", *Scottish Historical Review* 37 (1958).

51 *Dictionary of National Biography*, III, p. 828.

52 "我们乡绅既穷又有自尊……我们既不会任由我们的儿子去经商，也无力让他们去从事上流社会的大宗贸易，或者为他们买到委任状，所以我们把他们送去为他们的面包而战": *Scotch Modesty Displayed* (1778), p. 19。Scott 的话引自 Janet Adam Smith, *John Buchan: A Biography* (Oxford, 1985), p. 13。

53 Bruce Lenman, *The Jacobite Clans of the Great Glen 1650—1784* (1984), pp. 177—212.
54 感谢 Alexander Murdoch 的信息。
55 P. E. Razzell, "Social Origins of Officers in the Indian and British Home Army, 1758—1962", *British Journal of Sociology* 14 (1963); James G. Parker, "Scottish Enterprise in India, 1750—1914", in R. A. Cage (ed.). *The Scots Abroad: Labour, Capital, Enterprise 1750—1914* (1985).
56 John Reddy, "Warren Hastings: Scotland's Benefactor", in Geoffrey Carnall and Colin Nicholson (eds), *The Impeachment of Warren Hastings* (Edinburgh, 1989).
57 见 Clements R. Markham, *Narratives of the Mission of George Bogle to Tibet* (1876)。
58 *Ibid.*
59 C. Duncan Rice, "Archibald Dalzel, the Scottish Intelligentsia and the Problem of Slavery", *Scottish Historical Review* 62 (1983), p. 124 and *passim*.
60 见 Murdoch, "Lord Bute, James Stuart Mackenzie, and the Government of Scotland", in Schweizer, *Lord Bute* 关于这一点具有启发性的讨论。
61 Carnall and Nicholson, *Impeachment of Hastings*, p. 33.
62 威尔克斯盟友 John Sawbridge 的言辞, *Parl. Hist.*, XVIII, p. 1236。
63 Lenman, *The Jacobite Clans*, p. 204.
64 Namier and Brooke, *House of Commons*, II, p. 511; Carnall and Nicholson, *Impeachment of Hastings*, p. 54.
65 见 Iris Butler, *The Eldest Brother: The Marquess Wellesley* (1973)。
66 John Le Carré, *Smiley's People* (1980), p. 43.
67 见 Kingsley Amis, *The James Bond Dossier* (1965)。
68 在此感谢耶鲁的前同事 Jules Prown。
69 David Fischer, *Albion's Seed: Four British Folkways in America* (Oxford, 1989).
70 见 R. L. Schuyler, "The Rise of Anti-Imperialism in England", *Political Science Quarterly* 37 (1922)。
71 见 Robert W. Tucker and David C. Hendrickson, *The Fall of the First British Empire* (London, 1982)。
72 在此处，我得到了 John Elliott 一篇未发表文章的帮助，"The Role of the State in British and Spanish Colonial America"。
73 收录于 Frederick Madden and David Fieldhouse (eds), *The Classical Period of the First British Empire 1689—1783* (1985), p. 270; Edmund Morgan, *Inventing the People: The Rise of Popular Sovereignty in England and America* (New York, 1988), pp. 122—148, 239—262。
74 见 H. G. Koenigsberger, "Composite States and Representative Institutions", *Historical Research* LXII (1989), pp. 147—153。

75　John Brooke, *King George III* (1972), p. 175.
76　例如，见 Peter Marshall, *Bristol and the American War of Independence* (Bristol, 1977); John Sainsbury, *Disaffected Patriots: London Supporters of Revolutionary America 1769—1782* (Gloucester, 1987)。
77　*Annual Register* (1775) 前言。
78　这些刊印在 *London Gazette*，自 12/16 September 1775 至 9/12 March 1776。
79　James E. Bradley, *Popular Politics and the American Revolution in England* (Macon, Georgia, 1986) 一书最充分地探讨了反战请愿书；另见 Sainsbury, *Disaffected Patriots*。
80　Fischer, *Albion's Seed*, pp. 13—205.
81　Bradley, *Popular Politics*, pp. 76, 204.
82　Fischer, *Albion's Seed*, pp. 219, 436—438.
83　*Middlesex Journal*, 29 April 1769.
84　见 Owen Dudley Edwards and George Shepperson (eds), *Scotland, Europe and the American Revolution* (Edinburgh, 1976), p. 69 and *passim*。
85　Bernard Bailyn, *Voyagers to the West: A Passage in the Peopling of America on the Eve of the Revolution* (1987), p. 26; G. Murray Logan, *Scottish Highlanders and the American Revolution* (Halifax, Nova Scotia, 1976).
86　*London Gazette*, 21/25 November 1775.
87　*Ibid.*, 14/18 November 1775.
88　*Ibid.*, 16/20 January 1776, 14/18 November 1775.
89　"Lord Bute, James Stuart Mackenzie, and the government of Scotland", in Schweizer, *Lord Bute*, p. 140.
90　*Speeches of John Wilkes*, II, p. 41.
91　例如，见 the *Leeds Intelligencer*, 16 December 1777。
92　*The Analysis of Patriotism: Or, an Enquiry whether Opposition to Government, in the Present State of Affairs Is Consistent with the Principles of a PATRIOT* (1778), pp. 36—37.
93　见拙作'Radical Patriotism in Eighteenth-Century England', in Samuel, *Patriotism*, I, pp. 169—187。
94　Common Hall, Book 8, entry for 6 December 1782, Corporation of London Record Office.
95　汉伯里教区牧师，1 January 1779, Staffordshire Record Office, D. 1528/1/4。
96　尽管对苏格兰人野心和成功的低调批评仍在继续，见 *Political and Personal Satires*, VI, prints nos 7125, 7130, 7152, 7139 and 7280。
97　Frederick Madden and David Fieldhouse (eds), *Imperial Reconstruction, 1763—1840* (1987). p. 1.

第四章 统治

1. *Annual Register* (1778), pp. 264—270.
2. Maurice Keen, *Chivalry* (New Haven and London, 1984), p. 237. 关于这种新骑士精神的文化背景，见 Mark Girouard, *The Return to Camelot: Chivalry and the English Gentleman* (New Haven and London, 1981)。
3. Thomas Gray's "Elegy Written in a Country Churchyard", from Roger Lonsdale (ed.), *The Poems of Thomas Gray, William Collins, Oliver Goldsmith* (1969), pp. 123—124.
4. Paul Kennedy, *The Rise and Fall of the Great Powers* (1988), p. 105.
5. George Fasel, *Edmund Burke* (Boston, 1983), p. 82; Harvey C. Mansfield (ed.), *Selected Letters of Edmund Burke* (1984), p. 331.
6. 引自 John Cannon, *Aristocratic Century: The Peerage of Eighteenth-Century England* (Cambridge, 1984), p. 166。
7. R. G. Thorne (ed.), *The History of Parliament: The House of Commons 1790—1820* (5 vols, 1986), I, p. 334.
8. *Ibid.*, III, p. 404.
9. *Ibid.*, I, pp. 331—332.
10. John Wade, "The Aristocracy", *The Extraordinary Black Book* (1832 edn), p. 260.
11. Charles Pigott, *A Political Dictionary, Explaining the Meaning of Words* (1795), p. 71; Thomas Paine, *Rights of Man*, ed. Henry Collins (1969), p. 102.
12. Hannah More, *Thoughts on the Importance of the Manners of the Great to General Society* (9th edn, 1799), p. 116; Paul Langford, *Public Life and the Propertied Englishman, 1689—1798* (Oxford, 1991), p. 548.
13. 例如，见 Thorne, *House of Commons*, I, pp. 290, 318—325。
14. Cannon, *Aristocratic Century*, p. 33; Gregory W. Pedlow, *The Survival of the Hessian Nobility 1770—1870* (Princeton, N. J., 1988), p. 17.
15. John Burke, *A Genealogical and Heraldic History of the Commoners of Great Britain and Ireland* (4 vols, 1977 repr.), I, pp. xi—xviii.
16. Thorne, *House of Commons*, I, pp. 280—289.
17. James J. Sacks, "The House of Lords and Parliamentary Patronage in Great Britain, 1802—1832", *Historical Journal* 23 (1980), p. 919.
18. 引自 Frank O'Gorman, *Edmund Burke: His Political Philosophy* (1973), p. 121。
19. Ronald Syme, *Colonial Elites: Rome, Spain and the Americas* (1958), pp. 4 and 13.
20. Vicary Gibbs (ed.), *The Complete Peerage of England, Scotland, Ireland, Great Britain and the United Kingdom* (13 vols, 1912), II, p. 294; x, pp. 696—698.
21. 关于 Merioneth, 见 Peter R. Roberts, "The Decline of the Welsh Squires in the Eighteenth Century", *National Library of Wales Journal* 13 (1963—1964); Philip Jenkins, *The Making of a Ruling Class: The Glamorgan Gentry 1640—1790* (Cambridge, 1983), pp.

xxi—xxvi, 1—42; 及他的 "The Demographic Decline of the Landed Gentry in the Eighteenth Century", *Welsh Historical Review* II(1982)。

22 J. V. Beckett, *The Aristocracy in England 1660—1914* (1986), pp. 96—97.

23 此处感谢 David Cannadine 他的研究为我理解英国土地阶级在这一时期的经济和人口变化提供了巨大帮助。

24 Philip Jenkins, "The Creation of an 'Ancient Gentry': Glamorgan, 1760—1840", *Welsh History Review* 12 (1984).

25 H. J. Habakkuk, "Marriage and the Ownership of Land", in R. R. Davies *et al.* (eds), *Welsh Society and Nationhood: Historical Essays presented to Glanmor Williams* (Cardiff, 1984), p. 194.

26 F. M. L. Thompson, *English Landed Society in the Nineteenth Century* (1963), pp. 212—225; T. C. Smout, "Scottish Landowners and Economic Growth, 1650—1850", *Scottish Journal of Political Economy* 11 (1964).

27 本段信息感谢 Andrew McKenzie。

28 Patricia C. Otto, "Daughters of the British Aristocracy: Their Marriages in the 18th and 19th Centuries with Particular Reference to the Scottish Peerage", Stanford Ph. D. dissertation, 1974, p. 395.

29 见 R. J. Adam, *Papers on Sutherland Estate Management, 1802—1816*, 2 vols (Scottish Historical Society, Edinburgh, 1972) 导论。

30 A. P. W. Malcomson, *The Pursuit of the Heiress: Aristocratic Marriage in Ireland 1750—1820* (Ulster Historical Foundation, 1982).

31 见拙著 *In Defiance of Oligarchy: The Tory Party 1714—1760* (Cambridge, 1982), p. 76。

32 Thorne, *House of Commons*, v, 596.

33 *Catalogue of Works on the Peerage and Baronetage of England, Scotland, and Ireland* (privately printed in 1827).

34 例如, Jenkins, *Making of a Ruling Class*, pp. 213—216。

35 *Hansard*, 1st series, 4 (1805), p. 365.

36 H. J. Hanham, "Mid-Century Scottish Nationalism: Romantic and Radical", in R. Robson (ed.), *Ideas and Institutions in Victorian Britain* (1967).

37 Muriel Chamberlain, *Lord Aberdeen: A Political Biography* (1983), pp. 5 and 187.

38 来自 Andrew McKenzie 的信息。

39 Thorne, *House of Commons*, v, 596.

40 *Ibid.*, IV, 246.

41 John Hay Beith, *The Oppressed English* (New York, 1917), p. 30.

42 Richard Rush, *A Residence at the Court of London* (1987 edn), p. 34.

43 Philip Mansel, "Monarchy, Uniform and the Rise of the *Frac* 1760—1830", *Past & Present* 96 (1982), pp. 104—106.

44 Jeremy Black, *The British and the Grand Tour* (1985), *passim*.

45　Iain Pears, *The Discovery of Painting: The Growth of Interest in the Arts in England, 1680—1768* (New Haven and London, 1988), p. 228.
46　Douglas Hay, "Property, Authority and the Criminal Law", in Hay *et al.*, *Albion's Fatal Tree* (1975), p. 34.
47　见下文, pp. 86—101。
48　Lord Holland, *Memoirs of the Whig Party* (2 vols, 1852), I, p. 3.
49　John Cannon, *Aristocratic Century*, p. 48.
50　T. W. Bamford, "Public Schools and Social Class, 1801—1850", *British Journal of Sociology* 12 (1961), pp. 224—235.
51　Cannon, *Aristocratic Century*, p. 48.
52　George Robert Chinnery, "The Statue of the Dying Gladiator", *Oxford Prize Poems* (Oxford, 1831), p. 134. 毛里斯·鲍拉对此说得很清楚："古典教育是由那些相信贵族思想的人们开创, 并首先是为那些没有金钱之忧的人服务……它高雅、华贵、让人自豪", 引自 Iris Butler, *The Eldest Brother: The Marquis Wellesley* (1973), p. 87。
53　文章来自于尊敬的 Reginald Heber, Edward Garrard Marsh, Charles P. Burney and William Attfield。
54　见 Richard Jenkyns, *The Victorians and Ancient Greece* (Oxford, 1980)。
55　引自 P. J. Marshall, "Empire and Authority in the Later Eighteenth Century", *Journal of Imperial and Commonwealth History* 25 (1987), p. 107; 另见 Frank M. Turner, "British Politics and the Demise of the Roman Republic: 1700—1939", *Historical Journal* 29 (1986)。
56　关于伊顿公学所存肖像的名录, 见 Tate Gallery, London, 1951。另见 *Leaving Portraits from Eton College*, Dulwich Picture Gallery, 1991。
57　H. C. Maxwell Lyte, *A History of Eton College* (1911), pp. 497—511.
58　Charles Henry Cooper, *Annals of Cambridge* (4 vols, 1852), IV, pp. 481—482.
59　引自 John Chandos, *Boys Together: English Public Schools 1800—1864* (1984), p. 26。
60　*The Times*, 18 July 1803.
61　Cooper, *Annals of Cambridge* IV, p. 499.
62　Thompson, *English Landed Society in the Nineteenth Century*, p. 145.
63　William Leeke, *The History of Lord Seaton's Regiment at the Battle of Waterloo* (2 vols, 1866), I, 197.
64　David C. Itzkowitz, *Peculiar Privilege: A Social History of English Foxhunting 1753—1885* (1977), p. 20.
65　Malcolm Andrews, *The Search for the Picturesque Landscape: Aesthetics and Tourism in Britain, 1760—1800* (Aldershot, 1989), p. 112 and *passim*.
66　Christopher Smout, "Tours in the Scottish Highlands from the Eighteenth to the Twentieth centuries", *Northern Scotland* 5 (1983), p. 110.
67　见 Andrews, *Search for the Picturesque*, *passim*。并比较 David Solkin, *Richard Wilson:*

The Landscape of Reaction (1982), p. 57。

68 *The Novels of Jane Austen* (5 vols, Oxford, 1987 edn), V, p. 111.

69 S. H. A. Bruntjen, *John Boydell, 1719—1804: A Study of Art Patronage and Publishing in Georgian London* (New York, 1985).

70 引自 Francis Haskell, "The British as Collectors", in Gervase Jackson-Stops (ed.), *The Treasure Houses of Britain: Four Hundred Years of Private Patronage and Art Collecting* (Washington, 1986), p. 51。

71 *Ibid.*, pp. 50—59; Margaret Greaves, *Regency Patron: Sir George Beaumont* (1966); Felicity Owen and David Blayney Brown, *Collector of Genius: A Life of Sir George Beaumont* (New Haven and London, 1988); Stephen Deuchar, *Paintings, Politics and Porter: Samuel Whitbread II* (1984).

72 St John Gore, "Three Centuries of Discrimination", *Apollo* 105 (1977); Evelyn Joll, 'Painter and Patron: Turner and the Third Earl of Egremont', *Apollo* 105 (1977).

73 A Tintiswood, *A History of Country House Visiting* (Oxford, 1989), *passim*.

74 Gervas Huxley, *Lady Elizabeth and the Grosvenors: Life in a Whig Family 1822—1839* (Oxford, 1965), p. 6; 关于 Lord Stafford 的美术收藏，见 Eric Richards, *The Leviathan of Wealth: The Sutherland Fortune in the Industrial Revolution* (1973), p. 14, 以及引用作品。

75 Peter Fullerton, "Patronage and Pedagogy: The British Institution in the Early Nineteenth Century", *Art History* 5 (1982).

76 Sir Egerton Brydges, *Collin's Peerage of England* (9 vols, 1812), I, p. X.（斜体由我所加。）

77 Rush, *A Residence at the Court of London*, p. 46.

78 见 Simon Schama, *Dead Certainties (Unwarranted Speculations)* (1991), pp. 3—70。

79 Ann Uhry Abrams, *The Valiant Hero: Benjamin West and Grand-Style History Painting* (Washington, 1985), pp. 165—182.

80 关于本时期爱国艺术复制品的受欢迎程度，见 David Alexander and Richard T. Godfrey, *Painters and Engraving: The Reproductive Print from Hogarth to Wilkie* (New Haven, 1980)。

81 Alison Yarrington, *The Commemoration of the Hero 1800—1864: Monuments to the British Victors of the Napoleonic Wars* (1988).

82 Robin Reilly, *Pitt the Younger 1759—1806*(1978), p. 345.

83 A. D. Harvey, *Britain in the Early Nineteenth Century* (1978), p. 217.

84 Tom Pocock, *Horatio Nelson* (1987), p. 20.

85 *Ibid.*, p. 161.

86 *Ibid.*, p. 181.

87 Michael Lewis, *The Navy in Transition 1814—1864: A Social History* (1965), p. 22.

88 Philip Mansel, *Pillars of Monarchy: An Outline of the Political and Social History of Royal Guards 1400—1984* (1984), p. 78.

89 Thorne, *House of Commons*, I, pp. 306—317.

90 *The Whole Art of Dress! Or, the Road to Elegance and Fashion at the Enormous Saving of Thirty Per Cent* (1830), p. 83.

91 N. P. Dawnay, "The Staff Uniform of the British Army 1767—1855", *Journal of the Society for Army Historical Research* 30—31(1952—1953); Mansel, "Monarchy, Uniform and the *Frac*", pp. 117—123.

92 Alan Mansfield, *Ceremonial Costume* (1980), pp. 171, 220—221.

93 Jean Starobinski, "Reflections on Some Symbols of the Revolution", *Yale French Studies* 40 (1968), p. 50.

94 Aileen Ribeiro and Valerie Cumming, *The Visual History of Costume* (1989), pp. 31—32.

95 例如，见 *The Whole Art of Dress!*, pp. 13—14; Ribeiro and Cumming, *The Visual History of Costume*, p. 32。

96 W. D. Rubinstein, "The End of 'Old Corruption' in Britain 1780—1860", *Past & Present* 101 (1983), pp. 55—86.

97 Lord Lansdowne to Lady Londonderry, 12 October 1809, History of Parliament Trust, Camden MSS transcripts.

98 John Rosselli, "An Indian Governor in the Norfolk Marshland: Lord William Bentinck as Improver, 1809—1827", *Agricultural History Review* 19 (1971), pp. 46—47 and *passim*.

99 J. N. McCord, Jr, "Lord Holland and the Politics of the Whig Aristocracy (1807—1827): A Study in Aristocratic Liberalism", Johns Hopkins University Ph. D. dissertation, 1968, p. 396.

100 George T. Kenyon, *The Life of Lloyd, First Lord Kenyan* (1873), p. 223. 关于精英以及对福音派的信奉，见 Ford K. Brown, *Fathers of the Victorians: The Age of Wilberforce* (Cambridge, 1961)。

101 我并不认为那时英国在职的所有政治家，其私生活都无可指摘，只是他们更意识到需要显得无可指摘。

102 Derek Jarrett, *Pitt the Younger* (1974), p. 112.

103 来自 the Pitt Club 的会议记录，存于 Osborn collection of manuscripts at the Beinecke Library, Yale University, New Haven。

104 Michael W. McCahill, "Peerage Creations and the Changing Character of the British Nobility, 1750—1830", *English Historical Review* 96 (1981), pp. 269—274.

105 *Memoirs of the Life of Sir Samuel Romilly, Written by Himself* (3 vols, 1840), Ⅱ, p. 136.

106 Peter J. Jupp, "The Landed Elite and Political Authority in Britain, 1760—1850", *Journal of British Studies* 29 (1990), pp. 78—79.

107 见 David Cannadine, *The Decline and Fall of the British Aristocracy* (New Haven and London, 1990), pp. 8—23。

108 例如，见, Beckett, *The Aristocracy in England;* and Lawrence Stone and Jeanne C. Fawtier Stone, *An Open Elite?: England 1540—1880* (Oxford, 1984).

109 引自 G. L. Gomme, *The Gentleman's Magazine Library* (30 vols, 1883—1905), I, P. 17。

第五章　王权

1. Lewis Namier, "George III Speaks Out", *In the Margin* (1939), p. 137. Ida Macalpine 和 Richard Hunter 在 *George III and the Mad-Business* (1969) 中指出，国王真正的问题是卟啉症，一种罕见的血液病。
2. Roy Porter, *A Social History of Madness: The World Through the Eyes of the Insane* (1987), p. 51.
3. Macalpine and Hunter, *George III*, p. xii.
4. 记录18世纪英国王室权力的作品在根本上还很薄弱，而现存的那些有时也只提供了静态的画面，以法律文书和宗教宣传为基础，描述了君主政体应该如何运作，而不是随着时间的推移，它实际上如何运作。以下两个叙述避免了这样的错误，B. W. Hill, "Executive Monarchy and the Challenge of Parties, 1689—1832: Two Concepts of Government and Two Historiographical Interpretations", *Historical Journal* 13 (1970); and Richard Pares, *King George the Third and the Politicians* (1953)。
5. H. M. Colvin *et at.*, *The History of the King's Works* (6 vols, 1963—1982), IV (part 2), p. 28.
6. *Ibid.*, p. 39.
7. John M. Beattie, *The English Court in the Reign of George I* (Cambridge, 1967), pp. 106—12; E. A. Reican, "The Civil List in Eighteenth-Century Politics: Parliamentary Supremacy versus the Independence of the Crown", *Historical Journal* 9 (1966).
8. John Brooke, *George III* (1972), p. 108.
9. Colvin, *History of the King's Works*, V, p. 127.
10. *Ibid.*; Ragnhild Hatton, *George I Elector and King* (1978); pp. 262—264.
11. 见 Norbert Elias, *The Court Society* (New York, 1983); 以及一种更具历史感的解读，Orest Ranum, "The Court and Capital of Louis XIV", in J. C. Rule, *Louis XIV and the Craft of Kingship* (Columbus, Ohio, 1969)。
12. Beattie, *English Court in the Reign of George I*; 关于君主对伦敦剧院的依赖，见 Peggy Ellen Daub, "Music at the Court of George II", Cornell University Ph. D. dissertation, 1985, *passim*.
13. John, Lord Hervey, *Some Materials Towards Memoirs of the Reign of King George II*, ed. Romney Sedgwick (3 vols, 1931), I, pp. 98—99.
14. *Weekly Journal or British Gazetteer*, 3 August 1723.
15. *London Gazette*, 23/27 July 1723. Edward Thompson: *Whigs and Hunters: The Origin of the Black Act* (1975), pp. 199—200, 他是少数几个注意到这一不寻常措施的历史学家之一，这一措施必定在不列颠的一些地方已被执行。
16. "Thoughts on the Coronation of His Present Majesty King George the Third", in Donald J. Greene, *Samuel Johnson: Political Writings* (New Haven and London, 1977), p. 293.
17. 关于前两位汉诺威君主和政治家，见 Hatton, *George I* 以及 Beattie, *English Court*

in the Reign of George I。尚无完善的乔治二世政治传记问世，但可参见拙作 *In Defiance of Oligarchy: The Tory Party 1714—1760* (Cambridge, 1982), and John Owen, "George Ⅱ Reconsidered" , in Anne Whiteman, J. S. Bromley and P. G. M. Dickson (eds). *Statesmen, Scholars and Merchants* (1973), pp. 113—134。

18　Arthur Byron, *London Statues: A Guide to London's Outdoor Statues and Sculpture* (1981), pp. 121—125.

19　Hatton, *George I*, pp. 260—263.

20　Simon Schama, "The Domestication of Majesty: Royal Family Portraiture, 1500—1850" , *Journal of Interdisciplinary History* 17 (1986), p. 170.

21　见我的 *Namier* (1989), pp. 50—57。

22　见 A. N. Newman (ed.), "Leicester House politics, 1750—1760" , *Camden Miscellany* 23 (1969)。

23　Kimerly Rorschach, "Frederick, Prince of Wales (1707—1751) as a Patron of the Visual Arts: Princely Patriotism and Political Propaganda" , Yale University Ph. D. dissertation, 1985; Christopher Lloyd, *The Queen's Pictures: Royal Collectors Through the Centuries* (1991), pp. 117—142.

24　Brooke, *George Ⅲ*, p. 65.

25　Schama, "Domestication of Majesty" , pp. 170—171.

26　Walther Hubatsch, *Frederick the Great of Prussia: Absolutism and Administration* (1975), p. 123; and see T. C. W Blanning, *Joseph Ⅱ and Enlightened Despotism* (1970). 以上解释应与如下文献比较阅读，Pares, *George Ⅲ and the Politicians*。

27　*Memoirs of the Life of Sir Samuel Romilly, Written by Himself* (3 vols, 1840), II, pp. 299—301 (重点标志由我所加)。

28　引自 J. C. D. Clark, *English Society 1688—1832* (1985), p. 236。我不同意 Paul Langford 在 *Public Life and the Propertied Englishman 1689—1798* (Oxford, 1991) 第 508 页中的论断，即把乔治三世当作其人民的父亲来称颂 "在 1760 和 1770 年代很常见"。自国王登基以来，他当然比他的前两任更受爱戴，但当时最有见识的人认为，只有在 1780 年代之后，他的声望和他在爱国主义方面的重要性，才开始真正**持续**上升。

29　Ben Ross Schneider, *Index to the London Stage, 1660—1800* (Carbondale, Ⅲ., 1979), p. 358.

30　例如，见 *Political and Personal Satires*, Ⅳ, print nos 4021, 4303, 4374, 4376; V, print nos 4859, 5105, 5288, 5544, 5675; and *ibid.*, Ⅵ , p. xxv, print no. 6608。

31　*Ibid.*, Ⅵ , print nos 6918, 7355, 7645, 8074; Ⅶ , print nos 8346, 9542; Ⅷ , print nos 10013, 10424, 10436, 10738. Jeannine Surel, "La première image de John Bull, bourgeois radical, anglais loyaliste, 1779—1815" , *Mouvement Social* 106 (1979), p. 79n.

32　关于在美洲的失败后国王受到的政治打击，见 John Cannon, *The Fox-North Coalition: Crisis of the Constitution 1782—1784* (Cambridge, 1969)。

33　Colvin, *History of the King's Works*, Ⅵ , pp. 354—356, 375; *Report from the Commissioners* of Inquiry into the Conduct of Business in the Office of Works, Parliamentary Papers, 1812—1813 (258), V, pp. 321—525.

34　David Watkin, *The Royal Interiors of Regency England* (1984), p. 100. 另见 *Carlton House: The Past Glories of George IV's Palace*, 关于白金汉宫女王画廊一次展览的名录, 1991。

35　*Benjamin West: American Painter at the English Court* (exhibition catalogue, Baltimore, 1989), p. 68.

36　关于哥特复兴的政治背景, 见 Mark Girouard, *The Return to Camelot; Chivalry and the English Gentleman* (New Haven and London, 1984), especially pp. 19—25。

37　Christopher Hibbert, *George IV* (2 vols, 1972—3), II, p. 345: and see *George IV and the Arts of France*, 关于白金汉宫女王画廊一次展览的名录。

38　引自 Helen Rosenau, *Social Purpose in Architecture: Paris and London Compared, 1760—1800* (1970), p. 41。

39　关于法国大革命的节日, 见 Marie-Louise Biver, *Fêtes révolutionnaires à Paris* (Paris, 1979); Mona Ozouf, *Festivals and the French Revolution* (Cambridge, Mass., 1988) and D. L. Dowd, *Pageant-master of the Republic: Jacques-Louis David and the French Revolution* (Lincoln, Neb., 1948)。Divid 曾造访伦敦, 并非常享受与当地艺术家和大革命前友善社会的亲密联系。

40　*Morning Chronicle* 的节选存在于一部剪报书中: B. L., Add. MS 6307, fol. 57; 另见反雅各宾派对海军感恩节的评论, 11, 18 and 25 December 1797。

41　*Bath Chronicle*, 19 October 1809.

42　见 *Account of the National Jubilee in August 1814* (1814)。

43　Lord Holland 对国王态度的描述, 引自 A. Aspinall (ed.). *The Later Correspondence of George III* (5 vols, Cambridge, 1966—1970), IV, p. 365n; *Gentleman's Magazine* 75 (1805), p. 375。

44　Windham 的话引自 Joseph Taylor, *Relics of Royalty: Or, Anecdotes, Amusements and Conversations of the Late Most Gracious Majesty George III* (1820), p. 154。

45　*The Times*, 24 April 1805.

46　见 N. G. Cox, "Aspects of English Radicalism: The Suppression and Re-Emergence of the Constitutional Democratic Tradition, 1795—1809", Cambridge University Ph. D. dissertation, 1971, pp. 340—362。

47　Mrs R. C. Biggs to the Earl of Dartmouth, 14 October 1809, Staffordshire Record Office, D (W) 1778/I/ii/1737; Henry Wollaston, *British Official Medals for Coronations and Jubilees* (Nottingham, 1978), pp. 93—96。

48　Mrs Biggs to Dartmouth, 14 October 1809, *loc. cit.*

49　*An Account of the Celebration of the Jubilee... of George the Third* (Birmingham, 1809), 这是由一位女性所编订的足够吸引人的关于各种庆典的记叙。

50　关于这一点的拓展讨论, 见下文, pp. 274—279。

51　The *Scotsman*, 引自 Charles Maclaren, *Railways Compared with Canals and Common Roads, and Their Uses and Advantages Explained* (1825), p. 81。

52　G. Boyce, J. Curran and P. Wingate, *Newspaper History from the Seventeenth Century to the Present Day* (1978), p. 99; Joan P. S. Ferguson, *Directory of Scottish Newspapers* (Edinburgh, 1984).

53　K. G. Burton, *The Early Newspaper Press in Berkshire* (Reading, 1954), p. 33.

54　Arthur Aspinall, *Politics and the Press, c. 1780—1850* (Brighton, 1973 repr.), pp. 88—89, 206—214. 关于这类对于王室庆典的鼓动给个人带来的压力，见 Thomas MacCrie, *Free Thoughts on the Late Religious Celebration of the Funeral of Princess Charlotte* (Edinburgh, 1817); *A Letter to the Rev. Andrew Thomson* (Edinburgh, 1817), *passim*。

55　见下文, pp. 276—279。

56　一个地主写道，他想在五十周年庆典时"一个人待着，**但有那么多不同寻常的安排，让他关注这一天**，因此很难不参与到一些事务当中"，B. L., Add. MS 35648, fols 198—199(黑体由作者所加)。

57　例如，见 *Chester Chronicle*, 25 August-10 November 1809。

58　*Felix Parley's Bristol Journal*, 14, 21, 28 October 1809.

59　见 *Hull Packet*, 24 October 1809; John Sykes, *An Account of the Rejoicings, Illuminations etc that Have Taken Place in Newcastle* (Newcastle-upon-Tyne, 1821), p. 4; *An Account of the Celebration of the Jubilee*, pp. 132, 137, 187。

60　*Ibid.*, p. xiii.

61　转引自 *Notes and Queries*, 9th series, 10(1902), p. 493。

62　Mark Harrison, *Crowds and History: Mass Phenomena in English Towns, 1790—1835*(Cambridge, 1988), pp. 53, 60—61, 255—256.

63　*London Gazette*, 31 October/4 November 1809.

64　Broadsheet in Liverpool City Record Office, 731 GEO 4.

65　Harrison, *Crowds and History*, p. 254.

66　*An Account of the Celebration of the Jubilee*, p. 52.

67　W. Branch Johnson (ed.), *Memorandums for the Diary Between 1798 and 1810 of John Carrington* (1973), p. 91.

68　Elizabeth Longford, *Victoria R. I.* (1966), p. 624.

69　见 T. W. Laqueur, *Religion and Respectability: Sunday Schools and Working Class Culture 1780—1850* (New Haven, 1976)。

70　*Gentleman's Magazine* 83 (1813), pp. 630—632.

71　关于兰开斯特的加冕礼队列，见，Liverpool City Record Office, 942 HOL vol. 5, fol. 266; 关于勋章，见 Manchester City Library, F 942 7389 MI, fol. 60。

72　见下文第六章。

73　*Grand Lodge, 1717—1967* (Oxford, 1967); Chris Cook and John Stevenson, *British Political Facts, 1760—1830* (1980), pp. 194—195.

74　Harrison, *Crowds and History*, pp. 245—258.
75　*Ibid., passim.*
76　Lynn Hunt, *Politics, Culture and Class in the French Revolution* (Berkeley, 1984), p. 72.
77　Edward Thompson, *The Making of the English Working Class* (1965), pp. 679—680.
78　*Gentleman's Magazine*, 32 (1762), p. 551.
79　引自 J. C. D. Clark (ed.), *The Memoirs & Speeches of James, 2nd Earl Waldegrave 1742—1763* (Cambridge, 1988), p. 89。如果除去其他，只是对乔治二世的葬礼明目张胆的不敬，似乎就令人怀疑克拉克博士认为"18世纪的英国是一个以法国为榜样的'礼仪之邦'"的评论。
80　*The Castle and the Tomb . . . or, A Visit to Windsor on Occasion of the Funeral Procession of George Ⅲ* (1820).
81　见 David Cannadine, "The Context, Performance and Meaning of Ritual: The British Monarchy and the 'Invention of Tradition', c. 1820—1977", in Eric Hobsbawm and Terence Ranger (eds), *The Invention of Tradition* (Cambridge, 1983)。
82　见 Richard Williams, "Public Discussion of the British Monarchy 1837—1887", Cambridge University Ph. D. dissertation, 1988。
83　Cannadine, "The British Monarchy and the 'Invention of Tradition'", in Hobsbawm and Ranger, *Invention of Tradition*, pp. 101—164.
84　例如，见 Manchester City Record Office, M 22/7/2, fols 40—96; 以及 Thomas Hallack, *Origin and Progress of the Proceedings which Ultimately led to the Coronation Dinner* (Cambridge, 1838), p. 2。
85　*The Times*, 25 October 1809; *Day*, 17 October 1809.
86　Roger Fulford, *Royal Dukes: The Father and Uncles of Queen Victoria* (1933), p. 292.
87　见 Crook and Port, *History of the King's Works*, Ⅵ, pp. 96—651; Donald J. Olsen, *Town Planning in London: The Eighteenth and Nineteenth Centuries* (New Haven and London, 1982)。
88　Corporation of London Record Office, MS 88. 6 (1789 Thanksgiving); *ibid.*, MS 23 29 (Naval Thanksgiving); *An Account of the Expences of the Entertainments Given in the Guildhall . . . 9 July 1814* (1814), p. 8.
89　*Reflections on the Revolution in France by Edmund Burke & The Rights of Man by Thomas Paine* (New York, 1973), p. 91.
90　*The Times*, 17 November 1820 (由我添加着重号)。
91　引自 Macalpine and Hunter, *George Ⅲ*. p. Ⅱ。
92　这一时期的报纸，尤其是伦敦的《泰晤士报》中，到处都是这些皇室视察的详细报道。
93　例如，见格洛斯特的威廉王子对利物浦的准正式访问，*The Times*, 9 September 1803。
94　*Letters to Sir Walter Scott, Bt on the Moral and Political Character and Effects of the Visit to Scotland* (Edinburgh, 1822), pp. 51—52. 关于自17世纪早期以来，在任国君第一次访问苏格兰的重要性，见 Gerald Finley, *Turner and George the Fourth in Edinburgh*

1822 (1981) and John Prebble, *The King's Jaunt: George IV in Scotland, August 1822* (1988)。

95 引自 Marquess of Anglesey, *One-leg: The Life and Letters of Henry William Paget, First Marquis of Anglesey* (New York, 1961), pp. 227—229。

第六章 女权

1 *Taunton Courier*, 30 June 1814.

2 见 Maurice Agulhon, *Marianne into Battle: Republican Imagery and Symbolism in France 1789—1880* (Cambridge, 1981), p. 14 中所引例子。

3 *Magnae Britanniae Notitia: or, The Present State of Great Britain* (1716), pp. 192—193; *The Laws Respecting Women as They Regard Their Natural Rights* (1777), p. 65.

4 Rosalind K. Marshall, *Virgins and Viragos: A History of Women in Scotland from 1080 to 1980* (1983), p. 87; and see R. A. Houston, "Women in the Economy and Society of Scotland, 1500—1800", in Houston and I. D. Whyte (eds), *Scottish Society 1500—1800* (Cambridge, 1989).

5 William Alexander, *The History of Women, from the Earliest Antiquity to the Present Time* (2 vols, 1779), II, p. 336.

6 Jean-Jacques Rousseau, *Emile, ou de l'éducation, in Oeuvres Complètes* (5 vols, Paris, 1969), IV, p. 768.

7 *Vindication of the Rights of Woman*, ed. Miriam Kramnick (1975), p. 258.

8 例如，见这篇影响极大的文章, William Cadogan, *An Essay upon Nursing* (1748)。

9 P. J. Corfield, *The Impact of English Towns 1700—1800* (Oxford, 1982), pp. 99—106.

10 Marshall, *Virgins and Viragos*, p. 209.

11 James Fordyce, *The Character and Conduct of the Female Sex* (1776), p. 19; *Lady's Magazine* (1784), p. 375.

12 Paul Langford, *A Polite and Commercial People: England 1727—1783* (Oxford, 1989), p. 109.

13 *Edinburgh Magazine* (1820), p. 339; A. J. Youngson, *The Making of Classical Edinburgh 1750—1840* (Edinburgh, 1966), pp. 250—253.

14 Roy Porter 在其除此之外十分出色的文章 "Seeing the Past" 中，*Past & Present* 118 (1988), p. 204。

15 Georgiana's obituary is in *Gentleman's Magazine* 76 (1806), p. 386. 目前最佳，但可能仍有局限的传记是 Amanda Foreman 的 *Georgiana, Duchess of Devonshire* (1998); 另见 Judith S. Lewis, *Sacred to Female Patriotism: Gender, Class and Politics in Late Georgian Britain* (2003)。

16 见 Karl von den Steinen, "The Discovery of Women in Eighteenth-Century English Political Life", in Barbara Kanner (ed.), *The Women of England* (Hamden, Conn., 1979)。

17 见 L. G. Mitchell, *Charles James Fox and the Disintegration of the Whig Party* (Oxford, 1971); and Loren Reid, *Charles James Fox: A Man for the People* (1969)。

18 Earl of Bessborough (ed.), *Georgiana: Extracts from the Correspondence of Georgiana, Duchess of Devonshire* (1955), pp. 74—75 (着重标志由我添加)。

19 *History of the Westminster Election* (1784), p. 314.

20 Bessborough, *Georgiana*, p. 82.

21 Edward Porritt, *The Unreformed House of Commons: Parliamentary Representation before 1832* (2 vols, 1963 edn), I, p. 581; H. J. Hanham, *The Nineteenth-Century Constitution 1815—1914* (Cambridge, 1969), pp. 264—265.

22 *Lady's Magazine* (1784), p. 205.

23 这样的观点尤其被研究大革命和拿破仑的史学家所倡导，但应用常常更为广泛：参见 Michelle Perrot(ed.), *A History of Private Life: From the Fires of Revolution to the Great War*(1990)。我完全不反对"各自独立领域的观念"在法国大革命时期被更强烈和自觉地推进这一论断。然而，19 世纪英国 (实际上还有法国) 妇女活动的领域，总体上似乎大于 18 世纪，这也是事实。

24 John Andrews, *Remarks on the French and English Ladies* (1783), p. 4; Mary Wollstonecraft, "A Vindication of the Rights of Women", in *The Works of Mary Wollstonecraft*, ed. Janet Todd and Marilyn Butler (7 vols, 1989), VI, pp. 124—125.

25 Thomas Gisborne, *An Enquiry into the Duties of the Female Sex* (1796), p. 266.

26 *Ibid.*, pp. 324—325.

27 关于雅各宾派对大革命前妇女权力的批评，见 Lynn Hunt, "The Many Bodies of Marie Antoinette: Political Pornography and the Problem of the Feminine in the French Revolution", in her *Eroticism and the Body Politic* (1991)。

28 Fordyce, *Character and Conduct of the Female Sex*, p. 27; Andrews, *Remarks on the French and English Ladies*, p. 245.

29 B. W. Hill (ed.), *Edmund Burke: On Government, Politics and Society* (1975), pp. 337—344.

30 Joan W. Scott, *Gender and the Politics of History* (Cambridge, 1988), p. 48.

31 关于这一点，见 Leonora Davidoff and Catherine Hall, *Family Fortunes: Men and Women of the English Middle Class 1780—1850* (1987), *passim*。

32 *The Unsex'd Females* (1798), p. 16.

33 *Gentleman's Magazine* 65 (1795), p. 103; Gisborne, *Enquiry into the Duties of the Female Sex*, pp. 213—216.

34 Houston and Whyte, *Scottish Society*, pp. 137—138.

35 *Hansard*, 1st series, 2 (1804), pp. 501—502.

36 例如，见 *Lady's Monthly Magazine* II (1803), pp. 373 *et seq.* 中关于妇女在断头台前十分坚毅的故事。

37 Wollstonecraft, "An Historical and Moral View of the Origins and Progress of the French

Revolution", in Todd and Butler, *Works*, Ⅵ, p. 209（着重标志由我添加）。

38　Bessborough, *Georgiana*, p. 204; *The Yale Edition of Horace Walpole's Correspondence*, ed. W. S. Lewis *et al* (48 vols, 1937—83), XII, p. 52.

39　William Roberts, *Memoirs of the Life and Correspondence of Mrs Hannah More* (4 vols, 1834), Ⅱ, p. 385.

40　关于法国王室倒台后，围绕着它的伤感，见 David Bindman, *The Shadow of the Guillotine: Britain and the French Revolution* (1989), pp. 129—143, 150—154。

41　Joan Landes, *Women and the Public Sphere in the Age of the French Revolution* (1988), *passim*.

42　引自 Mary Poovey, *The Proper Lady and the Woman Writer: Ideology as Style in the Works of Mary Wollstonecraft, Mary Shelley and Jane Austen* (1984), p. 33。

43　H. F. B. Wheeler and A. M. Broadley, *Napoleon and the Invasion of England* (2 vols, 1908), Ⅰ, p. 65.

44　A. Temple Patterson, *Radical Leicester: A History of Leicester 1780—1850* (Leicester, 1954), p. 80.

45　Diary of William Rowbottom, 1787—1830, Oldham Local Interest Library, e. g., 10 March 1809.

46　Rebecca Fraser, *The Brontes: Charlotte Bronte and Her Family* (1988), pp. 33—69 *passim*.

47　Marie F. Busco, "The 'Achilles' in Hyde Park", *Burlington Magazine* 130 (1988), p. 922 and *passim*.

48　J. W. Fortescue, *A History of the British Army* (13 vols, 1899—1930), IV, pp. 900—901.

49　来自 Sarah Banks 制作的列表，B. L., LR 301. h. 6, fols 55—64。

50　D. G. Vaisey, "The Pledge of Patriotism: Staffordshire and the Voluntary Contribution, 1798", in M. W. Greenslade (ed.), *Essays in Staffordshire History* (Staffordshire Record Society, 1970), p. 213.

51　为郡志愿兵提供服装的捐赠者名单，见 National Library of Wales, Tredegar MS 1064; *Report of the Committee for Managing the Patriotic Fund Established at Lloyds Coffee House* (1804)。

52　Cf. Roger Chickering, "'Casting Their Gaze More Broadly'; Women's Patriotic Activism in Imperial Germany", *Past & Present* 118 (1988).

53　*Life and Correspondence of Mrs Hannah More*, Ⅱ, p. 415.

54　*Report of the Committee for Managing the Patriotic Fund*, *passim*.

55　Perrot, *A History of Private Life*, p. 44.

56　B. L., LR 301. h. 6, fol 64.

57　见 Donald Read, *Peterloo: The Massacre and its Background* (Manchester, 1958); Robert Reid, *The Peterloo Massacre* (1989)。

58　T. W. Laqueur, "The Queen Caroline Affair: Politics as Art in the Reign of George Ⅳ",

Journal of Modern History 54 (1982).

59 *The Times*, 14 July and 18 September 1820.
60 引自 Davidoff and Hall, *Family Fortunes*, p. 152（着重号由我所加）。
61 *Ibid.*, p. 151.
62 *The Queen and Magna Carta, or the Thing that John Signed. Dedicated to the Ladies of Great Britain* (1820), pp. 17—18.
63 *The Times*, 25 September 1820.
64 Laqueur, "Queen Caroline Affair", p. 442.
65 Classically, in Davidoff and Hall, *Family Fortunes*, *passim*.
66 见我的 "The Apotheosis of George III: Loyalty, Royalty and the British Nation 1760—1820", *Past & Present* 102 (1984), p. 125。
67 *Ibid.* 把夏洛特公主放在19世纪对妇女的态度这一更广的背景下，来给她写一本睿智的传记，将价值巨大。
68 N. B. Penny, "English Church Monuments to Women Who Died in Childbed between 1780 and 1835", *journal of the Warburg and Courtauld Institutes*, 38 (l975).
69 *Gentleman's Magazine* 87 (1817), p. 610.
70 Jean Bethke Elshtain, *Public Man, Private Woman* (1981), pp. 164—165; 另见 Joel Schwartz, *The Sexual Politics of Jean-Jacques Rousseau* (Chicago, 1984).
71 *Vindication*, p. 86.
72 M. G. Jones, *Hannah More* (New York, 1968 edn); and see Mitzi Meyers, "Reform or Ruin: 'A Revolution in Female Manners'", *Studies in Eighteenth-Century Culture* II (1982).
73 *Life and Correspondence of Mrs Hannah More*, II, p. 371.
74 Poovey, *The Proper Lady*, pp. 33—34.
75 *Strictures on the Modern System of Female Education* (2 vols, 1799), I, p. 5 and *passim*.
76 *Females of the Present Day, Considered as to Their Influence on Society by a Country Lady* (1831), pp. 1—37.
77 引自 J. T. Williams, "Bearers of Moral and Spiritual Values: The Social Roles of Clergymen and Women in British Society, c. 1790—c. 1880, as Mirrored in Attitudes to Them as Fox-Hunters", Oxford University D. Phil. dissertation, 1987, p. 171。
78 引自 Ruth and Edmund Frow, *Political Women, 1800—1850* (1989), p. 13。
79 James Epstein, "Understanding the Cap of Liberty: Symbolic Practice and Social Conflict in Early Nineteenth Century England", *Past & Present* 122 (1989), pp. 100—101.
80 *Ibid.* 威廉·科贝特声称，平民妇女向她们的男"勇士"敬献自由帽的想法，衍生于有钱妇女向志愿军团敬献旗帜的做法。
81 Louis Billington and Rosamund Billington, "'A Burning Zeal for Righteousness': Women in the British Anti-Slavery Movement, 1820—1860", in Jane Rendall (ed.), *Equal or Different: Women's Politics 1800—1914*. (Oxford, 1987).
82 *Ibid.*; 另见 F. K. Prochaska, *Women and Philanthropy in Nineteenth-Century England*

(Oxford, 1980)。
83 Seymour Drescher, *Capitalism and Antislavery: British Mobilization in Comparative Perspective* (1986), p. 85.
84 *Hansard*, 2nd series, 20 (1829), p. 572.
85 *Ibid.*, p. 1324.
86 *Ibid.*, 3rd series, 8 (1831), p. 916.
87 *Ibid.*, 2nd series, 20 (1829), p. 373.
88 *Ibid.*, 3rd series, 18 (1833), p. 309.
89 Alex Tyrrell, "'Women's Mission' and Pressure Group Politics in Britain (1825—1860)", *Bulletin of the John Rylands University Library* 63 (1980—1981), p. 205.

第七章 男权

1 英国当时从事绘画的诸多杰出艺术家，伊萨克·克鲁克香克、托马斯·罗兰森、乔治·伍德沃德、查理斯·威廉或吉尔雷本人，都没能创作出一幅令人信服和不奴颜婢膝的平民爱国者形象。其原因既有美学上的，又有政治上的：参见 John Barrell, *The Dark Side of the Landscape: The Rural Poor in English Painting 1730—1840* (Cambridge, 1980); and cf. Matthew Paul Lalumia, *Realism and Politics in Victorian Art of the Crimean War* (Epping, 1984), pp. 1—38。

2 引自 Geoffrey Best, *War and Society in Revolutionary Europe 1770—1870* (1982), p. 63。

3 例如，见 Alan Forrest, *Conscripts and Deserters: The Army and French Society during the Revolution and Empire* (New York, 1989); 及他的 *The Soldiers of the French Revolution* (Durham, N. C., 1990); Charles J. Esdaile, *The Spanish Army in the Peninsular War* (Manchester, 1988); T. C. W. Blanning, *The French Revolution in Germany: Occupation and Resistance in the Rhineland 1792—1802* (Oxford, 1983)。

4 *Insurrection: The British Experience 1795—1803* (Gloucester, 1983), p. 262.

5 John Brewer, *The Sinews of Power: War, Money and the English State, 1688—1783*, (1989), p. 30.

6 Paul Kennedy, *The Rise and Fall of the Great Powers* (1988), pp. 156—180.

7 见 Clive Emsley, *British Society and the French Wars 1793—1815* (1979), *passim*。

8 在1805年3月，霍金斯伯里爵士告诉与他随行的贵族，仅在联合王国国内，就有81万人在服役："就是说这个国家整个男性人口的将近四分之一都可以拿起武器……比例高于那时地球上其他任何一个国家", *Hansard*, 1st series, 3 (1805), p. 808.

9 J. R. Western, *The English Militia in the Eighteenth Century: The Story of a Political Issue* (1965), pp. 127—154.

10 见 I. F. W. Beckett, "Buckinghamshire Militia Lists for 1759: A Social Analysis", *Records of Buckinghamshire*, 20 (1977)。

11　见1796年8月13日的全国范围民兵反馈信息，P. R. O., 30/8. 244, fol. 92。

12　Western, *English Militia*, pp. 219—224; 另见他的 "The Formation of the Scottish Militia in 1797", *Scottish Historical Review* 117 (1955)。

13　*A View of the Establishment of the Royal Edinburgh Volunteers* (Edinburgh, 1797); 非常感谢 J. E. Cookson 允许我在他的文章 "Patriotism and Social Structure: The Ely Volunteers, 1798—1808" 发表前进行查阅。

14　Ann Hudson, "Volunteer Soldiers in Sussex during the Revolutionary and Napoleonic Wars, 1793—1815", *Sussex Archaeological Collections* 122 (1984), p. 179.

15　英国在1790年代及之后发生革命的可能性，对此的争论一直很尖锐——这也很自然，因为这个问题纯属假设——也没有定论。从两种完全相反的政治立场所作的两种证明充分的诠释，参见 Wells, *Insurrection: The British Experience*, 和 Ian R. Christie, *Stress and Stability in Late Eighteenth-Century Britain* (Oxford, 1984)。我自己的观点是，混乱和不满比克里斯汀教授的估计更严重，但**首先**从可能爆发革命的角度来讨论这些紧张状态，并没有帮助。

16　D. V. Glass, *Numbering the People: The 18th Century Population Controversy and the Development of Census and Vital Statistics in Britain* (1978), p. 107.

17　Richard Cobb, *The People's Armies*, trans. Marrianne Elliott (New Haven and London, 1987), p. 10. 关于很多尚存的英格兰和威尔士诸郡反馈数据名单，见 I. F. W. Beckett (ed.), *The Buckinghamshire Posse Comitatus 1798* (Aylesbury, 1985), pp. 363—366。尚未有穷尽一切的名单，因为必要的研究仍未完成。

18　见附录二。

19　Defence of the Realm return for Crickadarn parish, National Library of Wales, Maybery MSS 6941—6964.

20　*Sussex Militia List, Pevensey Rape 1803 Northern Division* (Eastbourne, 1988), under East Grinstead.

21　W. G. Hoskins (ed.), *Exeter Militia List 1803* (Chichester, 1972), pp. 52 and 74.

22　引自 J. R. Dinwiddy, "Parliamentary Reform as an Issue in English Politics, 1800—1810", London University Ph. D. dissertation, 1971, pp. 56—57。

23　Return of volunteers in Sharnbrook, Bedfordshire Record Office, HA 15/1—4; Litcham parish association list, Norfolk Record Office, Townshend MS 5 B6.

24　见 Appendices 2 and 3; Western, *English Militia*, pp. 447—448。

25　Nicholas Mansfield, "Volunteers and Recruiting", in G. Gliddon (ed.), *Norfolk and Suffolk in the Great War* (Norwich, 1988), p. 19. 与东英吉利这样的内陆地区不同，沿海地区（尤其是诺福克）的确具有很强的海军传统：但我怀疑在许多情况下，人们的首要愿望对象是海洋及其机会，而不是陆地及其统治者。

26　J. W. Fortescue, *The County Lieutenancies and the Army 1803—1814* (1909), pp. 32—37.

27　在1803年12月，下院被告知，有217, 196 支枪被分发给了志愿军团：*Hansard*, 1st series, I (1803—4), pp. 381—382。

28 关于苏格兰贵族所能对征兵施加的压力，见 Eric R. Crageen, *Argyll Estate Instructions: Mull, Morevern, Tiree 1771—1805* (Edinburgh, 1964), p. 195。
29 *Hansard*, 1st series, Ⅰ (1803—4), p. 1902.
30 见附录二。
31 引自 Hudson, "Volunteer Soldiers in Sussex", p. 169。
32 Lord Advocate to Lord Pelham, 6 August 1803, P. R. O., H. O. 102, vol. 18, Part 2, RH2/4/88, fol. 244.
33 Western, "Formation of the Scottish Militia", p. 8.
34 见 William Withering 反对 Henry Dundas 的论点, 26 April 1798, Scottish Record Office, GD51/1/931。
35 Defence of the Realm returns for Basingstoke hundreds 1798, Hampshire Record Office, B/ⅩⅦa/5/3.
36 Defence of the Realm returns for Barford, Stodden and Willey hundreds, Bedfordshire Record Office, HA 15/1—4.
37 M. Y. Ashcroft, *To Escape the Monster's Clutches: Notes and Documents Illustrating the Preparations in North Yorkshire to Repel the Invasion Threatened by the French from 1793*, North Yorkshire County Record Office Publications, no. 15 (1977), p. 75.
38 关于普罗旺斯的信息来自于 Alan Forrest 的讲座: "Conscription, Desertion, and the Rural Com-munity in France, 1792—1814"。
39 Western, *English Militia*, pp. 258—259.
40 这些推测基于附录二中分析的 1804 年反馈的数据同 1801 年普查的节略数据之间的对比。
41 Forrest, *Conscripts and Deserters*, pp. 79—81.
42 *Edinburgh Review* 5 (1803), pp. 10—11.
43 关于失业与征兵, 见 Clive Emsley, "The Impact of War and Military Participation on Britain and France 1792—1815", in his and James Walvin (eds), *Artisans, Peasants and Proletarians 1760—1860: Essays presented to Gwyn A. Williams* (1985), pp. 71—72。
44 Fortescue, *County Lieutenancies*, p. 111.
45 Defence of the Realm return for Edinburgh county, 30 April 1798, Scottish Record Office, GD 224/628/3/18.
46 Letter dated 7 August 1803 included in the Defence of the Realm return for Riseley, Bedfordshire Record Office, HA 15/2.
47 Autobiography of Peter Laurie, Guildhall Library, London, MS 20, 334, fol. 17.
48 本段剩余部分基于 James Brown's *The Rise, Progress and Military Improvement of the Bristol Volunteers* (1798)。
49 E. A. Wrigley and R. S. Schofield, *The Population History of England, 1541—1871* (Cambridge, 1981), p. 529. 在 1821 年, 苏格兰 30 岁以下的人口占其总人口比例超过 60%, T. C. Smout, *A History of the Scottish People 1560—1830* (Glasgow, 1972), p. 262。

50 "The Pitman's Revenege (sic) against Buonaparte", in *A Collection of New Songs* (Newcastle, n. d.).
51 K. J. Logue, *Popular Disturbances in Scotland 1780—1815* (Edinburgh, 1979), p. 103（重点标志由我所加）。
52 David Neave, "Anti-Militia Riots in Lincolnshire, 1757 and 1796", *Lincolnshire History and Archaeolory* 11 (1976), p. 25.
53 National Library of Wales, Tredegar MS 405.
54 见 Fortescue, *County Lieutenancies*, pp. 198 et seq。
55 Printed letter from John Trevor to parish superintendants, 4 August 1803, Bedfordshire Record Office, HA 15/4/2.
56 Richard Fothergill to Charles Morgan, 6 May 1797, National Library of Wales, Tredegar MS 396（重点标志由我所加）。
57 J. W. and Anne Tibble (eds), *The Prose of John Clare* (1951), p. 47. 由入侵恐慌造成的梦魇，见 *The Diary of Joseph Farington*, ed. Kenneth Garlick, Angus Macintyre and Kathryn Cave (16 vols, New Haven and London, 1978—84), VI, pp. 2082—2083。
58 Pamela Horn, *The Rural World 1780—1850: Social Change in the English Countryside* (1980), p. 63.
59 见附录二。
60 Ann Kussmaul (ed.). *The Autobiography of Joseph Mayett of Quainton 1783—1839*, Buckinghamshire Record Society, no 23 (Cambridge, 1986), p. 23.
61 引自 Hudson, "Volunteer Soldiers in Sussex", p. 180。
62 所有回应记录在 Hoskins, *Exeter Militia List*, pp. 51, 53, 54, 59。
63 William Rowbottom, 一位奥德姆织工, 引自 G. A. Steppler, "The Common Soldier in the Reign of George Ⅲ, 1760—1793", Oxford University D. Phil. dissretation, 1984, p. 30。
64 见下文, pp. 80—86。
65 Addington speech, 4 May 1802, *Parl. Hist.*, XXXVI , p. 658.
66 *The Times*, 19 July 1803.
67 例如，见 Blanning, *French Revolution in Germany*。
68 David Salmon, "The French Invasion of Pembrokeshire in 1797", *West Wales Historical Records* 14 (1929), p. 202.
69 C. J. Hart, *The History of the 1st Volunteer Battalion, the Royal Warwickshire Regiment* (Birmingham, 1906), p. 57; P. R. O., H. O. 42/72/174—6.
70 在滑铁卢战役后，英国才出现了对于拿破仑的普遍崇拜。
71 在 1815 年，经济学家帕特里克·科克鸿计算出大英帝国陆军和海军总数超过 100 万人，这个估算包括了东印度公司的武装力量: C. A. Bayly, *Imperial Meridian: The British Empire and the World 1780—1830* (1989), p. 3。
72 引自 John Barrell, *The Political Theory of Painting from Reynolds to Hazlitt* (New Haven

and London, 1986), p. 139。

73 见 *A Digest of the Whole Law Now in Force Relating to Volunteer Corps in Great Britain* (6th edn, 1804), p. 7。
74 Scots *Magazine* 59 (1797), p. 705. 另见 Sir John Dalrymple 下一年在爱丁堡的演讲，这篇演讲称赞了志愿军团在将英国不同部分更紧密地联系在一起方面的作用，*ibid* 60 (1798), p. 788。
75 信息源于 Woodbridge, Suffolk 当地历史博物馆。
76 本段与下一段基于 Kussmaul, *Autobiography of Joseph Mayett*。
77 *Ibid.*, p. 58.
78 Printed general order, 16 May 1801, Staffordshire Record Office, D(W) 1788, parcel I , bundle 4. 关于对志愿兵演讲的选编，见 Thomas Preston, *Patriots in Arms* (1881)。
79 见拙文 "Whose nation? Class and National Consciousness in Britain 1750—1830", *Past & Present* 113 (1986), pp. 114—115。
80 P. R. O., H. O. 42/69/238, 42/78/269.
81 J. R. Harvey, "A History of the Military Forces of the County of Norfolk", typescript in Norfolk Record Office, IV , p. 641.
82 引自 Clive Emsley, "The Military and Popular Disorder in England, 1790—1801", *Journal of the Society for Army Historical Research* 61 (1983), p. 106。
83 John Bohstedt, *Riots and Community Politics in England and Wales 1790—1810* (Cambridge, 1983), p. 51.
84 Fortescue, *County Lieutenancies*, p. 200.
85 例如，见来自 "J. Notary", 19 January 1804, P. R. O., H. O. 42/78/216—19 的秘密信息。
86 Edward Thompson, *The Making of the English Working Class* (1965), p. 171.
87 建议源自 J. G. at Royal Military College, May 1803, P. R. O., 30/8/245, fols 21—23。
88 The *Autobiography of Samuel Bamford*, ed. W. H. Chaloner (2 vols, 1967 edn), II . p. 19.
89 G. D. H. and M. Cole, *The Opinions of William Cobbett (*1944), p. 207.

第八章　胜利

1 引自 N. Gash, "After Waterloo: British Society and the Legacy of the Napoleonic Wars", *Transactions of the Royal Historical Society* 28 (1978), p. 146。
2 Seymour Drescher, *Capitalism and Antislavery: British Mobilization in Comparative Perspective* (1986), p. 96; 关于战后英国经济的问题，见 Boyd Hilton, *Corn, Cash, Commerce: The Econmic Policies of the Tory Government 1815—1830* (Oxford, 1977)。
3 关于这一点：G. C. Bolton, *The Passing of the Irish Act of Union* (Oxford, 1966); R. B. McDowell, *Ireland in the Age of Imperialism and Revolution 1760—1801*(Oxford, 1979)。
4 Archibald Prentice, *Historical Sketches and Personal Recollections of Manchester* (1970

edn), p. 70.

5. C. A. Bayly, *Imperial Meridian: The British Empire and the World 1780—1830* (1989), p. 3. Bayly 认为, 到 1820 年, 全世界可能有约 26% 的人口都被包含在了帝国当中。

6. Katherine Solender, *Dreadful Fire!Burning of the Houses of Parliament* (Cleveland, Ohio, 1984), pp. 27—41.

7. Kenneth Clark, *The Gothic Revival* (1962 edn), pp. 130—133; 可另见 M. H. Port (ed.), *The Houses of Parliament* (New Haven and London, 1976), pp. 53—72, 122—141。

8. 例如 G. I. T. Machin 的经典论著 *The Catholic Question in English Politics 1820 to 1830* (Oxford, 1964), p. 194, 但另见 p. 8。

9. Oliver MacDonagh, *The Hereditary Bondsman: Daniel O'Connell 1775—1829* (1988).

10. Colin Haydon, "Anti-Catholicism in Eighteenth Century England c.1714—c.1780", Oxford University D. Phil. dissertation, 1985, *passim*.

11. Robert Kent Donovan, "The Military Origins of the Roman Catholic Relief Programme of 1778", *Historical Journal* 28 (1985); Christine Johnson, "Developments in the Roman Catholic Church in Scotland, 1789—1829", Edinburgh Unversity Ph. D. dissertation, 1981, pp. 31—32.

12. 引自 Edward Porritt, *The Unreformed House of Commons: Parliamentary Representation Before 1832* (2 vols, 1963 edn), II, p. 468。

13. B. Aspinwall, "Was O'Connell Necessary? Sir Joseph Dillon, Scotland and the Movement for Catholic Emancipation", in David Loades (ed.), *The End of Strife* (Edinburgh, 1984).

14. *Hansard*, 2nd series, 20 (1829), p. 795.

15. R. G. Thorne (ed.), *The History of Parliament: The House of Commons 1790—1820* (5 vols, 1986), I, pp. 141—225.

16. 对极端托利派倾注了太多情感, 并且其现在也吸引了太多的研究, 见 D. G. S. Simes, "The Ultra Tories in British Politics1824—1834", Oxford University D. Phil. dissertation, 1974; G. F. A. Best, "The Protestant Constitution and Its Supporters, 1800—1829", *Transactions of the Royal Historical Society* 8 (1958)。

17. 见 Machin, *The Catholic Question*, pp. 65—178。

18. Jeffrey Williamson, "The Impact of the Irish on British Labour Markers during the Industrial Revolution", in Roger Swift and Sheridan Gilley (eds), *The Irish in Britain 1815—1939* (1989).

19. 关于反天主教请愿的信息全部来自保守托利派报纸 *John Bull*。

20. 与之相对, 1828 年废除《考试法》和《市政法》及正式赋予英国非国教徒完全公民权, 只引起了 28 次反对请愿。和往常一样, 新教徒社群之间的分歧, 比新教徒—天主教徒之间的分歧引起的摩擦小得多。参见 G. I. T. Machin, "Resistance to Repeal of the Test and Corporation Acts, 1828", *Historical Journal* 22 (1979)。

21. 引自 *Taunton Courier*, 4 March 1829 (重点标志由我添加)。

22. *Hansard*, 2nd series, 20 (1829), pp. 644 and 905 (Taunton and Frome); *John Bull*, 22 March

1829.
23 Hansard, 2nd series, 20 (1829), pp. 905, 1062.
24 G. I. T. Machin, "Catholic Emancipation as an Issue in North Welsh Politics 1825—1829", *Transactions of the Honourable Society of Cymmrodorion* (1962), p. 89.
25 Machin, *The Catholic Question*, p. 140.
26 *Hansard*, 2nd series, 20 (1829), p. 808.
27 见 Peter Burke, *Popular Culture in Early Modern Europe* (1978), pp. 270—286。
28 *Hansard*, 2nd series, 20 (1829), pp. 358, 422, 580.
29 J. P. de Castro, *The Gordon Riots* (Oxford, 1926); Robert Kent Donovan, *No Popery and Radicalism: Opposition to Roman Catholic Relif in Scotland, 1778—1782* (New York, 1987).
30 议员与贵族经常关注抗议者的"边缘性": *Hansard*, 2nd series, 20 (1829), pp. 316, 372—373, 572, 610, 1324; *ibid*, 21 (1829), p. 659。
31 *Ibid*. 20 (1829), p. 604.
32 J. R. Wolfe, "Protestant Societies and Anti-Catholic Agitation in Great Britain 1829—1860", Oxford University D. Phil. dissertation, 1984, pp. 184 and 353 中很好地提出的问题。
33 关于1829年后全英反天主教的持续强度, 见 Wolfe, "Protestant Societies"; W. L. Arnstein, *Protestant versus Catholic in Mid-Victorian England* (1982); Geoffrey Best, "Popular Protestantism in Victorian Great Britain" in R. Robson (ed.), *Ideas and Institutions of Victorian Britain* (1967)。
34 Bruce Lenman, *Integration, Englightenment, and Industrialization: Scotland 1746—1832* (1981), p. 159.
35 这一解释基于 C. R. Fay, *Huskisson and His Age* (1951), pp. I—II; and Frances Ann Kemble, *Record of a Girlhood* (3 vols, 1878), II, pp. 187—190。
36 这一信息要感谢我之前的研究生 Stephanie Barczewski。
37 *Geoffrey Madan's Notebooks*, ed. J. A. Gere and John Sparrow (1981), p. 117.
38 最细致入微的解释来自于 M. Brock, *The Great Reform Act* (1973); 见 Eric J. Evans, *Britain before the Reform Act: Politics and Society 1815—1832* (1989)。
39 关于潘恩的破除旧制: Edward Thompson, *The Making of the English Working Class* (1965), pp. 83—101。
40 *The Times*, 6 December 1794.
41 见 T. M. Parssinen, "Association Convention and Anti-Parliament in British radical politics, 1771—1848", *English Historical Review* 87 (1973); and Gareth Stedman Jones, "Rethinking Chartism", in his *Languages of Class* (Cambridge, 1983)。
42 Prentice, *Historical Sketches*, p. 188.
43 包含在 *The Radical Reformers' New Song Book: Being a Choice Collection of Patriotic Songs* (Newcastle, n. d., but after 1819)。
44 J. R. Dinwiddy, *From Luddism to the First Reform Bill* (1986), pp. 24—30.

45	W. M. Roach, "Radical Reform Movements in Scotland from 1815 to 1822", Glasgow University Ph. D. dissertation, 1970, pp. 18—21.
46	见 J. D. Brims, "The Scottish 'Jacobins', Scottish nationalism and British union", in Roger A. Mason (ed.), *Scotland and England 1286—1815* (Edinburgh, 1987); and his "The Scottish Democratic Movement in the Age of the French Revolution", Edinburgh University Ph. D. dissertation, 1983。
47	Thompson, *Making of the English Working Class*, p. 693.
48	Roach, "Radical Reform Movements in Scotland", pp. 163—164.
49	见匿名小册子 *Order of the Procession* (Edinburgh, n. d., but 1832), National Library of Scotland。
50	*Scotsman*, 2 and 13 June 1832.
51	J. Belchem, "Henry Hunt and the Evolution of the Mass Platform", *English Historical Review* 93 (1978), p. 755.
52	引自 Dorothy Thompson, *The Chartists* (1984), p. 13（着重标志由我添加）。
53	J. R. Dinwiddy, *Christopher Wyvill and Reform 1790—1820*, Borthwick Papers, no. 39 (York, 1971), p. 23.
54	见 Joseph Hamburger, *James Mill and the Art of Revolution* (New Haven, 1963), pp. 75—136; Peter Fraser, "Public Petitioning and Parliament before 1832", *History* 158 (1961)。
55	John Cannon, *Parliamentary Reform 1640—1832* (Cambridge, 1973), p. 214n.; *Hansard*, 3rd series, 3 (1831), pp. 1201—1202.
56	例如，1831 年 10 月 5 日发行的报纸。
57	*Scotsman*, 10 September 1831.
58	*Ibid.*, 13 June 1832 (Dalkeith meeting); 25 April 1832.
59	*Ibid.*, 22 October 1831.
60	例如，见 Paul Johnson, *The Birth of the Modern* (1991), pp. 995—997。
61	G. M. Trevelyan, *Lord Grey of the Reform Bill* (1920), pp. 308—309.
62	最好的解释是 Cannon, *Parliamentary Reform*, pp. 204—263。
63	见 E. A. Smith, *Lord Grey 1764—1845* (Oxford, 1990)。
64	Trevelyan, *Lord Grey*, p. 285.
65	*Hansard*, 3rd series, 8 (1831), p. 599（着重标志由我添加）。
66	见 Brock, *Great Reform Act*, pp. 310—313。
67	David A. Wager, "Welsh Politics and Parliamentary Reform, 1780—1832", *Welsh History Review* 7 (1975); Michael Dyer, "'Mere Detail and Machinery': The Great Reform Act and the Effects of Re-Distribution in Scottish Representation, 1832—1868", *Scottish Historical Review* 62 (1983).
68	本段及下段极大依赖于 Derek Beales 出色的文章 "The Electorate before and after 1832: The Right to Vote, and the Opportunity"，我获权在其发表前进行查询。
69	《改革法案》对英格兰的影响没那么令人震惊，但仍然引人注目。1826 年，在英

格兰可能总共超过 340,000 名选民中，有 104,558 人参与投票。在 1830 年，只有 88,216 人投票。但在新体制下的第一次大选中，有 381,375 名英格兰选民投了票。

70　在这里，我使用了 Robert J. Goldstein 在 *Political Repression in 19th Century Europe* (1983), pp. 4—5 中所提供的估算，如果读者分别单独观察英格兰、威尔士和苏格兰的选区，而非如 Goldstein 那样将英国的选区视为一体，就会发现 1832 年英国选举权的相对宽松与充分十分明显。

71　John Bechem, *Orator Hunt: Henry Hunt and English Working Class Radicalism* (Oxford, 1985), p. 222.

72　关于苏格兰议员对此的抱怨：*Hansard*, 3rd series, 9 (1831—1832), pp. 187 and 632 *et seq.*; *ibid.*, 10 (1832), pp. 1080—1097。因为他们大都是坚定的托利党人，他们受到这样的事实妨碍，即一般而言，他们注定会反对《改革法案》，所以很少站在为苏格兰特别要求更多有利条件的立场上。

73　见 Dyer, "'Mere Detail and Machinery'"; N. Gash, *Reaction and Reconstruction in English Politics, 1832—1853* (Oxford, 1965)。

74　见图例 "'The Gathering of the Unions' on Newhall Hill; 7 May 1832", in *The Collected Essays of Asa Briggs.* I: *Words, Numbers, Places, People* (Brighton, 1985), pp. 60—61。

75　Goldstein, *Political Repression*, pp. 4—5.

76　Albert Boime, *The Art of Exclusion: Representing Blacks in the Nineteenth Century* (1990), pp. 67—70.

77　最有用的观察源自于 James Walvin, *England, Slaves, and Freedom, 1776—1838* (Jackson, Miss., 1986)。除却此标题，本书实际上并非将自身考察限于英格兰。

78　Seymour Drescher, *Econocide: British Slavery in the Era of Abolition* (Pittsburgh, 1977), p. 27.

79　*Ibid.*, pp. 28—30. Cf. Paul Lovejoy, "The Volume of the Atlantic Slave Trade", *Journal of African History* (1982).

80　引自 David Brion Davis, *The Problem of Slavery in the Age of Revolution, 1770—1823* (1975), p. 24。

81　*Ibid.*, pp. 45—49; Drescher, *Capitalism and Antislavery*, p. 60.

82　Roger Anstey, *The Atlantic Slave Trade and British Abolition 1760—1810* (1975), p. 239.

83　Drescher, *Capitalism and Antislavery*, pp. 70—73.

84　John Pollock, *Wilberforce* (1977), p. 89.

85　*Hansard*, 1st series, 8 (1806—1807), pp. 670—671.

86　引自 Davis, *The Problem of Slavery*, p. 379。

87　Drescher, *Capitalism and Antislavery*, pp. 59, 74—94.

88　*Ibid.*, p. 85; Alex Tyrrell, "The Moral Radical Party and the Anglo-Jamaican Campaign for the Abolition of the Negro Apprenticeship system", *English Historical Review* 99 (1984), p. 492.

89　Folarin Shyllon, *Black People in Britain 1555—1833* (1977).

90 *The Bow in the Cloud; or, The Negro's Memorial* (1834), p. 405. 由各色英国人为西印度奴隶的解放所写的业余诗作集成的诗集，是一本更自鸣得意地记录当时民族主义的珍贵文本。
91 Davis, *The Problem of Slavery*, p. 49.
92 Robin Furneaux, *William Wilberforce* (1974), pp. 455—456.
93 *Econocide*, p. 16. Drescher 在此处，依我看来，十分成功地反驳了 Williams 在经典之作 *Capitalism and Slavery* (1944) 中所提出的论据。
94 见 Boyd Hilton, *The Age of Atonement: The Influence of Evangelicalism on Social and Econimic Thought 1795—1865* (Oxford, 1988), *passim*.
95 *Hansard*, 1st series, 7 (1806), p. 807; *ibid.*, 8 (1806—7), pp. 978—979.
96 Drescher, *Econocide, passim*. 在经济层面，也像在道德层面一样，英国对奴隶制的记录很矛盾。在 1838 年之后，它的糖是自由人生产的，但其棉纺织业仍有超过 70% 的原材料来自美国的蓄奴州：David Brion Davis, *Slavery and Human Progress* (New York, 1984), pp. 208—209。
97 见 Seymour Drescher, "Cart Whip and Billy Roller: Or Anti-Slavery and Reform Symbolism in Industrializing Britain", *Journal of Social History* 15 (1981)。
98 Davis, *Slavery and Human Progress*, p. XVIII（重点标志由我所加）。这本非凡的著作非常有助于我在此处所进行的阐释。
99 *Hansard*, 3rd series, 15 (1833), p. 1197.
100 见 Conor Cruise O'Brien, *God Land: Reflections on Religion and Nationalism* (Cambridge, Mass., 1987)。
101 决心减少大众对立法施加压力的机会，这一决定在一定程度上推动了议会在 1830 年代中叶之后拒绝讨论请愿书，关于这一点，参见 Fraser, "Public Petitioning", pp. 209—211。
102 *Hansard*, 3rd series, 16 (1833), p. 1201; Fraser, "Public Petitioning", p. 207.

结　论

1 本段及下段在很大程度上利用了 H. A. D. Miles 与 David Blayney Brown 的 *Sir David Wilkie of Scotland* (Raleigh, N. C., 1987)。
2 见 Allan Cunningham, *The Life of Sir David Wilkie* (3 vols, 1843), II, pp. 71—77。
3 E. J. Hobsbawm, *Nations and Nationalism since 1780* (Cambridge, 1990), p. 91.
4 John Lough, *France on the Eve of Revolution: British Travellers' Observations 1763—1788* (1987), p. 61.
5 Hugo Young, *The Iron Lady: A Biography of Margaret Thatcher* (New York, 1989), p. 9.
6 见 Brian Stanley, *The Bible and the Flag: Protestant Missions and British Imperialism in the Nineteenth and Twentieth Centuries* (1990)。
7 关于这一趋势，见 Edward W. Said, *Orientalism* (New York, 1978): for example, pp.

33—34。
8   F. Reid, *Keir Hardie: The Making of a Socialist* (1978), p. 124.
9   见 Simon Schama, *The Embarrassment of Riches: An Interpretation of Duch Culture in the Golden Age* (Berkeley, Ca., 1988); Michael Roberts, "The Swedish Church", in his edited volume, *Sweden's Age of Greatness* (1973)。
10 Paul Bushkovitch, "The Formation of a National Consciousness in Early Modern Russia", *Harvard Ukrainian Studies* 10, no. 3/4 (1986).
11 我敢于批评 Eugen Weber 的 *Peasants into Frenchmen: The Modernization of Rural France, 1870—1914* (Stanford, Ca., 1976) 这部杰出著作，要得益于我的前同事 David Bell 的研究。
12 *Ibid.*, p. 112.
13 引自 Chtistopher Hill, *Collected Essays.*Ⅲ: *People and Ideas in 17th Century England* (1986), p. 249。
14 Cf. Arthru Marwick, *The Deluge: British Society and the First World War* (1965).
15 见 Raphael Samuel, ed., *Patriotism: The Making and Unmaking of British National Identity* (3 vols, 1989) 中的文章。
16 引自 John Morley, *The Life of Richard Cobden* (Boston, Mass., 1881), p. 313。
17 Peter Scott, *Knowledge and Nation* (Edinburgh, 1990), p. 168.
18 见 R. J. Morris, "Scotland, 1830—1914: The Making of a Nation within a Nation", in R. J. Morris and W. H. Fraser, eds, *People and Society in Scotland.* Ⅱ: *1830—1914* (Edinburgh, 1990)。詹姆斯·布赖斯在 1887 年对这一点说得很清楚："英格兰人只有一种爱国主义，因为对他们而言，英格兰和联合王国完全是一回事。而苏格兰人有两种爱国主义，但他们觉得这之间并不对立。" *Mr. Gladstone and the Nationalities of the United Kingdom: A Series of Letters to the 'Times'* (1887), p. 15.
19 *Gentleman's Magazine* 101(1831), pp. 438—439.
20 Glanmor Williams, *Religion, Language and Nationality in Wales* (Cardiff, 1979), pp. 143—144.
21 Sir John Sinclair, *An Account of the Highland Society of London*(1813), pp. 27and 35.
22 Tom Nairn 的苏格兰民族主义经典之作 *The Break-Up of Britain: Crisis and Neo-Nationalism* (2nd edn, 1981) 已伴随有一系列类似研究。但任何想要了解这一争论的紧迫性和广泛性有多强烈的人，只需对英国的新闻出版稍加留意。在我 1991 年初次撰写本注释时，情况与 2009 年的今天都是如此。
23 Sir John Macpherson to Sir John Sinclair, 9 November 1798, History of Parliament Trust, Sinclair transcripts.

索引

（索引页码为原书页码，即本书边码）

Aberdeen, George Gordon, 4th Earl of 阿伯丁伯爵，第四代，乔治·戈登 165

Act of Settlement(1701)《嗣位法》47, 67, 200

"Acts" of Union, Wales(1536 and 1543) 与威尔士联合"法案" xxiv, 11

Act or Treaty of Union, Scotland (1707) 与苏格兰的《联合法案》或《联合协议》 xiii—xiv, 11—13, 38, 328

Act of Union, Ireland(1800) 与爱尔兰的《联合法案》 xiv—v, xxv, 328

Adam, Robert 罗伯特·亚当 125, 161

Adams, John 约翰·亚当 137—138

Addington, Henry, 1st Viscount Sidmouth 西德默思勋爵，第一代，亨利·阿丁顿 192—193, 316

Addison, Joseph 约瑟夫·爱迪生 67

Aikman, William 威廉·艾克曼 177

Albermarle, George Monck, 1st Duke of 阿尔伯玛公爵，第一代，乔治·蒙克 379

Albert, Prince Consort 阿尔伯特，女王丈夫 235

almanacs 皇历 20—22, 27—28

American colonies 美洲殖民地

    Britishness of ~的英国性 134—135

    growing autonomy of 自治权增强 136

    population growth 人口增加 70

    rejection of British attitudes 反英态度 105

    taxation 税收 137—138

    trade with 贸易 69—71, 138—139

American War of Independence(1775—83) 美国独立战争(1775—1783)

    anti-slavery movement and ~和反奴运动 358, 361—362

    constitutional issues 宪法问题 138, 144—145

    Declaration of Independence(1776)《独立宣言》(1776) 143

    defeat, effect of 失败的影响 53, 145—147, 150—151

    events leading to 导火线 137—139

    funding of 债券 64—66

    public response to 公众的反应 138—144

    social changes following ~之后的社会变化 360—361

    Union, effect on 对联合王国的影响 135—136

Amherst, Elizabeth, Lady 伊丽莎白·阿默斯特女士 267

Anderson, Adam 亚当·安德森 60

André, Major John 约翰·安德烈少校 150

索引 | 509

Andrews, John 约翰·安德鲁斯 257
Anglesey 安格尔西 40, 336
Anglesey, Henry William Paget, 1st Marquess of 安格尔西侯爵，第一代，亨利·威廉·佩吉特 240
Anne, Queen 安妮女王 xxv, 12, 47, 48, 202
Anti-Corn Law League: women's involvement 反谷物法联盟：女性的参与 283
aristocracy 贵族阶级
 art patrons 艺术赞助人 177—80
 Britishness, acquisition of 获得英国性 158—167
 demographic crisis 人口危机 158—161
 education 教育 169—173
 European art and culture 欧洲艺术和文化 167—169
 masculinity, cult of 崇尚男子气概 172—173, 174, 180—192
 membership 成员资格 156—157
 military leaders, as 军队领袖 151—153
 parliamentary influence 议会影响 156—158
 peerage, expansion of 贵族人数扩张 194—195
 radical attacks on corruption 猛烈抨击腐败 154—156
 service to country, cult of 崇尚服务国家 50—51, 180—185
 virtue of public service 服务公众的美德 193—195
 参见 social classes 社会阶层
Army 军队
 aristocracy's leadership role 贵族的领导角色 151—153, 181
 Catholic recruitment 征召天主教徒 332—333
 empire, maintenance of 维持帝国 103—104

 expansion during French wars 对法战争期间的扩张 290—294
 foreign mercenaries 外国雇佣军 290
 Hogarth's depiction of 荷加斯对~的描画 44—46
 Jacobite rebellion 詹姆斯党人叛乱 80—86
 military bands 军乐团 313—314
Militia 民兵
 county quotas 各郡的配额 293—294
 crowd control at royal events 皇家庆典时对民众的管理 229—230
 lack of training 缺乏训练 77—78, 80—81
 Leicestershire arouses wrath of women 莱斯特郡~激发妇女的愤怒 262—263
 Local 地方民兵 318, 323—324
 Militia Act (1757) 《民兵法案》(1757) 52—53, 87, 298
 unpopularity of ~ 不受欢迎 52—53, 293, 310
 postings 调动 320—321, 322
 Supplementary Militia Act (1796) 《民兵法案补充条款》(1796) 294
 terms of enlistment 入伍的条件 320
 officer class 军官阶层 187—189, 194—195
 parades 游行 230
 patriotic deaths 彰显爱国精神的死亡 181—186
 public support for 公众支持 92—93, 94—95
Scots 苏格兰人
 recruitment of 征召~ 104, 121,

128
  senior commanders 高级将领　165
  strength in war and peace 战争与和平中的力量　7, 299—300
uniform 制服
  glamour of ~的魅力　263, 294—295
  importance of ~的重要性　187, 187—191, 188
  volunteers 志愿军~　294—295
unpopularity changes to public pride 从不受欢迎到成为公众骄傲　230
victories 胜利　53—54
volunteers 志愿军
  democracy amongst 其中的民主　323—324
  esprit de corps 团队精神　323
  Hyde Park review（1803）海德公园检阅　230
  mobilising for French wars 为对法战争动员　293—306
  officers 军官　294
  reasons for volunteering 参加志愿军的原因　306—315
  replaced by Local Militia 被地方民兵取代　318
  response to call; 1745 and 1803 compared 响应号召：1745年和1803年的比较　316
  terms of enlistment 入伍的条件　299—300, 320
  women's support for 女人对~的支持　266—268
  参见 patriotism, willingness to fight for country 爱国主义，愿意为国而战
art 艺术品
  British, promotion of 促进英国~发展　59, 176—177

British Institution 英国~协会　179
country-house collections opened to public 向公众开放乡间府邸的藏品，178—180
heroic 英雄主义~　181—184
Italian, appreciation of 欣赏意大利~　168—169
purchase of 购买~　62—64
Atterbury Plot（1723）阿特伯里阴谋（1723年）　206
Attwood, Thomas 托马斯·阿特伍德　346
Augusta, Princess（mother of George Ⅲ）奥古斯塔王妃（乔治三世之母）　122—123, 214
Austen, Jane 简·奥斯汀
  Northanger Abbey《诺桑觉寺》　176
  Pride and prejudice《傲慢与偏见》　263
  Rousseau's influence on 卢梭的影响　245
Austen, Revd George 乔治·奥斯汀牧师　303
Austrian Succession, War of（1739—48）奥地利王位继承战争（1739-1748年）　53, 100

Bagehot, walter 沃尔特·白哲特　277
Bailyn, Bernard 伯纳德·贝林　142
Bamford, Samuel 萨缪尔·班福德　325
Barnard, Dr 巴纳德博士　171
Barrington, Shute, Bishop of Durham 达勒姆主教，舒特·巴灵顿　360—361
Barrington, William Wildman, 2nd Viscount 巴灵顿勋爵，第二代，威廉·怀德曼　121
Barry, Charles 查理·巴利　331
Bartolozzi, Francis 弗朗西斯·巴托洛兹
  King George Ⅲ《国王乔治三世》　198
  Princess, Charlotte《夏洛特公主》　277

Beaumont, Sir George 乔治·博蒙特爵士 175，178

Bebbington, David 大卫·贝宾顿 23

Beckford, William 威廉·贝克福德 112

Bedford, John Russell, 4th Duke of 贝德福德公爵，第四代，约翰·拉塞尔 62

Bedfordshire 贝德福德郡 298，303，307

Beith, John Hay 约翰·海·比思 166

Bentinck, Lord William 威廉·本廷克勋爵 191—192

Beresford, William Carr, Viscount 贝雷斯福德子爵，威廉·卡尔 194

Bergami, Bartolomeo 巴托洛梅奥·贝尔加米 271

Berkshire 贝克郡 304

Bickham, George: *The Highlanders Medley* 乔治·比克汉姆：《高地人的杂牌军》 79

Biggs, Mrs 比格斯夫人 222，224

Bill of Rights (1689)《权利法案》(1689年) 111，200

Birmingham 伯明翰 228，318，346

Black, Joseph 约瑟夫·布莱克 124

Black Dwarf《黑侏儒》 282

Blackburn: Female Reform Society 布莱克本：妇女改革协会 283

Blake, William 威廉·布莱克 30，45，178

Bogle, George 乔治·博格尔 130—131

Bolingbroke, Henry St.John, Viscount 柏林布鲁克子爵，亨利·圣约翰 47，192

Book of Martyrs (Foxe)《殉教者书》(福克斯) 26—28，26

Boswell, James 詹姆斯·博斯韦尔 125，126

Boulton, Matthew 马修·博尔顿 125

Boydell, John 约翰·博伊德尔 177

Bradfore, Wiltshire 布雷福德，威尔特郡 83

Brahan Castle, Seaforth 布朗堡，锡弗思 161，165

Breadalbane family 布雷多尔本家族 159

Brecknockshire 布雷克诺克郡 296，302

Brewer, John 约翰·布鲁尔 113

Bridgwater, Francis Egerton, 3rd Duke of 布里奇沃特公爵，第三代，弗朗西斯·伊格尔顿 178

Bristol 布里斯托 84，226—227，308，358

Britannia 不列塔尼亚 10，71，135，349，398

Britannia:…illustration of …England and …Wales (Ogilvie)《不列塔尼亚：……图解……英格兰和……威尔士》(奥尔维) 39

British Empire 大英帝国

  American colonies, lack of government authority in 缺乏对美洲殖民地的政府权威 136

  American War of Independence, reforms following 美国独立战争之后的改革 147

  education for governing 治国教育 171—172

  extension of ~ 的扩张

    after American War of Independence 美国独立战争之后的~ 151

    after Seven Years War 七年战争之后的~ 102—105

  government dependent on non-English 依靠非英格兰人的~政府 128—134，378—379

  post-Waterloo 滑铁卢战役之后的~ 329

  Scots' influence in 苏格兰人在~的影响 128—134

  slavery in ~内的奴隶 329—330，368

  trade with 与~的贸易 69—70

British Institution for Promoting the Fine Arts 英国美术促进协会 179

British Museum 大英博物馆 86

Britishness 英国性

American War of Independence, effect of 美国独立战争对~的影响 147
aristocracy's acquisition of 贵族获得~ 158—167
"Britons" as term 作为特定名词的"英国人" xvi—xvii
chosen people, British as 作为上帝选民的英国人 30—33, 37, 367—368, 376—377
diversity of cultures 文化多样性 17—18
divinely blessed, belief that 相信受到上帝佑护 11, 18, 30—33, 360, 376—378, 377
English nationalism and 英格兰民族主义与~ 12—13, 116, 164—165
French, enmity of, as unifying factor 对法国人的憎恨，作为统一要素 17—18, 25, 33—35, 86, 88—91, 256—257, 318, 376—377
geography and 地理与~ xviii—xix
localism and regionalism, survival of 残存的地方主义和地方色彩 164—165, 380—383
post-1945 changes in 二战后~的变化 xxviii, 382—384
recent invention, as ~作为最近的发明 5—6, 11—18, 381—382
reform movement, of ~的改革运动 344—351
resentment towards concept 对这一概念的愤恨 13
ruling class, of 统治阶级的~ 50—51, 378—379
sea as boundary 以海为界 17
trade, common interest in 贸易中的共同利益 56
upper classes 上层阶级 197
war as unifying factor 作为统一因素的战争 17—18, 53—54, 328, 373—376
Waterloo, problems of definition after 滑铁卢之后的界定问题, 327—328
Brontë, Charlotte: *Jane Eyre* 夏洛特·勃朗特：《简·爱》 263
Brougham and Vaux, Henry Peter, 1st Baron 布鲁厄姆和沃克斯男爵, 第一代, 亨利·皮特 351
Brown, John: *Estimate of the Manners and Principles of the Times* 约翰·布朗：《论时代的风俗和原则》 87
Brydges, Sir Samuel Egerton: *Collons's Peerage* 塞缪尔·埃杰顿·布里奇斯爵士《科林斯贵族词典》 164, 179
Buckingham House (later Palace) 白金汉府（后来的白金汉宫） 201, 202, 203, 211, 216, 217, 236
Buckinghamshire 白金汉郡 314, 321
Bunbury, William Henry: *Recruits* 威廉·亨利·邦博瑞：《征兵》 305
Bunyan, John 约翰·班扬 28—29
Burgh, James: *Britain's Remembrancer* 詹姆斯·博格：《对英国的提醒》 87
Burgoyne, General Sir John Fox 柏高英将军, 约翰·福克斯爵士 151, 332
Burke, Edmund 埃德蒙·柏克
  British Empire and civil liberties 大英帝国和公民自由 103, 132, 133
  Catholic emancipation 天主教徒解放 333
  commerce and war 商业和战争 70
  emotionalism 感伤主义 153
  French Revolution, on 论法国革命 152
  Reflections on the Revolution in France 《法国革命论》 237, 258, 260, 269, 274
  theory of the sublime 崇高理论 176
Burke, John: *Burke's Peerage* 约翰·伯克:《伯克贵族词典》 157, 163
Burke, Peter 皮特·伯克 338

索 引 513

Bute 比特郡 301
Bute, John Stuart, 3rd Earl of 比特伯爵，第三代，约翰·斯图亚特 93, 110, 115, 116, 122—123, 128, 129, 214
Bute family 比特家族 160
Butley, John 约翰·巴特雷 90—91

Caenarfonshire 卡纳封郡 15, 40
Caithness-shire 凯思内斯郡 142, 296
Calcutta 加尔各答 xxii
Cambridge University 剑桥大学 141, 165, 172
Cambridgeshire 剑桥郡 294, 298, 304
Campbell, James 詹姆斯·坎贝尔 114
Camperdown, Earldom of 坎珀当伯爵 194
Canada 加拿大
　conquest of 对~的征服 102, 129, 134 也参见 Seven Years War 七年战争
Canada Act (1791) 加拿大法案 147
Canaletto, Antonio 安东尼奥·卡纳莱托 62—64, 63
Canning, George 乔治·坎宁 153, 192
Carlisle 卡莱尔 81
Carlisle, Charles Howard, 3rd Earl of 卡莱尔伯爵，第三代，查理·霍华德 62
Carlton House 卡尔顿府邸 218, 219
Carlyle, Thomas 托马斯·卡莱尔 xxiv
Carmarthenshire 卡玛森郡 15, 302
Caroline of Brunswick (wife of George Ⅳ) 布鲁斯威克的卡罗琳（乔治四世妻子）222, 226, 235
　marriage to Prince of Wales ~与威士亲王结合 271
　trial for adultery ~因通奸罪受审 271
　women campaign for 因~而起的妇女运动 271—276
Carrington, John 约翰·卡林顿 230
Carter, Isaac 艾萨克·卡特 41
Carteret, John (1st Earl Granville) 约翰·卡特里特（第一代格兰威尔伯爵）60
cartography 制图 xviii, 94
Cartwright, Major John 约翰·卡特赖特少校 344
Castlereagh, Lord (Robert Stewart, 2nd Marquess of Londonderry) 卡斯尔雷勋爵（罗伯特·斯图尔特，第二代伦敦德里侯爵）153, 162—163, 167, 192—193
Catherine Ⅱ, "the Great" 叶卡捷琳娜大帝 126
Catholic emancipation 天主教教徒解放
Act of 1829 1829 年法案
　passing of ~通过 339—340
　restrictions remaining after ~通过后仍保留的限制 340—341
　toleration prior to ~之前的宽容 331—334
Catholic Relief Act (1778)《天主教教徒解放法案》339
　Irish Catholics after 1800 1800 年后的爱尔兰天主教教徒 xxii, 328—329
　petitions in opposition to 反对~的情愿 336, 338
　propaganda against 反对宣传 337
　protest meetings 抗议集会 337—338
　ruling class's attitude to 统治阶级对~的态度 338
　women petition against 妇女的反对请愿 284—285, 340—341
Catholicism 天主教
　anti-Catholic feeling as basis for political policy 作为政治政策基础的反天主教情感 xix—xxii, 46—47, 332
　Corporation Act (1663) 市政法 332
　emancipation: see Catholic emancipation ~解放：请见天主教徒解放
　militancy in Europe 在欧洲的交战状态 24, 29

political and social restraints on Catholics 对天主教教徒的政治和社会限制 19，52，332—333
Protestants' fear of 新教徒对~的恐惧 20—25，336—339
Test Act (1673) 考试法 332
toleration towards 对~的宽容 22，331—335
seen as un-British ~被看作非英国人 19
Cawches, Katherine 凯瑟琳·考奇丝 26，27
Cawdor, John Campbell, 1st Baron 考德男爵，第一代，约翰·坎贝尔 262
Celts:divisions among 凯尔特人：内部差异 14
census of 1800 1800年的人口普查 295—6，304
Chamberlain, Muriel 缪里尔·钱伯兰 165
Chambers, Sir William 威廉·钱伯斯爵士 125
Chantrey, Francis: *William IV assenting to the Reform Bill* 弗朗西斯·钱特里：《威廉四世签署改革法案》352，353
charitable institutions 慈善机构 58—59，94—95，245
Charles Ⅰ, King 国王查理一世 20，201—203，211
Charles Ⅱ, King 国王查理二世 137，201—202
Charlotte, Princess 夏洛特公主
Bartolozzi's portrait of 巴托洛兹的~画像 277
death in childbirth mourned 哀悼难产而死 225—226，276—279
Charlotte, Queen Consort to George Ⅲ 夏洛特，乔治三世的皇后
domesticity admired 挚爱家庭 238，275—276
idealised by women 被妇女神化 277—278
West's portrait 韦斯特的~画像 275—276
Chartism 宪章运动 xxvi，283，286，351，367
Chatham, 1st Earl of: *see* Pitt, William, the Elder 查塔姆伯爵，第一代：见老威廉·皮特
Cheshire 柴郡 81，304
Cheserfield, Philip Dormer Stanhope, 4th Earl of 切斯特菲尔德伯爵，第四代，菲利浦·多默·斯坦霍普 60，168
children 儿童
patriotic ritual and 爱国仪式与~ 231—232
另参见 education 教育
Christian Ⅶ, King of Denmark 丹麦国王克里蒂安七世 200
Churchill, Charles 查尔斯·丘吉尔 109
Cinque Ports 五港同盟 313
citizenship 公民权
Coleridge on 柯勒律治论~ 318
invasion threat as unifying factor 作为统一因素的入侵威胁 318—319
poor's awareness of 穷人对~的认识 379
post-Waterloo achievements in civil rights 滑铁卢战役之后在公民权利上的成就 328—329，368—371
slavery in Empire 帝国里的奴隶 329—330
Wollstonecraft on 沃斯通克拉夫特 280—281
women extend limits of 妇女扩展~的界限 279—280
也参见 political awareness 政治觉醒
civic pride: associated with royal events 市民的自豪：与皇家庆典活动相连 229
Civil List 王室专款 201，216

Civil Wars (1642—49): destruction of royal palaces 内战（1642—1649年）：皇宫被毁 201
Clare, John 约翰·克莱尔 17, 312
Clark, Kenneth 肯尼斯·克拉克 331
Clarke, Maty Anne 玛丽·安妮·克拉克 222
Clive, Robert, Baron 罗伯特·克莱夫男爵 133
Cobb, Richard 理查德·科布 296
Cobbett, William 威廉·科贝特 157, 191, 285, 325, 355
Cockburn, Sir James 詹姆斯·科伯恩爵士 127
Coleridge, Samuel Taylor 萨缪尔·泰勒·柯勒律治 318—19
Collingwood, Captain 科林伍德船长 357, 359
Collini, Stefan 斯特凡·柯里尼 xix
Conforcet, Marie J. A., Marquis de 孔多塞侯爵，玛丽·简 261
Constable, John 约翰·康斯坦布尔 178, 331
constitution 宪法
　and religion ~ 和宗教 19, 328—335
　monarch's powers under ~ 之下君主的权力 138, 200
　Paine on 潘恩论~ 342—343
　upholding, as basis for resistance to Napoleon 高举~作为抵抗拿破仑的基础 316
　也参见 parliamentary reform 议会改革
Copley, John Singleton: *Death of Major Peirson* 约翰·辛格尔顿·科普利，《皮尔逊上校之死》 182—183
Coram, Thomas 托马斯·科拉姆 56—59, 61, 87, 99
Cornwall 康沃尔 50, 81—82
Cornwallis, General Charles, 1st Marquess 康华利侯爵，第一代，查理将军 151
Counter-Reformation 反宗教改革运动 24
Cowper, William 威廉·柯珀 171
Craig, James 詹姆斯·克雷格 124
credit: economy dependent on 信用：经济对其的依赖 66—67
Cressy, David 大卫·克雷西 20
Cromwell, Oliver 奥利弗·克伦威尔 53
Cruickshank, George 乔治·克鲁克香克 214, 314
　Making Decent!! 《迈向高雅！！》 265
Culloden, Battle of (1746) 克洛登战役 13, 22, 31, 80, 86, 118, 332, 376
Cumberland 坎伯兰郡 318
Cumberland, William Augustus, Duke of 坎伯兰公爵，威廉·奥古斯塔斯 79, 87
customs and excise 关税和消费税
　finance raised by 增加了财政收入 65
　internal customs barriers, abolition of, by Act of Union 国内关税壁垒，被《联合法案》所废除 38

Dartmouth, George Legge, 3rd Earl of 达特茅思伯爵，第三代，乔治·乐基 179, 222
David, Jacques-Louis 雅克-路易·大卫 220
Davis, David Brion 大卫·布瑞恩·戴维斯 365
de Gouges, Olympe 奥伦比·德·古日 261
Debrett, John: *peerage*... 约翰·德布雷特：《英格兰、苏格兰和爱尔兰的贵族》 164
Defence of the Realm Acts (1798 and 1803): returns, analysis of《领土防务法案》：反馈，分析 297—306
Defoe, Daniel 丹尼尔·笛福 xvii—xviii, 12, 15—16, 33

The True-Born Englishman 正统英格兰人 16
Derby 德比 80, 86, 118
Derbyshire 德比郡 304
Devis, Arthur William: *Death of Nelson* 阿瑟·威廉·德维斯:《纳尔逊之死》184—185
Devon 德文 50, 229, 321, 323
Devonshire, Georgiana, Duchess of 德文郡公爵夫人, 乔治亚娜
 on Marie-Antoinette's execution 论玛丽-安托瓦内特被行刑 261
 Rousseau, admiration for 崇拜卢梭 279
 Westminster election 1784 威斯敏斯特选举 247—254, 251, 252, 253, 255, 282
Devonshire, William Cavendish, 5th Duke of 德文郡公爵, 第五代, 威廉·卡文迪什 248, 251
Dighton, Rober 罗伯特·狄通 189
Dixon, John: *The Oracle* 约翰·狄克森:《神谕》135, 134—136
Drescher, Seymour 西摩·德雷舍 365
dress 服饰
 court 宫廷~ 190
 London tailoring 伦敦裁缝技术 190—192
 military uniform 军服 187—198, 263, 294—295
 post-Revolutionary somberness 法国大革命之后的暗色调 190—191
 women's cross-dressing 女扮男装 247, 249
Duby, Georges 乔治·达比 43—44
Dumfries 邓弗里斯 84
Dun, House of, Montrosr 蒙特罗斯的邓恩宅 74, 84
Dundas, Henry (1st Viscount Melville) 亨利·邓达斯 (第一代梅尔维尔子爵) 129
Dunmore, John Murray, 4th Earl of 邓莫尔伯爵四世, 约翰·默里 132
Dunraven family 顿拉文家族 160
Durham 达勒姆 304

East Anglia 东英吉利 140, insularity of 与世隔绝 298
East Grinstead 东格林斯蒂德 297
East India Company 东印度公司 65, 71, 78, 93, 95
economy 经济
 credit, dependency on 对信贷的依赖 65—66
 food prices 食物价格 160
 growth compatible with religion ~增长与信仰相协调 43—44
 Protestantism and 新教与~ 43—44
 Scottish expansion 苏格兰的增长 124
 也参见 trade 贸易
Edinburgh 爱丁堡 xxvii, 80, 83, 228, 247, 294, 307
 New Town 新城 124
Edinburgh Review《爱丁堡评论》152—153
education 教育
 classical 古典的 171
 patriotism, inculcation of 爱国主义教导 231—232
 ruling class 统治阶级 169—173, 196
Egerton family 埃格尔顿家族 62
Egremont, George O'Brien Wyndham, 3rd Earl of 埃格勒蒙特伯爵, 第三代, 乔治·奥布赖恩·温德姆 178, 294
Eldon, John Scott, 1st Earl of 埃尔登伯爵, 第一代, 约翰·斯科特 285
Ellis, Sarah Stickney 莎拉·斯蒂克尼·埃利斯 282
Ely 伊利城 294
Encyclopaedia Britannica《大不列颠百科

全书》86
England 英格兰
    Act of Union of 1707, reaction to ~ 对 1707 年《联合法案》的反应 13
    anti-English sentiment 反英格兰情绪 14
    ethnic diversity 种族多样性 15—16
    parliamentary franchise 议会选举权, 354—355
Englishness 英格兰性
    acceptance of Welsh 接纳威尔士 13
    Act of Union (1707), resentment towards ~ 对《联合法案》的愤怨 13
    England and English, use of terms when meaning Britain and British 英格兰和英格兰的, 当使用这两个词意思是英国和英国的时 13, 116, 164—165
    resentment at Scots 对苏格兰的愤怨 12—13
    self-confidence 自信 16
    Wilkes as personification of 作为 ~ 象征的威尔克斯 107, 109, 111—116
Enlightenment 启蒙运动
    women in ~ 中的妇女 259
    Scottish 苏格兰 ~ 124—125, 133—134, 359
Enzer, Joseph 约瑟夫·恩泽 74, 75
Erskine, David, of Dun 邓恩的戴维·厄斯金 74
Essex 埃塞克斯 298, 304
Eton College 伊顿公学 171, 195
Europe 欧洲
    culture and British aristocracy 文化和英国贵族 88, 168
    Britons' mixed attitudes towards 英国人对 ~ 的复杂态度 33—7, 382—3
    franchises in ~ 的选举权 354—5, 356—7
    nationalism 民族主义 86—7

revolution in, aristocracy's reaction to 贵族对 ~ 革命的反应 152—158
trade with ~ 与 ~ 做生意 69—70
transport and communications in 运输和交通 40—41
European Union 欧盟 xxviii, xxxi, 383
Exeter 埃克塞特 85, 315
Extraordinary Red Book《非凡的红皮书》154, 155

Falkland Islands 福克兰群岛 145
famine 饥荒 36—7
Fawkes, Guido 盖多·福克斯 20
Females of the Present Day... (anon)《当代妇女, 关于她们对社会的影响》(佚名) 281
Ferguson, Adam 亚当·弗格森 31
Ferrers, Laurence Shirley, 4th Earl 费勒斯伯爵, 第四代, 劳伦斯·雪利 169
Fieldhouse, David 大卫·菲尔德豪斯 147
Fielding, John 约翰·菲尔丁 98
Fife, John 约翰·法夫 351
finance 财政
    money supply and credit 货币供应和信用, 65—66
    也参见 National Debt; taxation 国债; 税收
Fishguard, French landing (1797) 菲什加德, 法国登陆 262—263
Flaxman, John 约翰·弗拉克斯曼 178
Flint, George 乔治·弗林特 78, 80
Flintshire 弗林特郡 15, 302
food prices 食物价格 160
Forbes, John 约翰·福布斯 105—106
Fordyce, James 詹姆斯·福代斯 245, 246, 257
Fortescue, Sir John 约翰·福蒂斯丘爵士 324

Foundling Hodpital, London 育婴堂，伦敦 58—59，61，87
Fox, Charles James 查理·詹姆斯·福克斯 102，154，171，212，247—54
Foxe, John 约翰·福克斯 26—28
France 法国
    American independence supported ~ 对美国独立战争的支持 145，150
    culture and British aristocracy 文化和英国贵族 88，167—168
    famines 饥荒 37
    Francophobia as unifying factor 作为统一因素的法国厌恶症 17，24—25，33—35，87，88—90，257，318，376—377
    Hogarth's satire on 荷加斯对~的讽刺画 34—35
    Jacobitism, support for 对詹姆斯党人的支持 77—80
    meritocracy as 精英管理 152—153
    national boundaries in 1700s 在18世纪代的国界 17
    nationalism 民族主义 86
    Orléans collection 奥尔良的收藏 178
    slavery in Empire 帝国内的奴隶制 365—367
    trade rivalry 贸易对手 78—80，90—92，94，95—96
    wars with 对法战争
        Napoleonic 与拿破仑法国的战争 152
        Revolutionary 与大革命法国的战争 152
        Seven Years War, support for 支持七年战争 104
        unifying factor, as 作为统一因素 17，18
        vitories flattering British pride 胜利增强了英国的自豪感 53
    women in, as seen by Britons 在英国人眼中的~妇女 256—258
    也参见 French Revolution; French Revolutionary and Napoleonic wars 法国大革命；法国大革命和拿破仑战争
Franco-American agreement（1778）《法美协议》 169
Franklin, Benjamin 本杰明·富兰克林 91
Fraser, Simon, Master of Lovat 西蒙·弗雷泽，洛瓦特勋爵 133
Frederick Lewis, Prince of Wales 弗里德里克·刘易斯，威尔士亲王 203，210，232
Free, John 约翰·弗里 90
freemasonry 共济会 232
French Revolution 法国大革命
    art sales following 随后的艺术品销售 177—179
    British aristocracy, effect on 对英国贵族的影响 156
    Burke on 柏克论~ 237，258—259，260
    mass arming in Europe following 之后欧洲的大规模武装 289
    women's role, effect on 对妇女角色的影响 258—263
    women's role in 妇女在~中的角色 258—260
French Revolutionary and Napoleonic wars 法国大革命和拿破仑战争
    cost of ~的代价 152
    evacution plans 撤离计划 312—313
    extent of 范围 292
    growth of army and navy 陆军和海军的增长 293
    invasion threats 入侵威胁 153，292，295，312—313，317
    popular protests following 随后的群

众抗议　327
　　resistance by all social classes 各个社会阶层的抵抗　316—317
　　unemployed veterans 失业的老兵　327
　　volunteers enlisting: Army; patriotism 志愿军入伍：参见军队；爱国主义
friendly societies 互助会　232
Fry, Elizabeth 伊丽莎白·弗赖　283

Gainsborough, Thomas 托马斯·庚斯博罗　177，178
　　Blue Boy《蓝衣少年》179
Garrick, David 大卫·加里克　280
Garter, Order of 嘉德勋章　221
Gauci, William: *Buckingham Palace* 威廉·高斯：《白金汉宫》217
Gay, John 约翰·盖伊　60
　　Beggar's Opera《乞丐歌剧》204
Gentleman's Magazine《绅士杂志》42
George Ⅰ, King 国王乔治一世
　　death, public reaction to 公众对～去世的反应　234
　　Hanoverian ties 与汉诺威的联系　205
　　household 家庭关系　203
　　non-populist 不亲民　206—209
　　succession 即位　47，48—49，73，203
George Ⅱ, King 国王乔治二世
　　coronation festivities 加冕庆典　236
　　death, public reaction to 公众对～去世的反应　234—235
　　family problems 家庭问题　203
　　Hanoverian ties 与汉诺威的联系　80—81，205
　　military leader 军事领袖　74
　　palaces 宫殿　202
　　Pine's portrait of 派恩的画像　208
　　supporting Marine Society 支持"海洋协会"　93
George Ⅲ, King 国王乔治三世

American War of Independence, role in 在美国独立战争中的作用　138
art patron 艺术赞助人　179，182
Bartolozzi's portrait of 巴托洛兹的画像　198
cartoons of 讽刺卡通画　213—215
death, pulic reaction to 公众对～去世的反应　235
early responses to 早期对～的反应　206—207，212
finances 财政　201
government, involvement with 参与政府之中　211
Hyde Park review of volunteers (1803) 在海德公园检阅志愿军　230
Jefferson's accusation of slavery 杰弗逊在奴隶问题上对他的斥责　358
jubilee celebrations 登基五十周年庆典　223，226—228，236
madness 发疯　154，199—200，211，412
mythic attraction of 神秘的吸引力　238
pity for 对～的同情　216
political adroitness 政治上机敏娴熟　216
popularity in old age 老年时大受欢迎　226—228
as Prince of Wales 作为威尔士亲王的～　93
revival of monarchy 重振君主制　210—214
Scottish-English relations 苏格兰-英格兰关系　120
Stuarts, admiration of ~ 钦佩斯图亚特诸王　211
Tories admitted to office 接受托利派执政　105，110—111
variety of responses to 对～的各种反

应　233—234
George Ⅳ, King 国王乔治四世
　as Prince Regent 作为摄政王
　　buliding works 建筑作品　218—219
　　lack of heir 没有后嗣　226
　　Royal Pavilion, Brighton 皇家庭院，布莱顿　216，236
　　attacked by women over trial of Caroline 因审讯卡罗琳而受到妇女攻击　271—275
　　cartoons 讽刺卡通画　214，239
　　Catholic emancipation 天主教教徒解放　331—332，335
　　coronation 登基　235
　　marriage to Caroline of Brunswick 与布伦斯威克的卡罗琳结婚　222，226—227，271—275
　　palaces 宫殿　236
　　pre-revolutionary France, champion of 大革命之前法国的拥护者　219—220
　　rebuilding in London 重建伦敦　237
　　visits Scotland 访问苏格兰　240
German culture 德意志文化　168
Gerrald, Joseph 约瑟夫·杰拉德　xvi—xvii, xxviii
Gibbon, Edward 爱德华·吉本　103
Gibraltar 直布罗陀　70
Gillray, James 詹姆斯·吉尔雷
　Buonaparte 48 hours after Landing!《登陆 48 小时之后的波拿巴！》288，289—290
　Flannel-Armour-Female-Patriotism《法兰绒盔甲-女性爱国主义》266
　French Invasion《法国入侵》214，215
　Hero of the Nile《英雄纳尔逊》186，187
　Temperance enjoying a Frugal Meal《节制地享受俭朴的膳食》238，239
　on volunteers 论志愿兵　309
Gilpin, William: *Observations on the River Wye* 威廉·吉尔平:《论怀河》　176
Gisborne, Thomas: *Enquiry into the Duties of the Female Sex* 托马斯·吉斯伯恩:《论女性的职责》　256，259
Gladstone, William Ewart 威廉·爱德华·格莱斯顿　xxvii，194
Glamorgan 格拉摩根　13，300，302
Glasgow 格拉斯哥　81，358
Gloucestershire 格洛斯特郡　299
"God Save the King" "上帝保佑国王"　44，49，213
　sung by radicals 激进主义者高唱~　343
Goggerdan estate, Cardiganshire 高格丹家族的地产，卡迪根郡　159
Gordon, George, 5th Duke of 戈登公爵，第五代，乔治　175
Gordon, Lord Adam 亚当·戈登勋爵　132
Gordon Riots (1780) 戈登暴动　23，339
government 政府
　burden of, during Napoleonic Wars 在拿破仑战争期间的~负担　153—154
　cabinet, royal influence over 皇室对内阁的影响　211
　North America, lack of control 缺乏对北美的控制　138—139
　radical attack on corruption in 对~中腐败的激烈抨击　154—158
　revenue 税收，64—65
　也参见 Parliament 议会
Great Britain, as all-embracing term 大不列颠，一个包括一切的词汇　xviii, 42
Gregory, John 约翰·格列高里　246
Grenville, George 乔治·格伦威尔　201
Grenville, William Wyndham, Baron 格伦威尔男爵，威廉·温德姆　163
Grey, Charles Grey, 2nd Earl 格雷伯爵第二代，查理·格雷　171，172，248，352
Grosvenor, Lord Robert 格罗夫纳，罗伯特爵士　182

Grosvenor, Robert, 2nd Earl 格罗夫纳伯爵，第二代，罗伯特 179

Hale, Lt-Col John 约翰·黑尔，陆军中校 119—120
Halliday, Helen 海伦·哈利迪 119
Hamilton, Emma, Lady 埃玛·汉密尔顿女士 186
Hampshire: war patriotism 汉普郡：战争爱国主义 140, 299, 303
Handel, George Frederick: celebrating Britain 乔治·弗雷德里克·亨德尔：赞美英国 31—33
Hannay, Major Alexander 亚历山大·汉内少校 130
Hanoverian dynasty 汉诺威王朝
 constitutional basis of ~的宪法基础 47—49
 deaths of monarchs, changes in reaction to 对于君主去世的反应变化 234—245
 early 早期
  assimliation of 同化 205
  politics, involvement in 参与政治 206
 later 后期
  revival of monarchy under George III 在乔治三世治下重振君主制 210—214, 234
 prolificacy of 多子多孙 203
 Protestant foundation 新教基础 48—49
 succession 即位 12, 48—49, 220
 也参见 monarchy 君主制
Hanway, Jonas 乔纳斯·汉韦 69—70, 92, 95, 96—98
Hardwicke, Philip Yorke, 1st Earl of 哈德威克伯爵一世，菲利普·尤克 81
Hardy, Thomas 托马斯·哈代 xvi—xvii
Harrison, Mark 马克·哈里森 232—233

Hastings, Warrten 沃伦·黑斯廷斯 129, 132
Haversham, Sir John Thompson, 1st Baron 哈弗沙姆男爵，第一代，约翰·汤普森爵士 66
Hawkins, Laetitia 利蒂希娅·霍金斯 262
Haydon, Benjamin 本杰明·海登 178
Hayman, Francis 弗朗西斯·海曼 59
Henrietta Maria, Queen, consort of Charles I 亨利艾塔·玛丽亚皇后，查理一世的配偶 20
Herefordshire 赫尔福德郡 16, 304
Heritable Jurisdictions Act (1747)《世袭审判权法》120
heroism, cult of 崇拜英雄主义
 aristocratic 贵族的~ 180—187
 glorified in art 艺术中的颂扬 181—184
 non-military 非军人的~ 193—195
 women and 妇女与~ 262—263
Hertfordshire 赫特福德郡 230
Hervey of lckworth, John, Baron 拉克沃斯的赫维男爵，约翰 35, 204
Highmore, Joseph 约瑟夫·海尔默 59
Hill, Christopher 克里斯托夫·希尔 28
Hill, Rowland, 1st Viscount 希尔，罗兰第一代希尔子爵 194
Hobsbawm, Eric 埃里克·霍布斯鲍姆 XXV, 376
Hogarth, William 威廉·荷加斯
 patronage of 赞助人 177, 209
 Calais Gate《加莱门》34—4, 34
 John Wilkes Esq.《约翰·威尔克斯先生》105, 106
 March to Finchley《向芬奇雷进军》45—47, 46, 87
 Thomas Coram《托马斯·科拉姆》56—59, 57

Holland, Elizabeth, Lady 伊丽莎白·霍兰女士 264
Holland, Henry Richard Vassall Fox, 3rd Baron 第三代霍兰男爵，亨利·理查德·瓦索·福克斯 169, 192
Holyroodhouse, Edinburgh 荷里路德宫，爱丁堡 236
home-defence: see Army, volunteers 国内防务：参见军队，志愿兵
Hone, William: *The Queen and Magna Carta* 威廉·霍恩：《皇后和大宪章》272—273, 272
Hope, Sir John 约翰·霍普爵士 194
Howe, General Sir William（later 5th Viscount）威廉·豪将军，（后来的第五代豪子爵）149, 151
Hroch, Miroslav 米罗斯拉夫·赫罗赫 55
Hudson, Thomas 托马斯·赫德森 59, 177
Hufton, Olwer 奥尔文·赫夫顿 77
Hume, David 大卫·休谟 124
Hunt, Henry 亨利·亨特 270
Hunt, Lynn 林·亨特 232—233
hunting: see sport 狩猎：参见运动
Huntingdonshire 亨廷顿郡 298, 304
Huskisson, William 威廉·赫斯基森 341—342

imperialism: see British Empire 帝国主义：参见大英帝国
India 印度
    education for governing 为统治进行的教育 172—173
    Scottish influence 苏格兰人的影响 130—131
India Act（1784）《印度法案》147
Inverness-shire 因弗内斯郡 142, 301
Ireland 爱尔兰
    Act of Union（1800）《联合法案》147, 328

Anglo-Irish Landed families, influence of 盎格鲁-爱尔兰地主家庭的影响 158
Catholic Association 天主教联合会 332
Catholic emancipation defuses threat of civil war 天主教教徒解放解除了内战威胁 340
Catholic MPs 天主教徒议员 335
Catholicism, penal laws against 反天主教刑法 332
immigrants from 移民 336
parliamentary independence 议会独立 145
Isle of Man 马恩岛 296
Israel: equating Britain with, as chosen land 以色列：将英国作为被选中的乐土与之等同 30—33, 112, 367, 377
Italy: art and culture 意大利：艺术和文化 168—169

Jackson, Daniel 丹尼尔·杰克逊 323
Jacobitism 詹姆斯党人
    aims of 目地 74—76
    attractiveness of Stuart pretenders 斯图亚特僭君的吸引力 47—48
    defeat at Culloden 在克洛登战役中被击败 22
    English fear of 英格兰对~的恐惧 13, 76—77
    French support 法国支持 78
    invasion scares 入侵恐惧 3—4, 24—25
    Old Testament analogies invoked against 引用《旧约》类比来反对~ 30—31
    1715 rebellion 1715年叛乱 72, 80
    1745 rebellion 1745年叛乱 44—46, 72, 77—86
    integration of Scots following 苏格兰追随者的融入 133, 142—143
    legislation following 之后的立法 120

threat to trade 对贸易的威胁 72—73，83—85

see also Protestantism; Scotland 也参见新教；苏格兰

James I, King (James VI of Scotland) 国王詹姆斯一世（苏格兰的詹姆斯六世） xiii，20，205，209

James II, King 国王詹姆斯二世 20，46，74，78，137，202，337

Janssen, Stephen Theodore 斯蒂芬·西奥多·詹森 96

Jefferson, Thomas 托马斯·杰弗逊 358

Jenkins's Ear, War of (1739) 詹金斯之耳战争 53

Jenkins, Geraint H 杰伦特·詹金斯 22，42

Jenkins, Philip 菲利普·詹金斯 160

Jerusalem (Blake)《耶路撒冷》（布莱克）30，45

Jews 犹太人 xx
    funding National Debt 资助发行国债 236

John Bull 约翰牛 119，155，214—215，242，326，347

Johnson, Dr Samuel 塞缪尔·约翰逊博士 16，85，91，110，126，207，248，280，359

Johnson, Thomas 托马斯·约翰逊 95—96，97

Jones, Inigo 伊尼戈·琼斯 201，202

Keen, Maurice 莫里斯·基恩 149

Kennedy, Paul 保罗·肯尼迪 1

Kent 肯特 299，337

Kenyon, Lloyd, 1st Baron 凯尼恩男爵，劳埃德 192

Kerr, Peter 彼得·克尔 119

Kew Castle 丘园堡 216—219，236

Kinsey, John 约翰·金西 296

Knox, John 约翰·诺克斯 27

Lanark 拉纳克郡 300，310

Lancashire 兰开夏郡 140，304，320，325

land 土地
    cross-border mergers of estates 地产的跨境合并 158—160
    ownership: power and status of 所有权：权力和地位 60—62
    rentals 租金 160

languages, regional 地区语言 12—14，28，52，381—382

Lansdowne, Henry Fitzmaurice, 3rd Marquess of 兰斯多恩侯爵，第三代，亨利·菲茨莫里斯 191

Laudable Association of Anti-Gallicans "值得颂赞的反法国天主教协会" 90—91，93，96，101，109

Laurie, Peter 彼得·劳里 308

Lawrence, Thomas 托马斯·劳伦斯 161

Le Carré, John: *Smiley's People* 约翰·勒·卡雷:《斯迈利的人马》134

Leicester, Sir John Fleming 约翰·弗莱明·莱斯特爵士 178

Leicestershire 莱斯特郡 304

Lenman, Bruce 布鲁斯·伦曼 341

Leopold of Saxe Gotha, Prince 萨克森-哥达的利奥波德王子 276

Levant Company 黎凡特公司 65

liberty 自由
    Britain as land of the free 英国作为自由的土地 xxi，30—43，361
    Wilkes as symbol of 威尔克斯作为~象征 111—113

Licensing Act (1695)《特许经营法》(1695 年) 41，42

Lincolnshire 林肯郡 304，310，320

literacy 文化水平
    growth of 提高~ 230—231
    regional differences 地区差异 16
    religious reading leading to patri-

otism 宗教阅读产生爱国主义 25—29，41—43
　　也参见 newspapers; Printing 报纸；出版印刷
Liverpool, Charles Jenkinson, 1st Earl of 利物浦伯爵，第一代，查理·詹金斯　192，194
Liverpool 利物浦　84，229，358
London 伦敦
　　commercial capital 经济首都　64
　　home for MPs 议员的家　64
　　monarchy celebrated by City 被这座城市颂扬的君主制　237
　　Regency rebuilding 摄政王的重建　219，237
　　royal events in: crowd control 皇家庆典活动：对民众的控制　229—230
　　也参见 monarchy 君主制
London Corresponding Society 伦敦通讯会　xvi，324，343
London Magazine《伦敦杂志》42
Londonderry family 伦敦德里家族　162
　　也参见 Castlereagh 卡斯尔雷
Long, Sir Charles 查理·朗爵士　179
Loudoun, John Campbell, 4th Earl of 第四代劳顿伯爵，约翰·坎贝尔　128
Louis XIV, King of France 法国国王路易十四　78，201—202
Louis XV, King of France 法国国王路易十五　78，86
Louis XVI, King of France 法国国王路易十六　261
Lowther, Viscount 劳瑟子爵　179

Macaulay, Thomas Babington 托马斯·巴宾顿·麦考利　xxiv
Mackenzie, Francis Humberston（Lord Seaforth）弗朗西斯·亨伯斯通·麦肯齐，锡弗思勋爵　161，165

Macklin, Charles 查理·麦克林
　　True-horn Scotsman《纯正的苏格兰人》123
Macpherson, James 詹姆斯·麦克弗森　86
Macpherson, Sir John 约翰·麦克弗森爵士　384
Madden, Frederick 弗雷德里克·马登　147
Manchester 曼彻斯特　82，139，329，360
Mansel, Philip 菲利普·曼塞尔　168
Mansfield, William Murray, 1st Earl of 曼斯菲尔德伯爵，第一代，威廉·默里　110，359
Mar, John Erskine, 23rd Earl of 马尔伯爵，第二十三代，约翰·厄斯金　74
Marie-Antoinette, Queen of France 玛丽-安托瓦内特，法国王后　258—259，260—261，274
Marine Society "海洋协会" 92—93，95，98—99，101
Marshall, Benjamin 本杰明·马歇尔　175
Mary, Queen of Scots 苏格兰女王玛丽　260
Mary I, Queen 玛丽女王一世　28
Mary II, Queen 玛丽女王二世　47
matenity hospitals 产科医院　87
Mayett, Joseph: militia postings 约瑟夫·梅耶特：军事驻防　321，322
McCahill, Michael 迈克尔·麦卡希尔　194
McLynn, Frank 弗兰克·麦克林　77—78
Meyer, Jean 让·梅耶尔　156
Meynell, Hugo 雨果·梅内尔　173
Midlothian 中洛锡安郡　307
Mildmay family 米尔德梅家族　159
Mill, Harriet 哈丽特·密尔　286
Mill, James 詹姆斯·密尔　xxiv
Mill, John Stuart 约翰·斯图亚特·密尔　286

Millar, John 约翰·米勒　124
Minorca 米诺卡岛　70
monarchy 君主制
　　Act of Settlement《嗣位法》47
　　Bolingbroke on 博林布鲁克论~　47
　　ceremonial splendour 庆典仪式的辉煌　219—221, 378
　　Civil List 王室专款　201, 216
　　constitutional powers and restraints 宪法权力和限制　137—138, 200
　　　　court's restricted role 宫廷的受限角色　203—205
　　deference to, put at risk by French Revolution 对~的顺从, 被法国大革命威胁　259
　　disruptions of ~的混乱　202
　　divine (Protestant) basis for ~作为宗教（新教）基础　206
　　domesticity as focus for women 家庭生活作为妇女的中心　240—241, 278—279
　　European and British compared 欧洲~和英国~相比较　211—212
　　finances 财政　200—202, 216
　　fluctuations in reputation 声誉的起伏　235
　　glorification of 颂扬~　220—224
　　magic and mystique 魔力和神秘性　237—240
　　non-populism of early Hanoverians 汉诺威王朝早期的不受欢迎　205—209
　　oath of allegiance 宣誓效忠　206, 217
　　patriotic importance of 在爱国主义方面的重要性　196, 198, 205
　　Protestant Succession 新教徒继位　12, 20, 46—49
　　reportage 报道　205, 224—227
　　Restoration, celebration of 庆祝~恢复　19
　　royal events 皇家庆典活动
　　　　bi-partisan celebrations 两党共同的庆祝　236, 378
　　　　civil improvements associated with 与~联系在一起的民生改善　227—229
　　　　crowd control 控制人群　230
　　　　funerals of monarchs, changes in reaction to 对待君主葬礼态度的变化　234—245
　　popularising 越来越受欢迎　226—233
　　press coverage of 新闻报道　224—227
　　religious services for 为其举行的宗教仪式　236
　　royal palaces 皇宫　201—203, 216—219
　　sexual scandals 性丑闻　221—224
　　visibility of 被民众目睹　238—241
　　women and 与妇女的关系　221—224, 274—279
　　也参见 Hanoverian dynasty 汉诺威王朝
Monck, Lawrence 劳伦斯·蒙克　52—53
Monmouth rebellion (1685) 蒙默斯暴动　337
Monmouthshire 蒙默斯郡　13, 310—311
Montgomeryshire 蒙哥马利郡　296
Montrose 蒙特罗斯　84
Moore, General Sir John 约翰·穆尔将军阁下　185
More, Hannah 汉纳·莫尔　156, 245, 261, 267
　　Cheap Repository Tracts《廉价知识全书》280
　　on woman's role ~论妇女的角色　281—282
Morice, Sir William 威廉·莫里斯爵士　62
Morning Chronicle《纪事晨报》220

Mortimer, Thomas 托马斯·莫蒂默 60
Munro, Sir Hector 赫克托·芒罗 128—129
Murdoch, Alexander 亚历山大·默多克 143
Murray, Brigadier James 詹姆斯·默里准将 122
Murray, James 詹姆斯·默里 132

Nairn 奈恩郡 142, 296
Nairn, Tom 汤姆·奈恩 14
Napoleon Bonaparte 拿破仑·波拿巴 152—153, 219, 221
 and British opinion ~与英国人的评价 312—313, 315, 317—318
 Gillray cartoon of 吉尔雷的~讽刺画 288
 slavery reintroduced 重新引入奴隶制 365—366
Napoleonic Wars: see French Revolutionary and Napoleonic wars 拿破仑战争, 见法国大革命和拿破仑战争
Nash, John 约翰·纳什 219
nation, definition of 国家定义 xiv-xvi, 5—6, 382—383
national anthem: see God Save the King 国歌, 见《上帝保佑国王》
National Debt 国债
 Jews funding 犹太人投资~ 236
 taxation as result of ~引发的征税 102, 137—138
National Gallery 国家美术馆 177
Nelson, Horatio, Viscount 霍雷肖·纳尔逊子爵
 Devis's *Death of Nelson* 德维斯的《纳尔逊将军之死》 183, 184
 honours to memory 纪念仪式 227—228
 pursuit of glory 追求荣誉 185—186

Wilkes honours 威尔克斯为~颁奖 109
Newcastle, Thomas Pelham-Holles, 1st Duke of 纽卡斯尔公爵, 第一代, 托马斯·佩勒姆-霍尔斯 13, 93
Newfoundland 纽芬兰 70
Newman, Gerald 杰拉德·纽曼 25, 88
newspapers 报纸
 early 早期 41—42
 expansion of ~快速扩张 226, 370
 royal reportage 皇室报道 205—206, 224—227
Newton, Benjamin 本杰明·牛顿 72
Nightingale, Florence 弗洛伦丝·南丁格尔 283
"Nimrod"(Charles James Apperley)"宁录"(查理·詹姆斯·阿佩里) 174
Nine Years War(1689—1697)九年战争 53, 78, 100
Nollekens, Joseph: *William Pitt* 约瑟夫·诺尔肯斯:《威廉·皮特》 193
Norfolk 诺福克 298
North, Frederick, Lord(2nd Earl of Guilford)诺斯, 弗雷德里克, 勋爵(第二代吉尔福德伯爵) 145, 151, 212, 216
North Briton《北英国人》 109, 116
Northamptonshire 北安普敦郡 304, 312
Northumberland 诺森伯兰郡 321
 affinity with Scotland 与苏格兰关系密切 16
Norwich 诺里奇 228
Nottinghamshire 诺丁汉郡 304
Nova Scotia 新斯科舍 70

O'Brien, Bronterre 勃朗特里·奥布莱恩 347
O'Brien, Conor Cruise 科诺·克鲁兹·奥布莱恩 368
O'Brien, Patrick 帕特里克·奥布莱恩 65
O'Connell, Daniel 丹尼尔·奥康奈尔

285—286，332，335
Ogilvie, John 约翰·奥尔维 39
Old Moore's Almanac《老摩尔皇历》 20
Oldfield, T. H. B. : *Representative History of Great Britain and Ireland* T. H. B. 奥德菲尔德，《大不列颠和爱尔兰代议制的历史》 154
Orkney 奥克尼郡 296
Ossian 奥西恩 86
Oswald, James 詹姆斯·奥斯瓦尔德 128
Oxford University 牛津大学 141，170
Oxfordshire 牛津郡 304

paine, Thomas 托马斯·潘恩 154—155
  Rights of Man《人权论》 173，342—343
Palmerston, Henry John Temple, 3rd Viscount 帕默斯顿子爵，第三代，亨利·约翰·坦普 165，367
Paris, Treaty of (1763)《巴黎和约》 102—103
Parliament 议会
  Britishness of ~ 的英国性 166
  Catholic MPs 天主教教徒议员 335，340—341
  elections 选举 52
  franchise 选举权 52，353—356
  military members 军人议员 188—189
  noble families, members connexions with 议员与贵族家庭的关系 157
  Palace of Westminster fire (1834) 威斯敏斯特宫大火 330—331
  petitions to: *see* petitions to Parliament 请愿：参见向议会请愿
  regular sittings under Hanoverians 在汉诺威王朝治下定期召开 49
  representation 代表 12，50
  prior to Reform Act《改革法案》之前 353—354
  respect for 对 ~ 的尊敬 50—51，52—53

social class of MPs 议员的社会阶级 61，195
  traders' access to 商人的介入 68
  women barred from debates 不许妇女旁听辩论 254—255
parliamentary reform 议会改革
  aristocratic influence prior to ~ 之前贵族的影响 157
  Chartists 宪章派 283，356，367
  co-ordinating movement for 联合行动 344
  commercial classes press for 商业阶层的压力 100—101
  male suffrage 男性选举权
    early demands for 早期要求 244
    pre-1832 1832 年前 352—354
    universal 普选 369
    war service, reward for 对战时服役的奖励 325，329
  patriotism and reformers 爱国主义和改革者 342—351
  Peterloo massacre 彼得卢大屠杀 233，270—271，345
  petitions to Parliament concerning 关于 ~ 向议会的请愿 348，350
  Reform Act (1832)《改革法案》
    adult males, suffrage limited to 仅限于成年男性选举权 255
    limitations of ~ 的局限 355—356
    restricted franchise 有限选举权 350—351
  Six Acts 六项法令 226
  volunteers in French wars claim suffrage 参与对法作战的志愿兵要求选举权 325
  Wilkes and 威尔克斯与 ~ 101，112—113
  women's suffrage 妇女选举权 244，255，284，355—356，369

reform societies 改革协会　282
　　　　也参见 citizenship 公民权
Patriotic Fund 爱国基金　267—268
Patriotic Societies "爱国协会"　89—99, 343
patriotism 爱国主义
　　　　American War of Independence, effect of 美国独立战争的影响　147
　　　　anti-Jacobitism 反詹姆斯党人　80—86
　　　　aristocracy and 贵族与~　167—197
　　　　Cantholics, of 天主教教徒的~　333
　　　　children indoctrinated 向儿童灌输~　231
　　　　education, through 通过教育培养~　170
　　　　Johnson on 约翰逊的讨论　110
　　　　loyalty to monarchy 对君主制的忠诚　47
　　　　national anthem 国歌　44—45, 49, 213
　　　　paintings and statuary 绘画和雕塑　181—184
　　　　Parliament as embodiment of 议会作为~象征　50—51
　　　　popular, in French wars 在对法战争中变得普及　290—293
　　　　processions 游行, 230, 242—243
　　　　Protestant Britain as chosen land 信奉新教的英国作为被选中的乐土　30—33, 367, 377
　　　　Protestantism and 新教与~　28
　　　　rationale 理论基础　380
　　　　royal events 皇家庆典　226—230
　　　　royal events promoting civic welfare 皇家庆典提高了市民的福利　227—228
　　　　slave trade abolitionists 废除奴隶贸易主义者　361
　　　　societies formed for encouragement of 为鼓励~而建立的协会　86, 88—98
　　　　surge in after 1745 rebellion 在1745年叛乱后高涨　87—88
　　　　uniform as embodiment of 统一作为象征　190—191
　　　　volunteers unite classes 志愿军联合各阶级　324—325
　　　　willingness to fight for country 愿意为国家而战　297—306
　　　　agriculture and industry compared 农业和工业的比较　302—306
　　　　reasons for volunteering see Army 志愿参军的理由, 参见军队
　　　　regional differences 地区差异　297—305
　　　　women's part in 妇女的参与　242—243, 260
　　　　Wollstonecraft on 沃斯通克拉夫特的讨论　286
Patterson, Miss 帕特森小姐　269—270
pedlars 小商小贩　40, 52
Peel, Sir Robert 罗伯特·皮尔爵士　192—193, 194, 335
Pelham, Henry 亨利·佩勒姆　121
Pembroke 彭布鲁克　300
Pembrokeshire 彭布鲁克郡　13, 15
Pennant, Thomas: *Tour in Scotland* 托马斯·彭南特:《苏格兰游记》　116, 118
Pentridge Rising 彭特里奇暴乱　226
Perceval, Spencer 斯宾塞·珀西瓦尔　192
Peterloo massacre (1819): see parliamentary reform 彼得卢大屠杀参见议会改革
petitions to Parliament 向议会请愿　52, 237, 260, 284—285, 336—340, 348, 350
　　　　scale of, satirised 讽刺~的规模　370
　　　　significance of ~的重要性　369—370
Peter, George 乔治·彼得　347
Petworh, Sussex 佩特沃斯, 苏塞克斯郡　178

Philadelphia 费城 149—150
Philap Ⅳ, King of Spain 西班牙国王菲利普四世 201
Pigott, Charles 查尔斯·皮戈特 156
Pilgrim's Progress（Bunyan）《天路历程》（班扬） 28—29
Pine, Robin Edge: *George Ⅱ* 罗宾·厄奇·派恩:《乔治二世》 208, 209
Pitt, William, the Elder（Earl of Chatham）老威廉·皮特,（查塔姆伯爵） 61, 93, 153
Pitt, William, the Younger 小威廉·皮特
    anti-slavery movement 反奴运动 367
    death from overwork 过劳死 153, 185
    French Revolutionary wars 法国大革命战争
    on arming volunteers for home defence 论用于保家卫国的武装志愿军 316—317
    defending rank and peoperty 维护等级和财富 152
    incorruptibility 清正廉洁 192—194, 196
    maid-servant tax proposed 提议向女佣征税 247
    Nollekens's bust of 诺尔肯斯为~塑的半身像 193
Plunket, William 威廉·普伦基特 333
Plymouth 普利茅斯 229
political awareness 政治觉醒
    lower classes 下层民众 232
    pressure groups 压力集团 283—284
    women: *see* women 妇女：参见妇女
    working class 工人阶级 379
    也参见 citizenship 公民权
population growth 人口增长 160, 245, 291, 328
poverty 贫困 32—33, 37
Present State of Great Britain, The,（annual directory）《大不列颠现状》,（年度手册） 60
press-gangs 抓壮丁 65, 310
Prestonpans, Battle of（1745）普雷斯顿潘斯战役 80
Price, Dr Richard 理查德·普赖斯博士 141, 361
printing 印刷出版
    expansion of~ 的增长 41
    newspapers 报纸 41—42
    patriotism, promoting 增强了爱国主义 86
    religious works 宗教作品 42—43
prisons 监狱 33
Protestant Almanack《新教徒皇历》 21
Protestant Succession 新教徒即位 12, 20, 44—49
Protestantism 新教
    American War of Independence, lack of support for 缺少新教徒对美国独立战争的支持 140—141, 145
    church attendance 到教堂做礼拜 31
    commitmenr to as unifying factor 信仰作为统一的因素 19—54, 376—377
    coronation oath to uphold 举行加冕宣誓 48
    defeats Jacobitism 击败詹姆斯党人 80
    dissenters, treatment of 非国教徒的待遇 19
    divisions within 内部分歧 19
    economics and 经济 43
    franchise formally limited to Protestants 只把选举权正式赋予新教徒 52
    Great Britain, as powerful foundation of 作为~强大的根据地的大不列颠 xx—xxi, 18—55, 377
    invoking divine aid for state 祈求对国家的神助 20—21, 29—33, 360—

361
　martyrs 殉道者　25—29
　military victories under ~ 下的军事胜
　　利　53
　parliamentary support for trade 议会
　　对商贸的支持　68
　printed works 出版物　42
　sovereignty, underlying 根植于~的主
　　权　341
　superiority, popular belief in 对优越
　　性的普遍相信　33—36, 43, 336—
　　338
　也参见 Catholic emancipation 天主教
　　教徒解放
public schools 公共学校　169—173, 195
Punch《笨拙画报》xxv
Pugin, Augustus Welby Northmore 奥古
　斯都·韦尔比·诺斯莫尔·普金　331

Quakers: anti-slavery movement 贵格会
　派：反奴运动　360
Queensberry, Catherine, Duchess of 昆
　斯伯里公爵夫人，凯瑟琳　204
Queensberry, Charles Douglas, 3rd Duke
　of 昆斯伯里公爵，第三代，查理·道格
　拉斯　204
Queensberry family 昆斯伯里家族　159

radicalism 激进主义
　anti-war faction 反战派　297—306
　exclusivism of élite attacked 抨击精英
　　独占主义　154—158
　invasion threat and 入侵威胁与~　324
　of shoemakers 鞋匠的~　298
　patriotism of reformers 改革者的爱国
　　主义　343—344
Radnorshire 拉德诺郡　13, 296, 302
Ramsay, Allan 艾伦·拉姆齐　59
Ramsay, James 詹姆斯·拉姆齐　246

Raven, Samuel: *Blacks celebrating the
　Emancipation of Slaves...* 塞缪尔·雷文：
　《黑人庆祝奴隶解放……》364
Ravenshaugh toll affair 雷文肖收费站事
　件　119—120
Reece, Richard Gilson: *Royal Mails at
　the Angel Inn...* 理查德·吉尔森·里
　夫，《伊灵顿天使酒馆的皇家邮局……》
　225
Reform Act (1832):*see* parliamentary
　reform《改革法案》：参见议会改革
regionalism: survival of 依然存在的地方
　色彩　6, 13—17, 298—305, 380—382
religion giving national identity 宗教赋
　予国家认同　377
　也参见 Protestantism 新教
religious observance 宗教习俗
　by ruling classes 为统治阶级所遵循
　　196
　pluralism in celebrating royal events
　　皇家庆典活动中的多元性　236
Renan, Ernest 欧内斯特·勒南　20
Renfrewshire 伦弗鲁郡　142
Reynolds, Sir Joshua 乔舒亚·雷诺兹爵
　士　152, 177, 178
　Apollo Belvedere poses《望楼上的阿波
　　罗》造型　181
　Charles Stanhope, 3rd Earl of Harrington
　　《查理·斯坦霍普，哈灵顿伯爵三
　　世》148
　Mrs Siddons as the Tragic Muse《悲剧女
　　神西登斯夫人》179
Richmond, Charles Lennox, 2nd Duke
　of 里奇蒙公爵二世，查理·莱诺克斯
　62
Roberts, Alfred 阿尔弗雷德·罗伯茨　377
Robertson, William 威廉·罗伯逊　124
Roland, Manon Jeanne 曼隆·珍妮·罗
　兰　261

Roma, Spiridione: *Britannia receiving the riches of the East* 斯皮瑞当·罗马：《不列塔尼亚接受东方的财富》 71

Romilly, Samuel 塞缪尔·罗米利 110, 153, 194, 212, 216, 366

Romney, George: Eton leaving portrait of Charles Grey 乔治·罗姆尼：伊顿公学保存的查理·格雷画像 172

Romney, Robert, 2nd Baron 罗姆尼男爵二世，罗伯特 93, 95

Rossi, Charles Felix 查理·菲尼克斯·罗西 178

Rousseau, Jean-Jacques 让－雅克·卢梭
   Emile《爱弥儿》 244—245
   on women's role 论妇女的职责 244—245, 248, 279—282

Rowbottom, William 威廉·罗博顿 263

Rowlandson, Thomas 托马斯·罗兰森
   A Band《乐队》 314
   Procession to the Hustings after a Successful Canvass《在拉票成功后，前往竞选讲坛的游行》 254
   Walking up the High Street《行进在大道上》 126

Royal Academy of Art 皇家艺术学会 59

Royal Navy 皇家海军
   defending trade routes 保护贸易航线 70—71
   expansion during French wars 在对法战争中的扩张 293
   manning 配置人员 65
   mutinies 哗变 220
   officer class 军官阶层 187, 194—195
   patriotic support for 对～的爱国支持 94
   recruitment 征兵 92, 98
   slave traders, campaign against 反奴隶贸易作战 366

Royal Pavilion, Brighton 皇家建筑，布莱顿 216—217, 236

Rubens, Peter Paul 彼得·保罗·鲁本斯 179, 209

Rule Britannia（Thomson）《统治吧，不列塔尼亚》（汤姆森） 11, 346

Rush, Richard 理查德·拉什 167

Ruskin, John 约翰·拉斯金 357

Russell, John, 1st Earl 罗素伯爵，第一代，约翰 352

Russell, Lord William 威廉·拉塞尔勋爵 172

Russia Company 俄罗斯公司 65, 92, 93, 95

S. S. B. R.（Society of the Supporters of the Bill of Rights）权利法案支持者协会 111, 200

Sahlins, Peter 彼得·萨林斯 5—6

St Vincent, Battle of（1797）圣文森特战役（1797年） 186

St Vincent, John Jervis, Earl of 圣文森特伯爵，约翰·杰维斯 194

Sandby, Paul 保罗·桑比 175

Sandwich, John Moutagu, 4th Earl of 桑德维奇伯爵四世，约翰·蒙塔古 192

Sassenach 撒克逊 14—15

Scotland 苏格兰
   Act of Union, purpose and effect of 《联合法案》的目的和效果 12—13
   ambitious and successful Scots 野心勃勃和成功的苏格兰人 121—134
   American War of Independence, reaction to ～对美国独立战争的反应 141—143, 146
   anti-Jacobitism 反詹姆斯党人 84, 85—86, 315
   aristocratic influence 贵族的影响 158—159, 300—301, 307
   Catholicism, attitude to ～对天主教的态度 36, 334, 337

commercial interdependence with England 与英格兰在商业上相互依赖 12
cross-border marriages 跨国界婚姻 162—163
cross-border mergers of estates 地产的跨国界合并 159—162
differences within 内部的差异 14
economic expansion 经济增长 124—125
education 教育 124, 171
empire-builders from 来自~的帝国建设者 xxiv, 129—134
empire trede 帝国贸易 130—131
England 英格兰
　migration to 移居~ 124—128
　mutual mistrust 相互不信任 107, 118—124
Enlightenment 启蒙 124, 134, 359
establishment, Scots and 苏格兰人与统治阶层 166
France, relations with 与法国的关系 25
George Ⅳ's visit 乔治四世访问 240
"Great Britain" replacing "England" "大不列颠"取代"英格兰" 41—42
Highlands 高地
　emigration from, to North America 从~移民到北美 142
　estates sought in 在~寻求地产 161
　Gaelic language 盖尔语 14
　Lowlanders, view of ~在低地人眼中 15
　martial tradition 军事传统 300—301
　promotion of, following 1745 rebellion 1745年叛乱之后的提升 120—121
　soldiers from, in British army 英军中来自~的士兵 104, 121, 332

sporting and touring holidays in 在~的假日运动和旅游 175—176
Lowlands 低地
　affnity with northern England 与英格兰北部关系密切 14, 16
　anti-Catholic riots (1778) 反天主教暴动 23
　anti-Jacobitism 反詹姆斯党人 30
　European universities favoured by landowners from 从~而来的地主青睐欧洲大学 168
　Highlanders, view of 在高地人眼中 15
　language 语言 12
　patriotism 爱国主义 90, 104
Militia 民兵 294
MPs holding state office 拥有政府职位的议员 1747—1780年, 127
newspapers 报纸 224
parliamentary franchise 议会选举权 353—354
parliamentary reform as British issue 作为全英事务的议会改革 344, 350
priniting in 出版印刷 41—43
religion 宗教 12, 19
self-government 自治 12
1745 rebellion, English resentment at changes following 英格兰对1745年叛乱后变化的愤怒 120—124
trade, as result of Union 作为联合产物的贸易 84
trade, with England 与英格兰的贸易 38
urbanisation and female manners 城市化和女性的行为举止 246
war patriontism 战时爱国主义 300—301, 307
Westminster Parliament 威斯敏斯特议会

Scots in ~中的苏格兰人 50，126—127，166

unpopularity of ~的不受欢迎 51

Wilkes, resentment at 对威尔克斯的愤怨 107

Wilkites' Scottophobia 威尔克斯的厌苏（格兰）症 113—119，115，117

women, law relating to 妇女，相关法律 243

也参见 Jacobitism 詹姆斯党人

Scots Magazine《苏格兰月刊》41—42，45，142

Scotsman（newspaper）《苏格兰人》（报纸）224，350

Scott, David 大卫·斯科特 165

Scott, Joan 琼·斯科特 258

Scott, Peter 彼得·斯科特 381

Scott, Sir Walter 沃尔特·司各特爵士 15，128，281

Seaton, Lord 西顿勋爵 174

Selkirk 塞尔扣克郡 300

Seven Years War（1756—1763）七年战争 53，69，98，102，222

Sharp, Granville 格兰维尔·夏普 359

Sheridan, Richard Brinsley 理查德·布林斯利·谢里丹 246

Shipley, William 威廉·希普利 91，94

Shropshire 什罗普郡 16

Sidmouth, 1st Viscount: *see* **Addington, Henry** 第一代西德默思子爵：参见亨利·阿丁顿

Sinclair, Sir John 约翰·辛克莱尔爵士 382

sinecures 挂名闲职 191，192

Skinner, Quentin 昆廷·斯金纳 xiv

slave trade 奴隶贸易

abolition in 1807 废除~ 358

Britain's moral reputation enhanced by abolition 英国的道德声誉因为废奴而提高 366—367

British involvement in 英国参与~ 358

commercial value of ~的商业价值 365

Emancipation Acts（1833 and 1838）《解放奴隶法案》329—330，358，363

International Anti-Slavery Convention（1840）国际反奴隶大会 358

liberty as symbol of patriotism 自由作为爱国主义的象征 361，363

petitions against 请愿反对 362，369—470

Society for Effecting the Abolition of the Slave Trade "实现废除奴隶贸易协会" 360

Turner's *Slave Ship*... 特纳的《奴隶船……》357—358

wide appeal of abolitionists 废奴主义者的广泛呼吁 361—363

women's involvement in opposition to 妇女参与反对~ 283—285

Smirke, Robert 罗伯特·斯默克 237

Smith, Adam 亚当·斯密 xix，124，359，365

Smith, Sydney 悉尼·史密斯 166

Smout, Christopher 克里斯托弗·斯莫特 124

social classes 社会阶层

anti-slavery embraced by all 所有~支持反奴 362

French wars, common interest in resisting 反法战争中的共同利益 316—17

landed classes 地主阶级

ability to change 改变的能力 196

assimilation of as British 融入成为英国人 196

charitable work 慈善工作 267

demographic crisis 人口危机 158—60

estates merged 地产合并 159—62
patriotism, accusations of lack of 被指责缺少爱国主义 88—89, 92
power and influence of 权力和影响 61, 195
revolution in Europe, reaction to 对欧洲革命的反应 152
self-made commoners 白手起家的平民 156—157
1745 rebellion, reaction to 对1745年叛乱的反应 81—82
trade and 贸易与~ 60—62, 64—67, 71—72, 100—101
也参见 aristocracy 贵族

middle classes 中产阶级
　　ambition of ~ 的野心 92
　　charitable work 慈善工作 90—101, 267
　　women's socialising 妇女的社会化 247

people power 人民的力量 369—370
　　reform movement embraced by all 所有人都支持的改革运动 347—351, 355—356

ruling class 统治阶级
　　anti-slavery movement, support of 支持废奴运动 365—368
　　Britishness of ~ 的英国性 50, 378—379
　　Catholic emancipation, attitude to 对天主教解放的态度 338
　　public service élite 服务于公众的精英 195—197
　　volunteers, responsibility for recruiting 对征募志愿军的责任 316
　　volunteers transcending divisions 志愿军跨越分野 324

working classes 工人阶级
　　Catholic emancipation, attitude to 对天主教徒解放的态度 338
　　citizenship, awareness of 对公民权的认识 379
　　political awareness 政治意识 233, 318—325, 343—357, 380
　　readiness to fight 准备战斗 290—294
　　royal processions 皇家游行 232
　　training in arms as common experience 参加军训的普遍经历 318
　　women 妇女 244
　　women's reform societies 妇女的改革协会 282—283

Society of Arts "艺术协会" 91—95, 98, 101, 109
Somerset 萨默塞特郡 299
Spain 西班牙
　　supports American independence 支持美国独立 145
　　wars with 对西战争 70
Spanish Inquisition 西班牙宗教裁判所 24
Spanish Succession, War of (1701—1713) 西班牙王位继承战争 53, 62, 65, 70, 78, 100
Spectator, The《旁观者》67
Spencer, Lavinia, Countess 斯宾塞伯爵夫人, 拉维尼娅 264
Spirit of the Union (newspaper)《联合的精神》(报纸) 345
sport 运动
　　hunting 狩猎 173—176
　　manly, in schools 学校里的男子气概~ 173
Stafford, George Granville Leveson, Marquess of 斯塔福德侯爵, 乔治·格兰维尔·莱韦森高尔 162, 178—179
Staffordshire 斯塔福德郡 304
Stanley, Lord Edward (14th Earl of

Derby）爱德华·斯坦利勋爵（德比伯爵，第十四代）367
Starobinski, Jean 让·斯塔罗宾斯基 190—191
Stephenson, George 乔治·斯蒂芬森 342
Stuart, Charles Edward（"The Young Pretender"）查理·爱德华·斯图亚特（"小僭君"）30, 44—45, 72, 78—85, 87, 132, 206, 292, 316
Stuart, James Edward（"The Old Pretender"）詹姆斯·爱德华·斯图亚特（"老僭君"）12, 72, 78
Suffolk 萨福克 323
suffrage: see parliamentary reform 选举权：参见议会改革
Sunday Schools 星期日学校 231
Surrey 萨里郡 304
Sussex 苏塞克斯 294, 297, 299
Sutherland 萨瑟兰郡 296
Syme, Sir Ronald 罗纳德·塞姆爵士 158

Talleyrand-périgord, charles M.de 塔列朗-佩里戈尔, 查理·M. 德 219
Taunton 汤顿 242
taxation 税收
 American colonies 美洲殖民地 137—138
 customs and excise 关税和消费税 38, 65
 land tax 土地税 62, 65
 National Debt, for 为偿还国债 102, 137
tea 茶 69—70
Telford, Thomas 托马斯·特尔福德 125
textile industry 棉纺织业 91
Thames, river 泰晤士河 64
Thelwall, John 约翰·赛沃尔 343
Thompson, Edward 爱德华·汤普森 28
 The Making of the English Working Class《英国工人阶级的形成》305

Thomson, James 詹姆斯·汤姆森 11 38
Thornhill, Sir James 詹姆斯·桑希尔爵士 209
timber industry 木材工业 91
Times, The,（London）《泰晤士报》（伦敦）xxvii, 175—176, 236, 237, 267, 274
Toleration Act（1689）《宽容法案》19, 67
Tooke, John Horne: *Petition of an Englishman* 约翰·霍恩·图克《一位英格兰人的请愿书》116
Tories 托利派
 Catholic emancipation 天主教教徒解放 334
 loyalty confirmed 忠诚经受了考验 105
 political office denied 被排斥在政府之外 110
trade 贸易
 as social barrier 作为社会壁垒 60—62
 British prosperity 英国的繁荣 43, 100—101, 378
 dependence on state 对国家的依赖 56
 economic growth compatible with religion 经济增长与宗教协调一致 43
 empire 帝国 130—131
 exports 出口 69—72
 French rivalry 法国对手 78, 88—92, 94, 96
 funding government loans 为政府贷款提供资金 65
 growth of after *Act of Union*《联合法案》之后的增长 38—40
 Jacobitism as threat to 詹姆斯党人的威胁 73—74, 78—80, 83—85
 law and order, dependence on 对法律和法令的依赖 65—66
 parliamentary lobbying in support of 支持~的议会游说 52, 68
 patriotic societies, support for 对爱国

协会的支持 95—98
pride in 对~的自豪 38—44,59—60
war patriotism and 战时爱国主义 72—86,301—306
with America 与美洲贸易 69—70,139
也参见 economy; social classes 经济;社会阶层
Trafalgar, Battle of(1805)特拉法加战役 292
transport and communications 运输和交通
within Britain 英国国内的~ 175—176
cartography 制图 94
Grand Tour 教育观光旅行 168,176
improvement of ~的改善 40
inadequacy of ~的不完善 16—17
movement of goods 商品流通 38
turnpike roads 收费公路 38
unifying Great Britain 统一大不列颠 38,378
Trimmer, Sarah 萨拉·特里默 248
Troop Society "军队协会" 92,95—96
Trowbridge 特洛布里奇 83
Turner, Joseph Mallord William 约瑟夫·玛罗德·威廉·特纳 331
The Fighting Temeraire《不顾一切地抗争》357—358
Interior at Peworth《佩特沃斯的内景》178
Slave Ship(Slavers throwing overboard the Dead and the Dying, Typhoon coming on)《奴隶船》(《已死或垂死的奴隶被扔向海中,暴风雨即将来临》)357—358,358
turnpike roads: see transport and communications 收费公路:参见运输和交通

Union of Crowns(1603)《王权联合》
xiii,xxiv
urbanisation 城市化 38,245—6,378,381

role of sexes 两性角色 246
Venice 威尼斯 62—64
Versailles, palace of 凡尔赛宫 203,219,221
Victoria, Queen 维多利亚女王
succession to throne 继承王位 276—277,373
unpopularity changing to popularity 从不受欢迎到受人爱戴 235
Vienna, Congress of(1814—1815)维也纳会议 327,363
volunteers: see Army 志愿军:参见军队

Wade, John: Black Book: or corruption unmasked 约翰·韦德:《黑皮书:或腐败现形记》154,157
Wagner, Richard 理查德·瓦格纳 32
Waithmam, Robert 罗伯特·韦思曼 285
Wales 威尔士
affinity with Shropshire and Herefordshire 与什罗普郡和赫尔福德郡的密切关系 16
American War of Independence, reaction to 对美国独立战争的反应 140
anti-Catholicism 反天主教 23,335,337
anti-Jacobitism 反詹姆斯党人 85,315—16
aristocratic influence 贵族的影响 158
cross-border marriages 跨越国境的婚姻 163
distinctiveness of ~的与众不同之处 13—14,300—302,381
newspapers 报纸 224—226
parliamentary franchise 议会选举 353—355
parliamentary involvement 参与议会 51
poverty in 贫穷 33
printing in 出版印刷 41,42—43

urbanisation, limited in 有限的城市化 381
war patriotism 战时爱国主义 300—302
也参见 Welsh language 威尔士语
Walpole, Horace（4th Earl of Oxford）贺拉斯·沃波尔（牛津伯爵，第四代）151
Walpole, Sir Robert（1st Earl of Oxford）罗伯特·沃波尔爵士（牛津伯爵，第一代）192, 204
Wardle, Colonel MP 沃德尔上校，议员 222—223
Wars 战争
　American Independence: *see* American War of Independence（1775—1783）美国独立：参见美国独立战争 53, 65
　Austrian Succession 奥地利王位继承战争 53, 100
　chivalry and warfare 骑士精神和战争 149
　cost of ~的花费 152
　fostering commerce 促进商业 100
　French: *see* French Revolutionary and Napoleonic wars 法国~：参见法国革命和拿破仑战争
　funding of 资助~ 65, 200
　invasion threats 入侵威胁 72, 290, 292
　Jenkins's Ear 詹金斯之耳战争 53, 70
　Nine Years War 九年战争 53, 78, 100
　political reform and 政治改革与~ 380
　reliance on, as unifying factor 依赖~作为统一的因素 54
　royal thanksgivings for victories 庆祝军事胜利的皇家感恩祷告 220
　Seven Years 七年战争 53, 69, 70, 100, 102
　Spanish Succession 西班牙王位继承战争 53, 62, 65, 70, 78, 100
　as unifying factor 作为统一的因素 17, 18, 54, 328, 373—377, 379
　women's role in 妇女在~中的角色 256—268
Warwickshire 沃里克郡 304, 320
Washington, George 乔治·华盛顿 150
Waterloo, Battle of（1815）滑铁卢战役 195, 327
Watt, James 詹姆斯·瓦特 125, 126
Watts, Isaac 艾萨克·沃茨 30
Webster Alexander 亚历山大·韦伯斯特 31
Wedderburn, Alexander（later 1st Baron Loughborough）亚历山大·韦德伯恩（后来的拉夫堡男爵，第一代）127
Wedgwood, Josiah 约书亚·韦奇伍德 362
Weekly Medley《每周文摘》24
Wellesley, Richard Colley, Marquess 理查德·科利·韦尔斯利，侯爵 133, 171
Wellington, Arthur Wellesley, 1st Duke of 威灵顿公爵，第一代，阿瑟·韦尔斯利
　Anglo-Irish 盎格鲁－爱尔兰人 133, 376
　as Prime Minister 担任首相 332, 342
　at opening of Liverpool and Manchester Railway 在利物浦—曼彻斯特铁路通车仪式上 341—342
　Charlotte Brontë's admiration of 夏洛特·勃朗特对~的崇拜 263
　ennoblement 封为贵族 194
　Hyde Park monument 海德公园的纪念碑 263—264, 265
　on soldiers 论士兵 290
Wells, Roger 罗杰·韦尔斯 290
Welsh language 威尔士语
　parliamentary proceedings in ~议会会议记录 51
　prevalence of 流行 13, 382
　printed books 印刷作品 28
Wesley, John 约翰·卫斯理 69, 212—213, 359
West, Benjamin 本杰明·韦斯特 161
　Death of General Wolfe《沃尔夫将军之

死》181—182, 182, 219
    Queen Charlotte《夏洛特王后》275, 274—276
Westmacott Richard 理查德·韦斯特马科特 228, 264
Wesminster election (1784) 威斯敏斯特选举 248—255
Westmorland 威斯特摩兰郡 318
Whigs 辉格派
    early Hanoverians regarded as members 汉诺威王朝早期君主被视为~成员 207
    parliamentary reform and 与议会改革 351—356
    political office restricted to 只有~担任政府职位 110
    Westminster election (1784) 威斯敏斯特选举 248—255
    Wilkes as champion 捍卫者威尔克斯 111
Whitbread, Samuel, II 塞缪尔·怀特布雷德二世 153, 171, 178
Wilberforce, William 威廉·威尔伯福斯 284, 360, 365—366
Wikes, John 约翰·威尔克斯
    achievements 成就 113
    American War of Independence: opposition to 美国独立战争：持反对意见 141—145, 144
    Bock's portrait 博克的画像 108
    challenged to duel 决斗挑战 105—106
    Common Council's petitions in support 市议会请愿支持~ 237
    Englishness of 英格兰性 106, 111—112
    Hogarth's caricature 荷加斯的讽刺画 106
    influence of ~的影响 107—109

landed classes, attacks on 抨击地主阶级 154
liberty, personification of 自由的象征 111, 113
Lord Mayor of London 伦敦市市长 113
Middlesex election (1768) 米德尔塞克斯郡选举 111, 113, 141
National Gallery proposed 呼吁建立国家美术馆 177
parliamentary reform 议会改革 101
patriotism 爱国主义 110
Scottish anger at 苏格兰人对~的恼怒 105—107
Scottophobia 厌苏（格兰）症 114—118, 121—122, 133
Wilkie, David 大卫·威尔基 178, 183
    Chelsea Pensioners Reading the Gazette of the Battle of Waterloo《切尔西侍从读滑铁卢战役公报》373—375, 372, 374, 375
William III (of Orange), King of Great Britain 英国国王,（奥兰治的）威廉三世 20, 47, 73, 202
William IV, King of Great Britain:death 英国国王，威廉四世：去世 225
William of Gloucester, Prince 格洛斯特的威廉王子 238
Wiliams Wynn, Sir Watkin, 4th Baronet 沃特金·威廉姆斯·温恩爵士，第四代准男爵 175
Williams Wynn family 威廉姆斯·温恩家族 163, 165
Willis, Dr Francis 弗朗西斯·威利斯 199—200
Wiltshire 威尔特郡 50, 299
Windham, William 威廉·温德姆 221, 260
Windsor Castle 温莎城堡 202, 216—219, 218, 221, 236

Wodrow, Robert 罗伯特·伍德罗 36
Wolfe, General James 詹姆斯·沃尔夫将军 129
Wollstonecraft, Mary 玛丽·沃斯通克拉夫特
    on Frenchwomen 论法国妇女 256
    on Marie-Antoinette's execution 论玛丽-安托瓦内特被处决 261
    on women's patriotism 论妇女的爱国主义 280—281
    Rousseau, admiration for 崇拜卢梭 279—280
    Vindication of the Rights of Woman《为女权辩护》245, 286
women 妇女
    as nation's conscience 作为国家的良心 282—283, 286
    broadened horizons 拓宽的视野 287
    Caroline of Brunswick, support for 支持布伦斯威克的卡罗琳 271
    Catholic emancipation, petitions against 请愿反对天主教教徒解放 340
    cross-dressing 女扮男装 247, 249
    feminisation of monarchy as substitute religion 君主制女性化作为替代的信仰 277—278
    French Revolution's effect on 法国革命对~的影响 256—262
    male chivalry and ~ 与男性骑士精神 270—273
    patriotism 爱国主义
        active involvement 积极参与 260, 265—266
        female friendly societies 妇女互助会 242—243
        patriotic societies, involvement with 参与爱国协会 95
        processions 游行 231—232, 242—243
    place in society and politics 在社会和政治中的地位 243—256
    political awareness 政治觉醒 253, 256, 279—287
    pressure groups and petitions 压力集团和请愿 283—286
    Rousseau on 卢梭对~的讨论 244, 248, 279—281
    separate spheres 各自独立的领域 268—279
    suffrage 选举权 244, 255, 282, 284, 355—356, 369
    support Volunteers 支持志愿军 266—267
    unenfranchised 没有被赋予选举权 52
    urbanisation and ~ 与城市化 245—246
    vulnerability 脆弱性 271, 274
    wars, role in 战争中~的角色 256—257, 379
Wren, Christopher 克里斯托夫·雷恩 202
Wyatt, Matthew: monument to Princess Charlotte 马修·怀亚特：纪念夏洛特公主的雕像 276, 277, 278

York, Frederick Augustus, Duke of 约克公爵，弗雷德里克·奥古斯塔斯 222
Yorkshire, war patriotism 约克郡，战时爱国主义 304—305
Yorktown, Battle of (1781) 约克镇战役 145
Young, Arthur 阿瑟·扬 95, 301—302

Zanzibar 桑给巴尔岛 367
Zoffany, Johann 约翰·佐法尼 183, 211
Zong (slave ship) 桑格号（奴隶船）357, 359

图书在版编目(CIP)数据

英国人:国家的形成,1707—1837年/(英)琳达·科利著;周玉鹏,刘耀辉译. —北京:商务印书馆,2017
(2024.1重印)
(英国史前沿译丛)
ISBN 978-7-100-12909-1

Ⅰ.①英… Ⅱ.①琳…②周…③刘… Ⅲ.①英国—近代史—1707—1837 Ⅳ.①K561.4

中国版本图书馆 CIP 数据核字(2017)第 010164 号

权利保留,侵权必究。

英国史前沿译丛
英国人
国家的形成,1707—1837年
〔英〕琳达·科利 著
周玉鹏 刘耀辉 译

商 务 印 书 馆 出 版
(北京王府井大街36号 邮政编码100710)
商 务 印 书 馆 发 行
三河市春园印刷有限公司印刷
ISBN 978-7-100-12909-1

2017年5月第1版 开本 710×1000 1/16
2024年1月第3次印刷 印张 34½
定价:148.00元